Henry Richard

Dawn Dweud

Golygydd Cyffredinol: Mihangel Morgan

Panel Golygyddol:

Jason Walford Davies	Fflur Dafydd	Antone Minard
Prifysgol Bangor	Prifysgol Abertawe	Prifysgol Vancouver

Hen gwestiwn mewn beirniadaeth lenyddol yw mater annibyniaeth y gwaith a ddarllenir; ai creadigaeth unigryw yw cerdd neu ysgrif neu nofel, i'w dehongli o'r newydd gan bob darllenydd; neu i ba raddau mae'n gynnyrch awdur unigol ar adeg arbennig yn ei fywyd ac yn aelod o'r gymdeithas y mae'n byw ynddi? Yn y pen draw diau fod gweithiau llenyddol yn sefyll neu'n cwympo yn ôl yr hyn a gaiff darllenwyr unigol ohonynt, ond aelodau o'u cymdeithas ac o'u hoes yw'r darllenwyr hwythau, a'r gweithiau a brisir uchaf yw'r rheini y gellir ymateb iddynt a thynnu maeth ohonynt ymhob cenhedlaeth gyfnewidiol am fod yr oes yn clywed ei llais ynddynt. Ni all y darllenydd na'r awdur ymryddhau'n llwyr o amgylchiadau'r dydd.

Yn y gyfres hon o fywgraffiadau llenyddol yr hyn a geisir yw cyflwyno ymdriniaeth feirniadol o waith awdur nid yn unig o fewn fframwaith cronolegol ond gan ystyried yn arbennig ei bersonoliaeth, ei yrfa a hynt a helynt ei fywyd a'i ymateb i'r byd o'i gwmpas. Y bwriad, felly, yw dyfnhau dealltwriaeth y darllenydd o amgylchiadau creu gwaith llenyddol heb ymhonni fod hynny'n agos at ei esbonio'n llwyr.

Dawn Dweud

W. J. Gruffydd	gan T. Robin Chapman
W. Ambrose Bebb	gan T. Robin Chapman
R. Williams Parry	gan Bedwyr Lewis Jones, golygwyd a chwblhawyd gan Gwyn Thomas
T. H. Parry-Williams	gan R. Gerallt Jones
'Doc Tom': Thomas Richards	gan Geraint H. Jenkins
Talhaiarn	gan Dewi M. Lloyd
Daniel Owen	gan Robert Rhys
Islwyn	gan Glyn Tegai Hughes
Pennar Davies	gan D. Densil Morgan
Lewis Morris	gan Alun R. Jones
Lewis Edwards	gan D. Densil Morgan
John Morris-Jones	gan Allan James

Henry Richard
Heddychwr a Gwladgarwr

gan
Gwyn Griffiths

GWASG PRIFYSGOL CYMRU
CAERDYDD
2013

Hawlfraint © Gwyn Griffiths 2013

Cedwir pob hawl. Ni cheir atgynhyrchu unrhyw ran o'r cyhoeddiad hwn na'i gadw mewn cyfundrefn adferadwy na'i drosglwyddo mewn unrhyw ddull na thrwy unrhyw gyfrwng electronig, mecanyddol, ffotogopïo, recordio, nac fel arall, heb ganiatâd ymlaen llaw gan Wasg Prifysgol Cymru, 10 Rhodfa Columbus, Maes Brigantîn, Caerdydd CF10 4UP.

www.gwasg-prifysgol-cymru.org

Mae cofnod catalogio'r gyfrol hon ar gael gan y Llyfrgell Brydeinig.

ISBN   978-0-7083-2680-0
e-ISBN 978-0-7083-2681-7

Cyhoeddir gyda chymorth ariannol Cyngor Llyfrau Cymru.

Datganwyd gan Gwyn Griffiths ei hawl foesol i'w gynabod yn awdur ar y gwaith hwn yn unol ag adrannau 77 a 78 Deddf Hawlfraint, Dyluniadau a Phatentau 1988.

Cysodwyd yng Nghymru gan Wasg Dinefwr, Llandybïe
Argraffwyd gan CPI Antony Rowe, Chippenham, Wiltshire

Cynnwys

Rhagair		vii
Lluniau		ix
Rhagymadrodd		xiii
1	Dyddiau ieuenctid – Ceredigion, Caerfyrddin ac anelu am Lundain	1
2	Llundain, coleg, ymsefydlu'n weinidog a thrafferthion Edward	14
3	Y Gymdeithas Heddwch a'r Cynhadleddau Ewropeaidd	39
4	Rhyfel y Crimea, Cytundeb Paris, yr ymosod ar China a Gwrthryfel India	58
5	Cymru, y *Llythyrau*, newyddiadura, rhyfel America a marwolaeth Cobden	84
6	Ethol Richard i'r Senedd a'i ymgyrchoedd dros denantiaid, addysg, yn erbyn barnwyr Seisnig a sefydlu Undeb yr Annibynwyr Cymraeg	113
7	Ymgyrchoedd heddwch a'r Cynnig Cyflafareddiad	145
8	Y Bererindod Heddwch	166
9	Materion crefyddol ac addysgol, llythyrau Cobden, dychweliad Gladstone oherwydd helyntion Twrci, dirwest ac Eisteddfod Merthyr	182
10	Mwy o ymgyrchu yn erbyn rhyfeloedd Imperialaidd	224
11	Tua'r cyfandir, masnach gyda China, llywyddu'r Undeb Cynulleidfaol, ffeministiaeth a'r Mesur Diarfogi	245
12	Ei her fawr olaf a thynnu at ddiwedd y daith	257
Nodiadau		278
Llyfryddiaeth		300
Mynegai		305

Rhagair

Eginodd y syniad o ysgrifennu'r gyfrol hon mewn sgwrs a gefais o leiaf wyth mlynedd yn ôl gyda Mrs Ethni Jones, a oedd bryd hynny'n Ysgrifennydd Cynorthwyol Cymdeithas y Cymod. Bu diddordeb a chefnogaeth parhaol y Gymdeithas a'i swyddogion – yn arbennig Mr Arfon Rhys a Ms Marika Fusser – yn ysgogiad i ddal ati gyda'r gwaith.

Gwerthfawrogaf yr anogaeth gynnar a gefais gan yr Athro Branwen Jarvis, Bangor, cyn-Olygydd Cyffredinol y gyfres *Dawn Dweud*, a Mr Ennis Akpinar yng Ngwasg y Brifysgol. Wedyn cefais fanteisio o brofiad y Dr Mihangel Morgan, a gymerodd drosodd wrth Branwen Jarvis a gwerthfawrogaf yn fawr ei sylwadau a'i gynghorion craff. I swydd Ennis daeth y Dr Angharad Watkins gyda'i phrocio dyfal, ei chynghorion doeth ac yn fwy na dim ei hamynedd, brwdfrydedd a'i sirioldeb. Braint, yn wir, a phleser fu ei chael i dywys y gyfrol drwy'r Wasg. Yr wyf yn ddyledus iawn, hefyd, i ddarllenydd anhysbys Gwasg Prifysgol Cymru am awgrymiadau doeth a gwerthfawr ac i Mrs Janet Davies, fu'n paratoi'r gyfrol ar gyfer ei hargraffu. Hi a'm harbedodd rhag sawl cam gwag a bu'r trafodaethau yn bleser.

Ymhlith eraill yr wyf yn eu dyled y mae Mr David Hanson, AS, casglwr memorabilia gwleidyddol brwd a dynnodd fy sylw at rai darnau'n coffau Henry Richard a George Osborne Morgan. Diolch i Mr Michael Freeman, gynt o Amgueddfa Ceredigion, ac i Miss Carrie Canham a Miss Mary Turner Lewis o staff bresennol yr amgueddfa am gopïau o'r delweddau hyn a chaniatâd i'w defnyddio. Hefyd Mr Robert Thomas, Llangeitho, Dr Fred Holley, golygydd *Merthyr Historian*, Dr Bill Jones, Prifysgol Caerdydd, Mr Cyril Evans ac eraill o staff y Llyfrgell Genedlaethol, Mr a Mrs Hefin a Catrin Williams, Tregaron, Mr Raymond Daniel, Llanddewi Brefi, Mr a Mrs Evan a Mary Lewis, Tregaron, am amrywiol gymwynasau ymarferol.

Hefyd, carwn ddiolch i'r Parchedig Wiliam Owen, Caerfarchell, am drafodaethau difyr a buddiol am ddylanwad 'Glaniad y Ffrancod' ar Ebenezer Richard, i Mr Cyril Jones, Pennant a Phontypridd, y Parchedig Ddr D. Ben Rees, Llanddewi Brefi a Lerpwl, Mr Brian

Davies, Aberpennar, a Mr Scott Reid, o Amgueddfa Castell Cyfarthfa, Merthyr, am fy nghyfeirio at ffeithiau a ffynonellau diddorol a gwerthfawr.

Diolch i Mr Clive Boutle o gwmni cyhoeddi Francis Boutle, Llundain. Er mai yn Gymraeg yr ysgrifennwyd y gyfrol hon yn wreiddiol, cyhoeddwyd fersiwn Saesneg ohoni yn gyntaf oll gan Francis Boutle. Gwerthfawrogaf yn fawr hynawsedd Mr Clive Boutle a hwylusodd y trefniant hwn rhwng y ddau gwmni cyhoeddi, ac er budd, mi gredaf, i ni i gyd.

Fy niolch arbennig i fy ngwraig, Gwen, hanesydd wrth reddf sy'n rhannu fy hoffter o siopau llyfrau ail-law ac y bu ei chwilota yn gyfraniad amhrisiadwy i'r ymchwil.

Yn olaf fy ngwerthfawrogiad didwyll o ymdrechion Gwasg Prifysgol Cymru yn ymgymryd â'r gwaith o gyhoeddi'r gyfrol gan gwneud hynny gyda graen a chwaeth ardderchog.

Un nodyn o eglurhad. Deuthum i'r penderfyniad – hytrach yn anarferol – mai doeth fuasai cyfieithu'r areithiau hynny a draddododd Henry Richard yn Saesneg i'r Gymraeg a'r un modd lythyrau a gynhwysid yn erthyglau H. R. Evans, 'Dr Edward Richard of Tregaron and Finchingfield' a 'Henry Richard and Cobden's Letters' a gyhoeddwyd mewn gwahanol rifynnau o *Transactions* y Cymmrodorion. Yr oedd H. R. Evans, gyda llaw, yn ddisgynnydd o un o chwiorydd Henry Richard. Cyfieithais ddarnau o gyfrol Henry Richard, *Letters and Essays on Wales*, rhai ohonynt oedd wedi eu cyfieithu a'u cyhoeddi ym mhapurau a chylchgronau'r cyfnod, er na fanteisiais ar y cyfieithiadau hynny. Manteisiais, er hynny, ar ddarnau eraill a gyfieithwyd, yn bennaf yr hyn a geir gan Eleazar Roberts yn ei gyfrol *Bywyd a Gwaith y Diweddar Henry Richard, A.S.* Penderfynais gymryd y cam yma mewn gobaith y gall fod o gymorth i fyfyrwyr sy'n astudio drwy gyfrwng y Gymraeg a hefyd oherwydd, petawn heb wneud hynny, buasai tua hanner y gyfrol yn yr iaith Saesneg.

Gwyn Griffiths
Pontypridd

Lluniau

Blaenddalen: Henry Richard, tua 1885. Casgliad John Thomas, trwy ganiatâd Llyfrgell Genedlaethol Cymru.

1. Prospect House, Tregaron, tua 1885. Hwn yw'r tŷ lle magwyd Henry Richard. Casgliad John Thomas, trwy ganiatâd Llyfrgell Genedlaethol Cymru.

2. Edward Miall. Cyhoeddwyd yng nghylchgrawn *Vanity Fair* ar 29 Gorffennaf 1871. Trwy ganiatâd Darvills Rare Prints.

3. Llun Henry Richard ar lestr coffa. Trwy ganiatâd Amgueddfa Ceredigion.

4. Llun George Osborne Morgan ar lestr coffa. Trwy ganiatâd Amgueddfa Ceredigion.

5. Cofgolofn Henry Richard ar sgwâr Tregaron. Llun Mr Michael Freeman, trwy ganiatâd Amgueddfa Ceredigion.

I Gwen,
ac er cof am Mrs Dinah Jones, Castell Flemish

Henry Richard, tua 1885.

Rhagymadrodd

Henry Richard (1812–88) oedd un o Gymry amlycaf y bedwaredd ganrif ar bymtheg. Yr oedd yn arwr yn ei wlad a'i enw'n adnabyddus a pharchus ymysg gwleidyddion Ewrop ac Unol Daleithiau America. Ni ddringodd i uchel swydd yn y llywodraeth, er darogan dyfodol disglair iddo ar sail ei areithiau cynnar yn Nhŷ'r Cyffredin. Ni all gwleidydd sy'n glynu wrth ei egwyddorion doed a ddelo ddisgwyl dyrchafiad i uchel swyddi llywodraeth. Ddim heddiw, nac mewn unrhyw oes. Oherwydd yr oedd Henry Richard yn ddyn o argyhoeddiadau dyfnion a di-gyfaddawd.

Fe'i ganed yn Nhregaron yn fab i bregethwr Methodist adnabyddus. John Elias oedd pab y Methodistiaid Calfinaidd yn y gogledd, y Parch Ebenezer Richard, tad Henry Richard, oedd y pennaf dylanwad yn y de. Yr oedd ei fam, hefyd, yn ddynes o allu arbennig ac etifeddodd Henry Richard huodledd ei dad, a dawn drefnu'r ddau. Yr oedd peth arian ar ochr y fam a chafodd Henry a'i frawd hŷn, Edward Williams Richard, yr addysg orau y gallai Ymneilltuwyr ei chael bryd hynny. Er yn fab i weinidog Methodist, aeth Henry i Goleg – neu Academi – Cynulleidfaol yn Highbury, Llundain. Yr enwad Cynulleidfaol, neu'r Annibynwyr, oedd y mwyaf radical o blith y prif enwadau Ymneilltuol ac yno y darganfu Henry Richard ei gartref ysbrydol. Ni ddylid, chwaith, anghofio'r traddodiad radicalaidd a fodolai yn Llundain yn oes Henry Richard. Meithrinfa ardderchog i ddyn ifanc galluog a gwrthryfelgar.

Wedi cyfnod pur stormus fel myfyriwr yn Highbury arhosodd yn Llundain a derbyn galwad i fod yn weinidog capel Cynulleidfaol Saesneg Marlborough yn yr Old Kent Road. Bu'n weinidog llwyddiannus ac adeiladodd gapel cryf tra'n ymroi gydag achosion eraill, fel addysg wirfoddol yn Llundain a Chymru ac yn arbennig y Gymdeithas Heddwch. Am gyfnod bu'n weinidog ac yn ysgrifennydd y gymdeithas. Tra'n dal y ddwy swydd cyd-drefnodd dair cynhadledd heddwch dramor – ym Mrwsel, Paris a Frankfurt. Yna, wedi pymtheg mlynedd ym Marlborough rhoddodd y gorau i'r weinidogaeth a mynd yn ysgrifennydd llawn-amser y Gymdeithas Heddwch. O dan ei arweiniad tyfodd y Gymdeithas Heddwch o fod yn gymdeithas grefyddol, encilgar o unigolion yn gwrthwynebu'r defnydd o arfau ar sail foesol i fod yn fwy seciwlar a gwleidyddol. Daeth yn gynnar i gysylltiad agos â Richard Cobden a John Bright, lladmeryddion Masnach Rydd, dynion oedd yn gweld masnach heb dollau rhwng y gwledydd fel dylanwad heddychlon. Yr oedd yn agwedd newydd ar rynggenedlaetholdeb. O dan arweiniad Henry Richard cododd to newydd o heddychwyr oedd yn barod i ddwyn pwysau ar lywodraethau i ddatrys cwerylon drwy ddulliau amgen na thrwy fynd i ryfel. 'Y mae'r Gymdeithas Heddwch yn croesawu unrhyw un sy'n caru Heddwch i ymaelodi, p'un ai ydynt yn derbyn y gred haniaethol ynglŷn â dyletswydd Gristnogol ar y pwnc ai peidio', oedd agwedd Richard. Dynesodd y Gymdeithas at adain radicalaidd y Blaid Ryddfrydol, ond gan gadw'r opsiwn i fod yn llym ei beirniadaeth o ba blaid bynnag oedd mewn llywodraeth pan fyddai angen.

Drwy hyn i gyd bu Richard yn amddiffynydd cadarn o fuddiannau'r Cymry. Ef oedd prif ladmerydd Cymru yn y wasg Saesneg, a oedd yn gyson ddilornus o'r Cymry. Cyhoeddwyd erthyglau ganddo ym mhapurau Llundain yn egluro gweithredoedd Merched Beca ar adeg pan na ddangosai hyd yn oed y papurau Cymraeg fawr o gydymdeimlad â'u hachos na'u dulliau. Ei amddiffyniad ffyrnicaf, er hynny, oedd achub cam ei gydwladwyr yn erbyn yr hyn a welid fel y sen eithaf ar ein cenedl, Adroddiadau'r Comisiynwyr ar Gyflwr Addysg yng Nghymru a gyhoeddwyd ym 1847 – Brad y Llyfrau Gleision. Gwylltiwyd Cymru benbaladr gan yr honiadau, a neb yn fwy na Henry Richard. Lluniwyd yr Adroddiadau gan dri aelod o Eglwys Loegr heb ddealltwriaeth o na chydymdeimlad â'r Cymry, eu hiaith na'r enwadau Ymneilltuol oedd yn prysur ddisodli'r Eglwys Sefydledig yn ein gwlad. Anwybyddu bytheirio'r Cymry yn y papurau a chyfnodolion Cymraeg wnâi y Saeson – ni fedrent eu deall felly yr oeddynt islaw sylw. Ymateb yn y papurau Saesneg wnaeth Henry Richard ac nid mor hawdd anwybyddu ei ergydion ef. Traddododd ddarlith yn Crosby Hall, Llundain. Ei bwnc oedd addysg wirfoddol yng Nghymru ond buan yr aeth ar drywydd Adroddiad y Comisiynwyr. Cyhoeddwyd ei ddarlith yn y *British Banner* a wedyn yn bamffled. Gwnaeth ei sylwadau gymaint o argraff fel y bu i un o'r comisiynwyr deimlo'r angen i amddiffyn ei hun drwy gyhoeddi pamffled ar ffurf llythyr i'r Arglwydd John Russell.[1]

Bu'r gyfres o gynadleddau heddwch a drefnodd ar y cyd gyda'r Americanwr Elihu Burritt rhwng 1848 a 1851 – ym Mrwsel, Paris, Frankfurt a Llundain – yn llwyddiant ysgubol. Yr oedd baich y trefniadau – sicrhau siaradwyr, lletya'r miloedd o gynrychiolwyr a lifai iddynt – yn ddychryn. Daeth i adnabod gwladweinwyr nifer o wledydd Ewrop a chydweithiodd gydag ymgyrchwyr heddwch o'r Unol Daleithiau. Gwrthwynebodd Ryfel y Crimea, gan sefyll bron ar ei ben ei hun wrth i'w gyfeillion gilio yn wyneb jingoistiaeth y rhyfel 'poblogaidd' hwnnw. A oedd yn genedlaetholwr Cymreig? Yn sicr yr oedd yn wladgarwr tanbaid. Y mae i genedlaetholdeb sawl ffurf. Ceir y cenedlaetholdeb hwnnw a lygrwyd gan imperialaeth ffyrnig, yn ferw o elyniaeth, trachwant a hunan-ymgyfoethogi ar draul eraill. Ffieiddiai Richard y reddf hon a ddarganfu yn y Saeson tra y bu'n gweithio i'r Gymdeithas Heddwch. Yr oedd, hefyd, ymysg gwleidyddion y Fasnach Rydd y daeth Richard i'w hadnabod, genedlaetholdeb oedd yn gysurus yn gweld cenhedloedd yn tyfu a ffynnu ochr-yn-ochr â'i gilydd. Cenedlaetholdeb oedd yn arwain at ryng-genedlaetholdeb – rhyng-genedlaetholdeb anffurfiol o gyfnewid nwyddau a syniadau rhwng cenhedloedd oedd yn cydnabod cytgord cyfiawn rhwng pobloedd. Fel Cymro, medrai Henry Richard uniaethu gyda'r dyheadau hynny. Pan oedd ei gyd-Ryddfrydwyr yn cythruddo oherwydd triniaeth ormesol y Rwsiaid o'r Pwyliaid a'u hiaith, yr oedd Richard yn fwy na pharod i'w hysbysu mai dyna'r union fodd y buon nhw – y Saeson – yn trin pobl Cymru a'r iaith Gymraeg ar hyd y canrifoedd. Ei genedlaetholdeb ef oedd yr un a arweiniai at ryng-genedlaetholdeb a gweledigaeth unigryw o Ewrop unedig, heddychlon. Roedd pob mudiad gwleidyddol y bu ynghlwm ag ef yn gwbl ddemocrataidd.[2]

Mae ei ddadleuon yn erbyn rhyfel ac o blaid cyflafareddu rhwng y gwledydd mor berthnasol heddiw ag erioed. Gwrthwynebai ryfel oherwydd y gost a thlodi a dioddefaint pobl gyffredin lawn cymaint ag ar seiliau moesol. Ym 1868 ymgeisiodd am y tro cyntaf am sedd seneddol dros etholaeth Merthyr. Yr oedd dau aelod i gynrychioli'r etholaeth a daeth Henry Richard ar ben y rhestr o bell ffordd. Felly y bu hyd ddiwedd ei oes, ac yn ei flynyddoedd olaf ni feiddiai neb ei herio. Nid oedd yn ddyn cyfoethog ac yn wahanol i ymgeiswyr seneddol y cyfnod, telid ei gostau etholiadol gan ei gefnogwyr.

Un o'i areithiau seneddol cyntaf oedd ei ymosodiad ar y Ceidwadwyr fu'n euog o droi tenantiaid o'u ffermydd am bleidleisio i'r Rhyddfrydwyr. Disgrifir Richard fel gŵr hynaws a mwyn, eto ar lwyfan ac yn y Senedd yr oedd elfen grafog, wawdiol i'w areithiau. Anodd dychmygu, yn yr oes hon, yr un aelod seneddol yn ymosod ar y syniad o ryfel gyda'r fath ffyrnigrwydd cignoeth, ei ffeithiau a'r ffigurau ar flaenau ei fysedd. Dadleuai gan ddefnyddio'r wybodaeth a gasglai o ddogfennau swyddogol y llywodraeth. Nid ellid ei herio ar dir ffeithiol. Yr oedd yn ymchwilydd heb ei ail ac yn elyn i imperialaeth. Dywedodd lawer gwaith mai bod yn Gymro a'i dysgodd i gasáu elfen ryfelgar y Saeson.

Hyd y diwedd, er treulio oes yn Llundain, dywedid ei fod yn fwy cyffyrddus yn areithio neu bregethu yn y Gymraeg ac y manteisiai ar bob cyfle i wneud hynny. Tregaron, Cymru a'r Gymraeg oedd ei angor. Disgrifiwyd yr erthyglau a ysgrifennodd am Gymru i'r *Morning and Evening Star* ym 1866 ac a gyhoeddwyd yn gyfrol dan y teitl *Letters and Essays on Wales* wedi hynny fel y gwaith pwysicaf a mwyaf dylanwadol a gyhoeddwyd am Gymru yn ystod y ganrif gyfan.³ Nod yr erthyglau hynny, yn ôl ei dystiolaeth ei hun, oedd addysgu'r Saeson am eu cymdogion. Gwnaeth hynny, ond rhoes y gyfrol falchder a hyder newydd i'r Cymry. Cyfaddefodd Gladstone iddo ddysgu bron bopeth a wyddai am Gymru o ddarllen yr erthyglau hynny, a buont yn gyfrwng i chwyldroi ei agwedd tuag at Gymru. Nid drwg o beth fyddai i ninnau eu darllen heddiw. Cyfieithwyd ysgrifau ac areithiau cynharach o'i eiddo i'r Gymraeg. Cydnabyddodd A. G. Edwards, archesgob cyntaf Cymru wedi'r Datgysylltiad, yn anfoddog, eu bod yn galw i'r gad 'bob pregethwr a diacon Ymneilltuol a'u bod i'w clywed ym mhob capel yn y dywysogaeth'.⁴

Diddorol darllen, ac yntau ym misoedd olaf ei fywyd, gymaint fu ei gyfraniad fel aelod o'r Comisiwn Addysg Brenhinol a sefydlwyd ym 1885. Pe buasai athrawon ac arolygwyr ysgolion Cymru wedi gweithredu argymhellion y comisiwn – ac ar bwnc y Gymraeg yn unig y cafwyd unfrydedd – buasai sefyllfa'r Gymraeg yn llawer cadarnach heddiw. Bu'n weithgar yn sefydlu Coleg Aberystwyth ac yn is-lywydd Coleg Caerdydd. Cadeiriodd gyfarfod i baratoi siartr Prifysgol Cymru bythefnos cyn ei farw. Ar wyliau gyda'i briod y treuliodd y dyddiau olaf hynny, yng ngolwg yr Wyddfa a'r Fenai, yng nghartref ei hen gyfaill Richard Davies yn Nhreborth.

Yr oedd yn edmygwr mawr o Gladstone, eto pan fyddai'r gŵr hwnnw yn gweithredu'n groes i heddychiaeth Henry Richard, buan y teimlai lach tafod y gŵr o Dregaron. Daethpwyd i gyfeirio ato'n gynnar fel Apostol Heddwch, a hynny flynyddoedd cyn ei ethol i'r Senedd. Yn y Senedd fe'i cydnabyddwyd fel yr Aelod tros Gymru.

Ymladdodd dros achosion Cymreig ac ysbrydolodd ei gyd-aelodau a'r to nesaf – dynion fel T. E. Ellis – i ddilyn ei esiampl. Mewn cyfnod pan oedd awenau llywodraeth yn nwylo Eglwyswyr brwydrodd i lacio'r gafael hwnnw. Ef oedd arweinydd ymneilltuwyr Cymru a Lloegr yn y Senedd. Disgrifiodd A. G. Edwards ef fel 'ffigur o awdurdod ymysg yr Ymneilltuwyr yn Lloegr a'u pennaf-arweinydd yng Nghymru'.[5] Cawsom gan Edwards ddisgrifiad lliwgar o Henry Richard. Mae'n debyg i'r ddau gyfarfod unwaith neu ddwy ym Merthyr ac Aberdâr yn ystod etholiad 1868:

> Cymro byr, cadarn gyda cheg benderfynol a llygaid craff a swynai'r Cymry gyda phurdeb a harddwch ei Gymraeg a gyda ffrwydradau o wir huodledd. Ni chredaf y bu gan un arweinydd gwleidyddol yng Nghymru erioed y fath ddylanwad dwfn a diwrthwynebiad ymysg Anghydffurfwyr ag a oedd gan Mr Henry Richard bryd hynny.[6]

Os na chafodd – a thebyg na chwenychai – swydd yn y llywodraeth, eto bu ei ddylanwad yn fawr. Er ei holl ymdrechion, a gwrthwynebai ar egwyddor bob rhyfel, yr oedd ei fethiannau'n amlwg. Ar y llaw arall ni ellir amcangyfrif sawl cyflafan ddrud mewn gwaed a arbed-wyd oherwydd ei ymdrechion. Ni ellir prisio'r drwg â osgöwyd. Gwae ni, na welwyd ei debyg yn ein hoes ni.

1 ⊗ Dyddiau ieuenctid – Ceredigion, Caerfyrddin ac anelu am Lundain

GANWYD Henry Richard, Tregaron, i deulu cymharol freintiedig. Ei hen dadcu ar ochr ei fam oedd Efan Dafydd Siencyn o Gyswch, Llanfair Clydogau, bardd, pregethwr ac un o ddilynwyr Daniel Rowland, Llangeitho. Ei dadcu ar ochr ei dad, ar ôl yr hwn y cafodd ei enwi, oedd Henry Richard, Trefin, un o athrawon Ysgolion Cylchynol Griffith Jones, Llanddowror. Cafodd yr Henry Richard hwnnw ei eni ym 1730, y flwyddyn y sefydlodd Griffith Jones ei ysgol gyntaf yn Llanddowror, a dangosodd awydd cynnar am addysg ac i ledaenu'r addysg honno. Bu'n athro yn Llanddowror pan oedd Thomas Charles yn ddisgybl yno a sefydlodd ysgol yn ardal y Bermo, gan sicrhau troedle Methodistaidd yn y gornel honno o Feirion.¹

Un o ddau fab yr Henry Richard hwnnw oedd y Parch Ebenezer Richard, tad Henry Richard, gwrthrych y gyfrol hon. Y mab arall oedd y Parch Thomas Richard, Abergwaun, pregethwr dawnus a chymeriad lliwgar – ond mwy amdano ef yn y man. Addysgwyd y ddau frawd yn Ysgol Ramadeg Hwlffordd ac yn union wedi ymadael â'r ysgol honno aeth Ebenezer ac agor ysgol yn Dinas, ger Abergwaun. Bu hefyd yn diwtor preifat plant yr Uwch-Gapten William Bowen, Llwyngwair, ger Trefdraeth. Wedi hynny bu'n cadw ysgol yn Aberteifi a thiwtora plant y Capten James Bowen, Aberteifi, brawd William Bowen. Rhyngddynt, y brodyr hyn oedd tirfeddianwyr mwyaf y rhan yna o ogledd Penfro. Yr oeddynt hefyd yn gefnogol i fudiad y Methodistiaid Calfinaidd sy'n egluro'u cyfeillgarwch a'u hedmygedd o Ebenezer Richard. Cymaint oedd edmygedd James Bowen fel y bu iddo fynd i drafferth mawr i geisio cadw Ebenezer yn Aberteifi. Mae'r cysylltiadau milwrol hyn yn eironig yn wyneb ymgyrch oes ei fab o blaid heddychiaeth mewn blynyddoedd wedi hynny. Bu Ebenezer Richard yn bregethwr teithiol poblogaidd ac yn ystod y teithiau hynny y cyfarfu â Mary, merch William Williams, Wernfawr, Llanfair

Clydogau. Wedi carwriaeth a barodd oddeutu naw mlynedd nes peri anesmwythyd i Mary, priododd y ddau ym 1809.² Hwyrach nad oedd teulu Mary yn ystyried pregethwr Methodist yn ŵr cwbl deilwng o'u merch. Beth bynnag, y briodas honno ddaeth ag Ebenezer Richard i Dregaron ac yn weinidog Capel Bwlchgwynt, capel a adeiladwyd gyntaf ym 1774, ac a enwyd ar ôl y cae lle'i codwyd, sef Llain Bwlch y Gwynt. Ehangwyd yr adeilad ym 1809, a'i ail-adeiladu ar yr un safle ym 1833. Yr oedd Ebenezer, fel y gellir tybied wrth ei waith yn Dinas ac Aberteifi, yn addysgwr brwd. Yr oedd hefyd ymlith y gweinidogion cyntaf i'w hordeinio gan y Methodistiaid Calfinaidd. Gwnaeth waith arbennig gyda mudiad yr ysgolion Sul a dywedir ei fod yn bregethwr dawnus, yn ŵr o egni rhyfeddol a threfnydd ardderchog. Mae'n amlwg i'w ail fab Henry Richard, a anwyd ar 3 Ebrill 1812, etifeddu'n helaeth o ddoniau ei dad a'i dadcu.

Yr oedd y Williamsiaid, teulu Mary, o safle cymdeithasol uwch nag Ebenezer Richard. Brawd iddi oedd Edward Williams, gŵr a gafodd yrfa gyffrous a diddorol – os byr. Os na fu'n ddylanwad moesol na duwiol ar Henry, na'r plant eraill, bu ei gyfraniad materol yn werthfawr. Morwr oedd Edward, a weithiai i gwmni llongau yn Lerpwl, John and Henry Clarke, a fu, a hwyrach oedd yn parhau, i ymwneud â'r fasnach gaethwasiaeth. Tebyg y bu Edward yn ddisgybl yn ysgol forwrol enwog Llanarth ac mai yno y dysgodd grefft mordwyaeth. Erbyn 1800 yr oedd yn swyddog ar y *Duke of Clarence*, llong Ffrengig o'r enw *La Flore* a feddianwyd mewn rhyw sgarmes neu'i gilydd. Dangosodd gryn allu oherwydd ymhen dwy flynedd, ac yntau'n 26 oed, yr oedd yn gapten yr *Active* a'i daith gyntaf ynddi oedd i Affrica ac oddi yno i Havana. Sef triongl mordeithiau'r fasnach gaethion – o Lerpwl (neu Fryste) i Affrica, oddi yno i India'r Gorllewin neu America ac yn ôl i Loegr.³ Mae cofnod iddo gyfrannu arian i'r teulu yn ystod ei ymweliadau a phan fu farw ar 7 Ebrill 1805, yn Affrica, gadawodd £3500 yn ei ewyllys i'w dad.⁴ Dim ond £900 o'r arian hwn a dderbyniwyd yn syth gan William Williams a bu'n achos cyfreithia a gofid am flynyddoedd wedyn. Diau i'r arian fod yn gyfraniad sylweddol i'r waddol o £1000 gafodd Ebenezer Richard pan briododd â Mary ar 1 Dachwedd 1809, yn Eglwys Sant Caron, Tregaron. Mae hyn yn egluro sut, maes o law, y medrwyd darparu cystal addysg i'w plant. Oherwydd, yn ôl tystiolaeth Henry Richard, ni enillodd Ebenezer Richard fwy na £40 y flwyddyn yn ei fywyd.⁵

Yn ogystal â gwaddol sylweddol, daeth Mary â rhinweddau a doniau eraill i'r bartneriaeth. Yn ôl safonau arferol merched y cyfnod cafodd addysg dda. Profodd maes o law yn ddynes benderfynol, gyda'r ddawn a'r gallu i gadw trefn ar wragedd mwy cystadleuol a ffroenuchel capel Bwlchgwynt, Tregaron – cyfeirid ati'n fynych fel 'yr hen JP'. Medrai drefnu ysgol Sul pan fyddai angen a chynnal cyfarfod gweddi cystal ag unrhyw ddyn. Etifeddodd Henry Richard ddoniau cyhoeddus a threfniadol ei ddau riant.

Fel Ebenezer Richard bu ei frawd Thomas hefyd yn ffodus yn ei ddewis o wraig, hyd yn oed os oedd yr amgylchiadau hytrach yn anarferol – o leiaf i bregethwr. Hyd yn oed yn ei arddegau medrai Thomas greu argraff mewn cymanfa bregethu waeth pwy fyddai'n rhannu pulpud ag e. Pan fyddai'n esgyn i'r pulpud dywedid y byddai cynnwrf disgwylgar yn cyniwair drwy'r gynulleidfa a rhyw siffrwd, 'A, Tomi Richard!' Yr oedd Tom wedi syrthio mewn cariad â Bridget Gwynne, Cwrt, ger Abergwaun. Yn anffodus nid oedd brwdfrydedd y tad gymaint ag eiddo'i ferch o blaid y gŵr ifanc cariadus. Ond ni adawyd i hyn fod yn rhwystr. Trefnodd Bridget fwrw rhai dyddiau gyda'i modryb yn Manorowen – dynes a oedd mor wrthwynebus â'r tad i ddymuniad carwriaethol ei nith. Gwyddai Bridget fod ffenestr ei stafell wely yn yr hen faenordy ddim yn cau'n iawn ac yn gynnar ar fore 30 Ebrill 1819, yr oedd ryw Mr Vaughan â dau geffyl yn disgwyl y ferch ifanc o dan y ffenestr. Carlamodd y ddau i Lanrhian lle'r oedd Tom, ei frawd Ebenezer, criw dethol o gyfeillion ac offeiriad y plwyf yn barod i weinyddu a bendithio'r uniad. Beth yn union oedd rhan y brawd hŷn, Ebenezer, yn y digwyddiad rhamantus wyddom ni ddim, ac y mae'n annhebyg y gwyddai Henry Richard lawer mwy chwaith, ac yntau ond saith oed ddydd y briodas. Cofnododd Ebenezer Richard y briodas gyda'r geiriau, 'Yr ydym yn ei nodi yn y Cofrestr Teuluol oherwydd y berthynas agos sydd rhyngom.' Beth bynnag am y cychwyn difyr daeth Bridget yn Fethodist ffyddlon a duwiol a chanddi'r modd i alluogi Tom i gysegru ei hun yn llwyr i weinidogaethu'r Efengyl.[6] Thomas Richard, gyda llaw, oedd gweinidog cyntaf Pentowr, capel y Methodistiaid Calfinaidd yn Abergwaun.

Ar 24 Awst 1810 y ganwyd y cyntaf o blant Ebenezer a Mary Richard, Edward Williams Richard, a enwyd ar ôl y morwr fu farw yn Affrica bum mlynedd ynghynt. Ar y pryd yr oedd y teulu'n byw'n Nhŷ Gwyn, cartref Mary, yn Nhregaron. Bwthyn to gwellt a safai lle heddiw y mae'r fynedfa i'r maes parcio ger gwesty'r Talbot. Yn gynnar ym 1811 gosodwyd carreg sylfaen Prospect House yr ochr arall i'r bont ar draws afon Brennig, fyddai'n gartref y teulu maes o law. Rhoddwyd y tir iddynt ar delerau hael, sef prydles am oes, gan John

Jones, Deri Ormond, oedd yn gefnder i Mary. Llwyddodd John Jones, oedd yn feddyg yn Llundain, i grynhoi ffortiwn sylweddol, ac yr oedd wedi hoffi gŵr ei gyfnither. Ar ôl trafod y mater gydag amryw o bwysigion Eglwys Loegr, ceisiodd ei annog i gymryd urddau eglwysig. Yr oedd y Methodistiaid wedi parhau'n gymdeithas o fewn yr Eglwys am dri-chwarter canrif ac nid tan 1811 y gwahanodd ac ymffurfio'n enwad ar wahân. Felly ni fyddai'n gam mawr. Mae hefyd yn awgrym pellach nad oedd pregethwr Methodist yn llwyr dderbyniol i deulu Wernfawr. Gwrthod wnaeth Ebenezer, ond ni amharodd hynny ar ei gyfeillgarwch gyda John Jones.[7]

Ar 3 Ebrill 1812 y ganwyd Henry Richard, ac ar 4 Mai symudodd y teulu o bedwar i'w tŷ newydd, Prospect House, tŷ cadarn a sylweddol a saif o hyd uwchlaw'r afon ar y ffordd o Dregaron i Bontrhydfendigaid. Ganwyd merch wedyn i'r teulu, Mary, a phan oedd hi'n dri mis oed, ar 20 Gorffennaf 1815, cawn hanes Edward yn mynd â Henry i chwarae yng nghae Dolfelin ar ôl ei siarsio i fod yn ofalus o'i frawd. Ond aeth Edward i chwarae gyda rhai o'i gyfeillion ac o gael ei adael ar ei ben ei hun syrthiodd Henry ar ei ben i afon Brennig. Yn ffodus digwyddodd dynes a adnabyddwyd fel Pegi Cyrtau fod gerllaw a thynnodd y bachgen diymadferth o'r dŵr. Ar ôl ei lapio'n gynnes buan y daeth ato'i hun, ac achubwyd bywyd un ddaeth yn un o wleidyddion enwocaf a mwyaf dylanwadol Cymru'r bedwaredd ganrif ar bymtheg.[8]

Yr oedd y brodyr yn greaduriaid bywiog, hoff o farchogaeth a nofio. Cyfaddefodd Henry flynyddoedd wedyn iddo ddioddef yn ei ieuenctid ychydig gydwybod euog wedi noson ddifyr a llawen. 'Effaith addysg gynnar yn creu cydwybod annaturiol drwy wahardd fel peth pechadurus bethau dymunol ond cwbl ddiniwed', meddai.[9] Deëller nad ystyrrid marchogaeth na nofio yn arferion pechadurus. Marchogaeth oedd y ffordd hwylusaf a rhataf o deithio, er y peryglon. Bu farw tadcu Henry Richard ac yntau'n 80 oed wedi damwain pan lithrodd ei geffyl ar y ffordd adre o oedfaon pregethu yn Nhreamlod, Wystwg a Blaenwern, Sir Benfro. Torrodd ei goes rhwng y pen-glin a'r sawdl a bu farw o sioc bythefnos yn ddiweddarach. Nodir bod Henry wedi cael o leiaf un ddamwain a allasai fod yn ddifrifol. Pan oedd yn ddeg oed yr oedd yn marchogaeth gyda'i dad i Gymdeithasfa Capel Newydd, rhwng Abercuch a Boncath, pan ddychrynwyd ei geffyl gan haid o frain yn codi o gae gerllaw. Carlamodd y ceffyl a syrthiodd Henry o'i gefn a chael ei lusgo drwy'r llaid a'r cerrig. Yn ffodus torrodd y ddwy warthol ac achubwyd y bachgen rhag cael ei lusgo

1. Prospect House, Tregaron, tua 1885. Hwn yw'r tŷ lle magwyd Henry Richard.

ymhellach onide tebyg y buasai wedi cael niwed difrifol.[10] Am y nofio – roedd glendid yn ail i ddim ond duwioldeb yng ngolwg y teulu a chaent bob rhyddid i ymdrochi yn yr afon.

Tebyg mai gartre y cafodd Henry Richard lawer o'i addysg gynnar, gan ei fam a gan ei dad – pan na fyddai hwnnw ar daith. Nid oedd pobl o ddysg yn brin yn Nhregaron y cyfnod hwnnw. Cyfaill i'w dadcu, tad ei fam, oedd y Parch Theophilus Jones oedd yn byw mewn bwthyn yn Lôn Penyrodyn. Bu Theophilus Jones (1762–1829), un o gewri cynnar Ymneilltuaeth, yng Ngholeg Sant Ioan Ystrad Meurig – fe'i disgrifiwyd fel un o ddisgyblion disglair yr enwog Edward Richard – prawf ei fod yn hyddysg mewn Lladin a Groeg. Anodd mesur dylanwad coleg Ystrad Meurig ar ganolbarth Ceredigion a thu hwnt. Cododd do ar ôl to o offeiriaid – a phregethwyr Ymneilltuol – ac athrawon a lefeiniodd liaws o blwyfi ac ysgolion bychain Ceredigion â dysg. Yn dilyn ei gyfnod yn Ystrad Meurig bu Theophilus Jones yng Ngholeg Trefeca a thebyg y buasai Henry Richard yn taro i lawr ato am ambell wers breifat. Gŵr galluog arall oedd Daniel Jones, Camer

Fach, a thebyg i'r Henry Richard ifanc gael ei ddysgu ganddo yn yr ysgol Sul. Yr oedd ysgol yn Nhregaron a gynhelid gan was sifil wedi ymddeol o'r enw John Jones a'i wraig o Saesnes. Ŵyr oedd y John Jones yma i John Dafydd Daniel, un arall o hoelion wyth cynnar Methodistiaeth.[11]

Nid oedd Prospect House yn brin o lyfrau. Ni fyddai Ebenezer Richard byth yn colli cyfle i brynu llyfrau – rhai ail law ran amlaf – ar ei deithiau. Prynodd nifer pan ddaeth llyfrgell Thomas Blaencyswch ar werth ym 1811. Ymhlith y llyfrau hynny yr oedd *Aesop's Fables* a *The Vicar of Wakefield*, y ddau'n dangos ôl byseddu dwyd.

Anfonwyd dau fab Ebenezer Richard i ddechrau i ysgol yn Chalybeate Street, Aberystwyth, the Mathematical and Commrcial Academy, lle'r oedd prifathro rhagorol o'r enw John Evans a roddai bwys mawr ar fathemateg a phynciau gwyddonol ynghyd â morwriaeth.[12] Mae'n debyg i Edward ddangos peth diddordeb mewn gyrfa forwrol. Yn anffodus ni amlygodd fawr o'r gallu mathemategol hanfodol i forwr sy'n llywio llwybr llong drwy gyfrwng y sêr ac offer morwrol y cyfnod.

Felly y gadawyd yr ysgol yn Chalybeate Street heb y budd a gafodd Lewis Edwards, yr addysgwr disglair o Ben-llwyn, cwm Rheidol, yno. Y Lewis Edwards a sefydlodd Goleg y Bala a'r *Traethodydd* ac a fu'n gyd-efrydydd â'r brodyr Richard yn Llundain. Anfonwyd y ddau frawd i ysgol ramadeg a gynhelid yn Llangeitho, oedd yn hwylusach a nes adre. Y prifathro yno oedd John Jones, Glanleri, Y Borth, yntau'n athro uchel ei barch a addysgwyd yn Ystrad Meurig.[13] Er mai Eglwyswr oedd John Jones yn wreiddiol, aeth at y Methodistiaid. Diwinyddiaeth a gâi'r flaenoriaeth ganddo ond cwynai Lewis Edwards, oedd yma eto'n gyd-ddisgybl gyda'r brodyr Richard, ei fod yn cyfyngu ei hun yn ormodol i astudio'r diwynddion Piwritanaidd. Awgrymir fod Ebenezer Richard wedi anfon ei fechgyn i Langeitho mewn adwaith i ddylanwad Anglicanaidd Ystrad Meurig.

Parhaodd cyfeillgarwch anesmwyth rhwng y ddau frawd a Lewis Edwards gydol eu hoes, a hynny dan amgylchiadau digon anodd ar adegau. Un o'r amgylchiadau hynny oedd y cerydd milain a gafodd Edwards yng Nghymdeithasfa Wystwg, 1830, gan Thomas Richard, Abergwaun, ewythr y ddau frawd, a'i gyhuddo o 'ysbryd balch' oherwydd ei awydd am fwy o addysg. Yr oedd Ebenezer Richard yn fwy boneddigaidd, ond anffafriol oedd yntau i'r cais. Mor finiog oedd geiriau Thomas Richard nes bod Lewis Edwards yn ei ddagrau. Gwelodd y gymdeithasfa fod Thomas Richard wedi mynd yn rhy bell a chafodd Edwards gefnogaeth Edward Jones, y Tabernacl, Aberystwyth, a John Hughes, Pontrobert.[14] Caniatawyd iddo geisio am le mewn coleg diwinyddol Presbyteraidd a sefydlwyd yn Belfast. Ond yn y diwedd dewisodd Brifysgol Llundain, prifysgol newydd seciwlar a sefydlwyd fel adwaith i fonopoli'r Eglwys Sefydledig – 'the godless institution on Gower Street'.[15] Yr oedd Edwards yn fwy ei sêl hyd yn oed na Henry Richard o blaid addysg ac aeth wedyn i Brifysgol Caeredin. Yr un flwyddyn ag y cafodd Edwards y cerydd milain gan Thomas Richard, yr oedd Henry Richard yn cael pob cefnogaeth gan ei ewythr i fynd i Athrofa Gynulleidfaol Highbury, Llundain, a maes o law yn weinidog gyda'r Annibynwyr Saesneg yn Llundain, heb i neb godi llais. Ymhen amser anfonodd Thomas Richard ei fab ei hun i Goleg Dewi Sant, Llanbedr Pont Steffan, coleg Eglwysig a mynd wedi hynny'n offeiriad yn yr Eglwys! Nid rhyfedd fod Lewis Edwards yn coleddu teimladau braidd yn chwerw tuag at deulu Henry Richard. Flynyddoedd wedyn, pan gyhoeddodd werthfawrogiad hael o fywyd a gwaith Ebenezer Richard yn *Y Traethodydd*, cwynodd Lewis Edwards na dderbyniodd air o ddiolch wrth yr un o'i meibion.[16] Diddorol oedd cymhariaeth Evan Phillips, Castell Newydd Emlyn, o natur Thomas ac Ebenezer Richard:

> Yr oedd Ebenezer fel eirinen, yn dyner iawn oddi allan, ond yr oedd carreg yn y canol. Wedi i chwi dorri drwy galedrwydd allanol Thomas Richard, megis trwy grystyn y gneuen goco, byddwch yng nghanol tynerwch a melyster. Ni chyfarfûm i â neb tynerach na Mr [Thomas] Richards (*sic*).[17]

Bu gyrfaoedd Edward a Henry Richard yn cydredeg am gyfnod hir – gofal a phryder rhieni hwyrach yn tybio y byddent yn fwy diogel yng nghwmni'i gilydd tra oddi cartref. Gyda chefnder i fam y ddau fachgen, John Jones, Deri Ormond, yn mwynhau gyrfa lwyddiannus fel meddyg yn Llundain, nid oedd meddygaeth yn ddieithr i'r teulu. Ym 1825 clywsant fod ryw Mr D. F. Nicholl, Caerfyrddin, yn chwilio am brentis, a phenderfynwyd y buasai hyn yn gwneud yn burion i Edward. Yr oedd yn drefniant digon anarferol, rhyfedd yn wir. Darganfuwyd mai myfyriwr 21 oed oedd y Mr Nicholl, a fu'n brentis fferyllydd yng Nghaerfyrddin ac a aeth rhagddo wedyn i Ysbyty St George, Llundain, lle graddiodd yn apothecari trwyddedig. Ymddengys iddo fynd wedyn yn fyfyriwr i Goleg Brenhinol y Llawfeddygon, lle daeth yn aelod ym 1832. Beth bynnag, cafodd Edward ei brentisio i'r

Mri Nicholl, Fryer a Mortimer, Cyffurwyr a Fferyllwyr, Stryd y Farchnad, Caerfyrddin. Ymddengys nad oedd y Mr D. F. Nicholl, er mewn enw yn brif bartner y cwmni, yn weithgar ac y mae Mr Mortimer oedd yn rhedeg y busnes. Mae'n amlwg fod y tâl o £99 a delid gan y prentis yn gyfraniad sylweddol tuag at y gost o gynnal y myfyriwr yn Llundain. Bu cymhlethdodau'r sefyllfa'n fanteisiol. Gan na fedrai Edward gychwyn ar unwaith yr oedd yn rhoi amser i Ebenezer Richard ddod o hyd i'r £99, a chanfod prentisiaeth i'w fab arall, Henry. Yr oedd dau fab y Parch Ebenezer Morris, Tŵr Gwyn, Lledrod, cyfaill agos i Ebenezer Richard, yn llwyddo'n ardderchog ym masnach dillad dynion yn Lerpwl a phenderfynwyd y byddai gyrfa o'r fath yn iawn ar gyfer Henry. Felly, yn bedwar ar ddeg oed, prentisiwyd Henry i John Lewis, dilledydd yn nhref Caerfyrddin, ac yno y bu am y tair blynedd nesaf, gan dalu £15 y flwyddyn am yr hyfforddiant. Yr oedd wrth fodd ei feistr a'i disgrifiodd fel bachgen rhadlon a dawnus a threfnwyd digon o amser iddo astudio.

Ymaelododd y ddau fachgen yng Nghapel Heol-y-dŵr. Ymddengys fod Edward yn cael y gwaith yn y fferyllfa yn anniddorol a syrffedus ac ar ben hynny yr oedd yn dechrau cael amheuon crefyddol oedd yn ofid i'w dad. Rhaid ei fod wedi mynegi'r gofidiau hynny mewn llythyr i'w dad gan i'w dad gyfaddef wrtho mewn llythyr ym 1827 iddo yntau gael ei boeni gan amheuon yn y gorffennol. Ond y flwyddyn wedyn rhaid bod amheuon Edward naill ai wedi cilio neu iddo roi'r gorau i ofidio amdanynt, oherwydd yr oedd ei dad yn poeni'n awr bod ei fab hynaf yn mynd yn ddihitio am grefydd. Sgrifennodd am gadarnhad fod y ddau fachgen yn cymuno wrth Fwrdd yr Arglwydd ac yn gobeithio bod eu meddyliau'n fynych yn 'ystyried eu heneidiau tragwyddol'.[18]

Beth bynnag am amheuon Edward, rywbryd yn ystod ei gyfnod yng Nghaerfyrddin bu digwyddiad fu'n drobwynt yn hanes ei frawd, Henry. Clywodd Henry Richard anerchiad gan Samuel Roberts (1800–85), Llanbrynmair.[19] Gŵr ifanc oedd SR bryd hynny, ni fuasai'n fwy na 30 oed, ac ym mlynyddoedd cynnar ei weinidogaeth yn Hen Gapel (Annibynwyr), Llanbrynmair. Fe'i ordeiniwyd ym 1826[20] ac yn y blynyddoedd 1828–34, darlithiai'n gyson ar ran y Gymdeithas Heddwch. Tebyg mai ar un o'r achlysuron hynny y clywodd Henry Richard ef gyntaf a chael ei swyno gan ei heddychiaeth a'i Ymneilltuaeth radicalaidd. Yr oedd SR yn llinach radicaliaid Cymreig blaengar, pobol fel Richard Price, Llangeinor, awdur pamffledi gan gynnwys *Civil Liberty, American Revolution* a gyfieithwyd i'r Ffrangeg gan y chwyldroadwr Gabriel-Honoré Mirabeau, ac yn anad dim ei *Discourse on the Love of Our Country*.[21] Dangosai'r olaf gymaint o frwdfrydedd o blaid y Chwyldro Ffrengig nes cythruddo Edmund Burke i sgrifennu ei *Reflections on the Revolution in France*, gan ymosod yn ffyrnig ar Price.[22] Mae *Rights of Man* Thomas Paine yn amddiffyniad o safbwynt Price a thrwy hynny bu Paine yn fodd i ddwyn syniadau Price yn ôl adref i do newydd o radicaliaid Cymreig – llawer ohonynt o'r de, fel David Williams, Waunwaelod, Caerffili, Morgan John Rhys, Llanbradach, a Iolo Morganwg – a Thomas Roberts, Llwynrhudol, Sir Gaernarfon, awdur *Cwyn yn Erbyn Gorthrymder*.[23] Roedd ymysg y rhain radicaliaeth grefyddol yn ogystal â chymdeithasol, gyda chryn ddylanwadau o du'r Undodiaid. Yn ogystal â hynny roedd David Williams yn Ddeïst a Morgan John Rhys – er yn Fedyddiwr – yn cyfieithu syniadau deïstaidd Constantin François Volney i'r Gymraeg a'u cyhoeddi'n y *Cylchgrawn Cymraeg* ym 1793.[24] Mae'n debygol mai SR oedd y ddolen â gysylltai Henry Richard gyda'r radicaliaid hynny, a hawdd deall ei gydymdeimlad a'i agosatrwydd at yr Undodiaid a'r Siartwyr maes o law, yn arbennig pan ddaeth yn aelod seneddol Merthyr Tudful.

Diddorol, a dadlennol, mor debyg oedd syniadau SR a Henry Richard ar gynifer o bynciau. Yr oedd y ddau yn gwbl annhyblyg a chyson yn eu gwrthwynebiad i ryfel a'r moli bythol ar filwriaeth. Yr oedd y ddau'n gredwyr mewn Masnach Rydd, a bod cyfnewid nwyddau a syniadau rhwng cenhedloedd yn fodd i sicrhau heddwch. Roedd SR yn dadlau dros ddileu'r Deddfau Ŷd o leiaf chwe mlynedd cyn sefydlu'r *Anti-Corn Law League* ym Manceinion ym 1838,[25] ymgyrch bersonol ddaeth ag ef i gysylltiad yn gynnar gyda John Bright a Richard Cobden, dau o gyfeillion agos Henry Richard wedi iddo ymsefydlu fel gweinidog yn Llundain. (Soniaf eto am gysylltiadau Cymreig Cobden, ond ar un adeg roedd ef a Bright ymysg perchenogion gwaith mwyn Dylife, Sir Drefaldwyn.[26] Cawsant y gair o fod yn gyflogwyr teg a blaengar yn eu consyrn am les eu gweithwyr er, hwyrach, y bu haneswyr yn or-garedig i'r ddau yn hyn o beth.) Gwrthwynebai SR a Richard gaethwasiaeth, yr oeddynt yn gytûn ar yr angen i ehangu'r bleidlais, dros ddatgysylltu Eglwys Loegr oddi wrth y wladwriaeth, hawliau merched, grym landlordiaeth a threthi uchel. Yn achos Rhyfel Cartref America, eto, cymerodd y ddau yr un safbwynt – amhoblogaidd – sef eu amharodrwydd i gollfarnu Taleithiau'r De. Yr oeddynt, hefyd, yn gytûn ar le a phwrpas llywodraeth – sef na ddylai'r wladwriaeth fwynhau hawliau helaeth. Credent yn hawliau'r unigolyn mewn cymdeithas rydd.[27] Yn ddiamau, daeth y ddau'n edmygwyr mawr o'i gilydd a chydag SR yn sefydlu *Y Cronicl* ym 1843, misolyn i bledio achos heddwch a'r materion eraill a nodwyd uchod, tynnodd y ddau'n nes at ei gilydd dros y blynyddoedd. Ni ddylid anghofio, chwaith, i Henry Richard yn fuan wedyn gefnu ar Fethodistiaeth ei dadau ac ymuno â'r Annibynwyr, enwad SR. Yn ddiddorol, hefyd, yr oedd y ddau yn gynnar yn eu bywydau wedi datblygu a meithrin cysylltiadau diddorol yn Lloegr – Richard yn Llundain, ac SR gydag amryw drefi a dinasoedd yng nghanolbarth Lloegr.

Dychwelodd Henry i Dregaron ar 4 Awst 1829, wedi gorffen ei brentisiaeth ac wedi treulio'i amser mewn modd oedd yn glod iddo'i hun, wrth fodd ei feistr a boddhad i'w rieni. Nododd ei dad yng nghofrestr y teulu fod Henry wedi ei dderbyn yn gyflawn aelod yng nghapel Heol-y-dŵr ac iddo dderbyn geirda dymunol iawn parthed ei gymeriad oddi wrth y gweinidog a'r diaconiaid. Dri mis wedyn dychwelodd Edward wedi gorffen ei brentisiaeth yntau, ond nid heb beth anhawster yn ôl tystiolaeth y tad. Yr oedd yntau wedi ei dderbyn yn gyflawn aelod yn ystod ei gyfnod o hyfforddiant a chydag awgrym o ryddhad, nododd Ebenezer Richard nad oedd wedi ymneilltuo o Eglwys Dduw.[28]

Erbyn hynny yr oedd Henry, er prin yn ddeunaw oed, mewn swydd addawol yn y Bristol Emporium, siop ddillad John Matthews, Aberystwyth, ar gyflog o £25 y flwyddyn. Yma eto, yr oedd ei gymeriad a'i waith wrth fodd ei gyflogwr. Lletyau yng nghartref Matthews, a'i disgrifiodd fel gŵr ifanc o argyhoeddiad crefyddol dwfn. Bu Matthews yn gwrando arno'n siarad yn gyhoeddus a gweddïo yng nghyfarfodydd y Tabernacl, Aberystwyth, gan awgrymu fod ganddo rinweddau teilwng o'r gair 'athrylith'. Yr oedd ei hen athro yn Ysgol Ramadeg Aberystwyth, John Evans, hefyd yn flaenor yn y Tabernacl, a chyn pen fawr o dro yr oedd Henry'n athro ysgol Sul poblogaidd ar ddosbarth o ddynion ifanc. Dechreuodd wasanaethu'r capel fel pregethwr cynorthwyol ac er ei fod yn weithiwr cydwybodol yn y Bristol Emporium, yr oedd yn amlwg na fwriadai dreulio oes yn gwerthu brethyn.

Tra'r oedd Henry mewn gwaith sefydlog, nid felly'r brawd hŷn aflonydd. Yr oedd bryd Edward ar fod yn feddyg a mynd yn fyfyriwr i Ysbyty Guy's yn Llundain. Yn ogystal â gyrfa lwyddiannus feddygol cefnder ei fam, John Jones, Deri Ormond, yr oedd cyfnither, chwaer John Jones, yn briod â llawfeddyg enwog, Syr Astley Cooper. Yr oedd cysylltiadau o'r fath yn argoeli'n ardderchog. Hefyd, yr oedd John Jones arall o Dregaron, cyfaill i Edward, eisoes yn fyfyriwr yn

Llundain. Ar 15 Chwefror, 1830 cychwynnodd Ebenezer Richard ac Edward ar eu taith yn y goets fawr am Lundain. Y bwriad oedd dod o hyd i waith i'w gynnal tra'n astudio'n ei oriau hamdden. Yr oedd mater yr arian oedd yn ddyledus i Mary Richard o ewyllys ei brawd, y morwr, yn dal yn ofid. Trefnwyd llety i Edward yn Nhŷ Capel Jewin Crescent gydag Ebenezer Richard yn llenwi naw o Suliau iddynt nes y deuai'r etifeddiaeth fyddai'n galluogi'r teulu fforddio i anfon Edward i goleg a'i gynnal yn Llundain. Aeth peth amser heibio cyn i Edward gael gwaith, ac yr oedd ei dad wedi ymadael â Llundain ar 21 Ebrill a'r mab hynaf yn parhau'n ddiwaith. Ond ar 8 Mai daeth rhyddhad o glywed fod Edward wedi cael gwaith gyda'r Mri Marshall ac Angus, Llawfeddygon, yn Greek Street, Soho, am £18 y flwyddyn a'i gadw. Yr oedd yn amlwg yn uchel ei barch ac yn mwynhau'r gwaith yn fawr – llawer gwell nag yng Nghaerfyrddin.[29]

Ond cyn cael y newydd am Edward, wynebai Ebenezer Richard sioc arall, er yr arwyddion fod Henry'n anesmwytho yn Aberystwyth. Mewn llythyr at ei dad ac Edward yn Llundain, yr oedd awgrym o eiddigedd bod ei frawd yn mwynhau rhyfeddodau Llundain. Gobeithiai y medrai Edward ymgadw rhag syrthio i demtasiynau'r ddinas bechadurus, er ei fod yn hyderus nad oedd berygl iddo wneud hynny a bod ei ymddiriedaeth yn ei frawd hyd yn oed yn fwy na'i ymddiriedaeth ynddo'i hun.

Rai dyddiau wedi iddo ddychwelyd i Dregaron y rhoes Mary Richard y newydd i'w gŵr fod Henry am fynd i'r weinidogaeth. Yr oedd Henry eisoes wedi siarad â'i fam fel y medrai dorri'r garw a pharatoi Ebenezer am y llythyr fyddai'n ei hysbysu am y penderfyniad. Yr oedd heb ddwys ystyried, meddai yn ei lythyr, wedi cychwyn gyrfa nad oedd wedi ei gymhwyso wrth reddf na thuedd ar ei chyfer.[30] Nid gwaith hawdd i'r 'hen JP' oedd tawelu'i gŵr wrth ragweld gorfod cynnal dau fyfyriwr fyddai'n cyfrannu dim at eu cadw. Ar ben hynny roedden nhw'n trefnu i anfon yr ieuengaf o'r plant, Hannah, i ysgol yn Aberaeron. Mae'n amlwg fod Ebenezer yn teimlo fod y ddau fachgen braidd yn anystyriol o'i deimladau a'i fod yn ymwybodol tra yn Llundain fod Edward yn ysu am ei weld yn dychwelyd i Dregaron. Yn sicr yr oedd yn poeni am Edward ac anfonodd ddigon o gynghorion er ceisio diogelu 'anfarwol enaid' ei fab hynaf – i gadw rhag pechod a diogi, bod yn ofalus pa gwmni fyddai'n ei gadw, y lleoedd y byddai'n ymweld â nhw a'r bobl y byddai'n siarad â nhw. Ac i beidio esgeuluso gweddi a bod yn ddiwyd ei addoliad yn breifat a chyhoeddus.

Yn y cyfamser nid oedd y trefniadau ynglŷn â dyfodol Henry yn glir. Mewn llythyr at Edward disgrifiodd Gymdeithasfa Aberystwyth:

> Diau dy fod am i mi fynegi fy marn ar y digwyddiadau. Yr oedd y pregethu ar y cyfan yn dda. Yn fy marn i pregethodd Mr M. Roberts yn well nag y clywais ef erioed. Gweddol oedd Mr Howells, ond yr oedd pregeth fy ewythr [y Parch Tom Richard, Abergwaun] yn y capel yn ardderchog. Prin y clywais y fath draethu erioed – yr oedd y gynulleidfa wedi ei gwefreiddio.³¹

Yr oedd Ebenezer Richard wedi datgelu dymuniad a bwriad Henry i nifer fechan o gyfeillion yn y gymdeithasfa ond nid oedd dim i'w benderfynu nes iddo fynd i Fryste mewn ychydig wythnosau lle byddai'n trafod y mater 'gyda Mr Davies a chyfeillion eraill' – y Parchedig Ddr David Davies, Charlotte Street, mae'n debyg. Yr oedd gan Dr Davies gysylltiadau gwerthfawr, yn eu plith y Parchedig Ddr Ebenezer Henderson, Prifathro Athrofa Gynulleidfaol Highbury³² yn Llundain. Ar 11 Mehefin ysgrifennodd Ebenezer Richard at Edward yn Llundain yn dweud ei fod newydd ddychwelyd o Fryste a'i fod ar fin ymadael am Gymdeithasfa'r Bala a Henry gydag e. Yn amlwg, yr oedd y penderfyniad wedi ei wneud i ymadael â siop ddillad John Matthews yn Aberystwyth a mynd gyda'i dad ar deithiau pregethu nes sicrhau lle mewn athrofa ymneilltuol.³³

Yr oedd Henry'n awyddus am fwy o addysg a phenderfynwyd ceisio lle iddo yn Athrofa Annibynnol Highbury yn Llundain. Yn ddiddorol ni ystyriwyd ei anfon i'r Coleg Presbyteraidd yng Nghaerfyrddin a oedd yn hyfforddi gweinidogion ar gyfer y Methodistiaid Calfinaidd, Annibynwyr, Bedyddwyr a'r Undodiaid. Tebyg bod Ebenezer Richard o'r farn bod gormod o ddylanwad yr Undodiaid ar y lle a'i fod yn ofni'r dylanwadau radicalaidd oedd yn bodoli yn y dref a'r ardal heb sôn am y coleg. Os felly, roedd y niwed hwnnw eisoes wedi'i wneud! Ar 12 Awst cyflwynodd Ebenezer Richard achos ei fab i Gyfarfod Misol Sir Aberteifi a gynhaliwyd ym Mwlchgwynt, Tregaron, eglwys gyntaf Henry. Cafodd gefnogaeth ddiwrthwynebiad i fynd i sefydliad addysgol enwad arall. Arwydd o ddylanwad Ebenezer a'r parch oedd iddo o fewn yr enwad, yn arbennig o gofio profiad annifyr Lewis Edwards. Fel y nododd Henry Richard mewn erthygl yn y *Congregationalist* ym 1876, 'yr oeddwn i wedi penderfynu peidio mynd yn weinidog oni chawn addysg athrofaol, ac felly deuthum i Lundain, er heb unrhyw gynllun penodol'.³⁴

Ymddengys nad oedd Edward yn gorweithio yn y feddygfa yn Greek Street, oherwydd, fel llawer Cymro oddi cartref, fe'i cawn yn hiraethus lunio erthygl i *Seren Gomer* yn disgrifio'r byd yn mynd heibio ffenestr ei lety ar gornel Romilly Street, erthygl a gyhoeddwyd dan y ffugenw 'ap Glanbrennig' (Brennig yw'r afon sy'n llifo drwy Dregaron). Mae'r erthygl yn *Seren Gomer* yn dangos ôl pori yng *Ngweledigaethau'r Bardd Cwsg*, Ellis Wynne, a pheth myfyrio uwch Strydoedd Balchder, Pleser ac Elw. Gellir tybio iddo, hefyd, ddod dan ddylanwad orgraff unigryw a rhyfedd William Owen (Pughe). Eto yr oedd yn ysu cerdded yn dalog hyd goridorau Guy's, ond roedd mater ewyllys Edward Williams yn dal heb ei ddatrys. Un mympwyol ei ddiddordebau oedd Edward ac fe'i cawn dro arall yn anfon traethodau Edward Irving i'w dad. Ymateb Ebenezer oedd eu bod yn odidog fel darlith o gadair esmwyth yr athronydd ond heb fawr o ysbryd pregeth o'r pulpud i eneidiau anfeidrol pechaduriaid brau.[35] Beth bynnag, pan glywodd Edward am fwriad Henry i ddod i astudio yn Llundain aeth ati i sicrhau lletỳ dros dro iddo yn Nhŷ Capel Jewin Crescent a pharatoi ar ei gyfer. Addawodd gymryd amser o'i waith i gyfarfod ei frawd naill ai wrth dafarn y Bolt and Tun neu y Quadrant, Regent Street, gan ddibynnu ar ba goets y teithiai. Aeth cyn belled â chynnig mynd ar ran ei frawd iau i siarad â Thomas Wilson, trysorydd Athrofa Highbury. Nid oedd ball ar hunanhyder Edward – nid oedd ond yn ugain oed ac yr oedd Wilson yn ŵr pwysig, hunanbwysig, yn wir, a thu hwnt o ddylanwadol. Yr oedd yn gyfoethog a thrwy'r cyfoeth hwnnw yr oedd wedi crynhoi grym ac awdurdod sylweddol. Penderfynwyd mai doethach fyddai aros nes i Henry gyrraedd cyn i Edward fynd yn eiriol ar ei ran gerbron Wilson.[36]

2 ∞ *Llundain, coleg, ymsefydlu'n weinidog a thrafferthion Edward*

YMADAWODD Henry Richard â Thregaron ar 18 Awst 1830. Torrodd ei siwrnai ym Mryste gan ymweld â'r Parchedig Ddr David Davies a roddodd lythyr o gymeradwyaeth iddo i'w gyflwyno i'r Dr Ebenezer Henderson, Athrofa Highbury. Ddeuddydd yn ddiweddarach, ar 21 Awst, cyrhaeddodd Lundain a chael llety yn Nhŷ Capel, Jewin Crescent. Yno cyfarfu yn fuan iawn â David Thomas, Cymro Cymraeg oedd hefyd yn fab i weinidog gyda'r Methodistiaid Calfinaidd ym Merthyr Tudful ac a oedd wedi cyfarfod tad Henry Richard pan oedd hwnnw ar ymweliad â Merthyr. Mewn erthygl goffa i David Thomas yn y *Congregationalist* ym 1876 ceir disgrifiad o'u cyfarfyddiad. Yr oedd David Thomas, gyda llaw, yn ewythr i D. A. Thomas (Arglwydd Rhondda), y diwydiannwr a Rhyddfrydwr o Ferthyr fu'n gyd-AS â Henry Richard dros etholaeth Merthyr am gyfnod byr iawn cyn marwolaeth Richard.

> Yn ffodus euthum i letya i Dŷ'r Capel, a phan ddywedais wrth rai o'r cyfeillion fy amcan, hysbyswyd fi fod gŵr ieuanc o Ferthyr o'r enw David Thomas yn lletya yn y tŷ, a'i fod ar fynd i Athrofa Highbury. Ymgyfarfuasom. Yr oedd David Thomas yn llanc tal a thenau, ysgwyddau llydain ganddo, a thoreth o wallt melynaidd heb fawr o drefn arno. Adwaenai fy nhad yn dda, yr hwn a dderbyniwyd i dŷ ei fam ym Merthyr yn ystod rhai o'i ymweliadau â Sir Forgannwg, oherwydd yr oedd llafur fy nhad yn cyrraedd dros bob parth o'r dywysogaeth. Clywsai ef yn pregethu lawer gwaith, a choleddai y parch dwfn hwnnw tuag ato – oedd yn ymylu bron ar addoliad – a deimlir gan y Cymry, ac yn enwedig y Cymry Methodistaidd, at eu pregethwyr mawr.
> Derbyniodd fi yn garedig ac aeth a fi at Thomas Wilson. Nid âf i adrodd hanes fy nerbyniad i Highbury, er y bu'n ddigon difyr. Y cwbl a ddisgwyliwn oedd cael fy nanfon ar brawf am dymor i Rowell. Ond rywfodd llwyddais i basio gyda'r ychydig wybodaeth a feddwn, ac ar ôl

myned drwy'r prawf arswydus o bregethu o flaen y pwyllgor, a'r arholiad a ddilynnodd, cefais fynd ar unwaith i'r Athrofa.[1]

Yr oedd David Thomas flwyddyn yn iau na Henry a bu'n gweithio ym Manc Barclay yn Lombard Street er 1827. Wedi penderfynu mynd i'r weinidogaeth aeth y bachgen o Ferthyr am naw mis o hyfforddiant mewn ysgol yn Rowell, Swydd Northampton. Yn dilyn y cyfnod hwnnw o hyfforddiant cafodd ei dderbyn i Athrofa Highbury ac fel y nodir uchod aeth â Henry i gyfarfod y dylanwadol Thomas Wilson. Hynny a fu a chafodd Henry gyfle i drosglwyddo'r geirda a gafodd gan David Davies, Bryste, i ddwylo'r prifathro, y Parchedig Ddoctor Henderson. Mae'n amlwg iddo wneud argraff oherwydd ar sail ei gefndir a'i addysg penderfynodd yr athrofa beidio a'i anfon i Rowell ond gofyn iddo sefyll arholiad a phregethu gerbron pwyllgor yr athrofa. Anfonwyd llythyron yn cymeradwyo a chefnogi ei gais gan ei gyn-gyflogwyr, John Lewis, Caerfyrddin, a John Matthews, Aberystwyth. Hefyd, yr oedd datganiad o gymeradwyaeth wrth Gyfarfod Misol Bwlchgwynt, Tregaron, gydag ategiad gan y 'Pab Methodistaidd o Fôn', y Parch John Elias. Cafodd ei dderbyn fel myfyriwr ar brawf ar ôl traddodi'r bregeth Saesneg gyntaf yn ei hanes gerbron pwyllgor yr athrofa. Prin y clywodd hanner dwsin o bregethau Saesneg heb sôn am draddodi un ei hunan. Flynyddoedd yn ddiweddarach cyfeiriodd at yr arferiad o gynnwys pregeth Saesneg o dro i dro mewn sasiwn neu gymanfa bregethu yn ei hen ardal gan gyfeirio atynt yn chwareus fel 'brechdan grefyddol' – gydag un gwahaniaeth. Gyda brechdan arferol, yn y canol y ceir y peth blasus ond yn achos y rhain y canol oedd yn ddiflas a'r darnau o bobtu oedd yn flasus! Gydol ei oes fe'i cawn hytrach yn ddilornus o bregethau Saesneg.[2]

Beth bynnag am ei ddiffyg profiad, llwyddodd y gŵr ifanc o Dregaron, a chael ei dderbyn ar brawf, ynghyd â David Thomas a phedwar myfyrwr arall. Symudodd y ddau Gymro i fyw yn yr athrofa ar 6 Medi 1830, a chychwyn cyfeillgarwch oes. Eu cyfeillgarwch – a'u hoffter o bregethau Cymraeg – fu'n gyfrifol am iddyn nhw gael eu hunain mewn trafferth fwy nag unwaith. Cyfaddefodd Henry i'r ddau fod dan anfantais o orfod pregethu'n gyhoeddus mewn iaith nad oeddynt yn gwbl gyffyrddus ynddi ac mewn arddull anghyfarwydd o bregethu.

Felly, nid oedd yn syndod y byddai David Thomas a Henry yn mynychu oedfaon nos Sul yn y capeli Cymraeg, yn enwedig Jewin Crescent:

Yr oedd yn y pulpudau Ymneilltuol (Saesneg) bryd hwnnw bregethwyr enwog . . . ac yr oeddwn wedi eu clywed i gyd. Ond, fel rheol, byddai Mr Thomas a minnau am y ddwy flynedd gyntaf o'n bywyd Athrofaol, cyn i gyhoeddiadau Sabothol dorri ar ein traws, yn myned i'r capeli Cymraeg yn amlach nag i unlle arall, oblegid i ni, yr oedd y weinidogaeth Seisnig yn oer a ffurfiol o'i chymharu â huodledd gwresog ein cyd-wladwyr. Yn y dyddiau hynny, hefyd, llenwid pulpud Jewin gan rai o brif bregethwyr y Dywysogaeth – John Elias, Ebenezer Richard (fy nhad), Henry Rees [Lerpwl], ac eraill, y rhai a dybiwn i, bryd hynny, ac a dybiaf o hyd, yn feistriaid digymar huodledd cysegredig.[3]

Nid hir y bu cyn i John Elias syrthio allan o ffafr Henry oherwydd ei 'agwedd sentimental' at yr Eglwys Sefydledig.[4] Yn y cyfnod rhwng 1815 a 1841 – y flwyddyn y bu John Elias farw – yr oedd y Methodistiaid Calfinaidd wedi troi'n dra adweithiol gan ddangos agosed eu perthynas at 'Yr Hen Fam', sef yr Eglwys Anglicanaidd.

Yn anffodus, roedd cyfarfodydd hwyr Jewin Crescent yn fynych yn cynnwys dwy bregeth a chyfarfod eglwys – 'yr hwn a barhâi am amser maith' – wedi hynny. Gan nad oedd ganddynt yr arian i logi cerbyd ac nad oedd bysus o unrhyw fath doedd dim amdani ond cerdded bob cam o Jewin yn ôl i'r athrofa yn Highbury – awr o gerdded diwyd.

> David Thomas gyda'i goesau hirion a'i gamre breision, a minnau gyda'm coesau byrion a'm camre bychain, yn prysuro adref a'n holl egni, gan daro cipolwg brysiog yn ffenest pob siop lle'r oedd cloc, ac yn llawn gofid y byddem yn methu cyrraedd y pyrth cyn deg.

Byddai drws yr athrofa'n cael ei gloi yn brydlon am ddeg o'r gloch a byddai unrhyw un fyddai'n canu'r gloch wedi hynny yn gorfod wynebu gwg un o'r athrawon, Dr Halley.[5]

Yr oedd Edward, y brawd hŷn, bellach wedi cael ei dderbyn yn fyfyriwr yn Guy's a wedi symud i lety yn Webb Street, yn agos i'r ysbyty. Cyd-letyai gyda chyfaill a chyd-fyfyriwr meddygol, hefyd o Dregaron, o'r enw John Jones – bachgen hynaws, ond o deulu, yn ôl mam Henry, caled a darbodus. Yn ôl Ebenezer Richard, yr oedd Mary Richard yn poeni mwy am John nag am ei meibion ei hun.[6] Yr hydref cyntaf hwnnw y treuliodd Edward a Henry yn Llundain, trawyd nifer o'r boblogaeth, gan gynnwys nifer o fyfyrwyr, gan ryw haint, y colera o bosib.[7] Effeithiwyd Edward ganddo, ond bu farw ei gyd-fyfyriwr John Jones o'r aflwydd. Mewn adroddiad a anfonodd Henry o'r anglad i'w rieni yn Nhregaron, nododd fod Edward wedi ei effeithio'n fawr gan farwolaeth ei gyfaill, a thystiodd mam weddw John Jones mai yr un a deimlodd y golled fwyaf ar ei ôl – heblaw amdani hi ei hun – oedd Edward Richard.

Wedi hynny symudodd Edward i lety yn Crosby Row, eto'n gyfleus i Guy's, a threuliodd y ddau Nadolig 1830 yno, a diolch i lwyth o ddanteithion o Dregaron i dorri ar gyni eu bywyd arferol, a chwmni Henry, adferwyd ysbryd Edward. Yn ystod y cyfnod hwn ceir nodyn bod y brodyr wedi adfer perthynas â Lewis Edwards oedd wedi cychwyn ym Mhrifysgol Llundain ac yn cael y lle'n ddymunol iawn. Mewn llythyr i'w rieni cyfaddefodd Edwards ei fod yn byw 'yn eithaf boneddigaidd' ar hanner peint yn y dafarn bob amser cinio a 't(h)ipyn o fara a chaws a phorter' gyda'r nos.[8] Ddechrau'r flwyddyn cawn hanes y brodyr Richard a Lewis Edwards yn cyd-deithio'n ôl i Geredigion.

Ymysg cydnabod a chyfeillion yn Llundain oedd teulu Jonesiaid Banc yr Eidion Du, Llanymddyfri, nad oeddynt yn rhy barchus yng ngolwg Mary Richard, ond yr oedd yn amlwg fod Edward a Henry yn anwybyddu'r cynghorion i gadw draw wrth y gangen honno o'r teulu. Pan glywodd Mary fod Henry wedi bod am de gyda'r teulu rhoes bryd iawn o dafod iddo. Ymateb Henry oedd taflu un o ddywediadau ei fam yn ôl ati – sef nad oes dim o'i le mewn cymryd perl o enau llyffant. Ar y llaw arall yr oedd Edward yn ei chael yn gryn dreth gorfod ymweld â'r llawfeddyg John Jones, Deri Ormond, yn Llundain. Er hynny, yr oedd ei fam yn pwyso ar y bechgyn i gadw ar delerau da gyda'i chefnder, ond poenai'r bechgyn, Edward yn arbennig, na fyddai'r croeso'n or-gynnes pan ymwelai â chartref y meddyg enwog. Eto, mae'n debyg y byddai John Jones yn croesawu unrhyw newydd o Dregaron a'r cyffiniau, yn arbennig am y gwaith o adeiladu Coleg Dewi Sant, Llanbedr Pont Steffan (a agorwyd ym 1827). Jones oedd trysorydd y gronfa adeiladu yn ogystal â bod yn gyfrannwr hael iddi. Bu John Jones yn hael a defnyddiol, hefyd, yn trefnu i barseli a llythyron gael eu cludo oddi wrth y teulu yn Nhregaron i'r bechgyn yn Llundain.[9]

Cyd-letywr i Edward yn Crosby Row, a chyd-fyfyriwr yn Guy's, oedd Llewelyn Mortimer, mab Trehywel, Pencaer, ger Abergwaun, fferm a atafaelwyd gan y Ffrancod adeg glaniad 1797. Gellir tybio hwyrach y bu i'r digwyddiad rhyfedd ac anarferol hwnnw ddylanwadu ar y teulu Richard. Ganwyd Ebenezer Richard ar 5 Rhagfyr 1781, felly yr oedd yn bymtheg oed pan glaniodd y Ffrancod ar Garreg-wastad, Pencaer, ar 22 Chwefror 1797. Ceir awgrym o'r braw a'r arswyd a brofodd Ebenezer Richard a thrigolion yr ardal yn y cofiant a ysgrifennodd ei feibion Henry ac Edward Williams Richard iddo.[10] Lluniodd Ebenezer gyfres o benillion i'r digwyddiad sy'n cofnodi arswyd yr ardalwyr.[11] Dylid cofio fod y profiad o fod yn rhan o ryfel yn ddieithr i drigolion cyffredin Prydain. Bu llawer yn ymladd mewn rhyfeloedd dros y dŵr ond ni chafwyd y profiad ofnadwy o filwyr estron yn torri i mewn i'n tai a gorymdeithio ar hyd ein heolydd a'n strydoedd. Profiad Ewropeaid a phobl pellach i ffwrdd oedd hwnnw – nid ein profiad ni. Ond yn unigryw, fe deimlodd Ebenezer Richard y profiad hwn. Dïau y gwelodd longau'r Ffrancod yn hwylio oddi ar arfordir pentref ei eni – Trefîn. Hawdd credu i rywfaint o'r ofn hwnnw a deimlodd Ebenezer gael ei drosglwyddo i Henry. A ddylanwadodd hynny ar Henry a magu'r heddychiaeth a ddaeth yn elfen hollbwysig o'i gred a'i bersonoliaeth? Gellir dadlau bod hynny'n bosib.

Yr oedd yr hen gysylltiad â Sir Benfro yn bwysig yng ngolwg Ebenezer Richard a phwysleisiai ei ddymuniad o weld parhad cyfeillgarwch y ddau deulu, cyfeillgarwch oedd yn ymestyn yn ôl dros ddeugain mlynedd. 'Yr ydym yn falch o'r cyfeiriad at Mr Ll. Mortimer yn dy lythyr gan obeithio y bydd iddo barhau a dywed wrtho i mi weld ei dad, ei chwiorydd a'i frawd yn Abergwaun y Sul diwethaf a'u bod mewn iechyd purion', meddai mewn un llythyr.

Amharwyd mymryn ar hwyl Nadolig 1831, gyda Henry eto'n treulio'r ŵyl yn Crosby Row gydag Edward a Llewelyn Mortimer. Cafodd y danteithion a anfonwyd i Lewelyn eu dwyn yn y Trallwng. Yr oedd y certmon wedi gadael ei gerbyd tu allan i un o dafarnau'r dref – ac yn ystod y nos lladratwyd basged oedd yn cynnwys 'dwy ŵydd dew iawn, twrci cystal â dim a welodd neb erioed a dwy betrysen'. Yn ffodus, cyrhaeddodd gŵydd, twrci ac ysgyfarnog a anfonwyd o Dregaron, gyda'r gorchymyn fod y bechgyn i rannu'r cyfan gyda Llewelyn. Os oedd pethau'n fynych yn fain arnynt yn ystod y flwyddyn, ni fu prinder y Nadolig hwnnw er gwaethaf yr anffawd i'r fasged o Drehywel. Derbyniwyd tafod a gŵydd oddi wrth Rowlands yr Ystrad, ger Tregaron, gyda gair o ddiolch am ryw gyngor meddygol a gafodd gan Edward – am ddim yn ddiau gan fod y myfyriwr ifanc yn cwyno'n fynych na chai dâl am driniaethau a roddai i gymdogion yn Nhregaron pan fyddai yno ar wyliau. Yn ei lythyr nododd Rowlands yn ymddiheuriol braidd y buasai wedi cynnwys ysgyfarnog yn y fasged – petai wedi dal un mewn pryd! Cyrhaeddodd digonedd o fenyn a chaws o Drehywel maes o law.[12]

Astudiai Edward mor ddiwyd fel y byddai Henry'n cwyno nad oedd fyth yn gadael ei lety ac nad oedd 'modd i'w ddarbwyllo i ymweld â mi'.¹³ Er hynny, ymddengys mai Edward oedd y llythyrwr mwyaf cyson yn y cyfnod hwn, ac ef oedd yn anfon y newyddion adref am ddigwyddiadau yn Jewin Crescent lle'r oedd y ddau frawd yn ffyddlon. Anfonodd Edward adroddiad o ddathliadau canmlwyddiant diwygiad 1732 (bu amryw, yn fawr a bach, yn ystod y ganrif gan gynnwys diwygiad Llangeitho tua 1735 yn dilyn troedigaeth Howell Harries yn yr un flwyddyn) gan ganmol diwyg y capel a'r canu, a beirniadu'r areithiau a'r pregethau am fod yn faith, syrffedus ac anniddorol.¹⁴

Wedi gyrfa addysgiadol fu, hyd yma, yn llwyddiannus odid disglair, methodd Edward ei arholiadau ym Mehefin 1832 – beio'r cnafon mympwyol o arholwyr yn hytrach nag unrhyw anallu ar ran ei frawd oedd ymateb Henry. Aeth Edward adref ar ei union i Dregaron gan adael Henry yn Llundain. Yr oedd ei rieni'n siomedig ond heb boeni'n ormodol am y peth – gorthrymder fâg amynedd oedd agwedd Ebenezer a Mary Richard. Wedi i Henry ddod adref treuliodd y bechgyn yr haf yn marchogaeth a mynd am ambell drip i lan môr. Dychwelodd Henry i Highbury ddiwedd yr haf ond arhosodd Edward yn Nhregaron, yn ffodus fel y digwyddodd, oherwydd trawyd Ebenezer Richard gan ryw lesgedd rhyfedd ganol mis Hydref. Ceisiwyd cadw'r newydd oddi wrth Henry gan gredu na fuasai'r wybodaeth yn cyrraedd Llundain. Ond un nos Sul yn Jewin Crescent, cafodd wybod gan ddyn oedd newydd gyrraedd o Langeitho fod ei dad yn graddol wella wedi salwch difrifol. 'Ydy hyn yn bosib', ffromodd Henry mewn llythyr at y teulu, 'a minnau'n clywed yn y fath fodd!'¹⁵

Adre yng Ngheredigion aeth Edward a'i fam a'r claf am wythnos o newid awyr yn Aberaeron a wnaeth y byd o les i Ebenezer. Ei ofid pennaf oedd am hynt a helynt y diwygiad oedd newydd dorri allan yn Nhregaron gyda hanes fod 40 wedi'u derbyn i'r gorlan ac yn Llangeitho lle cafodd 120 eu 'hachub'. Erbyn mis Rhagfyr yr oedd Ebenezer Richard wedi gwella digon i Edward fedru dychwelyd i Lundain. Cafodd Henry beth trafferth yn cysylltu â Llewelyn Mortimer a dod o hyd i lety Edward. Yr oedd gwraig y lety wedi symud tŷ, ac er iddi adael nodyn i'r perwyl yn Nhŷ Capel, Jewin Crescent, anghofiodd gynnwys ei chyfeiriad newydd! Beth bynnag daeth Dydd Nadolig a mwynhaodd y tri ŵydd ac ysgyfarnog ymysg danteithion eraill a anfonwyd o Dregaron a Threhywel a'r noson honno aeth y ddau frawd i Ysgol Sul Jewin lle rhoddodd Edward hanes y diwygiad yn Nhregaron. Yr oedd yr effaith, meddai, hyd yn oed ar y caletaf yn syfrdanol gyda llawer o wylofain ac edifeirwch am bechodau. 'Yr oedd hyd yn oed Ifan y tunmon wedi ymuno.' Ail-eisteddodd Edward ei arholiadau ddiwedd Ionawr, 1833, a'r tro hwn bu'n llwyddiannus gan fynd rhagddo'n sydyn iawn i sefydlu ei feddygfa yn Chiswell Street, Finsbury.[16]

Pa mor bwysig, tybed, oedd ymadawiad Henry Richard â cheidwadaeth dawel Methodistiaeth Ceredigion am enwad mwy radicalaidd yr Annibynwyr? Enwad o bregethwyr/newyddiadurwyr â'u hymrwymiad i faterion cymdeithasol.[17] Nodwyd eisoes mor adweithiol oedd enwad y Methodistiaid ac mor agos ydoedd at yr Eglwys Anglicanaidd yn y blynyddoedd 1815–41, cyfnod teyrnasiad John Elias. Nodwyd eisoes, hefyd, adwaith yr Henry Richard ifanc tuag at geidwadaeth Elias. Yr oedd gagendor sylweddol rhwng tueddiadau Toriaidd y Methodistiaid ac enwadau radicalaidd yr Annibynwyr, Bedyddwyr a'r Undodiaid tra dylanwadol er yn llawer llai niferus. Hwy oedd arweinwyr radicaliaeth wleidyddol – yn Llundain neu Ferthyr Tudful. Addo nefoedd yn y byd a ddaw oedd y Methodistiaid, brwydro am rywbeth gwell yn y byd hwn – nefoedd ar y ddaear – oedd yr Annibynwyr, Bedyddwyr ac Undodiaid. Yn enwad yr Annibynwyr, darganfu Henry Richard y cartref ysbrydol oedd yn gydnaws â'i bersonoliaeth a'i natur ymosodol.

Ni phoenai am dynnu pobol i'w ben – neb llai na'r grymus a dylanwadol Thomas Wilson, trysorydd yr athrofa. Yr oedd Wilson wedi addo y byddai Henry, oedd bellach yn fyfyriwr yn ei drydedd flwyddyn, yn cael ei dalu am wasanaethu ar y Suliau – tâl a fuasai'n ddigon i'w gynnal, ond fel yn achos myfyrwyr eraill fe'i siomwyd. Yr oedd wedi mwynhau cyfnod yn gwasanaethu yn Framlingham yn Suffolk, ond erbyn talu ei dreuliau nid oedd ganddo ddim yn weddill a gwrthododd fynd yno eto. Teyrn – rhadlon mae'n wir – oedd Wilson a disgwyliai barch ac ufudd-dod. Yn wahanol i eraill a gafodd gam gan y gŵr mawr, nid oedd Henry – er ei barch i dduwioldeb a haelioni Wilson – yn un i sleifio'n ddirgel i'w swyddfa ac ymgreinio. Wilson fyddai'n deddfu pa fyfyrwyr fyddai'n mynd ac i ble i gadw'r Suliau. Yr oedd ganddo, hefyd, gryn ddylanwad mewn penodiadau i'r weinidogaeth. Penderfynodd Wilson anfon Henry am ddeufis i Croydon yn ystod ei wyliau haf. Ateb Henry oedd cytuno i fynd am fis, ond ei fod yn mynd adre i Dregaron am y mis arall.[18]

Mae'n amlwg nad oedd ei rieni'n hapus o glywed bod Henry'n ffraeo gyda'r gŵr mawr a'u bod yn poeni y byddai ei fyrbwylltra'n amharu ar ei yrfa. Dychwelodd Henry i Lundain wedi bwrw Sul ar ei ffordd yng nghartref ei gyfaill David Thomas ym Merthyr. Ac yn syth i ffrae arall gyda Thomas Wilson a orchmynodd iddo fynd i Croydon eto. Gwrthododd Henry gan ddweud yn blaen ei fod wedi traddodi ei holl bregethau yno'n barod ac nad oedd ganddo'r amser i baratoi rhagor. Pan glywodd Mary Richard anfonodd gopi o sgwrs y byddai hi'n ei defnyddio o dro i dro pan fyddai angen tawelu'r dyfroedd. Wyddom ni ddim beth oedd cynnwys y sgwrs ond ymddengys fod Henry'n gwerthfawrogi ei chynghorion. Ceisiodd Edward, hefyd, annog Henry i bwyllo. Yr oedd Edward wedi ymsefydlu ei hun yn llwyddiannus er iddo nodi gyda pheth gofid tua diwedd 1833, fod deiliaid Ei Fawrhydi yn mwynhau iechyd arbennig o dda. O glywed hyn, anfonodd y teulu yn Nhregaron glamp o dwrci 'bron cymaint â llwdwn' y bu Edward a Llewelyn Mortimer yn gwledda arno am agos i wythnos yn ôl Henry. Ysbrydolwyd Henry i lunio pennill i ganmol yr aderyn blasus:

> It was glorious to sit and see Edward split
>   The limbs of that beautiful creature
> While the rich fumes arose refreshing the nose
>   And spreading delight on each feature.
> Not often the mind such enjoyment can find
>   In a world so sad and so murky,
> So complete a delight as we felt that night
>   In eating that beautiful turkey.[19]

Ceir hanesyn bach difyr am Henry'n cymryd dosbarth Beiblaidd o ferched ifanc bywiog ac 'aeddfed' eu gwedd yn Ware, Swydd Hertford, ac yn cyfaddef nad oedd yn waith hawdd i bregethwr ifanc 22 oed. Dywed iddo geisio edrych yn ddwys a duwiol, ond na fedrai ymatal rhag gwenu llawer![20]

Parhau i sangu ar gyrn Thomas Wilson oedd Henry, gan ddangos amharodrwydd i wneud yr hyn a ddisgwylid ganddo. Yr oedd ei rieni a'i frawd yn argyhoeddiedig fod Henry yn niweidio'i ddyfodol drwy fynd i'r afael ag achosion, teg mewn egwyddor, ond a roddai'r argraff ei fod yn ddyn ifanc anodd i'w drin. Fe'i dewiswyd yn ysgrifennydd pwyllgor i drefnu cyfarfod cymdeithasol roddai gyfle i fyfyrwyr gyfarfod prif weinidogion Ymneilltuol Llundain. Yr oedd hefyd yn ysgrifennydd pwyllgor myfyrwyr i lunio deiseb i'r Senedd am yr annhegwch a ddioddefai Ymneilltuwyr. Buasai wedi arwain y ddirprwyaeth a chyflwyno'r ddeiseb i'r Arglwydd Holland a John Wilkes oni bai iddo gael ei anfon – yn fwriadol tybed? – i bregethu yn Ipswich a'i rhwystrodd rhag dychwelyd mewn pryd. Ef, hefyd, oedd ysgrifennydd pwyllgor a ffurfiwyd i achub cam myfyriwr a ddiarddelwyd am ddiffyg ufudd-dod. Mae'n debyg i'r myfyriwr dan sylw gwyno braidd yn ffyrnig nad oedd yn cael mynd allan ond yn anfynych i bregethu oherwydd fod Thomas Wilson wedi cymryd yn ei erbyn. Bygythiodd y myfyrwyr ddwyn yr achos i sylw'r cyhoedd oni ddiddymid y gosb. Henry ei hun fu'n gyfrifol am eirio'r llythyr bygythiol a anfonwyd at ysgrifennydd yr athrofa. Pwdlyd oedd yr ymateb, yn anghymeradwyo ymyrraeth y myfyrwyr ond yn cytuno i'w cyfarfod. Ffurfiodd Undeb y Myfyrwyr a berthynai i'r pum academi ymneilltuol yn Llundain ac yn ogystal sefydlodd a bu'n olygydd cylchgrawn Athrofa Highbury.[21]

Brifwyd Henry gan ddiffyg cefnogaeth ei dad a sgrifennodd ato'n ei sicrhau nad oedd y gweithredu a'r ymgyrchoedd hyn yn niweidiol o gwbl iddo ef ei hun a'r unig rai a effeithid er gwaeth oedd Mr Wilson a'r tiwtoriaid. Gwnaeth Edward ei orau i gymodi Henry a Wilson ac aeth i'r drafferth o berswadio Thomas Wilson i gadeirio cyfarfod o'r Feibl Gymdeithas yn Jewin Crescent lle traddododd Edward anerchiad yn Saesneg a gafodd dderbyniad gwresog yn ôl yr hanes. Aeth Henry ddim ar gyfyl y cyfarfod!

Mae'n amlwg bod nifer o Anghydffurfwyr pwysig yng nghyffiniau Llundain yn gefnogol i Henry, yn eu plith ŵr dylanwadol a deallus o'r enw Mr Challis yn Croydon a ddywedodd wrth Thomas Wilson ei fod yn edmygwr mawr o bregethau'r gŵr ifanc. Ymateb Wilson oedd ei fod yn edmygu gallu Henry Richard ond nad oedd yn hoffi ei dymer. Gan ychwanegu: 'Henry has got it in him and we must get it out of him.' Ni wyddys ai cyfeirio yr oedd at allu neu dymer Henry. Ceisiodd un arall o edmygwyr Henry, ryw Mr Wastie, sicrhau galwad iddo i Eglwys Annibynnol Esher Street, Kennington. Trefnwyd cyfarfod i drafod y mater a bu Edward yn ddigon annoeth i fynd iddo. Yr oedd yn bresennol rai oedd yn elyniaethus i'r syniad a chyhuddwyd Mr Wastie, druan, o ddod ag Edward yno i bleidleisio dros ei frawd.[22]

Canlyniad y siomedigaethau hyn, a gorweithio, oedd fod Henry yn mynd yn flin ac yn dioddef o iselder ysbryd. Cwynai am ei frawd. Beirniadodd hen gyfaill ei dad, yr arch-geidwadwr John Elias o Fôn, am gynnig parthed cefnogi Eglwys Loegr. Penderfynodd Edward mai yr unig ateb oedd ei annog i fynd adref i anadlu awyr iach Tregaron am ysbaid. Penderfynodd Ebenezer Richard y buasai cyhoeddiad yn gwneud y byd o les iddo. Aeth â Henry i'r cyfarfod misol yn Llanarth, ac ymlaen i Abergwaun i aros gyda'i ewythr a'i fodryb, y Parch Thomas a Bridget Richard, ac yna at chwaer ei dad, Mary Richard, yn Nhrefîn. Wedyn aeth y ddau i'r gymdeithasfa yn Nhŷ Ddewi ac er cwyno mai diflas oedd y pregethu yr oedd Henry'n llawn canmoliaeth i'r lletty a'r croeso a gawsant gan yr offeiriad lleol a'i deulu, ryw Mr Richardson. Rhagddynt â hwy i Hwlffordd a Chaerfyrddin lle nodir i Ebenezer Richard ymweld â 'Mr Charles a Mr T. Evans a benodwyd gan y Gymdeithasfa i baratoi llyfr emynau newydd i'w ddefnyddio yn y De'. Tebyg mai David Charles (yr ieuengaf) oedd y Mr Charles, ef oedd prif olygydd *Casgliad o Hymnau Hen a Newydd at Wasanaeth y Trefnyddion Calfinaidd* a gyhoeddwyd ym 1841, er bod awgrym ei fod bron yn barod i'r wasg pan ymwelodd Ebenezer a Henry Richard â nhw. Yng Nghaerfyrddin bu raid iddo wynebu llif o ymholiadau am ei frawd – sut oedd ei iechyd, a oedd yn debyg o briodi yn fuan ac yn y blaen.[23]

Ymddengys yn debygol fod Henry yn y cyfnod hwn yn dioddef cryn ansicrwydd a diffyg hyder a swildod er ei frwydrau a'i gicio cyson tros y tresi. Yr oedd, hefyd, yn cael ei dynnu rhwng syniadau newydd a radicaliaeth, soffistigedig Llundain a symlrwydd gwledig Tregaron. Poenai am ei ddiffyg sicrwydd crefyddol, hefyd. Awgrymodd yr Athro Ieuan Gwynedd Jones[24] ei fod ar fin torri i lawr yn ei flwyddyn olaf yn Highbury. Awgryma ymhellach mai o hynny ymlaen Tregaron, Ceredigion a Chymru fu ei angor gydol ei fywyd. Gellid ychwanegu'r iaith Gymraeg at y rhestr er mai Llundain fu ei gartref weddill ei oes. Pregethai a darlithiai ynddi bob cyfle a gâi.

Yr oedd Edward yn y cyfamser yn dechrau colli'i ben gyda barddoniaeth a syniadau Coleridge. Sychedai Henry, ar y llaw arall, am wybodaeth am ddigwyddiadau gwleidyddol y dydd. Poenai am frad dyn at ddyn ac yr oedd yn dod i gredu nad oedd 'ein cyd-ddynion yn ddim amgen na chymuned o ragrithwyr, yn fythol gael eu twyllo a thwyllo ei gilydd – bu'n fendith i mi ddarganfod y ffaith hon yn gynnar yn fy mywyd'.

O dipyn i beth daeth Henry dros y diflastod hwn ac adferwyd ei iechyd. I beth y bu'r diolch wyddom ni ddim – awyr iach Tregaron, y wasgod wlanen gafodd gan ei fam, moddion Edward neu ei gyngor i ymdrochi'n gyson yn y môr. Neu bob un ohonyn nhw. Neu hwyrach swm o £280 a ymddangosodd yn sydyn yng nghyfrif banc y teulu – arian o ewyllys Edward Williams y morwr, mae'n debyg. Beth bynnag, yr oedd Henry yn prysur adfer ei hen hwyliau. Yng ngwanwyn 1834 yr oedd adferiad ei iechyd yn llwyr ac yn ôl ag e i Lundain. Wedi cyrraedd Cheltenham gymaint oedd ei awydd i ddychwelyd i Lundain fel y dewisodd deithio drwy'r nos er gorfod talu pymtheg swllt yn ychwanegol i wneud hynny.[25]

Cyrhaeddodd Lundain a chanfu Edward mewn hwyliau ardderchog, ei feddygfa'n llawn a chriw llawen o ffrindiau'n swpera gydag e. Nid yn unig y bu Edward yn cynghori Henry parthed ei iechyd ond bu hefyd yn gwneud popeth yn ei allu i hybu gyrfa ei frawd yn y ddinas. Cadwodd gysylltiad gyda Thomas Wilson yn yr athrofa a gyda rhai arweinwyr anghydffurfiol dylanwadol eraill yng nghyffiniau Llundain, fel Mr Challis yn Croydon a Mr Wastie yn Esher Street. Sicrhaodd addewid gan Henry y byddai'n ymweld â'r athrofa cyn gynted a phosib – ond yr oedd y tiwtoriaid a phawb i ffwrdd ar y dydd a ddewisodd. Trefnodd Edward gyfarfod o Gangen Gymreig Cymdeithas y Beibl yn Jewin gyda Mr Challis yn y gadair a Henry'n annerch. Cyfle arall i Mr Challis glywed Henry'n siarad. 'Bu'r cyfarfod cystal ag y gellid ei ddisgwyl o gyfarfod Saesneg mewn capel Cymraeg gerbron cynulleidfa o Gymry', oedd sylw sychlyd Henry. Aeth mis arall heibio cyn i Henry ymweld â Thomas Wilson. Beth bynnag yr oedd yn rhyddhad i'r teulu yn Nhregaron glywed wrth Edward i Henry gyfarfod y gŵr grymus hwnnw ar 15 Mehefin a chael addewid y byddai'n ceisio lle iddo i gyflenwi dros dro mewn rhyw gapel neu'i gilydd.[26]

Bu Wilson cystal â'i air a chafodd Henry fynd am fis o brawf i Gapel Cynulleidfaol Marlborough, capel Saesneg, yn yr Old Kent Road. Bu David Thomas, ei gyfaill o Ferthyr, ar fis o brawf yn yr un capel yn union o'i flaen ac yr oedd yn amlwg fod y ddau yn cystadlu am yr un swydd. Ceir awgrym y bu peth cynllwynio'n y dirgel – o bosib gan Edward – a pheth siarad annoeth gan Henry yn y cyfnod hwn. I gymaint graddau fel y bu i Ebenezer Richard annog ei fab iau i bwyllo ac arfer doethineb wrth siarad hyd yn oed gyda 'chyfeillion mynwesol'. Ymateb Henry oedd ceisio bwrw'r bai ar Edward a oedd o 'gyfansoddiad drwgdybus na fu ac na fydd ganddo hyder llwyr yn niffuantrwydd yr un person byw heblaw, efallai, ynom ni'. Ychwanegodd: 'Ni welais y bwriad lleiaf gan Thomas i wneud niwed i mi yng ngolwg eraill. Ar y llaw arall siaradodd yn uchel amdanaf wrth Wilson ac eraill. Rwyn casáu anniolchgarwch ynof i fi fy hunan yn fwy nag annidwylledd mewn eraill.'[27]

Beth bynnag am unrhyw sibrwd a chynllwynio gofynnwyd i Henry dreulio Awst 1835, ar fis o brawf yn Marlborough ac ar ddiwedd y cyfnod cafodd alwad i fod yn weinidog yr eglwys.

Cyn gynted ag y daeth y newydd y byddai Henry Richard yn cael ei ordeinio aeth Edward ati i wneud trefniadau. Yr oedd yn awyddus i'w fam ddod i Lundain ar gyfer y digwyddiad, yn bennaf oherwydd bu iechyd Ebenezer Richard yn fregus ers tro. Yr oedd hefyd am i'w fam weld ei dŷ newydd. Mawr oedd ei ffwdan yn sicrhau dillad gweddus rhag dwyn anfri ar Henry gerbron ei gynulleidfa barchus ddinesig. Yr oeddynt wedi cychwyn y daith ar 3 Tachwedd 1834, gan oedi yn Llanymddyfri er sicrhau seddau tu fewn i'r goets. Wedi teithio ddydd a nos o Lanymddyfri cyrhaeddasant St Martins le Grand am saith y bore ar 7 Tachwedd. Ysgrifennodd Ebenzer yng nghofrestr y teulu iddynt gael eu lletya yn annwyl a charedig yng nghartref Edward yn 45 Chiswell Street. Bu'r hen ŵr yn bur wael yn Llundain ond llwyddodd i eistedd drwy'r cyfarfod sefydlu ar 11 Tachwedd a'r cinio i'r gwahoddedigion yn nhafarn y Kentish Drover am dri y prynhawn. Nodir bod 40 o weinidogion yn bresennol a bod y Parch John Burnet a'r Dr Ebenezer Henderson ymysg y rhai fu'n gweinyddu. Gwaethygodd iechyd Ebenezer Richard wedi hynny ac aeth y teulu drwy gyfnod gofidus – yr oedd Mrs Mary Richard yn poeni y byddai farw a byddai'n rhaid ei gladdu yn Llundain. Ond gyda gofal Edward daeth trwyddi'n rhyfeddol ac ymhen pythefnos yr oedd ar ei draed ac yn pregethu yn Sul Cymun cyntaf ei fab ar 11 Rhagfyr.[28] Ysgrifennodd yn frwd at gyfeillion yn Llanbedr Pont Steffan:

> Y Saboth diweddaf ydoedd Sul Cymun cyntaf ein hannwyl Henry ar ôl ei ordeinio; aeth ei fam a'i frawd a minnau i'w gapel i fod yn bresennol ar yr achlysur difrifol. Ond beth feddyliwch o glywed i'ch hen gyfaill, E. Richard o Dregaron, sefyll ar ei draed a phregethu pregeth Saesneg i gynulleidfa gyfrifol iawn yn y brif-ddinas? Mi wn y chwardd Mrs Jones yn iach am ben hyn, ac y dywed ond odid – 'Yr hen ŵr gwirion, druan, y mae ei benwendid yn dyfod arno; ac y mae yn dechrau mynd yn hen.' Ar ôl y bregeth, cawsom y mawr hyfrydwch o eistedd i lawr wrth Fwrdd yr Arglwydd, a'n hanwyl Henry yn gweinyddu. Yr oedd bron yn ormod i'n teimladau ddal, ac mewn gwirionedd, yr oedd fel rhyw nefoedd fechan i ni ar y llawr.[29]

Pan ddechreuodd Henry Richard ar ei waith yn eglwys Marlborough, canfu fod gwaith mawr yn ei aros. Yr oedd dyled yr eglwys yn £1,800 a byddai hyn yn cyfyngu ar ei weithgarwch fel gweinidog. Er bod cynulleidfa dda yn yr oedfaon a lle i fil, nifer fychan oedd yn aelodau. Heblaw hynny nid oedd yn eglwys unedig iawn, her arall i ŵr ifanc 23 oed, na fu, fel myfyriwr, yn enwog am bwyll a doethineb. Beth bynnag, ymdaflodd i'r gwaith gyda brwdfrydedd ac ymroddiad a llwyddwyd mewn saith mlynedd i glirio'r ddyled. Am nifer o flynyddoedd bu raid cynnal yr ysgol Sul yn yr oriel uwchben y fynedfa. Y capel, hefyd, oedd yr unig le i gynnal cyfarfodydd yn yr wythnos ac yr oedd angen mwy o le. Cafwyd benthyciad di-log gan un o'r aelodau ym Mehefin 1838, ac agorwyd festri helaeth gyda lle i ddau gant y tu cefn i'r capel ar 10 Ionawr 1839. Derbyniwyd 269 o aelodau newydd, sefydlodd ddwy ysgol Sul a chymdeithas lenyddol i'r bobl ifanc. Yn ogystal, agorwyd ysgol ddyddiol Frytanaidd ar gyfer plant yr ardal yn Oakley Place, Old Kent Road, yn bennaf drwy ymdrechion Henry Richard.[30]

Yn ôl John Eastty yn y *Freeman*,[31] yr oedd Richard eisoes yn bregethwr adnabyddus cyn ei sefydlu yn Marlborough diolch i wahoddiadau cyson i lenwi pulpudau rhai o gapeli enwocaf Llundain. Darllenai ei bregethau, ond â gosgeiddrwydd anghyffredin, meddai Eastty. Byddai'r gynulleidfa'n canolbwyntio cymaint ar ei wyneb fel nad oeddent yn ymwybodol ei fod yn darllen ei bregethau a medrai droi'r tudalennau mor ddeheuig fel na fyddai neb yn sylwi. Nododd W. A. Essery hefyd ei fod yn darllen ei bregethau,[32] ond yn ôl traddodiad yn Marlborough yr oeddynt yn hir, dadleugar a sych. Medrai ei areithiau seneddol fod yn anodd hefyd, gyda brawddegau hir, ac isgymalau llafurus. Yn hynny nid oedd yn wahanol i aelodau seneddol eraill. Ond ar lwyfan yr oedd ei areithiau'n llawer mwy uniongyrchol a chynhyrfus (gweler pennod 6).

Yn ôl yng Nghymru priododd Mary, chwaer Henry, â Sam Morris, mab ieuengaf y diweddar Barch Ebenezer Morris, Tŵr Gwyn, Lledrod, un o gyfeillion mynwesol Ebenezer Richard. Yn Eglwys y Plwyf, Sant Caron, y bu'r briodas a hynny ar 13 Gorffennaf 1836. Aethant i fyw i Garreg-wen a daeth Sam Morris, maes o law, yn flaenor yn Nhŵr Gwyn a chael y gair o fod yn dipyn o deyrn a godai arswyd ar bregethwyr ifanc.[33] Y flwyddyn wedyn, yn yr ail wythnos o Fawrth 1837, bu farw Ebenezer Richard ac yntau newydd ddychwelyd i Dregaron o daith bregethu yng ngogledd y sir. Yr oedd yn amlwg fod ymdeimlad mawr o golled ar ei ôl – 'fe gâs Cymru golled fawr, fe gâs Sir Aberteifi fwy, fe gâs Tregaron fwy na hynny' oedd un farn. Disgrifiodd John Elias ef fel un 'heb ei fath . . . fe symudai ef y maen eu hun, trïwch chithau ei symud i gyd gyda'ch gilydd'.[34]

Bu'r pymtheng mlynedd a dreuliodd Henry Richard yn weinidog Capel Marlborough Street yn allweddol yn ei ddatblygiad ysbrydol, gwleidyddol a deallusol. Yr oedd safle yr Old Kent Road yng nghanol Llundain a rhoes y cyfle i Henry Richard ymsefydlu ei hun yng nghymdeithas Ymneilltuol Llundain. Daeth yn rhan o'r rhwydwaith gweinidogaethol ymneilltuol gan ymgysylltu â chylch o wŷr lleyg oedd yn flaenllaw ym myd addysg, gwleidyddiaeth radical a gwaith dyngarol. Eisoes, yn Jewin Crescent daeth i gysylltiad â'r gwas sifil dylanwadol (Syr) Hugh Owen (1804–81) o Fwrdd Deddf y Tlodion. Gweithiodd Hugh Owen yn ddyfal i lusgo Cymru fwyfwy i gylch y wladwriaeth Brydeinig. Fel nifer o ddosbarth canol Seisnigedig y cyfnod nid oedd y Gymraeg yn uchel ymhlith ei flaenoriaethau. Anogai ei gydwladwyr, lawer iawn ohonynt yn uniaith Gymraeg, i fabwysiadu'r Saesneg fel iaith cynnydd yr ymerodraeth a masnach. Bu Owen a'i ddilynwyr yn gyfrifol am berswadio'r beirdd i ildio'u safle breintiedig yn yr eisteddfod i gerddorion a chantorion fyddai'n perfformio o flaen y frenhines ac ennyn bri i Gymru fel 'Gwlad y Gân' – heb sôn am Seisnigeiddio'r ŵyl. Os yw'r hyn ysgrifennodd Richard yn nes ymlaen yn ei fywyd yn ei *Letters and Essays on Wales* yn dynodi unrhywbeth, mae'n annhebyg i'r ddau fod yn unfarn ar y mater hwn.[35]

Yn Llundain yr oedd pencadlysoedd y prif enwadau a'r mudiadau cyd-enwadol, y Gymdeithas Feiblaidd, y Gymdeithas er Hybu Addysg Gristnogol (SPCK), a'r Gymdeithas i ddileu Caethwasiaeth. Hefyd y Gymdeithas er Hybu Rhyddid Crefyddol – bu Henry tra yn Athrofa Highbury yn ysgrifennydd pwyllgor y myfyrwyr i bwyso ar y Senedd i unioni cwynion yr Ymeilltuwyr ym 1834. Yr oedd dylanwad y Gymdeithas er Hybu Rhyddid Crefyddol, rhagflaenydd y Gymdeithas Rhyddhau Crefydd oddi wrth Nawdd a Rheolaeth y Wladwriaeth, ar gynnydd drwy gyfrwng y defnydd effeithiol a wneid o'r wasg. Hefyd, yn Llundain yr oedd cyfnodolion Anghydffurfiol dylanwadol yn cael eu sefydlu, fel yr *Evangelical Review*, y *Congregational Quarterly* a'r *Eclectic Review*, fu'n gyfrwng i ledu syniadau o Lundain allan i weddill y Deyrnas Unedig. Ym 1841 sefydlwyd y *Nonconformist* dan olygyddiaeth Edward Miall, cyfaill agos i Henry Richard. Yr oedd Richard bellach yn camu i fewn i draddodiad y pregethwr/newyddiadurwr oedd yn nodwedd o arweinwyr enwadau'r Annibynwyr a'r Bedyddwyr. Hwy – a'r Undodwyr – oedd yr enwadau mwyaf radicalaidd. Maes o law, ym 1855, ac yntau wedi cefnu ar y weinidogaeth a Chapel Marlborough, sefydlwyd y papur dyddiol y *Morning Star*, gyda Richard yn gyd-olygydd.

Nid yn unig y bu ei bymtheng mlynedd yn weinidog Capel Marlborough yn gyfnod dylanwadol ar Henry Richard, yr oedd yn gyfnod cynhyrfus a phwysig yn nhwf a datblygiad gwleidyddiaeth Anghydffurfiol.[36] Roedd y cynghrair a sefydlwyd rhwng yr Ymneilltuwyr a'r Chwigiaid ac a lwyddodd i ddiddymu'r Deddfau Prawf a

Chorfforaethol ym 1828 yn chwalu, ond roedd y pwysau o du'r Anghydffurfwyr am fwy o gydraddoldeb sifil a chymdeithasol yn dwysàu. Ar faterion megis y dreth eglwys, agor y prifysgolion i Anghydffurfwyr, a diwygio'r Deddfau Cofrestru a Phriodi, fe'u gwelwyd yn annog eu cefnogwyr i gynghreirio â radicaliaid y tu mewn a'r tu allan i'r Senedd yn wyneb anhyblygrwydd y Chwigiaid a difaterwch y Rhyddfrydwyr. Yr oedd Siartiaeth yn fudiad grymus yn Llundain, yn arbennig ymysg y crefftwyr oedd yn byw ac yn gweithio yn ne Llundain, sef y man lle'r oedd Capel Marlborough. Ni allai'r dylanwadau radicalaidd cryf, seciwlar, ond effeithio ar agweddau'r bobl hynny yr oedd Richard yn gweithio yn eu mysg. Ceisiodd rhai o'i gyfeillion, fel y Crynwr cyfoethog a dyngarol o Birmingham, Joseph Sturge, ac Edward Miall sefydlu mudiad mwy cymhedrol, sef y Complete Suffrage Union a fyddai – yn eu tŷb hwy – yn gymdeithasol llai niweidiol na Siartiaeth. Mudiad gyda'r nod o uno'r dosbarth gweithiol a'r dosbarth canol mewn ymgyrchoedd oedd o ddiddordeb i'r ddwy gymdeithas. Yn ystod y blynyddoedd hyn, hefyd, sefydlwyd y Cynghrair er Diddymu'r Deddfau Ŷd.

O safbwynt gyrfa Henry Richard, datblygiad gwleidyddol mwyaf arwyddocaol ei gyfnod yng Nghapel Marlborough oedd sefydlu'r Gymdeithas Rhyddhau Crefydd (the Liberation Society) ym 1844. Y sylfaenydd oedd Edward Miall, gweinidog Cynulleidfaol yng Nghaerlŷr ac un o feddylwyr mwyaf blaenllaw a gwreiddiol Anghydffurfwyr y bedwaredd ganrif ar bymtheg.[37] Yn y cyfarfod cyntaf hwnnw oedd John R. Kilsby Jones, hefyd yn weinidog gyda'r Annibynwyr yng Nghaerlŷr, a chyfieithydd cofiant William Rees (Gwilym Hiraethog) i William Williams o'r Wern i'r Saesneg. Buan y symudodd Miall i Lundain i fod yn nes at y Senedd – yr oedd lobïo'n digwydd bryd hynny, hefyd. Daeth Richard yn fuan yn aelod gweithgar o'r gymdeithas ac o'r adeg honno ymlaen bu cysylltiad agos rhyngddo a'r gymdeithas, yn enwedig yng Nghymru. O ran ei hathroniaeth radicalaidd, ei meistrolaeth ar ddulliau propaganda a'i gallu i gymhwyso trefniadaeth Anghydffurfiaeth, bu'r gymdeithas yn gyfrwng gwerthfawr i gyflwyno ac ysgogi newidiadau gwleidyddol. Ym mlynyddoedd mwyaf ffurfiannol ei fywyd cafodd Henry Richard ei hun yng nghanol y bwrlwm gwleidyddol a chymdeithasol Anghydffurfiol hwn. Ond bwrlwm cymdeithasol yr oedd yn aeddfed amdano, diolch i ddylanwad ac ysbrydoliaeth Samuel Roberts. Daeth yn un o gyfeillion pennaf Miall, yn gyfaill mynwesol i Richard Cobden a chymerodd Joseph Sturge ef dan ei adain.[38] Gŵr o gefndir tlawd oedd Cobden ond a ddaeth yn ddiwydiannwr a masnachwr llwyddiannus ac, ym 1841, yn aelod seneddol. Soniaf eto am ei gysylltiadau Cymreig. Yr oedd ei wraig o Fachynlleth ac yr oedd ganddo fuddsoddiad sylweddol yng ngwaith mwyn Dylife. Yr oedd Sturge yn lladmerydd dros fasnach rydd, trethi isel a llai o wariant ar arfau rhyfel, ac yn ymgyrchydd dros wella'r gyfundrefn addysg. Bu yntau'n weithgar yn y Cynghrair er Diddymu'r Deddfau Ŷd. Yn ystod, ac wedi, rhyfel Napoleon elwai ffermwyr cyfoethog Lloegr ar y prisiau ŷd uchel – diolch i drethi trymion ar y grawn a fewnforiwyd o Ogledd America. Canlyniad hyn oedd bod y tlodion a phobl gyffredin yn dioddef oherwydd prisiau bwyd uchel. Yr ateb amlwg oedd dileu'r dreth ar ŷd a fewnforiwyd, ond byddai hynny'n lleihau elw'r cynhyrchwyr ŷd cyfoethog yn Lloegr. Wedi hynny bu Sturge yn flaenllaw yn y mudiad heddwch, gan ddangos dewrder personol anghyffredin yn ei wrthwynebiad i Ryfel y Crimea maes o law.

Yn ystod y cyfnod hwn darganfu Richard y themâu cymdeithasol a gwleidyddol a fyddai, yn rhinwedd ei Gymreictod, yn dod yn bynciau trafod llosg yng Nghymru. Ymddiddorai yng nghyflwr addysg Cymru, yn arbennig yn nifaterwch yr Anghydffurfwyr Cymreig o'r cyflwr hwnnw. Yn hyn o beth yr oedd yn un o garfan o Gymry yn Llundain a goleddent yr un pryderon – yn eu plith Hugh Owen, Griffith Davies y cyfrifydd – a fu wedyn yn cyfreithia gydag Edward, brawd Henry Richard – a John Davies o Fanc Lloegr. Canolbwyntiai Hugh Owen ar boblogeiddio'r Ysgolion Prydeinig neu Frytanaidd (Anghydffurfiol) yng Nghymru. Dadleuai Henry Richard o blaid sefydlu ysgolion gwirfoddol, annibynnol o gymorth y llywodraeth. Yn ei dŷb ef yr oedd derbyn cymorth oddi wrth y llywodraeth yn anghyson â rhyddid ac yn gosod yr ysgolion yn agored i ddylanwadau llygredig y llywodraeth.[39] Bu'n flaenllaw yn y gwaith o ffurfio Bwrdd Addysg yr Annibynwyr ac ef oedd ysgrifennydd cyntaf Cymdeithas yr Ysgolion Gwirfoddol. Yn 1844 aeth ef a'r Parch John Blackburn, gweinidog Capel Claremont – lle roedd Hugh Owen yn aelod – i Gymru ar ran y mudiadau hyn a thrwy hynny bu'n rhannol gyfrifol am sefydlu'r Ysgolion Normal cyntaf yng Nghymru i hyfforddi athrawon, yn gyntaf yn Aberhonddu ac wedyn yn Abertawe.[40]

Yr adeg yma cawn Henry Richard yn codi llais fwyfwy ar bynciau yn ymwneud â Chymru. Fe'i cawn yn cyfeirio mewn llythyr at 'Rebeca': 'Bûm yn llygad dyst i effeithiau ei hymdrechion. Bu yn Nhregaron ddwywaith ers i mi gyrraedd yno. Y tro cyntaf dinistriodd yr iet, a'r eildro, gan fod Jac y Glover yn mynnu, er ei rybuddion, i hawlio toll, fe ddaeth a dymchwel ei dŷ'.⁴¹ Dyma gychwyn sefydlu Henry Richard fel llais hyglyw Cymru yn Llundain, cychwyn ei genhadaeth i egluro a chyfiawnhau Cymru i'r byd, ac uchlaw popeth i fyd Seisnig oedd yn affwysol anwybodus am Gymru. Gwnaeth hynny yn y Saesneg er iddo ysgrifennu llawer iawn yn y Gymraeg yn ogystal. Er annog pwyll a cheisio perswadio'r terfysgwyr i ymatal rhag defnyddio dulliau trais,⁴² esboniodd yn glir a gwrthrychol gefndir Terfysgoedd Beca – fod gan y tenantiaid a gymerai ran ynddynt reswm real dros eu gweithredoedd. Ysgrifennodd lith hir i'r *Daily News* yn egluro'r cefndir gan ddadlau nad oedd unrhyw arwyddocâd gwleidyddol i'r helynt. Traddododd ddarlith am yr helynt i'r Undeb Cynulleidfaol yn Lloegr. Pwysleisiai fod y protestwyr yn heddychlon a chrefyddol, nid y barbariaid a ddarlunid yn y Wasg Saesneg. Yn sgil y terfysgoedd hyn codwyd cwr y llen ar y sefyllfa fel ag yr oedd yng nghefn gwlad, yn enwedig ar ddioddefaint a chaledi'r tlawd, y gwrthdaro cynyddol rhwng y tenantiaid a'r tirfeddianwyr ac annhegwch y gyfundrefn gymdeithasol gyfreithiol. Pwysleisiai natur heddychlon y Cymry – buasai eraill yn defnyddio'r gair taeog, efallai, ond heddychlon oedd y gair mwyaf addas i Richard at bwrpas ei ddadl bryd hynny.

'Am y can, neu gan mlynedd a hanner diwethaf', sgrifennodd yn ei *Letters and Essays on Wales* (1866) 'ni fu cenedl dan y nefoedd yn ffyddlonach i'w llywodraeth na'r Cymry'. Aeth rhagddo:

> Mae'n debygol nad oes un rhan o'r Deyrnas Unedig a achosodd lai o drafferthion na phryder i'r awdurdodau. Mae unrhyw beth tebyg i frad, terfysg, neu gynnwrf yn anarferol iawn yn y Dywysogaeth. Ni chafwyd ond dau eithriad o unrhyw faint i'r rheol hon, a'r rheini'n fwy ymddangosiadol na real. Y cyntaf oedd cynnwrf y Siartiaid yng Nghasnewydd ym 1839. Ond Seisnig bron yn gyfangwbl oedd y symbyliad yn yr achos hwn, ac nid ehangodd ond ar draws un gornel o Gymru, y rhan honno o Gymru gyda phoblogaeth gymysg neu wedi ei hanner-Seisnigeiddio – Sir Fynwy a'r ardaloedd glo a haearn cyfagos eraill. Nid oedd a wnelo mwyafrif llethol y Cymry ran o gwbl yn y mudiad, gan edrych arno gydag atgasedd ac arswyd agored.⁴³

Yn sicr, yr oedd Terfysgoedd Beca 1843 yn gwahaniaethu'n fawr iawn mewn un peth, sef iddynt dorri allan yng nghalon y boblogaeth wir Gymreig. Ond camddehonglwyd natur y rhain hefyd yn Lloegr. 'Nid oedd iddynt unrhyw arwyddocâd gwleidyddol, heb ddangos unrhyw annheyrngarwch at y Llywodraeth', dadleuai Richard. 'Nid oeddynt namyn gwrthryfel, i'r hwn y gwthiwyd dynion iddynt, gan bwysau cwynion annioddefol, ac yn erbyn y rhai y buont yn protestio ac apelio'n ofer yn eu herbyn.'[44]

Eglurai'n fanwl y rheswm dros y terfysg, fel y byddai ffermwyr bychain siroedd Aberteifi, Penfro a Chaerfyrddin gyda'u ceirt a'u ceffylau'n teithio ugain – weithiau deugain milltir – i'r odynau calch ac fel yr oedd y cyfoethogion wedi gosod tollbyrth mor aml ar hyd y ffyrdd nes dyblid pris y calch cyn iddyn nhw gyrraedd adref. Cosbid tenantiaid oedd yn ceisio gwella ansawdd eu ffermydd gan berchnogion y ffermydd hynny eu hunain. Felly y dechreuodd y gwrthryfel. Diau i erthyglau Henry Richard i bapurau fel y *Daily News* ennyn chwilfrydedd papurau eraill a chofiwn fel y bu i'r *Times* – papur mwyaf Llundain o bell ffordd – anfon gohebydd, Thomas Cambell Foster, i Gymru ym 1843 i ymchwilio i'r terfysg. Os am edrych am ddadlau gwrthrychol, cytbwys, nid Henry Richard yw'r dyn i ymddiried gormod ynddo. Yr oedd Richard yn wleidydd o'i gorun i'w sawdl. Dadlau o blaid enw da'r Cymry oedd e yn yr achos hwn, ac er bod dadlau ffyrnig yn y papurau Cymraeg a Chymreig ynglŷn â Therfysg Beca cafodd y terfysgwyr amddiffynydd cadarn yn Richard. Yr oedd Henry Richard, er yn annog pwyll, yn torri ei gwys ei hun yma. Dylid pwysleisio fod y Gymdeithas Heddwch yn gwrthwynebu'n bendant nid yn unig ryfeloedd rhwng y gwledydd ond 'terfysg' o bob math – yn eu plith y Siartiaid, helynt Beca a streiciau. Hefyd, dengys papurau'r cyfnod nad oedd y Cymry'n unol yn eu cefnogaeth i Beca. Cymell 'teulu Rebeca' oedd Samuel Roberts yn Y *Cronicl* '. . . i ystyried a chofio bod pob gweithred o derfysg a dinistr yn groes i ysbryd Cristionogaeth'.[45] A gofidiai *Yr Eurgrawn* mewn apêl i Gymru, am 'ymddygiadau fel a'th ddarostynga mor isel ag Iwerddon wrthryfelgar. Gobeithio nad plant dy Ysgolion Sabothol sy'n ymddwyn fel hyn'. *Mobs* y Deheudir oedden nhw ym marn un cyfnodolyn gogleddol.[46] Yr oedd y ffraeo'n ffyrnicach ym mhapurau Sir Gaerfyrddin, y *Carmarthen Journal*, fel y gellid disgwyl, yn lladd ar y terfysgwyr. Cyhuddo David Rees, Capel Als, golygydd Y *Diwygiwr*, o fegino'r tân wnâi'r dychanwr ceidwadol David Owen (Brutus) yn *Yr Haul* eglwysig:

> Nid un person ac nid dau berson neu bersones ydyw Beca; ond ysbryd rebeldod yr hwn sydd yn gweithio ym mhlant anufudd-dod; a'r hwn y bu'r Parch. Dafydd Rhys, Capel Als, Llanelli, a golygydd Y Diwygiwr,

yn ymdrechu ei gyfodi yn y wlad er ys dyddiau drwy weiddi fis ar ôl mis, 'Cynhyrfer, cynhyrfer, cynhyrfer'.[47]

Er bod David Rees yn *Y Diwygiwr* wedi condemnio'r terfysg: 'Ni ddichon i Gristion synhwyrol lai na gwrido a chywilyddio wrth feddwl fod Sir Gaerfyrddin fawr ei breintiau wedi [ei] gwarthruddo ei hun mor ddwfn.'[48] Condemnio'r terfysg wnâi *Seren Gomer*, hefyd, er ar y cyfan yn gefnogol i amcanion Beca. Dangosodd Henry Richard ddewrder – y math o beth y bydd gwleidyddion yn ei gyfrwys osgoi fel arfer – wrth amddiffyn y terfysgwyr.

Y mae yma un cysylltiad difyr a diddorol. Yr oedd Richard Cobden – oedd erbyn hyn yn un o gyfeillion agos Henry Richard – yn briod â Catherine Anne Williams, merch masnachwr coed cefnog o Fachynlleth. Brawd iddi oedd Hugh Williams, y cyfreithiwr ifanc ddaeth i Gaerfyrddin ym 1822 ac a fu'n gefnogol i derfysgwyr Beca a'u hamddiffyn mewn achosion llys. Honai rhai mai ef ei hun oedd Beca, er nad oes dystiolaeth o hynny.[49] Ond y mae lle cryf i gredu y bu cyfeillgarwch Henry Richard â Cobden, a thrwy hynny gyda Catherine a Hugh Williams, yn fodd i sicrhau fod ganddo ddealltwriaeth lawn o gefndir y terfysg. Hynny er bod arwyddion i Cobden ar adegau geisio ymbellhau oddi wrth ei frawd-yng-nghyfraith.

Mae cymhariaeth Richard o'r Siartiaid a Therfysgoedd Beca yn ddiddorol. Yr oedd yn feirniadol o'r Siartwyr, mudiad a ystyriai'n Seisnig ac a oedd yn weithgar mewn rhannau o Gymru oedd yn Seisnigeiddio. (Nad yw'n hollol gywir gan y bu'r Siartwyr yn rym yn Sir Drefaldwyn, hefyd.) Ond amddiffyn y Cymry Cymraeg oedd nod Richard yn yr achos hwn, ac yr oedd yr amddiffyniad hwnnw'n gadarn.[50] Gwelir ei gyfrwystra gwleidyddol yma, eto. Pan oedd Henry Richard yn ymgeisydd seneddol yn etholaeth Merthyr ym 1868, ddwy flynedd wedi cyhoeddi'r geiriau yna yn ei *Letters and Essays on Wales*, yr oedd yn ymrwymo i weithio o blaid y rhaglen Siartiaidd lawn! Teg nodi, serch hynny, nad oedd ei feirniadaeth o'r Siartiaid agos mor llym â'r mwyafrif o'r cyfnodolion Cymraeg ym 1839. Yr oedd yn fwy cymhedrol na David Rees, Capel Als, Llanelli. Ar ôl rhybuddio'r Cymry i ochel rhag 'arfer mesurau anweddus' wedi trychineb Casnewydd, yr oedd y 'Cynhyrfwr' yn gresynu at ymddygiad ei gydwladwyr: 'Gymru! Ymwregysa â sachliain . . . Mae dy gymeriad wedi ei ddifwyno.'[51]

Prin fod helynt Beca wedi tawelu nac y cododd storm arall yng Nghymru a Henry Richard yn torchi llewys eto i amddiffyn enw da ei genedl. Diolch i weledigaeth ac egni Griffith Jones, Llanddowror, â'i ysgolion cylchynol a Thomas Charles, Y Bala, a sefydlodd yr ysgol Sul yng Nghymru, yr oedd canran uchel o'r Cymry yn llythrennog. Yn llythrennog yn y Gymraeg – ond heb fedru Saesneg. I'r Saeson, felly, paganiaid a barbariaid aflan ac anfoesol oedd y Cymry. Roedd papurau fel y *Morning Chronicle* yn cyhoeddi fod 'Cymru'n suddo'n gyflym i farbariaeth mwyaf anwar'. Honnid mai iaith anwar oedd y Gymraeg ac y byddai'n well ar Gymru pe na byddai'n bod. Gofynnodd gŵr genedigol o Lanpumsaint, Sir Gaerfyrddin, William Williams, diwydiannwr llwyddiannus ac aelod seneddol Coventry, am ymchwiliad i gyflwr addysg Cymru. Credai fod y Gymraeg yn anfantais i drigolion Cymru, ac yn rhwystr i weinyddu'r gyfraith yn effeithiol yn llysoedd Cymru. Hefyd, yr oedd y cwestiwn o nifer cymharol Ymneilltuwyr ac Eglwyswyr yng Nghymru wedi denu sylw cyffredinol yn Lloegr yn ogystal â Chymru ac ym 1846 darfu i weinyddiaeth yr Arglwydd John Russell ymgymeryd â'r gorchwyl o archwilio 'sefyllfa addysg yn Nhywysogaeth Cymru, ac yn enwedig y moddion oedd yng ngyrraedd y dosbarth gweithiol i feddu gwybodaeth o'r Saesneg'. Canlyniad hyn fu penodi tri comisiynydd i wneud y gwaith a ffrwyth eu llafur fu'r tair cyfrol, *Adroddiad ar Gyflwr Addysg yng Nghymru* (Brad y Llyfrau Gleision) ym 1847. Amlygodd yr adroddiad faint y newid crefyddol oedd yn digwydd yng Nghymru a gwelid fel yr oedd anghyfartaledd cymdeithasol rhwng dau fyd diwylliannol gwahanol – yr Eglwyswyr Saesneg eu hiaith, a'r Cymry Cymraeg Anghydffurfiol – yn cael eu pegynu yng Nghymru'r cyfnod. Am y tro cyntaf yr oedd hyn oll yn cael ei ddwyn i sylw'r byd gwleidyddol, ond gyda gogwydd atgas yn erbyn popeth Cymraeg a Chymreig. Roedd yr adroddiad yn fêl ar fysedd papurau Llundeinig fel y *Morning Chronicle* a'r *Examiner*. Am y tri comisiynydd a luniodd yr adroddiad – H. R. Vaughan Johnson, R. R. W. Lingen a Jelinger C. Symons – i ddefnyddio geiriau Henry Richard, 'nid oedd ganddynt wybodaeth o gwbl o'r iaith, nid oedd ganddynt gydymdeimlad gyda'r bobl, a bu iddynt syrthio i ddwylo drwg'[52] – sef iddynt ddibynnu gormod ar dystiolaeth mân glerigwyr Anglicanaidd oedd yn ysu am gyfle i fwrw'u llid ar yr Ymneilltuwyr. Yr oedd yr ymateb yn y Gymru Gymraeg yn filain gydag Evan Jones (Ieuan Gwynedd) yn cyhoeddi erthyglau tanbaid yn y wasg Gymraeg, R. J. Derfel â'i ddrama *Brad y Llyfrau Gleision*, lle bathwyd yr enw a ddefnyddid ar yr adroddiadau byth wedyn, ysgrifau miniog Lewis Edwards yn rhifynnau Ionawr ac Ebrill 1848 o'r *Traethodydd*, David

Rees, Capel Als, Llanelli, yn *Y Dysgedydd* ac eraill fel Samuel Robers a Gwilym Hiraethog ar flaen y gad. Ond ni wyddai'r Saeson ddim am y digofaint oedd yn cael ei leisio mor chwerw yn y papurau a chyfnodolion Cymraeg. Yr oedd Richard wedi ei gythruddo gymaint â neb a bu'n ffyrnig ei amddiffyniad o enw da ei gyd-Gymry, a'u hiaith a'u diwylliant. Ef oedd yr eithriad a gafodd glust y wasg Saesneg Lundeinig a'i dysgu am y cam gafodd y Cymry yn y Llyfrau Gleision. Ar y pryd yr oedd cyfres o ddarlithoedd yn cael eu traddodi ar addysg yn Crosby Hall yn Llundain. Yr oedd Henry Richard wedi ei wahodd i roi darlith ar 'Gynnydd ac Effeithiolrwydd Addysg Wirfoddol' yng Nghymru ond fe'i cynhyrfwyd gymaint gan annhegwch gwyrdröedig y Llyfrau Gleision nes troi ei ddarlith i fod yn amddiffyniad o'r Cymry ac yn ymosodiad ar y comisiynwyr. Yr oedd ei afael ar y ffeithiau mor feistrolgar a'i huodledd mor danbaid nes dal y gynulleidfa am ddwy awr a hanner!⁵³ Cyhoeddwyd y ddarlith yn y *British Banner*, a oedd â chylchrediad mawr ymysg Ymneilltuwyr ar y pryd ac wedi hynny mewn cyfrol o'r enw *The Crosby Hall Lectures.*

Hyd yn oed mewn print oer ymhell dros ganrif a hanner yn ddiweddarach mae ei eiriau'n iasol. Condemniodd y dirprwywyr am gasglu pob budreddi a fedrent am gymeriad y Cymry a gofyn a oedd ynddynt rywle air da am eu rhinweddau. Ac yna i orffen yn ysgubol:

> Pa le mae'r hanes am gymeriad a rhinweddau'r dynion hyn? Gwn fod miloedd ar filoedd ohonynt. Onid wyf wedi bod yn sefyll o dan eu cronglwydydd llwydaidd, lle yr oedd y distiau noethion wedi eu caboli a'u duo gan fwg mawn y mynyddoedd? Onid wyf wedi eistedd wrth eu byrddau ffawydd, i gyfranogi o'u bara ceirch a'u llaeth enwyn, bwyd, er mor gyffredin ydoedd, y teimlent yn falch i'w gynnig yn groesawus? Onid wyf wedi penlinio ar y llawr pridd wrth erchwyn y gwelâu gwael yr oeddynt yn gorwedd arnynt, ac wedi clywed gwersi yn disgyn oddi ar wefusau oeddynt yn welw gan ddynesiad angau, yn dangos ymostyngiad Cristnogol ac ymddiried sanctaidd a gogoneddus yn Nuw, y math na chlywais yn unman arall? Pa le, meddaf, y mae y dynion hyn, y rhai a wasgarasant olau eu duwioldeb gostyngedig dros fryniau a dyffrynnoedd gwlad fy ngenedigaeth? Nid wyf yn canfod dim sôn amdanynt yn y llyfrau gleision hyn, a nes y gwnaf ganfod hynny, yr wyf yn gwrthod derbyn eu cynhwysiad fel darlun teg o gymeriad fy nghydwladwyr.⁵⁴

Yn ei ragymadrodd i *Letters and Essays from Wales* dywed Richard fod y ddarlith wedi ei hystyried yn ddigon pwysig i ysgogi un o'r comisiynwyr i lunio pamffled o amddiffyniad ar ffurf llythyr wedi ei gyfeirio at Arglwydd John Russell.⁵⁵ Nid yn unig llwyddodd Henry Richard i symud y ddadl i Loegr ond yng ngeiriau Ieuan Gwynedd Jones deallodd yr oblygiadau gwleidyddol a thrôdd yr Adroddiad er mantais pobl Cymru.⁵⁶ Ychwanegodd: 'Gwelir ei fawredd yn ei allu hynod soffistigedig i osod y digwyddiadau a rhai tebyg, gan gynnwys Siartaeth, o fewn fframwaith cymdeithasol a hanesyddol cynhwysfawr.' Bellach yr oedd Richard yn amlygu ei hun fel amddiffynnwr y Cymry a'u llais mwyaf hyglyw yn Llundain.

Gwledig oedd gweledigaeth Henry Richard o Gymru er mai yn Llundain y bu byw y rhan hwyaf o'i oes a Merthyr Tudful a gynrychiolodd yn y Senedd flynyddoedd yn ddiweddarach. Daw hyn yn amlwg o ddarllen *Letters and Essays from Wales*, cyfrol sy'n ddarllen difyr hyd yn oed heddiw ac a ddisgrifiwyd gan Ieuan Gwynedd Jones fel 'un o'r llyfrau pwysicaf am Gymru i'w gyhoeddi yn y bedwaredd ganrif ar bymtheg'.⁵⁷

* * *

Ni ellir osgoi cyfeirio at hanes Edward Richard y meddyg, brawd Henry Richard, gan mor agos fu'r ddau am gyfnodau helaeth o'u bywydau. Byth oddi ar ei fisoedd cynnar yn Llundain yn lletya yn Nhŷ Capel, Jewin Crescent, bu Edward yn weithgar ac egnïol gyda gweithgarwch y capel. Er i Henry fynd i'r Athrofa Gynulleidfaol ac wedi hynny'n weinidog gyda'r Annibynwyr Saesneg, daliodd Edward yn ffyddlon i enwad ei dad, y Methodistiaid. Cydweithiodd y ddau i lunio cofiant i'w tad.⁵⁸ Yr oedd gan Edward awydd cryf i lenydda, fel ag yr oedd gan Henry – er mai newyddiaduraeth fu cynnyrch ysgrifenedig y brawd iau. Bu Edward yn weithgar gydag Ysgol Sul Jewin Cresent, ac yng nghylchoedd ehangach y Cymry yn Llundain. Yr oedd ar delerau da gyda'i weinidog, y Parch James Hughes (Iago Trichrug), a gydag un o'r blaenoriaid, Edward Cleaton, o hil Cleatoniaid Llanidloes, masnachwr brethyn a phregethwr lleyg. Nodir i Edward a Henry fwynhau cinio Nadolig yng nghartref Edward Cleaton a'i wraig ym 1832, ond ym 1834 maent yn sgrifennu at eu tad i ddweud fod Cleaton wedi cefnu ar Jewin ac yn mynd at 'Dr Bennet' lle y credent y byddai'n fuan yn ymaelodi.⁵⁹ Sefydlodd Edward y Gymdeithas Gristnogol Gymreig a chynhaliwyd y cyfarfod cyntaf yn Jewin Crescent ar 16 Chwefror 1837, gyda nifer o wŷr amlwg yn bresennol.⁶⁰ Yr oedd ei gartref yn 45 Chiswell Street yn gyfleus ac yr oedd yno groeso i bregethwyr o Gymru, felly hefyd gantorion, myfyrwyr a beirdd. Ac wrth i'w enw da ledaenu deuai i gysylltiad â phob haen o gymdeithas o blith ei gyd-Gymry. Gofidiai am gyflwr ysbrydol yn ogystal â chyflwr corfforol llawer ohonynt. Nid anghofiodd un o sylwadau ei dad fod gwaith Henry – a astudiai ac a weinai ar afiechydon yr enaid tragwyddol – yn bwysicach na'i waith ef fel meddyg a ofalai am anhwylderau'r corff meidrol. Yr oedd Edward yn ymbalfalu gyda'r syniad na ddylid ysgaru'r corff oddi wrth yr enaid a bod angen mwy na thriniaeth ar gyrff Cymry tlawd a difeddwl Llundain. Yn yr ysbryd hwnnw y sefydlodd Edward y Gymdeithas Gristnogol Gymreig er mawr lawenydd i'w dad er na chafodd hwnnw fyw i ymhyfrydu yn ei llwyddiant.[61]

Ond nid oedd pethau'n esmwyth yn Jewin Crescent. Yr oedd cwyno parhaus am aelodau oedd yn gwerthu llaeth ar y Sul. Bu traddodiad hir o Gymry a'r diwydiant llaeth yn Llundain – yn arbennig pobl o gyffiniau Dregaron – ac yr oedd nifer cynyddol o Gymry yn ymwneud â'r fasnach yn y ddinas ar y pryd.[62] Teimlai'r selogion y dylid diarddel y rheini oedd yn masnachu ar y Sul, er bod yn rhaid mynd â llaeth o ddrws i ddrws ar y Sul fel pob dydd arall. Yr oedd yn rhaid godro'r gwartheg, beth bynnag, ac yr oedd gan lawer o Gymry wartheg yn agos i ganol y ddinas bryd hynny, fel ag y bu am yn agos i ganrif wedyn. A oedd yr anghydfod hwn yn rheswm dros ymadawiad Edward Cleaton? Achosodd 'deddf John Elias', a ddaeth i 'rym' tua 1835, sef gwrthod goddef i'r sawl a fasnachai ar y Sul fod yn aelod o'r eglwys, chwerwedd a rhaniad ymysg aelodau Jewin.[63] Sonnir am bedwar blaenor yn ymddiswyddo ar 17 Gorffennaf 1842, am na lwyddwyd i gael yr eglwys i gytuno i ddiarddel aelod am werthu llaeth ar y Sul.

Ym 1839 symudodd Edward Richard i 18 Great Newport Street ac ym 1840 cymerodd y swydd o ysgrifennydd Cangen Gymreig y Feibl Gymdeithas, sefydliad y bu'n aelod gweithgar ohono ers rhai blynyddoedd. Yn annisgwyl braidd, ceir y newydd iddo, ar 25 Hydref 1843, briodi Eleanor Anne Da Costa, gwraig weddw dair blynedd yn hŷn nag ef oedd hefyd yn byw yn 18 Great Newport Street. Ymddengys fod Edward wedi mynd i fyw dros dro i rywle arall. Ceir cyfeiriad yn awgrymu fod y teulu yn Nhregaron yn sôn bod Edward wedi priodi 'ryw Ffrances'.[64]

Yna ceir cyfnod stormus a chythryblus yn ei hanes. Yr oedd Edward Richard ac eraill oedd yn byw yng ngorllewin y ddinas yn eiddgar dros ledaenu'r achos. Mewn cyfarfod eglwysig yn Jewin

Crescent ar 14 Awst 1849, rhoddwyd caniatâd i sefydlu achos yn Grafton Street ac ymadawodd chwe deg saith o aelodau dan arweiniad Edward Richard i sefydlu'r gangen newydd. Mae'n amlwg y bu ymadawiad Richard yn dipyn o ryddhad i ffyddloniaid Jewin. Nid yw'r manylion yn glir o gwbl, ond ymddengys y teimlai Jewin angen disgyblu un o'i haelodau – sef Edward Richard. Ceir hanes am swyddogion y gyfraith yn dod i Festri Jewin, nos Lun, 31 Ionawr 1848, gyda'r bwriad o gymryd Richard i'r ddalfa. Ar y pryd yr oedd arno arian i nifer o bobl a'r rheini'n dechrau anesmwytho. Bu sgarmes gyda rhai o'r aelodau iau yn amddiffyn Richard, diffoddodd rhywun y golau a llwyddodd Richard i ddianc yn y tywyllwch a'r cythrwfl.[65] Ai oherwydd hyn, neu rywbeth fu'n mudlosgi'n ers tro, ond ymddengys i'r tân gynnau o ddifrif ar 20 Chwefror 1848, gyda Griffith Davies (y cyfrifydd) yn cyflwyno cerydd yn erbyn Edward Richard, ond heb sicrhau cefnogaeth yr eglwys. Diau mai geiriau'r cerydd a ddarllenwyd gan Griffith Davies oedd sail y cyhuddiad o athrod a wnaed gan Richard yn erbyn Davies y flwyddyn wedyn. Parhaodd yr helynt drwy wanwyn 1848, nes i'r eglwys ddiosg Edward o'i safle fel blaenor – ond, er mawr ofid i Griffith Davies, ni chafodd y penderfyniad ei gadarnhau gan i gyfarfodydd y gymdeithasfa ym Machynlleth ohirio penderfynu a throsglwyddo'r mater i Gymdeithasfa Pen-y-bont ar Ogwr yn Awst. Penderfyniad Cymdeithasfa Pen-y-bont oedd anfon cynrychiolydd o bob cyfarfod misol yn y de a'r gogledd i Lundain i archwilio'r helynt. Gyda barn yr aelodau'n troi'n ei erbyn, methai Edward Richard dderbyn y cerydd na'r ddisgyblaeth ac aeth i gyfraith gan gyhuddo Griffith Davies o athrod – 'am eiriau a ddywedasai, neu yn hytrach a ddarllenasai' – sef yr hyn a ddywedwyd yn y cyfarfod ar 20 Chwefror 1848.[66] Beth bynnag, gollyngodd yr erlyniad ar y funud olaf ac ni aethpwyd â'r mater i'r llys. Tebyg mai rheswm Richard dros ollwng yr achos oedd oherwydd iddo gael ei gymeryd i'r ddalfa ar 14 Mehefin ar gyhuddiad o gyflwyno dwy dderbynneb ffug am rent, arian a arferai dalu ar ran Jewin am rent capel Denmark Street, un o ganghennau'r fam eglwys. Arian nad oedd wedi eu trosglwyddo i berchennog adeilad y capel hwnnw. Y gair olaf ar y mater yn y *Times* oedd: 'The prisoner was then conveyed to Newgate', sef i'r carchar.[67]

Am ba hyd y bu yno – yn sicr ddim yn hir iawn – wyddom ni ddim. Cafwyd ambell awgrym fod Edward yn ddi-drefn mewn materion yn ymwneud ag arian. Cyn belled yn ôl â 1834 cwynai Henry wrth ei dad fod Edward yn ddiog ac yn barotach i fenthyg wrth ei frawd nag anfon ei filiau allan ac ymweld â'r rhai hynny oedd yn ei ddyled. Ym mhapurau'r teulu ni cheir cyfeiriad at yr helyntion yn Jewin na'r carchariad, dim ond nodi y bu'r cyfnod rhwng 1847 a 1850 yn flynyddoedd main ar Edward.[68] Gwyddom na fu ym mhriodas ei chwaer Hannah â David Evans, y crwynwr o Aberaeron, ym 1848. Bu David a Hannah Evans yn hynod ofalus o Mary Richard fu byw gyda nhw flynyddoedd olaf ei bywyd. Y tystion ym mhriodas Hannah a David oedd Henry a Sam Morris, Garreg-wen, gŵr Mary.[69] Er gorlwytho ei hun â gwaith, nid oedd Edward yn ymwneud digon â'r math o waith fyddai'n ychwanegu at ei gyfrif banc nac yn dod ag enwogrwydd iddo – ddim y math o enwogrwydd y buasai'n ei ddeisyfu, yn sicr. Y gwir oedd fod ganddo sawl uchelgais – gan gynnwys llenydda – ond yr oeddynt yn rhy amrywiol ac nid oedd yn cael fawr lwyddiant yn yr un ohonyn nhw ar y pryd. Yn ogystal, ymddengys iddo, wedi priodi, ymbellhau rhywfaint oddi wrth y teulu a'i fod hefyd yn dioddef o'r fogfa, rhywbeth nad oedd awyr afiach Llundain yn llesol iddo, ac iddynt ymadael â'r ddinas ym 1849. Symudodd ef a'i briod allan i Finchingfield gan rentu tŷ yn Great Bardfield ac yna ym 1853 symudodd y ddau i dŷ yng nghanol y pentre a ailenwyd ganddynt yn Prospect House. Yma eto, bu'n weithgar yn hybu achos addysg a sefydlodd gymdeithas lenyddol fu mor boblogaidd nes gorfod codi neuadd newydd yn y pentre. Bu'n weithgar, hefyd, gyda'r Freshwell Labourers' Friendly Society. Yr oedd, yn ôl y *Chelmsford Chronicle*, bob amser yn awyddus i ehangu a dyrchafu meddyliau'r tlawd.[70]

3 ○♂ Y Gymdeithas Heddwch a'r Cynhadleddau Ewropeaidd

O S OEDD ffawd Edward i fyny ac i lawr, nid felly ei frawd iau. Yr oedd gyrfa Henry Richard yn blodeuo a'i enwogrwydd yn lledu. Daeth yn amlwg ym mywyd y mudiad heddwch. Arwydd o ddylanwad yr enwad a'r gymdeithas radicalaidd yr ymgartrefodd ynddi yn Llundain arno yn ddiau. Safbwynt lleiafrif yw heddychiaeth ac nid un poblogaidd ar unrhyw adeg yng ngwlad John Bull fel y pwysleisiodd Richard Cobden droeon ac yn sicr ni fu'n achos poblogaidd yn oes jingositaidd Victoria â'r Ymerodraeth Brydeinig yn ei bri.

Ni fu'r mudiad heddwch yn gryf yng Nghymru yn hanner cyntaf y bedwaredd ganrif ar bymtheg, chwaith. Cafwyd eithriadau fel y gŵr o ddewrder moesol digyffelyb hwnnw, Samuel Roberts, Llanbrynmair, a William Rees (Gwilym Hiraethog). Ond cyfyng fu eu dylanwad nes i Samuel Roberts sefydlu Y *Cronicl* i ledaenu ei syniadau ei hun ym 1843. Eto bu Cymry'n ddylanwad o fewn y Gymdeithas Heddwch os na fu llewyrch arni yng Nghymru. Ymhlith sylfaenwyr y gymdeithas ym 1816 oedd Joseph Tregelles Price, Crynwr oedd yn feistr Gwaith Haearn Mynachlog Nedd.[1] Cymro, ond un a dreuliodd lawer o'i oes fer tu allan i Gymru, oedd ysgrifennydd cyntaf y gymdeithas sef Evan Rees (1790–1821), eto o Gastell Nedd. Cymro, hefyd, oedd Nun Morgan Harry (1800–42) o Lanbedr Efelffre, Sir Benfro, gweindog Eglwys Gynulleidfaol New Broad Street, Llundain, a fu'n ysgrifennydd y Gymdeithas Heddwch rhwng 1837 a 1842. Er i'r gymdeithas ehangu'n gyflym gan sefydlu canghennau yn Lloegr ac ar gyfandir Ewrob nid felly y bu yng Nghymru. Nid bod heddychiaeth yn boblogaidd ond yr oedd pobl wedi blino ar ryfel ac yn hiraethu am ysbaid o heddwch. Llwfrgwn oedd heddychwyr yng ngolwg pobl gyffredin. Hyd 1815, y brwydro yn erbyn Ffrainc a Napoleon gâi brif sylw Cymru, fel Lloegr, a gan mai gwlad amaethyddol oedd y rhan helaethaf o Gymru yn y cyfnod hwn, yr oedd yn gyfnod o lewyrch i'r ffermwyr. A phan geid buddugoliaeth rhaid oedd dathlu'n deilwng ac yr oedd papurau fel y *Cambrian* a'r *Carmarthen Journal* yn frith o hanesion am y llwyddiannau rhyfelgar hyn. Fel yr ysgrifennodd Henry Richard am heddychwyr yn Y *Traethodydd* (1849):

> Am flynyddau lawer taflwyd arnynt hwy a'u hymdrechion bob math o anfri a dirmyg; nid yn unig gan ein pendefigion a'n llywodraethwyr a'r gâd filwraidd o bob gradd, y rhai oeddynt, 'oddiwrth yr elw hwn yn derbyn eu golud', ond gan y rhan amlaf o lawer o Gristionogion ein gwlad, ac hyd yn oed gan lawer o Weinidogion yr Efengyl.[2]

Yn sicr ni ellid cymharu gwaith y mudiad heddwch yng Nghymru gyda'r hyn â gyflawnwyd yng nghanolbarth Lloegr, swydd Efrog neu ddwyrain Lloegr lle'r oedd y Crynwyr yn rym. Yr unig gangen yng Nghymru oedd Cymdeithas Heddwch Abertawe a Chastell Nedd a sefydlwyd ym 1817 gan Tregelles Price. Ond cymdeithas i gydweithio gyda'r gymdeithas a sefydlwyd y flwyddyn cynt yn Llundain oedd hon, nid un i leisio barn nac agwedd Gymreig a Chymraeg. Tenau oedd ei haelodaeth – Crynwyr bob un – ac erbyn 1836, y flwyddyn yr aeth Richard i'r weinidogaeth, yr oedd wedi darfod amdani yng Nghymru. Yn wir ni cheir sôn amdani yn *Seren Gomer*, y *Carmarthen Journal* na'r *Cambrian* ar ôl 1824.[3] Un nodyn diddorol, er bod sôn am areithiau tanllyd, tenau oedd y cyfraniadau yn y blwch casglu. Arwydd sicr o lwyddiant neu aflwyddiant achos yn y cyfnod hwnnw.[4]

Ond bu mwy o lewyrch ar lafur cynnar Henry Richard o fewn y Gymdeithas Heddwch yn Llundain. Am ddeng mlynedd ar hugain wedi Waterlŵ ni bu rhyfeloedd yn rhy agos adre i boeni'r Prydeiniwr cyffredin. Ni ddangosodd y wasg Gymraeg fawr o ddiddordeb, a llai fyth o feirniadaeth o'r rhyfel yn erbyn China – Rhyfel Opiwm 1839–42. Cyfeiriodd Y *Diwygiwr* ato ond heb feirniadaeth. Yr oedd y Rhyfel Opiwm yn enghraifft waradwyddus o ymyrryd ac ymosod ar wlad heb gyfiawnhad – imperialaeth ar ei mwyaf ffiaidd. Yn ystod y ganrif yr oedd te China yn cynyddu mewn poblogrwydd yn Ewrob a Gogledd America. Parhau'n boblogaidd, hefyd, oedd sidan a phorslen China. Ond nid oedd Prydain yn cynhyrchu dim byd yr oedd China ei angen, dim ond y cyffur opiwm. Cynhyrchid yr opiwm hwnnw yn India – disgrifiwyd y ffatri enfawr yn Ghazipur a gynhyrchai opiwm er budd economi Prydain fel 'un o emau gwerthfawrocaf coron y Frenhines Victoria'.[5] Gyda mwy a mwy o'r boblogaeth yn gaeth i opiwm penderfynodd llywodraeth China wrthod caniatáu i longau

Prydain fewnforio'r cyffur i'w gwlad. Canlyniad hyn oedd bod cydbwysedd taliadau rhwng Prydain a China'n mynd o ddrwg i waeth ac ymosodwyd ar China er mwyn ei gorfodi i ganiatáu parhad y fasnach niweidiol.

Nid oedd y Chineaid yn barod am ryfel, nid oeddynt, chwaith, wedi sylweddoli cymaint oedd grym militaraidd Prydain a chawsant eu cosbi'n greulon yn y 'cytundeb anghyfartal' a ddaeth yn sgîl y rhyfel. Un cymal o'r cytundeb oedd trosglwyddo ynys Hong Kong i Brydain. Wyddom ni ddim pa ran fu gan Henry Richard yn gwrthwynebu'r rhyfel hwn, ond yn sicr dangosodd ei ddealltwriaeth o'r cefndir yn ei wrthwynebiad i ryfel diweddarach Prydain yn erbyn China. Arwydd o resymu gwyrdröedig y Saeson oedd eu dadl nad drwg o beth oedd gorfodi'r Chineaid i agor eu porthladdoedd i'r fasnach opiwm am y byddai hefyd yn eu gorfodi i agor eu porthladdoedd i Feiblau a chenhadon.[6] Dro ar ôl tro gwelwyd atgasedd Henry Richard at y fath safbwynt a ddadleuodd yn gyson na fu i ryfel erioed 'agor drysau' i Gristnogaeth.[7]

Teithiodd Richard yn helaeth yn y cyfnod hwn gan annerch cyfarfodydd a darlithio. 'Defensive War' oedd testun darlith a draddododd yn yr Hall of Commerce, Threadneedle Street ar 5 Chwefror 1845, darlith a gyhoeddwyd yn llyfryn y flwyddyn wedyn a'i hail-argraffu ym 1890 ar ôl ei farw. Ei ddadl oedd nad amddiffyn ei hun a wna gwlad drwy ymosod ar wlad arall. Gweithred o drosedd, meddai, yw pob rhyfel, gan gynnwys mynd i ryfel am 'resymau' amddiffynnol:

> os cyfaddefir bod rhyfel amddiffynnol yn gyfreithlon yna fe ganiateir popeth, oblegid onid yw'n ofnadwy o beth bod pedwar ar bymtheg o'r ugain o'r rhyfeloedd mwyaf erchyll sydd wedi gorlifo'r ddaear â gwaed wedi eu hymladd i'r pwrpas hwnnw, neu o leiaf fel esgus am hynny?[8]

Y mae ei ddadl yn mynd ymhellach na hynny, dadl a seiliwyd yn gyfangwbl ar ddysgeidiaeth y Testament Newydd. 'Na wrthwynebwch ddrwg.' 'Gwelwch na thalo neb ddrwg am ddrwg i neb, eithr yn wastadol dilynwch yr hyn sydd dda at eich gilydd, a thuag at bawb.' Ond y mae gan yr unigolyn ffyrdd o amddiffyn ei hun heb ddial a thywallt gwaed a phe byddai ein ffydd yn gryfach, gallem anturio i fysg ein gelynion gyda mwy o ddiogelwch na phe byddai gennym arfwisg o ddur. Un o gwestiynau mawr y ddarlith yw ym mha le y mae'r Testament Newydd yn dweud bod gweithredoedd a waherddir i Gristion unigol yn gyfreithlon i lywodraeth Gristnogol?[9] Er hynny, ni wrthodai Henry Richard gefnogaeth rhai na fedrent ond yn rhannol dderbyn ei safbwynt.

Dair blynedd wedi traddodi'r ddarlith honno, ym Mai 1848, penodwyd Henry Richard yn ysgrifennydd y Gymdeithas Heddwch yn dilyn ymddiswyddiad y Parch John Jefferson oherwydd afiechyd. Yr oedd yn flwyddyn o ddigwyddiadau cynhyrfus. Yr oedd cyffro'r Siartwyr yn parhau, gwrthryfel yn cyniwair yn Iwerddon, yr oedd Awstria a'r Eidal wrth yddfau ei gilydd a'r un modd yr Almaen a Denmarc. Yr oedd yr Unol Daleithiau a Mecsico yng nghanol rhyfel creulon, yr oedd rhyfel cartref yn y Swisdir a bu raid i Louis-Philippe adael Ffrainc a dianc am ei fywyd i Loegr. Torchi llewys wnaeth Henry Richard gan ddechrau ar ei waith mawr, gwaith ddaeth ag e i gysylltiad â rhai o wŷr amlycaf Ewrop ac America a rhoi iddo'r teitl answyddogol 'Apostol Heddwch'.

Bellach, fel y nodwyd eisoes, yr oedd gan Henry Richard gyfeillion dylanwadol – dynion fel yr aelod seneddol Richard Cobden a'r Crynwr cyfoethog Joseph Sturge. Un arall oedd John Bright, eto gyda chysylltiadau gyda'r Crynwyr, a etholwyd gyntaf i'r Senedd ym 1843, ac a oedd hefyd yn un o arweinwyr y frwydr yn erbyn y trethi ŷd. Roedd gan Unol Daleithiau America fudiad heddwch gweithgar, a'u 'Apostol Heddwch' nhw oedd y 'gof dysgedig' Elihu Burritt. Daeth Burritt i Lundain yn fuan wedi penodi Henry Richard i'w swydd gyda'r bwriad o drefnu cynhadledd heddwch ryngwladol. Aeth y ddau ati gyda'i gilydd a phenderfynwyd cynnal y gyntaf o gyfres o gynhadleddau heddwch ym Mrwsel, prifddinas Gwlad Belg, ym Medi y flwyddyn honno. Teithiodd y ddau i Frwsel i wneud trefniadau a sicrhau cefnogaeth Senedd y wlad. Cafwyd cefnogaeth y prif weinidog, Charles Latour Rogier, a roes orchymyn i aelodau eraill ei lywodraeth gefnogi'r gynhadledd, yn eu plith Auguste Visschers, oedd hefyd yn aelod o'r llywodraeth ac ef a ddewiswyd yn llywydd y gynhadledd. Yr oedd cynrychiolwyr o wyth gwlad yn bresennol, yn eu plith ddirprwyaeth o dros 200 o Brydain ac America yn unig. Byrdwn araith Henry Richard, ei gyntaf ar y llwyfan rhyngwladol, oedd fod rhyfel yn groes i holl ysbryd Cristnogaeth. Yna meddai:

> Uwchlaw popeth, rhaid dangos rhyfel yn ei wir liwiau. Rhaid i ni feddu digon o wroldeb i rwygo'r gorchudd oddi ar ei wyneb, heb falio am y rhwysg a'r gwychder â gysylltir ag ef, a'r ymadroddion chwyddedig am anrhydedd, gwladgarwch, a gogoniant, y rhai hynny a ddefnyddir i guddio a lliwio ei wir gymeriad. Rhaid ei ddinoethi

gerbron llygaid y byd am yr hyn ydyw mewn gwirionedd; yn llofrudd enfawr wedi meddwi ar chwant ac uchelgais, ac wedi ymdrybaeddu'n arswydus gan waed ei fyrddiwn aberthau.[10]

Ar ddiwedd y gynhadledd dywedodd Visschers fod 'presenoldeb Apostolion Heddwch [Richard a Burritt] yn ddigwyddiad y mae ein pobl yn ymddiddori'n fawr ynddo, a da gennyf ddweud fod carreg gyntaf Teml Heddwch wedi ei gosod ym Mrwsel.'[11] I Henry Richard, testun llawenydd oedd 'gweled trigolion saith neu wyth o wledydd Ewrob, rhai a fuont am lawer o ganrifoedd yn casáu, yn rhwygo ac yn traflyncu ei gilydd yn awr yn eistedd ochr yn ochr i ystyried y dull gorau o uno holl genhedloedd y ddaear mewn rhwymyn tangnefedd'.[12] Cyflwynwyd thema newydd i drafodaethau'r mudiad heddwch gyda galwad un o gynrychiolwyr Gwlad Belg, Roussel, am ddiarfogi ar unwaith — nid ar ryw adeg yn y dyfodol i'w pennu gan filwyr a gwleidyddion. Prif nod y gynhadledd — fel ag yn wir yn y rhai a drefnwyd wedyn oedd:

1. Cael y gwahanol wledydd i ddatrys pob gwahaniaeth barn a chamddeall rhyngddynt drwy gyflafareddiad. Sef, pe digwyddai anghydfod rhwng dwy wlad disgwylid iddynt ofyn i wlad arall oedd yn gyfeillgar â'r ddwy i'w cymodi a'u hatal rhag mynd i ryfel;
2. Pwysleisio nad oedd unrhyw wlad i ochri drwy ryfel â gwlad oedd yn rhyfela yn erbyn gwlad arall, nac i gefnogi dadl y naill wlad na'r llall dros fynd i ryfel;
3. Galw ar y gwledydd i ddod i berthynas glosiach â'i gilydd.[13]

Bu llwyddiant diamheuol y gynhadledd yn hwb fawr i'r Gymdeithas Heddwch gan sicrhau amlygrwydd a chyhoeddusrwydd gwerthfawr i achos heddwch. Llifodd arian i goffrau'r gymdeithas. Helaethwyd newyddiadur y gymdeithas, yr *Herald of Peace* — misolyn effeithiol a dylanwadol oedd bellach dan olygyddiaeth Henry Richard — a chasglwyd cronfa ddatblygu o £6,000 (£1,000 yn fwy na'r nod).[14]

Cynhaliwyd cynhadleddau eraill wedi hynny ym Mharis (1849), Frankfurt (1850), Llundain (1851), Manceinion (1853) a Chaeredin (1853). Cyngres Paris, hwyrach, oedd y fwyaf dylanwadol a chofiadwy. Teithiodd Henry Richard a Burritt i Baris i gychwyn y trefniadau yn Ebrill 1849. Aethant i ymweld ag aelodau Cynulliad Cenedlaethol Ffrainc, golygyddion papurau newydd a llenorion — yn eu plith y bardd telynegol Alphonse de Lamartine. Ceir disgrifiad o ymweliad

Henry Richard a Burritt â chartref Lamartine yn y Rue de l'Université yn y dyddiadur manwl a gadwodd Richard o'r teithiau hyn. Bu Lamartine yn weinidog yn llywodraeth 1848 ond yr oedd ei haul ym machlud er mae'n amlwg i Richard gael ei swyno gan y gŵr hynaws ac ei wraig, heb sôn am y milgi gwyn orweddai wrth ymyl y bardd. Addawodd Lamartine wneud hynny fedrai i hyrwyddo'u hamcanion.[15] Gwyddom fod Henry Richard yn medru Ffrangeg yn arbennig o dda ac ar ymweliadau â gwledydd fel yr Eidal yn ddiweddarach byddai'n cael cyfieithiadau i'r Ffrangeg pan na fedrai iaith y wlad honno. Daeth Auguste Visschers, llywydd Cynhadledd Brwsel, i'w cyfarfod a bu gyda nhw ar amryw o'r ymweliadau trefniadol hyn. Cawsant ddau gyfarfod gydag Alexis de Tocqueville, gweinidog tramor Ffrainc, gan gynnwys brecwast yn ei gartre, ac addawodd bob cefnogaeth. Yma, eto, ymddengys i Henry Richard gael ei swyno, y tro hwn gan wraig de Tocqueville – Saesnes – a rhyfeddu bod powlaid o datw stwnsh ar y ford frecwast. O drafod ansawdd maeth y daten aethpwyd – yn naturiol! – i drafod y sefyllfa Wyddelig.[16] Cafwyd peth anhawster yn dewis llywydd i gynhadledd Paris. Gwrthododd archesgob y ddinas am fod ei iechyd yn fregus. Yn y diwedd cytunodd y bardd a'r llenor Victor Hugo, y trydydd dewis, i lywyddu a phrofodd yn ddewis ardderchog.[17]

Ym Mharis, fel ym Mrwsel, yr oedd y nifer o Brydain – gan gynnwys cynrychiolwyr o Gymru – yn enfawr, 670 i gyd. Croesawyd y cynrychiolwyr i'r gyngres gan Alexis de Tocqueville a chafwyd anerchiad ysgubol, proffwydol yn wir, gan Victor Hugo. Wedi chwyldro Chwefror 1848, pan ddihangodd Louis-Philippe i Loegr dan yr enw Mr Smith, y daeth Hugo i'r amlwg gyntaf fel gwleidydd a'i ethol yn aelod o Gynulliad Cenedlaethol Ffrainc, yr Ail Weriniaeth. Bu cryn anhrefn yn y cyfnod dilynol a'r canlyniad fu ethol Louis Napoleon Bonaparte (1808–73), nai i'r ymherawdr enwog, yn arlywydd ym mis Rhagfyr yr un flwyddyn. Yn raddol llithrodd y llywodraeth i'r Dde a'r pendraw fu i Louis Napoleon Bonaparte, gyda chymorth y fyddin, gipio arweinyddiaeth Ffrainc i'w ddwylo unbeniaethol a chyhoeddi ei hun yn Napoleon III. Yn y cyfamser, yng Ngorffennaf 1849 bwriodd Hugo ei awdurdod carismataidd a moesol tu cefn i gomisiwn seneddol arfaethedig i astudio cyflwr moesol a materol ei genedl gan draddodi araith ar dlodi gerbron y cynulliad. Yna, y mis canlynol, cytunodd i lywyddu'r gyngres heddwch. Prin, os o gwbl, y crybwyllwyd enw Louis Napoleon Bonaparte yn y gynhadledd.[18] Diau ei fod eisoes yn cynllwynio yr hyn ddaeth i fod ym

1851. Ond digon am y tro oedd fod areithio ysbrydoledig Hugo yn ysgwyd y gynulleidfa i berlewyg yn y Salle Sainte Cécile. Ganddo, o'r gadair, y clywyd am y tro cyntaf y darogan proffwydol y gwelid ryw ddydd greu Unol Daleithiau Ewrop fyddai'n cyfateb i Unol Daleithiau America, ac a 'fyddai'n deddfu ar anghytundeb a gwrthdaro ac yn dileu anghyfiawnder, a thrwy gyfreithlondeb etholiadol yn cryfhau'r cysylltiadau oedd eisoes yn bodoli ymysg cenhedloedd Ewrop'. Proffwydodd weled cyfnewid bwledi a magnelau am bleidleisiau, pleidlais i bawb, rhyfeloedd yn cael eu hosgoi gan gyflafareddiad ac na welid canon mwyach ond mewn amgueddfa.[19]

Gweledigaeth haniaethol, heb gynnig eglurhad ai ryw fath o uchel lys Ewropeaidd oedd ganddo mewn golwg na pha wledydd fyddai'n gynwysiedig o fewn yr Unol Daleithau Ewropeaidd. Yn ogystal â'r 670 o gynrychiolwyr o Brydain, yr oedd yno lawer o Unol Daleithiau America, yr Iseldiroedd, Gwlad Belg a Ffrainc. Prin iawn oedd y gynrychiolaeth o'r Eidal a mae'n ddadleuol faint oedd yno o'r Almaen ac y mae'n annhebyg fod fawr neb yno o Rwsia. Ac am Ymerodraeth Awstria-Hwngari, roedd gan honno syniadau eraill am ba fath o Ewrop unedig oedd yn bosib. Ac yn dilyn *coup d'etat* Louis Napoleon Bonaparte ar 2 Rhagfyr 1851, fawr mwy na dwy flynedd wedi'r gyngres, dewis alltudiaeth wnaeth Hugo. Er hynny, ni anghofiodd ei hen weledigaeth fel y gwelwyd mewn neges a anfonodd i Gyngres Heddwch Lausanne, 1874, lle awgrymodd greu Unol Daleithiau Ewrop ar batrwm Ffederasiwn Ewropeaidd.

Ond ym Mharis, 1849, yr oedd ei areithio'n danbaid.

> Daw'r dydd y syrth yr arfau o'ch dwylo chwithau, hefyd. Fe wawria'r dydd pan fydd rhyfel rhwng Paris a Llundain, Petersburg a Berlin, Vienna a Turin mor abswrd ac amhosib â rhwng Rouen ac Amiens, rhwng Boston a Philadelphia. Daw'r dydd pan fyddwch chi Ffrainc, chi Rwsia, chi Loegr, chi Yr Almaen, chi, holl wledydd y Cyfandir, heb golli eich natur arbennig ac ysblennydd, y byddwch yn ymdoddi'n frawdoliaeth Ewropeaidd, fel y toddodd Normandi, Gwlad Belg, Lorraine, Alsas a'r holl daleithau Ffrengig yn Ffrainc.[20]

Pasiwyd cynnig cryf yn gwrthwynebu caniatáu benthyg arian at bwrpas rhyfel na chodi trethi at yr un pwrpas. Os bu llwyddiant Cyngres Heddwch Brwsel yn annisgwyl yr oedd Paris ymhell tu hwnt i ddisgwyliadau pawb. Ysgogodd sylw a wnaed mewn llythyr gan drysorydd pwyllgor y Gymdeithas Heddwch, Samuel Gurney, gryn ddiddordeb. Mynegodd yn hyderus y farn os na fyddai 'Lloegr' yn llwyr newid cyfeiriad o safbwynt ei sefydliadau a pholisi y canlyniadau fyddai i'r wlad fynd yn fethdalwr a byddai'r benthycwyr arian i gyd yn colli eu pres.[21] Ym marn Richard Cobden byddai hynny'n fwy tebygol o hoelio sylw'r gwladweinwyr nag unrhyw apêl a wnaeth y Gymdeithas Heddwch erioed. Yr oedd y menywod yno yn eu gwisgoedd godidog yn dotio at yr areithio – ac yn eu canol Grynwyr, yn wŷr a gwragedd, yn eu gwisgoedd syml.

Mewn gwerthfawrogiad o waith Henry Richard yn trefnu'r gynhadledd ym Mharis casglodd ei ffrindiau dysteb iddo o £1000 a Beibl wedi ei rwymo'n hardd a chyflwyniad yn mynegi parch a gwerthfawrogiad o'i waith cyhoeddus o blaid 'Heddwch Parhaol Byd-eang'. Arwyddwyd y cyflwyniad gan 40 o wŷr amlwg y mudiad, yn eu plith Cobden, Sturge a John Bright a dwy ferch, Eliza ac Anna Bell.[22]

Yr oedd yn amlwg fod dyletswyddau Henry Richard fel ysgrifennydd y Gymdeithas Heddwch yn galw fwyfwy ar ei amser ac yn sgîl Cynhadledd Paris trefnwyd cyfarfodydd mawrion yn Lundain, Manceinion a Birmingham. Yr oedd yn amlwg yn creu argraff gyffredinol a hynny ar bobl o ddylanwad. Mewn llythyr at Joseph Sturge, dyddiedig Ebrill 16 1849, sgrifennodd Richard Cobden: 'Gyda llaw, clywais ym Manceinion fod eich Mr Richard wedi creu argraff fawr a'i fod yn ôl yr hen "Leaguers" gystal areithiwr ag a glyw-wyd erioed yn y Free Trade Hall.' Y 'Leaguers' oedd gwrthwynebwyr y Deddfau Ŷd. Rhoddodd Sturge y llythyr i Richard a'i cadwodd ymysg y gwerthfawrocaf o'i drysorau.

Yr oedd yn amlwg fod yn rhaid i Henry Richard ddewis cwrs ei fywyd. Ei benderfyniad oedd fod dadlau achos 'tangnefedd ar y ddaear' cyn bwysiced â phregethu am Dywysog Tangnefedd ar y Sul. Yr oedd wedi hysbysu ei eglwys yn hydref 1849 o'r hyn yr oedd yn ei feddwl ac ar ddechrau 1850 gwnaeth y penderfyniad i gysegru ei fywyd yn llwyr i waith y Gymdeithas Heddwch. Pwyswyd arno i gymryd cyfnod o wyliau ar draul yr eglwys cyn ymddeol o'i swydd. Ymddeolodd o weinidogaeth Capel Marlborough, Old Kent Road, wedi pymtheg mlynedd o wasanaeth diwyd a llwyddiannus ac ymroi i drefnu'r nesaf o'r cynhadleddau heddwch. Cyflwynwyd iddo bwrs llawn o aur a'r *Encyclopaedia Metropolitana* – deg cyfrol ar hugain wedi'u rhwymo'n ysblennydd yn Rwsia – a'i siarsio i ddychwelyd wedi Cynhadledd Frankfurt i adrodd yr hanes yn llawn wrthynt.[23]

Frankfurt, prifddinas cyllid a masnach a chanolfan cydffederasiwn y taleithiau Almaenig, fyddai'r drydedd yn y gyfres hon o gynhadleddau heddwch. Bwriedid ei chynnal yn Awst 1850, ac yr oedd her drefniadol enfawr yn wynebu Richard ac Elihu Burritt. Ar ei ffordd disgwylid i Richard a Burritt dorri eu taith i ymweld â Pharis.Yr oedd cyfarfod croeso'n eu haros a derbyniad gan Ferdinand de Lesseps, y diplomydd a pheiriannydd Camlas Suez, a chyfle i gyfarfod eto amryw gyfeillion o gynhadledd 1849 – yn eu plith Victor Hugo, Garnier, Lacau a Coquerel.[24] Addawodd pob un wneud hynny fedrai i sicrhau cynrychiolaeth dda o Ffrainc yn Frankfurt ond mynegodd sawl un ofid am gyfeiriad gwleidyddol Ffainc a'u gobaith o heddwch parhaol.

Cadwodd Henry Richard ddyddiadur manwl o'r daith a'i argraffiadau o'r wlad. Aethant drwy Fflandrys a Gwlad Belg a chyfarfod Visschers, llywydd y gynhadledd gyntaf ym Mrwsel ac a wnaeth gymaint i hyrwyddo trefniadau Cynhadledd Paris. Ymwelodd y ddau ag Antwerp, Cologne a Maastricht a cheir Henry Richard yn rhamantu wrth syllu ar afon Rhîn. 'Cyn gorffwyso, pwysais dros y canllaw, wedi fy amgylchynu â rhyw gynnwrf breuddwydiol o ganfod fy hun ar drothwy afon bendefigaidd, wedi'i hymgysegru mewn cân nes ymffurfio'n afon hud a lledrith yn fy nychymyg', sgrifennodd.[25] Cyrhaeddodd y ddau Frankfurt, y ddinas lle ganed Goethe a'r ddinas lle coronid yr Ymherawdwyr Glân Rhufeinig. Dinas y teulu Rothschild a lle taranai'r tywysog Bismarck yn erbyn y weriniaeth. Ond i Richard, hon oedd y ddinas lle pregethodd Luther wrth y bobl ar ei ddychweliad wedi ei gollfarnu am ei 'heresïau' gan gynulliad yr Eglwys Babyddol yn Worms yn y *Wormser Edikt* (1521).

Nid oedd gan Richard na Burritt gysylltiadau o gwbl yn Frankfurt, neb ond Georg Varrentrapp,[26] prif swyddog meddygol gwallgofdy enfawr a gŵr blaengar ym maes iechyd meddwl fu ar ymweliad â Llundain ym 1847. Cawsant dderbyniad gwresog ganddo a phrofodd yn gyd-drefnydd tu hwnt o werthfawr. Hefyd cawsant groeso a chymorth Pastor Bonnet o'r Eglwys Brotestannaidd Ffrengig. Ffurfiwyd ac ehangwyd cysylltiadau a gwnaed cais ffurfiol i'r Senedd am ganiatâd i gynnal y gyngres, ac fe'i cafwyd yn union a didrafferth. Hynny er bod plaid y Democratiaid yn rymus a'i haelodau'n fygythiol eu hymddygiad a'u hiaith gan beri anghysur i rai pobl ac amharu ar drefniadau Henry Richard. Beth bynnag, cafwyd trefn a chaniatâd i ddefnyddio Eglwys Sant Paul, eglwys fawr yn dal 3,000 o bobl, er gwaethaf pryder rhai o'r parchusion. Braidd yn ddiamynedd oedd Richard, serch hynny:

Ni all dim fod yn waeth ei effaith ar gymeriad pobl y cyfandir nag ymyrryd parhaus eu llywodraethau ar bob agwedd o fywyd, ac o ganlyniad eu dibyniaeth ar weithredu gwleidyddol er sicrhau adnewyddiad cymdeithasol a chenedlaethol. Gwelwn enghreifftiau poenus a thruenus o hyn ymhobman.[27]

Yr oedd cael caniatâd i ddefnyddio Eglwys Sant Paul yn bluen yn het y trefnwyr. Yn ei ffurf hanner cylch yr oedd yn addas ar gyfer y fath gyngres. Ond yn bwysicach hyd yn oed na hynny yr oedd – ac y mae – i'r Paulskirche bwysigrwydd gwleidyddol symbolaidd yn hanes yr Almaen. Fe'i hagorwyd yn wreiddiol fel eglwys Brotestanaidd ym 1789 ac am gyfnod byr rhwng 1848 a 1849 dyma adeilad Senedd Frankfurt, y cynulliad byrhoedlog a geisiodd ddatblygu cyfansoddiad i greu Almaen unedig. Gwrthwynebwyd y cynllun hwnnw gan Prwsia ac Awstria a diddymwyd y Senedd ar 30 Mai 1849. Nid oedd yr eglwys yn cael ei defnyddio fel man o addoliad adeg y gyngres heddwch – ailgychwynwyd hynny ym 1852. Dinistriwyd yr adeilad yn ystod yr Ail Ryfel Byd, ac yn arwyddocaol dyma'r adeilad cyntaf yn Frankfurt i'w ailadeiladu. Defnyddir yr eglwys i gyflwyno gwobr heddwch flynyddol masnach lyfrau'r Almaen, seremoni sy'n digwydd yn ystod Gŵyl Lyfrau Frankfurt. Adlais o Gyngres 1850 tybed?

Wedi derbyn sêl a bendith y Senedd cododd y brwdfrydedd a gyda'r prif drefniadau wedi'i cwblhau aeth Richard, Burritt ac eraill oedd wedi ymuno â nhw i Heidelberg, dinas 'o fewn hanner cylch o fynyddoedd gyda'r uchaf a mwyaf ysblennydd eu ffurf, a ffrwythlon eu tyfiant, tra saif y castell – yn gaer a phalas – yn ei faintioli enfawr a'i harddwch ysblennydd hanner ffordd rhwng y dref a chopa'r mynydd'.[28] Tref i'r cynrychiolwyr ymweld â hi yn ystod y gynhadledd meddyliodd Henry Richard wrtho'i hun. Cawsant groeso gan rai o athrawon y brifysgol er i un eu siomi gan ddweud y gallai dangos cefnogaeth i'r gynhadledd niweidio'i yrfa.

Oddi yno aeth y ddirprwyaeth oedd erbyn hynny wedi chwyddo mewn nifer rhagddynt i Worms, lle o ddiddordeb arbennig i Richard. Nododd iddynt sefyll lle safai Luther – 'un o'r golygfeydd mwyaf a mwyaf dyrchafedig yn hanes y byd', ysgrifennodd, yn amlwg wedi ei gyfareddu gan ei fyfyrion ei hun.

Ni ellid drwy'r oesau feddwl am ddarlun godidocach na'r Diwygiwr ym mhresenoldeb y fath ystod enfawr o rym a pharchusrwydd bydol, yn cynnal gydag addfwynder a chymedroldeb, ond gyda chadernid boneddigrwydd diwyro, y gwironeddau mawr ar y rhain y dibynai lles y byd gymaint.²⁹

Soniodd am oedi dan y goeden elmwydd ganghennog yn Pfiffligheim lle gorffwysodd Martin Luther pan oedd o fewn milltir a hanner i Worms, a lle ceisiodd ei gyfeillion ei ddarbwyllo o'r peryglon o fynd ymhellach. A lle atebodd Luther gan gyhoeddi yr elai i Worms 'hyd yn oed pe bai cynifer o gythreuliaid o fewn ei muriau ag o lechi ar ei thai'. 'Eisteddasom dan y goeden gan synfyfyrio'i goffadwriaeth', ysgrifennodd Richard, 'a thorrais ddau frigyn bychan i fynd gyda mi i goffáu man mor llwythog mewn diddordeb gwefreiddiol.'³⁰

Wedi dychwelyd i Frankfurt yr oedd angen gwneud y trefniadau terfynol. A'r materion anodd hynny o bwy i'w gwahodd a threfn eu pwysigrwydd a llunio rhaglen y gynhadledd, lle mae'n debyg y bu doethineb a diplomyddiaeth Henry Richard yn anhepgorol. Ar 12 Gorffennaf ymunodd Auguste Visschers â nhw a chychwynwyd ar daith i ysgogi cefnogaeth i'r gynhadledd yng ngogledd yr Almaen. Aethant i Giessen, a rhyfeddwyd pawb gan wisgoedd y werin, yn arbennig hetiau'r merched. Yn y brifysgol enwog cawsant groeso 'llawn cynhesrwydd ac egni' gan y diwinydd a'r hanesydd Dr Ferdinand Christian Baur, a oedd yn ei ddydd yn ŵr blaengar ei syniadau am esblygiad Cristnogaeth o Iddewiaeth, un a astudiai'r Beibl o safbwynt yr hanesydd. Hefyd cyfarfuasant â'r Barwn Justus von Liebig, athro cemeg rhyfeddol flaengar y brifysgol, un a benodwyd i'r swydd ac yntau ond 21 oed ac a aeth rhagddo i wneud gwaith gwerthfawr mewn amryw feysydd, gan gynnwys cemeg amaethyddol. Dywedodd wrthynt ei fod yn cyfeirio at fater heddwch a rhyfel yng nghyd-destun budd materol a masnachol cenhedloedd mewn cyfrol oedd ganddo yn y wasg ar y pryd.³¹

Ar eu ffordd i Halle yr oeddynt yn mynd heibio i Eisenach a chastell Wartburg lle cuddiwyd Luther am ddeg mis o dan yr enw Innker wedi ei ddychweliad o Worms. Yno gorffennodd gyfieithu'r Testament Newydd i Almaeneg a mawr oedd gofid Henry Richard na chawsant gyfle i ymweld â'r gell. 'Nid oes unman yn y byd y buasai'n well gen i fod wedi sefyll ynddo na chell Luther a welir yn Erfurt yn union fel ag yr oedd pan oedd ef ynddi 350 mlynedd yn ôl. Ond ni chefais y mwynhad gan nad oedd ein trefniadau yn caniatáu i ni aros yno', ysgrifennodd gyda gofid amlwg. Erbyn 16 Gorffennaf, yr oeddynt wedi cyrraedd Leipzig, 'dinas hardd', a chyfarfod amryw athrawon, yn eu plith hen ŵr parchus, yr Athro Linder, lle buont yn sgwrsio'n braf am awr, pob un â'i sigar – sigar a ganmolodd Richard yn fawr iawn. Mae'n amlwg nad oedd yn anghyfarwydd ag ambell fygyn a hyd yn oed wydraid o rywbeth cadarn yn awr ac yn y man.[32] Mae'n debyg i Henry Richard gael cyngor meddygol i beidio ymwrthod yn llwyr ag ambell ddiferyn o wirod cadarn tua diwedd ei oes ar adeg pan oedd yn dioddef wrth *angina*.

Aethant oddi yno i Berlin a chael eu tywys o amgylch carchar y *Musterstrafanstalt*, ac yn annisgwyl cael eu gwahodd i wledd briodas. Profiad dymunol i ddau hen lanc blinedig a llychlyd oedd y wedd hon ar fywyd teulu Almaenig, yn ôl Henry Richard. Ar 19 Gorffennaf cyrhaeddodd Henry Richard, Burritt a Visschers ddinas hardd Potsdam gyda'r bwriad o ymweld â'r Barwn Alexander von Humboldt, naturiaethwr, teithiwr, darganfyddwr – Almaenwr enwocaf ei ddydd. Y bwriad oedd gofyn iddo lywyddu'r gynhadledd. Cawsant y croeso cynhesaf ac wedi gair o gyflwyniad oddi wrth Visschers, aeth Humboldt ati i roi braslun o ymdrechion y gorffennol i sicrhau heddwch byd-eang. Yr oedd, meddai, yn nod aruchel a chymeradwy 'ond yr wyf, bellach, yn hen ddyn, ac yn ystod fy mywyd wedi gweld llawer cyngres ac nid yw fy mhrofiad yn peri i mi ragweld unrhyw ganlyniadau gwych yn deillio ohonynt'. Rhagwelai lu o broblemau fyddai'n wynebu'r Gymdeithas Heddwch a rhai amheuon oedd ganddo amdani a'i gweithgarwch. 'Er hynny', meddai, 'ni ddymunwn i chwi fynd oddi yma gyda'r argraff fy mod yn wrthwynebus neu'n ddifater o'ch gweithgarwch aruchel. Yn fy nghalon, rwy'i gyda chwi.' Gwrthododd y cynnig i lywyddu'r gyngres ond addawodd anfon llythyr yn mynegi ei gydymdeimlad a'i gefnogaeth, a hynny heb gyfeirio at unrhyw amheuon oedd ganddo am unrhyw fudd allai ddeillio ohoni.[33]

Wedi canfod fod Elihu Burritt yn Americanwr soniodd am y sgyrsiau gafodd gyda Thomas Jefferson pan oedd yn byw yn yr Unol Daleithau a chynhesodd ar bwnc caethwasiaeth a'i ofid o weld ymdrechion penderfynol o fewn a thu allan i'r drefn ddeddfwriaethol i ehangu'r arfer dieflig. Mae'n amlwg wrth ei ddyddiadur fod Richard wedi mwynhau cyfarfod Humboldt, ond gyda'r sylw nad oedd yn 'wrandawr da'. Torrai ar draws yn gyson gan barhau llinell sgwrs a gychwynnwyd gan y siaradwr. Diolchodd yn ddiffuant i'w ymwelwyr am y mwynhad a gafodd o siarad â nhw.

Dychwelodd Richard i Berlin i gyfarfod yr Athro August Wilhelm Heffter, awdur cyfrol ddylanwadol a phwysig a gyhoeddwyd ym 1844 – y gyntaf yn wir – ar gyfraith ryngwladol Ewropeaidd i ymdrin ag ymddygiad gwlad oedd wedi goresgyn gwlad arall. Ceisiwyd ei gael yntau i lywyddu'r gyngres ond roedd ei brysurdeb yn ei rwystro rhag dod i Frankfurt. Buont wedyn yn ymweld â'r Athro Ernst Wilhelm Hengstenberg, efengylwr eithafol oedd yn adnabyddus i Richard ar sail esboniad a ysgrifennodd ar y Salmau ac a gyfieithwyd i'r Saesneg. Siomedigaeth arall, creadur adweithiol iawn a chredwr cryf mewn byddinoedd oedd barn Henry Richard ohono.[34]

Aethant rhagddynt i Bafaria, ac yn eu gwesty yn Nuremberg yr oedd y perchennog yn poeni'n fawr oherwydd iddynt ddosbarthu taflenni'n hysbysebu Cyngres Frankfurt ac yn ofni y byddai'r heddlu'n ymweld ag e. Cawsant ganiatâd i gyfarfod cyfeillion – yn gyfrinachol – yn eu stafelloedd gwely. Aethant drwy Augsburg, i Munich – y ddinas harddaf a welsant yn yr holl wlad yn ôl Richard, ac ymysg yr athrawon prifysgol a gyfarfu'r ddau oedd yr Athro Ignatius Döllinger, Athro Hanes Eglwysig Prifysgol Munich, gŵr clir ei feddwl a galluog yn ôl Richard, ond un arall a gredai fod byddin barhaol yn anhepgorol er cadw heddwch ymysg y bobl.[35] Yr oedd yn ddyn diddorol am reswm arall, Pabydd a gafodd ei esgymuno flynyddoedd wedyn am wrthod cydnabod anffaeledigrwydd y Pab. Dychwelodd y ddau drwy Ulm, Stuttgart, lle'r oedd pawb y bu iddynt geisio siarad â nhw yn anghredinwyr, mewn cwch hyd afon Nektar i Heidelberg a mewn trên i Frankfurt.

Yno yr oedd llwyth o waith yn disgwyl Richard. Yr oedd cynrychiolaeth niferus yn dod o Brydain a roedd angen trefnu caniatâd iddynt fynd drwy Wlad Belg a Phrwsia heb basport a heb orfod agor eu bagiau. Yr oedd angen trefnu dwy stemar o Cologne a threnau arbennig yn ogystal â gwestai ar eu cyfer yn Frankfurt a'r cyffiniau. Bu raid rhuthro, hefyd, i Darmstadt i ddarbwyllo Heinrich Karl Jaup, cyn-brif weinidog rhanbarth Hessen-Darmstadt, i lywyddu'r gyngres – ef oedd y trydydd dewis, ond fe wnaeth gyda pharodrwydd. Gyda deuddydd i fynd cyn agor y gyngres yr oedd y penderfyniadau o hyd heb eu llunio'n derfynol. Erbyn hyn yr oedd Cobden, Varrentrapp, yr economegydd Ffrengig Joseph Garnier, y gwleidydd Ffrengig Louis-Marie de La Haye Cormenin, Jaup ac eraill wedi cyrraedd ac yr oedd yn anodd drafftio penderfyniadau fyddai'n dderbyniol i bawb gan fod yr Almaenwyr yn mynnu bod yn rhaid wrth fyddin barhaol i gadw trefn, tra yr oedd Richard a Burritt yn rhagweld trafferth gyda'r Crynwyr oedd yn gwrthwynebu'r syniad o unrhyw fath o fyddin. Gyda chyfrwystra diplomyddol Cobden llwyddwyd i gael cytundeb er bod Richard yn poeni am ymateb y

Crynwyr maes o law. Gyda chryn ryddhad yr aeth Henry Richard a Burritt ar 21 Awst i lawr y Rhîn cyn belled â St Goar i gyfarfod y stemar gyntaf o Cologne. Dros y ddeufis blaenorol, tebyg i'r ddau wneud cymaint dros achos heddwch ag a gyflawnid gan y gyngres i gyd dros y dyddiau nesaf. Yr oedd yn gampwaith arwrol o drefnu ac ysgogi.[36]

Cyngres Frankfurt oedd yr olaf, ac ar lawer ystyr y fwyaf deniadol, o'r tair a gynhaliwyd ar y cyfandir. Cychwynnodd o leiaf 500 o gynrychiolwyr ar eu taith o Dover ar 21 Awst, hwylio i Calais, oddi yno ar drên arbennig drwy'r nos, brecwast yn Verviers, Gwlad Belg, a chyrraedd Cologne yn hwyr y noson wedyn lle'r oedd llety wedi'i drefnu ar gyfer pawb. Yn gynnar fore trannoeth mewn dwy stemar fawr hwyliwyd i fyny Afon Rhîn. Yn St Goar – Sankt Goar – y dref lle mae'r mynyddoedd yn codi'n ysblennydd o lannau'r afon yr oedd Henry Richard ac Elihu Burritt yn aros am y cynrychiolwyr a mawr oedd y gymeradwyaeth i'r ddau pan ddaethant gyda'r papurau a'r cyfarwyddiadau am weddill y daith. Yr oedd trên arbennig yn eu haros yn Biebrich, ger Wiesbaden, i'w cludo i ben eu taith. Cystal oedd y drefniadaeth fel y bu i bob un ddod o hyd i'w lety yn fuan wedi cyrraedd Frankfurt.[37]

Yr oedd Eglwys Sant Paul wedi ei pharatoi'n arbennig a baneri'r cenhedloedd yn addurno'r lle. Yr oedd yn olygfa hardd ar ddydd cyntaf y gyngres pan gymerodd Jaup y gadair – y llawr yn orlawn gan gynrychiolwyr o Brydain, Ffrainc, Gwlad Belg, yr Almaen a'r Unol Daleithiau a'r orielau'n llawn ymwelwyr, yn wŷr a gwragedd. Nodir presenoldeb un gŵr rhyfedd iawn yn un o'r cyfarfodydd, y Cadfridog Julius Jacob von Haynau, y bwtsiwr o Awstria, enwog am ei greulondeb yn delio gyda'r ddau chwyldro yn yr Eidal a Hwngari ym 1848 a 1849. Damwain, mae'n debyg, oherwydd ei fod yn digwydd lletya yn y ddinas. Cyfeiriodd Richard Cobden yn un o'i areithiau at y gred gyfeiliornus fod yn rhaid wrth rym milwrol enfawr er mwyn gwrthweithio chwyldro:

> Ym 1847 ymwelais â holl lysoedd, ac eithrio un y Pab, ac yr oedd y brenhinoedd i gyd yn eu gwisgoedd cartrawdol a'r stafelloedd o'u cwmpas yn llawn milwyr a'u hamddiffynfeydd wedi'u cyflenwi yn yr un modd. Daeth 1848 a ledled y Cyfandir yr oedd gorseddau'n dymchwel fel tŷ o gardiau. Medraf, felly, apelio ar Lywodraethau a brenhinoedd, yn ogystal â threth-dalwyr a'r bobl, i gefnogi achos fydd o fendith ac o fudd iddynt oll.[38]

Pasiwyd yn ddiwrthwynebiad gynnig:

> Fod y Byddinoedd Sefydlog drwy y rhain y mae Llywodraethau Ewrop yn bygwth ei gilydd yn faich annioddefol, ac yn ddylanwad drwg – yn foesol a chymdeithasol – ar eu cymunedau eu hunain. Ni all y Gyngres hon, felly, fod yn or-ddifrifol yn tynnu sylw'r llywodraethau o'r angen i ymuno mewn trefniant o ddiarfogi rhyngwladol heb amharu ar y mesurau hynny a ystyrir yn hanfodol i gynnal diogelwch dinasyddion a thawelwch mewnol pob Gwladwriaeth.[39]

Pasiwyd un cynnig diddorol arall, wedi ei gyflwyno gan Cormenin o Ffrainc, yn condemnio'r arfer o ymladdfeydd (*duelling*) a ddywedodd mai hon oedd y gyngres fawr gyntaf i gondemnio a gwahardd ymrysonwyr ar sail moesol, crefyddol a rheswm. Cefnogwyd ef gan y newyddiadurwr a'r gwleidydd gweriniaethol Emilé de Girardin a laddodd y llenor a'r hanesydd Armand Carrel mewn ymryson gyda chleddyfau ym 1836. 'Ymleddais frwydr fu'n angeuol 20 mlynedd yn ôl ac yr wyf yn edifeiriol am hynny hyd y dydd heddiw. Pe na adewir ôl dim yn Frankfurt ond y cynnig hwn, medrwn ddweud i ni wneud digon', meddai Girardin.[40]

Siaradodd Henry Richard ar ddiwedd y gynhadledd gan adrodd fel y bu iddo ef ac Elihu Burritt ymweld â Frankfurt am y tro cyntaf. Nid oedden nhw'n adnabod neb yn y ddinas ac ar yr olwg gyntaf nid ymddangosai pethau'n addawol, ond wedi iddynt ddanfon cais i'r Senedd daeth ymateb cadarnhaol yn syth. Diolchodd i'r Senedd, y pwyllgor lleol, ac i lys yr Eglwys Lutheraidd am eu cydweithrediad, a galwodd ar y cynrychiolwyr Prydeinig i ddangos mor ddisail oedd unrhyw amheuaeth eu bod yn elynion i'w brodyr Almaenig. Gwnaed hynny gyda bonllefau o gymeradwyaeth oddi wrth y Prydeinwyr. Galwodd arnynt wedyn i ddangos mai eu dymuniad oedd gweld Almaen gref, rydd ac unedig. Cododd y cynrychiolwyr Prydeinig i leisio'u cefnogaeth i'w eiriau.

Dywedodd iddo gael ei rybuddio dro ar ôl tro mai gwawd a dirmyg fyddai tynged y gyngres. Yna fe'i cawn yn bwrw iddi gyda'i huodledd nodweddiadol:

> Byddem yn annheilwng o fod yn amddiffynwyr achos mor ddyrchafedig a chysegredig pe na baem wedi ystyried y gallasem gyfarfod â gwawd y coeg a'r hunan-geisiol, y rhai sydd yn awr, ac a fuont bob amser yn wrthwynebus i bob meddylfryd mawr a haelfrydig pan gyflwynir ef gyntaf . . . Fy ateb i'r dirmygwr yw hwn – os yw unrhyw

un yn tybied mai peth rhesymol ydyw i fodau deallgar geisio sefydlu cyfiawnder drwy drais, chwardded y cyfryw. Os yw rhai'n tybied mai peth hyfryd yw fod tadau'n cael eu llusgo o fynwes eu teuluoedd, a meibion o freichiau eu rhieni, a'u danfon ymaith i'w lladd a'u saethu fel cwn, a'u gadael i ymdrybaeddu yn eu gwaed, a threngi yn ddiymgeledd ar faes y frwydr, chwardded y cyfryw . . . Os yw rhai'n tybied mai anrhydedd i athroniaeth a dealltwriaeth y bedwareddganrif-ar-bymtheg ydyw fod eu holl gyfundrefn o wareiddiad yn gorffwys, nid ar wybodaeth, nid ar ryddid, nid ar grefydd, ond ar allu anifeilaidd, chwardded y cyfryw.[41]

Ymhlith y 500 o gynrychiolwyr o Brydain oedd Samuel Roberts (SR), Llanbrynmair, a gynrychiolai ganolbarth Cymru. Os creodd Henry Richard argraff ddofn ar y cynhadleddwyr, yr oedd yr argraff a wnaeth ar SR yn fwy fyth. Yn ei adroddiad yn *Y Cronicl* sgrifennodd: 'Byddai yn hoff gennym iddo gael drws agored drwy ryw ran o Gymru i sefyll a lleisio yn y Senedd o blaid Heddwch.'[42] Aeth deunaw mlynedd heibio cyn gwireddu dymuniad SR a llawer tro cynhyrfus yng ngyrfa'r gŵr o Dregaron.

Ar ddiwedd y gyngres cododd llysgennad Dugaethau Schleswig a Holstein yng ngogledd yr Almaen fater y rhyfel oedd yn cael ei ymladd ar y pryd ganddynt yn erbyn Denmarc a gofyn am bwyllgor ymchwil i archwilio'r achos a cheisio dod a'r brwydro i ben. Er bod rheolau'r gyngres yn gwahardd trafod materion cyfoes cytunwyd bod Sturge, Burritt – a oedd yn medru Daneg – a Frederick Wheeler yn mynd i geisio gymodi'r ddwy ochr. Dewiswyd Wheeler, gweinidog Americanaidd, yn lle Henry Richard a oedd yn gorfod dychwelyd i Lundain. Ymddangosai fel pe baent yn llwyddo ond ymunodd Prwsia ac Awstria yn y rhyfel ar ochr y dugaethau a Sweden ar ochr Denmarc a pharhaodd y brwydro am flwyddyn arall. Canmolwyd eu hymdrechion yn fawr gan y Barwn Bunsen, llysgenad Prwsia yn Llundain, a chyfaddefodd wrth Cobden fod ganddo fwy o hyder yng ngwaith y tri nag yn y diplomyddion proffesiynol.[43]

Parhaodd prysurdeb y gymdeithas wedi Cyngres Frankfurt gyda chyfres o gyfarfodydd wedi'u hanelu at gynyddu'r gefnogaeth i achos heddwch. Cynhaliwyd un yn yr Yorkshire Hall, Wrecsam, ar 12 Tachwedd gyda Sturge, Cobden a Henry Richard yn areithio a Townshend Mainwairing, AS Bwrdeisdrefi Dinbych, yn y gadair.[44]

Yr oedd amlygrwydd Henry Richard yn ennyn mwy o ddiddordeb yn y mudiad heddwch yng Nghymru. Yn ôl *Y Drysorfa Gynulleidfaol*:[45]

Mae'n syndod a galar mewn dyddiau fel hyn, pan wneir cymaint o broffes o grefydd fod cyn lleied o nawdd ac o gymorth yn cael ei roi i Gymdeithas y mae ei hegwyddorion ... wedi eu cyd-wau gyda phob peth 'sydd hawddgar a chanmoladwy' ac mewn cyd-drawiad â'r gwirionedd megis y mae yn yr Iesu.

Ac yn ôl *Y Bedyddiwr*,[46] yr oedd y gymdeithas yn ennill tir a dylanwad. Yn *Y Diwygiwr* taranai David Rees yn erbyn rhyfel gan holi: 'Beth ond arferiad all fod wedi cadw y fath aflerwch heb gael ei esgymuno gan Gristonogion?'[47] Mynnai *Seren Gomer* na fyddai 'llawer o waith perswadio ar ein cenedl ni i'w chael oll o blaid y Gymdeithas ragorol hon'.[48]

Rhag i neb feddwl fod y wasg Gymraeg yn unol o blaid y mudiad heddwch, yr oedd golygydd *Yr Haul*, y dychanwr ceidwadol eglwysig David Owen (Brutus) yn rhoi safbwynt ychydig yn wahanol:

> Derbyniasom sypyn wrth Ysgrifennydd y Gymdeithas, y Parch Henry Richard, ac yn ei lythyr dywedai'r gŵr parchus fod cyffro yn cael ei wneuthur drwy y deyrnas, ac y gellid disgwyl cenhadau y Gymdeithas i Gymru, er mwyn gwneuthur cyffro ym mhlaid y Gymdeithas hon ac arwyddo deisebau er mwyn cefnogi cynnig Mr Cobden yn y Senedd nesaf ar fod i bob ymrafaelon rhwng teyrnasoedd gael eu terfynu, nid drwy gleddyf, ond drwy gyflafaredd.[49] Yr ydym yn bleidiol hollol i egwyddorion y Gymdeithas hon ... Ond nid ydym yn cymeradwyo dull pleidwyr y Gymdeithas yn dadlau eu hachos, nac ychwaith yn cymeradwyo ysbryd ei phleidwyr
> ... A ydyw yn iawn ac yn ddoeth i'r deyrnas hon gael ei diarfogi yn bresennol pan ag y mae lefain terfysgoedd a rhyfeloedd yn gweithio yr holl gyfandir ... Mae rhywbeth yn sibrwd wrthym ... mai yng nghyflwr Samson y byddwn ... os bydd i'r deyrnas gael ei diarfogi.[50]

Ymosod, nid yn gwbl heb reswm, ar ddulliau a chymeriadau rhai o'r Cymry mwyaf eiddgar o blaid heddychiaeth oedd Brutus. Un ohonynt oedd William Williams (Caledfryn), cefnogwr y Gymdeithas Rhyddhau Crefydd, y mudiad dros ddiwygio'r Deddfau Ŷd a'r Gymdeithas Heddwch. Er cystal ei ysgrifau o blaid y Gymdeithas Heddwch, creadur cecrus oedd Caledfryn. Am y golofn farddol a olygai yn *Y Gwladgarwr*, awgrymwyd ar sail miniogrwydd ei feirniadaeth o ymdrechion a ddeuai i law iddo ddewis enw barddol addas iddo'i hun. Tueddai Samuel Roberts, hefyd, i fod yn chwyrn hyd ormodiaeth yn ei erthyglau – yn wir fe'i cyhuddwyd gan rai o'i gydoeswyr o chwerwedd nad oedd yn gydnaws ag ysbryd heddychiaeth.[51]

Arddangosfa Fawr Llundain oedd un o brif atyniadau 1851. Codwyd y Palas Crisial yn Hyde Park ar ei chyfer – gwaith a arolygwyd, gyda llaw, gan John Jones (Talhaiarn), un o feirdd Cymraeg mwyaf poblogaidd y bedwaredd ganrif ar bymtheg. Sylweddolid fod y rheilffyrdd bellach yn cysylltu gwahanol rannau o Brydain â Llundain a bod y llongau ager yn tynnu'r gwledydd yn nes at ei gilydd. Yr oedd ysbryd o hyder newydd yn y Deyrnas Unedig, ryw deimlad fod masnach yn adfywio a bod dynolryw'n cynyddu mewn gwybodaeth ac yn meistroli peiriannau yn ogystal â phŵerau natur. Dechreuwyd rhoi mynegiant i syniad ddaeth yn amlycach yn fuan wedyn, sef 'y syniad o gynnydd' – fod y byd yn symud rhagddo. Ai y syniad hwnnw sbardunodd gynnal yr Arddangosfa Fawr, neu a fu i'r Arddangosfa Fawr roi hwb ymlaen i'r 'syniad o gynnydd' – anodd dweud. Ym 1848 yr ymddangosodd cyfrolau cyntaf *History of England* Macaulay ac y mae'n werth sylwi ar un o frawddegau cyntaf y gwaith: 'The history of our country during the last one hundred and sixty years is eminently the history of physical, of moral, and of intellectual improvement.' Crëwyd ryw syniad fod cynnydd materol yn arwain at gynnydd ysbrydol gan greu ymdeimlad o obaith cyffredinol. Yr oedd y farn gyhoeddus yn fwy heddychlon ac yn ôl Henry Richard 'yr oedd ymdeimlad dyfnach o anferthedd rhyfel yn cynyddu yng nghalonnau gwledydd Cred ac yr oedd teimlad mwy cyfeillgar ar gynnydd rhwng gwledydd, yn arbennig rhwng Ffrainc a Lloegr.[52] Yr oedd y mudiad heddwch bellach yn cael clust cyfran helaeth o'r cyhoedd.

Manteisiodd y Gymdeithas Heddwch ar y cyfle a chynhaliwyd y bedwaredd gyngres heddwch gydwladol yn Exeter Hall dros y dyddiau 22–4 Gorffennaf 1851, gan fanteisio ar yr Arddangosfa Fawr. Gwelir mor flaengar oedd dulliau'r gymdeithas o weithredu o'r ffaith fod Joseph Sturge wedi rhenti tŷ ger Hyde Park lle medrai dderbyn a chroesawu cynrychiolwyr o'r gwledydd tramor. Daeth nifer o Ffrainc, yr Almaen, Sweden, Gwlad Belg a'r Eidal i'r gyngres ynghyd â chynrychiolwyr o brif ddinasoedd Ewrop. Yr oedd dros drigain wedi croesi Môr Iwerydd gan gynrychioli un ar bymtheg o daleithiau. Problem fawr Henry Richard oedd penderfynu pwy o blith yr holl ddoniau areithyddol fyddai'n cael eu galw i siarad.[53] Yr oedd Cormenin a Girardin yn bresennol, fel ag yn Frankfurt, ynghyd â phymtheg o weithwyr cyffredin o Ffrainc. Derbyniwyd llythyr pur gefnogol ac anarferol o hynaws wrth y llenor a'r hanesydd o'r Alban, Thomas Carlyle, lle gwnaeth y sylw mai gorau cyn lleied o ryfela a thorri gyddfau sy'n digwydd. 'Mae dyn yn llawenhau llawer o weld tueddiadau niferus y cyfnod hwn tuag y canlyniad yr ydych yn anelu tuag ato; ac fel nad yw dynion bellach yn gwisgo cleddyfau yn y stryd, felly, maes o law na fydd cenhedloedd yn gwneud hynny chwaith', meddai.⁵⁴

Albanwr arall, y gwyddonydd o gefndir diwinyddol, Syr David Brewster, oedd yn y gadair. Dywedid i bedair mil ymweld â'r gynhadledd heddwch – faint ohonyn nhw fuasai wedi dod i'r gynhadledd onibai am yr Arddangosfa Fawr a sawl un oedd yn heddychwyr sy'n gwestiwn arall. Nid oedd hynny'n poeni fawr ar Henry Richard. Yr hyn a geisiai oedd sylw a chyhoeddusrwydd i'r Gymdeithas Heddwch – ac fe'i cafodd. Yr oedd dadleuon o blaid heddwch, yn erbyn militariaeth a thwf imperialaeth ac o blaid cyflafareddu a diarfogi yn ymddangos yn y wasg ac yn cael eu trafod gan sylwebyddion. Hyd yn oed os oedd y *Times* a'r *Morning Chronicle* yn wawdiol o'r 'peacemongers' iwtopaidd yr oedd nifer o'r papurau wythnosol yn ffafriol. Cafodd areithiau Richard Cobden, Edward Miall ac eraill sylw. Ceisiodd y Gymdeithas Heddwch gael trefnwyr yr Arddangosfa Fawr i wahardd unrhyw stondinau oedd yn arddangos arfau rhyfel. Methiant fu eu hymdrech, eto llwyddwyd i gael cytundeb na chaent eu hystyried yn y gystadleuaeth am y stondin fwyaf deniadol.⁵⁵

Daeth 'heddwch' yn bwnc parchus ac yn destun eisteddfodol yng Nghymru ac nid oedd cwmwl ar y ffurfafen gydwladol. Cyfansoddodd William Rees (Gwilym Hiraethog) ei awdl enwog ar y testun, awdl mor lawn o ysbryd tangnefedd ag yr oedd ei gywydd *Buddugoliaeth Trafalgar a Marwolaeth y Penllywydd Nelson* o ysbryd rhyfelgar.⁵⁶ Bu ambell fudiad brawdgarol yn ddylanwadol o fewn y mudiad heddwch yn ystod deugeiniau'r bedwaredd ganrif ar bymtheg, fel yr Odyddion, y Rechabiaid ac yn arbennig yr Iforiaid.⁵⁷ Heblaw bod yn fudiad cyfangwbl Gymraeg â'i wreiddiau yn y dosbarth gweithiol, fel y gwelir yn ngherddi Evans James – awdur geiriau *Hen Wlad Fy Nhadau* – yr oedd yr Iforiaid yn fudiad a bregethai dros 'feithrin undeb a brawdgarwch'. Adleisir, dro ar ôl tro, y geiriau a ganlyn a sgrifennodd Evan James i'w canu yng nghiniawau ac eisteddfodau'r Iforiaid:

> Cymry ffyddlon ydym ni
> Dros ein gwlad a thros ei bri,
> Cyndyn deithiwn ddydd ein gwledd
> Mewn brawdgarwch pur a hedd.⁵⁸

Ac y mae tystiolaeth y bu ymlyniad cryf at achos heddwch mewn rhai ardaloedd o Gymru, fel Pontypridd, na fu'n faes riwcritio ffrwythlon i'r fyddin, hyd yn oed yn anterth rhyfel 'poblogaidd' y Crimea, 1854.⁵⁹

4 ☙ Rhyfel y Crimea, Cytundeb Paris, yr ymosod ar China a Gwrthryfel India

Dechrau'r 1850au bu Henry Richard a'r Gymdeithas Heddwch yn ddiwyd yn rhybuddio'r cenhedloedd, Prydain yn arbennig, fod rhyfel yn anochel oni ellid datrys yr anghydfod oedd yn achos y dirywiad yn y berthynas rhwng Twrci, Rwsia, Ffrainc a Phrydain. Yr oedd gwaith y gymdeithas yn cael sylw a'r coffrau'n iach ac yr oedd bod yn gysylltiedig â'r gymdeithas yn ffasiynol. Yr oedd cylch yr aelodaeth wedi ehangu o fod yn gymdeithas o grefyddwyr – llawer ohonynt yn Grynwyr – i gynnwys 'heddychwyr amodol', gwleidyddol. Yn eu plith wleidyddion oedd yn pledio datrys anghytundebau rhwng y gwledydd drwy ddulliau heddychlon, drwy gymod a chyflafareddiad. Tra yr oedd yr aelodau cynnar yn arddel safbwynt o heddwch fel egwyddor yr oedd y gwleidyddion yn cymryd y safbwynt o heddwch fel polisi. Yr oeddynt yn gweld y niwed a wnâi rhyfel i gynnydd a masnach, y gwastraff bywydau, y niwed i economi'r wlad a'r drwg a wnâi i'r werin – y gwragedd a wneid yn weddwon, y plant yn amddifaid o dadau. Ond ni wrthwynebent ryfel yn llwyr a diamod. Datblygodd y gymdeithas brofiad o ddulliau o ledaenu ei neges drwy bapurau newydd a phamffledi. Yr oedd Henry Richard yn wleidydd ac yn feistr ar ddefnyddio cyfryngau ei gyfnod. Er ei gyfrwystra gwleidyddol a'i barodrwydd i gyfamodi ar dactegau, ar fater yr egwyddor o wrthwynebu pob rhyfel yr oedd yn gadarn yng ngwersyll yr heddychwyr diamod, sef safbwynt y Crynwyr.

Nid hir y parhaodd yr ysbryd tangnefeddus a leisiwyd yng nghynhadleddau Brwsel, Paris, Frankfurt a Llundain. Bu'r berthynas rhwng Prydain a Gwlad Groeg yn anesmwyth rhwng 1848 a 1850. Mewn gweithred wrth-semitig llosgwyd tŷ David (neu Don) Pacifico, Iddew Portugeaidd a anwyd yn Gibraltar. Gwrthodai Gwlad Groeg dalu iawndal iddo ac ar sail hyn yr oedd Arglwydd Palmerston, yr ysgrifennydd tramor, yn barod i fynd i ryfel. Gan mai yn Gibraltar y ganwyd Pacifico medrai hawlio dinasyddiaeth Brydeinig ac er na aethpwyd i ryfel bu'r misoedd o flocâd o arfordir Groeg gan longau Rhyfel Prydain yn fodd i yrru Ffrainc yn gandryll.

Yna, ar 2 Rhagfyr 1851, tanseiliwyd democratiaeth Ffrainc a newidiwyd hinsawdd gwleidyddiaeth Ewrop yn *coup d'etat* gwaedlyd Louis Napoleon. Dychwelodd nerfusrwydd y gwleidyddion ac aed ati i fegino fflamau'r wasg gyda honiadau y medrai Ffrainc oresgyn Prydain pryd y mynnai. Mewn gweithred ryfedd a heb ymgynghori â neb anfonodd y Palmerston rhyfelgar ei longyfarchiadau i'r ymerawdwr newydd, Napoleon III, awgrym fod Prydain yn cymeradwyo'r *coup*. Bu ffrae rhyngddo a'r prif weinidog, yr Arglwydd John Russell, a diswyddwyd Palmerston.[1] Ni fu'n hir yn y diffeithwch gwleidyddol. Gwelodd uchel swyddogion y fyddin a'r llynges a'r wasg ryfelgar eu cyfle. Yr oedd Ffrainc yn berygl unwaith eto, a nid oedd dim tebyg i'r enw Napoleon i ysgogi'r nwydau rhyfelgar. Dymchwelwyd gweinyddiaeth Arglwydd Derby a sefydlwyd gweinyddiaeth glymbleidiol dan arweiniad Arglwydd Aberdeen yn Rhagfyr 1852. Yng ngeiriau Richard Cobden, pan gaiff John Bull flas gwaed yn ei safn mae tu hwnt i resymu. Dal i ddadlau achos heddwch a chyflafaryddiaeth yn ddyncnach nag erioed wnaeth Henry Richard.

Os oedd perygl i'r dwndwr ymosodol foddi llais a gwaith y Gymdeithas Heddwch, ni ellid tawelu Henry Richard. Yr oedd yr ysgrifennydd yn fwy diwyd ac egnïol nag erioed yn anfon erthyglau i'r papurau ac yn sgrifennu a golygu'r *Herald of Peace*. Cyhoeddodd Richard Cobden bamffled gyda'r teitl *1793 and 1853 in Three Letters*[2] a gafodd sylw mawr. A'i chondemnio yn y wasg Seisnig. Gwelir llaw Henry Richard yn drwm ar ei harddull, ei chynnwys a ffyrnigrwydd ei gwrth-imperialaeth Seisnig. Mewn tri llythyr at ryw offeiriad dienw a draddododd bregeth yn coffáu Dug Wellington dadansoddai'r gyfrol yr agwedd Seisnig at Ffrainc ym 1853 yng ngoleuni digwyddiadau 1793 pan ymosododd Lloegr ar Napoléon. Y ddadl bryd hynny – ac ym 1853 ceid adlais o'r un dadleuon – oedd mai rhyfel amddiffynnol ydoedd er diogelu hawliau a rhyddid dynolryw. Er mai Ffrainc gyhoeddodd ryfel 1793, dengys y llyfryn mai y gwir ysgogwyr oedd y gwledydd eraill yn crynhoi'n fygythiol o'i chwmpas dan yr esgus o ailorseddu brenhiniaeth Ffrainc. Nid oedd gan Ffrainc fawr o ddewis bryd hynny. O archwilio'r hanes yn ofalus, meddai Cobden yn ei ragymadrodd i'r ail argraffiad, 'gwelwn i'n llywodraeth ddangos yr un parodrwydd i fynd i ryfel ym 1803 a 1815 ag a wnaeth yn 1793'. Cyhuddodd Brydain o 'greu' Napoleon:

Pwy ŵyr na chafodd Napoleon, athrylith y cyfnod, ei feithrin a'i addysgu gennym ni; na fuasai'r glaslanc dinod wedi rhoi ei droed ar ffon isaf ysgol enwogrwydd pan fwriodd ein lluoedd allan o Toulon ym 1793, ac mai drwy orchfygu egni Prydeinig ac aur Seisnig, y cafodd y cyfle i arddangos ei bŵerau goruwchnaturiol bron?[3]

Er mai yn enw Cobden y cyhoeddwyd y pamffledyn llais Henry Richard sydd i'w glywed ac ôl ei ymchwil trwyadl a deimlir yn y gwaith. Pwysodd yn drwm ar Hansard fel ffynhonnell ei ffeithiau gan sicrhau fod trefn y digwyddiadau yn sicr. Bwriodd y pamffledyn oleuni gwahanol i'r hyn geir yn arferol ar y Chwyldro Ffrengig gan haneswyr Seisnig. Mae'r bamffled yn llawn ystadegau, ffeithiau a brawddegau trawiadol fel yn y trydydd llythyr: 'Addysgwyd y genhedlaeth bresennol o oedolion dan amgylchiadau sy'n esgymuno barn gytbwys ar gychwyn y rhyfel.'[4] Medrwn ninnau, ar ddechrau'r unfed ganrif ar hugain, ddweud yr un peth. Pwynt y dychwelodd Richard ato'n gyson yw bod rhyfel yn esgor ar ryfel. Yng ngeiriau Milton: 'But what does war, but endless war still breed.'

Yr oedd yr hebogiaid rhyfel yn clochdar fod Napoleon III a'i ddinasyddion am 'ddial Waterloo' ac y byddent cyn pen fawr o dro yn glanio ar draethau diamddiffyn Prydain. Rhaid paratoi am ryfel, ac yn niwedd 1852 aeth y Gymdeithas Heddwch i beth trafferth. Gosodwyd Mesur Milisia gerbron Tŷ'r Cyffredin. Nod y llywodraeth oedd cael 70,000 o wirfoddolwyr ifainc i ymuno'n gartreflu i ymarfer trin arfau. Y nifer a nodwyd ar gyfer Cymru – heb gynnwys Mynwy – oedd 4,512. Oni cheid y nifer angenrheidiol drwy wirfodd bwriedid cynnal loteri. Gwrthwynebai'r Gymdeithas Heddwch y mesur ac argraffwyd miloedd o daflenni yn egluro'r oblygiadau, a sicrhau na fyddai dynion ifanc yn cael eu camarwain.[5] Cymerwyd rhai dosbarthwyr i'r ddalfa. Yn *Y Cronicl* – papur SR, Llanbrynmair – adroddwyd fod yr 'heddgeidwaid yn Hampshire wedi cael gorchymyn i ddifetha unrhyw bapurlenni o eiddo'r Gymdeithas Heddwch, neu eraill, a fyddai o duedd i atal gwŷr ieuanc rhag ymrestru yn y cartreflu'.[6] Codwyd y mater yn y Senedd a chymerodd chwe deg a phedwar o bleidwyr y Gymdeithas Heddwch y cyfrifoldeb am y taflenni mewn datganiad a deiseb a gyflwynwyd i'r ysgrifennydd cartref, Spencer Horatio Walpole. Henry Richard fu'n gyfrifol am eirio'r ddeiseb, yn nodweddiadol gadarn ac ymosodol ei ymresymiad. Dadleuai fod angen esbonio'r gyfraith i bawb a bod dosbarthu taflenni'n ddirwystr yn hen arfer. Nid oeddynt, meddai, yn cynnwys dim ond y gwir a byddai cosbi'r dosbarthwyr yn ddim llai nag ymgyrch i fygu barn a gwybodaeth. Nodwyd fod eraill yn cael eu twyllo i ymuno â'r cartreflu drwy gyfrwng diodydd meddwol a'i bod yn warth os na châi Cristnogion ddefnyddio'r gwir i rybuddio dynion ifanc anwybodus.[7]

Roedd Palmerston yn benderfynol o'u herlyn ond gwrthododd y twrnai cyffredinol, Syr Alexander Cockburn, a bu raid i'r llywodraeth ildio. Yr oedd Palmerston yn gandryll ond nid oedd dim y medrai ei wneud ac esgusododd ei hun drwy honni fod digon o ddynion ifanc wedi ymuno â'r fyddin er gwaethaf pob rhwystr. Ymateb Henry Richard yn yr *Herald of Peace* oedd cyhoeddi fod Palmerston yn dweud celwydd, a'i fod yn gwybod hynny'n iawn. Gan ychwanegu'n bigog:

> Bu'r Arglwydd Palmerston garediced â rhoddi cyngor bach i'r Gymdeithas Heddwch. Fel cydnabyddiaeth ddiolchgar, nis gallwn ond dychwelyd ei garedigrwydd trwy roi cyngor iddo yntau. Ein cyngor i'w Arglwyddiaeth yw iddo geisio ffrwyno'i dafod, a pheidio bod mor barod i daflu dirmyg ar bersonau sydd o leiaf gystal ag yntau . . . Y mae yn awr yn hen ŵr a dylai fod ganddo ddigon o lywodraeth arno ei hun, i ymatal rhag cyffroi atgasedd a rhagfarn ato'i hun, a'r rhai sydd gydag ef yn y Weinyddiaeth, trwy ei anfoesgarwch tafotrydd.[8]

Ceir awgrym eto fod rhai am weld Henry Richard yn y Senedd. Nododd yn ei ddyddiadur iddo ymweld ag Edward Miall a oedd newydd ei ethol yn aelod dros Rochdale ac a oedd yn hwyrfrydig i draddodi ei araith forwynol nes cynefino â naws ac ysbryd Tŷ'r Cyffredin. Cyfaddefodd Miall y buasai'n hapusach petai Henry Richard yno yn gwmni iddo fel aelod dros – dyweder – Fwrdeisdrefi Caernarfon.[9]

Pryderai'r Gymdeithas Heddwch bod y gwleidyddion yn barod i ganiatáu i Brydain lithro i ryfel arall. Nid llithro, chwaith, yn gymaint â chael ei sgubo ar don o farn gyhoeddus a chynddaredd y papurau newydd. Ym 1853 penderfynwyd trefnu cyngres arall, y tro hwn ym Manceinion. Byddai'r baich yn drwm ar ysgwyddau Henry Richard ond bwriodd ati gyda'i egni arferol. Gosodwyd nod o gronfa o £10,000 a chodwyd £4,500 mewn un cyfarfod. Diddorol mor gyflym ac effeithiol oedd y bobl hyn yn codi arian at achosion agos at eu calonnau. Ac, wrth gwrs, yr oedd amryw o ddynion y Gymdeithas Heddwch yn wŷr cefnog – yr oedd Joseph Sturge, Cobden, Edward Miall a John Bright yn ddiwydianwyr llwyddiannus. Arwyddwyd cylchlythyr gan 200 o wŷr dylanwadol yn galw am gynhadledd, pedwar ar bymtheg ohonynt yn aelodau seneddol. Y nod oedd tawelu'r ofnau y byddai Ffrainc dan arweinyddiaeth yr unben Napoleon III yn ymosod ar Brydain. Aeth Henry Richard i Fanceinion rai misoedd ymlaen llaw i wneud y trefniadau. Yr oedd yn gyfnod anodd, yr oedd y bobl wedi'u cyffroi ac yr oedd angen troedio'n ofalus. Ond yr oedd ysbryd hen ymgyrchwyr y trethi ŷd yn dal yn fyw, a chytunodd George Wilson, cadeirydd yr ymgyrch honno, i lywyddu. Cynhaliwyd Cyngres Heddwch Manceinion ar 27–8 Ionawr 1853, a daeth 600 o gynrychiolwyr ynghyd â derbyniwyd tua 400 o lythyron o gymeradwyaeth neu ymddiheuriadau oddi wrth rai na fedrent fod yn bresennol. Cafwyd areithiau grymus gan Cobden a Bright ac aeth dirprwyaeth o'r gynhadledd i gyflwyno anerchiad a baratowyd gan Henry Richard i'r prif weinidog, Arglwydd Aberdeen.[10]

Yn un o gyfarfodydd y gyngres amlinellodd Henry Richard hanes rhyfeloedd Prydain a Burma. Prin y clywir sôn heddiw am ryfeloedd Prydain a'r ymyrryd a'r ysbeilio o'r wlad gydol y bedwaredd ganrif ar bymtheg. Dechreuodd yr ymyrryd gyda'r honiad – di-sail – fod Prydain yn poeni am ddiogelwch ffin ddwyreiniol India yn Bengal. Wedyn dechreuodd lygadu'r fasnach gotwm rhwng Burma a China, a darganfod hefyd fod yn y wlad gyfoeth o fwynau a choedwigoedd.

Ymosodwyd ar Rangoon, rhyfel a barhaodd o 1824 hyd 1826, gan ddefnyddio milwyr o India. Meddiannwyd taleithiau Arakan a Tenasserin i'w llywodraethu o bencadlys yr East India Company yn Calcutta. I bob pwrpas yr East India Company oedd yn llywodraethu'r wlad tan wrthryfel 1857. Gosodwyd cynrychiolydd Prydeinig yn llys Rangoon a mynnwyd iawndal o £1 miliwn wrth Burma. Gorfodwyd Burma, hefyd, i gynhyrchu reis yn Arakan – er budd Prydain, wrth gwrs. Prydain, eto, ysgogodd yr ail ryfel a gychwynnodd ym 1852 gan ddefnyddio fel esgus ddirwy o £100 a bennwyd ar ddau fasnachwr Prydeinig gan lywodraethwr Rangoon. Anfonodd Prydain fflyd o longau rhyfel gan fynnu dileu'r ddirwy a diswyddo'r llywodraethwr. Cytunodd Burma â'r ddau gais, ond ni fu hynny'n ddigon. Cyhuddwyd swyddogion lleol o anghwrteisi. Sylwadau gwawdiol SR yn Y Cronicl oedd fod

> milwyr Lloegr yn awr yn gwario tua £250,000 bob mis er ceisio darostwng poblach Rangoon a'r Cymydogaethau cylchynnol dan ddisgyblaeth deg, dirion, hynaws, olau, foneddigaidd, sanctaidd, hunanymwadol a gor-dduwiol arfau milwriaeth Llywodraeth Lloegr a'r East India Company.[11]

Nid Henry Richard oedd yr unig un i feirniadu'r ysbryd imperialaidd Prydeinig a'r ymyrryd a'r ymosod cyson ar genhedloedd eraill. Yr oedd angen dycnwch a chraffter ar ran y Gymdeithas Heddwch a Henry Richard, yr ysgrifennydd, i fod yn effro i'r holl fân ryfeloedd a'r sgarmesoedd oedd yn digwydd ledled y byd yn enw Pydain. Unwaith eto llwyddodd Henry Richard drwy ei anerchiad ym Manceinion a'i bamfled ar *The Origin of the Burmese War* (1853) i dynnu sylw Cobden yn arbennig at yr annhegwch a'r anfoesoldeb oedd yn digwydd ym mhellafoedd yr Ymherodraeth Brydeinig. Cyn hynny yr oedd difaterwch ac anwybodaeth affwysol yn Lloegr ynglŷn â pholisi Prydain a'r camweinyddu oedd yn digwydd yn y Dwyrain Pell. I ddycnwch Richard yr oedd y diolch am ddwyn y gwir i'r golau a hynny drwy ei ddefnydd o ddogfennau swyddogol y llywodraeth ei hun.

Er gwaethaf gwawd *Punch* a bytheirio'r *Chronicle*, roedd Henry Richard yn bur fodlon gyda chynhadledd Manceinion. Yr oedd heddwch yn ôl ar yr agenda ac yn cael ei drafod yn ddifrifol ac effeithiol. Barnwyd mai da fyddai i Fanceinion – yn ogystal â Llundain – fod yn ganolfan gweithgarwch y gymdeithas ac y dylai Richard dreulio rhai misoedd yno bob blwyddyn. Yno yr oedd Cobden a Bright yn weithgar, ac yn aelodau seneddol yn ogystal ag aelodau radical eraill. Nid oedd gorfod treulio cymaint o amser ym Manceinion wrth ei fodd ond ildiodd i'r drefn yn ddirwgnach. Dyletswydd, nid dewis personol, ddylai lywio bywyd, yng ngolwg Richard.[12]

Bu ail gyngres heddwch 1853, a gynhaliwyd dros ddeuddydd yng Nghaeredin ym mis Hydref, yn fwy niferus a brwdfrydig. Rhoddodd Duncan McLaren, Arglwydd Brofost Caeredin, gefnogaeth lwyr i'r gyngres a chafwyd cynrychiolaeth dda o'r Alban, yn eu plith nifer o weinidogion Presbyteraidd. Diddorol sylwi, er hynny, fod *Y Bedyddiwr* yn gresynu na welwyd ymysg enwau'r rhai oedd yno 'gymaint ag un enw bonheddig o Gymru' gan ofyn y cwestiwn, 'A yw ein Cydwladwyr wedi myned yn llwyr ddifater mewn perthynas i ryfel, ac egwyddorion haelfrydig y Gymdeithas ragorol hon?'[13] Ymhen dwy flynedd yr oedd *Y Bedyddiwr* yn cefnogi Rhyfel y Crimea, ond ta waeth am hynny am y tro. Beth bynnag, yr oedd un Cymro yng Nghaeredin, Henry Richard, a hwnnw'n ffyrnig ei gondemniad o'r rhyfelgarwch a'r ymffrost cenedlatholgar Seisnig oedd yn cael ei gynnau gan y papurau. Ychydig cyn hyn, mewn erthygl dan y teitl 'Is National Boasting Good?', dangosodd sut yr oedd ysbryd rhyfelgar yn medru – yn wir, yn debygol – o yrru gwlad i ryfel.[14] Eto, yr oedd yn tanlinellu'r agwedd honno o'r meddylfryd Seisnig y bu mor feirniadol ohono. Yr oedd Miall, Bright a Cobden ymysg y siaradwyr a byrdwn anerchiad Cobden oedd y cwestiwn, 'A ddylid mynd i ryfel i gynnal annibyniaeth Twrci?'

Wedi llewyrch a gweithgarwch y 1840au a chychwyn y 1850au, y cyfarfodydd a'r llythyra brwd a'r cynhadleddau cydwladol gwlithog rhagwelai Henry Richard ac eraill o gynhadleddwyr Caeredin gwmwl du ar y gorwel. Y cwmwl oedd Rhyfel y Crimea, a ddisgrifiwyd gan y Frenhines Victoria mewn llythyr preifat fel 'rhyfel poblogaidd tu hwnt i grediniaeth'. Cwmwl fyddai'n bwrw'i gysgod dros y Gymdeithas Heddwch a'i gweithgaredd yn y blynyddoedd i ddilyn.

Mae achos Rhyfel y Crimea yn gymleth, ond yn enghraifft berffaith o ysfa 'John Bull' i ymyrryd yng ngwerylon gwledydd eraill a gyrru pethau'n saith gwaeth. Anghydfod crefyddol oedd y man cychwyn, cweryl rhwng Ffrainc Babyddol a Rwsia Uniongred am hawliau crefyddol ar y Cysegrleoedd. Ceisiodd Napoleon III orfodi'r Ymerodraeth Ottoman i gydnabod Ffrainc a'r Eglwys Babyddol fel y pennaf awdurdod dros Gristnogion Canaan y Beibl a Chysegrleoedd Jeriwsalem, yn arbennig yr allweddi i Eglwys yr Enedigaeth. Gwrthwynebodd Rwsia y newid awdurdod, a chefnogodd y Tsar Nicholas I hawliau Eglwys Uniongred Groeg ar sail cytundebau wnaed ym 1757 a 1774. Yr oedd yr Ymerodraeth Ottoman yn dihoeni ac mewn ymdrech i gadw'r heddwch cytunodd y Swltan, Abdülmecid I, yn gyntaf â chais Ffrainc, ond wedi i Rwsia ymyrryd newidiodd ei farn. Ymatebodd Ffrainc gydag ymgyrch ddiplomyddol a rhyfelgar fygythiol drwy anfon llong ryfel i'r Môr Du, drwy gulfor Bosporus a'r Dardanelles. Gweithred yn groes i gytundeb rhyngwladol a wnaed ym 1841 yn gwahardd llongau rhyfel pob gwlad ag eithrio rhai yr Ymerodraeth Ottoman rhag defnyddio'r culfor. Ymateb Nicholas I oedd cychwyn ymgyrch ddiplomyddol ei hun a gosod byddin ar lannau'r Daniwb. Ar 2 Gorffennaf 1853, ychydig cyn Cynhadledd Heddwch Aberdeen, ymosododd y Tsar Nicholas ar Moldovia, oedd yn rhan o'r Ymerodraeth Ottoman. Cyhuddwyd Nicholas o fwriadu rhannu tiroedd Ewropeaidd Twrci, gan ddisgwyl cefnogaeth Prwsia, Awstria a Phrydain i'w gynllun. Roedd Ffrainc, Rwsia a Phrydain (fel arfer!) yn llygadu pob cyfle i ehangu eu dylanwad yn y rhan yna o'r byd ac ni fynnai Prydain weld Rwsia'n rheoli culfor Bosporus a'r Dardanelles. Bachodd Ffrainc ar y cyfle i fanteisio'n ddiplomyddol o'r helynt drwy ymuno â Phrydain a chefnogi Twrci yn erbyn Rwsia. Ym mis Hydref 1853 cyhoeddodd Twrci ryfel yn erbyn Rwsia ac ymatebodd Nicholas drwy anfon ei longau ar y dydd olaf o Dachwedd a dinistrio llynges Twrci yn Sinop. Bu'r weithred honno'n ddigon o esgus i Brydain a Ffrainc fynd i ryfel yn erbyn Rwsia a chyhoeddwyd bwriad i wneud hynny y mis Mawrth canlynol.

Torrwyd cysylltiadau diplomyddol rhwng Rwsia a Thwrci ym Mai 1853 ond aeth bron flwyddyn heibio cyn i Brydain gyhoeddi rhyfel â Rwsia ym Mawrth 1854. Gellid disgwyl y byddai hynny'n ddigon o amser i dawelu'r dyfroedd ond nid felly y bu. Chwipiodd y papurau y farn gyhoeddus i gynddaredd o gasineb yn erbyn Rwsia. Ciliodd cefnogwyr amodol y mudiad heddwch, y rhai hynny a wrthwynebai ryfel ar sail egwyddorion gwleidyddol, sef y gwastraff a'r dinistr a ddaw yn ei sgîl. Trodd rhai yn filwriaethus bleidiol i'r rhyfel. Cefnodd llawer fu'n huawdl o blaid y Gymdeithas Heddwch – fel Frank Crossley, AS (Halifax), Joseph Crook, AS (Bolton), Apsley Pellat, AS (Southwark) a James Kershaw, AS (Stockport) – bron bob un o'r aelodau seneddol ag eithrio Cobden a John Bright. A digon tawedog fu Cobden; tawelwyd ei lais yntau am ysbaid wedi i'r rhyfel ddechrau. Daliodd Bright i wrthwynebu'r rhyfel yn ei areithiau yn Nhŷ'r Cyffredin hyd ddechrau 1855, ond pan losgwyd delw ohono yn ei etholaeth ym Manceinion distawodd yntau. Gostyngodd y nifer ddaeth i gyfarfodydd blynyddol y Gymdeithas Heddwch ym 1854 a 1855 i 22.[15]

Ond er yr ymosodiadau arno yn y wasg a gan y cyhoedd, ni wyrodd Henry Richard. Daliodd i daranu yn erbyn rhyfel yn gyffredinol a Rhyfel y Crimea yn benodol yn y wasg a'r *Herald of Peace*. Ef a'r ffyddlon Joseph Sturge fu prif gynheiliaid fflam y mudiad heddwch dros y blynyddoedd canlynol gan ddal i gyflwyno a datblygu'r dadleuon yn erbyn ymyrraeth Prydain yn y rhyfel.

Bron na fu rhwyg yn y Gymdeithas Heddwch ei hun. Roedd y Crynwyr yn gwrthwynebu rhyfel doed a ddelo. Gan gredu – yn ddigon rhesymol, fel y gwelwyd maes o law – ei bod yn amhosib newid y farn gyhoeddus na safbwynt y llywodraeth, gwnaethant benderfyniad mai gwell fyddai cysylltu gyda'r Tsar Nicholas ei hun. Aeth dirprwyaeth o Grynwyr i St Petersburg: Joseph Sturge, Robert Charleton, perchen ffatri yn nwyrain Bryste, a Henry Pease, masnachwr o Saltburn, Darlington. Gadawsant ar 20 Ionawr 1854, a chyrraedd Rwsia ar 2 Chwefror. Fe'u croesawyd yn gynnes gan Nicholas ar 10 Chwefror. Fel Cristion dywedodd y cydymdeimlai â safbwynt y Crynwyr ynglŷn â rhyfel – ond ni fu ei ymateb ond yr hyn oedd i'w ddisgwyl. 'Ar hyn o bryd fy nyletswydd yw gwasanaethu buddiannau ac anrhydedd fy ngwlad.' Arhosodd y tri yn Rwsia nes derbyn ei ateb swyddogol, ysgrifenedig, ac ar 14 Chwefror, yr union ddydd y dilewyd cysylltiadau diplomyddol Prydain a Rwsia, trödd y tri am adref.[16] Bu'r ddirprwyaeth yn fethiant, os yn ddadlennol. Dangosodd ddyfnder yr hollt rhwng yr heddychwyr crefyddol diamod a'r heddychwyr gwleidyddol, amodol. Yr oedd y farn gyhoeddus a chondemniad y papurau newydd yn unfrydol. Ar 21 Ionawr yr oedd y *Times* yn galw'r ddirprwyaeth yn 'ddarn o ffolineb brwdfrydig' gan ymosod yn fwy cïaidd ychydig ddyddiau wedyn. Y *Birmingham Mercury* oedd yr unig bapur i ddangos mymryn o gydymdeimlad, wedi'r cwbl Sturge oedd un o gymwynaswyr pennaf y ddinas. 'Y mae ei ewyllys da, er yn wastraff llwyr, eto'n ewyllys da.' Mor llwyr y treiddiodd yr agwedd ryfelgar filwriaethus i fer esgyrn Prydain fel bod cyfrannwr cyson a sgrifennai dan y ffugenw X i'r *British Friend*, sef newyddiadur swyddogol y Crynwyr, yn ceryddu'r tri am eu gweithred o apêl i'r Tsar.[17] Aeth rhagddo i dywallt ei lid am orthrwm Rwsia yn y gwledydd o dan ei sawdl – gwahanol iawn i oddefgarwch Twrci tuag at wledydd yr Ymerodraeth Ottoman, ysgrifennodd.[18] A oedd X yn cynrychioli barn nifer o Grynwyr oedd yn cadw'n dawel? Barn oedd yn gyfan gwbl groes i safbwynt swyddogol y Crynwyr?

Yn fwy diddorol, beth oedd agwedd Henry Richard tuag at y ddirprwyaeth?[19] Ni chyhoeddwyd yr un erthygl yn yr *Herald of Peace* – oedd dan ei olygyddiaeth – yn sôn ymlaen llaw am y ddirprwyaeth a'r unig gyfeiriad atynt wrtho ef tra yr oeddynt i ffwrdd oedd cywiriad yn y *Times*. Cyhoeddodd y *Times* mewn erthygl ar 21 Ionawr fod y tri Crynwr yn mynd i Rwsia fel cynrychiolwyr y Gymdeithas Heddwch. Mewn llythyr yn y papur ddeuddydd yn ddiweddarach gwadodd Henry Richard nad oedd a wnelo'r tri ddim â'r Gymdeithas Heddwch ac na wyddai ddim am gynnwys eu neges. Mae yn annhebyg bod hyn yn wir o gofio cysylltiad agos Joseph Sturge â'r gymdeithas. Yn ei gofiant i Sturge[20] yr oedd Henry Richard unwaith eto'n honni nad oedd a wnelo'r Gymdeithas ddim â'r ddirprwyaeth, dim ond iddi ddymuno ar i Dduw hyrwyddo taith y tri gŵr dewr a da. Ni fu cymaint ag amddiffyniad o'r tri yn yr *Herald of Peace*. Sydd, efallai, yn awgrym o rym y farn gyhoeddus ac ansicrwydd yr heddychwyr yn dilyn enciliad cynifer o'u cefnogwyr gwleidyddol. Yr oedd hyd yn oed Cobden yn gwegian ar bwynt y ddirprwyaeth i Rwsia, Cobden a gyfeiriodd unwaith at y Crynwyr fel 'enaid y mudiad heddwch'. Mewn llythyr at Sturge wedi iddo glywed am eu bwriad, dywedodd Cobden[21] eu bod yn rhoi gormod o bwys ar ddirprwyo pennau coronog ac y byddai pobl yn eu cyhuddo o geisio mawrygu eu hunain. Ni ddwedodd ddim yn gyhoeddus ac ni ddangosodd John Bright, oedd yn arddel perthynas â'r Crynwyr, unrhyw gefnogaeth gyhoeddus. Yr oedd yn sefyllfa anodd. Yn y cyfnod union cyn y rhyfel ystyrrid heddychwyr yn llwfrgwn ac yn fradwyr. Misoedd anghysurus i'r Crynwyr oedd y rheini wrth wylio'r anochel yn nesáu ac yr oedd y mudiad heddwch yn ymddangos fwyfwy fel mudiad cyfnod heddwch – neu o leiaf tra bod y rhyfela'n ddigon pell i ffwrdd ac mai milwyr gwledydd eraill â leddid yn enw Prydain.

Flynyddoedd wedyn yr oedd Henry Richard yn ei gyfrol *History of the Origin of the War with Russia*[22] yn defnyddio dogfennau'r llywodraeth ei hun i brofi fod y Tsar, uwchlaw popeth, yn awyddus i gynghreirio gyda 'Lloegr'. Yn ôl Richard, yr oedd y dogfennau'n brawf nad oedd gan y Tsar unrhyw fwriad i ymsefydlu ei hun yng Nghaer Cystennin. Gwelwyd fod Nicholas yn rhagweld cwymp anochel Twrci – ni fuasai unrhyw wladweinydd yn Ewrop yn anghytuno â hynny – ac yn dymuno dod i ddealltwriaeth gyda Lloegr, y wlad, heblaw am Rwsia ei hun, a ymddiddorai fwyaf yn nghynged Twrci. Hwyrach bod y tri Crynwr yn deall y sefyllfa'n well na neb.

Cawn arwyddion fod Henry Richard yn dioddef o iselder ysbryd yn y cyfnod hwn – effaith gorweithio, bygythiad rhyfel, unigrwydd personol a'r unigrwydd o weithio i fudiad oedd yn mynd yn llai poblogaidd yn ddyddiol. Dro arall dengys y medrai fwynhau ei hun yng nghwmni eneidiau difyr, cytûn. Disgrifiai yn ei ddyddiadur noson hwyliog yn nhŷ H. R. Ellington. Ymhlith y cwmni oedd Louis Alexis Chamerovzow, awdur ac ymgyrchydd yn erbyn caethwasiaeth ac o blaid lleiafrifoedd fel y Maori a gŵr fu'n gymaint o gymorth i Richard a Sturge ym Mharis adeg arwyddo'r Cytundeb Heddwch ym 1856. 'Y mae chwerthin yn feddyginiaeth i gorff a meddwl', ysgrifennodd Richard yn ei ddyddiadur, 'ond cymaint yw effaith addysg bore oes yn ffurfio cydwybod annaturiol drwy warafun fel pechadurus yr hyn sy'n gwbl ddiniwed, fel y cofiwn yn dda ryw ymwybyddiaeth annelwig o euogrwydd ar ôl noson lawen.'[23] Eto cawn awgrymiadau ei fod yn mwynhau ei brysurdeb, ei gysylltiadau newydd, pwerus, a bod trin a thrafod syniadau newydd yn ei gadw'n effro yn feddyliol a chorfforol. Ar 26 Ebrill 1854, ar gychwyn Rhyfel y Crimea, cynhaliwyd, gydag anogaeth y Llywodraeth a'r Arglwydd Aberdeen, ddydd 'o ympryd cenedlaethol, ymostyngiad a gweddi', sef apêl at

Dduw am fuddugoliaeth. Ymateb Richard, Edward Miall, Ellington a chyfeillion eraill oedd mynd i Epsom am y dydd a nododd iddynt fwynhau cinio da. Bu'n ddydd mor bleserus fel y cytunwyd i barhau'r arfer gan gyfarfod ar y prynhawn Sadwrn cyntaf o bob mis. Enwyd y gymdeithas y Cyfrin Gyngor a byddent yn cyfarfod yn nhai ei gilydd i drafod pynciau crefyddol a gwleidyddol y dydd. Parhaodd yr arfer am flynyddoedd a bu Richard yn un o aelodau ffyddlonaf y gymdeithas bron hyd ddiwedd ei oes.[24]

Os mai tawedog oedd Bright yn gyhoeddus ar fater y rhyfel yn breifat mynegai deimladau cryfion:

> Ni fedraf ddychmygu dim mwy annoeth nag ymdrechi i gynhyrfu'r farn gyhoeddus i yrru'r Llywodraeth i ryfel gyda Rwsia er mwyn amddiffyn Twrci. Os eir i ryfel, credaf y bydd ein plant a'r dyfodol yn ein beirniadu yn union fel yr ydym ni yn awr yn beirniadu'r rhai hynny aeth â'n gwlad i ryfel gyda'r trefedigaethau Americanaidd a gyda Ffrainc – gyda hyn o wahaniaeth. Cawn ein dal yn fwy euog gan fod gennym i'n tywys fwngleriaeth a throseddau ein cyndadau; bu i ni gau ein llygaid yn fwriadol i'r gwersi a adawyd gan eu polisi anffodus . . . Ni all rhyfel achub Twrci, oni all heddwch ei hachub: ond bydd rhyfel yn gwneud ein pobl yn anwar, yn cynyddu ein trethi, difetha ein diwydiant, yn gohirio diwygio'r Senedd, o bosib am flynyddoedd lawer.[25]

Dadl John Bright oedd na ellid cyfiawnhau rhyfel ar sail y pris a delid mewn gwaed ac arian, y creulondeb, y gwragedd a adewid mewn tlodi ac unigedd, y cynnydd mewn trethi a'r dirywiad yn y sefydliadau llywodraethol. A'r dosbarth gweithiol oedd yn dioddef fwyaf – arnyn nhw y disgynai'r tlodi a'r caledi. Dywedodd Cobden y dylid rhoi yr 'a' ar ddiwedd Crimea ar y dechrau i lunio 'A Crime'. Ofer y dadleuwyd yn erbyn yr ynfydrwydd.

Cymeryd safbwynt wleidyddol wnaeth y Toriaid yn y llywodraeth a'r un modd garfan o'r Rhyddfrydwyr – poeni y byddai Rwsia yn tyfu'n rhy fawr ac yn datsefydlogi Ewrop yn wleidyddol. Lleiafrif o'r Rhyddfrydwyr, gan gynnwys Gladstone, oedd o'r farn nad oedd y Rwsiaid mor gynllwyngar. Hefyd yr oedd Rwsia'n wlad Gristnogol. Os nad oedd yr Eglwys Uniongred yn gyfan gwbl gymeradwy, o leiaf yr oedd yn fwy cymeradwy na Thwrci Foslemaidd.

Ceisio addysgu'r bobl oedd dull Henry Richard fel y medrent fod yn feirniadol o'r hyn a ddarllenent yn y papurau. Taranai'n fisol yn erbyn rhyfel yn yr *Herald of Peace* a gwelir ei ymresymu yn y llyfryn,

*Evidence of Turkish Misrule.*²⁶ Neges y llyfryn oedd mai barbaraidd ac anifeilaidd oedd Ymerodraeth Ottoman Twrci a beth ar y ddaear yr oedd Prydain yn ei wneud yn rhuthro i gefnogi'r fath giwed anwaraidd. Da o beth fyddai eu hesgymuno o Ewrop ac ymhellach na hynny pe gellid:

> Mae Twrciaid yr Ottoman wedi bod am dros bedair canrif yn Ewrop. Yn ystod y cyfnod yna daethant i gysylltiad â phob agwedd o ddiwylliant Ewrop, ond gan iddynt barhau yn ystyfnig o amharod i dderbyn yr holl ddylanwadau hynny rhaid i ni o leiaf ddod i'r casgliad nad oes ganddynt unrhyw gyrhaeddiad yng nghyswllt gwareiddiad, neu os oes, yn sicr ni chafodd ei ddatblygu. Medrant ymladd yn orffwyll ddigon, ond arwydd o farbareiddiwch yw hwnnw, nid gwareiddiad. Wedi iddynt roi'r gorau i ymladd maent fel pe'n syrthio i gyflwr o ddiogi, cnawdolrwydd ac yn dihoeni.²⁷

Nid ymosod ar y grefydd Foslemaidd a wnâi Henry Richard ac nid yw'n dyfynnu neb sy'n gwneud hynny. Wedi'r cwbl, bron fil o flynyddoedd cyn hynny gwnaeth yr Arabiaid Moslemaidd yn Sbaen gyfraniad mawr i ddiwylliant a dysg gorllewin Ewrop. Y Twrciaid, fel cenedl, oedd gwrthrych ei ymosodiad – cenedl oedd dan y lach ar y pryd am ei thriniaeth o bobl Bwlgaria ac o'r Armeniaid wedi hynny. Wrth gwrs, gellir tadogi llawer o'r hyn a ddywedai i'r mwyafrif o ymerodraethau cyn ac wedi Ottoman Twrci. Mae'n dyfynnu barn y Ffrancwr Deïstaidd François Volney ac amryw o Saeson a deithiodd y wlad a rhannau o ymerodraeth y wlad.²⁸ Hefyd Hubert von Boehm, swyddog yng ngwasanaeth Prwsia a ddywedodd:

> Mae'r coedwigoedd yn anghyfannedd, y caeau heb eu trin, a'r harddaf a'r mwyaf ffrwythlon o'r bröydd wedi eu troi'n anialdir llwm anabl i gynnal llwyth o gardotwyr.²⁹

A'r mwyaf damniol, disgrifiad o Fwlgaria gan Bayle St John, a allasai fod yn ddisgrifiad o unrhyw wlad dan sawdl llywodraeth ymherodraeth estron – boed Gâl dan Rufain neu Irac neu Afghanistan heddiw:

> Ble bynnag y mae canolfan o awdurdod y Twrc wedi ymsefydlu, crëir diffeithwch o'i gwmpas ar unwaith. Mae'r rhan fwyaf o boblogaeth Bwlgaria wedi eu gwasgaru mewn pentrefi ymhell o'r prif-ffyrdd, a threwir hwy gan arswyd cyffredinol . . . o dro i dro pan ddaw casglwyr-trethi arfog i'w plith.³⁰

Cyhoeddodd Prydain ryfel â Rwsia ym Mawrth 1854, trannoeth i Ffrainc wneud yr un peth. Dyma ryfel cyflafan Brwydr Balaclava (Charge of the Light Brigade), rhyfel Florence Nightingale – a Betsi Cadwaladr. Rhyfel adroddiadau William Howard Russell i'r *Times*, y gohebydd y bu gonestrwydd ei adroddiadau am yr anhrefn a'r erchylltra yn fodd i ddymchwel llywodraeth Arglwydd Aberdeen yn Ionawr 1855. Ni chafodd yr un gohebydd byth wedi hynny y rhyddid i ddarlunio'n ddilyffethair yr hyn sy'n digwydd mewn rhyfel. Parhaodd y rhyfel hyd Fawrth 1856 gyda cholledion o 25,000 o filwyr Prydeinig, 100,000 o Ffrancod a thua miliwn o Rwsiaid – llawer ohonyn nhw oherwydd heintiau fel colera a salwch yn deillio o ddiffyg trefn a gofal.

Eto yr oedd, fel yr ysgrifennodd y Frenhines Victoria mewn llythyr, 'yn rhyfel poblogaidd tu hwnt i grediniaeth.' Roedd gweithwyr cyffredin yn gweiddi sloganau a chaneuon 'gwlatgar' yn y strydoedd. Lledaenwyd y syniad – gyda'r wasg yn porthi nwydau gwaedwyllt y bobl – fod Rwsia am ehangu ei hymerodraeth a bod rhaid ei hatal. Wedi'r cwbl, onid oedd gan Brydain 'y fyddin orau, mwyaf grymus yn y byd modern'. Lol, wrth gwrs. Nid oedd Prydain wedi ymladd, na hyd yn oed wedi bod mewn rhyfel yn Ewrop ers brwydr Waterloo bron ddeugain mlynedd cyn hynny. Milwyr o wledydd eraill ymladdodd y rhyfeloedd hynny ym mhellafoedd yr Ymerodraeth Brydeinig, fel yn Burma. Roedd swyddogion Byddin Prydain yn ymgynnull yn llawen ar faes y frwydr gyda'u gweision, cŵn a gynnau hela, eu hoff geffylau a gwinoedd – rhai gyda'u gwragedd, hyd yn oed. Tra bod y ddarpariaeth ar gyfer milwyr cyffredin a'r cleifion – niferus – yn waeth na thruenus. Ni fedrai'r Ffrancod gyda'u poptai, meddygon a'u ambiwlansys goelio'u llygaid. Felly, hefyd, Russell – a chyhoeddodd hynny yn ei gyfraniadau i'r *Times*, cyfraniadau fu'n allweddol maes o law i wyrdroi'r farn gyhoeddus am 'y rhyfel poblogaidd'.

Ond yng Nghymru, fel yn Lloegr, y farn gyhoeddus a adlewyrchid ac yr oedd y cylchgrawn Eglwysig, *Yr Haul*, yn nodweddiadol:

> Mae pob calon deimladwy yn gwaedu oherwydd y cleddyf; ac er ein bod ni yn erbyn rhyfel, a'n gweddïau ar fod i'r cleddyf gael ei ddychwelyd i'w wain, eto mae Lloegr yn gyfiawn gwedi ymwregysu i'r gad, canys oni buasai iddi hi a Ffrainc gymeryd y mater mewn llaw dinistrasid rhyddid gwledydd rhyddion Ewrop. Mae'n rhyfedd bod yng Nghymru ddynion ag sydd yn bleidwyr gwresog i ben coronog Rwsia, ond y mae'r cyfryw i'w cael mewn rhai o'r sectau.[31]

Un funud yr oedd y llywodraeth yn paratoi Mesur Milisia i wrthwynebu Napoleon III, y funud nesaf ef oedd 'ein cynghreiriad dewr a theyrngarol' mewn rhyfel yn erbyn Rwsia. Ni fu Samuel Roberts, Llanbrynmair, yn hwyrfrydig i weld yr eironi gan atgoffa darllenwyr *Y Cronicl* y bu'r rhyfel yn erbyn 'yr hen Boni' yn ddigon poblogaidd, a'r un modd yr ymgyrch i godi milisia yn erbyn Napoleon III.[32] Yr oedd Prydain, Ffrainc a Rwsia wedi ymyrryd yn rhyfel Groeg am annibyniaeth oddi wrth Twrci yn 1827 yn dilyn methiant y gwledydd Ewropeaidd y flwyddyn cynt i ddwyn y ddwy ochr ynghyd i drafod. Bryd hynny yr oedd y farn gyhoeddus o blaid Groeg ac yn erbyn Twrci. Yn ôl *Goleuad Cymru*, gwlad ryfedd oedd Twrci. 'Mae crefydd a chyfreithiau'r wladwriaeth yn caniatáu aml-wreiciaeth ac ordderchadaeth . . . mae gan y llywodraethwr hawl i dorri pennau saith o ddynion bob dydd heb roddi rheswm nac achos i neb dros ei ymddygiad.'[33] Yn awr, ddwy flynedd wedi codi cartreflu i wynebu Napoleon III, yr oedd Prydain yn cyd-ymladd â Ffrainc a Thwrci yn y Crimea.

Ac yng Nghymru, er mor drychinebus yr oedd pethau ar faes y gwaed, yr oedd y rhyfel yn hynod boblogaidd. 'Mae'n ofid gennyf', cyhoeddai Samuel Roberts, 'ysgrifennu yn erbyn rhyfel ag sydd mor boblogaidd drwy ein gwlad . . . Ond rhaid inni sefyll at farn ein cydwybod.'[34] Yr oedd papurau Saesneg Cymru, fel y *Cambrian*, y *Carmarthen Journal*, y *Cardiff and Merthyr Guardian* a'r *Carnarvon Herald* yn frwd o blaid y rhyfel. Cyhoeddid ynddynt hanes y catrawdau Cymreig oedd yn y rhyfel – y Ffiwsilwyr Cymreig ym mrwydr Alma, y Gatrawd Gymreig yn Inkerman ac yr oedd Arglwydd Tredegar ym Mrwydr Balaclava.[35] Hyn oll yn fodd i gynnal diddordeb a chreu teimladau 'gwlatgar'. Cefnogol i'r rhyfel oedd y cyfnodolion Cymraeg, hefyd. Soniai *Seren Gomer* y Bedyddwyr am y '*monster* hwn' a'r 'gwallgofddyn hwn' wrth gyfeirio at y Tsar Nicholas I.[36] Yn ôl *Y Bedyddiwr*, pan â rhywbeth yn rhy ddrwg i'w ddiwygio, rhaid ei ddinistrio.[37] 'Gan hynny nid yw'r holl ymgyrch bresennol ond moddion a ddefnyddia Rhagluniaeth i'w ddinistrio a gwneud ffordd rydd i gyhoeddiad yr Efengyl dragwyddol yn y teyrnasoedd a'r gwledydd eang hynny.' Defnyddio'r cleddyf i hyrwyddo lledaeniad yr Efengyl. Clywyd dadl gyffelyb i gyfiawnhau y Rhyfeloedd Opiwm! Yr oedd y Methodistiaid Calfinaidd o blaid y rhyfel ac yng Nghymdeithasfa Gogledd Cymru ym 1854 datganwyd y farn fod 'Gweinidogion Ei Mawrhydi' wedi gwneud eu gorau i atal y rhyfel a bod y gymdeithas yn 'diarddel pob cysylltiad â syniadau annoethion'.

Ac yr oedd Y *Traethodydd*[38] yn cyhoeddi ysgrif ar y pwnc *Rhyfel a Christionogaeth* gan ddadlau fod rhyfel mewn 'amgylchiadau neilltuol, yn unol ag egwyddorion y Grefydd Gristionogol'. Ag eithrio Y *Cronicl*, Y *Dysgedydd* a'r *Diwygiwr* – oedd dan olygyddiaeth Annibynwyr, enwad Henry Richard – cefnogi'r rhyfel wnâi y cyfnodolion Cymraeg.

Adleisio'r farn Brydeinig gyffredinol oedd yr enwadau yng Nghymru – ag eithrio'r Annibynwyr. Y ddadl ddiwinyddol Brotestanaidd a leisid fel arfer o'r pulpudau oedd fod hwn yn 'rhyfel cyfiawn' ac yn gosb am bechodau cenedl – sef y Rwsiaid. Yr oedd dwy egwyddor arall yr oedd angen eu hateb yn ôl y ddadl grefyddol arferol. Y cyntaf oedd na ddylid mynd i ryfel ond wedi i bopeth fethu. Gan y bu rhywfaint o ymgais at gymod, yr oedd modd dadlau fod y gofyniad hwnnw wedi ei ateb. Yr oedd yr ail bwynt, sef bod yn rhaid ymladd rhyfel i amddiffyn trefn foesol yn anos i'w gyfiawnhau o ystyried fod Prydain yn ymladd i amddiffyn ymerodraeth Islamaidd ochr yn ochr â gwlad Babyddol. I ddod dros y broblem hon cyflwynwyd y rhesymau o blaid y rhyfel fel rhai seciwlar er cynnal cyfraith gydwladol a chydbwysedd grym. Yr oedd Eglwys Loegr, gyda'i pherthynas symbiotig gyda'r llywodraeth a'r frenhiniaeth, yn llawer mwy hyblyg ei hagwedd o blaid rhyfel. Yn ôl Llyfr Gweddi Gyffredin 1562, y mae'n gyfreithlon i Gristion, ar orchymyn ynadon, i wisgo arfau a gwasanaethu mewn rhyfel. Yr oedd yr Eglwys, felly, yn gosod y baich o benderfynu a oedd rhyfel yn gyfiawn neu beidio ar awdurdod seciwlar.[39]

Yn ôl Y *Cronicl* yr oedd ciniawau Gŵyl Ddewi 1855 yn fwy 'milwraidd' nag arfer a daeth gwrhydri'r Cymry yn y rhyfel yn destun eisteddfodol. Ym 1854 yr oedd John Jones (Talhaiarn) yn adleisio barn llawer o Gymry gyda'r geiriau:

> Gogoniant Prydain enwog
> Yn noddi'r llesg a'r gwan
> Hi wna i'r Arth gusanu gwarth
> Am reibio mwy na'i rhan.[40]

Ymerodraeth Twrci oedd y 'llesg a'r gwan' a Rwsia oedd yr 'Arth'. Cwynai SR iddo gael ei erlid oherwydd ei ddaliadau.[41]

Beiwyd yr ysgrifennydd yn drwm drwy holl rediad y ddwy flynedd ddiwethaf, am ei fod yn methu cyfiawnhau y rhyfel presennol â Rwsia. Dynodwyd ef lawer gwaith fel dyn anffyddlon i'w wlad ac fel amddiffynnydd gormes Rwsia. Mae yn credu i weinidogion llys Rwsia gynnig yn hynod deg a boneddigaidd lawer gwaith drosodd i derfynu'r gynnen drwy bwyll a barn mewn undeb a thangnefedd.

Tebyg mai yr 'ysgrifennydd' oedd ysgrifennydd y Gymdeithas Heddwch, Henry Richard. Fel ymhob rhyfel, bradwyr yw'r rheini a fynn edrych yn gytbwys ar yr hyn sy'n digwydd neu sydd am leisio barn wrthwynebus. Bron gan mlynedd wedi diwedd Rhyfel y Crimea nododd A. J. P. Taylor[42] mor fynych y gwelwyd mor gywir fu safbwynt y rhai hynny a wyrodd o'r farn gyhoeddus ar bolisïau tramor. Mor wir.

Mewn cyfarfod dan nawdd y Gymdeithas Heddwch yng Nghastell Nedd, gyda'r diwydiannwr uchel ei barch, Joseph Tregelles Price, un o sylfaenwyr y gymdeithas, ei hun yn y gadair, cododd un o gyn-feiri'r dref a phrotestio yn erbyn darlith oedd ar fin cael ei thraddodi. Yn ôl y *Cardiff and Merthyr Guardian*,[43] cafodd gymeradwyaeth uchel gan fwyafrif y rhai oedd yn bresennol. Barnodd clerc y dref fod rhai o'r areithiau yn ymylu ar deyrnfradwriaeth. Daeth band pres i fewn a chanu 'God Save the Queen' a 'Rule Britannia'. Bu raid i un darlithydd ddianc am ei fywyd drwy ddrws y cefn er gwaethaf presenoldeb Tregelles Price. Traddododd Henry Richard areithiau ble bynnag y câi wrandawiad. Barnwyd na fyddai'n ddoeth iddo annerch cyfarfod heddwch yng Nghasnewydd lle'r oedd posteri wedi eu gosod ar furiau'r dref yn annog pobl i ymosod arno. Pan aeth i Gaerdydd, ysgrifennodd yn yr *Herald of Peace*[44] flynyddoedd wedyn, bu raid iddo frwydro am awr a hanner am wrandawiad. Fe'i cyhuddwyd o fod yn 'Gennad Rwsia'. Ymateb Richard oedd ei fod yn 'gennad Tywysog Tangnefedd'. Nid oes amheuaeth na wynebodd Henry Richard beryglon personol difrifol yn y cyfnod hwnnw – felly hefyd Cobden, Bright a hyd yn oed Joseph Sturge yn Birmingham.

Ond yr oedd y rhod yn troi. Cafodd Henry Richard wrandawiad astud a pharchus pan ymwelodd ag Abertawe yn Nhachwedd, 1855. Siaradodd yn Gymraeg yng nghapel Ebenezer ar nos Iau, 21 Tachwedd, ar y testun 'Hanes dechreuad a chanlyniadau tebygol y rhyfel presennol'. Nododd *Y Gwron*[45] fod y cyfarfod wedi cymeradwyo cynnig 'yn condemnio rhyfel yn gyffredinol a'r rhyfel hwn yn neillduol'. Hynny er iddo feio Ffrainc yn hytrach na Rwsia am achosi'r rhyfel. Cyfarfod Saesneg oedd yr un gynhaliwyd nos trannoeth yn neuadd y dref. Yn ôl *Y Gwron* yr oedd 'rhyfel garwyr' wedi paratoi i darfu ar y cyfarfod, ond ni chafwyd trafferthion. 'Ni welsom gyfarfod mwy

boneddigaidd, na gwrandawiad mwy astud erioed yn Neuadd y Dref',
yn ôl llythyrwr yn y papur:

> Siaradodd Mr Richard am fwy na dwy awr; ac am yr awr ddiweddaf
> yr oedd y gynulleidfa yn hollol yn ei law, y rhai a ddangosent
> gymeradwyaeth yn gymysgedig â 'lawr â'r rhyfel'. Ar y diwedd
> rhoddodd y Cadeirydd gyfle i unrhyw berson i ofyn cwestiwn i'r
> darlithydd, neu i wneud sylwadau ar ei ddarlith. Ni wnaeth neb un
> sylw ar y ddarlith, ond gofynnodd y Parch D. D. Evans a Mr Willet
> ychydig o ofyniadau dibwys, pryd y dangosodd y gynulleidfa radd o
> anghymeradwyaeth. Atebodd Mr Richard hwynt yn foneddigaidd.

Yr oedd awgrym bod yr hinsawdd yn newid, hyd yn oed cyn hynny.
Gwnaeth Henry Richard ei ddatganiad mwyaf grymus yn con-
demnio'r rhyfel, a hynny ar dir gwleidyddol pur, yn yr *Herald of
Peace*, Ionawr 1855.[46] Ei nod oedd rhoi cyfle i'r cyhoedd ddarllen y
ffeithiau syml yn lle'r gorliwio gwallgof i ffyrnigo teimladau pobl.
Gwnaeth asesiad o achos y rhyfel a beio pob gwlad ond Rwsia.
Beirniadodd Dwrci a chanmolodd y Tsar am ei amynedd a'i barod-
rwydd i weithio o blaid heddwch a chyhuddodd y cyhoedd o wthio'r
llywodraeth i ryfel. Cyhoeddwyd yr erthygl mewn pamffled yn fuan
wedyn. Yr un mis cyhoeddodd y Crynwyr *A Christian Appeal From
the Society of Friends to Their Fellow-Countrymen on the Present
War*, taflen yn gwrthwynebu rhyfel o safbwynt crefyddol yn unig. Yr
oedd yn apêl ar i'r llywodraeth ddefnyddio pob dull Cristnogol i adfer
heddwch gan annog yr arweinwyr i gofio na all yr hyn sy'n 'foesol a
chrefyddol anghywir fod yn wleidyddol gywir'. Dosbarthwyd 125,000
copi o'r daflen o Lundain, talodd aelodau o'r Crynwyr i gyhoeddi'r
daflen fel hysbyseb mewn papurau rhanbarthol ac argraffwyd
ychwaneg o gopïau i'w dosbarthu'n lleol. Ai cyd-ddigwyddiad i'r
ddau gyhoeddiad ymddangos yr un pryd? O gofio cyfrwystra Henry
Richard a'i gyfeillgarwch gyda Sturge tebyg y bu cydweithio.

Yn fuan wedyn cafwyd pregeth gan gurad Eglwys St Andrews,
Enfield, y Parchedig Ddr Alfred Bowen Evans – mae ei enw'n
awgrymu mai gŵr o Gymru ydoedd – ar achlysur ail ddydd yr Ympryd
Cenedlethol ac Ymostyngiad ym Fawrth 1855. Canmolwyd y bregeth,
a draddodwyd 'o'r frest', yn y cylchgrawn anghydffurfiol, *The Train*,
a'i chyhoeddi'n bamffled wedyn.[47] Nodwyd fod yr eglwys yn llawn
dynion ifainc astud. Yr oedd safbwynt Evans yn glir o'r cychwyn: 'Yr

ydym yn Gristnogion – felly ni fedrwn ymladd.' Tanseiliodd fesul pwynt y dadleuon gwleidyddol a chrefyddol o blaid rhyfel gan bwysleisio fod y mwyafrif o'r dadleuon o blaid rhyfel wedi eu codi o'r Hen Destament. Beirniadodd Brydain am gynghreirio gyda Thwrci, gwlad gyda hanes o gamdrin ei dinasyddion Cristnogol, am anhrefn gweinyddu'r rhyfel a'r gwastraff ar fywydau. Gorffennodd ei bregeth nid drwy gondemnio'r rhyfel ond drwy ofyn i'r gynulleidfa roi ystyriaeth ddwys i'w ddadleuon.

Un o fethiannau'r *Herald of Peace* yn y cyfnod hwn oedd credu y buasai apelio i'r enwadau crefyddol yn peri i'r gweinidogion a'r offeiriaid gondemnio'r rhyfel o'u pulpudau. Rhoddwyd llawer mwy o ofod i'r dadleuon yn erbyn rhyfel ar sail crefyddol nag i'r dadleuon gwleidyddol. Fel y tystia'r cyfnodolion enwadol yng Nghymru, methiant fu'r dacteg honno. O ganlyniad, penderfynwyd sefydlu papur dyddiol fyddai'n bleidiol i heddychiaeth. Yr oedd Richard Cobden wedi awgrymu'r syniad mewn llythyr i Joseph Sturge ym 1853. '[Y] fath fantais fyddai cael papur dyddiol yn hyrwyddo heddwch gan gadw drygioni rhyfel yn gyson gerbron y cyhoedd . . . dim ond drwy bapur dyddiol y medrwn yn wirioneddol ddylanwadu ar y farn gyhoeddus.'[48] Yr oedd teimlad mwy cyffredinol bod angen papur dyddiol mwy rhyddfrydig, llai rhyfelgar a llai Anglicanaidd ei safbwynt na'r papurau eraill a gyhoeddid ar y pryd. Nid aeth Sturge i'r afael â'r mater tan ganol 1855. Yr oedd Henry Richard yn gefnogol i'r syniad, a'r un modd Cobden a Bright, er bod y ddau wleidydd am gadw'n y cefndir. Yr oeddynt am ddylanwadu ar y cynnwys ond heb gael eu cyplysu'n gyhoeddus â phapur pleidiol i heddychiaeth. Ni fyddai'r papur yn pledio achos yr heddychiaeth ddiamod a nodweddai safbwynt Henry Richard a'r Crynwyr. Ei safbwynt fyddai gwrthwynebu Rhyfel y Crimea, annog cyflafareddiad a pholisi o beidio ymyrryd mewn rhyfeloedd gwledydd eraill. Mewn gair, nid sefydlu *Herald of Peace* dyddiol oedd y nod. Cytunodd Sturge a Richard â'r safbwynt yna ac aeth Sturge ati i godi cronfa i'w sefydlu. Erbyn dechrau 1856 yr oedd y gronfa'n barod a William Haly, wedi ei benodi'n olygydd. Er bod argoelion fod y rhyfel yn dod i ben credai Sturge a Henry Richard fod lle i'r fath bapur o hyd, yn wir y gallai cyfnod pan oedd y farn gyhoeddus yn fwy heddychlon fod o fantais i'r cylchrediad. Lawnsiwyd y *Morning Star* ar 17 Mawrth 1856, ac ar ôl gweld y papur ar sail ariannol ddiogel gadawodd Richard a Sturge y gwaith dyddiol o redeg y papur yn nwylo Haly.[49] Er hynny, cychwyn ansicr gafodd y papur gyda'r colledion yn sylweddol. Diswyddwyd

Haly a chymerodd Henry Richard a ryw Mr Hamilton at yr awenau, fel cyd-olygyddion. Cafwyd gwelliant sylweddol yn fuan ac erbyn diwedd Mai yr oedd y cylchrediad wedi cyrraedd 40,000 parchus a sefydlwyd papur nos, yr *Evening Star*.

Fel y nodwyd eisoes, yr oedd y farn gyhoeddus yn dechrau troi, hynny er mai Palmerston oedd wrth y llyw er Chwefror 1855, yn dilyn cwymp clymblaid Arglwydd Aberdeen. Cychwynnwyd trafodaethau heddwch yn Vienna a bu farw'r Tsar Nicholas ar 2 Mawrth 1855. Gan mai tuedd y farn gyhoeddus oedd beio'r Tsar am y rhyfel, yr oedd ei farwolaeth yn cynnig gobaith am heddwch. Ond gyda Palmerston yn cyhoeddi na fyddai'n rhoi'r gorau i ryfela cyn cipio Sebastopol methodd trafodaethau heddwch Vienna a dechreuodd y bobl anesmwytho. Eto, yr oedd yn awr yn haws codi llais yn erbyn rhyfel.

Wedi dwy flynedd o ryfela a'r gost i Brydain yn £100,000,000 ac 20,000 mewn bywydau ifanc – pedwar o bob pump yn marw nid ar faes y gad ond yn yr ysbytai truenus – bu cadoediad yn Chwefror 1856. Dechreuwyd trefnu i'r gwledydd ddod ynghyd i Baris i lunio cytundeb heddwch. Barnai Henry Richard fod Prydain wedi cael digon ar ryfela a bod yr amser yn aeddfed am ryw ddatganiad cyhoeddus o blaid cyflafareddiad yn y cytundeb. Cafodd gefnogaeth pwyllgor y Gymdeithas Heddwch a ffurfiwyd dirprwyaeth rymus a dylanwadol. Ar 14 Mawrth trefnwyd i'r ddirprwyaeth gyfarfod Palmerston. Lluniwyd anerchiad – wedi ei eirio gan Henry Richard – yn gofyn am gynnwys yn nhrafodaethau'r cytundeb ym Mharis gymal yn clymu'r pwerau i gyfeirio unrhyw anghytundeb i gyflafareddiad. Roedd y gymdeithas, hefyd, yn argymell cytundebau cymod rhwng cenhedloedd fyddai'n datblygu ac aeddfedu'n lys neu gyngres cenhedloedd maes o law. Henry Richard, lluniwr y ddogfen a'r gŵr fu'n gadarn ei safiad yn erbyn y rhyfel drwy gydol y ddwy flynedd, ddewiswyd i ddarllen y geiriau i Palmerston. Hynny, er bod Bright a Cobden yn bresennol, ynghyd ag amryw o aelodau seneddol, yn eu plith amryw a gefnodd ar y Gymdeithas Heddwch ar ddechrau'r rhyfel, ond a oeddynt yn awr am ddychwelyd i gorlan yr heddychwyr. Cafwyd gwrandawiad parchus, os oeraidd, gan Palmerston a dderbyniodd y ddogfen gyda rhai sylwadau y gellid eu dehongli fel bod yn gefnogol. Anodd anghytuno gyda geiriau fel y 'gellid cyflwyno yn y Cytundeb Heddwch ddarpariaeth, yn clymu'r Llywodraethau i gyfeirio camddealltwriaethau o hyn allan i benderfyniad cyflafareddwr di-duedd.'[50] Eto, llugoer oedd ymateb Palmerston heb unrhyw addewid y byddai'n gwneud dim ymarferol i gefnogi'r ddogfen.

Beth bynnag am ymateb Palmerston yr oedd Richard yn benderfynol o barhau gyda'i ymgyrch a mynd a'r ddeiseb i Baris i'w chyflwyno i sylw arweinyddion a chynrychiolwyr y gwladwriaethau. Cilio, eto, wnaeth y rhai hynny aeth gyda Henry Richard i gyfarfod Palmerston. Heb gefnogaeth Palmerston yr oeddynt yn ofni y byddai bwrw ymlaen ymhellach gyda'r cynllun yn tynnu mwy o wawd a dirmyg ar y Gymdeithas Heddwch. Ni welodd Cobden, hyd yn oed, yn dda i fentro i Baris. Mewn llythyr[51] a sgrifennodd i Joseph Sturge dywedodd nad oedd ganddo ffydd mewn cennad o'r fath i 'bennau coronog Ewrop a'u llywodraethau unbenaethol. Os wyt am fynd bydded fel mater o gydwybod dyletswyddol – fel y byddai Pabydd da yn mynd ar bererindod i gysegrfa Morwyn Fair Loretto – a rhaid i mi ystyried y ddau achos yn wastraff arian a llafur'. O leiaf yr oedd ei wrthwynebiad yn gyson â'i ymateb i fwriad Sturge i arwain dirprwyaeth i St Petersburg cyn dechrau'r rhyfel.

Llwfdra neu ystyried y peth yn wastraff amser, nid oedd neb am fynd gyda Henry Richard. Aeth at y Joseph Sturge dewr ac ymateb syth yr hen Grynwr oedd 'os nad â neb arall, mi af i'.[52] Paratowyd deiseb ar gyfer y gwahanol wladwriaethau ac aeth y ddau i Baris, lle ymunwyd â hwy gan lywydd y Gymdeithas Heddwch, Charles Hindley, AS Ashton. Isel oedd barn Cobden am Hindley – ystyriai ef yn gymeriad gwan – 'fuaswn i ddim yn dymuno mynd i hel teigrod gydag e!' oedd sylw wnaeth amdano un tro mewn llythyr at Sturge.[53] O leiaf, yr oedd yn barotach na Cobden i fentro i ffau'r llewod ym Mharis.

Mae hanes hir a pharchus i gyflafareddiad. Bu wyth deg un o achosion llwyddiannus o dorri dadleuon drwy gyflafareddiad rhwng dinasoedd Groeg yn y blynyddoedd 798–640 cc yn unig. Yn y cyfnod modern yr oedd meddylwyr fel Leibnitz, Rousseau, Grotius, Vattel, Kant a John Stuart Mill wedi annog dulliau o gadw heddwch cydwladol drwy gyflafareddiad. Yr oedd yr egwyddor wedi ei fabwysiadu'n llwyddiannus yn y bedwaredd ganrif ar bymtheg. Ym 1831 bu brenin yr Iseldiroedd yn ganolwr mewn achos o anghytundeb am ffiniau rhwng Prydain ac Unol Daleithiau America. Ym 1842 llwyddodd brenin Prwsia, Frederick Wilhelm IV, i dorri dadl rhwng Prydain a Ffrainc parthed llongau Prydeinig a gipiwyd gan Ffrainc ym 1834–5. Ym 1850 deddfodd Louis Napoleon o blaid Portiwgal yn achos honiad wnaed gan yr Unol Daleithiau fod y wlad honno wedi suddo'r USS *General Armstrong* ym 1814.[54] Felly, nid oedd y syniad o gyflafareddiad yn gwbl ddieithr. Ac fel y nododd Henry Richard yn ei gofiant i Joseph Sturge:

Mae holl hanes yn tystio fod rhyfeloedd yn fynych yn cychwyn nid oherwydd fod y gwahaniaethau rhwng cenhedloedd â'i gilydd . . . tu hwnt i ateb heddychlon, ond oherwydd na wnaed darpariaeth i gyfeirio'r anghydfod i unlle ond cyflafareddiad dall a bwystfilaidd y cledd.[55]

Hwyliodd Richard a Sturge am Baris ddydd Iau, 20 Mawrth 1856. Cadwodd Richard ddyddiadur manwl o'r cyfnod y bu'r ddau ym Mharis, sef rhwng 20 Mawrth a 10 Ebrill.[56] Cyfarfu'r ddau â Charles Hindley fore trannoeth a dyna gychwyn dyddiau o ruthro di-urddas o fan i fan i geisio dod o hyd i gynrychiolwyr y gwledydd, ac yn anad neb, i geisio cefnogaeth Napoleon III, ymerawdr Ffrainc. Di-urddas neu beidio, yr oedd Henry Richard yn benderfynol o lwyddo. Ar ei fore cyntaf ym Mharis ymhlith y cyntaf yr aethant i'w weld oedd Athanase Laurent Charles Coquerel, offeiriad Protestannaidd fu'n gyd-ysgrifennydd Mudiad Heddwch Ffrainc. Ond ni arferai'r gŵr ffroenuchel hwnnw groesawu pobl ar ddydd Gwener, felly ni chawsant ei gyfarfod. Yn amlwg, nid oedd y fath draha wrth fodd Richard. Cafwyd sawl profiad tebyg yn ystod y dyddiau wedi hynny, weithiau'n methu cael cyfarfod rhywun a allasai fod o ddefnydd, neu'n cael rhywun fel Louis-Marie de Cormenin, fu'n amlwg yn y Cyngresi Heddwch, yn gynnes ei groeso ond amharod i'w helpu i sicrhau cyfarfod gyda Napoleon III.[57] Yna'n awgrymu iddo ymweld â rhywun arall. Ac felly ymlaen, er bod ysbryd Henry Richard, beth bynnag am Sturge, yn ddigon calonnog iddo sylwi a rhyfeddu at ysblander y ddinas. Fore Llun aethant i ymweld â'r Parch Henry Rowland Bramwell, caplan Prydeinig Saint Germain, a gyda'r nos cawsant gyfle i gyfarfod eto â Louis Alexis Chamerovzow, yr ymgyrchydd dros hawliau'r Maori ac yn erbyn caethwasiaeth.

Yna ddydd Mawrth (25 Mawrth) daeth mesur o lwyddiant er nad oeddynt i wybod hynny ar y pryd. Cafodd y tri – Hindley, Sturge a Richard – gyfarfod gyda'r Arglwydd Clarendon. Bu Clarendon yn ysgrifennydd gwladol dros faterion tramor er 1853; yn ystod Rhyfel y Crimea bu'n effeithiol yn cadw'r ddesgl yn wastad rhwng Ffrainc a Phrydain ac yr oedd ganddo ddylanwad mawr ar Napoleon III. Cafodd y tri dderbyniad cwrtais a didwyll ac aeth Richard ati i egluro pwrpas eu hymweliad â Pharis. Aeth ati i fanylu ar ei syniadau a darllenodd ran o'r ddeiseb a gyflwynodd i Palmerston.[58] Cytunai Clarendon ei bod yn ddiau yn ddymunol i genhedloedd ddarganfod dull mwy cymwys o ddatrys anghytundebau na thrwy fynd i ryfel, ac yn fynych iawn nad oedd achos y gynnen werth diwrnod o gost rhyfela, heb sôn am yr ystyriaethau moesol. Eto, yr oedd y fath beth yn bod ag anrhydedd ac urddas cenedl a'r angen i 'ddangos ein bod o ddifrif' ac ati. Dadleuai Richard y byddai cyflafareddiad amodol yn galluogi gwladwriaeth mewn achos o anghydfod i fynd at drydydd person amhleidiol, cyn i'r ddwy ochr gael eu cythruddo'n ormodol y naill yn erbyn y llall a chyn i'r newyddiadurwyr ysu fflamau'r farn gyhoeddus a gwneud sefyllfa'r gwleidyddion yn anos. Er na ddywedodd lawer, yr oedd yn amlwg fod Clarendon yn deall y pwynt ac iddo ef ei hun ddioddef lach boenus y wasg yn y gorffennol. Wedi dweud y byddai'n anodd cael llywodraethau i gytuno i gyflafareddiad addawodd Clarendon wneud hynny a fedrai. Gofynnodd Sturge a fedrai Clarendon hwyluso cyfarfod iddynt gyda'r Ymerawdr. Addawodd Clarendon ofyn i'w gyd-lysgennad, Arglwydd Cowley, i helpu.[59]

Nid oedd un o'r tri yn hyderus y byddai i hynny ddwyn ffrwyth a lluniwyd llythyr i ysgrifennydd preifat Napoleon III, Pierre-Albert de Dalmas, cyfreithiwr a chyn-newyddiadurwr a gynorthwyodd yr ymerawdr yn y *coup* ar 2 Rhagfyr 1852. Cawsant ateb cadarnhaol a gwahoddiad i'r Tuileries (y cartref brenhinol). Yno gofynnodd Dalmas iddynt lunio llythyr i'r ymerawdr a'i anfon ato ef (Dalmas) a gwnâi'n siwr y rhoddid ef ger ei fron y peth cyntaf trannoeth. Gwnaed hynny, ond ni chafwyd ymateb ac yr oedd yn amlwg fod Henry Richard yn colli ei amynedd a nododd yn ei ddyddiadur 'nad oedd disgwyl wrth y gwŷr mawr hyn yn waith i foddio hunan-barch unrhyw un'.[60]

Ond cafwyd llwyddiant annisgwyl. Bu Clarendon cystal â'i air. Ar 30 Mawrth, ysgrifennodd at Palmerston ei fod am gynnig i'r gyngres gydnabod yr egwyddor o geisio datrys anghydfod heb fynd i ryfel. Ymddengys na fu gan Palmerston wrthwynebiad oherwydd ar 13 Ebrill yr oedd Clarendon yn medru sgrifennu fod y Rwsiaid yn barod i gytuno i'r egwyddor o gymrodeddi. Tybiai fod yma ddigon i fodloni'r 'peacemongers' yn 'Lloegr' am y tro. Mawr oedd llawenydd Henry Richard, Sturge a Hindley pan glywsant y newydd fod y gyngres wedi derbyn y cymal, a ymddangosodd fel Protocol 23, fod teyrnasoedd 'rhwng y rhai y gall camddealltwriaeth godi, cyn apelio at arfau milwrol, yn gwneud defnydd, mor bell ag y bo amgylchiadau yn caniatáu, o wasanaeth caredig ryw Allu cyfeillgar'. Y gair ddefnyddiwyd oedd 'cyfryngiad' (mediation), yn hytrach na 'chyflafareddiad' (arbitration), ond nid oedd hynny'n ofid mawr i

Richard a Sturge. Yr oeddynt wedi cyflawni yr hyn oedd ganddynt mewn golwg, sef sicrhau mesur o gydnabyddiaeth oddi wrth y cenhedloedd eu bod yn chwilio am gyfryngwr amhleidiol i geisio cymodi cyn codi arfau. Medrai Henry Richard ymfalchïo mewn llwyddiant sylweddol – un o'r ychydig ddaeth i ran y nifer fechan fu'n ffyddlon i achos heddwch gydol cyfnod Rhyfel y Crimea. Yr oedd Protocol 23, meddai Gladstone yn y Senedd wedi hynny, yn 'ddatganiad amodol o anghymeradwyaeth o ryfel ac yn cyhoeddi goruchafiaeth rheswm, cyfiawnder, dyngarwch a chrefydd'.[61] Yr oedd yn gynsail a ddefnyddiwyd deirgwaith cyn diwedd y ganrif; y mwyaf arwyddocaol oedd yng Nghynhadledd Heddwch gyntaf yr Hâg, 1899, lle bu'r cymal yn gynsail i annog cyfryngiad a sefydlu y Llys Cyflafareddu Rhyngwladol cyntaf, neu fel y gelwid ef yn fynych, Tribiwnlys yr Hâg. O safbwynt y Gymdeithas Heddwch dau ganlyniad pwysig i Ryfel y Crimea oedd y cymal hwnnw a sefydlu'r papur dyddiol, y *Morning Star*, fu'n ddylanwadol nes dod i ben ym 1869. Y mae'r gorchestion hyn yn arbennig o nodedig o gofio iddynt gael eu cyflawni mewn cyfnod o farn gyhoeddus elyniaethus, pan oedd nifer sylweddol o aelodau'r Gymdeithas Heddwch wedi cefnu arni ac i'r gwaith gael ei gyflawni bron yn gyfangwbl gan ddau ddyn – Henry Richard a Joseph Sturge.

Nid yn annisgwyl, Prydain oedd y cyntaf i anwybyddu unrhyw sôn am gyfryngiad neu gyflareddiad. Prin fod gynnau'r Crimea wedi distewi nag yr oedd Prydain yn ysgogi helynt yn China. I ddechrau, ar 8 Hydref 1856, byrddiodd awdurdodau China long Chineaidd o'r enw *Arrow* yn y dyb mai llong smyglwyr a môr-ladron oedd hi. Cythruddwyd yr awdurdodau Prydeinig gan honni mai llong Brydeinig oedd hi – yr oedd y capten yn Sais ac yr oedd yn hwylio dan faner Jac yr Undeb. Sylweddolwyd yn fuan nad llong Brydeinig oedd hi ac nad oedd hi'n hwylio dan faner Jac yr Undeb. Wedi i Brydain sylweddoli mai y Chineaid oedd yn gywir, cyhuddwyd y Chineaid o amharchu'r faner. Yr oedd y llong wedi ei chofrestru – rywbryd yn y gorffennol – ym Mhrydain ond yr oedd y cofrestriad wedi dod i ben.[62] Ond yr oedd unrhyw esgus yn gwneud y tro. Bygythiodd y conswl Prydeinig yn Canton os na ryddheid y llong ar unwaith byddai'r porthladd yn cael ei fombardio am 48 awr. A felly y bu. Rhwng 23 Hydref a 13 Tachwedd bu'r ymosod yn ddibaid. Bu Henry Richard yn effeithiol iawn ei wrthwynebiad yn y papurau newydd. Codwyd y mater gan Arglwydd Derby yn Nhŷ'r Arglwyddi a gan Richard Cobden yn Nhŷ'r Cyffredin. Siaradodd Gladstone yn danllyd yn erbyn y weithred ysgeler. Yn y diwedd pasiwyd cynnig, gyda mwyafrif o un ar bymtheg, na chafwyd eglurhad digonol am yr ymosodiad ar Canton ac y dylid penodi pwyllgor dethol i ystyried perthynas fasnachol Prydain a China. Ymateb y prif weinidog, yr Arglwydd Palmerston, oedd datgorffori'r Senedd a galw etholiad cyffredinol.

Fel ag a ddigwydd yn fynych mewn achosion o'r fath, yn etholiad 1857 dychwelwyd y Torïaid gyda mwyafrif o 30 o seddau. Collodd Cobden a John Bright ei seddau – nid oedd yn beth newydd iddynt, digwyddodd yr un peth adeg y Crimea bryd y cawsant eu dychwelyd wedi hynny. Yn awr dyma'r un peth yn digwydd eto. Yr oedd anrhydedd Jac yr Undeb yn bwysicach na thegwch a chyfiawnder. Ofer ymresymu â gwlad o'i phwyll.

Bellach nid oedd llais cryf yn y Senedd i wrthwynebu'r hyn oedd yn digwydd a dechreuodd yr ymosodiadau o ddifrif ddiwedd 1857. Ymunodd Ffrainc yn y rhyfel, gan ddefnyddio fel esgus fod cenhadwr Ffrengig wedi ei lofruddio rywle ym mherfeddion China. Taniodd y llongau rhyfel yn ddidrugaredd ar Canton a'i llosgi i'r llawr. Lladdwyd nifer fawr o'r trigolion, dinistriwyd saith mil o dai a gwnaed 30,000 o bobl yn ddigartref. Buan iawn y gorfodwyd y Chineaid i arwyddo Cytundeb Tientsin (1858), oedd yn gorfodi'r wlad i ddarparu cyfleusterau a lletŷ i gynrychiolwyr tramor, agor nifer o borthladdoedd i fasnach gorllewinol, yr hawl i deithio i ganol y wlad a rhyddid i genhadon Cristnogol deithio i ble bynnag â fynnent. Yn hwyrach yn y flwyddyn, wedi trafodaethau pellach yn Shanghai, cyfreithlonwyd mewnforio opiwm. Gwrthododd y Chineaid ddilysu'r cytundeb a dychwelodd yr ymosodwyr gan gipio Peking a llosgi palas haf yr ymerawdr a gorfodi'r Chineaid i gytuno i anrhydeddu'r cytundeb.

Yr oedd yn ofid mawr i Henry Richard bod papurau newydd a ystyrrid yn rhai crefyddol ymysg y mwyaf eiddgar o blaid yr ymosodiad barbaraidd ar Canton. Dadl y papurau hyn oedd fod yr ymosodiad yn 'agor drysau i'r Efengyl'. Ymateb Richard, mewn erthygl yn y *Morning Star*, oedd gofyn a oedd y dadleuwyr hyn mewn difrif yn tybied y byddai'r 'Chineaid yn derbyn y Beibl o'u dwylo gyda mwy o lawenydd a diolchgarwch am iddo gael ei lychwino â gwaed eu hanwyliaid?'[63]

Yna yn hydref 1857 torrodd Gwrthryfel India, sef cychwyn y rhyfel annibyniaeth. Yr oedd India'n cael ei llywodraethu gan gwmni masnachol yr East India Company. Milwyr o Bengal, y sepois, dan swyddogion Seisnig dan reolaeth yr un cwmni fu'n ymladd brwydrau

Prydain yn rhyfeloedd Burma ac yr oedden nhw'n dechrau blino ar hynny. Am flynyddoedd bu gan yr Indiaid barch at swyddogion yr East India Company am eu bod yn cymysgu ac yn byw yr un fath â nhw ac yn wynebu'r un peryglon. Ond gyda threigl y blynyddoedd a chynnydd yn nifer y swyddogion Seisnig, aeth y swyddogion hynny'n barotach i gadw gyda'i gilydd a gweld y brodorion fel dynion rhyfedd gyda dymuniadau ag anghenion trafferthus. Yn wahanol i'w rhagflaenwyr nid aent i'r drafferth o ddysgu iaith eu milwyr ac yr oeddynt yn ymddieithrio fwy fwy. Yr oedd y milwyr, yn arbennig yr Hindŵiaid oedd yn perthyn i ddosbarth uwch y Brahminiaid, yn ymwybodol o agwedd sarhaus y swyddogion tuag at eu diwylliant, eu crefydd a'u harferion. Ond yr hyn achosodd y gwrthryfel oedd peth bach, nodweddiadol sarhaus a Seisnig. Hindŵiaid a Moslemiaid oedd mwyafrif y sepois a phan glywsant fod cetrys newydd ar gyfer eu gynnau wedi ei selio â brasder moch a gwartheg y cychwynnodd y gwrthryfel. Yr oedd yn rhaid iddynt gnoi'r sêl cyn llwytho'u gynnau, gweithred ffiaidd yng ngolwg y Moslemiaid ac yn groes i grefydd yr Hindŵiaid. Gwrthododd catrawd o filwyr troed Bengal a defnyddio'r cetrys ac fe'u carcharwyd. Pan ddaeth eu cydwladwyr a rhyddhau wyth deg pump o filwyr o'u carchar ar 18 Mai 1857, a wedi hynny ymosod ar, a chipio, Delhi yr oedd y gwrthryfel wedi tanio. Bu'r ddwy ochr yn gyfrifol am ladd plant a gwragedd diniwed a'r canlyniad fu dileu yr East India Company drwy ddeddf seneddol.

Yr oedd Sturge yn gofidio'n fawr ac fel nifer o Brydeinwyr gwybodus gwelai hyn oll fel canlyniad degawdau o gamlywodraethu.[64] Yr oedd yn bendant mai y driniaeth ormesol o'r trigolion oedd yn gyfrifol am y gwrthryfel. Penderfynodd y buasai o fudd mawr pe afonid i'r wlad gomisiwn gwirfoddol y buasai'r Indiaid yn ymddiried ynddo ac yn barotach i drafod eu cwynion gyda'r aelodau. Cafodd gefnogaeth John Dickinson o Gymdeithas Ddiwygio'r India ond nid oedd neb yn fodlon ymgymryd â'r cyfrifoldeb o fynd gydag ef. Yr oedd Henry Richard ar fin mynd am ychydig ddyddiau o seibiant at ei frawd wedi cyfnod o lafur diwyd pan ddaeth llythyr oddi wrth Sturge yn galw arno i oedi ac yn gofyn iddo ddod i gyfarfod:

> Mae'n ddrwg gen i ofyn i ti oedi cyn ymweld â dy frawd, ond yr wyf am dy weld ar fater sydd o gymaint pwysigrwydd, fel fy mod yn ymbil arnat i beidio ymadael tan fore Sadwrn. Rwyn gobeithio cyrraedd Broad Street erbyn un o'r gloch ddydd Gwener, ond mae'n siwr y byddaf am i ti ddod gyda mi i alw ar un neu ddau o bobl eraill.[65]

Erbyn iddyn nhw gyfarfod yr oedd Sturge wedi paratoi rhaglen ar gyfer y daith a dywedodd y buasai'n gwneud ei orau pe byddai Richard yn barod i fynd gydag ef. Yn ei gofiant i Sturge, lai na deng mlynedd wedi hynny, ysgrifennodd Richard:

> Yr oedd cymaint o hunan-ymroddiad aruchel yn ei gynnig, a chymaint o ddifrifoldeb crefyddol yn yr ysbryd y'i gwnaeth fel na feiddiwn ei wrthod. Felly, ac yntau yn ei 65 mlynedd, ei iechyd yn gwanychu, ac yn ymwybodol . . . o'i ddiddymiad ei hun, yr oedd yn barod i adael y cartref oedd mor annwyl iddo, i wynebu enbydrwydd hinsawdd, a holl arswyd a pheryglon y cyfnod hwnnw o anhrefn a rhyfel, heb unrhyw obeithion o elw nac anrhydedd, ond wedi ei ysgogi yn unig gan gydymdeimlad gyda'r drwg a ddioddefai brodorion India, a gyda phryder gwladgarol am wir anrhydedd Lloegr. Ond, er hynny ni chyflawnwyd ei fwriadau. Wedi mynych a difrifol ymgynghori gyda gwŷr bonheddig a chanddynt wybodaeth agos o India, teimlid fod cyflwr terfysglyd y wlad, a'r arswyd a'r eiddigedd eithafol a feddiannodd y wlad wedi meddiannu'r meddwl brodorol, bryd hynny, wedi ei gwneud yn amhosib i gynnal y math o ymchwiliad a oedd ym meddwl Mr Sturge gydag unrhyw ganlyniad boddhaol.[66]

Yn yr achos hwn teimlir naws o feirniadaeth o'r brodorion yng ngeiriau Henry Richard. Bu anfadwaith ar bob ochr a thawelwyd y dyfroedd – dros dro – yn y dull Prydeinig arferol, drwy nerth a grym arfau.

* * *

Yng nghanol holl fwrlwm ei fywyd daeth nodyn o dristwch i fywyd Henry Richard. Bu iechyd ei fam, Mary, yn achos pryder iddo ef a'i frawd Edward ers tro. Yr oedd y ddau wedi bod yn ceisio'i hannog i golli pwysau ac i fynd am ysbaid i'r 'ffynhonnau', sef Llandrindod neu Lanwrtyd, y lleoedd yr arferai fynd gyda'i rhieni pan oedd yn ferch ifanc. Ers rhai blynyddoedd yr oedd wedi ymadael â Thregaron i fyw yn Aberaeron, at ei merch Hannah a'i mab-yng-nghyfraith, David Evans. Yn y blynyddoedd ers priodas Hannah a David ym 1848 yr oedd Mary Richard wedi gwneud cymaint o argraff yn Aberaeron ag a wnaeth yn Nhregaron. Wedi ei marwolaeth ym 1855 yr oedd y teyrngedau yn sôn cymaint am ei doniau hi ei hun a'r hyn a gyflawnodd yn ystod ei bywyd ac am y ffaith iddi fod yn briod â gŵr arbennig ac yn fam i un yr oedd ei enw'n adnabyddus ledled Prydain a thu hwnt.[67]

5 ○₃ *Cymru, y* Llythyrau, *newyddiadura, rhyfel America a marwolaeth Cobden*

A'I ENW'N gyson gerbron y cyhoedd yng Nghymru hwyrach nad cwbl annisgwyl oedd y gwahoddiad a dderbyniodd Henry Richard ddiwedd hydref 1853, gwahoddiad i fod yn brifathro Coleg Coffadwriaethol Aberhonddu. Er hynny, mae'n amlwg fod y gwahoddiad yn annisgwyl i Richard. Yn un peth yr oedd, ar awgrym Cobden ac eraill, wedi rhoi heibio'r arfer o arddel y teitl 'Parchedig' o flaen ei enw. Gan ei fod yn annerch cynifer o gyfarfodydd a'i enw'n fynych yn amlwg ar bosteri nid oeddynt am i bobl dybied, o weld y byddai 'Parchedig' yn eu hannerch, y byddent yn mynd i gymanfa bregethu! Yr oedd yn amlwg ei fod yn ei hystyried yn fraint i dderbyn gwahoddiad i fod yn bennaeth Coleg Aberhonddu.

Yr oedd Henry Richard mewn penbleth ynglŷn â chynnig a ystyriai'n anrhydedd. Yr oedd yn 41 oed, a byddai pa benderfyniad bynnag a wnâi yn un di-droi'n-ôl. Ceisiodd gyngor ei gyfaill, y Parchedig Ddr John Campbell, gweinidog a golygydd y *British Banner*, newyddiadur bywiog ac ymfflamychol y bu i rywun awgrymu unwaith mai enw mwy priodol arno fuasai y *British Banger*! Cafodd gyngor brawdol a chalonnog – ymchwyddedig yn wir – yn amlinellu'r dewis. Yr oedd y cynnig o Gymru, meddai Campbell, yn un o uchel ymddiriedaeth, trym-lwyth o ddefnyddioldeb, a alluogai Richard i fod yn gymwynaswr i'w wlad enedigol, a byddai ei ddylanwad ysbrydol ar ei gyd-Gymry'n enfawr. Byddai'n fyd o esmwythder llenyddol i ddarparu'n gysurus am weddill ei ddyddiau, ymhell o draul a chyffro bywyd. Yna, apeliodd Campbell, at ddelfrydiaeth ac ymdeimlad Richard o ddyletswydd.

O'i bath y Gymdeithas Heddwch yw mudiad pwysicaf ein hoes. Yn nesaf at Gymdeithasau i Hyrwyddo'r Efengyl, nid oes dim yn fy marn i, i'w gymharu â hi. Yn wir, yn y modd y mae'n ymwneud â theyrnasoedd ac ymerodraethau Ewrop – teyrnasoedd ac ymerodraethau sy'n ymgorffori'r wybodaeth, y cyfoeth, grym a byd mawr ei hun, oherwydd y mae'r oll wedi ei ganoli yma – neilltuaf i'r Gymdeithas Heddwch safle uwch hyd yn oed na'r cymdeithasau cenhadol. Tra bod y Pwerau mawr yn chwerthin am eu pennau hwy, maent yn gwrando ar y Gymdeithas Heddwch. Edrychaf arni fel yr un sy'n dal i gyfrif ymysg Cyfrin Gynghorau, y bennaf atalfa ar wallgofrwydd gwladweinwyr. Mae'r Gymdeithas Heddwch yn siarad â hwy mewn iaith a ddeallant, ac yn bwysicach fyth, iaith a ddeëllir gan y bobl. Yr wyf mor hyderus ag yr wyf o fy modolaeth fy hun y bu iddi wneud mwy na dim arall i dawelu ysbryd rhyfelgar Lloegr a thrwy hynny i gynnal heddwch y byd – yr heddwch hwnnw sy'n amod pob daioni, ac hebddo y mae'n amhosib hyd yn oed i'r Efengyl ei hun fynd rhagddo, na hyd yn oed ddal ei dir. Gwnaeth Mr Cobden ei hun, drwy ei areithiau a'i bamffledi yn y blynyddoedd diwethaf, fwy i hyrwyddo heddwch na holl esgobion Eglwysi Ewrop gyda'i gilydd.[1]

Yn y Gymdeithas Heddwch, ychwanegodd, fel ymhob cymdeithas gyffelyb, yr ysgrifennydd oedd y cyswllt – y bywyd a'r enaid – ac i'r swydd honno yr oedd Henry Richard yn rhagori ym mhob cymwyster. Ni wyddai am neb mor addas i'r swydd lafurus, ac y byddai'r canlyniadau gwaethaf yn debygol petai Richard yn ymadael. Yr un pryd rhybuddiodd Richard y gallai apêl y gymdeithas wanychu a chyfeillion dylanwadol gilio. Ac y gallai yntau wynebu henoed ar bensiwn bychan . . . Yr oedd John Campbell yn onest ac agored yn ei lythyr. Byddai dal at y swydd yn golygu aberth ar ei ran ac nid bychan oedd y mesur o ansicrwydd. Fel y gwelwyd eisoes yr oedd rhybuddion Campbell yn deg a thebyg bod Richard ei hun yn gweld cymylau'r Crimea'n dynesu ac yn ymwybodol o ansicrwydd swydd gyda'r Gymdeithas Heddwch. Er hynny, ni oedodd yn hir cyn penderfynu ac yn rasol gwrthododd y cyfle i ddychwelyd i Gymru.

Bu farw Eleanor, gwraig ei frawd Edward, ar 21 Chwefror 1861, wedi rhai misoedd o salwch. Yn rhyfedd nid oes un llythyr wedi goroesi wrth unrhyw aelod o'r teulu sy'n cynnwys cyfeiriad na gair o gydymdeimlad iddo yn ei brofedigaeth.[2] Hefyd bu Edward a Henry yn ceisio helpu i sicrhau rhyw fath o yrfa i Eser, mab eu chwaer, Mary, a Sam Morris. Bachgen hoffus os – ymddengys – un anarferol. Nodir bod Henry wedi llwyddo i sicrhau gwaith iddo yn Swyddfa'r Cyfrifiad wedi i'r bachgen fethu ei arholiadau ddwywaith yng Ngholeg Normal Abertawe.[3]

Dychwelai Henry'n gyson i Dregaron am adnewyddiad corff ac enaid a byddai'n pregethu a darlithio yn y Gymraeg bob cyfle. Treuliodd ef – a'i gath Tiny – Awst 1861 ar wyliau gyda'i chwiorydd yng

Ngheredigion. Mae llythyr a anfonodd Henry at Edward o gartref ei chwaer Mary a'i gŵr Sam, Garreg-wen, yn llawn o'r hen frawdgarwch oedd fel pe wedi diflannu yn ystod cyfnod priodasol Edward. Llythyr llawn o'r math o straeon a chlecs oedd wrth fodd Edward. Ymddengys na wnaeth fawr ddim ond mynychu cyfarfodydd pregethu.[4] Bu'n gwrando ar eu hen gydnabod Lewis Edwards yn pregethu yng Nghyfarfod Misol Twr Gwyn, Lledrod. Ymddengys nad oedd gan Henry Richard, nac Edward o ran hynny, feddwl uchel o'u cyd-Gardi.

> Cefais fy synnu'n fawr ganddo. Nid yn unig pregethodd bregethau da ond yr oedd ei effaith ar y bobl yn rymus. Y noson gyntaf yn arbennig, meistrolodd a thawelodd yr holl gynulleidfa. Yn sicr ef yw'r enghraifft fwyaf nodedig y gwn i o ddyn yn goresgyn drwy wroldeb a dyfalbarhad yr hyn a ymddangosai fel gwendidau corfforol anorchfygol, a dod yn siaradwr poblogaidd effeithiol er gwaethaf natur. Ni fu erioed ddyn mor gwbl anaddas i fod yn areithydd. Fe gofir sut un oedd e, ei organau llefaru fel pe'n gwrthod rhoi mynegiant i'w feddyliau. Ei lais yn gryg ac ansoniarus . . . Cefais ychydig eiriau gydag ef yma ac yng Nghastell Newydd (Emlyn) a'i ganfod yn ddymunol a rhadlon ac, mi gredaf, yn falch o fy ngweld. Holodd yn garedig amdanat.[5]

Fe'i cawn yn sôn yn ddifyr ac weithiau'n sbeitlyd am y gwahanol bregethwyr a glywodd yng Nghastell Newydd Emlyn – David Charles Davies 'oedd wedi dechrau'n dda iawn ond yn gorffen yn ddi-ffrwt', Edward Matthews 'na wnaeth gyfiawnder ag ef ei hun', a hyd yn oed hetiau'r gwragedd yn yr oedfa awyr-agored uwchlaw afon Teifi.[6]

Yn Awst y flwyddyn wedyn, 1862, yr oedd Henry Richard wedi ei hel yn ôl i Sir Aberteifi ar orchymyn Edward gyda photel o donic a thabledi ar gyfer ei gornwydydd. Yr oedd Tom Morris, Blaenwern, brawd Sam Morris, wedi clywed fod Edward wedi cynghori Henry y dylai gymryd ambell lymaid o win ac wedi anfon rhai poteli iddo o'i seler. Toc, diolch i'r moddion, y tabledi, gwin Tom Morris, gofal ei chwaer, Mary, ac awyr iach a hinsawdd Aberaeron, yr oedd Henry wedi ei adfer i'w lawn iechyd.

Y mis canlynol, yn llawn egni a brwdfrydedd, yr oedd mewn cysylltiad mwy ffurfiol, amlycach â'i wlad a'i genedl. Ym 1862 coffhawyd daucanmlwyddiant Deddf Unffurfiaeth 1662 pan amddifadwyd clerigwyr a wrthododd ddefnyddio'r Llyfr Gweddi Gyffredin o'u gofalaethau. Trefnodd y Gymdeithas Rhyddhau Crefydd gyfres o ddarlithoedd a chyfarfodydd cyhoeddus i nodi'r amddifadiad ac i bwysleisio'r egwyddor o gydraddoldeb crefyddol; atgyfnerthwyd hefyd ymdrechion i godi capeli newydd a thalu hen ddyledion. Daeth hyn yn sgîl cyfnod diffrwyth a dihitio o unrhyw ddiwygio o du llywodraeth Palmerston. Un nod oedd gosod y Gymdeithas Rhyddhau ar dir cadarnach yng Nghymru. Hefyd, yr oedd y gymdeithas wedi cael ei tharo gan ddirwasgiad yn y diwydiant cotwm yn un o'i chadarnleoedd, Sir Gaerhirfryn, ac yn rhagweld gostyngiad sylweddol mewn cefnogaeth ariannol o'r sir honno.[7] Yn rhannol er mwyn ceisio gwneud i fyny am y golled yng ngogledd Lloegr trodd y gymdeithas ei golygon tua Chymru, lle'r oedd anghyfartaledd llwyr yn y gynrychiolaeth seneddol, gwlad a bron ei thri-chwarter yn Ymneilltuwyr yn cael ei chynrychioli'n gyfangwbl gan Eglwyswyr – er nad oeddynt i gyd yn Geidwadwyr.

Ymylol fu rhan Henry Richard yn y gymdeithas i gychwyn er iddo, mae'n debyg, yn ystod ei daith drwy'r de ym 1844 geisio ysgogi diddordeb ynddi. Mae'n amlwg iddo greu argraff ac ysgogi rhai Cymry, fel y lliwgar Barchedig Ddr Thomas Price, Aberdâr, i fod yn weithgar yn y gymdeithas. Eto, tir ddiffaith fu Cymru i'r gymdeithas. Wedi'r cwbl, yr oedd wedi canolbwyntio ei hegnïon ar drefi poblog canolbarth Lloegr a Llundain. Hefyd yr oedd anhawster iaith yng Nghymru, ond yn bwysicach, heblaw am y wasg enwadol Gymraeg, yr oedd papurau Saesneg Cymru yn ddifater neu'n elyniaethus tuag at waith y gymdeithas.[8] Eto ar lefel Brydeinig yr oedd yn effeithiol ac yn Y *Diwygiwr*, Rhagfyr 1853, medrai David Rees ddatgan: 'Ymddengys yn eglur bod y Gymdeithas hon a wawdid ac a ddirmygid fel peth ffôl yn ymgeisio at ryw ddifeision utopaidd, wedi dod yn ffaith led fawr.'[9] Gofynnwyd i Henry Richard – fel arbenigwr ar Gymru – i fod yn aelod o'r ddirprwyaeth i ymweld ag Abertawe a gwahoddwyd ef, ymlaen llaw, i fod yn aelod o bwyllgor gwaith y gymdeithas ym Mehefin 1862.[10]

Daeth 40 o wŷr amlwg o'r gwahanol enwadau ynghyd a threfnwyd cynhadledd i gyfarfod â dirprwyaeth o'r gymdeithas oedd yn cynnwys y Parch (fel y gelwid ef gan rai o hyd) Henry Richard, Edward Miall a John Carvell Williams, ysgrifennydd y gymdeithas. Daeth 200 ynghyd i'r gynhadledd, cynhadledd a oedd tu hwnt i ddisgwyliadau'r cynrychiolwyr o Lundain. Fel y digwyddiad cyntaf a drefnwyd i sicrhau tecach cynrychiolaeth seneddol i Gymru yr oedd yn ddigwyddiad o bwys. Dyma'r ymdrech gyntaf o ddifrif yng Nghymru i fwrw ymaith iau Eglwys Loegr a'r dosbarth o dirfeddiannwyr a chyfoethogion oedd yn cynnal yr hen drefn. Cymeradwywyd cynnig:

88 *Cymru, y* Llythyrau . . .

2. Edward Miall. Cyhoeddwyd yng nghylchgrawn
Vanity Fair ar 29 Gorffennaf 1871.

Fod y Gynhadledd hon o'r farn na chafodd Ymneilltuaeth Cymru gynrychiolaeth deg yn Nhŷ'r Cyffredin – tra bod ym mhoblogaeth Cymru ganran llawer uwch o Ymneilltuwyr nag a geir yn Lloegr, Yr Alban ac Iwerddon, mae nifer cymharol ei chynrychiolwyr seneddol yn llawer llai nag yn un o'r gwledydd hynny, a hyd yn oed o blith y rheini a ymgysylltodd â'r Blaid Ryddfrydol mae'r mwyafrif yn yr arfer o drin y materion hynny sy'n ymwneud â rhyddid crefyddol gydag esgeulustod dirfawr. Y mae'n rheidrwydd ar y Gynhadledd hon i gyfaddef, oherwydd hynny, y bu'r dylanwad seneddol o du Cymru er cynyddu'r egwyddor wirfoddol yn gymharol fychan, ac o gael yr argyhoeddiad hwnnw, y mae'r Gynhadledd yn frwdfrydig awyddus y cymerir camre ymarferol i wella'r gynrychiolaeth Gymreig, fel y bo mewn cytgord â syniadau a theimladau'r boblogaeth.[11]

Seiliwyd y cynnig ar anerchiad a dadansoddiad manwl gan Carvell Williams. Un o Gymry Llundain oedd Williams, Ymneilltuwr a Rhyddfrydwr, trefnydd ardderchog a siaradwr grymus a frwydrodd yn hir yn erbyn safle breintiedig Eglwys Loegr. Flynyddoedd wedyn, ym 1885, a Richard yn tynnu at ddiwedd ei oes a Williams newydd ymuno ag ef yn y Senedd, cyhoeddodd y ddau gyfrol ar y cyd ar bwnc datgysylltu – sef *Disestablishment*. Yn y gynhadledd yn Abertawe dadansoddodd a thraddododd Carvell Williams y modd y pleidleisiodd yr aelodau seneddol o Gymru ar faterion yn ymwneud â materion eglwysig. Nododd mai yn achos y mesur i Ddileu y Dreth Eglwys – mater o'r pwys mwyaf i Gymru Ymneilltuol – allan o 32 o aelodau dim ond 16 a bleidleisiodd dros ei dileu, a hynny ar ôl llawer iawn o bwyso. Cyfeiriodd at gynnig Lewis Dillwyn, AS Abertawe, un o siaradwyr y gynhadledd, i ddileu gwahaniaethau sectyddol yn yr ysgolion gramadeg, pwynt arall o bwys mawr i Gymru ond na chafodd ond dwsin o bleidleisiau. Dillwyn, Eglwyswr, oedd y mwyaf radical ohonynt i gyd! Ym 1861, y flwyddyn cyn y gynhadledd, methodd mesur seneddol Syr Morton Peto fyddai'n caniatáu gwasanaeth claddu Ymneilltuol mewn mynwentydd Eglwysig. Yr oedd hwn eto'n fesur gydag oblygiadau pwysig i Gymru gyda 79 y cant o boblogaeth Cymru heb fod yn aelodau o Eglwys Loegr. Eto, pleidleisiodd yr aelodau Cymreig ddeuddeg i wyth yn erbyn mesur Morton Peto. Yn achos cynnig Edward Miall ym 1856 dros ddadwaddoli'r eglwys yn Iwerddon dim ond dau aelod o Gymru gefnogodd y cynnig.[12] Yr oedd yn amlwg nad oedd yr aelodau Cymreig yn cynrychioli nac yn adleisio barn poblogaeth Cymru.

Galwodd Henry Richard ar y Cymry i fynnu eu hawliau ac i anfon i Dŷ'r Cyffredin aelodau seneddol fyddai'n cynrychioli Cymru'n deilwng ac anrhydeddus. Yn un arall o'i anerchiadau yn Abertawe cafwyd geiriau proffwydol ganddo, proffwydoliaeth a wireddwyd cyn pen ychydig iawn o flynyddoedd:

> Medraf haeru yn ddibetrus fod y Gristnogaeth fyw ac ymarferol sydd i gymaint graddau ar y blaen yn ein gwlad yn llwyr ddyledus i'r egwyddor wirfoddol, oherwydd ble bynnag y mae'r tân ysbrydol yn llosgi yn Eglwys Loegr yng Nghymru, gellir ei olrhain i'r marwydos a ddygwyd oddi ar allor Ymneilltuaeth. Mae'r Eglwyswyr yn tybio bod y wlad yn eiddo iddynt hwy, a ninnau'n bodoli drwy eu caniatâd hwy. Hyn sy'n egluro'r dicter yn gymysg a thrahâ sy'n nodwedd o'u hagwedd at weinidogion Ymneilltuol. Ond y mae hwn yn gamsyniad dirfawr; nid ei heiddo hwy yw ein gwlad, ond ein heiddo ni; fe'i hawliwn fel ein eiddo cyfiawn. Ein heiddo drwy oruchafiaeth ysbrydol. Canfu ein cyn-dadau hi wedi ei goresgyn gan elynion gwirionedd a chyfiawnder, a hynny oherwydd esgeulustod y gwarcheidwaid swyddogol; a phan aeth yr Anghydffurfwyr a'r Methodistiaid rhag-ddynt i ad-ennill y wlad, offeiriaid yr Eglwys Sefydledig oedd y cyntaf i'w gwrthwynebu. Y mae yn eiddo i ni, hefyd, am i ni ei thrin a'i meithrin. Nid oes ar wyneb daear boblogaeth wedi ei hymdrwytho mor drylwyr mewn crefydd na phobl y Dywysogaeth, ac y mae hyn i'w briodoli, nid i Eglwys y Wladwriaeth, ond i Weinidogion Ymneilltuol a'r Ysgolion Sul.[13]

Aeth rhagddo i alw ar y Cymry i ymdeimlo â'u rhwymedigaethau gwladwriaethol a bod yn barod i aberthu dros eu hegwyddorion. Siaradai gydag awdurdod arweinydd poblogaidd ymysg ei bobl:

> Yr wyf am i chwi brofi eich didwylledd fel Anghydffurfwyr drwy ymddangos yn y cyfarfodydd yn y festrïoedd [yr oedd hyn cyn dileu y Dreth Eglwys] a thrwy roi eich henwau ar y cofrestr fel y medrwch anfon i'r Senedd ddynion fydd yn gynrychiolwyr teilwng o Gymru. Nid yw hwn yn fater o wynebu cledd na chrocbren, na dirwyon na charchar, er amddiffyn ein hegwyddorion. Aeth y dyddiau hynny heibio am byth. Ond hwyrach y bydd yn rhaid i ni ymwrthod â themtasiynau a dioddef aberthiadau o fath arbennig i'r oes hon. Y cwestiynau i ni eu hwynebu yw: a fedrwn wrthsefyll yr atyniadau cymdeithasol hynny drwy y rhai y ceisir weithiau ein heneinio â geiriau teg, i'n cymell i liniaru a llacio rhywfaint ar ein hegwyddorion? A ydym yn barod i wynebu gwg y Sgweiar hwn neu'r Foneddiges

Haelionus arall? A ydym yn barod i gael ein troi allan o'n ffermydd yn hytrach na bradychu ein hegwyddorion? A ydym yn barod yn wyneb pob enbydrwydd i sicrhau na chaiff Cymru ei cham-gynrychioli yn Nhŷ'r Cyffredin?[14]

Canmolodd waith a dewrder Lewis Dillwyn yn Nhŷ'r Cyffredin a galwodd ar y Cymry i ethol pymtheg – ugain – o wir Ryddfrydwyr i'r Senedd, gwŷr fyddai'n gefn i Dillwyn. 'Pam na wnewch ethol dynion o'ch plith eich hunain a fedr siarad trosoch yn y cynulliad hwn?' oedd ei her. Cyn diwedd y degawd yr oedd y Cymry yn ymateb i'w her a llawer o ffermwyr yn dioddef canlyniadau gweithredu ar sail egwyddor. Ond gydag amser, a Henry Richard ei hun yn cael ei ethol i'r Senedd ym 1868, yn y blynyddoedd wedyn tyfodd y gynrychiolaeth nes bod y Rhyddfrydwyr yn cynrychioli 80 y cant o etholaethau Cymru.

Yr un person a seiniodd nodyn o rybudd oedd Dr Thomas Price, Aberdâr, gweindog amlwg gyda'r Bedyddwyr, cefnogwr cymdeithasau cyfeillion, golygydd llwyddiannus *Y Gwron* a *Seren Cymru*, darlithydd poblogaidd, a chefnogwr brwd y Gymdeithas Rhyddhau. Amlygodd ei hun yng nghynhadledd ddeuddydd Abertawe lle siaradodd yn ymarferol am y problemau a wynebid wrth geisio cael aelodau seneddol fyddai'n gynrychiolwyr teg o'r Gymru Ymneilltuol. Rhybuddiodd mai pobl dlawd oedd y mwyafrif o aelodau'r capeli Cymreig, ac o Gaergybi i Gaerdydd roedd gan y tirfeddianwyr a'r meistri haearn – Eglwyswyr i gyd – ddigon o rym dros y bobl i sicrhau y byddai tri o bob pedwar yn pleidleisio yn ôl eu gorchymyn nhw. 'Gadewch i ni weithio am rai blynyddoedd a bydd pethau'n dra gwahanol i'r hyn ydyw yn awr', oedd ei neges. Ac ar fater ymgeiswyr dywedodd: 'Nid oes gennym ond ychydig ddynion gyda'r amser, yr arian, a'r safle i ymladd ein bwrdeisdrefi a'n siroedd, ac felly rhaid i ni gymryd y gorau sydd i'w gael.'[15] Aeth rhagddo i ganmol Lewis Dillwyn (Abertawe) a Henry Austin Bruce (Merthyr), dau ddyn, meddai, na fuasai'n eu cyfnewid am unrhyw ddeuddyn arall yng Nghymru.

O ganlyniad i Gynhadledd Abertawe sefydlwyd canghennau o'r Gymdeithas Rhyddhau Crefydd ledled Cymru ynghyd â dau bwyllgor, un i'r gogledd a'r llall i'r de, i drefnu cyfarfodydd a sicrhau cydweithio ar adeg etholiadau. Bu hyn, hefyd, yn ddatblygiad dylanwadol a phwysig yn ystod y blynyddoedd nesaf.

* * *

Soniwyd eisoes am sefydlu'r papur dyddiol *Morning Star*, papur rhyddfrydig ei wleidyddiaeth a lladmerydd heddwch. Papur fyddai'n cymryd agwedd gadarnhaol tuag at faterion moesol, diarfogi a chymod drwy gyflafareddiad. Bu'r papur yn llwyddiant ac ychwanegwyd papur nos yn fuan, yr *Evening Star*. Wedi'r cychwyn ansicr a diswyddo Haly, cymerodd Henry Richard a Hamilton at yr awenau, fel cyd-olygyddion. Lluniwyd cytundeb a oedd yn glir iawn ynglŷn â dyletswyddau'r ddau – y byddent yn cyfarfod bob nos i adolygu papur y dydd, trafod cynnwys papur trannoeth, addasu'r erthyglau golygyddol fel eu bod yn unol â pholisi'r papur, penderfynu pwy fyddai'n sgrifennu'r gwahanol erthyglau a thrafod materion yn ymwneud â pholisi, arweiniad a rheolaeth lenyddol y papur. Yr oedd yn amlwg fod Richard Cobden yn awyddus mai Richard fyddai'n ysgwyddo'r cyfrifoldeb am yr erthyglau golygyddol ac i'w arweiniad fod yn gadarn a chlir. Mynegodd hynny mewn llythyr at Richard gyda'r geiriau mai Richard fyddai'r prif olygydd a chanddo ef fyddai'r llais terfynol ar unrhyw fater yn ymwneud â'r erthyglau golygyddol. Yr oedd Cobden am i'r newyddiaduraeth fod yn uniongyrchol ac egnïol ar batrwm papurau rhad America. Ac y byddai'r papur, yn gam neu'n gymwys, yn glir a chadwrn ei safbwynt ar bob peth.[16] Cadarnhawyd safle personol Richard gan Henry Rawson, a gynrychiolai berchnogion y papur. 'Dymunwn i chi oruchwylio materion cyffredinol y *Star*, gan weithredu ar ein rhan ni (y perchnogion) a chyda'r hawl i weithredu ar ein rhan.'[17] Am y flwyddyn gyntaf gweithiodd y trefniant yn iawn. Yr oedd cylchrediad y papur yn foddhaol a gweithiai Henry Richard yn ddiwyd a chydwybodol. Ymddihatrodd o bob cyfrifoldeb ond ei swydd fel ysgrifennydd y Gymdeithas Heddwch.

Yna un dydd ym 1857 daeth Henry Rawson a gŵr o'r enw Samuel Lucas i'r swyddfa, ei gyflwyno i Richard gan ddweud ei fod yn hyderus y byddai'r ddau'n cydweithio'n hapus, gan adael y ddau gyda'i gilydd. Cymerodd Richard yn ganiataol fod Lucas wedi dod i arolygu ochr fusnes y papur ac yr oedd yn croesawu'r help. Ond cyn pen fawr o dro yr oedd Lucas wedi cymryd yr awenau golygyddol i'w ddwylo ei hun ac o fewn blwyddyn yr oedd Richard yn cwyno[18] mewn llythyr at ryw gyfaill fod ei ddylanwad ar y papur wedi diflannu'n llwyr a'i fod bellach yn ei chael yn anodd cyhoeddi erthyglau o'i waith ei hun ar bynciau a ystyriai'n bwysig, fel caethwasiaeth, heddwch a'r angen i ddiwygio'r modd yr oedd Prydain yn llywodraethu India. Mae'n amlwg beth oedd wedi digwydd, er na sylweddolai Richard hynny ar y pryd, neu o leiaf nid yw'n dweud hynny yn ei lythyr. Yr oedd Lucas, masnachwr ŷd a Chrynwr, yn briod â Mary, chwaer John Bright, ac yr oedd Lucas ei hun wedi buddsoddi'n sylweddol yn y papur. Yr oedd mewn safle i wthio Richard o'r neilltu, a gwnaeth hynny'n ddiseremoni. Yr oedd ganddo gryn fuddsoddiadau yn ne yr Unol Daleithiau ond yn y papur, ymhen ychydig flynyddoedd, yr oedd yn cefnogi safbwynt y gogledd yn y Rhyfel Cartref. Safbwynt cwbl groes i un Henry Richard a'r Gymdeithas Heddwch. Mwy am hynny maes o law.

Cwynai Richard am gyfeiriad cyffredinol y papur. Mae'n amlwg fod y papur wedi dechrau cynnwys canlyniadau rasys ceffylau ac adolygiadau o'r theatr. Mae'n debyg bod eraill yn cwyno, hefyd, ond encilio'n dawel wnaeth Henry Richard rhag niweidio'r papur a buddsoddiadau ei gyfeillion. Bu Lucas yn olygydd y papur tan ei farwolaeth sydyn ym 1865 ac yntau ond pum deg pedwar oed. Safbwynt Charles S. Miall yn ei gofiant i Henry Richard oedd fod angen symud gyda'r oes a rhoi sylw i bynciau poblogaidd Er ei ddelfrydiaeth, ei ddawn fel areithiwr a'i allu trefniadol ni chredai Miall fod gan Richard y meddwl chwim, na'r gallu i ddirnad yr hyn sy'n apelio i'r darllenydd cyffredin – un o ddoniau anhepgorol newyddiadurwr.[19] Gyda chychwyn Rhyfel Cartref America, a Lucas a'r *Morning Star* yn cymryd safbwynt cefnogol i Abraham Lincoln a'r gogledd, yr oedd Henry Richard yn fwy anfodlon fyth ac yntau mor feirniadol o benderfyniad y gogledd i gynnal yr undeb, doed a ddelo. Wedi marw Samuel Lucas, golygwyd y *Star* – y papur bore a'r papur nos – gan y Gwyddel Justin McCarthy tan 1868. Ymddengys i Henry Richard ddychwelyd i ffafr yn fuan wedi hynny, oherwydd yn y *Morning Star* a'r *Evening Star*, toc wedi marw Lucas, yr ymddangosodd yr erthyglau dylanwadol ac a gyhoeddwyd yn gyfrol dan y teitl *Letters and Essays on Wales*. Yr oedd McCarthy yn nofelydd a golygodd sawl blodeugerdd o lenyddiaeth Iwerddon, a bu'n aelod seneddol dros etholaethau yn Iwerddon rhwng 1879 a 1896. Fel cenedlaethwr Gwyddelig gellir tybio fod ganddo ef a'r gŵr o Dregaron lawer yn gyffredin. Golygwyd y ddau bapur am y cyfnod byr nes iddynt ddod i ben ym 1870 gan John Morley, newyddiadurwr o Blackburn a ddaeth maes o law yn aelod seneddol dros Newcastle.

Ym 1859 bu farw Joseph Sturge, y Crynwr fu gymaint o gefn i Henry Richard yn y Gymdeithas Heddwch. Drwy gydol y blynyddoedd wedi hynny, ar gais teulu'r gŵr haelionus, gweithiodd Richard yn ddyfal ar gofiant i'w gyfaill. Cyhoeddwyd *Memoirs of Joseph Sturge* gan E. W. Partridge, Llundain ym 1864, cyfrol sylweddol o dros

600 o dudalennau. Cyfrol llawn gwybodaeth am y mudiad heddwch a gwaith y mab fferm o Sir Gaerloyw a ddaeth yn fasnachwr llwyddiannus yn Birmingham ac a fu'n hael yn rhannu ei gyfoeth ymysg elusennau. Dengys y gwaith yr ochr ddiymhongar i gymeriad Richard heb amlygu ei gyfraniadau ei hun o fewn y Gymdeithas Heddwch gan roi llawer o'r clod i'w gyfaill.[20] Bu'r hen Grynwr farw ar 14 Mai 1859, dridiau cyn y buasai'n llywyddu cyfarfod blynyddol y Gymdeithas Heddwch, swydd yr ymgymerodd â hi y flwyddyn flaenorol yn dilyn marwolaeth Charles Hindley ym 1857. O'r tri dewr a fentrodd i Baris i ddylanwadu'n llwyddiannus ar y cenhedloedd fu'n rhyfela yn y Crimea, Richard yn unig oedd ar ôl. Yn dilyn Sturge etholwyd Crynwr arall yn llywydd y Gymdeithas Heddwch, sef Joseph Pease, a fu'n aelod seneddol dros Dde Durham rhwng 1832 a 1841, pryd yr ymddeolodd o wleidyddiaeth. Pease oedd y Crynwr cyntaf i'w ethol i'r Senedd a bu raid iddo oedi cyn cymryd ei sedd am nad oedd yn fodlon tyngu llw o ffyddlondeb i'r frenhiniaeth. Caniatawyd iddo, wedi i bwyllgor gyfarfod a thrafod, wneud datganiad o gadarnhad. Bu'n llywydd y Gymdeithas Heddwch tan ei farw ym 1872.

Yng Ngorffennaf, 1860, cyflwynodd yr Arglwydd Palmerston fesur i Dŷ'r Cyffredin i gadarnhau amddiffynfeydd o gwmpas porthladdoedd Dover a Portland a'r gweithfeydd adeiladu llongau a stordai arfau ar arfordir dwyreiniol Lloegr. Yr oedd yn ddrwgdybus o Napoleon III – y gŵr y bu iddo ei longyfarch am gipio i'w ddwylo unbeniaethol awenau llywodraeth Ffrainc bron ddeuddeng mlynedd cyn hynny ac y bu Prydain yn ymladd ochr yn ochr ag e adeg rhyfel y Crimea. Unwaith eto ffurfiwyd yr hyn a elwid yn y Wasg Gymreig yn 'rheiffl-gorau' (*rifle corps*), sef gwarchodluoedd gwirfoddol yn ymarfer trin arfau, rhywbeth a barhaodd ac a ddatblygodd ysywaeth hyd ddiwedd y ganrif. Digymysg oedd croeso John Jones (Talhaiarn) iddynt, a chanodd Ceiriog:

> Deffrowch! Brydeiniaid dewr,
>   Peidiwch ymddiried i'r môr;
>   Peidiwch rhoi ffydd i Ffrainc,
>   Na gwawd i'r rheiffl-gôr.[21]

Beth bynnag am apêl Ceiriog, gwawdio wnaeth Henry Richard a chyhuddo'r garfan filwrol o godi braw ac mai rheitiach fuasai iddyn nhw annog gwledydd Ewrop i leihau yn hytrach nag amlhau eu harfau. Ni ellid byth fodloni'r giwed filwrol fel y cyfaddefodd Disraeli unwaith wrth John Bright.²² Yr oedd Richard Cobden yr un pryd yn ceisio tynnu Ffrainc a Phrydain yn nes at ei gilydd drwy gytundebau masnachol. Cyn ymadael ar ymweliad â Ffrainc yn yr un flwyddyn, sef 1860, cyfarfu Cobden â Gladstone, Yr Arglwydd John Russell a'r Arglwydd Palmerston. Eglurodd ei fwriad o geisio annog Ffrainc i roi'r gorau i'w dulliau o lesteirio masnach a galw am fwy o ryddid masnachol rhwng y ddwy wlad. Dangosodd Gladstone ddiddordeb mawr yn y syniad, nid felly Russell ac er nad oedd gan Palmerston fawr o ddiddordeb yn y syniad o leiaf trafododd y mater gyda Cobden.²³ Yn ystod eu sgwrs gofynnodd Cobden iddo beth oedd ei farn am Napoleon III. Yn ôl Palmerston, yr oedd yn anodd dweud.

Am yr wyth neu naw mlynedd y bu'n ben ar faterion Ffrainc ni allai dim fod yn fwy uniongyrchol nac, i bob golwg, gyfeillgar yn ei ymddygiad tuag atom. Ond y mae yna ddigwyddiadau amheus. Yr ydym wedi derbyn gwybodaeth wrth ein is-lysgennad yn Nantes (Llydaw) ei fod yn adeiladu rhwng 80 a 100 o gychod gyda gwaelod fflat yn amlwg wedi eu haddasu i lanio ar draethau bas.²⁴

Ni fedrai Cobden ddadlau gan na wyddai ddim am y peth, ond pan aeth i Nantes darganfu mai cychod i gario glo ar hyd camlesi ac afonydd oedd y cychod, nad oedd modd eu llywio ac na fyddent o werth yn y byd ar y môr. Pan soniodd Cobden am amheuon Palmerston chwerthin yn braf wnaeth y Ffrancwyr. Yr adeg honno yr oedd gŵr o Aberpennar o'r enw John Nixon yn allforio holl gynnyrch ei byllau glo – Deep Dyffryn a Navigation – i'r purfeydd siwgwr yn Nantes a'r iardiau adeiladu llongau yn Saint Nazaire. Hefyd yr oedd yn allforio glo i lynges Ffrainc ac yr oedd si y byddai llywodraeth Prydain yn ei rwystro rhag gwneud hynny gan y gallai fod yn beryglus i Brydain pe digwyddai i'r ddwy wlad fod ar delerau llai cyfeillgar. Yr oedd Napoleon III wedi blino ar y sibrydion y byddai llywodraeth Prydain yn ei rwystro rhag mewnforio glo o Gymru ac yr oedd, rhag ofn, yn adeiladu'r cychod haearn i gludo glo o gwmpas Ffrainc.

Yr oedd *Y Diwygiwr*²⁵ yn gweld synnwyr athroniaeth Cobden:

Treuliodd arwr rhyddfasnachaeth eleni y rhan fwyaf o'i amser yn Ffrainc yn addysgu'r genedl honno i ledu ei masnach, a llwyddodd i ffurfio cynghrair masnachol rhyngom â'r Ffrancod. Bydd yn fuddiolach i atal rhuthr Ffrengig ar ein gwlad na deng miliwn o *Rifle Corps*.

Y flwyddyn wedyn, sef Ebrill 1861, arweiniodd Henry Richard ddirprwyaeth fechan i Ffrainc ar ran y Gymdeithas Heddwch, gan gyflwyno anerchiad at bobl Ffrainc ar yr union bwnc. Cawsant groeso brwd a chyhoeddwyd yr anerchiad ym mhrif bapurau Ffrainc a gwledydd eraill y cyfandir.[26] Ymhen blwyddyn daeth nifer fawr o Ffrancod drosodd, nid i ymosod ar Brydain ond i Arddangosfa Ryngwladol 1862 a gynhaliwyd yn Llundain. Manteisiodd Henry Richard ar y cyfle i gyflwyno anerchiadau croesawus a chyfeillgar mewn gwahanol ieithoedd i'r ymwelwyr a chynhaliwyd cyfarfod mawr pryd yr arwyddwyd yr anerchiad gan Joseph Pease, llywydd y Gymdeithas Heddwch, a gan Henry Richard.[27] Anogwyd y rhai oedd yn bresennol i ffurfio barn gref o blaid lleihau nifer milwyr ac arfau milwrol y gwledydd. Cafwyd anerchiad heddychlon iawn gan Napoleon III a gwnaeth gynnig ffurfiol bod cynghrair heddwch i'w gynnal ym Mharis fyddai'n gosod heddwch yn Ewrop ar dir cadarnach.[28] Ym 1863 rhoddodd yr ymerawdr wahoddiad ffurfiol i wladweinwyr Ewrop i ddod i Baris i gyngres i ddiogelu heddwch. Cydsyniodd pawb – ond Prydain! Dadleuodd Henry Richard yn ffyrnig dros dderbyn cynnig Napoleon III a lluniodd ddatganiad ar ran y Gymdeithas Heddwch a anfonwyd at yr ymerawdr yn dymuno pob llwyddiant iddo ac os llwyddai i arwain gwledydd Ewrop i gyfeiriad cyflafareddiad a diarfogi, yr enillai fwy o ogoniant nag a enillai fyth drwy rym arfau. Ymatebodd Napoleon III gyda datganiad yn cymeradwyo geiriau'r gymdeithas a chadarnhau ei awydd i sicrhau heddwch yn Ewrop.[29]

RHYFEL CARTREF AMERICA

Os oedd pethau'n weddol gymodlon yn Ewrop, nid oedd heddwch tu hwnt i fôr Iwerydd. Ym 1861 cychwynnodd Rhyfel Cartref America yn dilyn ethol Abraham Lincoln yn arlywydd. Yr oedd y Blaid Weriniaethol wedi ymgyrchu yn erbyn ehangu caethwasiaeth y tu hwnt i'r taleithiau hynny lle yr oedd eisoes yn bodoli. Cyhoeddodd saith o daleithiau'r De eu bod yn tynnu allan o'r Undeb hyd yn oed cyn i Lincoln gymryd yr awenau ar 4 Mawrth 1861, a hynny er i Lincoln yn ei anerchiad agoriadol gyhoeddi na fyddai'n ymyrryd â chaethwasiaeth yn y De. Cychwynnodd y brwydro ar 12 Ebrill pan ymosododd byddin y De ar Fort Sumter yn Ne Carolina. Ymateb Lincoln oedd galw ar bob un o'r taleithiau i ddarparu byddin wirfoddol. Ymunodd pedair talaith arall i'w wrthwynebu. Ym Medi 1862 newidiodd Lincoln ei gân a chyhoeddodd mai nod y rhyfel oedd dileu caethwasiaeth – yr oedd, mae'n debyg, yr enghraifft gyntaf o ryfel cyflawn (*total war*), a dulliau o ymladd a roddodd ragflas o erchylltra'r Rhyfel Byd Cyntaf, ac o'r Ail Ryfel Byd pan fu Prydain, yn arbennig, yn euog o fomio dinasoedd a thrigolion diniwed.

Fel yn achos Rhyfel y Crimea torrodd Henry Richard ei gwys ei hun a pherswadiodd fwyafrif o aelodau'r Gymdeithas Heddwch i'w ddilyn. Er cymaint ei gasineb o gaethwasiaeth, gwrthwynebai benderfyniad y Gogledd i gadw'r Undeb drwy rym arfau.[30] Nid oedd dau ddrwg yn gwneud un da. Ym marn Richard nid dileu caethwasiaeth oedd nod Lincoln ond cadw'r Undeb. Yr un oedd dadl Gladstone, tra y cymerodd Cobden a John Bright y safbwynt arall. Yr oedd mwyafrif y rhai oedd yn dadlau o blaid mynd i ryfel gyda'r De yn casáu'r dyn du lawn cymaint â'r Deheuwyr yn ôl Richard. Gofidiai fod cynifer o bleidwyr heddwch yn America wedi mynd gyda'r llif rhyfelgar ac ysgrifennodd lythyr cryf – ond caredig – atynt.[31]

Sgrifennodd lythyr yn benodol at Harriet Beecher Stowe, awdures y nofel boblogaidd *Uncle Tom's Cabin* a gyhoeddwyd gyntaf ym 1852 – ac a gyfieithwyd a'i chyhoeddi yn Gymraeg y flwyddyn wedyn. Tebyg bod Henry Richard wedi cyfarfod Harriet a'i brawd Henry Ward Beecher yn ystod eu hymweliadau â Phrydain a diddorol cofio eu cysylltiadau Cymreig. Richard o Dregaron a'r brawd a chwaer o America yn or-ŵyr a gor-wyres i Mary Roberts o'r Foelallt, Llanddewi Brefi, a ymfudodd i'r Unol Daleithiau tua 1775. Byd bach! Bu Henry Ward Beecher ar daith ddarlithio yn Lloegr a'r Alban ym 1863 lle y bu'n dadlau achos y Gogledd a llwyddodd i ennyn cydymdeimlad cyffredinol ym Mhrydain – os nad cydymdeimlad Henry Richard! Mae'n sicr fod Henry Richard wedi ei glywed yn siarad ac o bosib wedi ei gyfarfod. Yn un o'i ddyddiaduron ceir Henry Richard yn cofnodi trafodaeth hir a gafodd gyda Richard Cobden ynglŷn ag arddull Beecher fel areithiwr a phregethwr.[32] Bu Harriet Beecher Stowe ar ymweliad â Phrydain ym 1853, ac yna ym 1856 a 1859, felly y mae'n debygol iawn y bu i Henry Richard ei chyfarfod rywbryd a'i fod yn ei hadnabod yn ddigon da i ysgrifennu ati'n bersonol. Cysylltiadau Tregaronaidd neu beidio, pan ymwelodd Henry Ward Beecher â Lloegr a'r Alban a chyhoeddi ei fod yn barod i ymladd hyd yr eithaf o blaid y Gogledd, yr oedd cerydd Richard yn ddi-flewyn-ar-dafod. Yr oedd yn wrthun, meddai, fod 'disgyblion Cristnogaeth yn dadlau eu bod yn hyrwyddo achos dyngarwch a Christnogaeth drwy benderfynu dinistrio pum miliwn o ddynion – neu gael eu dinistrio yn yr ymdrech'.

Yr oedd 'yn un o'r engreifftiau hynotaf o hunan-dwyll . . . yn hanes yr hil ddynol.'[33] Tueddai'r Cymry gefnogi'r Gogledd, barn a liwiwyd gan Y *Drych* dylanwadol a gyhoeddid bryd hynny yn Utica. Yr oedd Y *Drych* yn ffyrnig ei gefnogaeth i'r Gogledd, gan ddarlunio'r helynt fel ymgyrch i ryddhau caethion duon y De o grafangau 'uchel-deyrnfradwyr, llofruddion a lladron'.[34] Tebyg oedd safbwynt papurau Cymraeg eraill America oedd yn ail i neb yn eu cefnogaeth wladgarol i'r Undeb a'r gogledd, oll wedi eu codi ar don o sêl a chenedlaetholdeb gan ymosod yn gïaidd ar Gymry neu Brydeinwyr a gymerent safbwynt di-duedd at y rhyfel. Codwyd erthyglau beirniadol o'r fath a'u cyhoddi air-am-air yn *Yr Herald Cymraeg.* Erthyglau a gondemniwyd am eu ffyrnigrwydd gan y papur ei hun. Ymateb Y *Drych* oedd cyhoeddi cyfres o lythyrau ar 'Y Wasg Gymraeg a'r Argyfwng Americanaidd', llythyrau oedd yn mynegi beirniadaeth fel:

> Prin y credwyf fod fy nghydgenedl, er ei holl anwybodaeth o wir natur y gwrthryfel a'r canlyniadau anferth sydd yn dibynnu arno, yn barod i droi yn fradwyr i'w hegwyddorion gwaed-brynedig, drwy amddiffyn yr encilwyr caethwasiol yn eu hymdrech i ddinystrio ein gwlad ac i sefydlu ymerodraeth gaeth ar ei hadfeilion.[35]

Un o'r rhai ddaeth o dan fflangell ddidrugaredd Y *Drych* oedd Samuel Roberts (SR, Llanbrynmair). Yr oedd SR wedi ymfudo i Tennessee ym 1856 gyda'r bwriad o sefydlu gwladfa Gymreig ym Mrynffynnon yn y dalaith honno. Bu hynny'n ddigon i ennyn llid Y *Drych* oherwydd yr oedd gan berchnogion y papur eu cynlluniau eu hunain i sefydlu tiriogaethau Cymreig mewn rhannau eraill o'r wlad. Ond, ag yntau'n gwrthwynebu'r rhyfel mor frwd, ymosodwyd yn ffyrnicach fyth ar SR a'i gyhuddo – ac yntau'n berchen tir yn y De – o fod 'yn waeth bradwr, ac yn fwy selog caethbleidiwr na'r Deheuwyr eu hunain'.[36] Yn ôl SR yr oedd cefnogaeth Cymry America i'r rhyfel yn dystiolaeth o gymuned gyfan yn cefnu ar eu gwerthoedd Cristnogol. Parhaodd y gynnen rhwng SR a'r *Drych* am flynyddoedd wedyn.

Cafodd Henry Richard ei hun yn yr un twll ag SR. Ffieiddiai'r ddau gaethwasiaeth ond ni chredent y gellid ei dileu drwy drais. Er yn bleidiol i'r Undeb yr oedd Richard yn argyhoeddiedig ei bod yn anfoesol ei gynnal drwy drais. Daliai fod gan y De berffaith hawl i ymwahanu'n genedl annibynnol a chynigiodd bolisi o niwtraliaeth a thrafodaethau i sicrhau heddwch. Ond ni fedrai ddibynnu ar gefnogaeth ei gyfeillion Richard Cobden a John Bright, chwaith. Bu'r Rhyfel Cartref yn bwnc anodd i heddychwyr. Yr oedd un a alwai ei hun yn Ioan Pedr yn lleisio yn Y Cronicl[37] union farn Henry Richard, yn wir yn dweud rhywbeth allesid eu ddweud amdanynt heddiw:

> Ymddengys fod yr Americaniaid wedi eu siomi yn ddwys yn yr effaith a gafodd eu hymddygiad byrbwyll ar wledydd eraill. Disgwyliai'r Gogleddwyr i Ffrainc a Phrydain guro eu dwylo mewn cymeradwyaeth iddynt, ac ymarfogi yn ddioed i'w pleidio a'u hamddiffyn. Disgwylient i grefyddwyr o bob gwlad a phlaid syrthio ar eu gliniau, ac erfyn am nawdd Duw ar eu harfau . . . Ond penderfynodd Seneddau Prydain a Ffrainc sefyll yn ganolog a dangosodd crefyddwyr a gweinidogion fod yn anwylach ganddynt achos Brenin Tangnefedd nag achos rhyfelgar hyd yn oed Taleithiau Unol yr Amerig.

Pwysleisiai hefyd fod gan daleithiau'r De berffaith hawl i'w llywodraethu eu hunain ac nad oedd 'a fynno'r rhyfel presennol â chaethwasiaeth o gwbl'.[38] Ai Henry Richard yn sgrifennu dan ffugenw oedd Ioan Pedr? Neu fod y llythyr wedi ei godi o'r *Herald of Peace* gan olygydd *Y Cronicl*? Yr oedd yr *Herald of Peace* yn cael ei anfon i swyddfa pob papur newydd drwy Brydain – a Henry Richard oedd y golygydd.

Yn ôl *Yr Annibynwr*,[39] nod llywodraeth yr Unol Daleithiau oedd 'cadw'r Undeb yn gyfan' ond mai 'rheswm' a gyflwynwyd yn ddiweddarach oedd mai caethwasiaeth oedd 'gwir achos y rhyfel blin hwn'. Unwaith eto, cylchgronau'r Annibynwyr oedd y mwyaf teyrngar i achos heddwch. Barn y mwyafrif oedd mai diddymu caethwasiaeth oedd amcan y rhyfel – nod cymeradwy. A phan ysgrifennodd SR nad oedd y bai i gyd ar y De a bod y rhyfel yn un-di-alw-amdano, cyhuddwyd ef yng Nghymru – fel ag yn *Y Drych* – o fod yn bleidiol i gaethwasiaeth. Tebyg mai gobeithiol – a hwyrach yn adleisio propaganda Henry Richard yn yr *Herald of Peace* – oedd *Y Cronicl* pan adroddodd mai 'y prawf cryfaf ac egluraf o ddylanwad y Gymdeithas Heddwch . . . (oedd) fod Palmerston a Russell . . . wedi cytuno i ofyn am gynhorthwy Mr Cobden i ddwyn ymlaen achosion y Llywodraeth'.[40] Ond nid am hir y parhaodd brwdfrydedd Cobden na Bright dros wrthwynebu'r rhyfel. Daliodd Richard i ddadlau mai unig amcan y Gogledd oedd cadw'r undeb. Dyfynnai eiriau yr Arlywydd Abraham Lincoln ei hun:

Fy amcan uchaf yn yr ymdrech yw cadw'r Undeb, ac nid i gadw na dinistrio y gaethfasnach. Pe gallwn gadw yr Undeb, heb ryddhau un caethwas, mi wnawn; a phe gallwn ei wneud drwy ryddhau yr holl gaethion, mi wnawn hynny hefyd. Yr hyn yr wyf yn ei wneud gyda golwg ar y gaethfasnach, yr wyf yn ei wneud i gadw yr Undeb, a'r hyn yr wyf yn ymatal rhag ei wneud, yr wyf yn ymatal er cadw yr Undeb.[41]

Dadleuai Richard yn gryf, ond prin oedd y rhai oedd yn gwrando arno. Cwynai Y Dysgedydd[42] fod y bwystfil rhyfel mor fyw a chymeradwy ag erioed er mor niferus yr awdlau a'r erthyglau a ysgrifennwyd a'r darlithiau a draddodwyd o blaid heddwch. Ac yr oedd *Baner ac Amserau Cymru*[43] yn methu meddwl am 'un enghraifft ysgrythurol ym mha un y collfernir dyn na chenedl am ei amddiffyn ei hun.' Ar ôl nodi bod pob un o sylfaenwyr y Gymdeithas Heddwch wedi marw dywedodd Y *Dysgedydd*: 'Os gofynnir pa beth a fu'r canlyniad o hyn oll tuag at sefydlu Heddwch, nid allwn ateb. Nid oes dim mor anodd ei fesur a dylanwad moesol ... Y mae y Gymdeithas Heddwch, pa fodd bynnag, wedi cyrraedd i'r gradd o enwogrwydd o gael ei dirmygu.'[44] Yr oedd hyn yn gyfnod isel yn hanes y gymdeithas ac yn hanes Henry Richard. Lleihau oedd y sylw a roddid i'r Gymdeithas Heddwch yn y cyfnodolion Cymraeg ac ni chafwyd unrhyw dystiolaeth o sefydlu canghennau newydd.

Bu un digwyddiad diddorol yn ystod y rhyfel a allasai fod wedi esgor ar ganlyniadau difrifol iawn, sef helynt y *Trent*. Yr oedd dau gynrychiolydd o daleithiau'r De, James Murray Mason a John Slidell, yn hwylio ar y llong Brydeinig, y *Trent*, ar eu ffordd i Brydain a Ffrainc i geisio cydnabyddiaeth ddiplomyddol gan Ewrop. Ar 8 Tachwedd 1861, byrddiwyd y *Trent* gan yr USS *San Jacinto* a chipiwyd Mason a Slidell a'u cludo i Fort Warren. Cythruddwyd y nwydau John Bullaidd a mynnu bod y ddau'n cael eu rhyddhau ar unwaith neu byddai Prydain yn mynd i ryfel. Cyn bod amser am ateb yr oedd milwyr wedi eu hanfon i Ganada. Anfonodd Henry Richard anerchiad at yr enwadau crefyddol yn erfyn arnynt i ddefnyddio'u dylanwad a 'cheryddu y dygyfor ofnadwy o nwydau dynol.' Aeth ef a Joseph Pease, llywydd y Gymdeithas Heddwch, at yr Arglwydd Palmerston yn erfyn arno i gyfeirio'r mater i gyflafareddiad. Mae'n amlwg i'w hapêl ddwyn ffrwyth gan i Napoleon III weithredu fel cyfryngydd rhwng y ddwy ochr a rhyddhawyd Mason a Slidell. Cawsant fynd rhagddynt ar eu taith i Brydain, ond ofer fu eu hymdrech i sicrhau cydnabyddiaeth ryngwladol i daleithiau'r De. Hawdd y gallasai

Prydain fod wedi ymyrryd ar ochr y De a buasai rhyfel a welodd ddigon o golli bywydau wedi bod yn llawer gwaeth.⁴⁵ Gyda'r rhyfel yn dod i'w derfyn ysgrifennodd Henry Richard yn adroddiad blynyddol y Gymdeithas Heddwch ym 1865:

> Boddhad anhraethadwy i ni ydyw fod y rhyfel cartref dinistriol ac ofnadwy hwn, yn tynnu at ei derfyn. Nid oes ddychymyg a all ddyfalu, dim iaith all yn ddigonol draethu, maint y niwed a wnaeth i'r wlad ac i'r byd. Mae'n debyg nad oes dim llai na miliwn o wŷr ieuanc wedi trengi cyn pryd, ac ymhob ffurf o ing a phoen, drwy'r cleddyf, newyn a haint. Ac am y gost, byddem yn siwr o fewn y marc pe dywedem fod, ar y ddwy ochr, fil o filiynau o bunnau, wedi eu tynnu oddi wrth wasanaeth gwareiddiad i'w hafradu mewn celanedd a gwaed.⁴⁶

Yr unig ganlyniad da, ychwanegodd, oedd ei fod wedi dileu 'y peth ffiaidd hwnnw, caethwasiaeth, o'r tir am byth'. Os llwyddodd y rhyfel i ddileu'n gyfreithiol gaethwasiaeth yn America, ni ddilëwyd ei ôl, y staen hiliol a erys ar y wlad hyd heddiw, hyd yn oed os etholwyd dyn o dras Affricanaidd yn arlywydd arni.

* * *

Anodd dirnad cymaint oedd prysurdeb Henry Richard yn y cyfnod hwn. Ceisiodd ef a'r gymdeithas wneud popeth yn eu gallu i rwystro Prydain rhag ymosod ar Japan – yr ymosodiad a adnabyddir fel y Rhyfel Anglo-Satsuma. Yr oedd *samurai* wedi ymosod ar Saeson am sarhau *daimyo* – math o arglwydd lleol – ar y ffordd rhwng Yokohama a Yeddo (Tokyo). Yn ystod y sgarmes lladdwyd un Sais a niweidiwyd dau arall. Ymateb Prydain oedd hawlio iawndal enfawr, dienyddio'r *samurai* ac ati. Pan wrthododd Japan, bombardiwyd dinas Kagoshima gyda'i phoblogaeth o 180,000 a'i llosgi i'r llawr. O ganlyniad i ymdrechion Henry Richard, Richard Cobden a'r Gymdeithas Heddwch llwyddwyd i wthio'r Arglwydd Clarendon i un weithred lipa – hysbysu prif-lyngeswyr Prydain na ddylsent yn y dyfodol fombardio unrhyw drefi na dinasoedd tramor heb ganiatâd! Neges Clarendon oedd fod 'digwyddiadau o'r fath yn dangos nodweddion gweithredoedd o ryfel, fwy neu lai, ac ni all Llywodraeth Ei Mawrhydi ddirprwyo i'w gweision mewn gwledydd tramor yr hawl i fynd a'u gwlad i ryfel.'⁴⁷

Llwyddwyd er hynny, i atal Prydain rhag mynd i ryfel ar ochr Denmarc yn erbyn Prwsia ac Awstria ym 1864, er gwaethaf brwdfrydedd Palmerston a John Russell. Yn yr achos hwn rhaid diolch i amharodrwydd Ffrainc i ymyrryd onide buasai hon yn gyflafan enfawr.[48] Ym 1864 bu gwrthryfel y Pwyliaid yn erbyn eu llywodraethwr, Ymherodraeth Rwsia. Dadlau yn erbyn ymyrryd wnaeth Richard, y tro hwn nid yn unig ar sail heddychiaeth ond oherwydd ei fod yn credu nad oedd y gwrthryfel wedi codi i amddiffyn rhyddid, ac mai y pendefigion Pabyddol oedd tu cefn i'r helynt.[49] Unwaith eto llwyddwyd i gadw bysedd Prydain o'r briwes.

Erbyn 1863 mae'n amlwg fod Henry Richard yn llygadu Tŷ'r Cyffredin ac yr oedd Edward yn mwynhau cynghori ei frawd parthed y 'prosiect' hwnnw. Sedd Sir Aberteifi oedd y nod ac y mae'n amlwg y bu'r ddau'n trafod a chynllwynio. Cyn hynny ymddengys bod Edward wedi anfon llythyr llawn cynghorion 'doeth, caredig a hael' a wnaeth argraff ddofn ar Henry. Yn ôl Edward ffolineb fyddai ymladd y sedd heb sicrwydd pendant o lwyddiant ac nid oedd yn siwr y medrai Henry fforddio'r fath beth. Ymddengys, hefyd, fod gan Henry Richard gyfranddaliadau yn Illinois a beth pe collai'r cyfan o'i fuddsoddiadau oherwydd y Rhyfel Cartref? Gyda'r holl rydd-ddeiliaid bychain yn Sir Aberteifi dadleuai Richard ei fod yn hyderus y byddai'n ennill. Am y buddsoddiadau dywedodd ei fod yn gwbl dawel ei feddwl ynglŷn â'r rheini ond heb egluro pam.[50]

Y flwyddyn wedyn, 1864, ysgrifennodd Henry am y lles i'w iechyd a dderbyniodd o ymdrochi yn y môr ac am noson hwyliog a difyr ym Mlaenwern, cartref Tom Morris. Thomas Morris, YH, oedd mab hynaf Ebenezer Morris, brawd Sam a oedd yn frawd-yng-nghyfraith Henry Richard. Gwnaeth ei ffortiwn fel masnachwr gwlân yn Lord Street, Lerpwl, a bu am gyfnod yn geffyl blaen yn Pall Mall, yr hynaf o gapeli'r Presbyteriaid yn y ddinas, nes iddo gael ei dorri allan. Yno y cychwynnodd ei gyfeillgarwch â Tom Davies, o deulu enwog Faerdrefach, Llandysul, lle mae'n debyg i'r ddau fwynhau ieuenctid pur fywiog. Yr oedd Morris ar delerau da gyda Syr Thomas Lloyd, Bronwydd, ac yn aelod amlwg o eglwys plwyf Troed-yr-aur. Ymhlith y rhai oedd yno y noson honno oedd ficer Llangynllo, ger Castell Newydd Emlyn. Hen fachgen difyr ac ardderchog yn ôl Henry Richard, hoff iawn o'i ddiferyn, mor hoff yn wir nes i'w ofalaeth gael ei chymryd oddi arno am gyfnod. Yr oedd newydd ddychwelyd i'w swydd ar y pryd ac yr oedd y gŵr llawen, yn ôl Richard, yn hytrach na cheisio celu'r hyn ddigwyddodd iddo yn cyfaddef ei wendid yn llawen.

Ceir cyfeiriad, hefyd, at giwrad yr un eglwys oedd yn bresennol, cynweinidog ymneilltuol – 'gŵr o synnwyr cyffredin a phregethwr o ddawn'. Nododd, hefyd, fod Napoleon III, ymerawdr Ffrainc, wedi cytuno i dderbyn copi o'i gofiant i Joseph Sturge.[51] Profodd Napoleon III, er gwaetha'r modd y llwyddodd i ddringo i'w orsedd ymherodorol, yn ddyn digon heddychlon yn ei ymwneud â gwledydd eraill – gyda Phrydain yn sicr. Er cymaint eu hymdrechion, mae'n debyg na chyfarfu Henry Richard na Sturge â Napoleon III, er mae'n sicr y gwyddai'n dda amdanynt. Mewn sgwrs hir a gafodd Henry Richard gyda Richard Cobden, yn ystod ymweliad Richard â chartref y gwleidydd yn Durnford House, Midhurst, ddiwedd 1863, ceir Richard yn cofnodi'n ei ddyddiadur drafodaeth a gawsant am arddull ysgrifennu gain yr ymerawdr, a oedd, yn ôl Cobden, yn rhagori llawer ar ei ddawn fel areithiwr. Gwnaeth Cobden y sylw tra'n edrych ar y rhifyn cyfredol o'r *Herald of Peace* ac ar yr adroddiad llawn o lythyr gan yr ymerawdr yn gwahodd y pwerau Ewropeaidd i ddod i Baris i gyngres ddiarfogi. 'Mor rhagorol yr ysgrifenna,' sylwodd Cobden, gan ychwanegu. 'Y mae'n feistr ar arddull.'[52] Yr un oedd barn y Llysgennad Bunsen – brawd-yng-nghyfraith Arglwyddes Llanofer – amdano.

Tebyg bod ymweliad Henry Richard â chartref Tom Morris, cyfaill Syr Thomas Lloyd, yn arwydd pellach fod llygad Henry Richard ar Dŷ'r Cyffredin. Cofiwn fel y bu i Samuel Roberts, Llanbrynmair, flynyddoedd cyn hynny gyhoeddi yn *Y Cronicl* yn dilyn Cyngres Heddwch Frankfurt, mai da o beth fuasai dod o hyd i sedd ar ei gyfer. Soniodd Edward Miall fel y buasai wedi dymuno cael Henry Richard wrth ei ochr pan aeth i'r Senedd gyntaf a bu Edward Williams Richard yn cynllwynio ers tro. Daeth ei gyfle cyntaf ym 1865 a hynny yn ei sir enedigol. Yr oedd sefyllfa Sir Aberteifi yn ddiddorol. Yr oedd dwy sedd, y sir a'r fwrdeisdref. Yr oedd y fwrdeisdref yn ddiogel yn nwylo teulu Gogerddan. Edward Lewis Pryse oedd yr aelod – Rhyddfrydwr cymhedrol a'i gefnogaeth i achos yr Ymneilltuwyr yn sicr. Sedd y sir oedd yr un ddiddorol. Yr aelod oedd y Cyrnol W. T. R. Powell, Nanteos. Ym 1865 yr oedd iechyd Powell yn fregus ac anaml y gwelid ef yn y Tŷ, a'r si oedd na fyddai'n sefyll. I bob golwg yr oedd y boneddigion yn gytûn, os nad oedd Powell yn sefyll y byddai Syr Thomas Lloyd, Bronwydd, yn sefyll fel Rhyddfrydwr gyda chefnogaeth y Toriaid.[53] Yr oedd Lloyd yn Eglwyswr ond yr oedd ei deulu wedi gwaddoli Capel y Drindod, Henllan, capel at ddefnydd y Presbyteriaid, Bedyddwyr a'r Annibynwyr. Capel a adeiladwyd, gyda llaw, fel ryw ffin symbolaidd i atal llif yr Undodiaid i lawr dyffryn Teifi – ond stori arall yw honno. Yna digwyddodd rhywbeth annisgwyl. Â'r Senedd o fewn wythnos i gael ei diddymu yr oedd Powell yn dal heb ddatgan ei fod am ymddeol. Ar 30 Mehefin, sgrifennodd Lloyd at Powell yn gofyn a fwriadai ymddeol. Atebodd Powell ei fod am sefyll eto ac anfonodd Lloyd lythyr i'r papurau lleol yn cyhoeddi ei fod yn tynnu ei enw yn ôl ac na fyddai'n herio Powell.[54] Yr oedd yr Anghydffurfwyr oedd wedi addo'u pleidlais i Lloyd yn rhydd o'u haddewidion. I mewn i'r bwlch camodd Henry Richard – nid yn annisgwyl gan y bu'r Gymdeithas Rhyddhau Crefydd yn braenaru'r tir a'i frawd Edward Richard yn cynllwynio. Yn annisgwyl iawn bu farw Edward ar 20 Mai, ar yr union adeg yma o strôc, yng nghartref ei gyfaill y Parch George Mansfield yn Brixton.

Yn fwy o syndod nag ymyrraeth Richard oedd bod David Davies, Llandinam, datblygwr rheilffyrdd, pyllau glo yn y Rhondda ac adeiladwr porthladd y Barri hefyd wedi lluchio'i het i'r cylch.[55] Dyma ddiwydiannwr oedd wedi buddsoddi'n helaeth yn y sir ac yn Ymneilltuwr – Methodist Calfinaidd. Yn awr yr oedd dau Ymneilltuwr yn sefyll am y sedd. I gytuno ar ymgeisydd trefnwyd cyfarfod yn Aberaeron gyda Richard a Davies i annerch. Yna, dyma Powell, wedi ei syfrdanu gan y syniad o orfod ymladd etholiad, yn tynnu'n ôl, ond gan rybuddio Lloyd o'i benderfyniad. Yr oedd het Lloyd yn syth yn ôl yn y cylch a theimlai Richard nad oedd ganddo ddewis ond tynnu'n ôl gan y byddai'r rhai a addawodd eu cefnogaeth gynt yn awr yn debyg o ddychwelyd i gorlan Thomas Lloyd.[56] Yn ôl H. R. Evans,[57] serch hynny, nodir fod dyn o'r enw Hare wedi ei anfon i lawr o Lundain gan gefnogwyr Richard a'i fod wedi bradychu'r gŵr o Dregaron drwy dynnu enw Richard yn ôl o'i ben a'i bastwn ei hun. Yn y diwedd Syr Thomas Lloyd a orfu o ychydig, ond bu tactegau Davies yn gychwyn dulliau newydd o ymladd seddau seneddol mewn etholaethau gwledig fel Sir Aberteifi.

Ymddengys, er hynny, bod anniddigrwydd. Yr oedd cynhadledd Cymdeithas Rhyddhau Crefydd yn Abertawe ym 1862 wedi cael effaith sylweddol a dechreuodd Ymneilltuwyr Cymru ymuno yn y frwydr am eu hawliau dinesig. Cynhaliwyd cyfres o gynadleddau yng Nghymru yn hydref 1865 i'w hannerch gan Henry Richard, John Carvell Williams ac Edward Miall. Cynhaliwyd un ohonynt yn Aberaeron gyda chynulleidfa fawr o Ymneilltuwyr yn bresennol. Wedi i Henry Richard annerch y gynulleidfa, siaradodd Edward Miall. Daeth aelod seneddol newydd Sir Aberteifi, Syr Thomas Lloyd,

Bronwydd, dan lach Edward Miall a honnodd nad oedd Lloyd wrth fodd Ymneilltuwyr Ceredigion. Cyhuddiad Miall oedd ei fod yn rhy anwadal ac y byddai Henry Richard yn llawer mwy cymwys i amddiffyn egwyddorion yr Ymneilltuwyr yn Nhŷ'r Cyffredin. Yr oedd ymateb y dorf yn frwd a chafwyd awgrym gan Richard y byddai'n barod i fod yn ymgeisydd seneddol dros ei sir enedigol y tro nesaf.[58] Er bod David Davies wedi addo y byddai'n dychwelyd i ailymladd y sedd ymddangosai fwyfwy mai Henry Richard fyddai ymgeisydd yr Anghydffurfwyr y tro nesaf. Canolbwyntiodd y Gymdeithas Rhyddhau Crefydd ei hegni ar y sir. Penodwyd asiant cyflogedig, Thomas Harries, i weithio yn y sir a byddai aelodau pwyllgor gwaith y gymdeithas yn ymweld â'r sir yn gyson.[59]

Yna daeth cynnig o le arall. Ym 1867 daeth y cyhoeddiad fod sedd ychwanegol i'w chreu i gynrychioli Merthyr Tudful, Aberdâr, Hirwaun ac Aberpennar (neu Mountain Ash fel y'i gelwid bryd hynny). Ar unwaith penderfynodd Anghydffurfwyr Merthyr ac Aberdâr fentro rhoi gwahoddiad i Henry Richard. Gadawn hynny am y tro.

Bu 1865 yn flwyddyn drist i Henry Richard. Yn ogystal â marwolaeth ei frawd, dyma hefyd flwyddyn marw Richard Cobden. Bu farw yn Llundain ar 2 Ebrill 1865, yn ystod y cyfnod cyn yr etholiad ansicr yn Sir Aberteifi. Bu'r ddau yn gyfeillion a chydweithwyr agos dros achos heddwch am ugain mlynedd a mwy. Mewn llythyr i'w frawd, Edward – oedd ei hun i farw chwech wythnos yn ddiweddarach – mae Richard yn dwyn i gof yn hiraethus y dyddiau a dreuliodd yng nghartref Cobden yn Durnford House, Midhurst, ddiwedd 1863.

> Ddoe, rhoddasom i orffwys gorff Richard Cobden yn y bedd ym mynwent fechan Lavington, oddeutu milltir o'i gartref. Gorwedd wrth ochr ei fachgen a garai mor annwyl ac y teimlodd ei golli mor fawr. Mae'r eglwys wledig wedi ei gosod mor hardd ar fryn gyda golygfa dros ehangder o wlad ffrwythlon a choediog o fewn terfyn amlinell fwyn rhostir Sussex. Roedd y dydd cyn fwyned a llachar â dydd o Fehefin ac yr oedd yn allanol gydsynio i ddwyn oddi ar y bedd ei dristwch. Ond ysywaeth! Pa beth all wneud hynny? Onid oedd raid i ni ei adael, y Gwladweinydd mawr, yr areithiwr huawdl, y cyfaill tyner a hael, yno wedi ei gau yn y gladdgell, byth eto i weld ei wyneb neu gyffwrdd ei law na chlywed ei lais. Mae'r ergyd bron a'm parlysu. Roedd fy meddyliau, bwriadau, gobeithion oll yng nghlwm o'i gwmpas nes fy mod fel pe wedi colli rhan o'm hunaniaeth. Wrth i mi ymuno â'r orymdaith ddoe, cerddais gam wrth gam dros yr un heol a droediais yn ei gwmni ddeuddeng mis yn ôl gan gofio'r geiriau a

lefarodd wrthyf ar wahanol fannau wrth i ni fynd heibio. Yr oeddwn wedi addo i mi fy hun lawer ennyd arall yn ei gwmni, yn gwrando ar ei feddyliau doeth, pell-gyrhaeddol a'm hysbrydoli gan y dewrder moesol a feddai.[60]

Mewn cynhadledd heddwch yn Newcastle upon Tyne yr oedd Richard eto'n datgan ei dristwch a'i iselder:

> Ddydd Gwener diwethaf, sefais uwchben bedd Mr Cobden, ac i gyfaddef fy ngwendid wrthych, pan yn edrych i'r gell, a gweled yr arch yno, a galw i gof mor hir y bu y dyn hwnnw yn dŵr o gadernid i mi, ar yr hwn y gallwn bwyso bob amser; ei ddoethineb mewn cyngor, a'i wroldeb anhyblyg mewn gweithredoedd, tuedd gyntaf fy ngwendid oedd penderfynu mai gwell fyddai i mi encilio o bob llafur cyhoeddus, a rhoi'r cyfan heibio mewn anobaith a digalondid.[61]

Nid felly y bu a thorchodd Richard ei lewys, neidiodd i'r adwy â'i wrthwynebiad i ryfel yn ffyrnicach nag erioed. Eithr nid ef yn unig a deimlai'r awel finiog yn y bwlch a adawyd pan syrthiodd Cobden ac yntau ond 60 oed. Yr oedd eraill a deimlent nad oedd ei farw yn ddim llai na thrychineb. Sefydlwyd y Cobden Club gyda'r arwyddair 'Masnach Rydd, Heddwch, Ewyllys Da Rhwng Cenhedloedd'.[62] Nod y clwb oedd cynnal ac ehangu credo Richard Cobden, sef osgoi ymyrryd ym materion cenhedloedd eraill, i addysgu'r bobl ac annog eu medrau a'u gweithgarwch, cynnal masnach rydd a chadw llygad ar wariant cyhoeddus. Ymhlith y llu enwogion yn y cyfarfod cyntaf, gwelir enw Henry Richard. O dipyn i beth yr oedd Richard i gael ei dynnu i mewn i rywbeth fyddai maes o law yn dipyn o ofid i'r clwb, sef llythyron Cobden. Oherwydd yr oedd y gwleidydd yn llythyrwr egnïol, ac yr oedd pryder y byddai llythyron Cobden yn cael eu cyhoeddi'n dameidiol, fesul tipyn. Yr oedd angen eu casglu ac eu cyhoeddi cyn gynted â bo modd er sicrhau darlun cyflawn o syniadau Cobden a'i gynlluniau gwleidyddol, cymdeithasol ac economaidd. Yn anffodus aeth aelodau'r clwb rhagddynt â'r gwaith heb ymgynghori â'i weddw, y Gymraes Catherine Anne (gynt Williams) o Fachynlleth.[63] Caf ymdrin yn llawn â helyntion y llythyrau yn nes ymlaen ond ymddengys bod Catherine Cobden wedi gofyn i Henry Richard ysgrifennu cofiant i'w gŵr ac iddo fynd ar wyliau i'r Swisdir ym 1869 ac yntau erbyn hynny'n aelod seneddol a chychwyn rhoi trefn ar y llythyrau oddi wrth Cobden oedd yn ei feddiant. Un rheswm na pharhaodd gyda'r gwaith o ysgrifennu'r cofiant oedd prysurdeb – cafodd yr un broblem wrth lunio'r cofiant i Joseph Sturge, cyfrol a gymerodd flynyddoedd i'w chwblhau. Yn achos Cobden trosglwyddodd y gwaith i John Morley. Ni ymddangosodd *The Life of Richard Cobden* tan 1881, er ei bod yn amlwg i Henry Richard drwy gasglu a didoli llawer o'r deunydd wneud cyfraniad sylweddol i'r gyfrol.[64]

Y LLYTHYRAU O GYMRU

Er cymaint gwaith Henry Richard yn gwrthweithio effeithiau drwg y Llyfrau Gleision yr oedd rhagfarn y Saeson gymaint fel bod adroddiadau'r y dirprwywyr yn parhau i gael eu derbyn fel gwirionedd gan lawer. Fel un yn byw a gweithio yn Llundain yr oedd Henry Richard yn fwy ymwybodol na neb o anwybodaeth y Saeson am y Cymry. Rhyw genedl galon-gynnes, syml, yn siarad iaith yddfol amhosib i'w deall, ac mewn cymhariaeth â'u cymdogion Sacsonaidd heb fawr ddysg ac ond wedi eu lled wareiddio. 'Oherwydd,' gan ddefnyddio geiriau Henry Richard, 'yn llechu yng ngwaelod calon pob Sais y mae'r argyhoeddiad na all undyn fod yn wir wareiddiedig oni fedr siarad Saesneg.'[65] Yr oedd effeithiau'r enllibion swyddogol a gyhoeddwyd yn y Llyfrau Gleision ddwy flynedd ar bymtheg yng nghynt yn dal heb eu dileu oddi ar ddarlun y Sais cyffredin o gymeriad y Cymry a'u gwlad. Wedi marw Samuel Lucas ym 1865 dychwelodd Henry Richard i gorlan y *Morning and Evening Star*, ac yn Chwefror 1866 dechreuodd gyhoeddi cyfres o erthyglau wythnosol a barhaodd tan fis Mai. Fe'u cyhoeddwyd yn gyfrol yn hydref yr un flwyddyn gyda'r teitl *Letters and Essays on Wales*. Disgrifiodd yr Athro Ieuan Gwynedd Jones y gyfrol yn ei ddarlith ar achlysur canmlwyddiant marw Henry Richard fel 'un o'r llyfrau pwysicaf am Gymru i'w gyhoeddi yn y bedwaredd ganrif ar bymtheg'.[66] Nod Richard, yn ôl ei dystiolaeth ei hun, oedd dehongli Cymru, addysgu'r Saeson am y Cymry a'u hysbysu bod math unigryw a gwahanol o ddiwylliant a chenedligrwydd yn bodoli ymysg eu cymdogion dros y ffin. Ond yr effaith mwyaf, yn ôl Ieuan Gwynedd Jones, 'oedd argyhoeddi'r Cymry eu hunain o'u cenedligrwydd a'r posibiliadau di-ben-draw o'u hyrwyddo er eu lles eu hunain'. Denodd yr erthyglau sylw eang; fe'i dyfynnwyd yn helaeth a'u cyfieithu a'u cyhoeddi yn eu crynswth yn y papurau Cymraeg. Pasiwyd penderfyniadau gan y gwahanol gyfundebau yn diolch i

Henry Richard am ei waith. Ceir rhestr ohonynt fel atodiad i argraffiad 1884 o'r gyfrol.

Mae'r darlun o'r Cymry yn un hynod loyw a gwlatgar. Eglura'n groyw fel y bu i Eglwys Loegr fethu cenedl y Cymry yn ei dyletswyddau moesol ac ysbrydol a'r modd y llenwyd y bwlch mor ardderchog gan yr Ymneilltuwyr er gwaethaf gwrthwynebiad offeiriaid yr Eglwys sefydledig. Polisi a greodd genedl o Ymneilltuwyr fel y dangosodd Cyfrifiad 1851. Eglurodd fel yr adeiladwyd 3,000[67] o gapeli drwy ymdrechion yr aelodau Ymneilltuol eu hunain, am waith yr ysgolion Sul a fynychid yn gymaint gan oedolion sychedig am ddysg a chan yr ifanc.[68] Symbyliad a ysgogodd a chyfoethogodd feddwl y Cymry. Cawn fraslun o hanes llên y Cymry, traddodiadau fel y 'Deryn Corff' a'r 'Cannwyll Corff', ac nid oedd nosweithiau llawen heb y nodweddion deallusol hynny a'u cadwodd rhag disgyn i ddyfnderoedd maswedd.[69] Yn y cyswllt hwnnw canmolodd gerdd dant a cherdd dafod, yr anterliwtiau, yr alawon a gasglwyd gan Maria Jane Williams, y canu corawl . . . a'r eisteddfod – hoff gocyn hitio'r newyddiaduron Seisnig. Dyfynnaf ef yn y Saesneg gwreiddiol:

> The true reason why the Eisteddfodau are held is to be found, partly in the reverence which the common people of Wales cherish for old customs, and partly in the genuine delight they take in such intellectual excitements as are afforded them there, in exercises of oratory, and competitions in poetry and music, just as the common people of England take delight in horse-racing and fox-hunting and pugilism.[70]

A rhag ofn i ni dybio nad yw ei farn yn hollol ddiduedd dyfynna gynesgob Tŷ Ddewi, Connop Thirlwall:

> It is a most remarkable feature in the history of any people, and such as could be said of no other than the Welsh, that they have centred their national recreation in literature and musical competitions.[71]

Cawn ef yn cyfeirio at weithiau a ysgogwyd gan eisteddfodau, Eisteddfodau Cymreigyddion y Fenni flynyddoedd yn gynharach fyddai'n sicr o greu argraff ar Saeson dysgedig a pheri i fynwes unrhyw Gymro i ymchwyddo gan falchder. Cyfeiriodd yn benodol at draethawd Albert Schulz ar *Y Dylanwad a Gafodd y Traddodiadau Cymreig ar Lenyddiaeth Yr Almaen, Ffrainc a Llychlyn* a wobrwywyd yn Y Fenni ym 1840, traethawd a ysgrifennwyd yn wreiddiol mewn Almaeneg.

Y beirniad oedd y Barwn Christian Charles Josias Bunsen, oedd yn briod â Frances (Waddington), chwaer Arglwyddes Llanofer. Ceir cyfeiriadau at y Barwn Bunsen yn bur fynych mewn gweithiau yn ymwneud â Henry Richard. Nid yw'n annhebygol iddynt gyfarfod rywbryd neu'i gilydd oherwydd bu'n llysgennad Prwsia yn y Fatican, yn Ffrainc a phan fu'n llysgennad yn Llundain mynychai Eisteddfodau'r Fenni'n gyson. Cyfeiria Richard, hefyd, at *The Literature of the Kymry* gan Thomas Stephens, 'an admirable volume, distinguished alike by sound judgement and solid learning'.[72]

Gwelai werth yr eisteddfodau llai, y rhai bychain hynny fu'n ysgogiad grymus i astudio a chyfoethogi'r meddwl, lle ceir gwobrau am y traethodau a'r farddoniaeth orau, y datganiadau a'r cyfansoddiadau cerdd gorau. Amlygai wybodaeth drylwyr o ddatblygiad yr eisteddfodau llai oedd bryd hynny yn tyfu o fod yn noddfa'r beirdd i gwmpasu cylch ehangach o ddiwylliant. Drwy ddylanwad twf Ymneilltuaeth, canu cynulleidfaol a'r gymanfa ganu, datblygodd y traddodiad corawl Cymreig ac yr oedd y datblygiad hwnnw yn ei anterth pan oedd Henry Richard yn sgrifennu ei lythyrau a'i draethodau. Mae'n hynod ryddfrydig yn ei agwedd tuag at ddiwylliant gwerin ac fel y dihoenodd hwnnw yn y cyfnod 1750–90 ar adeg pan oedd Methodistiaeth ar dyfiant. Yr oedd yn ymwybodol iawn o'r modd y defnyddiai Williams Pantycelyn alawon gwerin traddodiadol ar gyfer ei emynau.

Cyfeiriodd at Genhadaeth Dramor y Methodistiaid Calfinaidd gan ddwyn sylw at ei chefnogaeth arbennig i'r achos cenhadol yn Llydaw 'nad yw ond naturiol oherwydd eu perthynas agos â'r Cymry', ac yn India. Yn ei bennod ar wleidyddiaeth Cymru pwysleisia ffigurau Cyfrifiad 1851 fod 21 y cant o boblogaeth Cymru yn Eglwyswyr a 79 y cant yn Anghydffurfwyr. (Nid canrannau o boblogaeth Cymru oedd rhain, ond o'r sawl a fynychodd wasanaeth crefyddol ar un dydd Sul ym mis Mawrth 1851.) Eto nid oedd un Anghydffurfiwr Cymreig yn y Senedd. Rhydd fraslun defnyddiol o hanes y wasg Gymraeg a'r rhai wnaeth gyfraniad clodwiw yn ei datblygu – Joseph Harris sylfaenydd *Seren Gomer*, David Rees *Y Diwygiwr*. Gan nodi wrth fynd heibio mai dim ond un newyddiadur – pitw ei gylchrediad ond a gaffai nawdd y Ceidwadwyr a'r Eglwyswyr – na chymerai ogwydd radicalaidd Ryddfrydol. *Y Dywysogaeth* o bosib oedd hwnnw – gan mai dibynnu ar argraffiad 1884 o'r *Letters and Essays* yr ydw i fan yma. Sonia am Gwilym Hiraethog (William Rees) a rhydd fraslun o hanes *Yr Amserau*, Lerpwl, a argraffwyd am gyfnod yn Douglas, Ynys

Manaw, er osgoi Treth y Stamp a bwysai mor drwm ar bapurau bychain ac nas diddymwyd tan 1855, a fel y bu i'r Eglwyswyr a'r tirfeddianwyr dynnu sylw'r llywodraeth at hyn:

> nid hawdd dychmygu dim mor gwbl grintachlyd, distadl a ffiaidd na'r weithred hon gan offeiriaid a pherchnogion tir y wlad yn ymgasglu mewn cymanfa ddwys i ddefnyddio eu dylanwad unedig i geisio diffodd, drwy bwynt technegol cyfreithiol, yr unig gyhoeddiad a roddai i'w cyd-Gymry unrhyw wybodaeth wleidyddol gyson, yn unig am ei fod yn hyrwyddo barn wahanol i'w heiddo hwy.[73]

Mae'n werth cofio bod *Yr Amserau* yn ymgyrchu dros ddatgysylltu'r Eglwys yng Nghymru. Cydnebydd, er hynny, nad oedd yr offeiriaid yn ddrwg i gyd, a rhydd ganmoliaeth hael i Edward 'Celtic' Davies, Evan Evans (Ieuan Brydydd Hir) a Thomas Price (Carnhuanawc).[74] Ond ni fedr ymatal rhag nodi o blith rhestr o naw bardd cadeiriog oedd yn dal yn fyw – nid yw'n manylu ynglŷn â phwy oeddynt na pha gadeiriau a enillwyd ganddynt – mai offeiriad oedd un, gweinidogion Ymneilltuol oedd saith a lleygwr Ymneilltuol oedd y llall! Yna â rhagddo i fflangellu Syr Watkin Williams Wynn am ddefnyddio'i ddylanwad er sicrahau fod ei berthnasau neu eraill o gyffelyb dueddiadau gwleidyddol yn cael eu hethol yn ddiwrthwynebiad i'r Senedd ym Meirion a Maldwyn. Codi rhent y tenantiaid hynny a bleidleisiodd i'r Rhyddfrydwr wnâi Williams Wynn. Eu troi allan o'u ffermydd oedd y gosb a weinyddid gan Richard Watkin Price, Rhiwlas. 'Y mae hen ddihareb Gymraeg, ystyr yr hon y dylent ei dysgu os na ddeallant ddim arall o'r iaith' – 'Trech gwlad nag arglwydd' oedd bygythiad Richard.[75] Fel y profwyd ymhen ychydig flynyddoedd.

Gydag ystadegau manwl am Gymru a'u cymharu gyda gwahanol ranbarthau o Loegr tanseiliai'r gred a ledaenwyd gan y wasg Seisnig, ar sail yr hyn gyhoeddwyd yn y Llyfrau Gleision (1847) mae'n debyg, fod Cymru'n wlad lle'r oedd canran uchel o blant yn cael eu geni tu allan i briodas. Ceir cymhariaeth ganddo o Gymru Ymneilltuol gyda rhannau o Loegr fel Cumberland Eglwysig er profi bod dylanwad moesol y capeli yn llawer mwy na dylanwad moesol Eglwys Loegr. Aeth i lawer iawn o drafferth yn ymchwilio i'r ffigurau a'u dadansoddi'n fanwl nes dod i'r casgliad mai y Cymry oedd y mwyaf moesol o holl bobloedd Cymru, Lloegr a'r Alban![76] A lle'r oedd ffigurau yn awgrymu fod y Cymry yn llai moesol nag y dymunid, yn ddieithriad llwyddai i ddangos mai ardaloedd oedd wedi ei Seisnigo – fel y deddwyrain a'r porthladdoedd – oedd rheini. Fe'i cawn mewn pennod arall yn profi bod llai o achosion o dor-cyfraith yng Nghymru nag yn Lloegr. Ni ellir beirniadu trylwyredd ei ymchwil na'i ddawn i drin ystadegau![77]

Er gwaethaf pob gorliwio, yn ddiamau cafodd y traethodau hyn effaith ar y Saeson a mwy fyth ar hunan-barch y Cymry. Hyd yn oed mewn hen gyfrol ddi-olwg frown-tywyll a'r teip yn fychan mae'r arddull yn glir a chyhyrog, y sylwadau'n finiog a'r fflachiadau o wawd yn dal i gynhesu'r gwaed ganrif a hanner ers eu cyhoeddi gyntaf. Yn y rhagymadrodd i argraffiad 1884 y mae Richard yn dyfynnu y geiriau a lefarodd William Ewart Gladstone ar lwyfan Eisteddfod Genedlaethol Yr Wyddgrug, 1873, geiriau a lefarodd droeon wedi hynny:

> Byddaf yn agored â chwi y bu i mi rannu yn y gorffennol, a chyn i mi ymgyfarwyddo fy hun gyda'r pwnc, y rhagfarnau sy'n bodoli yn Lloegr ac ymysg Saeson mewn perthynas â'r iaith Gymraeg a'i hynafiaeth; a deuthum yma i ddweud wrthych sut a phaham y newidiais fy meddwl. Nid yw ond teg fy mod yn dweud mai cydwladwr o'r eiddoch, Cymro tra rhagorol, Mr Richard A.S., wnaeth lawer iawn i agor fy llygaid i wir gyflwr y ffeithiau drwy gyfres o lythyrau a sgrifennodd i newyddiadur boreol, ac a gyhoeddwyd ganddo yn ddiweddarach mewn cyfrol fechan, ac a argymhellaf i bob un sy'n ymddiddori yn y pwnc.[78]

Mae'n werth cofio fod dadansoddiad Richard o'r berthynas anniddig a fodolai rhwng y meistri tir a'u tenantaid hefyd wedi dylanwadu'n drwm ar Gladstone. I gymaint graddau nes ei ysgogi, maes o law, i geisio unioni'r berthynas rhwng y ddwy garfan drwy Ddeddf Helgig y Ddaear (Ground Game Act 1880) a Deddf y Daliadau Amaethyddol (Agricultural Holdings Act 1883).[79]

Er y bu dros ddeng mlynedd ar hugain ers iddo fyw yng Nghymru dengys y llythyrau iddo gadw mewn cysylltiad agos â'i wlad, a'i fod yn ymwybodol iawn o'r hyn oedd yn digwydd yn grefyddol, ddiwylliannol a gwleidyddol – yn arbennig yn y rhannau gwledig, Cymraeg eu hiaith. Yr oedd yn Gymro y medrai'r Cymry ymfalchïo ynddo. Yr oedd, meddai Ieuan Gwynedd Jones,

> yn gyson ei farn ar themâu mawr cenedlaetholdeb ac nid oedd unrhyw anghysondeb yn ei dyb ef rhwng ymwrthod yn llwyr â'r mudiad

cenedlaethol rhyddfrydol ar y cyfandir a hyrwyddo'r cenedlaetholdeb a gynigiai ar gyfer Cymru . . . Gallai roi ei gefnogaeth i'r ail oherwydd fe'i sylfaenwyd ar athrawiaeth Gristnogol am ddyn a chymdeithas, a defnyddiai ddulliau i gyrraedd ei amcanion a oedd yn gydnaws â moeseg Gristnogol, hynny yw, ymwrthodent â thrais a hunandybiaeth.[80]

Ym 1866 ac yntau bellach yn pum deg a phedair oed cymerodd yr hen lanc gam pwysig arall yn ei hanes. Ar 20 Rhagfyr priododd Augusta Matilda Farley, trydedd merch John Farley, masnachwr gwin cyfoethog o Kennington Park Road. Yn ôl cofiant C. S. Miall, fe'u priodwyd yng Nghapel yr Annibynwyr Stockwell, lle gweinyddwyd y seremoni 'ddiddorol' gan y gweinidog y Parch J. Baldwin Brown, cyfaill i Henry Richard ac un a goleddai lawer o syniadau cyffelyb ynglŷn ag addysg – er yn wrthwynebydd ffyrnig i Fethodistiaeth. Bu Henry Richard a'i wraig yn gyfeillion ers blynyddoedd ac yr oeddynt o gyffelyb ddiddordebau, chwaeth ac argyhoeddiadau crefyddol. Uniaethiai hi â diddordebau cyhoeddus a phreifat ei gŵr ac wrth i'w iechyd ddihoeni flynyddoedd wedi hynny byddai'n gydymaith cyson iddo ar ei deithiau mynych 'nes i'w hwyneb hawddgar ddod mor gyfarwydd yng Nghymru ag un Richard ei hun.'[81]

Mae'n werth cofio nad oedd Henry Richard yn ddyn cyfoethog, ac nad oedd aelodau seneddol yn cael eu talu bryd hynny, felly, yr oedd gwraig o deulu cefnog yn mynd i fod o gymorth nid bychan iddo yn y blynyddoedd i ddod wrth iddo ymbaratoi – fel yn amlwg yr oedd – am yrfa wleidyddol seneddol. Yr oedd, bellach, os nad yn ddyn cyfoethog, o leiaf yn ddyn annibynnol heb orfod dibynnu ar ei gyflog am gynhaliaeth. Maes o law medrai'r ddau gartrefi yn 22 Bolton Gardens, tŷ braf yn eiddo i deulu ei wraig, mewn ardal ffasiynol o dde Llundain.

6 ०३ Ethol Richard i'r Senedd a'i ymgyrchoedd dros denantiaid, addysg, yn erbyn barnwyr Seisnig a sefydlu Undeb yr Annibynwyr Cymraeg

AR ÔL priodi aeth Henry Richard a'i wraig i fyw i Tottenham ac yna i Clapham Road a maes o law, ym 1874, i ardal mwy ffasiynol Bolton Gardens. Daeth llu o negeseuon yn dymuno'n dda i'r ddau o Gymru, arwydd fod y genedl yn ymddiddori'n fawr yn ei fywyd. Cyfeiriwyd eisoes at gynhadledd y Gymdeithas Rhyddhau Crefydd yn Aberaeron yn yr hydref wedi etholiad 1866 pryd y dywedodd Edward Miall fod yr Ymneilltuwyr yn anfodlon gyda'r aelod dros Sir Aberteifi, Syr Thomas Lloyd. Yr oedd yn amlwg, meddai, mai ei gyfaill Henry Richard ddylsai gynrychioli'r etholaeth, sylw oedd yn amlwg wrth fodd y gynulleidfa.

Ehangwyd y bleidlais drwy Ddeddf Diwygio'r Senedd 1867 gan roi pleidlais i bob perchen tŷ oedd yn byw mewn etholaeth fwrdeisdrefol ac i unrhyw letywr oedd yn byw mewn ystafelloedd heb eu dodrefni ac yn talu isafswm o £10 o rent y flwyddyn. Cynyddodd hyn nifer y rhai a chanddynt bleidlais yn fawr mewn etholaeth fel Sir Aberteifi, yn ddigon i herio, os nad dymchwel, yr hen drefn. Mewn etholaethau diwydiannol yr oedd yr effaith yn chwyldroadol. Ym Merthyr Tudful cododd nifer y bobl a chanddynt bleidlais o 1,387 i 14,577.[1] Aeth etholaeth draddodiadol ddosbarth canol yn etholaeth dosbarth gweithiol. Yr oedd Merthyr yn esgyn i lefel unigryw o ddemocratiaeth. Bu'r Gymdeithas Rhyddhau yn meithrin etholaeth Sir Aberteifi ar gyfer Henry Richard ers tro. Ond daeth sibrydion fod etholaeth Merthyr Tudful – etholaeth fyddai, gyda'r cynnydd enfawr yn nifer y pleidleiswyr, yn awr yn cael ei chynrychioli gan ddau aelod seneddol – yn ystyried ei wahodd. Hefyd, fod pwyllgor lleol yn ymrwymo i dalu ei gostau etholiad, mantais aruthrol.[2] (Ni fu raid i Henry Richard ymgymryd â'r draul honno gydol ei yrfa yn y Senedd.) Yr oedd yn sedd y medrai ei hennill. Yn ôl yn Sir Aberteifi yr oedd Syr Thomas Lloyd, druan, yn gorfod cyfaddef na fedrai fforddio'r gost o ymladd etholiad mor fuan ar ôl 1866.³ Ond cafodd ei ddewis yn ymgeisydd Rhyddfrydol yn etholaeth Bwrdeisdrefi Aberteifi a gyda chefnogaeth teuluoedd Gogerddan a Nanteos cafodd ei ddychwelyd yn ddiwrthwynebiad. Y canlyniad fu dewis Evan Matthew Richards, yr Ymneilltuwr cyntaf i'w ddewis yn faer Abertawe, i gynrychioli'r Rhyddfrydwyr yn etholaeth Sir Aberteifi yn erbyn y Ceidwadwr, E. M. Vaughan, nai Iarll Lisburne, Trawscoed. Richards a enillodd, maes o law, o fwyafrif bychan.⁴ Ni wnaed fawr o niwed fan yna, felly, i uchelgais na chynlluniau seneddol Ymneilltuwyr Cymreig.

Enw sy'n codi o dro i dro mewn cylchoedd radical yn y cyfnod hwn yw eiddo'r Parchedig Ddr Thomas Price, Aberdâr, y gweindog gyda'r Bedyddwyr, a amlygodd ei hun yn y gynhadledd ddeuddydd honno yn Abertawe yn Hydref, 1862, lle siaradodd am y problemau o ddewis aelodau seneddol fyddai'n gynrychiolwyr teg o'r Gymru Ymneilltuol. 'Gadewch i ni weithio am rai blynyddoedd a bydd pethau'n dra gwahanol i'r hyn ydyw yn awr,' oedd ei neges ym 1862. Nid oedd yn optimistaidd, chwaith, am ansawdd tebygol unrhyw ymgeiswyr o blith yr Ymneilltuwyr. 'Nid oes gennym ond ychydig ddynion gyda'r amser, yr arian, a'r safle i ymladd ein bwrdeisdrefi a'n siroedd, ac felly rhaid i ni gymryd y gorau sydd ar gael', meddai. Aeth rhagddo i ganmol dau AS, Lewis Dillwyn (Abertawe) a Henry Austin Bruce (Merthyr).⁵

Yr oedd Price wedi gobeithio y buasai Henry Richard – 'gwleidydd radical o gryn fri' – wedi ei ddewis fel Rhyddfrydwr ar gyfer is-etholiad Bwrdeisdref Aberhonddu yn Chwefror 1866.⁶ Ymladdodd Price ei hun y sedd yn y diwedd – yn aflwyddiannus. Yn dilyn Deddf Diwygio'r Senedd 1867, a chreu ail sedd i Ferthyr, disgwylid y buasai Price yn gefnogol i Henry Richard. Yn lle hynny bu'n brysur yn cymell Richard Fothergill fel ymgeisydd ar gyfer yr ail sedd honno.⁷ Er yn ddi-brofiad, yn Sais ac yn Eglwyswr, byddai'r meistr haearn yn ymgeisydd peryglus. Poblogaidd yn wir – ceir cerdd glodforus iddo gan Evan James, awdur 'Hen Wlad Fy Nhadau'.⁸ Ac fel y dywedodd Price yng Nghynhadledd Abertawe, 1862, 'ni fuaswn yn ffeirio'r ddeuddyn hyn [Lewis Dillwyn a Henry Austin Bruce] am unrhyw ddau yr wyf yn eu hadnabod yng Nghymru'. Gyda Bruce, yn y sedd yn barod, yn ŵr poblogaidd a 'rhagorol' a chymeradwy gan lawer, yr oedd y sefyllfa'n ymddangos yn un allasai fod yn ddiddorol.⁹

Yr oedd yn ganol mis Gorffennaf 1867, pan benderfynwyd gwahodd Henry Richard i fod yn ymgeisydd am y sedd er bod

Thomas Price yn gofidio y byddai ymyriad Richard yn peryglu Bruce yn fwy na Fothergill. Yr oedd y diwydianwyr yn ffyddiog y medrai eu dynion hwy, Bruce a Fothergill, gipio'r ddwy sedd yn ddidrafferth. Ac aethant ati i weithio o blaid Fothergill yn hyderus y byddai Bruce yn cadw ei sedd yn gyffyrddus ac na fuasai'r bobl byth yn ethol Ymneilltuwr, beth bynnag. Yr oedd y ddau, heblaw hynny, yn sefyll fel Rhyddfrydwyr, dau Ryddfrydwyr cymhedrol gyda safbwynt Fothergill yn fwy rhyddfrydig hyd yn oed na Bruce. Mae'n amlwg fod Thomas Price yn gweld pethau yn yr un goleuni a'r gwŷr mawr. Dim ond petai Fothergill yn gwrthod sefyll yr oedd yn fodlon gweld Ymneilltuwr yn sefyll. Gweithiodd yn galed o blaid Fothergill gan osod yr Ymneilltuwyr mewn sefyllfa anodd, yn enwedig yn Aberdâr. Nid ar chwarae bach, wedi'r cwbl, y gellid herio'n agored ŵr mor rymus â Fothergill.[10] Yr oedd yr Ymneilltuwyr o'u co, beirniadwyd Price yn hallt yn lleol a hyd yn oed gan aelodau'r Gymdeithas Rhyddhau yn Lloegr.[11] Nid oedd hyn ddim llai na brad. O gofio ei araith yn annog pwyll yng nghynhadledd y Gymdeithas Rhyddhau Crefydd yn Abertawe ym 1862 yr oedd ei safbwynt yn achos dryswch mawr. Nawr, a'r amser wedi dod i fanteisio ar Ddeddf 1867, yr oedd yn tanseilio cyfle euraidd i ethol Ymneilltuwr o Gymro i'r Senedd, a mynnu glynu wrth yr hen drefn. Gwaeth, credai Price y byddai Ymneilltuwyr eraill yn dilyn ei arweiniad. Heblaw am rai Bedyddwyr, ei enwad ef ei hun, nid felly y bu. Ond yr oedd pwyllgor etholiadol y Rhyddfrydwyr ym Merthyr mewn cyfyng gyngor. Pedwar gweinidog oedd ysgrifenyddion y pwyllgor, Bedyddiwr a thri Undodwr.[12] Yng Ngorffennaf 1867, dim ond si oedd y syniad y gellid perswadio Henry Richard i ymuno yn y frwydr. Yr oedd wyth deg ac un o gapeli Ymneilltuol yn gysylltiedig â'r pwyllgor a wedi trafodaeth ingol penderfynwyd cymryd y cam a mentro. Penderfynwyd anfon am y gŵr o Dregaron, gŵr o'r tu allan, heb arian na phrofiad seneddol ond yn wleidydd o'i gorun i'w sawdl. Dyn yr oedd ei Gymreictod a'i barodrwydd i amddiffyn ei genedl yn ddihareb, eithafwr o heddychwr ac Ymneilltuwr. Ganol Gorffennaf gwahoddodd Merthyr Henry Richard i fod yn ymgeisydd gyda'r awgrym y byddent hefyd yn cefnogi Henry Austin Bruce. Dilynnodd Aberdâr a chafwyd cyfarfod tanllyd dan gadeiryddiaeth David Davis, Maes-y-ffynnon – tanllyd am fod Thomas Price yn dadlau fod gwahodd Henry Richard yn peryglu Bruce – er ei fod ef ei hun yn cefnogi Fothergill![13] Gydag etholiad ym mis Medi 1868, dechreuwyd paratoi'r tir i Henry Richard fod yn ymgeisydd i gynrychioli Merthyr, Aberdâr, Hirwaun ac Aberpennar. Ni ruthrodd Henry Richard i fewn i'r frwydr. Ymwelodd â'r etholaeth ac annerch pum cyfarfod cyhoeddus, pob un yn orlawn, i fodloni ei hun fod y bobl yn dymuno iddo fod yn ymgeisydd.[14] Eglurodd ei syniadau a chafodd addewidion lu o gefnogaeth. Un o bynciau trafod mawr yr etholiad oedd datgysylltu'r Eglwys yn Iwerddon, testun o ddiddordeb mawr i'r Cymry oedd yn dioddef yr un anghyfiawnderau, ac i Henry Richard. Hwn fuasai'r cam cyntaf tuag at newid cyffelyb yng Nghymru.

Cefnogwr selog Henry Richard oedd David Davis, Maes-y-ffynnon, un o'r meistri glo fel ei dad David Davis, Blaen-gwawr. Pan ymwelai Henry Richard a'i briod â'r ardal, ym Maes-y-ffynnon y byddent yn lletya. Yr oedd y ddau Davis, y tad a'r mab, yn cefnogi Richard a Fothergill. Yr oedd yn dechrau dod yn amlwg, pe holltid y bleidlais nad Henry Richard fyddai'n dioddef. Torrodd ton o frwdfrydedd gan lifo dros Ferthyr ac Aberdâr. Cynhaliwyd cyfarfodydd enfawr yn cefnogi Henry Richard mewn neuaddau ac ar lethrau'r bryniau o gwmpas y ddwy dref. Siaradai iaith ei bobl, eu hannerch ar ochrau'r mynydd ger Hirwaun, rhwng Merthyr ac Aberdâr yn y fan lle byddai'r gweithwyr yn lleisio'u cwynion yn erbyn gorthrwm perchnogion y pyllau glo a'r meistri haearn. Ymneilltuwyr pybyr oedd trwch ei gynulleidfa ac yr oedd gan y gweddill ryw afael ar draddodiad crefyddol y cymoedd. Pobl gyda syniad go lew o'i ddaliadau a phwy ydoedd Henry Richard. Yn enw Ymneilltuwyr Cymraeg eu hiaith heriai'n agored awdurdod y tirfeddianwyr Saesneg eu hiaith fu'n rheoli bywyd cymdeithasol a gwleidyddol Cymru am dair canrif. Yr oedd ei neges yn syfrdanol. Y mae'r disgrifiadau'n wefreiddiol, Richard a'i wraig yn mynd o gyfarfod i gyfarfod mewn trap a merlen, a'r ferlen yn fynych yn cael ei thynnu o'r gwerthyd er mwyn i'r cefnogwyr gael tynnu eu harwr am rannau olaf y daith.[15] Y bobol, wedyn, gyda'u ffaglau yn y cyfarfodydd awyr agored, coelcerthi ar y bryniau a'r cyfarfodydd yn cael eu cau drwy ganu 'Hen Wlad Fy Nhadau', anthem Evan a James James, a gyfansoddwyd ddeuddeng mlynedd ynghynt i lawr ym Mhontypridd.

Yr oedd Richard wedi cyrraedd fel taranfollt gan anadlu tân radicalaidd. Yr oedd yn dod 'fel uwch-Ryddfrydwr ac Anghydffurfiwr.' meddai. 'Anghydffurfwyr Cymru', taranodd, 'yw pobl Cymru.'[16] Cynhwysodd y gofynion Anghydffurfiol mwyaf Radicalaidd yn ei raglen. Coleddodd Siartiaeth yn gyhoeddus – er bod yn feirniadol o'r Siartwyr ddechrau'r 1840au – ac ymrwymodd i weithio dros raglen Siartaidd lawn, dros ddemocratiaeth lwyr, a chroesawodd Siartwyr i'w lwyfan. Gweithiodd i adeiladu ffrynt boblogaidd unedig o fewn

Rhyddfrydiaeth, safodd fel ymgeisydd 'Cymru a'r Gweithiwr'.[17] Ym Merthyr yr oedd Henry Richard yn rhydd i gyflwyno ei radicaliaeth danllyd ddi-gyfaddawd, rhywbeth na fuasai'n bosib petae'n ymgeisydd yn Sir Aberteifi. Ac yr oedd ei gynulleidfa yn rhydd i ymateb i'w neges heb ei llyffetheirio gan fygythion y meistri tir. Yn y foment honno yn natblygiad Radicaliaeth Gymreig a theyrngarwch gwleidyddol i'r dosbarth gweithiol medrai Henry Richard, yr Apostol Heddwch, cyfaill Cobden, yr Ymneilltuwr a'r democrat di-ail gyflwyno ei hun a chael ei dderbyn fel cynrychiolydd y gweithiwr ac Anghydffurfiaeth Gymraeg. Yr oedd y gwleidydd digyfaddawd, yr ideolegydd pur wedi cyrraedd. Daeth yr amgylchiadau unigryw a'r dyn unigryw. Gwleidydd na ellid ei anwybyddu, un i Gymru ymfalchïo ynddo. Medrai Richard siarad yn barchus am ei ddau wrthwynebydd, nid fel dau oedd yn cystadlu ag ef, ond dau oedd yn ymgiprys am yr ail sedd!

Gwir ei fod wedi treulio'r rhan fwyaf o'i fywyd yn Llundain, dadleuodd mewn cyfarfod yn Neuadd y Fyddin Diriogaethol ym Merthyr, ond pobl Merthyr ac Aberdâr a ddaeth a gofyn iddo ddod i'w cynrchioli. Medrai ddweud:

> Bûm deyrngar i'r hen wlad lle'm ganed, lle profais lawenydd bach-gendod a lle mae beddrodau fy nhadau; gwyddoch na chollais gyfle i wneud hynny fedrwn i hyrwyddo buddiannau crefyddol, addysgiadol a gwleidyddol fy ngwlad; a gwyddoch i mi wneud popeth yn fy ngallu i daro'n ôl yn erbyn yr enllibion distadl a di-sail a ddefnyddiwyd i sarhau cymeriad ein cenedl. A rwyn credu fy mod innau'n eich adnabod chwithau. Yr wyf wedi cadw fy adnabyddiaeth o'm hiaith a'i llenyddiaeth ffyniannus. Rwyn adnabod eich rhinweddau cymdeithasol a chrefyddol niferus. Rwyn gwybod, a chefais y pleser o gyhoeddi'r ffaith yng ngwydd Saeson, eich bod chwi yma, yn eich tlodi helaeth, pan gawsoch eich esgeuluso gan y rhai hynny a ddylsent fod wedi cymryd gofal o'ch buddiannau ysbrydol, wedi darparu perffeithiach peirianwaith ar gyfer hyfforddiant grefyddol nag a ceir yn unrhyw fan o'r gymanwlad.[18]

Fe'i disgrifiwyd – yn sarhaus – fel pregethwr. Ateb Richard oedd:

> Ydwyf, rwyn bregethwr ac yn fab i bregethwr. Ac ni wn am alwedig-aeth nac enw mwy anrhydeddus. Pregethwyr oedd rhai o'r dynion gorau a mwyaf a welodd y byd erioed – gwell a mwy o lawer na'r rhai hynny sy'n gwawdio'r enw . . . Ac fe ddaeth Un . . . oedd yn rhagori o lawer iawn arnynt oll i bregethu rhyddid i'r caethion ac i agor y

carchar i'r rhai oedd mewn cadwyni. Ni fedraf ond meddwl mai cam tactegol gwag gan fy ngwrthwynebwyr yw taflu'r gair yna ataf fel edliw – o bob man yn y byd – yn y Dywysogaeth. Mae pobl Cymru yn gwybod bod arnynt ddyled fawr i'w pregethwyr.[19]

Dywedwyd nad oedd yn ddyn cyfoethog. Yn hynny, yr oedd ei feirniaid yn hollol gywir, atebodd. Onid oedd hynny'n gymhwyster ynddo'i hun? Y gwir oedd fod llawer gormod o ddynion cyfoethog yn Nhŷ'r Cyffredin, a nid nhw oedd y mwyaf cymwys i ddeddfu dros y tlawd.[20] Yr oedd eisoes yn feistr y grefft etholiadol o fedru troi dŵr ei elynion i'w felin ei hun.

Gwelwyd cam mawr ymlaen yn ei allu fel areithiwr llwyfan gwleidyddol. Dadansoddodd yr Athro Ieuan Gwynedd Jones yn feistrolgar araith a draddododd Henry Richard noson cyn yr etholiad. Araith oedd yn mynegi dyheadau cenedlaethol, crefydd a democrat-iaeth ei gynulleidfa. Yr oedd rythmau a chytbwysedd ei frawddegau'n ysgytwol. Dyma areithydd fedrai addasu huodledd y pulpud i'r llwyfan gwleidyddol. Yr oedd yn fwy effeithiol ar lwyfan, fwy fyth yn y Gymraeg:

> Beth am y bobl sy'n medru'r iaith hon, yn darllen y llenyddiaeth hon, yn arddel yr hanes hwn, yn etifeddion y traddodiadau hyn, yn parchu'r enwau hyn [arwyr Cymru], ac wedi creu a chynnal a chadw'r rhyfedd-odau hyn [sef yr eglwysi Ymneilltuol] – pobl at ei gilydd yn rhifo tri chwarter poblogaeth Cymru – onid oes gan y rhain yr hawl i fynnu: Nyni yw cenedl y Cymry? Onid oes ganddynt yr hawl i edliw i'r dyrnaid tiriog, breiniol, a hynny'n dawel ac yn gwrtais ac eto yn glir ac yn gadarn: Nyni, nid chwychwi, yw cenedl y Cymry? Nyni, nid chwychwi, biau'r wlad hon, a'n braint ni yw bod ein hegwyddorion a'n dyheadau yn derbyn clust a chynrychiolaeth yn Nhŷ'r Cyffredin. (Nid felly'r sefyllfa hyd yma!) Daliaf nad yw ein cynrychiolaeth yn y Tŷ hwnnw yn gyflawn os ein buddiannau bydol yn unig gaiff ystyriaeth yno; rhaid yn ogystal warchod enaid cenedl, ei chymeriad, a'i chydwybod, ac nid yw'r gwerthoedd hyn o eiddo Cymru erioed wedi cael neb i sefyll drostynt yn y Senedd, hynny er niwed enbyd inni fel gwlad. Oblegid cofiwch mai Anghydffurfwyr yw corff pennaf y genedl, a phob tro y cyflwynwyd mesurau yn y Senedd i hybu cyfiawn-der iddynt hwy y mae'n dilyn mai mesurau oeddynt er lles i Gymru gyfan, ond eto i gyd pleidleisio'n ddieithriad yn erbyn gwelliannau o'r fath a wnaeth pawb a etholwyd i'n cynrychioli ni. Nid oedd gan yr aelodau hynny o Gymru ddim cydymdeimlad a'ch egwyddorion, dim

Ethol Richard i'r Senedd . . . 119

balchder yn hanes ein cenedl, dim awydd i ddiogelu eich crefydd, eich bri, na'ch enw da, a phan oedd y lach yn disgyn arnoch yn barhaus ar lawr y Tŷ ac yn y wasg Saesneg, o'r 32 a anfonwyd ar eich rhan i'r Senedd nid agorodd yr un ohonynt ei enau i achub cam a dirmyg ei gyd-wladwyr.[21]

Y noson wedyn ar sgwâr Merthyr yr oedd y cyfarfod enwebu, y dorf enfawr, ond heddychlon, wedi ymgynnull o weithiau haearn Dowlais, Penydarren, Cyfarthfa, Ynys-fach a'r Plymouth, a'r glowyr o Gwm Cynon mewn trenau arbennig o Aberdâr. Ni chafodd Henry Austin Bruce fawr o groeso ac nid oedd modd clywed gair a lefarodd. Ac ni chafodd Richard Fothergill lawer o groeso, chwaith. Enwebwyd Henry Richard gan David Davis, Maes-y-ffynnon, a hynny yn Gymraeg. Gorffennodd gyda'r frawddeg: 'Boed i apostol mawr heddwch fod yn gyfrwng i ddwyn heddwch i deyrnasu yn eich plith chwithau.'[22] Yn Gymraeg y siaradai Henry Richard, hefyd:

Cofiwch fod llygaid Cymru, a phawb arall wedi eu hoelio ar etholwyr Merthyr Tudful ac Aberdâr, i weld yn sicr eu bod yn cyflawni eu priod ddyletswydd. Un gair ymhellach. Nyni biau'r fuddugoliaeth, ond rhaid ei hennill nid gyda dwrn a phastwn ond drwy rym egwyddor a rheswm. Felly, gyd-wladwyr, peidiwch â chweryla ymhlith eich gilydd pwy arall i'w ethol yn y lecsiwn yma. Nid yw'r ymgeiswyr eraill yn werth cynhennu yn eu cylch. Brwydr yw'r eiddom ni heddiw dros wirionedd, dros gyfiawnder, dros ryddid, a thros heddwch.[23]

Yr oedd Henry Richard yn gwbl hyderus erbyn hyn fod y gynulleidfa wedi deall ei neges ac wrth eu boddau'n clywed gwleidydd soffistigedig yn lleisio'u dyheadau. Y Gymraeg oedd iaith trwch y boblogaeth yn y cyfarfod hwnnw, er ei bod yn dechrau mynd yn israddol i'r Saesneg fel iaith gwyddoniaeth a thechnoleg, busnes a masnach. Ond yr oedd yn parhau'n iaith yr undebau cynnar a lle'r oedd perchennog pwll glo yn medru Cymraeg, hi fyddai iaith trafod rhwng meistr a gweithiwr. Cymry Cymraeg, hefyd, oedd y Siartwyr. Yr oedd y Gymraeg yn arf gwleidyddol ac yr oedd Henry Richard yn hyderus yn ei defnyddio i gyflwyno'i neges mewn iaith gyforiog o radicaliaeth a'i gwreiddiau yn y Chwyldro Ffrengig. Iaith a gymhwyswyd ac a helaethwyd yn y clybiau llenyddol a gwleidyddol gan William Owen (Pughe) a'i debyg.[24] Eto, ddwy flynedd cyn etholiad 1868 yr oedd y *Times* yn medru cyhoeddi mai y Gymraeg oedd 'melltith' Cymru.

Yr oedd ffydd a hyder Richard wedi eu llwyr gyfiawnhau. I seiniau 'Hen Wlad Fy Nhadau' sgubodd Henry Richard i ben y rhestr, ei fwyafrif yn syfrdanol, a'r Anrhydeddus Henry Austin Bruce, y cynaelod seneddol, ar y gwaelod.

Henry Richard	11,667
Richard Fothergill	7,613
Yr Anrhydeddus H. A. Bruce	5,797

Ni fyddai etholwyr y ddeddf newydd, mwyach, yn deyrngar i'r hen arweinwyr dosbarth canol. Yr oedd ystyriaethau a thraddodiadau lleol yn bwysicach na rhai 'cenedlaethol'. Hefyd, er i Bruce gefnogi'r ymgyrch i ehangu'r bleidlais, ni elwodd ddim o'r ffaith honno. Os oedd Merthyr ac Aberdâr yn dactegol barod am Henry Richard, yr oedd y bobl yn barod, hefyd, am athroniaeth wleidyddol radical ddigyfaddawd Anghydffurfiol y gŵr o Dregaron. Ceir y syniad i Richard orfod addasu ei hun i ryw ffurf o radicaliaeth anghyfarwydd iddo. Y gwir yw y bu ei gyfraniad i radicaliaeth unigryw Merthyr – yn ymgyrch etholiadol 1868 ac wedi hynny fel aelod seneddol – yn sylweddol a deilliodd llawer o'r hyn fu'n unigryw ym mhrofiad Merthyr wrth Henry Richard ei hun.[25]

Yr oedd mwyafrif Henry Richard o dros 4,000 yn syfrdanol, ymhlith y mwyaf yn yr etholiad. Yr oedd Cymru ar ben ei digon ac yr oedd ei lwyddiant yn cael ei ddathlu fel buddugoliaeth genedlaethol. Yr oedd yr 'Apostol Heddwch' yn awr yn cael ei gydnabod, hefyd, fel 'Yr Aelod Dros Gymru'. Yr oedd i H. A. Bruce golli ei sedd yn annisgwyl ac yr oedd hynny'n cael ei ystyried yn resyn. Beiwyd y cefnogwyr, rhai Bruce a Fothergill fel ei gilydd, am sarhau cefnogwyr Henry Richard. Ond derbyniodd Bruce ddyfarniad y bobl yn rasol a threfnwyd sedd ar ei gyfer yn fuan wedyn yn Swydd Renfrew a'i ddewis yn ysgrifennydd cartref gan Gladstone. Yr oedd, wedi'r cwbl, yn un o gyfeillion pennaf Gladstone. Fe'i dyrchafwyd maes o law i Dŷ'r Arglwyddi fel Arglwydd Aberdâr.

Yr hyn a roes foddhad arbennig i Henry Richard oedd bod cynifer o Ryddfrydwyr fel ef wedi eu hethol yng Nghymru. Yn hytrach nag dwy ar bymtheg o Ryddfrydwyr llugoer, yn arbennig ar faterion yn ymwneud ag Ymneillltuaeth, yr oedd yno 23 Rhyddfrydwr pybyr gan gynnwys am y tro cyntaf dri Ymneilltuwr – Richard, E. M. Richards yn Sir Aberteifi a Richard Davies yn Sir Fôn. Yr oedd Davies, gyda llaw, yn fab-yng-nghyfraith i'r Parch Henry Rees, Lerpwl. Yr oedd y ffyddlon Lewis Dillwyn yn ôl ac ymhlith y wynebau newydd yr oedd George Osborne Morgan o Ddinbych. Yr oedd cynrychiolaeth y Ceidwadwyr wedi disgyn i ddeg yng Nghymru. Etholwyd llywodraeth William Ewart Gladstone gyda mwyafrif o 120, a 95 ohonynt yn gefnogwyr cydraddoldeb crefyddol, gyda 63 o'r rheini yn Anghydffurfwyr. Wedi agor y Senedd newydd yn Chwefror 1869, yr oedd y mwyafrif o'r aelodau Cymreig yn bresennol mewn cinio yn y Freemasons' Tavern, pryd y nododd Edward Miall fod Cymru wedi canfod ei llais.[26] Siaradodd Henry Richard, gan gyfeirio at delegram yr oedd newydd ei dderbyn yn ei hysbysu fod offeiriad plwyf ger Porthaethwy wedi gwrthod caniatáu i weinidog Ymneilltuol weinyddu ar lan y bedd yn angladd y Parch Henry Rees, Lerpwl.[27] Soniodd fod y meistri tir yn awr yn cosbi eu tenantiaid am bleidleisio i'r Rhyddfrydwyr. Mynegodd ei obaith y rhoddid sylw buan i bwnc y bleidlais gudd a hawl Ymneilltuwyr i gael eu claddu mewn mynwentydd eglwysi plwyf a sicrhau'r hawl i weinidogion wasanaethu ynddynt. Yn fuan wedyn, mewn cinio arall i ddathlu'r llwyddiant, dywedodd Henry Richard ar ôl wythnos yn Nhŷ'r Cyffredin iddo gael y lle yn hynod anniddorol, ond y teimlai fod yno ganran lawer mwy o ddynion eiddgar a brwdfrydig nag yn y Senedd flaenorol.[28]

Bu'r cyfnod yn union cyn ac wedi ethol Henry Richard i'r Senedd yn gyfnod euraidd yn y cynnydd tuag at gydraddoldeb crefyddol fel y bu'r cyfnod 1848–51 yn flynyddoedd da yn hanes y mudiad heddwch. Yr oedd Anghydffurfwyr o dueddiadau gwleidyddol wedi eu sbarduno gan fywiogrwydd y Gymdeithas Rhyddhau Crefydd i ddangos eu presenoldeb yn yr etholaethau a buan y dechreuwyd teimlo'u heffaith o blaid rhyddid crefyddol yn Nhŷ'r Cyffredin. Ym 1858 caniatwyd Iddewon i fod yn aelodau seneddol a ddwy flynedd yn ddiweddarach deddfwyd i ddileu Blwydd-dâl Caeredin, treth a grewyd gan Siarl I i dalu offeiriad yr Eglwys Sefydledig yng Nghaeredin a Montrose. Gwnaed trefniadau eraill i godi'r arian, ond bu rheini yr un mor amhoblogaidd a bu raid cael deddf i'w dileu hwythau ym 1870. Ym 1860 agorwyd drysau'r ysgolion gramadeg i Ymneilltuwyr. Ym 1868 dilewyd y Dreth Eglwys, treth i gynnal adeiladau a gweinyddu eglwysi plwyf ac a fu mewn grym ers tua 1370. Gyda thwf Ymneilltuaeth gwrthwynebai'r enwadau Anghydffurfiol gyfrannu tuag gynnal Eglwys Loegr yn ogystal â chynnal eu capeli eu hunain. Dechreuwyd gwrthwynebu'r Dreth Eglwys tua 1832 a wedi cyfnod hir o frwydro, a rhoi cychwyn i'r ddadl ynglŷn â datgysylltu, fe'i diddymwyd ym 1868. A wedi'r etholiad cyffredinol, gyda Gladstone yn brif weinidog gyda mwyafrif sylweddol, pasiwyd Deddf Datgysylltu'r Eglwys yn Iwerddon. Ar achlysur ailddarlleniad y mesur hwn, sef 22 Mawrth 1869, y traddododd Henry Richard ei araith gyntaf yn Nhŷ'r Cyffredin.[29] Medrai dynnu cymhariaethau â Chymru. Yn wir, yr oedd yn araith gyfangwbl o safbwynt Cymreig, yn cyflwyno gwybodaeth werthfawr a ddangosai'r llwyddiant a ddaeth yn sgîl ymdrechion yr Eglwysi Ymneilltuol yng Nghymru, gan annog y Gwyddyl i ystyried dulliau'r Cymry'n ofalus – a'u hefelychu. Siaradodd yn bwyllog a naturiol, eto yn rymus a chydag argyhoeddiad. Yr oedd rhai yn gofidio y buasai'n bregethwrol yn ei draethu, arddull nad oedd yn gymeradwy yn y Tŷ. Nid oedd angen poeni o gwbl, ac wrth gynhesu i'w bwnc, siaradai gyda nerth ac argyhoeddiad. Yr oedd, yn ôl y *Spectator*, yn araith drawiadol a huawdl yn dangos addewid y byddai i Henry Richard safle sicr yn y Tŷ a'i fod yn ŵr a hawliai wrandawiad a pharch.[30] Yr oedd dyddiau o gamliwio Ymneilltuaeth yn dirwyn i ben.

Ond o fwy o effaith hyd yn oed na llwyddiant y Rhyddfrydwyr yn etholiad 1868, yn arbennig yn yr hir dymor, oedd y cyhuddiadau a wnaed yn erbyn y meistri tir. Sefydlodd Tŷ'r Cyffredin bwyllgor dethol i archwilio'r adroddiadau o lygredigaeth a bygythiadau oedd yn dod i fewn o bob rhan o Gymru. Yr oedd Henry Richard wedi dweud wrth Thomas Gee y buasai wedi dwyn y wybodaeth hon i sylw'r wlad am yr hyn ddigwyddodd yn Sir Feirionnydd ym 1859 pe bai ganddo dystiolaeth sicrach. Y tro hwn, ac yntau yn awr yn aelod seneddol, gwnaeth ei waith cartref gan apelio ar Ryddfrydwyr blaengar ledled Cymru am wybodaeth am unrhyw fygythion i denantiaid o du'r meistri tir. Datblygodd y sefyllfa yn sydyn ac yn ystod y gwanwyn dechreuodd tenantiaid dderbyn rhybuddion wrth y perchnogion i adael eu ffermydd, a hynny'n amlwg oherwydd y modd y bu iddynt fwrw'u pleidlais y mis Tachwedd blaenorol. Cyfarfu'r Rhyddfrydwyr Cymreig a phenderfynu, nid yn unig i gyflwyno'u tystiolaeth i'r pwyllgor dethol ond bod Henry Richard yn rhoi cynnig ar lawr y Tŷ yn condemnio'r tirfeddianwyr hynny. Cyflwynodd ei gynnig ar 6 Gorffennaf 1869.

Agorodd Richard ei ddadl gan siarad yn bwyllog, hunan-feddiannol, yn gadarn. Ni chymerwyd amser y Senedd i drafod cwestiwn am Gymru, hyd y gwyddai ef, yn hanes cof undyn.[31] (Flynyddoedd wedyn, yn ailargraffiad y *Letters and Essays on Wales*, ceir atodiad, 'Welsh Education and the Established Church in Wales'. Mae Henry Richard yn sôn am ŵr â chysylltiad â choleg yng Nghymru, yn ysgrifennu at aelod seneddol Cymreig yn gofyn iddo a fedrai ddarparu casgliad llawn i'w goleg o'r holl bapurau seneddol yn ymwneud â Chymru. Cafodd ateb maes o law – nid oedd unrhyw bapurau seneddol yn ymwneud â Chymru!) Dywedodd nad pleserus oedd dwyn cyhuddiad o'r fath gerbron y Tŷ, yn enwedig yn erbyn dosbarth o'i gydwladwyr, ond yr oedd pethau wedi cyrraedd sefyllfa lle'r oedd cyfiawnder, rhyddid etholiadol a threfn, a thangnefedd yn galw am hynny. O'i flaen eisteddai nifer a deimlent, yn ddiau, yn anghysurus. Er hynny, ni enwodd neb, neb ond y Cyrnol Powell, Nanteos, y cyn-AS dros Fwrdeisdrefi Aberteifi, a fu'n bygwth ei denantiaid oni phleidleisient i'r ymgeisydd Torïaidd, E. M. Vaughan, yn Sir Aberteifi. Darllennodd Richard lythyrau wrth dirfeddianwyr, neu eu cynrychiolwyr, yn bygwth eu tenantiaid oni phleidleisient i'r Ceidwadwyr. Yn eu plith yr oedd un wrth gynrychiolydd perchennog stad Deri Ormond. Darllennodd Richard ef gan bwysleisio'n ddirmygus y Saesneg gwallus:

> Derry Ormond, Friday – Sir, – I am given to understand that you and Mr. Oliver as (sic) been about selecting votes for Mr. Richard (sic) among the Derry Ormond tenants. What business dare you to interfeer (sic) with the tenants on the Derry Estate, and I trust you won't do so again. But mind your own business. If not, I will mind you before the 24th of next March. I am now desired to tell you, from Mr. Jones, that he expects you to vote at the coming election for his cousin Mr. E. M. Vaughan,[32] and if you refuses (sic) to do so, you will have to leave and all others that refuse to vote according to Mr. Jones's wish. – Sir, yours truly, W. COTTRELL.[33]

Yr oedd, meddai, wedi gwirio bod y bygythiad wedi ei gario allan mewn pedwar deg tri o achosion yn Sir Aberteifi a dau ddeg chwech yn Sir Gaerfyrddin. Yr oeddynt wedi gorfod gadael eu ffermydd heb ddimai o iawndal am yr holl arian a wariwyd ganddynt yn gwella'r ffermydd. Cyfeiriodd at un, Caleb Morris, fu farw o dorcalon gan adael gwraig a deg o blant i alaru ar ei ôl. Yr oedd rhai Saeson, meddai, yn tybied fod y Cymry yn meddu rhyw fath o ymlyniad caeth wrth y perchnogion tir, a'u dilyn ble bynnag yr aent. Bod pleidlais fel y Cyfreithiau Hela, fel y ffesant a'r sgyfarnog nad oedd neb i feiddio cyffwrdd â nhw heb ganiatâd y meistr tir, a bod y sawl a ddeuai i ganfasio eu tenantiaid am bleidlais yn ddim amgen na photsiar. Dylent gofio, meddai Richard, nad arglwyddi ar gaethion oeddynt mwyach, ond dynion ymysg cyd-ddynion, wedi eu hamgylchynu gan boblogaeth ddeallus, ddarllengar, resymol na ellid eu dylanwadu ond drwy apêl i'w deall a'u cydwybod, nid drwy fygythion ffiwdal. 'Meddai y Cymry', ychwanegodd, 'lenyddiaeth fawr yn eu hiaith eu hunain, cyhoeddid naw papur ynddi, i gyd ag un eithriad yn annog egwyddorion Rhyddfrydiaeth.' Am y papur arall a alwai ei hun yn Geidwadol-Ryddfrydig, bychan oedd ei gylchrediad ac fe'i cynhelid drwy gymorth y meistri tir Cymreig. Yn ogystal â hynny, yr oedd un ar bymtheg o gyfnodolion eraill, oll yn cael eu cefnogi gan yr Anghydffurfwyr, ac a oeddent i'r graddau ei bod yn wleidyddol o gwbl, yn Rhyddfrydol.

Eilwyd y cynnig gan George Osborne Morgan (Sir Ddinbych) a chafwyd cefnogaeth E. A. Leatham (Wakefield) a ddangosodd ei fod, drwy ei adnabyddiaeth o Michael D. Jones, yn gyfarwydd â digwyddiadau cyffelyb yn Sir Feirionnydd mewn etholiadau blaenorol. Cefnogwyd Henry Richard gan E. M. Richards (Sir Aberteifi), Syr Thomas Lloyd (Bwrdeisdrefi Sir Aberteifi), oedd ei hun yn berchen tiroedd yn siroedd Aberteifi a Chaerfyrddin a'r Cyrnol John Stepney (Bwrdeisdrefi Sir Gaerfyrddin). Dau yn unig a siaradodd yn erbyn, J. H. Scourfield (Sir Benfro) a Charles Watkin Williams Wynn (Sir Drefaldwyn), Ceidwadwyr a etholwyd yn ddiwrthwynebiad. Ni ellid eu cyhuddo hwy o ddwyn pwysau anghyfreithlon ar denantiaid. Eto, dangosodd Williams Wynn ei ddigywilydd-dra drwy awgrymu mai yr ateb oedd i'r meistri tir beidio gosod ffermydd i neb ond Eglwyswyr a Cheidwadwyr!

Gan fod pwyllgor dethol eisoes yn trafod y pwnc cytunodd Henry Richard, ar awgrym H. A. Bruce, yr ysgrifennydd cartref, i dynnu ei gynnig yn ôl. Canmolodd Bruce, bellach yn aelod dros Renfrewshire, araith Richard gan ategu pwysigrwydd dwyn yr honiadau hyn i sylw'r Tŷ a'i longyfarch ar gynnwys a grymuster ei araith. Cwynodd ambell aelod na roddwyd y cynnig gerbron mewn digon o bryd i archwilio'r dystiolaeth. Atebodd Richard, tra'n derbyn awgrym Bruce i beidio mynnu pleidlais, iddo gyflwyno rhybudd o'i gynnig ddeufis yn gynharach ac iddo ohirio'i ddwyn gerbron fwy nag unwaith er mwyn i aelodau Ceidwadol gael y cyfle i baratoi eu hatebion. Hefyd, nododd na fwriadai, ac na wnaeth, gyhuddo unrhyw AS Ceidwadol o fygwth tenantiaid.

Yr oedd y pwynt wedi ei wneud ac yr oedd y papurau Rhyddfrydol, yn enwedig y rhai Cymraeg fel *Baner ac Amserau Cymru*, ar ben eu digon. Eisteddai Edward Miall wrth ymyl Henry Richard gydol ei araith a disgrifiodd yr olygfa:

Mae'n rhaid fod llawer o'r hyn ddywedodd Henry Richard wrth y Tŷ yn newydd i glustiau'r rheini a'i clywodd, oherwydd nad oedd Cymru, tan yn awr, wedi anfon aelod cymwys ymhob dull a modd i'w chynrychioli. Yr oedd ei ddisgrifiad o gydymdeimlad gwleidyddol a llenyddol yr Anghydffurfwyr, neu, mewn geiriau eraill, o bobl y Dywysogaeth, yn brawf o ddyfnder a chysondeb eu teimladau gwleidyddol, ac ehangder eu darllen a'u haddysg, yn cael eu wrando arno, rwy'n ofni, gyda'r fath hwnnw o ddiddordeb chwilfrydig gyda'r hwn y gwrandawa pobl bob amser ar wybodaeth sydd yn gwbl newydd iddynt.[34]

Yr oedd y foment hon yn gychwyn pennod newydd yn hanes Cymru. Cyhoeddai Henry Richard y dylid cydnabod Cymru fel cenedl o Anghydffurfwyr, cenedl gydag agenda gwleidyddol gwahanol i'r cenhedloedd eraill a gynrychiolid yn y Senedd. Dyma eni'r Gymru 'newydd' ac i Henry Richard y mae'r diolch. O hyn allan yr oedd yn ddealledig, o leiaf o fewn y cylchoedd radicalaidd, mai gwaith yr aelodau seneddol Cymreig oedd ymladd dros fuddiannau Cymru fel ag y gwneid gan aelodau'r Alban ac Iwerddon. Bellach byddai pynciau fel cydraddoldeb dinesig i Anghydffurfwyr, safle'r Gymraeg a hawliau yn ymwneud â thiroedd yn diffinio'r hyn a ddisgwylid gan yr aelodau seneddol a gynrychiolai Gymru. Yr oedd Henry Richard wedi tanio'r ergydion cyntaf ac yn ôl Miall, cododd ei araith hyder ei gyd-aelodau Rhyddfrydol newydd yn Gymry a Saeson. Pan eisteddodd Henry Richard i lawr ar y noson honno o 6 Gorffennaf 1869, yr oedd dwy ffaith yn amlwg – yr oedd Henry Richard wedi sicrhau enwogrwydd seneddol iddo'i hun a bod gan Gymru o'r diwedd wir gynrychiolydd yn y Senedd. Ymhen tair blynedd yr oedd y pwyllgor dethol wedi dod i'w gasgliadau a'r tugel – y bleidlais gudd – wedi ei sefydlu.

Yn yr hydref dechreuwyd casglu cronfa i ddigolledu'r rhai a drowyd allan o'u ffermydd. Y prif symbylydd oedd nai i Samuel Roberts, Llanbrynmair, sef John Griffith (Gohebydd) – cefnogwr brwd i'r Rhyddfrydwyr ac i ymgyrchoedd Henry Richard dros y bleidlais gudd. Ffurfiwyd pwyllgor ac aeth Griffith ati, gyda chymorth Henry Richard ac E. M. Richards (AS Sir Aberteifi), i sefydlu cymdeithas i gynorthwyo'r tenantiaid a gollodd eu ffermydd. Penodwyd priswyr ar gyfer y ddwy sir a chyflwynwyd eu hadroddiadau cyntaf mewn cynhadledd yn Aberystwyth ar 16 Tachwedd. Cafwyd cynulliad mawr o bobl ddylanwadol er mai prin oedd yr aelodau Rhyddfrydol oedd yn bresennol, er i nifer anfon llythyron cefnogol.[35] Y mae rhyw awgrym fod rhai ohonynt yn ofnus o ganlyniadau posib ymgyrch o'r fath – llwfrdra gwleidyddol? Llywyddwyd y cyfarfod gan E. M. Richards ac ymhlith y siaradwyr yr oedd Samuel Morley, AS, Bryste, a fu'n gefnogol iawn i'r ymgyrch. Cynigiodd Henry Richard y dylid codi cronfa wrth gefn o £20,000 drwy drefnu casgliadau yn y capeli, i ddangos fod y Cymry'n fwy na pharod i weithredu trostynt eu hunain. Mewn cyfarfod yn yr hwyr yn un o'r capeli mynegodd Morley, a fu'n hael ar lawer achlysur tuag at yr Ymneilltuwyr Cymreig, ei gydymdeimlad gyda'r tenantiaid a ddioddefodd am sicrhau i brif wladweinydd Ewrop (Gladstone) – 'un o'r dynion mwyaf didwyll, goleuedig a difrifol yn Lloegr – fwyafrif mor sylweddol yn Nhŷ'r Cyffredin'.[36] Aeth Henry Richard ati'n ddiwyd i godi arian. Cynhaliwyd cyfarfodydd ledled Cymru ac mewn nifer o drefi yn Lloegr fel Lerpwl a Manceinion a ffurfiwyd pwyllgor dylanwadol yn Llundain i hybu'r achos.[37]

Anfonodd y *Cambria Daily Leader*, papur radical de Cymru, ohebydd i ymweld â 41 o ffermydd yn siroedd Aberteifi a Chaerfyrddin lle cafodd y tenantiaid eu troi allan. Methodd y gohebydd ddod o hyd i un teulu a drowyd allan o'i fferm am unrhyw reswm ond am iddynt bleidleisio i'r Rhyddfrydwyr. Ymhob achos yr oedd y ffermwr yn gydwybodol, yn barchus gyda'i gymdogion a heb fod yn hwyr yn talu'r rhent.[38]

Mewn araith yn y Senedd ar 8 Awst 1871, trydydd darlleniad Mesur y Tugel (Ballot Bill), nododd Henry Richard fod cyfanswm o £4,000 wedi ei gasglu i'w ddosbarthu i denantiaid a drowyd allan o'u ffermydd.[39] Yr oedd y gronfa, meddai, yn cynnwys ychydig dan £2,000 mewn symiau a dderbyniwyd oddi wrth unigolion ac ychydig dros £1,500 o gasgliadau a wnaed yn y capeli. Casglwyd y symiau mwyaf o gapeli yn Sir Aberteifi (£412) a Sir Gaerfyrddin (£216), dwy o'r siroedd a ddioddefodd fwyaf oherwydd y troad allan. Yn ôl Gohebydd,[40] talwyd pymtheg swllt yn y bunt i bob hawliwr. Gwnaed 63 taliad yn Sir Aberteifi, 21yn Sir Gaerfyrddin, 25 yn Sir Gaernarfon, 2 yn Sir Feirionnydd ac 1 yn Sir Ddinbych. Bu casglu'r gronfa a'i dosbarthu yn gryn gamp drefniadol i'r pwyllgor. Mae'n werth nodi i bu'r cyfarfodydd yn fodd i dynnu pobl o gyffelyb syniadau radicalaidd o bob rhan o Gymru at ei gilydd. Cyfeiriai Gwilym Hiraethog[41] at y rhai a amddifadwyd o'u cartrefi a'u gwaith fel dynion yr oedd y genedl yn eu dyled. Bu'r troad allan yn sbardun i deimladau cenedlaethol yn y Cymry a cheir awgrym fod Henry Richard yn ystyried ceisio sefydlu Plaid Seneddol Gymreig er mwyn cryfhau hawliau ac unioni'r camwri a wnaed â Chymru.

I ddychwelyd at araith Henry Richard yn y Senedd ar 8 Awst 1871, nid oedd yr aelod dros Ferthyr ofn tynnu pob math o gasgliadau o'r hyn ddigwyddodd, nac i fygwth beth allai ddigwydd, oni ddeuai'r bleidlais gudd yn ffaith. Mae'n amheus a glywodd Tŷ'r Cyffredin, cyn nac wedi hynny, eiriau mor blaen â'r rhain wrth aelod o Gymru yn siarad ar ran ei genedl:

> Anfonwch eich Barnwyr Brawdlysoedd i'n gwlad flwyddyn ar ôl blwyddyn, ac y mae eu tystiolaeth yn gyson yn syndod pleserus oherwydd cyn lleied a bron yr absenoldeb llwyr o droseddau difrifol yn y Dywysogaeth. Gadewch i mi dynnu sylw arbennig at Sir Aberteifi. Dyna'r sir a welodd y math gwaethaf o erlid gwleidyddol y bu i mi sôn amdano. Bu rhwng deugain a hanner cant achos o droi allan ac o erledigaeth o fath arall, a rhai ohonynt dan amgylchiadau arbennig o boenus. Gwyddom beth fuasai wedi digwydd yn Iwerddon dan amgylchiadau o'r fath. Buasai'r Gwyddelod wedi cymryd y gyfraith i'w dwylo eu hunain. Ac ni fedraf fod yn siwr na fuasai rhywbeth tebyg wedi digwydd yn Lloegr, oherwydd nid yw John Bull pan gythruddir ef mor barod i ddioddef yn hir fel y mynn i ni gredu yn fynych. Ond beth ddigwyddodd yn Sir Aberteifi? Pan aeth y Barnwr i lawr i'r Brawdlys yn union wedi i'r bobl hyn gael eu troi o'u cartrefi nid oedd un carcharor i'w roi ar brawf. Dywedodd Mr Ustus Hannen, oedd yng ngofal yr Uwch Reithgor, fod calendr cwbl wag yn ddigwyddiad na ddaeth ar ei draws ers iddo fod ar y fainc, a deallai wrth ei gyd-farnwyr 'mai yn Nhywysogaeth Cymru yn unig y gwyddid am hyn, ac yno, ei fod yn beth cyffredin'. Ac eto y bobl hyn a erlidir ac yr aflonyddir arnynt yn y modd y disgrifiais. Ond pam fod y Cymry mor amyneddgar a goddefgar? Nid am nad ydynt yn teimlo'n ddirfawr yr anghyfiawnderau hyn, ond gellir ei briodoli i ddau achos. Yn gyntaf, dylanwad moesol a chrefyddol y capeli Ymneilltuol a'r Ysgolion Sul arnynt, drwy y rhain y trwythwyd eu meddyliau i raddau helaeth gan egwyddorion a rheolau ymddygiad Cristnogaeth. Ond yr oedd dylanwad arall yn yr achos hwn. Yr oeddynt yn credu y byddai rhai ohonom yn sicrhau y byddai eu hachos yn cael ei gyflwyno yn deg gerbron y Tŷ hwn, ac y byddai'r Senedd, os na fyddai'n gwneud iawn am y camweddau a ddioddefasant yn y gorffennol, yn gosod ei hun yn darian iddynt rhag camweddau'r dyfodol. Gwnaethom fentro addo iddynt y byddai'r corff deddfwriaethol yn pasio Cyfraith y Tugel, o dan gysgod yr hon y medrent o hyn allan arfer yn rhydd a diogel yr etholedig fraint a gyflwynwyd iddynt. Ond os siomir hwy gennych, mae'n amhosib dweud beth all ddigwydd. Os digwydd Etholiad Cyffredinol arall heb y Tugel, a'r hyn a ddisgrifiais yn digwydd eto, ni

fedrwn ragweld i ba gamre y gyrrir dynion wedi eu pigo i orffwylltra a heb obaith cyfiawnder.[42]

Pasiwyd y mesur gan Dŷ'r Cyffredin ym mis Medi a daeth yn ddeddf y flwyddyn wedyn er gwaethaf ymdrechion Tŷ'r Arglwyddi i'w ohirio.

Ym 1870 cyflwynodd William Edward Forster, gyda chefnogaeth llywodraeth Gladstone, ei Fesur Addysg i sefydlu mwy o ysgolion elfennol, creu trefn mwy effeithiol o arolygu a sicrhau rhyddid crefyddol. Ymdrech oedd hon i geisio sicrhau bod holl blant Cymru a Lloegr, o bump i ddeuddeg oed, yn derbyn addysg elfennol a hynny'n orfodol. Ni fyddai'r addysg am ddim, er na ellid gwrthod addysg i blentyn os na fedrai'r rhieni dalu. Byddai'r ysgolion enwadol – i bob pwrpas ysgolion Eglwys Loegr – yn derbyn mwy o gyllid wrth y wladwriaeth a byddai gan fyrddau addysg lleol yr hawl i ariannu addysg o'r trethi. Sefydlwyd Byrddau Ysgol fyddai'n sicrhau addysg grefyddol anenwadol yn eu hysgolion, tra byddai'r ysgolion gwirfoddol yn parhau gyda'r un hawliau a chynt. Dylid nodi, hefyd, nad oedd yn y mesur unrhyw gyfeiriad at y Gymraeg.

Nid oedd y mesur yn creu trefn newydd. Deddf i lenwi bylchau ydoedd. Gadewid yr ysgolion gwirfoddol fel yr oedden nhw o dan drefn o bwyllgorau rheoli lleol. Lle'r oedd y ddarpariaeth addysg yn annigonol, neu lle'r oedd galw am well darpariaeth, dylid sefydlu Byrddau Ysgol – etholedig – gyda'r cyfrifoldeb o adeiladu ysgolion. Cyflwynodd Forster ei fesur ar 17 Chwefror 1870, ac ar 14 Fawrth cynigiodd George Dixon, AS Birmingham, welliant: sef na ddylai awdurdodau lleol fod yn gyfrifol am addysg grefyddol mewn ysgolion a gyllidwyd o'r pwrs cyhoeddus. Cododd gaead ar agwedd o'r mesur fyddai'n berwi am flynyddoedd.

Nodwedd arbennig y ddadl oedd nid yn gymaint yr anghytuno rhwng Ceidwadwyr a Rhyddfrydwyr ond yr anghytundeb o fewn y Rhyddfrydwyr – y blaid oedd yn llywodraethu. Yr oedd nifer ar adain Ymneilltuol radicalaidd y Rhyddfrydwyr am fynd ymhellach na'r hyn a argymhellid gan y mesur – yn eu plith Edward Miall a Henry Richard. Cyfeiriodd Henry Richard at wrthwynebiad y Cymry fod Eglwyswyr Anglicanaidd yn athrawon mewn cynifer o ysgolion. Ei ddadl ef oedd y dylai'r addysg fod yn seciwlar gan adael i 'asiantaethau' crefyddol fwrw ymlaen gyda'u gwaith tu allan i'r ysgolion. Dyletswydd yr aelwyd a'r ysgol Sul oedd darparu hyfforddiant crefyddol.

Ar 20 Mehefin, gan gynrychioli safbwynt amryw yn ei blaid, cynigiodd y gwelliant:

Na ddylid cynyddu grantiau'r ysgolion enwadol oedd eisoes yn bod; ac mewn unrhyw system genedlaethol o addysg elfennol, fod presenoldeb ymhob un yn orfodol, a bod addysg grefyddol yn cael ei ddarparu drwy ymdrech wirfoddol a nid o'r cyllid cyhoeddus.[43]

Nid a ddylai plant gael addysg grefyddol oedd y cwestiwn, meddai, ond sut a chan bwy y dylid ei darparu. Cynllun y llywodraeth oedd cynnig fod pawb yn talu am addysg grefyddol pob un arall. Yr unig ateb boddhaol i'r broblem oedd mabwysiadu cyfundrefn addysg seciwlar. Darpared y wladwriaeth addysg lenyddol a gwyddonol a gadawed i'r cartrefi a'r cyrff crefyddol ddarparu addysg grefyddol. Os oedd swyddogaeth 50,000 o glerigwyr a 350,000 o athrawon ysgolion Sul i'w throsglwyddo i'r ysgolfeistr oni ddylid rhoi cyfran o waddol y clerigwyr a'r athrawon i'r ysgolfeistri? Ond yr oedd eraill o blith y Rhyddfrydwyr, yn eu plith Samuel Morley, AS Bryste, yn dadlau nid yn unig o blaid darllen y Beibl yn yr ysgolion ond hefyd o blaid addysg grefyddol, er heb ei wneud yn orfodol. Trechwyd gwelliant Henry Richard o 421 pleidlais i 60, gyda'r Ceidwadwyr bron yn unfrydol eu cefnogaeth i'r llywodraeth.

Aed â'r mesur rhagddo drwy bwyllgor, fwy neu lai yn ddigyfnewid, ac yn y trydydd darlleniad ar 11 Gorffennaf, gwnaeth Henry Richard a Henry Winterbothan, AS Stroud, ŵyr i weinidog gyda'r Bedyddwyr ac un arall o Ymneilltuwyr radical y Blaid Ryddfrydol, eu safiad olaf ar y pwnc. Gwrthwynebai Winterbotham ysgolion enwadol mewn mesur oedd mor ffafriol i'r Eglwys Sefydledig. Siaradodd Richard gyda chwerwder a choegni anarferol:

Rhuthrodd aelodau'r Wrthblaid i freichiau agored W. E. Forster ac yntau'n eu cofleidio'n annwyl a thyner; tra gwyliai Rhyddfrydwyr eraill eu buddiannau'n cael eu bradychu.Yr oedd hyd yn oed y prif weinidog (Gladstone) wedi canmol hyblygrwydd y Ceidwadwyr, taranodd Richard. Nid oedd yng Nghymru na Lloegr un corff Anghyd-ffurfiol na wrthwynebai'r Mesur yn ei ffurf bresennol. Gwthiwyd y Mesur drwyddo yn nannedd gwrthwynebiad y gymuned Anghydffurfiol gyfan, sef hanner poblogaeth Prydain. Yr oedd Forster wedi gwneud yr hyn a addawodd, neu a fygythiodd, sef carlamu dros yr anhawsterau addysgiadol ar ei farch – 'Ceidwadwr'. Rhuthrodd i ganol ei ffrindiau a gyrru trostynt yn ddidrugaredd. Diau, y medrai'r

Llywodraeth lwyddo gydag unrhyw fesur o ddefnyddio pleidleisiau'r gwrthwynebwyr i drechu eu cyfeillion, ond mentrai ddarogan y byddai un neu ddwy fuddugoliaeth arall fel hon yn tanseilio dyfodol y Blaid Ryddfrydol.[44]

Methiant fu gwrthwynebiad Henry Richard a gyda chefnogaeth y Ceidwadwyr daeth y mesur yn ddeddf yn ddidrafferth. Gwnaeth Richard ei safbwynt yn gliriach fyth mewn anerchiad a draddododd yn ei etholaeth yn Rhagfyr 1870:

> Yr oedd yn well gennyf y Mesur Addysg yn ei ffurf wreiddiol nag yn yr ail, oherwydd o dan y cyntaf yr oedd y posibilrwydd o ddwyn holl ysgolion y wlad – y rhai enwadol a'r rhai hynny sydd eto i'w sefydlu – o fewn trefn ac arweiniad y Byrddau Ysgol, ac felly yn nhrefn amser credwn y byddai'n bosib sefydlu un drefn addysg genedlaethol gyson, gyffredinol; a chredaf y byddai o fantais fawr i Gymru a Saeson ifanc gael eu dwyn at ei gilydd i ysgolion tebyg eu ffurf i ddysgu rhai pynciau cyffredin, heb wthio arnynt y gwahaniaethau sectyddol sy'n dirdynnu'n cymdeithas. Ymddengys i mi fod y Mesur yn ei ffurf derfynol wedi creu gwahaniaeth lwyr a pharhaol rhwng dau fath o ysgol – yr ysgolion enwadol a'r rheini fyddai dan y Byrddau Ysgol, ac yn achos yr olaf rhoddodd y Mesur y grym i'r Byrddau i ddelio gyda hyfforddiant grefyddol, heb unrhyw ystyriaeth o hawliau cydwybod ag eithrio'r hyn a geir gan y cymal sy'n gwahardd dysgu'r catecism yn yr ysgolion. Nid yw hynny'n amddiffyniad digonol, oherwydd mewn cannoedd o blwyfi gwledig yn Lloegr bwrdd rheoli'r ysgol fydd yr offeiriad a'r sgweiar, a bydd ganddynt y grym i orchymyn pa fath o hyfforddiant grefyddol i'w ddarparu yn yr ysgol . . . Cânt ddysgu faint a fynnont ar yr amod nad yw ar ffurf holwyddoreg; ac y mae ugeiniau o holwyddoregau a luniwyd gan offeiriaid sy'n filwaith gwaeth na'r hyn a luniwyd gan Eglwys Loegr. Dylai fod rhyddid mewn addysg. Ond gwrthwynebaf fod dyn yn cael rhoi ei law yn fy mhoced a chymryd fy arian i dalu am yr hyn a gredaf sy'n gyfeiliornus. Dyna bennaf anghyfiawnder y Mesur hwn.[45]

Gwelwyd yn fuan mor broffwydol fu geiriau a gwrthwynebiad Henry Richard. Daeth y manteision a roddai'r ddeddf i'r drefn enwadol yn fwy a mwy amlwg, yn arbennig cymal 25 y ddeddf a roddai'r hawl i wario arian cyhoeddus ar ysgolion enwadol. Gwnaeth yr offeiriaid ymdrech fawr – a llwyddiannus – i sicrhau rheolaeth o'r Byrddau Ysgol gan alltudio'r Ymneilltuwyr fwyfwy o weinyddiaeth oedd eisoes yn ffafrio'r Eglwys Sefydledig. Dymchwelwyd gweinyddiaeth Gladstone yn Etholiad Cyffredinol 1874, a gellir priodoli hynny yn rhannol i ddiffyg cefnogaeth a difaterwch Anghydffurfwyr a ddadrithiwyd gan Ddeddf Addysg 1870.

Cynhaliwyd cynhadledd fawr o gynrychiolwyr yr enwadau Ymneilltuol ym Manceinion ddechrau 1872 – dan gadeiryddiaeth Richard – a thrafodwyd eto bwnc addysg grefyddol yn yr ysgolion elfennol. Fe'i cynhaliwyd yn y Free Trade Hall, lle cynhaliwyd y cyfarfodydd mawr yn gwrthwynebu'r dreth ar fewnforio ŷd a lle traddododd Henry Richard yr araith a ddenodd sylw Cobden. Yr oedd tua dwy fil o bobl yn bresennol yn cynrychioli dros 800 o sefydliadau a chapeli Ymneilltuol. Yr oedd Richard yn wawdiol a dirmygus o'r llywodraeth. Erbyn hyn, yn ôl Richard, gellid gweld gwir natur y Ddeddf Addysg a bod angen atgoffa Forster iddo anghofio'i hen gyfeillion radicalaidd Anghydffurfiol, ac iddo'u bradychu er budd ei uchelgais ei hun. 'Ni welais erioed y fath undod a difrifoldeb yn y gwersyll Anghydffurfiol ag a welaf yn awr', meddai. Cefnogwyd cynnig mai drwy ymdrechion gwirfoddol y dylid darparu addysg grefyddol ac na ddylid caniatáu i athro ysgol fod yn gyfrifol am addysg grefyddol. Anogwyd Ymneilltuwyr i drefnu eu hunain gyda'r nod o ethol i'r Senedd aelodau fyddai'n pleidleisio dros ddymchwel polisi addysg y llywodraeth.[46]

Daeth cyfle ar 5 Mawrth 1872, i roi'r cynigion hyn gerbron y Senedd, a hynny wnaed gan George Dixon. Nododd nifer o ddiffygion yng ngweinyddiad y ddeddf – sef nad oedd aelodau'r Byrddau Ysgol yn gynrychiolaeth deg o'r gymdeithas; nad oedd presenoldeb plant yn yr ysgolion yn orfodol; fod ffioedd ysgol yn cael eu gweinyddu mewn modd afreolaidd ac anghyson; y caniateid i Fyrddau Ysgol i dalu ffioedd allan o'r dreth i ysgolion enwadol nad oedd gan y trethdalwyr unrhyw reolaeth trostynt; fod y ddeddf yn caniatáu i'r Byrddau Ysgol ddefnyddio arian y trethdalwyr i ddarparu addysg grefyddol athrawiaethol mewn ysgolion a sefydlwyd gan y Byrddau Ysgol; a bod caniatáu'r hawliau hyn yn creu anghytgord crefyddol drwy'r wlad ac yn torri ar draws hawliau cydwybod.

Eiliwyd y cynnig gan Henry Richard a ganolbwyntiodd ar yr agwedd enwadol, neu'r rhan ohoni oedd yn gofidio'r Ymneilltuwyr.[47] Rhoddodd amlinelliad o hanes y Gymdeithas Ysgolion Brutanaidd a Thramor a dyfodd o ymdrechion cynnar yr Ymneilltuwr Joseph Lancaster ac a oedd mewn bod ymhell cyn y Gymdeithas Ysgolion Cenedlaethol (Anglicanaidd). Ond cyn gynted ag y dechreuodd Eglwys

Loegr ymddiddori yn y mater buan y gadawodd bawb ar ôl gyda niferoedd, os nad ansawdd, ei hysgolion. Yr oedd ganddi, meddai Henry Richard, bob mantais i'r gwaith. Yn ei rhengoedd yr oedd y cyfoethocaf yn y gymuned. Tra'r oedd yn rhaid i'r Ymneilltuwyr adeiladu ac atgyweirio eu capeli, cynnal eu gweinidogion, adeiladu a chynnal eu colegau, a weithiau gyfrannu symiau mawr o arian i amddiffyn a hybu eu hawliau dinesig a chrefyddol, yr oedd gan Eglwys Loegr yr holl adeiladau eglwysig at ei defnydd ei hunan. Cafodd gymorthdaliadau seneddol mawr i godi eglwysi newydd; bu'r Dreth Eglwys – orfodol – yn fodd i gynnal adeiladwaith yr eglwysi, a chyfarfod costau achlysurol eraill; yr oedd gwaddoliadau enfawr i gynnal ei gweinidogion; a llwyddodd i feddiannu bron yr holl waddoliadau elusennol o'r prifysgolion i lawr i'r ysgolion lleiaf. Pan ddechreuodd y Senedd roi cymorthdaliadau i addysg ni phetrusodd y clerigwyr rhag hawlio unrhyw swm o arian cyhoeddus y gwelodd y wladwriaeth yn dda i'w ddarparu at bwrpas adeiladu ac addysgu enwadol mewn ysgolion. Gyda'r fath adnoddau – a phopeth wrth law i wneud y gwaith – yr oedd Henry Richard yn cydnabod iddynt wneud gwaith da. Adeiladasant filoedd o ysgolion dros y wlad. Ond yr oedd y llywodraeth wedi noddi a hybu'r ysgolion Eglwys ymhob ffordd bosib a hynny ar draul pob math arall o ysgol, meddai.

Rhoddwyd ysgogiad anferthol i ysgolion enwadol drwy barhau â'r cymorthdaliadau adeiladu hyd ddiwedd 1870, meddai. Mae'n rhaid bod y gweindog addysg (W. E. Forster) wedi sylweddoli mor fanteisiol fyddai hyn i'r ysgolion enwadol – y rhai a berthynent i Eglwys Loegr. Yr oedd Henry Richard wedi rhagweld a'u hysbysu mai dyna fyddai'r canlyniad. Bu 3,337 o geisiadau am grantiau adeiladu neu tuag at ehangu ysgolion. O'r rhain, cymeradwywyd 2,286 cais ac yr oedd bron bob un o'r rhain gan ysgolion enwadol neu ysgolion yn perthyn i Eglwys Loegr. Ar y llaw arall, naw deg un yn unig o ysgolion newydd a adeiladwyd gan y Byrddau Ysgol, a chant arall wedi'u trosglwyddo i'w gofal. Bu ymddygiad y gweinidog addysg yn dipyn o benbleth iddo. Honnai Forster ei fod yn awyddus i weld y Byrddau Ysgol yn cael eu ehangu ar draws y wlad. Honnai iddo obeithio mai effaith y Ddeddf Addysg fyddai sicrhau fod byrddau'n cael eu sefydlu ledled y wlad ac eto er yn coleddu'r gobaith hwnnw, rhoddodd o'i wirfodd yn nwylo gwrthwynebwyr dycnaf y Byrddau Ysgol y grym i drechu'r gobaith hwnnw. Pam y gwnaed hyn? Yr unig arlliw o reswm a glywodd Richard oedd y byddai'n esmwytho baich y trethdalwyr. Wel, yr oedd yn tybio bod cyfraniadau gwirfoddol i sefydlu'r grantiau hefyd yn dod o bocedi trethdalwyr; yr unig wahaniaeth oedd, o dan y dreth fod y baich yn fwy gwastad a chyfiawn. O leiaf, yr oedd yn amheuthun dod ar draws unrhyw dynerwch tuag at y trethdalwyr gan lywodraeth a ychwanegodd £7,000,000 tuag at ddarpariaethau milwrol y flwyddyn honno'n unig! Pa eisiau bod mor grintachlyd ynglŷn â chymryd £1,500,000 o bocedi'r trethdalwyr i adeiladu ysgolion?

Cyfeiriodd at yr ychwanegiad o 50 y cant mewn cymorthdal i ysgolion enwadol fel iawndal am eu torri i ffwrdd wrth y Byrddau Ysgol. Er bod hawl y Byrddau Ysgol i roi cymorthdaliadau i ysgolion enwadol yn bodoli o hyd! Cwynodd hefyd mai eglwyswyr oedd yr arolygwyr oedd yn ymweld ag ysgolion yn Sir Fôn Anghydffurfiol. A'u bod yn mynd o gwmpas yr ynys yn annog sefydlu ysgolion enwadol ac yn dilorni'r ymdrechion i sefydlu Byrddau Ysgol. Hefyd bod deuddeg o arolygwyr wedi eu penodi ddiwedd y sesiwn seneddol ddiwethaf a phob un ohonyn nhw'n Eglwyswyr.

* * *

Seiliwyd trefn addysg Cymru ar draddodiad Eglwysig a'i addasu gan ddiwylliant gwahanol i'r hyn a ddatblygodd yn Lloegr. Llwyddodd Griffith Jones, Llanddowror, â'i ysgolion cylchynol, ac eraill drwy ddylanwadu ar fudiadau oedd yn sefydlu ysgolion elusennol fel yr SPCK (y Gymdeithas er Hyrwyddo Gwybodaeth Gristnogol) i sicrhau fod yr addysg yn Gymraeg. Sylweddolai Griffith Jones na fyddai dysgu plant nac oedolion drwy gyfrwng iaith na ddeallent yn llwyddo. Er gwaethaf ymdrechion yr ysgolion Cenedlaethol a'r ysgolion Brutanaidd a ddaeth wedi hynny gyda'u 'Welsh Not' ni wnaethant niwed mawr i'r Gymraeg gan fod cyn lleied ohonynt.[48] Ni adawsant fawr o'u hôl yn addysgiadol ar Gymru chwaith, yn sicr ddim yn hanner cyntaf y bedwaredd ganrif ar bymtheg. Ni sylweddolodd Cymdeithas yr Ysgolion Brutanaidd faint o waith oedd i'w wneud yng Nghymru tan 1843. Erbyn hynny yr oedd yr ysgolion Cenedlaethol wedi cymryd camre yn nhrefi cymharol boblog yr arfordir ond ddim yn y cefn gwlad Gymraeg ei hiaith.

Hyd 1870 yr oedd addysg Cymru a Lloegr yn gweithredu dan drefn a elwid yn drefn wirfoddol, er mai gwirfoddol mewn enw yn unig oedd hi. Cyn i'r wladwriaeth ym 1833 ddechrau darparu cymorth i adeiladu ysgoldai, yr oedd addysg ddyddiol, lle y bodolai, yn cael ei threfnu gan Gymdeithas yr Ysgolion Cenedlaethol a'r Gymdeithas

Frutanaidd a Thramor. Trefn a ddibynai ar haelioni'r cyfoethogion – gyda'r wladwriaeth yn gweithredu fel noddwr ychwanegol o 1833 ymlaen. Allan o hyn y tyfodd yr hyn a elwid yr Egwyddor Wirfoddol. Oherwydd gwahaniaethau enwadol sylweddol, yr oedd rhyw fath o gydnabyddiaeth gyffredinol mai yr offeiriaid a'r gweinidogion oedd y bobl addas i ofalu am addysg. Pan sefydlwyd Pwyllgor y Cyfrin Gyngor dros Addysg ym 1839 nod y pwyllgor oedd darparu addysg drwy hybu gwaith yr asiantaethau gwirfoddol. Daeth (Syr) Hugh Owen i'r darlun ym 1843. Yr oedd Owen yn frwd dros sefydlu ysgolion Brutanaidd i wrthweithio'r ysgolion Cenedlaethol Anglicanaidd a'r flwyddyn honno anfonodd lythyr i'r papurau Cymraeg yn annog sefydlu ysgolion Brutanaidd yng Nghymru.[49] Syniad gafodd gefnogaeth oedd bron yn unfrydol.

Ar fater addysg, yr oedd gan Henry Richard farn bendant ynglŷn â pha fath o drefn addysgol fyddai'n addas i Gymru. Yr oedd yn llinach y tadcu, y gŵr o'r un enw ag ef, a fu'n un o athrawon Griffith Jones, Llanddowror, a'i dad, Ebenezer Richard, cefnogwr brwd mudiad yr ysgolion Sul yn y de. Yn yr enwad Cynulleidfaol, er ei fod yn Llundain, tyfodd ei ymwybyddiaeth o sêl yr Annibynwyr dros addysg. Cyn i Gymru freuddwydio am gyfundrefn o addysg elfennol a chanol, ymroddodd gweinidogion Annibynnol, ble bynnag y medrent, i gadw ysgol, neu i noddi eraill i wneud hynny. Yr ysgolion gramadeg a gedwid gan weinidogion yr Annibynwyr a'r Undodiaid yn bennaf, oedd ei ddelfryd. Breuddwyd y Tadau Annibynnol oedd datblygu cyfundrefn o addysg wirfoddol yn rhydd wrth lywodraeth.[50] Efallai iddynt gamgymryd yr hyn ddylai'r berthynas fod rhwng y llywodraeth ag addysg ond yr oedd ganddynt achos da dros ddrwgdybio pob llywodraeth. Yr un oedd safbwynt Henry Richard.

Bu yn ymwneud ag addysg yng Nghymru er 1844. Tebyg y bu'n trefnu ac ymgyrchu ym Merthyr a Chaerfyrddin cyn hynny. Yng nghwmni'r Parch John Blackburn ymwelodd ag Eglwysi Annibynnol y de ym 1844 a lluniodd ddau adroddiad, un i Undeb Cynulleidfaol Lloegr a Chymru ar gyflwr crefydd yng Nghymru a'r llall i fwrdd addysg yr enwad. Yn sgîl yr ail adroddiad trefnwyd yn Llanymddyfri gynhadledd ar addysg, ar y cyd gyda phwyllgor addysg y Wesleaid, ac o ganlyniad sefydlwyd Ysgol Normal yn Aberhonddu ac yna yn Abertawe i hyfforddi athrawon, ynghyd â nifer o ysgolion dyddiol yn y de.[51]

Yr oedd Henry Richard yn eiddgar dros sefydlu colegau yng Nghymru er bod eraill, fel Hugh Owen, am anfon pobl ifanc i gael eu hyfforddi yng Ngholeg Borough Road, Llundain, coleg hyfforddi athrawon yn gysylltiedig â'r ysgolion Brutanaidd a sefydlwyd ym 1817. Dadl Hugh Owen oedd fod y coleg yn Llundain yn sicrhau gwell addysg – gydag athrawon ar gyfer pob pwnc a'r fantais o ymgynefino â'r Saesneg ac y byddai gorfod cystadlu â myfyrwyr o Saeson o fudd i'r Cymry. Mynnodd fod costau byw a llety yn rhatach yn Llundain – nid pawb oedd yn cytuno â hynny! Codai fwganod wedyn am yr anhawster o benodi prifathro i goleg yng Nghymru oherwydd enwadaeth. 'Os penodir Weslead, neu Annibynnwr, neu Fethodist Calfinaidd neu Fedyddiwr mae lle i ofni na fyddai'r enwadau eraill yn ymddiried ynddo', meddai.[52]

Yn ei bedwaredd erthygl i'r *Morning and Evening Star* eglurodd Henry Richard gwahaniaeth – a rhagoriaeth – yr ysgolion Sul yng Nghymru o'u cymharu â rhai Lloegr:

> Nodwedd arbennig o'r Ysgolion Sul yng Nghymru yw eu bod yn cynnwys nid yn unig y plant, ond hefyd gyfran fawr o oedolion. Y mae'n fater o ofid parhaol i hyrwyddwyr yr Ysgolion Sul yn Lloegr fod y disgyblion hŷn, ar ôl iddynt gael cymhwyster gweddol mewn darllen, yn gadael yr ysgol a chefni ar ddylanwad buddiol y gallasai eu hathrawon ei arfer trostynt ar adeg mor ddylanwadol yn eu bywydau. Ond yng Nghymru pa mor berffaith bynnag y dysga'r ifanc i ddarllen, ni freuddwydiant am ymadael â'r Ysgol Sul.[53]

Ymhellach, yn yr un erthygl, fe'i cawn yn egluro a chanmol rhinweddau y Gymanfa Bwnc a'r trafod a'r dadlau ar sail agweddau hanesyddol, athronyddol a moesol y bennod dan sylw. Rhywbeth cwbl wahanol ac yn rhagori cymaint ar y *catechism* Seisnig, meddai.

Wedi 1853 yr oedd gwrthwynebiad y rhai hynny a gredent yn yr egwyddor o ysgolion gwirfoddol pur yn gwanhau – yr oedd angen arian, amynedd ac egni i drefnu a chynnal ysgolion o'r fath ac yr oedd amryw, yn eu plith David Charles a David Rees, a Henry Richard, efallai – yn ail-feddwl. Hefyd yr oedd pobl yn sylweddoli nad oedd yr ysgolion Brutanaidd, wedi'r cwbl, yn sectyddol.

Sail dadl Henry Richard dros system addysg fyddai'n annibynnol ar unrhyw gymorthdaliadau gan y llywodraeth oedd ei ddymuniad i atal yr hyn a welai fel llygredigaeth y wladwriaeth ar y bobl drwy ddylanwad Eglwys Loegr. Brwydrodd hyd y diwedd i barhau'r elfen wirfoddol bur honno yng nghyswllt crefydd enwadol a'r ysgolion dyddiol yn neddf 1870. Prin y buasai'n cymeradwyo gogwydd y blynyddoedd hyn tuag at ysgolion enwadol yn cael eu hybu a'u cynnal gan y llywodraeth!

* * *

Tra'r oedd W. E. Forster yn llywio'i Fesur Addysg drwy Dŷ'r Cyffredin, cyflwynodd aelod seneddol (Bwrdeisdref) Dinbych, Watkin Williams, gynnig ar 24 Mai 1870, yn sgîl datgysylltu'r Eglwys yn Iwerddon, fod gwaddoliadau'r Eglwys Anglicanaidd yng Nghymru i'w ddefnyddio at achos addysg.[54] Wedi blynyddoedd o esgeuluso Cymru gan ei chynrychiolwyr seneddol yr oedd araith Williams yn arwydd o'r hyder newydd ymhlith yr aelodau Cymreig, hyder oedd i'w briodoli i ddylanwad Henry Richard. Yr oedd eraill yn awr yn dilyn ei esiampl, gwŷr fel George Osborne Morgan, yr aelod dros Sir Ddinbych, a frwydrodd am flynyddoedd i sicrhau'r hawl i Ymneilltuwyr gael eu claddu mewn mynwentydd plwyf gyda gweinidogion Ymneilltuol yn gwasanaethau ar lan y bedd. Y mae araith Watkin Williams yn un hynod ddifyr i'w darllen. Rhoddodd wers hanes i'r Tŷ am gysylltiadau'r Eglwys Geltaidd ag Awstin. Yr oedd, meddai, 'hen Eglwys Prydain yn eglwys o Gristnogaeth bur, yn wahanol iawn i'r hyn a honnir parthed Eglwys Loegr, a'i bod mewn llawer ystyr yn cyfateb mewn syniadau a barn i'r Eglwysi Anghydffurfiol yng Nghymru heddiw.'

Yn dactegol, methodd Williams am na sicrhaodd gefnogaeth y mudiad o blaid datgysylltu'r Eglwys. Bwriadodd Henry Richard siarad o blaid y cynnig ond ymyrrodd y prif weinidog, Gladstone, yn y ddadl yn annisgwyl gan awgrymu'n gyfrwys y byddai gwahanu Cymru a Lloegr yn yr achos arbennig hwn yn anymarferol. Awgrymodd, hefyd, fod cynnig Williams yn ymosodiad ar y sefydliad Seisnig. Yr oedd y Ceidwadwyr wrth eu boddau o weld nad oedd Gladstone am ddilyn yng Nghymru y llwybr a dorrwyd yn Iwerddon. Pan alwyd y bleidlais ni chafodd Watkin Williams ond 45 o gefnogwyr. Yn sicr nid oedd Henry Richard wedi ei blesio gan agwedd Gladstone yn yr achos hwn na'i ymddygiad yng nghyswllt Deddf Addysg Forster a bu'n chwyrn ei feirniadaeth o'r prif weinidog. Hynny er eu cyfeillgarwch personol a pharch amlwg Gladstone at egwyddorion di-wyro ac unplygrwydd Richard.

Ceir amryw gyfeiriadau at daith bleser a drefnwyd gan y Cobden Club ar hyd afon Tafwys i Greenwich. Dyfynnir nodyn o'r *Illustrated Times* lle disgrifir yr 'aelod huawdl dros Ferthyr' a geryddodd y llywodraeth yn chwyrn ychydig cyn hyn yn eistedd yn dawel yng nghefn y cwch. 'Pan ddaeth Mr Gladstone ar fwrdd y llong, aeth draw at Mr Richard, ysgwyd ei law yn gynnes, eistedd wrth ei ymyl a sgwrsio ... Dyna ddull ymladdwyr gwleidyddol yn y Tŷ; a boed iddi fod felly fyth.'[55]

Priodol yma fuasai bwrw golwg ar gyfraniad Henry Richard yn achos sefydlu Prifysgol Cymru. Ar 15 Hydref 1872, yr oedd yn bresennol yn agoriad Coleg Aberystwyth. Bu'n amharod ar y cychwyn i dorchi llewys o blaid mudiad y brifysgol ac nid gwaith hawdd fu ei ddarbwyllo i wneud hynny. Fel y nodwyd eisoes yr oedd yr elfen wirfoddol y bu mor frwd o'i phlaid yng nghyswllt addysg elfennol ym mer ei esgyrn – sef ei wrthwynebiad i dderbyn arian y wladwriaeth at bwrpas addysg. Tybed a oedd ganddo rywfaint o gydymdeimlad â Choleg Dewi Sant, Llanbedr Pont Steffan, y bu cefnder ei fam mor weithgar yn ei sefydlu? A bu ymgyrch i geisio sefydlu prifysgol genedlaethol wedi ei seilio ar Goleg Dewi Sant. Digon prin. Anfonodd nifer o offeiriaid Cymreig oedd yn byw yn Swydd Efrog – Cymry da a flinodd ar weld Saeson yn cael eu penodi i esgobaethau yng Nghymru – betisiwn ym 1852 i'r Senedd. Gofidient am gyflwr arbennig y dywysogaeth lle'r oedd pedwar o bob pump o'r boblogaeth wedi eu hysgaru wrth yr Eglwys Sefydledig. 'Ni fedrai dim llai na phrifysgol', meddent, 'wedi ei sefydlu ar egwyddorion eang a rhyddfrydig gyfarfod ag anghenion presennol y wlad, na chodi cymeriad moesol a meddyliol y bobl, yn Eglwyswyr neu Ymneilltuwyr.' Aeth y petisiwn ymhellach gan gyflwyno awgrymiadau manwl parthed cyfansoddiad a senedd prifysgol genedlaethol.[56]

Bu Hugh Owen, hefyd, yn ysgogi a phrocio'r syniad o sefydlu coleg neu golegau i Gymru er tua 1852. Nid oedd ganddo ef unrhyw gydwybod ynglŷn â defnyddio arian cyhoeddus at bwrpas addysg. Gŵr arall wnaeth gyfraniad pwysig – a hael – tuag at sefydlu prifysgol genedlaethol oedd William Williams, AS Coventry – a Lambeth wedi hynny – y bu ei brocio a'i gonsyrn am addysg yng Nghymru yn gyfrifol am sefydlu Comisiwn 1847 (Brad y Llyfrau Gleision). Tueddwn i'w gofio yng nghyswllt y Llyfrau Gleision yn hytrach nag am ei gymwynasau mwy adeiladol i Gymru. Yn Ebrill 1854, cyfarfu rhai o Gymry amlwg Llundain yng nghartref y llawfeddyg Thomas Charles, perthynas agos i dad yr ysgolion Sul yng Nghymru.[57] Galwyd y cyfarfod gan Hugh Owen, ac ymysg y rhai oedd yn bresennol oedd Lewis Edwards, y Parch Henry Rees, George Osborne Morgan, Richard Davies, David Charles (Trefeca), SR ac Enoch G. Salisbury.

A oedd Henry Richard yno, hefyd? Ni cheir cyfeiriad ato. Ffurfiwyd is-bwyllgor oedd yn cynnwys George Osborne Morgan, Salisbury a Hugh Owen i baratoi cynllun ar gyfer prifysgol i Gymru. Yn ei anerchiad adeg agor Coleg Aberystwyth ar 15 Hydref 1872, bron yn union ugain mlynedd wedi hynny yr oedd Osborne Morgan yn dwyn i gof y cyfarfod cyntaf o'r is-bwyllgor hwnnw. Salisbury, oedd yn enedigol o Sir Flint ac a fu am gyfnod yn AS Caer, fu'n gyfrifol am y casgliad llyfrau y cyfeirir ato fel Llyfrgell Salisbury, Prifysgol Caerdydd.

Mae'n debyg mai rhywbeth ar gynllun Colegau'r Frenhines yn Iwerddon oedd ganddynt mewn golwg, cynllun a sefydlwyd dan Ddeddf 1845 dan waddol y wladwriaeth, i ateb galw'r gymuned Babyddol am addysg. (Gan i Brotestaniaid wrthwynebu natur yr addysg ddiwinyddol ac i'r Pab wedi hynny eu condemnio fel sefydliadau oedd yn 'andwyol i grefydd' bu raid addasu'r cynllun er i'r colegau barhau.) Beth bynnag, ni fwriwyd ymlaen gyda'r syniad yng Nghymru oherwydd bod angen rhoi trefn ar faterion addysgol dyrys eraill, gan gynnwys sefydlu coleg – neu golegau – i hyfforddi athrawon a bod Hugh Owen yn brysur gyda'r gwaith o sefydlu'r Coleg Normal, Bangor. Ac ym 1854 cychwynnodd Rhyfel y Crimea a'i ddilyn gan Wrthryfel India, oll yn hawlio sylw'r llywodraeth. Yn Eisteddfod Abertawe, 1863, rhoddodd Dr Thomas Nicholas, oedd yn athro yng Ngholeg Presbyteraidd Caerfyrddin, anerchiad – 'High Schools and a University for Wales' – gan ddwyn yr Eisteddfod Genedlaethol i mewn i fudiad y brifysgol am y tro cyntaf.[58] Yr hyn alwodd Hywel Teifi Edwards yn fynegiant o '(f)eddylfryd iwtilitaraidd' Hugh Owen a'i gymrodyr, sef 'addysg uwch . . . solet, ffeithiol a'i gwnâi'n bosibl i epil y dosbarth canol gystadlu â'u cyfoedion yn Lloegr a'r Alban am y swyddi parchusaf'.[59]

Gyda phrynu'r Castle Hotel yn Aberystwyth ym Mawrth 1867, yr oedd y freuddwyd yn ymffurfio'n ffaith a'r syniad yn ymgorffori'n sefydliad. Ar ôl cychwyn siomedig i'r apêl ariannol dechreuodd yr arian ddod i fewn yn gynt ac yr oedd pethau'n ymddangos yn obeithiol. Teithiodd Dr David Charles ac eraill hyd a lled y wlad i gasglu arian ym 1868. Un diwyd arall yn yr ymgyrch, ond a aeth yn angof, oedd David Thomas (1813–94), gweinidog yn Stockwell, awdur toreithiog a golygydd y cyfrolau esboniadol niferus, *The Homilist*. Fe'i ganed ger Dinbych-y-pysgod ac ef oedd syflaenydd Clybiau a Sefydliadau'r Gweithwyr (Working Men's Club and Institute). Ffurfiwyd pwyllgor cyffredinol o 100 ar 14 Mai 1868, a chyflwynodd y pwyllgor ei apêl cyntaf i'r llywodraeth am gefnogaeth. Gwrthododd Disraeli dderbyn y ddirprwyaeth. Wedi ethol llywodraeth Ryddfrydol ym 1868 dechreuwyd ymgyrchu o ddifrif am gefnogaeth y llywodraeth a dechreuodd yr aelodau seneddol, Henry Richard yn arbennig, lobïo Gladstone. Er i'r prif weinidog newydd ymddangos yn gefnogol iawn a dweud bod gan Gymru bob hawl i ystyriaeth ffafriol, ac er gwaethaf cynsail colegau Iwerddon a'r Alban, methiant fu'r ymgyrch.[60] Mewn adroddiad o gyfarfod a fu rhwng Henry Richard, George Osborne Morgan a Gladstone ar 28 Mai 1870, gwelir fod Gladstone yn derbyn na ddylid cymharu Cymru, gyda'i chenedligrwydd unigryw 'a'i thrigolion wedi eu rhannu oddi wrth Loegr gan ffin gadarn iaith a hil', gyda thref neu ardal o Loegr.[61] Yr oedd y llywodraeth yn gwrthwynebu cyfrannu tuag at, na chydnabod, colegau yn Lloegr – heblaw Rhydychen a Chaergrawnt – rhag gostwng y safonau. Diddorol sylwi tra sefydlwyd yn y bedwaredd ganrif ar bymtheg dair prifysgol newydd – Durham (1832), Llundain (1832) a Victoria (1880) – yn Lloegr, gwlad llawer mwy ei maint a'i phoblogaeth, yng Nghymru sefydlwyd pedwar coleg, Llanbedr Pont Steffan, Aberystwyth, Bangor a Chaerdydd, y tri olaf yn uno dan fantell Prifysgol Cymru yn negawd olaf y ganrif. Dadl Henry Richard oedd fod Cymru'n wlad ar wahân ac yr oedd Gladstone yn derbyn hynny.

Cynhaliwyd cyfarfod ar 25 Chwefror 1869, yng ngwesty'r Westminster Palace, Llundain, lle nodwyd fod y cyfraniadau tuag at gronfa sefydlu'r coleg yn llawer is na'r disgwyl a bod rhai yn gwrthod cyfrannu nes cael sicrwydd o gymorth gan y llywodraeth. Tenau oedd y cymorth wrth y dosbarth cefnog – er i David Davies, Llandinam, maes o law gyfrannu'r swm anrhydeddus o £3,000 tuag at gronfa'r adeiladau – ond nodwyd fod 'chwarelwyr Meirionnydd ac Arfon wedi rhoi esiampl i foneddigion Cymru yn yr ysgogiad a roisant i'r ymgyrch'.[62] Ni ddylid anghofio, serch hynny, na fu'r ddelfryd anenwadol, dymuniad Henry Richard ar gyfer y brifysgol, yn help i'r achos. Er i'r enwadau unigol wneud aberth fawr i godi capeli ac adeiladu colegau diwinyddol, fel Coleg y Bala a Choleg Aberhonddu, araf iawn fuont i gydweithio'n greadigol er budd prifysgol anenwadol. A gyda phenodi Thomas Charles Edwards yn brifathro cyntaf, daeth yr enwadau eraill, maes o law, i ddrwgdybio Aberystwyth o fod dan law'r Methodistiaid.[63] Yn Awst, 1869 cyhoeddodd y pwyllgor ei awydd i weld agor y coleg yn fuan. Gwelwn fod Henry Richard yn un o chwe deg o ddynion oedd yn bresennol yn Nhŷ'r Coleg ar 17 Tachwedd 1869, lle'r oedd ysgrifennydd y pwyllgor, Dr David Charles, erbyn hynny wedi ymsefydlu ei hun. Yno, hefyd, yr oedd Samuel Morley, AS Bryste, fu'n hael â'i arian a'i egni mewn datblygiadau addysgol, ymneilltuol a chymdeithasol yng Nghymru a Lloegr. Cyfrannodd yntau £1,000 tuag at gronfa'r coleg. Un o'r pynciau a drafodwyd oedd 'cyflwr presennol a rhagolygon dyfodol' y mudiad cenedlaethol.[64]

Yng Ngorffennaf 1872 derbyniodd Thomas Charles Edwards, mab Lewis Edwards a gor-ŵyr Thomas Charles, wahoddiad y pwyllgor i fod yn brifathro, ac agorwyd y coleg yn swyddogol ar 15 Hydref. Bu'n ddiwrnod o lawen ddathlu yn Aberystwyth gyda baneri yn y strydoedd, côr a seindorf ac areithiau niferus. O blith aelodau seneddol Cymru yr oedd Sir Thomas Lloyd, E. M. Richards, George Osborne Morgan a Henry Richard yn bresennol. Un nodyn sur – methodd prifathro Coleg Dewi Sant, Llanbedr Pont Steffan, a bod yn bresennol gan nodi fod ganddo gyfarfod bwysig yn Aberaeron ac nad oedd neb o'i athrawon yn rhydd i'w gynrychioli chwaith![65] Darllenwyd llythyr oddi wrth Gladstone oedd yn llawn dymuniadau da a chydymdeimlad. Gwelwn i Henry Richard annerch ddwywaith yn ystod y dydd. Yng nghyfarfod y bore siaradodd yn union wedi darllen llythyr y prif weinidog. 'Y cam nesaf', meddai, 'fydd gofyn am gyfraniad wrth y llywodraeth.' Cyfeiriodd at ddiddordeb y prif weinidog yn y coleg a'i fod yn llwyr gymeradwyo y wedd anenwadol a fwriedid. Ychwanegodd y buasai'r pwyllgor yn berffaith fodlon derbyn gwerth dau neu dri o ynnau Armstrong mewn arian a bod y coleg yn derbyn yr un ystyriaeth â cholegau'r Alban ac Iwerddon.[66] Beth bynnag am apêl a geiriau Henry Richard ni chafwyd unrhyw gymorth gan y llywodraeth am flynyddoedd. Ym Medi 1877 yr oedd Gladstone, ar achlysur gosod carreg sylfaen Coleg Prifysgol Nottingham, yn canmol sêl y Cymry o blaid addysg. 'Heb unrhyw gymorth o gwbl wrth unrhyw gronfa gyhoeddus o fath yn y byd maent hwy dros y pum neu chwe blynedd ddiwethaf wedi sefydlu coleg mawr a phwysig yn Aberystwyth', meddai.[67] Cynhaliwyd y coleg bron yn gyfangwbl gan y dosbarth canol a'r dosbarthiadau gweithiol – gyda chwarelwyr a glowyr yn cyfrannu'n hael tuag at yr achos. Nid cyn 1882 y cafodd Aberytwyth gymorthdal o £2,000, y grant cyntaf gan y llywodraeth i brifysgol yng Nghymru.

* * *

Yr oedd galw cynyddol am bresenoldeb a chefnogaeth Henry Richard mewn digwyddiadau yn ymwneud â Chymru. Bu'n amlwg yn sefydlu

Undeb yr Annibynwyr Cymraeg fel enwad ar wahân, er heb dorri cysylltiad ag Undeb Cynulleidfaol Lloegr a Chymru. Er 1837 ceisiodd arweinwyr yr enwad Cynulleidfaol ysgogi diddordeb yr Annibynwyr yng Nghymru yn yr enwad yn ganolog.[68] Yr oedd diwygiad yn sgubo drwy'r capeli Cymraeg ar y pryd, ond ddim felly yn Lloegr a thebyg bod y Saeson am fanteisio ar yr hyn oedd yn digwydd yng Nghymru. Ond araf fu'r Cymry i ymuno yn nhrefniadaeth ganolog yr undeb. Ar un adeg yr oedd y Saeson am gosbi'r Cymry am ei diffyg brwdfrydedd drwy ddileu enw Cymru o deitl yr enwad. Henry Richard a'u darbwyllodd i beidio.

Cynhaliwyd cyfarfodydd hydref Undeb Cynulleidfaol Lloegr a Chymru yn Abertawe ym 1871. Er syndod i'r Saeson cafwyd cynrychiolaeth dda o Gymru. Nos Fercher, 11 Hydref, yng Nghapel Seion, trafodwyd cynnig i sefydlu undeb o Eglwysi Cymraeg. Yr oedd Henry Richard, a oedd yn flaenllaw yn yr enwad yn Llundain, yn un o'r rhai a siaradodd yn gryf o blaid y cynnig. Cytunwyd bod pwyllgor yn cyfarfod ar unwaith i ddrafftio cyfansoddiad a chynhaliwyd cyfarfod cyhoeddus y noson wedyn yng Nghapel Ebenezer gyda Henry Richard yn llywyddu. Yr oedd y cynnig a roddwyd gerbron, ac a dderbyniwyd bron yn unfrydol, yn un gofalus a lled benagored. Diau bod ôl bysedd y gwleidydd craff a chyfrwys ar y geiriad. Y cam pwysig oedd sefydlu'r Undeb Cymraeg – a dyna wnaed.[69] Bum mlynedd yn ddiweddarach, ym 1876, etholwyd Henry Richard yn llywydd Undeb Cynulleidfaol Lloegr a Chymru – y lleygwr cyntaf i gael yr anrhydedd.

Yn niwedd 1871 yr oedd Henry Richard yn cadeirio cyfarfod ffarwel yn Llundain i'r cyfansoddwr o Ferthyr, Joseph Parry, ar ei ymadawiad am America. Nodir iddo siarad yn frwd am y mwynhad a'r pleser a ddeilliai o gerddoriaeth a'r bendithion a ddaeth i'r Cymry drwy gerddoriaeth. Yr oedd hefyd yn bresennol mewn cyfarfod i ddathlu buddugoliaeth Côr Caradog – sef Griffith Rhys Jones, Aberdâr – a gurodd Gôr Llundain dan arweiniad Syr Joseph Proudman mewn cystadleuaeth yn y Palas Crisial.[70]

Daeth George Osborne Morgan â phwnc penodi'r barnwr di-Gymraeg, Homersham Cox, i Gylchdaith Sirol Canolbarth Cymru i sylw'r Senedd ar 8 Mawrth 1872. Sais di-Gymraeg, trahaus oedd Cox, diamynedd gyda'r rhai hynny na fedrent Saesneg. Fel llawer o Saeson, ni ddeallai fod pobl na fedrent ond ambell frawddeg o'r iaith yn analluog i'w defnyddio'n foddhaol mewn llys barn. Yn dilyn llu o gwynion amdano ac ymgyrch Osborne Morgan cafwyd gwared ohono yn bur fuan. Yr oedd hwn yn un o'r achosion cyntaf, o bosib y cyntaf i gyd, o drafod mater cwbl berthnasol i Gymru yn y Senedd. Cyflwynwyd y dadleuon yn gymhedrol, awgrym fod yr achlysur yn un tra anarferol, unigryw hyd yn oed.[71] Yr oedd Osborne Morgan wrth gyflwyno'i gynnig yn awyddus i ymbellhau oddi wrth unrhyw awgrym fod y Cymry'n symud tuag at ymreolaeth – y cwbl a fynnent oedd hawl sylfaenol i bob un o ddeiliaid Ei Mawrhydi, i gyfiawnder cyn belled ag yr oedd amgylchiadau yn caniatáu, yn brydlon, rhad ac effeithiol. Yr oedd Cylchdaith Llys Sirol Canolbarth Cymru yn cynnwys Sir Feirionnydd a rhannau o Arfon, Ceredigion a Threfaldwyn. Fel mater o eglurhad i'w 'gyfeillion Sacsonaidd oedd heb dreiddio i'r cymdogaethau anghysbell hynny', nododd fod pedwar o bob pump o'r trigolion o'r 'rhan honno o ddiriogaethau Ei Mawrhydi yn arferol yn siarad Cymraeg ac, fel rheol, heb fedru unrhyw iaith arall'. Eglurodd fod y bobl hyn yn cynnal eu bywydau bob dydd, masnachu, sgrifennu eu llythyron a gwneud eu hewyllysiau yn yr iaith. Yr oedd yn rheidrwydd fod gweinyddu cyfiawnder yn yr hyn oedd, mewn ffaith, yn iaith estron, yn fater o anhawster ac anghyfleustra mawr.

Mewn araith ddigon ffraeth adroddodd hanesyn am ryw farnwr o'r enw Parke yn y gogledd oedd yn huawdl egluro pwynt cyfreithiol yn ymwneud â pherchnogaeth tyddyn pan waeddodd cadeirydd y rheithgor yn Gymraeg: 'Dwedwch wrth yr hen ddyn yna i gau'i ben – dydan ni ddim yn deall gair mae o'n ddweud, a rydyn ni wedi cytuno ddoe dros wydriaid o win yn y Mostyn Arms pwy sy'n mynd i gael y tyddyn.' Aeth nifer dda o flynyddoedd heibio er y digwyddiad hwnnw, meddai Morgan, ond y gwir ydoedd nad oedd pethau wedi newid ryw lawer ers hynny.

Siaradodd Henry Richard mewn cywair tebyg. Yr oedd y Cymry'n awyddus i ddysgu Saesneg, meddai, ac yr oedd ysgolion yn ei dysgu, i gymaint graddau nes eu bod hyd yn oed yn gwahardd dysgu Cymraeg ac yn cosbi plant am ei siarad yn ystod oriau ysgol. Yr oedd llawer o Gymry eisoes wedi dysgu ei siarad a'i hysgrifennu'n bur dda. Ond er eu parodrwydd a'u hawydd i ddysgu'r iaith honno, yr oedd y Cymry hefyd yn hoff iawn o'u mamiaith; a pham lai? A oedd rhywbeth gwrthun, annaturiol, dybryd neu farbaraidd yn yr awydd i gadw iaith eu cyndeidiau? Yr oedd gan hyd yn oed y Saeson, er na feddent iaith debyg i'r Gymraeg, ymlyniad hoffus at iaith eu tadau. Cyfeiriodd at achos ryw Ddr Bowles, Sais heb wybod dim am y Gymraeg a benodwyd gan esgob Bangor yn offeiriad yn Ynys Môn ym 1766. Pan gafwyd ymgyrch i'w ddiswyddo gan y wardeiniaid eglwys ym Môn – gyda chefnogaeth y Cymmrodorion – un o ddadleuon Llŷs Taleithiol Caergaint (Court of Arches) oedd mai dyletswydd yr esgobion oedd penodi clerigwyr Seisnig er mwyn hyrwyddo'r Saesneg. Beth fu'r canlyniad? Nid gwneud Saeson o'r Cymry, ond gwneud Ymneilltuwyr ohonynt. Fel Ymneilltuwr nid oedd gan Richard unrhyw wrthwynebiad i'r fath ganlyniad, ond yn sicr nid dyna'r bwriad yn yr achos hwnnw. Gallent fod yn sicr, os oeddent am orfodi'r Cymry i fod yn Saeson drwy gyfrwng deddfau fyddai'n gwasgu ar eu hawliau, mai methiant fyddai eu hymdrechion.

Heblaw am y Ceidwadwr John Henry Scourfield o Sir Benfro a gwynodd oherwydd y rheidrwydd arno i wrando pregeth Gymraeg o dro i dro – a chael cyngor swta wrth Henry Richard y dylai ymroi i ddysgu'r iaith – cafodd Osborne Morgan gefnogaeth pob un o'r aelodau Cymreig a siaradodd.

Canlyniad y ddadl fu derbyn yr argymhelliad ei bod ym marn y Tŷ yn ddymunol, er gweinyddu cyfiawnder, fod y barnwr llys sirol mewn ardal lle siaredid y Gymraeg yn gyffredinol, mor belled ag yr oedd terfynau dewis yn caniatáu, yn medru siarad a deall yr iaith honno. Yr oedd yn argymhelliad digon llipa. Ond gyda Henry Austin Bruce yn ysgrifennydd cartref, hanner Cymro fel y nododd Osborne Morgan tra'n gresynu na fuasai'n Gymro cyflawn, yr oedd gobaith y byddai'r ergyd yn cyrraedd y nod. Yr oedd gan Bruce, wedi'r cwbl, brofiad o weinyddu'r gyfraith ym Merthyr Tudful lle'r oedd canran sylweddol o'r boblogaeth yn uniaith Gymraeg. Yn fuan wedyn penododd Gwilym Williams, Trecynon – mab Alaw Goch – yn ynad cyflog Pontypridd a'r Rhondda.

Wedi i'r Senedd godi am wyliau ddechrau Awst 1872, aeth Richard a'i wraig i Iwerddon – cyfuno gwaith a gwyliau.[72] Nodir iddynt groesi o Gaergybi a bod Richard wedi cael boddhad mawr o ganfod bod y criw bron i gyd yn Gymry a'r rheini'n frwd eu croeso a'u sylw i'w cydwladwr enwog. Cyflwynodd areithiau ar egwyddorion heddwch a chyflafareddu yn Nulyn, Corc, Limerick a rhai lleoedd eraill gan ymweld â chymaint o'r wlad ag a oedd yn bosib mewn tair wythnos. Cyfarfu â nifer o Grynwyr, dynion cefnog ar y cyfan oedd yn wleidyddol geidwadol a llugoer eu hagwedd at bwnc heddwch. Tenau oedd y cynulleidfaoedd a ddaeth i wrando ar ei anerchiadau a bu raid iddo ymdrin â chwestiwn heddwch mewn dull elfennol yn wyneb anwybodaeth eu wrandawyr. Tra yr oeddynt yn Iwerddon ymunodd Mr a Mrs Bishop o Gernyw, sef chwaer Augusta Matilda

(Mrs Richard) a'i gŵr, â nhw. O Limerick aethant i lawr y Shannon, taith anniddorol mewn cwch anghyffyrddus yn ôl Richard, i Kilrush (Cill Rois yn y Wyddeleg) ac oddi yno mewn bws i Kilkee (Corca Baiscinn) ac edmygu'r arfordir gwyllt, yr ogofeydd a'r hafnau a'r pontydd naturiol. Ymwelwyd ag ysgolion a chanmolodd Richard waith Cynulliad y Brodyr Cristnogol, urdd lleyg Babyddol a sefydlwyd yn Waterford ddechrau'r ganrif a'i chysegru i addysgu plant y tlodion. Yr oedd oddeutu 2,000 o blant yn eu gofal yn ogystal ag ysgolion diwydiannol lle'r oedd plant yn cael hyfforddiant mewn gwahanol grefftau a galwedigaethau. 'Y mae'n eglur fod yr Urddau Pabyddol yn astudio sut i ennill calonnau'r plant, a reolir ganddynt drwy gariad', sgrifennodd yn ei ddyddiadur. 'Mae'n ddymunol gweld mor annwyl ac agos oedd un creadur bach yn gafael yn llaw y brawd da oedd yn fy nhywys o gwmpas yr ysgol.' Yr oedd yr un mor ffafriol yn ei sylwadau am leiandy a chartref plant Cymdeithas Saint Vincent de Paul, a chyfaddefodd fod rheolwyr y sefydliadau hyn a berthynai i Eglwys Rufain ar y cyfan yn gwneud gwaith gwerthfawr, a'i wneud yn dda.

Pennaeth ysgol fabanod oedd yn gysylltiedig a'r Gymdeithas Genedlaethol a eglurodd iddo mai prif wrthwynebydd yr egwyddor o addysg unedig seciwlar oedd yr Albanwr James Carlile, un o gomisiynwyr addysg cyntaf Iwerddon. Gweinidog gyda'r Presbyteriaid Albanaidd oedd Carlile (1795–1841) a ddaeth yn weinidog capel Presbyteraidd yn Nulyn. Fe'i penodwyd yn gomisiynydd parhaol Bwrdd Addysg Cenedlaethol cyntaf Iwerddon ym 1831. Cyflwynodd drefn addysg radical wedi ei seilio ar yr egwyddor fod plant Protestanaidd a Phabyddol yn cael eu haddysgu gyda'i gilydd, ond gydag addysg grefyddol wedi ei ddarparu ar wahan ar eu cyfer. Syniad y buasai Henry Richard, ar y cyfan, yn ei gymeradwyo. Ond oherwydd i Carlile, mae'n debyg, ddod â safbwyntiau ysgrythurol ac enwadol i fewn i wersylyfrau pynciau seciwlar llithrwyd yn ôl i enwadaeth gul. Y bwriad gwreiddiol oedd creu cyfundrefn addysg aml-enwadol, gyda rhaniad pendant rhwng addysg seciwlar a moesol ac addysg grefyddol. 'Y mae'n hanes addysgiadol y byddai o werth i Ymneilltuwyr Lloegr ei gymryd fel rhybudd', nododd Henry Richard.[73] Y Carlile hwn, gyda llaw, a ddisgrifiodd y Cymry mewn cwrs i ysgolion ar ddaearyddiaeth y byd fel pobl ddiwyd oedd yn mynd â'u gwau gyda nhw ble bynnag yr aent. 'They carry their knitting wherever they go'.[74] Delwedd o'r Cymry a ddefnyddid mewn cartwnau mor ddiweddar â chanol yr ugeinfed ganrif.

7 ☙ Ymgyrchoedd heddwch a'r Cynnig Cyflafareddiad

Drwy gydol yr amser y bu'n paratoi am ei yrfa seneddol gweithiai Henry Richard mor ddiwyd ag erioed fel ysgrifennydd y Gymdeithas Heddwch – nid swydd i laesu dwylo ynddi oedd honno. Llwyddodd – gyda chymorth Cobden a Bright – i gadw Prydain rhag ymyrryd yn Rhyfel Cartref America, a rhyfeloedd eraill yn ymwneud â Denmarc a Gwlad Pwyl. Ym mis Hydref 1865, yn dilyn tlodi oherwydd cwymp ym mhris siwgwr, bu helyntion difrifol yn Jamaica. Cymerwyd dyn i'r ddalfa am ymladd yn y llys yn Morant Bay a'i ryddhau drwy ymosodiad gan y bobl leol. Carcharwyd eraill am drespasu mewn planhigfa a oedd wedi ei gadael gan y perchennog. Eto achubwyd y carcharion gan wrthdystwyr ond y tro hwn lladdwyd yr ynad a nifer o Ewropeaid yn y cythrwfl. Rhoddwyd yr ynys dan reolaeth filwrol gan y llywodraethwr, Edward John Eyre, ac am ddyddiau bu'r gwarchodlu a gwirfoddolwyr yn hela'r gwrthryfelwyr a'u saethu'n y fan a'r lle. Aed ag eraill gerbron llys milwrol a'u dienyddio. Yn ôl yr ystadegau swyddogol lladdwyd 439 – yn ôl ffynonellau eraill yr oedd y nifer yn nes at 2,000 – lawer ohonynt heb eu rhoi ar brawf. Fflangellwyd 600 o ddynion a merched a dinistriwyd oddeutu 1,000 o dai. Cyhuddwyd George William Gordon, aelod poblogaidd o Gynulliad yr ynys, o annog y terfysg a'r gwrthryfel ac er nad oedd yn gyfrifol, fe'i crogwyd heb gymryd achos yn ei erbyn.[1] Gyda chymorth y Gymdeithas Gwrth-Gaethwasiaeth, lluniodd Richard anerchiad ar ran y Gymdeithas Heddwch wedi ei harwyddo ganddo ef, Joseph Pease a Samuel Gurney, AS a Chrynwr y bu ei deulu'n weithgar yn gwrthwynebu caethwasiaeth. Cyflwynwyd yr anerchiad i'r ysgrifennydd tramor, yr Arglwydd John Russell. Y flwyddyn wedyn ysgrifennodd Richard bamffled, *The Troubles in Jamaica: A Condensed Statement of Facts*, a gyhoeddwyd gan Jackson, Walford a Hodder. Anfonwyd copïau i aelodau seneddol, golygyddion papurau newydd a phobl o ddylanwad a llwyddwyd i gynhyrfu'r farn gyhoeddus:

Ni ellid darllen yr hanes cywilyddus heb deimlo'r gwaed yn cynhyrfu gan ddicter, a'r wyneb yn gwrido gan warth, at y fath ffars wrthun a gyflawnwyd yn enw cyfiawnder, at y fath gamwedd a weinyddwyd ar ddyn diniwed, at y fath waradwydd a gyflawnwyd yn enw Prydain.[2]

Gwyddai Richard yn iawn sut i gynhyrfu'r teimladau Prydeinig pan deimlai mai priodol oedd gwneud hynny. Credai, yr un fath â'r Gymdeithas Gwrth-Gaethwasiaeth, fod Gordon wedi ei ddienyddio oherwydd ei gefnogaeth i hawliau'r bobl dduon. Yn dilyn ymdrechion Henry Richard hwyliodd comisiwn brenhinol i Jamaica ac er i'r comisiwn benderfynu na ddylid dychwelyd Eyre i'w swydd, penderfynodd rheithgor mewn achos llys wedi hynny fod y cyhuddiad heb ei brofi. Teimlai Richard o leiaf fod rhywbeth wedi ei gyflawni drwy orfodi Eyre i ymddangos gerbron tribiwnlys.

Yn 1867 aeth Prydain i ryfel yn Abysinia (Ethiopia). Un arall o'r enghreifftiau bythol hynny o flerwch, esgeulustod a thraha Prydeinig yn arwain yn ddiangen at nifer o 'ddinasyddion Ei Mawrhydi' yn cael eu carcharu. Penderfynwyd mynd i ryfel ar 19 Tachwedd 1867, gyda chymeradwyaeth unfrydol y Senedd, hyd yn oed gyda chefnogaeth yr aelodau seneddol oedd yn aelodau o'r Gymdeithas Heddwch. Aeth Henry Richard ati'n syth i archwilio'r hanes a'i gyhoeddi'n bamffled.[3] Yr oedd y sefyllfa, meddai, yn enghraifft nodweddiadol o duedd y Saeson i ymyrryd mewn pethau nad oedd ddim o'u busnes nhw. Eglurodd fel, ym 1840, llwyddodd gŵr o'r enw Walter Plowden i berswadio Palmerston i'w benodi yn llysgennad Prydeinig yn Abysinia. Y flwyddyn wedyn lluniodd Plowden gytundeb yn enw 'Lloegr' gyda Ras-Ali, llywodraethwr Gondar. Roedd Ras-Ali ar y pryd yn rhyfela yn erbyn rhai o'i ddinasyddion. Ym 1854, dymchwelwyd llywodraeth Ras-Ali gan ei fab-yng-nghyfraith Theodore a diddymwyd y cytundeb a wnaed gyda Plowden. Yn fuan wedyn syrthiodd Plowden i ddwylo gelynion y Brenin Theodore ac fe'i dienyddiwyd. Y cam call fuasai peidio â phenodi olynydd i Plowden ond dyna wnaed a'r gŵr a benodwyd oedd Capten Charles Duncan Cameron a oedd, yn ôl Richard ac eraill, yn anghymwys i'r swydd. Gwrthododd y Brenin Theodore ei gydnabod a gofyn iddo ymadael â Magdala, y brifddinas. Er cael gorchymyn gan yr Arglwydd John Russell i gilio i Massowah, aros yn ei unfan wnaeth Cameron, parhau i ymyrryd ym ngweinyddiaeth y wlad ac ochri gyda gelynion y brenin. Ysgrifennodd Theodore lythyr boneddigaidd i'r Frenhines Victoria yn egluro'r sefyllfa ond er i'r llythyr gael ei drosglwyddo i'r Swyddfa Dramor fe'i rhoddwyd mewn ffeil a'i anghofio. Yn anochel, carcharwyd Cameron a phan anfonwyd dirprwyaeth i geisio'i ryddhau, cafodd y rheini eu carcharu hefyd — y cyfan am fod Prydain wedi anwybyddu llythyr Theodore. Ymateb Prydain, fel arfer, oedd trefnu ymosodiad ar y wlad a rhyddhau Cameron. O ddiddordeb, efallai, un canlyniad y cyrch hwnnw yw'r creiriau o Ethiopia sydd yng nghasgliad Amgueddfa Victoria ac Albert, yn Llundain, creiriau arbennig am eu crefft, harddwch a'u harwyddocâd crefyddol. Daeth y rhyfel i ben ym Mai 1868, ar gost i Brydain, yn ôl Richard, o £8,000,000.[4]

Er bod yr etholiad cyffredinol yn nesáu, yr oedd Henry Richard cyn brysured ag erioed gyda gwaith y Gymdeithas Heddwch. Ym Mehefin 1868, aeth ef a'r llywydd, Charles Pease, i gyfarfod o'r Cynghrair Heddwch a Rhyddid Ryngwladol — *La Ligue Internationale de la Paix et de la Liberté* — ym Mharis, dan lywyddiaeth Jean Dollfus, maer Mulhouse, Alsas, a chyfaill da i'r mudiad heddwch.[5] Yr oedd gan Dollfus, diwydiannwr llwyddiannus ym myd tecstiliau, syniadau cyffelyb i lawer o'r Crynwyr ynglŷn â darparu'r cyfleusterau a'r ansawdd bywyd gorau i'w weithwyr. Yr oedd yn un o arloeswyr y *cité ouvrière* a dyfeisiwr y dull o brynu tai drwy forgais.

Yma, hefyd, bu Richard yn siarad ar yr un llwyfan â hen gyfeillion fel Auguste Visschers, y cyfreithiwr a'r dyngarwr o Wlad Belg a gadeiriodd y gyngres gyntaf a drefnodd Henry Richard ym Mrwsel ym 1848, ac a wnaeth lawer i helpu Richard i hyrwyddo'r ddwy gyngres wedi hynny ym Mharis a Frankfurt. Yno hefyd yr oedd yr economegydd Frédéric Passy, sylfaenydd a llywydd cyntaf Cymdeithas Heddwch Ffrainc, neu *La Société française pour l'arbitrage entre nations*, fel yr ailenwyd hi ym 1889, ac edmygwr mawr o syniadau Richard Cobden am fasnach rydd fel cyfrwng i sefydlogi heddwch.

Cyn ymadael â Pharis galwodd Richard ynghyd gyfarfod o gyfeillion y mudiad heddwch er mwyn ceisio ysgogi'r mudiad heddwch yn Ffrainc i hybu perthynas mwy cyfeillgar gyda'r Almaen.[6] Nid oedd yr argoelion yn dda. Yr oedd yr anghydfod a godoch yn gynnar ym 1867 ynglŷn â hawliau Ffrainc a Phrwsia parthed Lwcsembwrg yn arwydd o mor fregus oedd perthynas y ddwy wlad. Gwir y gwnaed cytundeb ynglŷn â'r anghydfod drwy gyflafareddiad ar 11 Mai 1867, oedd yn gwneud Lwcsembwrg yn wlad annibynnol a niwtral. Ond ymddangosai'n fwyfwy tebygol na fyddai'r pwerau ymrafaelgar mor barod i gyflafareddu gyda buddiannau pwysicach yn y fantol, a bod angen dwysáu ymgyrchoedd o blaid heddwch.

Gyda'r bygythiad o ryfel yn nesáu cyhoeddodd Passy erthygl yn *Le Temps*, 26 Ebrill 1867. Yna, fis wedyn, ar 30 Mai, sefydlodd, gyda chefnogaeth heddychwyr ym Mhrydain, yr Unol Daleithiau, yr Eidal, Denmarc a Sweden fudiad heddwch newydd yn Ffrainc, *La Ligue internationale et permanente de la Paix* (Cynghrair Heddwch Rhyngwladol Parhaol). Cyfeiriai'r gymdeithas newydd, tra'n cydnabod bod rhyfel yn groes i wareiddiad, yn benodol at gydbwysedd y pwerau Ewropeaidd, a'u dyletswydd i ymatal rhag ymosod ar, na bygwth, gwledydd eraill. Er mwyn cynnal a hyrwyddo egwyddor o barch cenhedloedd at ei gilydd apeliodd am gefnogaeth dynion o ewyllys da ymhob gwlad.[7] Yr oedd yn amlwg fod Henry Richard yn gytûn ar fater dyheadau mudiad na fynnai ymyrryd yn wleidyddol, na chynghreirio gyda phleidiau gwleidyddol. Dylid nodi y bu cyngres yng Ngenefa ym Medi 1867, un mwy radical a chwyldroadol ei natur yn annog sefydlu Unol Daleithiau Ewrop gyda'r amodau gwleidyddol ac economaidd angenrheidiol i sicrhau heddwch y bobl – Ewrop y Bobl. Ymateb Henry Richard i'r gyngres honno oedd dymuno pob llwyddiant iddi gan addo y byddai'n gwylio'i datblygiadau'n ofalus.

Mewn Cyngres Gwyddorau Cymdeithasol yn Llundain ym 1868 rhoes Henry Richard anerchiad ar 'Fyddinoedd Parhaol a'u dylanwad ar Fuddiannau Diwydiannol, Masnachol a Moesol Cenhedloedd' ('Standing Armies and their influence on the Industrial, Commercial and Moral Interests of Nations'). Cyfeiriodd at y nifer enfawr o ddynion oedd yn barhaus dan arfau, oddeutu 3,926,957 yn ogystal â chynorthwywyr fyddai'n gwneud cyfanswm o dros wyth miliwn – cost i sefydliadau militaraidd Ewrop, gan gynnwys y golled mewn llafur, a llog ar gyfalaf, oedd yn gymaint â £282,000,000.[8] Baich oedd yn orthrwm ar genhedloedd Ewrop. Wedi cyfeirio at y drwg corfforol a moesol oedd yng nghlwm â'r fath drefn, anogai ddealltwriaeth gyda'r Pwerau Mawr i sicrhau cyd-ddiarfogi graddol. Cefnogid y cynnig, meddai, gan farn Richard Cobden, Syr Robert Peel ac yn arbennig Ymerawdr Ffrainc mewn datganiad a wnaeth ym 1863:

> Oni pharhaodd y rhagfarnau a'r chwerwder sy'n ein rhannu yn ddigon hir? A gaiff eiddigedd yr ymryson rhwng y Pwerau Mawr fwyfwy atal cynnydd gwareiddiad? A ydym i barhau i gynnal drwgdybiaeth rhyngom a'n gilydd drwy ormodiaeth arfau? A raid i'n hadnoddau gwerthfawrocaf gael ei dihysbyddu'n fythol er arddangosfa ymffrostgar o'n lluoedd arfog? Oes raid i ni yn dragwyddol gynnal sefyllfa nad yw'n heddwch gyda diogelwch, nac yn rhyfel gyda gobeithion hapus?

Yma eto pasiwyd bod pwyllgor y gyngres yn paratoi mesurau i bwyso ar y llywodraeth i ystyried beth oedd yn ymarferol i leihau beichiau byddinoedd parhaol.[9] Fel y rhybuddiodd ac y rhagwelodd Frédéric Passy, ac er bod yr amserau i bob golwg yn ffafriol i dwf heddychiaeth, yr oedd arwyddion fod y perygl o ryfel yn dwysáu oherwydd polisïau'r prif bwerau. Wedi Rhyfel Awstria-Prwsia ym 1866, yr oedd uniad y taleithiau Almaenig yn ymddangos yn fwy tebygol bob dydd, a byddai hynny'n digwydd dan arweiniad coron Prwsia. Mewn cylchoedd diplomyddol nid oedd fawr o amheuaeth nag y byddai gwrthdaro cyn hir rhwng yr Ymerodraeth Almaenig ifanc yn awyddus i ddangos ei chyhyrau diwydiannol a milwrol, a'r Ymerodraeth Ffrengig gyndyn i ddal at ei safle Ewropeaidd tra-arglywyddiaethus. Yn Arddangosfa Fawr Paris, haf 1867, arddangoswyd gyda balchder ddiwydiant a chelf Ffrainc. Ond yn y pafiliwn diwydiannol medrai'r ymwelwyr edmygu canon diweddaraf Krupp, datganiad trahaus o rym milwrol yr Almaen.

Nid oedd Henry Richard yn ddall i'r peryglon. Pan gododd y Senedd am wyliau haf 1869, ac yntau bellach yn aelod seneddol, aeth ef a'i wraig ar daith hyrwyddo heddwch o gwmpas y cyfandir gan ymweld â Pharis, Brwsel, Yr Hâg, Prwsia, Bavaria, Fienna a Fflorens. Ei nod oedd ceisio ysgogi rhyw fath o gyd-drefniant diarfogi. Ni welai obaith y byddai llywodraethau'n symud tuag at ddiarfogi. Rhaid oedd edrych at y bobl a'u cynrychiolwyr i ddwyn pwysau ar eu llywodraethau. Ugain mlynedd cyn hynny – rhwng 1849 ac 1851 – ceisiodd Richard Cobden fynd â'r mater drwy'r Senedd, gyda Henry Richard yn gwneud yr ymchwil a'r hyrwyddo tu allan, ond er codi ymwybyddiaeth ac ennyn llawer o gydymdeimlad o sawl cyfeiriad ni bu unrhyw lwyddiant ymarferol. Yr oedd Richard o'r farn ei bod yn bryd unwaith eto i geisio dwyn pwysau ar lywodraethau a gyda hynny yn nod cychwynnodd ef a'i wraig eu taith o gwmpas Ewrop. Cadwodd ddyddiadur manwl o'i daith:

> Fy nod oedd gwneud cysylltiad, cyn belled ag y medrwn, ag arweinwyr cyrff deddfwriaethol y gwahanol wledydd, er mwyn gofyn iddynt a fyddent yn barod i gyflwyno cynigion i'w gwahanol Siambrau o blaid diarfogi ar y cyd a chyfamserol rhwng y cenhedloedd. Cefais y boddhad o ddod i gysylltiad â llawer o wŷr deallus yn y gwledydd hyn i gyd, ac yr oedd teimladau pob un yr un fath – fod baich arfogaeth yn annioddefol. Yr oedd arwyddion ar bob llaw o ddymuniad i wneud rhywbeth i leddfu'r baich ofnadwy oedd yn llethu bywyd y gwledydd.

A beth oedd effaith fy ymweliad? Ymhen pythefnos neu dair wythnos wedi i mi ymadael â Berlin, cyflwynwyd cynnig yn Siambr y wlad yn argymell annog y llywodraeth i leihau arfogaeth ar unwaith, ac y dylid yr un pryd gyflwyno'r neges i lywodraethau eraill Ewrop gyda'r nod o sicrhau diarfogi Ewropeaidd cyffredinol. Cefnogwyd y cynnig gyda 90 o bleidleisiau. Cyflwynwyd cynnig cyffelyb i Siambr Saxony yn Dresden, a'i gario gyda mwyafrif sylweddol. Dygwyd cynnig tebyg gerbron y Siambr yn Awstria, ac fe'i cefnogwyd gan 53 o bleidleisiau gyda 64 yn erbyn.[10]

Ar eu ffordd yn ôl drwy Ffrainc yr oedd derbyniad a gwledd wedi ei threfnu ar ei gyfer ef a'i wraig gan y Gyngres Heddwch Ryngwladol a lle'r oedd diddordeb mawr i glywed pa fath o groeso ac ymateb a gafodd ar ei deithiau. Bu'n trafod gyda Jules Favre, gwleidydd ac aelod o Academi Ffrainc ac un wrthwynebodd mynd i ryfel gyda Prwsia y flwyddyn wedyn – ac a gafodd y gwaith di-ddiolch o fargeinio'r heddwch ar ran llywodraeth dros-dro Ffrainc wedi buddugoliaeth Prwsia yn rhyfel 1870–1. Hefyd cyfarfu â Jules Simon, gweriniaethwr pybyr arall a anwyd yn Lorient yn Llydaw ac a oedd ar y pryd yn gynrychiolydd Gironde yn Senedd Ffrainc. Yr oedd yntau yn un a wrthwynebodd y rhyfel gyda Prwsia ac fel Favre bu'n aelod o'r llywodraeth dros-dro ar ôl darostyngiad Ffrainc. Yr oedd y ddau wedi gwrthwynebu'n agored *coup d'etat* Louis Napoleon a'i ymddyrchafiad i fod yn ymerawdr Ffrainc. Holodd Richard hwy am y teimladau cyffredinol yn Ffrainc. Dywedodd Simon y medrai roi'r ymateb gorau drwy gyfeirio at yr etholiad a gynhaliwyd yn Ffrainc y Mai blaenorol. Dywedodd iddo archwilio negeseuon pob ymgeisydd drwy Ffrainc a bod bron y cyfan ohonynt wedi cynnwys yn eu rhaglenni yr addewid i bleidleisio dros ostyngiad mawr yn sefydliad milwrol Ffrainc a dileu'n gyfangwbl fyddinoedd parhaol. Addawodd Favre i wneud ei orau i gydweithio gyda Richard a chyda'r gwledydd eraill oedd wedi ystyried y mater. 'Y mae gennyf bob rheswm i gredu', ysgrifennodd Richard yn ei ddyddiadur, 'y bwriadai y ddau, yn union cyn y torrodd y rhyfel andwyol hwn, i gyflwyno penderfyniad i Gorff Deddfwriaethol Ffrainc o blaid diarfogi Ewropeaidd cyffredinol.'[11] Mewn anerchiad wedi hynny ym Manceinion ar 'Y Rhyfel a'i Wersi', dywedodd Richard ar ôl disodli'r Ymerawdr Napoleon fod archifau'r wladwriaeth yn dangos bod cylchlythrau a anfonwyd ac a ddychwelwyd o wahanol ranbarthau o Ffrainc yn dangos bod saith deg wyth rhaglaw allan o wyth deg naw wedi mynegi bod y bobl yn condemnio a ffieiddio'r syniad o fynd i ryfel gyda Prwsia.[12]

Fel yn achos cynifer o ryfeloedd yn y ganrif yna – ac o bosib ymhob oes – taniwyd rhyfel 1870, fel y gelwir Rhyfel Ffrainc-Prwsia yn Ffrainc, gan un arall o'r digwyddiadau pitw a dibwys hynny fu'n achos cymaint o ddioddef a thrueni i fywydau pobl ddiniwed. Bu'r dicter yn mudlosgi rhwng Prwsia a Ffrainc ers tro ond yr oedd y wreichionnen a gynnodd y fflam, a'r fflam yn troi'n goelcerth o gyflafan, yn ddim llai na chwerthinllyd. Bu gorsedd Sbaen yn wag er 1868 ar ôl i'r Frenhines Isabella II gael ei gorfodi i ildio'i choron yn dilyn cyfres o drafferthion cyfansoddiadol. Yn 1869 dechreuodd Sbaen chwilio am olynydd a bu'n cribinio llysoedd brenhinol Ewrop am rywun addas i lenwi'r bwlch. Daethpwyd o hyd i rywun tebygol, y Tywysog Leopold o Sigmaringen, un o deulu Hohenzollern, brenhinoedd Prwsia, cyrnol yn yr Huzzars ond â'i lygaid ar rywbeth gwell.[13]

Yr oedd Ffrainc wedi ffromi na ymgynghorwyd â hi yn y gwaith o chwilio am rywun i lenwi gorsedd Sbaen ac anfonwyd llysgennad Ffrainc, y Iarll Vincent Benedetti, i fynnu eglurhad wrth Otto von Bismarck, Canghellor Prwsia. Roedd Bismarck yn sal yn ei wely ac ni wyddai ei ddirprwy ddim am unrhyw gytundeb. Cafodd Benedetti orchymyn swta o Baris i fynd i drafod y mater gyda'r brenin, Wilhelm I, oedd yn mwynhau ei hun ym Maddonau Ems. Pan welodd Benedetti'r brenin yn cymryd ei dro boreol cythrodd ato a, heb y cyfarchion diplomyddol arferol, dechreuodd ar ei ffregod anghwrtais. Yn y cyfamser yr oedd y Tywysog Leopold wedi penderfynu nad oedd, wedi'r cwbl, am fod yn frenin Sbaen ac eisoes wedi gwrthod y cynnig. Yn wir, yr oedd hynny wedi ei gyhoeddi yn y *Cologne Gazette*, a rhoddwyd y papur i Benedetti i'w ddarllen. Ond nid oedd hynny'n ddigon, yr oedd y llysgennad yn awr am sicrwydd gan y brenin na atgyfodid y mater. Gwrthododd Wilhelm roi unrhyw sicrwydd na thrafod y peth ymhellach ac anfonwyd y llysgennad i ffwrdd.[14]

Pan ddychwelodd Bismarck i'w waith, yr oedd adroddiad wrth y brenin o'r cyfarfod a gafodd gyda Benedetti yn ei aros, dogfen a elwid y telegram o Ems, yn Ffrangeg y *Dépêche d'Ems*, ac yn Almaeneg yr *Emser Depesche*. Yr hyn wnaeth Bismarck oedd cyhoeddi cynnwys y ddogfen yn y *Norddeutschen Zeitung*, papur swyddogol y llywodraeth, gyda'r awgrym fod Wilhelm I wedi sarhau llysgennad imperialaidd Ffrainc, a bod hwnnw wedi ymateb mewn modd oedd yr un mor sarhaus. Ymhen dim o dro yr oedd stori'r sarhau ym mhapurau prif ddinasoedd Ewrop. A phapurau Ffrainc yn chwipio cynddaredd y bobl nes cyhoeddodd Ffrainc ryfel â Prwsia ar 19 Gorffennaf 1870.[15]

Gweithiodd Henry Richard yn ddiarbed i osgoi cyflafan. Felly, hefyd, ei gyfaill Frédéric Passy. Ond yr oedd y llif cynddeiriog tu hwnt i reswm. Ar 16 Gorffennaf, dridiau cyn cyhoeddi'r rhyfel, gwnaed apêl daer ond ofer i Wilhelm I a Napoleon III ar ran y Cyfeillion Heddwch yn Ffrainc gan apelio at ei safleoedd fel gwladweinwyr a Christnogion.[16] Nid oedd gobaith osgoi rhyfel a thrôdd Henry Richard ei olygon i gyfeiriad arall, sef cadw Prydain rhag ymyrryd. Yn yr *Herald of Peace* apeliodd am bwyll:

> Hawdd fyddai ysgrifennu cyfrol ar y pwnc, ond fel amddiffynwyr heddwch, gwell i ni fod yn gynnil gyda'n geiriau, rhag i ddim a ddwedwn gyffroi teimladau cynhyrfus y pleidiau ymladdgar, y rhai a allant yn hawdd beri cynnwrf rhwng y wlad hon ac un o'r galluoedd. Eglur i bawb a ddarllenno y papurau Seneddol, fel y gwnaethom, fod gwreiddyn y drwg yn gorwedd yn ddyfnach na dewisiad y Tywysog Hohenzollern i orsedd Sbaen. Mae pob rhyfel, fel y dywed Kant, yn cenhedlu rhyfel arall.[17]

Yr oedd y ffaith fod rhyfel wedi cychwyn rhwng Ffrainc a Prwsia yn gyfle i'r mwyaf rhyfelgar o blith gwleidyddion ac uchel-swyddogion y fyddin a'r llynges i godi ofn er mwyn llusgo mwy o arian cyhoeddus i'w coffrau. Ar 1 Awst 1870, dygwyd mater y rhyfel gerbron y Senedd gan Disraeli, gan ddadlau fod Prydain mewn cyflwr diamddiffyn. Ymatebodd Richard gyda dogn dda o wawd, gan gyhuddo Disraeli o draddodi araith annoeth a llawn ysbryd rhyfelgar:

> Cyhoeddent gyda phwyslais arbennig fod y wlad yn hollol ddiamddiffyn; nad oedd gennym na byddin na llynges oedd o werth yn y byd. O ran hynny, dyna eu cri bob amser, na fu gennym erioed arfau amddiffynnol o unrhyw werth ... Mor fuan ag y caniateid iddynt yr arfau a geisient, dywedid wrthym eu bod yn dda i ddim. Os yw ein sefyllfa mor ddi-amddiffyn, y mae gennym yn sicr hawl i ofyn beth ddaeth o'n harian, y miliynau ar filiynau a arllwyswyd i'w coffrau. Hyderaf na wna y Weinyddiaeth gymeryd ei dychrynu i wastraffu mwy o arian y wlad, ar bethau, yn ôl tystiolaeth y gwŷr hyn eu hunain, oedd yn ddifudd.[18]

Cyfeiriodd, hefyd, at farn Syr Robert Peel: 'pe gwrandai'r Tŷ ar farn y gwŷr milwrol, a oedd yn naturiol â'u rhagfarnau ar y pwnc, byddai'n golygu gwariant na fedrai cyllid unrhyw wlad ei gynnal.' Nid oedd brinder, chwaith, o ddynion a ddymunent ymuno yn y rhyfel i gynnal llywodraeth fregus Napoleon III. Sicrhaodd Henry Richard fod darllenwyr yr *Herald of Peace* yn ymwybodol o'r ffeithiau a'r erchyllterau. Dirmygu ymdrechion y Gymdeithas Heddwch wnâi mwyafrif y papurau poblogaidd. 'Edrychwch faint o effaith gafodd y Gymdeithas Heddwch ar Ewrop', gwawdient. Hollol, ymatebodd Henry Richard mewn cyfarfod cyhoeddus yn Newcastle ar 24 Medi, edrychwch ar y gyflafan a gyflawnwyd gan y Gymdeithas Ryfel:

> [C]hwarter miliwn o ddynion, a oedd yn llond eu crwyn chwe wythnos yn ôl, naill ai'n gorwedd heddiw mewn beddau gwaedlyd neu wedi eu clwyfo am byth. Gellwch weld ei gwaith yn y milltiroedd o ing sydd yn gorwedd yn yr yspytai a'r tai ar lannau'r Rhîn a'r Moselle, yn y tai anrheithiedig a thruenus yn Ffrainc a'r Almaen, lle mae gwragedd torcalonnus yn disgwyl yn ofer am y tadau, y gwŷr, y meibion, y brodyr a dorrwyd i lawr yn nerth eu bywydau, nid gan ddeddf Natur nac ar ochymyn Duw ond gan ddrygioni anllad ac ynfyd eu cyd-ddynion. Gellwch weld gwaith y Gymdeithas Ryfel yn y meysydd a ddifethwyd, yn y trefi a ysbeiliwyd, yn y pentrefi a losgwyd ac a faluriwyd, lle gwelir y trigolion anffortunus yn ymlwybro mewn braw yn adfeilion eu tai ac yn anfon llef eu poen ofnadwy a'u hapêl at genhedloedd Ewrop iddynt ddod i'w harbed . . . Beth sydd gan y Gymdeithas Heddwch i'w ddweud? Mae'n dweud hyn, fod dulliau gwell a doethach ar gael – dulliau mwy rhesymol, mwy dyngarol, mwy Cristnogol i roi terfyn ar yr anghytuno sydd rhwng gwledydd a'i gilydd, na'r dull hwn o'u cael i lofruddio'i gilydd. Er ceisio cuddio hynny ymhob dull a modd nid yw rhyfel yn ddim ond llofruddiaeth ar raddfa enfawr. Dywed y Gymdeithas Heddwch wrthych fod yr holl gadw arfau niferus yn Ewrop gan y gwahanol lywodraethau yn ddim ond afresymoldeb a throsedd, oblegid, yn hytrach na'u bod yn cyflawni eu pwrpas honedig o ddiogelu heddwch maent yn anogaeth barhaus i ryfela. Cyhyd a'u bod yn parhau mewn bodolaeth ni bydd heddwch parhaol a bydd rhyfeloedd yn sicr o ddigwydd o bryd i'w gilydd. Yr oedd pum miliwn o filwyr yn Ewrop ac yr wyf i yn gwrthdystio yn eu herbyn am eu bod yn peryglu heddwch Ewrop.[19]

Bu'r rhyfel yn drychineb llwyr yn hanes Ffrainc. Wedi i Ffrainc gyhoeddi rhyfel ymunodd y taleithiau Almaenig eraill yn syth ar ochr Prwsia. Gwelwyd fod y defnydd effeithiol o'r rheilffyrdd a magnelau dur Krupp wedi sicrhau mantais fuan i'r lluoedd Almaenig a chawsant nifer o fuddugoliaethau sydyn ar ochr ddwyreiniol Ffrainc. Ym Mrwydr Sedan, ar 2 Medi, daliwyd a charcharwyd Napoleon III a'i fyddin, eto ni fu hyn yn ddigon i beri i'r Ffrancwyr ildio a pharhaodd y brwydro dan y *Gouvernement de la Défense Nationale* (Llywodraeth yr Amddiffyn Cenedlaethol) a wedi hynny dan lywodraeth Adolphe Thiers. Parhaodd y brwydro am gyfnod o bum mis, tan i Baris ildio ddiwedd Ionawr 1871, nid dan ymosodiad ond o dan warchae a'r bobl ar lwgu. Yr oedd yn ysgytwad seicolegol enfawr i hunanbarch Ffrainc, a theimlid y boen a'r digalondid a achosodd cyflafan y gorchfygiad llwyr gan luoedd Prwsia yng ngweithiau llenorion fel Emile Zola ac Alphonse Daudet. Mae *La Débâcle* Zola yn ddarlun o holl drueni, creulondeb ac anhrefn y rhyfel tra ceir darlun o gyni Paris dan warchae yn nofel hunangofiannol Daudet, *Robert Helmont*.[20] A gorfod ildio tiriogaeth Alsas i'r Almaen newydd, y rhwyg a geir yn stori fer Daudet, *La Dernière Classe* (Y Wers Olaf),[21] am yr athro yn rhoi ei wers Ffrangeg olaf cyn i'r gorchfygwr wahardd dysgu'r iaith, a maer y pentref yn ymuno â'r dosbarth ac yn eistedd ynghanol y plant. Am yr Almaen, bu hefyd yn ddigwyddiad hollbwysig. Ar 18 Ionawr 1871, ddeng niwrnod cyn i Baris ildio, unwyd yr Almaen yn un wladwriaeth, yr Ymerodraeth Almaenig.

Llwyddodd Henry Richard i ddylanwadu ar y prif weinidog William Ewart Gladstone i beidio ag ymuno yn y rhyfel. Ond methodd ei ymdrech i annog Prydain i gynnig cyflafareddu ar ddechrau'r rhyfel, a allasai fod wedi dwyn ffrwyth. Tebyg y bu'r ffaith na ymyrrodd Prydain yn y rhyfel yn fodd i atal cyflafan lawer gwaeth dros gyfnod llawer hwy – fel y gwelwyd yn y Rhyfel Mawr (1914–18). Ond cyn diwedd y flwyddyn llwyddodd y garfan ryfelgar i berswadio'r llywodraeth i drosglwyddo £2,000,000 i'r coffrau militaraidd ac ychwanegu 20,000 at y dynion oedd eisoes dan arfau. Ffolineb a gwastraff llwyr ym marn Henry Richard ond dim ond saith aelod a bleidleisiodd gydag ef y tro hwn.[22]

Gyda Rhyfel Ffrainc a Prwsia yn parhau cafodd Rwsia ei hysgogi i geisio unioni'r cam tybiedig a gawsai yng Nghytundeb Heddwch Paris 1856. Gyda Ffrainc mewn trafferthion a Phrydain ddim yn dangos unrhyw awydd i'w helpu gwelodd Rwsia gyfle ym mis Hydref 1870 i ddiddymu'r cytundeb a wnaed i sicrhau rhyddid i wledydd eraill hwylio'u llongau rhyfel drwy gulfor y Dardanelles a chyfyngu ar ryddid Rwsia i drefnu ei llynges yn y Môr Du. Anfonodd Rwsia rybudd o'i bwriad i'r gwledydd a lofnododd Gytundeb Paris. Er bod Prydain ymhlith y parotaf i amharchu cytundebau, ac er nad oedd cytundeb 1857 o fudd militaraidd na gwleidyddol i Brydain, yr oedd y wasg wrthi'n chwipio'r garfan filwriaethus o wleidyddion i gyflwr o gynddaredd. Wedi'r cwbl, nid gofyn am aildrafod y rhan hon o'r cytundeb a wnaeth Rwsia ond datgan bwriad i'w ddileu. Ymdrechodd Richard yn galed i atal llif y farn ryfelgar ac ymosododd yn bersonol ar ddyngarwyr a Christnogion, fel Arglwydd Shaftesbury ac Esgob Carlisle, oedd yn annog mynd i ryfel. Gyda Gladstone yn brif weinidog a'r Rhyddfrydwyr mewn grym bu dylanwad Richard yn ddigon i'w hatal rhag mynd i ryfel. Mewn cynhadledd yn Llundain yn dilyn datganiad Rwsia cytunwyd i adfer y rhyddid oedd gan Rwsia cyn 1857.[23]

Daeth llwyddiant seneddol mwyaf Henry Richard yng Ngorffennaf 1873. Bum mlynedd wedi ei ethol gyntaf i'r Senedd daeth cyfle i gyflwyno'i gynnig ar gyflafareddiad, pwnc y bu'n paratoi a gweithio tuag ato am gyfran helaeth o'i fywyd. Yr oedd yn ddigwyddiad a'i cododd i rengoedd amlwg Tŷ'r Cyffredin fel areithiwr a deddfwr.[24] Bu'r cyfnod rhwng rhoi rhybudd o'r cynnig i'r Tŷ ar 11 Awst 1871, a'i gyflwyno, yn ddwy flynedd ddiwyd, gyda thri asiant yn paratoi deunydd, gwrthdystiadau a deisebau. Cyfnod o gyffroi diddordeb drwy'r wlad drwy ddefnydd o'r wasg a chyfarfodydd cyhoeddus.

Tasg anodd fyddai hoelio sylw ar bwnc heddwch a chyflafareddiad mewn Tŷ lle'r oedd gan tua hanner yr aelodau gysylltiad â'r gyfundrefn filwrol. 'Rwyn cofio Mr Cobden, pan ddaeth a chynnig cyffelyb gerbron tuag ugain mlynedd yn ôl, yn dweud wrthyf, pan roddodd rybudd o'i gynigiad, fod y peth mor newydd, ac yn ymddangos i fwyafrif yr aelodau mor ffol, fel yr aeth chwerthiniad tawel drwy'r Tŷ', meddai wrth annerch Undeb Cynulleidfaol Lloegr a Chymru yn Abertawe yn Hydref 1871. 'Ond gwnaethom tu allan i'r Senedd hynny a fedrem i greu cyffro o blaid y cynnig.' Llwyddwyd i lobïo mor effeithiol fel pan ddygwyd y pwnc gerbron y Senedd fe'i trafodwyd a'i ddadlau gyda difrifoldeb a phwyll. Bryd hynny, meddai Richard, yr oedd Richard Cobden wedi tystio, fod aelodau seneddol eraill yn dod ato a gofyn am fwy o wybodaeth gan fod 'pob Crynwr yn fy mwrdeisdref wedi sgrifennu ataf ynglŷn â'r pwnc'.[25] Dymuniad Richard oedd, nid yn unig fod pob Crynwr yn ysgrifennu at ei aelod seneddol ond byddai pob Anghydffurfiwr yng Nghymru a Lloegr yn gwneud hynny, hefyd. Pa un a lwyddodd yn ei ddymuniad ai peidio, yn sicr bu'n ymgyrch frwd. Profodd yn enghraifft nodedig o ddwyn pwysau o'r tu allan ar y Senedd a hwnnw'n cael ei gyfuno gyda diwydrwydd o fewn Tŷ'r Cyffredin.

Bu'r cyfnod rhwng yr amser y rhoddodd Henry Richard rybudd o'i gynnig ar Lyfr Tŷ'r Cyffredin yn un o weithio a chynghreiro pwysig ac arwyddocaol. Un canlyniad o'r rhyfel rhwng Ffrainc a Prwsia oedd fod y llywodraeth wedi mynd ati i arfogi'n fwy brwd nad erioed. Ond yr oedd hefyd yn gyfnod o dwf yn y mudiad heddwch. Ymhen mis wedi i Ffrainc ymosod ar Prwsia sefydlodd y saer ac undebwr llafur cynnar W. Randal Cremer (1828–1908) ei Bwyllgor Heddwch y Gweithwyr.[26] Nid oedd unrhyw wahaniaeth sylfaenol rhwng amcanion pwyllgor Cremer, a ailenwyd yn fuan yn Gymdeithas Heddwch y Gweithwyr, a'r Gymdeithas Heddwch yr oedd Henry Richard yn ysgrifennydd iddi. Yr oeddynt yn argymell torri dadleuon drwy gyflafareddu a sefydlu Uchel Lys y Cenhedloedd i wneud hynny. Dadleuent, fel Henry Richard, yn erbyn byddinoedd parhaol gan gyfeirio at y peryglon, yr anfoesoldeb a'r gost o'u cynnal, gan alw ar y cenhedloedd i leihau yn gyfamserol eu lluoedd arfog nes cyrraedd pwynt o'u dileu yn llwyr. Etholwyd Cremer yn AS dros etholaeth yn Nwyrain Llundain ym 1885 a chafodd Wobr Heddwch Nobel ym 1903. Daeth Cymdeithas Heddwch y Gweithwyr a'r Gymdeithas Heddwch at ei gilydd i gyd-ymgyrchu a chydweithio wedi i Henry Richard roi rhybudd o'i gynnig. Yr oedd hyn yn gam pwysig yn hanes Henry Richard oherwydd daeth ag ef i gysylltiad ag undebwyr llafur ac arweinwyr eraill y dosbarth gweithiol oedd ar y chwith i'r Gymdeithas Heddwch.[27] Dynion oedd hefyd mewn cysylltiad â mudiadau heddwch radicalaidd y cyfandir. Er ei amheuon ar y dechrau dangosodd Henry Richard barodrwydd i gydweithio gyda phob carfan dros achos heddwch.

Rhoes hyn fywyd newydd i'r mudiad heddwch ledled Prydain a chychwyn un o gyfnodau mwyaf deinamig y mudiad yng Nghymru'r bedwaredd ganrif ar bymtheg. Pan alwodd Henry Richard ar aelodau Undeb Cynulleidfaol Lloegr a Chymru yn Hydref 1871 i ysgrifennu at eu haelodau seneddol yn eu hannog i gefnogi'r cynnig cafodd gefnogaeth frwd. Yr oedd SR, a ddychwelodd o'r Unol Daleithiau ym 1867, ar flaen yr ymgyrch yng Nghymru.[28] Bu ef ac eraill yn brysur yn annerch cyfarfodydd a sicrhau cefnogaeth yn Nhywyn, Tal-y-bont, Caerfyrddin, Llanelli, Aberdâr, Tredegar, Llanbrynmair, Llansadwrn, Machynlleth a Wrecsam. Sicrhawyd, hefyd, gefnogaeth Eglwysi Annibynnol siroedd Dinbych, Fflint a Chaernarfon. Yn Nhachwedd 1871, mewn cynhadledd o 500 o gynrychiolwyr y Blaid Ryddfrydol yn Aberystwyth, trafodwyd pwnc cyflafareddiad ryngwladol. Rhoddodd Henry Richard amlinelliad o'r cynnig ac yr oedd y ddau AS radical,

George Osborne Morgan (Sir Ddinbych) ac E. M. Richards (Sir Aberteifi) hefyd yn bresennol.

'Os yn oes y Sacsoniaid y medrai'r saith teyrnas ymffurfio'n un deyrnas, wedi ei llywodraethu gan un gyfraith gyffredin, nid oes un rheswm pam na allai teyrnasoedd nad ydynt ymhellach wrth ei gilydd na Lloegr, Ffrainc a'r Almaen, uno o dan un gyfraith i dorri dadleuon', meddai Richard. Cafodd gymeradwyaeth frwd pan awgrymodd y dylai llywodraethau benodi cyfreithwyr amlycaf eu gwledydd i lunio cyfres o gyfreithiau rhyngwladol, a sefydlu llys cyflafareddu o ddynion o fri, yn annibynnol o ysyriaethau gwleidyddol, fel pan godai anghydfod rhwng cenhedloedd y gellid mynd â'r achos gerbron y llys hwnnw. Aeth rhagddo:

> Boed i genhedloedd mewn anghydfod gyflogi bargyfreithiwr, cymeryd tystiolaeth, trafod yr anghytundeb, a dod i benderfyniad yn unol â rheswm a chyfiawnder, nid trwy rym bwystfilaidd. Nid yw'n gwestiwn i'w gysylltu gyda'r naill blaid wleidyddol na'r llall. Gellir tywys y Ceidwadwr cadarnaf a'r Rhyddfrydwr mwyaf lloerig i'r cyfeiriad yna, ac erfyniaf ar fy nghyd-Gymry i'n cynorthwyo i ddileu erchyllderau rhyfel.[29]

Ymddengys dwy flynedd yn amser maith rhwng rhoi rhybudd o gynnig a'i gyflwyno gerbron y Tŷ. Bu rheswm da dros yr oedi – helynt yr *Alabama*, a fu'n ffrwtian er 1863, a gan fod yr anghydfod yn tynnu tua'i derfyn ym 1872 tybiai amryw o gyfeillion Henry Richard mai doeth fuasai setlo hwnnw cyn cyflwyno'i gynnig i Dŷ'r Cyffredin.[30]

Stemar a adeiladwyd ym Mhenbedw gan gwmni Laird oedd yr *Alabama*. Fe'i hadeiladwyd ar gais y Capten James D. Bulloch o Lynges Taleithiau'r De adeg Rhyfel Cartref America. Nid oedd amheuaeth i ba bwrpas y'i bwriadwyd. Yr oedd yn llong gadarn, gyflym, gyda'r ddarpariaeth i greu difrod mawr ymysg llynges fasnach y Gogledd. Yr oedd gan lysgennad yr Unol Daleithiau yn Llundain, Charles Francis Adams, ddigon o dystiolaeth i brofi mai llong ryfel fyddai'r *Alabama*, ac anfonodd lythyr at yr Arglwydd John Russell, gweinidog tramor y llywodraeth, yn gofyn am atal y llong rhag hwylio. Hwyliodd yr *Alabama* ar 29 Gorffennaf 1862, gyda nifer o westeion ar ei bwrdd o Benbedw, i bob golwg ar daith brawf, ond wedi mynd filltir neu ddwy, rhoddwyd y gwesteion ar dynfad a'u cludo'n ôl i'r porthladd. Aeth yr *Alabama* rhagddi cyn belled â Moelfre gan oedi yno fel pe'n disgwyl gwybodaeth ynglŷn â'i hawl i fynd ymhellach. Pan ddaeth gorchymyn i'w hatal rai dyddiau'n ddiweddarach yr oedd y llong ar ei ffordd i borthladd Terciera yn yr Azores. Yno cyfarfu a dwy long Brydeinig yn cludo arfau a morwyr ychwanegol. Aeth y llong rhagddi wedyn tua'r Unol Daleithau lle gwnaeth ddinistr mawr i longau masnach y Gogledd. Dinistriodd neu gipio cyfanswm o chwe deg pump o longau cyn iddi hithau gael ei dinistrio gan un o longau rhyfel y Gogledd. Pwnc llosg arall oedd fod yr *Alabama* yn fynych yn hwylio dan faner Prydain gan dwyllo ac ysbeilio llongau gwledydd eraill yn ogystal â llongau masnach taleithiau'r Gogledd. Yr oedd teimladau cryfion ymysg y Gogledd. Cymerodd Russell gyfrifoldeb am y ffaith fod yr *Alabama* wedi hwylio: 'Dylasai'r *Alabama* fod wedi ei hatal rhag hwylio yn ystod y pedwar niwrnod y bûm yn disgwyl barn Swyddogion y Gyfraith', meddai. 'Ond credaf nad Comisiynwyr y Tollau oedd ar fai; yr oedd y bai arnaf i fel Ysgrifennydd Gwladol Materion Tramor.'[31]

Eto, er syrthio ar ei fai pan geisiodd yr Unol Daleithiau hawlio iawndal am y difrod a wnaed i lynges fasnach y Gogledd anwybyddodd Russell bob ymgais o du'r Americanwyr. Ar 23 Hydref 1863, anfonodd y llysgennad Adams lythyr i Russell gan led-awgrymu y buasai ei lywodraeth yn barod i gyflwyno'r achos i'w farnu gan unrhyw gorff annibynnol a chytbwys. Am ddwy flynedd anwybyddodd Russell gynnig rhesymol a chyfeillgar Adams ac yna ar 30 Awst 1865, anfonodd lythyr trahaus ac awdurdodol yn gwrthod y cynnig a chyhoeddi mai 'Llywodraeth Ei Mawrhydi oedd unig geidwad ei anrhydedd ei hun'.[32] Codwyd yr achos droeon yn Nhŷ'r Cyffredin ac yr oedd y chwerwedd a'r tyndra'n cynyddu ar ddwy ochr Môr Iwerydd. Wedi dwy flynedd arall o oedi ailagorwyd y mater ddechrau 1868 pan benodwyd Reverdy Johnson yn olynydd i Adams. Cyn cael ei ethol i'r Senedd bu Henry Richard yn ceisio dwyn pwysau ar y Cabinet i ddod a'r mater i ben a galwodd am sefydlu trefn gyflafareddu. Ddechrau 1868 lluniodd femorandwm ar y mater a threfnodd ddirprwyaeth i'w gyflwyno i'r Arglwydd Edward Henry Stanley, ysgrifennydd gwladol dros faterion tramor, oedd yn llawer parotach i gymodi na Russell. Croesawodd Stanley y memorandwm, yn wir ef oedd y cyntaf o weinidogion y Goron i gytuno â'r egwyddor o gyflafareddu a thebyg y buasai wedi setlo'r holl helynt. Ond collodd y Ceidwadwyr yr etholiad cyffredinol yn hwyrach ym 1868. Gyda Gladstone a'r Rhyddfrydwyr wrth y llyw, ac yntau ei hun yn awr yn aelod seneddol, nid oedd Henry Richard am adael i'r mater lithro ymhellach. Cysylltodd gyda'r Arglwydd Clarendon, fu'n gymaint o gymorth iddo yn achos

Cytundeb Paris 1856, ar derfyn Rhyfel y Crimea. Cysylltodd, hefyd â Reverdy Johnson a gyda'r ddau'n gefnogol i'r egwyddor o gyflafareddu yr oedd pethau'n ymddangos yn addawol. Ond bu farw Clarendon ym 1870 a chafodd Johnson ei alw'n ôl i America a bu oedi eto yn y trafodaethau rhwng Prydain a'r Unol Daleithau. Penodwyd yr Arglwydd Granville (Leveson Gower) yn ysgrifennydd tramor yn lle Clarendon a hysbysodd lywodraeth yr Unol Daleithiau ar unwaith o fwriad Prydain i ddwyn y mater i ben cyn gynted â phosib. Cynhaliwyd cyd-gomisiwn o gynrychiolwyr y ddwy wlad yn Washington a phenderfynwyd gofyn i Dribiwnlys Cyflafareddu yn Genefa ddeddfu ar y mater. Penodwyd pum cyflafareddwr – yn cynrychioli Prydain, yr Unol Daleithiau, Teyrnas yr Eidal, Cydffederasiwn y Swisdir ac Ymerodraeth Brasil. Cyfarfu'r Tribiwnlys yn Neuadd y Dref, Genefa, mewn stafell a ailenwyd wedi hynny yn Stafell yr *Alabama*. Daeth yr achos i ben ym 1872 a bu raid i Brydain dalu $15.5 miliwn o iawndal i'r Unol Daleithiau.[33]

Bu'r canlyniad yn fater o foddhad mawr i Henry Richard, oherwydd ar un cyfnod yr oedd y berthynas rhwng Prydain a'r Unol Daleithiau wedi dirywio'n ddifrifol, cynddrwg yn wir fel y gallasai'r ddwy wlad yn hawdd fod wedi mynd i ryfel. Yr oedd sefydlu'r Tribiwnlys Cyflafareddu hefyd yn gynsail pwysig ac yn brawf y gellid datrys anghydfod rhwng gwledydd pwerus. Nid pawb oedd yn llawenhau er hynny a bu hynny'n dipyn o ergyd i'r egwyddor o gyflafareddiad ym Mhrydain. Clwyfwyd y balchder Seisnig yn arw pan gyhoeddwyd dyfarniad y Tribiwnlys. Mynegodd y *Western Mail*[34] y farn mai 'dim ond plentyn fuasai'n meiddio honni y buasai Lloegr wedi ildio i Sbaen neu Ddenmarc yr hyn a ganiataodd i'r Unol Daleithiau'. Yr oedd hyd yn oed y papur Cymraeg mwyaf cefnogol i heddychiaeth, *Y Cronicl*, yn anfodlon. Ymateb Henry Richard mewn araith a draddododd ym Merthyr yn Rhagfyr 1872 oedd canmol parodrwydd llywodraeth Gladstone i ddatrys yr anghydfod gan ychwanegu'r sylw: 'Os oes rhywun am ddychmygu fod cyflafareddu yn ffordd rad a hawdd o gael ein ffordd ein hunain o dan bob amgylchiad ac ar bob adeg, yna rwyn cytuno na fyddai o unrhyw ddefnydd.'[35] Mae'n debyg y bu helynt yr *Alabama* yn rheswm arall pam y collodd llywodraeth Gladstone lawer o'i chefnogaeth ym 1871–2. Ond rhoddodd hyder ac ysgogiad newydd i gefnogwyr y mudiad heddwch a chynnig Henry Richard. Crëwyd diddordeb newydd yn y pwnc o gyflafareddiad ryngwladol. Ffurfiwyd Cymdeithas Gyflafareddu Ryngwladol De Cymru a Gorllewin Lloegr, cymdeithas oedd yn gysylltiedig â'r Gymdeithas Heddwch. Yr oedd gan y gymdeithas gefnogaeth gweinidogion o bob enwad crefyddol, gwŷr busnes, addysgwyr ac undebau llafur ar ddwy ochr Môr Hafren. Casglwyd deisebau gan yr Eglwysi Methodistaidd yn y de a Bedyddwyr Meirionnydd a chasglodd Cymdeithas Heddwch y Gweithwyr yng Nghymru a Lloegr ddeiseb a arwyddwyd gan dros 1,038,000 o ddynion.[36]

Ar 8 Gorffennaf 1873, cyflwynodd Henry Richard ei gynnig i Dŷ'r Cyffredin. Yr oedd yn naw o'r gloch pan alwyd arno i siarad. Eisteddai ym mhen pellaf y drydedd fainc yn yr union le yr eisteddodd Richard Cobden pan wnaeth gynnig cyffelyb ym 1849.[37] Tenau oedd y gynulleidfa pan gododd i siarad ond yn fuan iawn cynhyddodd nifer yr aelodau i dros 200 ac yr oedd orielau'r ymwelwyr yn llawn. Y cynnig oedd:

> Fod Anerchiad gostyngedig i'w gyflwyno i'w Mawrhydi yn erfyn arni orchymyn i'r Ysgrifennydd Cartref ymgynghori â'r Galluoedd Tramor gyda'r amcan o gyflwyno gwelliannau pellach i'r gyfraith ryngwladol a sefydlu cyfundrefn Gyflafareddu barhaol.[38]

Cychwynnodd siarad yn bwyllog gan bwyso a mesur ei eiriau gyda gofal a diffuantrwydd. Cyfeiriodd yn ei araith at y nifer fawr o ddeisebau a gasglwyd i gefnogi ei gynnig, y gefnogaeth wrth yr enwadau a'r eglwysi ond uwchlaw popeth cefnogaeth y gweithwyr a fwriodd eu hunain i fewn i'r ymgyrch gyda brwdfrydedd ac unfrydedd. Medrai Henry Richard honni'n hyderus mai prin fod aelod o'r Tŷ na dderbyniodd ddeiseb yn cefnogi'r cynnig.

Disgrifiodd fel yr oedd teyrnasoedd cred a gwareiddiad, pan godai cweryl rhyngddynt, yn rhuthro'n y modd mwyaf anwar am yddfau'i gilydd. Hynny am nad oedd dull effeithiol a pharhaol i roi terfyn ar gwerylon. A gan mai y cledd oedd yr unig fodd i roi terfyn ar anghydfod rhwng cenedl a chenedl, tybiai'r cenhedloedd mai eu hunig ddewis oedd sicrhau digon o wŷr arfog ar gyfer yr amcan hwnnw. Y canlyniad oedd fod rhwng pedwar a phum miliwn o ddynion gorau Ewrop dan arfau, cost oedd yn gwasgu'r gwledydd i lawr dan bwysau'r trethi enfawr. Gan amlinellu'n fanwl y gost dywedodd fod y cyfanswm Ewropeaidd yn £550 miliwn bob blwyddyn. Soniodd am y dosbarth gweithiol yn llafurio'n galed uwchben ac o dan y ddaear, ac ar wyneb y moroedd i ennill arian oedd yn cael ei sgubo o'u dwylo i fwydo'r anghenfil rhyfel. Cyfeiriodd at y gwledydd hynny a arferent

3. Llun Henry Richard ar lestr coffa.

y drefn o orfodi dynion i wasanaethu yn eu byddinoedd a llynghesau a'r trueni a ddeuai yn sgîl hynny.³⁹ Y fath oferedd, meddai. Wedi'r cwbl, nid yw milwr yn cynhyrchu dim – dim ond bwyta a difa cynnyrch dynion eraill.

'Tra'n treulio cymaint o amser, meddwl, dawn ac arian yn trefnu rhyfel, oni fyddai'n werth neilltuo ychydig o feddwl rhagblaen i drefnu heddwch?' holodd. Rhestrodd y gwledydd oedd bron yn fethdalwyr oherwydd y baich hwn. Rhestrodd nifer o achosion lle llwyddodd cyflafareddu i ddod a chymod.

Hwyrach y gellir dweud yn yr achosion llwyddiannus hyn o gyflafareddu a nodais mai materion bychain oeddynt. Fy ateb yw, na ellid cyfeirio at faterion llai na'r rheini a arweiniodd at ryfeloedd hir, gwaedlyd a diffaith. Nid oedd y rhai a enwais yn ddim llai, er enghraifft, na phwy ddylai atgyweirio'r to ar eglwys arbennig yn Jeriwsalem – mynaich Groeg neu Rufain? Ac eto dyna'r cweryl, drwy annoethineb rhai o'r Grymoedd Mawr, arweiniodd at ryfel a gostiodd i Ewrop, yn ôl Mr Kinglake,[40] filiwn o fywydau a rhwng £3 a £4 miliwn. Dywedir wrthyf yn yr achos hwn ac eraill tebyg, nad y rhesymau cydnabyddedig ac amlwg dros ryfel yn aml yw y gwir rai, ond mai esgusodion arwynebol ydynt, a bod grymoedd cudd ar waith sy'n gwthio cenhedloedd yn anorfod i wrthdaro â'i gilydd. Nid yw hyn ond tybio bod tynged dyn wedi ei threfnu rhagblaen, ymdrechion llafurus dynion i ddarganfod unrhyw gyfiawnhad i'w ffolinebau a'u drwgweithredoedd drwy gyfeirio at weithred o ryw gyfreithiau naturiol neu ragluniaethol, yn hytrach na'u nwydau aflan hwy eu hunain. Mae dynion wrth eu boddau'n credu iddynt gael eu gyrru i ddrwg-weithredu o ryw angenrhaid . . . A medraf ddyfynnu awdurdod gwladweinydd mwyaf profiadol ei oes, o leiaf yng nghyswllt rhyfeloedd diweddar. Dywedodd yr Arglwydd Russell: 'O edrych yn ôl ar yr holl ryfeloedd a fu yn y ganrif ddiwethaf, ac o archwilio'u hachosion, ni welaf un lle na ellid, pe buasai'r dymer iawn rhwng y pleidiau, fod wedi wedi eu hatal heb ddefnyddio arfau.'

Cyfeiriodd at y cymal yng Nghytundeb Paris, 1856, a'r cyflafareddiad yn achos yr *Alabama* a phwysleisiodd yr angen i sicrhau bod pob trefniant cyflafareddu'n cael ei wneud cyn codi cweryl a chyn cyffroi teimladau'r bobl.

Eiliwyd y cynnig gan Anthony John Mundella, AS Sheffield, ac yna cododd Gladstone. Yr oedd yn amlwg yn flinedig ac yn analluog i wneud unrhyw ymdrech fawr.[41] Siaradodd, er hynny, am dri chwarter awr gan ganmol yn gynnes araith Henry Richard. Yr oedd, serch hynny, yn araith ryfedd. Mynegodd lawer o gydymdeimlad gyda'r bwriad a'r nod tu cefn i'r cynnig, eto ymataliai rhag cefnogi'r dull hwn o gyrraedd yr amcan. Cnewyllyn ei ddadl oedd mai gwell fuasai i'r llywodraeth ymdrin â phwnc cyflafareddu, a hynny'n fanwl. Atgoffodd Henry Richard fel y bu i'r Arglwydd Palmerston gynghori Richard Cobden i beidio â galw am bleidlais ym 1849 ac y bu i'r ffaith i Cobden anwybyddu'r cyngor o bosib brofi'n benderfyniad annoeth. Un rheswm oedd gan Gladstone dros wrthwynebu'r cais i'r Tŷ i fabwysiadu cynnig Henry Richard, sef y gallasai beryglu symud ymlaen gydag achos oedd mor agos at ei galon. Yr un pryd mynegodd ei ymdeimlad o werth y cynnig a'i argyhoeddiad fod i'r 'wlad hon' dynged fawr ac anrhydeddus mewn perthynas â'r pwnc a bod yn rhaid mynd ymlaen 'gam wrth gam' gan gymryd gofal i sicrhai effaith ymarferol i'w hegwyddorion drwy weithredu gyda 'chymedroldeb, ewyllys da a chyfiawnder'. Teimlai nad oedd yr amser yn aeddfed am gynnig o'r fath ac anogodd Henry Richard i dynnu ei gynnig yn ôl. Geiriau i swyno'r heddychwyr niferus yn orielau'r ymwelwyr.

Ni swynwyd y siaradwr nesaf, Syr Wilfrid Lawson, AS Caerliwelydd, a mynegodd ei syndod fod Gladstone wedi canmol yr araith gymaint ac eto'n galw ar Henry Richard i dynnu'i gynnig yn ôl. Tra siaradai Lawson bu ymgynghori sydyn rhwng cefnogwyr y cynnig a phenderfynwyd peidio parhau gyda'r ddadl a wedi i Lawson orffen ei araith, cododd Henry Richard, a wedi diolch i'r prif weinidog am ei eiriau cyfeillgar cyhoeddodd ei fwriad i fwrw ymlaen i geisio teimlad y Tŷ ar y cwestiwn. Yr oedd y ffaith iddo anwybyddu cyngor ei brif weinidog yn gwbl annisgwyl i gefnogwyr y llywodraeth a chododd yr Arglwydd Enfield gan gynnig yn frysiog 'Y Cwestiwn Blaenorol', sef dull o roi terfyn ar ddadl a galw pleidlais i benderfynu a ddylid pleidleisio ar gynnig Henry Richard. Yr oedd mwyafrif y blaid Geidwadol yn absennol, a felly hefyd nifer o gefnogwyr ffyddlonaf y llywodraeth. Bu Gorffennaf 1873 yn fis arbennig o boeth ac yr oedd amryw o'r Rhyddfrydwyr, ar ôl cael sicrwydd gan y chwip na fyddai pleidlais y noson honno, wedi mynd i fwynhau eu hunain mewn rhyw rialtwch yn gysylltiedig ag ymweliad Shah Persia. Rhannodd y Tŷ ac i fonllefau o gymeradwyaeth cyhoeddwyd fod 'Y Cwestiwn Blaenorol' wedi ei drechu o 98 pleidlais i 88 – mwyafrif o 10. Wedyn rhoddwyd cynnig Henry Richard gerbron ac fe'i cymeradwywyd yn ddi-wrthwynebiad a heb i'r Tŷ ymrannu eto. Yr oedd yr hen gadno wedi dwyn ei faen i'r wal yn gwbl annisgwyl. O blith y 33 aelod o Gymru, cafodd gefnogaeth 11, yr oedd 3 yn ei erbyn a chaewyd 2 allan yn ddamweiniol.

Rai dyddiau'n ddiweddarach daeth ymateb y frenhines:

> Yr wyf yn ymwybodol o rym eich anerchiad. Ceisiais bob amser estyn, drwy gyngor ac esiampl, bob tro y daw cyfle, yr arfer o roi terfyn ar ddadleuon rhwng cenhedloedd drwy ymostwng i ddedfryd diduedd cyfeillion, ac i annog defnyddio cyfreithiau rhyngwladol a fwriadwyd er budd pawb yn ddiwahan. Byddaf yn parhau i ddilyn llwybr cyffelyb, gyda'r sylw priodol i amser a chyfle pan ymddengys yn fanteisiol i wneud hynny.[42]

Prin y gellid bod wedi disgwyl gwell mewn ymateb swyddogol, ond yr oedd Henry Richard yn fodlon gyda'i lwyddiant. Mae'n debyg bod 125 o aelodau wedi cymeradwyo'r cynnig, rhai wedi paru gydag aelodau o'r Ceidwadwyr, eraill yn methu bod yn bresennol. Ond gyda thros 600 o aelodau seneddol prin y buasai wedi llwyddo i gael y cynnig wedi ei gymeradwyo heb gyfuniad o gyfrwystra gwleidyddol a ffawd. Canmolwyd araith Henry Richard gan y mwyafrif o bapurau gyda'r *Times* a'r *Spectator* yn unig yn feirniadol. Dadleuai'r *Spectator* na ellid cael trefn gyflafareddu sefydlog heb y grym i'w gorfodi. Tawedog oedd y papurau Cymraeg heblaw am *Baner ac Amserau Cymru* a oedd yn hyderus y byddai buddugoliaeth Henry Richard yn ddylanwad moesol mawr ar lywodraethau Ewrop a'r byd yn ei gyfanrwydd.[43]

Pan aeth y newydd i Ewrop am gefnogaeth Senedd Prydain i gynnig Henry Richard bu'n achos cryn gyffro a bu canmol mawr arno ym mhapurau newydd Ewrop. Cyfieithwyd y ddadl yn ei chrynswth i'r Ffrangeg a'r Almaeneg. Derbyniodd lythyron wrth lu o rai fu'n cydweithio ag ef ym maes heddwch – fel August Visschers o Wlad Belg a Frédéric Passy o Ffrainc – oll yn uchel eu clod. Yr oedd y cyfarchion o Ddenmarc a'r Eidal yn arbennig o gynnes. Derbyniodd lythyr wrth y Seneddwr Americanaidd Charles Sumner:

> Rwy'n diolch i chi am wneud y cynnig hwn, ac am beidio ag ildio i gais Mr Gladstone ar i chi ei dynnu'n ôl. Y mae eich araith yn gychwyn cyfnod mewn achos mawr. Y mae'n gwneud eich bywyd Seneddol yn un hanesyddol. Mor afresymol, cyfeirio at eich cynnig yn Iwtopaidd. Nid oes yr un cwestiwn mwy cyfangwbl ymarferol, oherwydd y mae'n ymwneud nid ag un genedl ond gyda phob cenedl, ond y mae y weithred o'i drafod yn unig yn lleihau y perygl ofnadwy o ryfel.[44]

Bu'r llythyron a'r ymateb yn anogaeth iddo fynd ar daith i'r cyfandir i selio'r llwyddiant. Cyn mynd aeth Henry Richard a'i wraig i Lanwrtyd lle'r oedd ei chwaer Hannah Evans – bellach yn weddw – yn treulio ychydig ddyddiau er lles iechyd ei merch (Margaret neu Maggie). Oddi yno aethant am ysbaid fer i Sir Aberteifi gyda'r bwriad o fynd ymlaen i'r eisteddfod genedlaethol yn yr Wyddgrug lle'r oedd Henry Richard yn un o lywyddion y dydd. A hwythau yng Ngheredigion daeth y newydd fod dwy nith i Mrs Richard, unig ferched ei chwaer – Mrs Fell, gwraig weddw – wedi boddi tra ar wyliau yn Ilfracombe. Bu'r trychineb yn ysgytwad i'r holl deulu a nodir tynerwch Richard a chymaint o gysur y bu i'r teulu yn nyddiadur Mrs Richard.[45] Yn ystod y flwyddyn wedyn symudodd teuluoedd y chwiorydd gan gynnwys Henry Richard a'i wraig o Kennington Park i Bolton Gardens, South Kensington, yn un teulu mawr cytûn. Cyfeirir ato fel y brawd na chafodd y teulu o ferched, gwir gyfaill, cynghorydd doeth, parod i rannu pob baich, llawn o'r cydymdeimlad tyneraf yn eu galar. Wedi marw Hannah, chwaer Henry, ym 1884, mabwysiadwyd Maggie ganddynt gan ychwanegu eto at y teulu estynedig. Arwydd o garedigrwydd Henry Richard oedd ei barodrwydd i ysgwyddo cyfrifoldeb teuluol ac yntau erbyn hynny tua 74 oed.

8 ⚜ Y Bererindod Heddwch

O HERWYDD y trychineb teuluol gohiriwyd y daith i'r cyfandir tan fis Medi. Yna ar 18 Medi cychwynnodd Henry Richard a'i wraig ar eu taith gyfandirol, ei bererindod fawr o blaid heddwch. Ei fwriad oedd dod i gysylltiad personol â seneddwyr y gwledydd a'u hannog i gefnogi a hyrwyddo'r ymdrech dros gyflafareddiad rhyngwladol. Yn gyntaf aethant i Frwsel, lle cafodd Richard gyfle i adnewyddu ei gyfeillgarwch gydag Auguste Visschers, llywydd Cyngres Heddwch 1848, oedd wrthi gyda'r ddau Americanwr David Dudley Field a'r Parch James B. Miles, ysgrifennydd Cymdeithas Heddwch America, yn trefnu cynhadledd ar gyfraith ryngwladol i'w chynnal yn y ddinas y mis wedyn. Cyfarfu â'r gwleidydd a'r newyddiadurwr Auguste Couvreur, oedd yn gysylltiedig â'r papur *Independence Belge* ac a oedd am gyflwyno cynnig tebyg i'r un a gyflwynodd Henry Richard yn Llundain.[1]

Ymwelodd Richard a'i briod ag Antwerp ac yna aethant i'r Hâg lle cawsant groeso tywysogaidd gan wleidyddion yr Iseldiroedd. Prin y cafodd gwleidydd o Brydain ar ymweliad answyddogol ag unrhyw wlad y fath groeso. Anfonwyd cerbyd ysblennydd i gyrchu'r ddau i gyfarfod yn Neuadd y Seiri Rhyddion. Yr oedd llun mawr ohono ar un o'r muriau mewn fframm ardduniedig gyda'r geiriau 'Heddwch ar y Ddaear' a dyddiad ei gynnig mewn Iseldireg ar y ffrâm. Fe'i gwahoddwyd i siarad a thraddododd araith hanner awr a derbyniodd ddiploma aelodaeth er anrhydedd Cymdeithas Heddwch yr Iseldiroedd wedi ei chyflwyno – er mawr ddifyrrwch iddo – i Syr Henry Richard.[2]

Y noson wedyn cynhaliwyd gwledd gyhoeddus er ei anrhydedd ac addawodd dau o aelodau seneddol yr Iseldiroedd y byddent yn dwyn mater cyflafareddiad gerbron y Senedd ar y cyfle cyntaf.[3] Ymwelodd ag amryw o ysgolion yr Hâg, yn eu plith un ysgol gymunedol lle'r oedd yr addysg am ddim ac yn gwbl seciwlar. Nododd fod pwyllgor o wŷr bonheddig yn ymweld â rhieni tlawd i'w hannog i anfon eu plant i'r ysgol. Canmolodd y modd yr oedd yr ysgol yn cael ei rheoli a nododd na chaniateid cosbi'r plant drwy eu curo, fod y dosbarthiadau yn gymysg – bechgyn a merched – a bod y disgyblion yn cynnwys Pabyddion, Protestaniaid ac Iddewon, ac nad oedd unrhyw hyfforddiant crefyddol, heblaw am ganu emyn ac offrymu gweddi gyffredinol ar ddechrau'r dydd. Ond yr oedd y stafelloedd dosbarth at ddefnydd gweinidogion y gwahanol eglwysi i ddarparu addysg grefyddol ar adegau penodedig o'r dydd. Hyd yn oed yn yr ysgolion enwadol a gynhelid drwy gyfraniadau gwirfoddol nid oedd unrhyw holwyddoreg yn rhan o'r addysg grefyddol ac yr oedd y dull o ddysgu yn debyg i eiddo'r Ysgolion Brutanaidd.

Cafodd beth siom pan gyrhaeddodd Berlin a chanfod fod Senedd yr Almaen a Senedd Prwsia ar wyliau. Er hynny, cyfarfu ag amryw o wŷr amlwg a dylanwadol, yn eu plith yr hanesydd ac un o arweinwyr y Blaid Ddemocrataidd, Maximilian Wolfgang Duncker. Cyfarfu eto â'r henwr August Wilhelm Heffter, athro y gyfraith ym Mhrifysgol Berlin, awdur gweithiau dylanwadol ar gyfraith ryngwladol Ewropeaidd ac ar ymddygiad milwyr tuag at garcharorion mewn cyfnod o ryfel. Gwelwn hefyd iddo gyfarfod yr athronydd Johann Heinrich Löewe ac iddynt gael sgwrs am effaith foesol byddinoedd parhaol. Hefyd cafodd ei gyfweld gan Eduard Loewenthal oedd newydd gael ei benodi'n brif olygydd y *Neue Freie Zeitung*, awdur llyfrau ar bynciau yn ymdrin â heddwch ac a oedd, yn ôl Henry Richard, yn ŵr 'difrifol ac ardderchog'.[4]

Ymwelodd ag ysgol uwchradd, *gymnasium*, ar 20 Medi, lle nododd iddo gael sgwrs faith gyda'r pennaeth, Dr Karl Gottlob Zumpt, am drefn addysg Prwsia. Eto gwelir diddordeb Henry Richard mewn addysg grefyddol ac y mae'n amlwg fod Dr Zumpt yn dweud yr hyn oedd wrth fodd y gŵr o Dregaron:

Ceir gweddi ac emyn ar ddechrau'r dydd ac eto, os mai dyna ddymuniad yr athro neu athrawes, ar gychwyn y wers. Mewn ysgolion Protestanaidd nid yw'n ofynnol i Babyddion nac Iddewon fod yn bresennol yn y gwasanaethau hyn ond ar y cyfan nid ydynt yn gwrthwynebu, oherwydd y maent o natur mor gyffredinol fel nad ydynt yn peri unrhyw dramgwydd . . . Holais Dr Zumpt a oedd yr hyfforddiant grefyddol a dderbynient yn yr ysgol yn gwneud y plant yn grefyddol. Atebodd ar ei union a chyda phwyslais mawr, 'Na, ni ddaw bywyd crefyddol o'r ysgol ond o'r teulu. Mae'r plant yn derbyn gwybodaeth grefyddol yn yr ysgol ond nid bywyd crefyddol.'[5]

Ar 1 Hydref ymwelodd ag Eduard Lasker, radical poblogaidd a dylanwadol o Senedd Prwsia a'r Senedd Almaenig. 'Cawsom ein derbyn ganddo gyda chwrtseisi a charedigrwydd', ysgrifennodd Richard. 'Atgoffodd fi o'r hyn ddwedodd wrthyf bedair blynedd yn ôl, mai y perygl i heddwch oedd Ffrainc, gan ofyn oni wireddwyd ei broffwydoliaeth.' Dywedodd iddo wylio gyda diddordeb hynt y cynnwrf yn 'Lloegr' a llwyddiant cynnig Henry Richard yn Nhŷ'r Cyffredin gan roi sicrwydd fod ei gydymdeimlad i gyd gyda Richard. Ond pan ofynnodd Richard iddo a fyddai'n barod i godi pwnc cyflafareddiad yn Senedd yr Almaen, petrusodd ac amau ai cynnig uniongyrchol oedd y modd mwyaf effeithiol o sicrhau llwyddiant. Addawodd ymgynghori gyda'i gyfeillion gwleidyddol. Tynnodd sylw Richard at gynnig llwyddiannus a wnaeth i'r Senedd o blaid peidio ag ymyrryd yng nghwerylon mewnol cenhedloedd eraill.

Aeth Richard a'i briod rhagddynt i Dresden ac oddi yno i Vienna, prifddinas – bryd hynny – Ymerodraeth Awstria-Hwngari, lle cyfarfu Henry Richard â John Jay, y Gweinidog Americanaidd. Yr oedd arddangosfa fawr – Ffair y Byd – yn Vienna ar y pryd a phwyswyd arno i ymweld â hi.

Pan ymwelodd Richard a'i wraig â Brwsel ar gychwyn eu taith cafodd gynnig wnaeth iddo bendroni a ddylai fynd i'r gynhadledd ar gyfraith ryngwladol oedd i gychwyn yno ar 10 Hydref. Yr oedd Brwsel a Ghent yn ganolfannau o bwys oherwydd bod yn ysgolion y gyfraith yn y ddwy ddinas ddynion o weledigaeth ryngwladol fel Alphonse Rivier a'r hanesydd cyfreithiol François Laurent, athrawon ac awduron gwerslyfrau mewn cyfraith ryngwladol. Gŵr arall o ddylanwad a chyfaill i'r ddau a enwyd oedd y cyfreithiwr a'r gwleidydd radicalaidd-ryddfrydig o Wlad Belg, Gustave Rolin-Jaequemyns, trefnydd y cyfarfod lle sefydlwyd yr *Institut de droit international* (Sefydliad Cyfraith Ryngwladol) yn Ghent, Gwlad Belg, ar 8 Medi, wythnosau yn unig cyn Cynhadledd Brwsel. Yn ymwybodol o hyn oll, penderfynodd Henry Richard yn sydyn dorri'r daith a dychwelyd i Frwsel. Ar 8 Hydref roedd ef a'i wraig yn Vienna ac i gyrraedd Brwsel erbyn 10 Hydref wynebent tri deg chwech awr – dwy noson a diwrnod – o deithio dibaid. Nid taith bleserus i unrhyw un, yn sicr ddim i Henry Richard oedd bellach wedi croesi'r trigain oed. Ond gyda chynifer o wŷr cyhoeddus amlycaf Ewrop yn bresennol penderfynodd ei bod yn werth yr ymdrech. Yn eu plith byddai Dr Johann Kaspar Bluntschli, gŵr o'r Swisdir, ond bellach yn athro cyfraith gyfansoddiadol yn Heidelberg, un o sefydlwyr yr *Institut de droit international* ac ef fyddai'n cynrychioli'r ymerawdr Almaenig. Yno hefyd byddai'r cyn-weinidog, yr Athro Pasquale

Stanislao Mancini o Rufain. Ef oedd cadeirydd y gynhadledd yn Ghent. Byddai'r Athro Charles Giraud o'r Collège de France, deiliad yr unig gadair mewn cyfraith ryngwladol yn Ffrainc, a'r heddychwr Frédéric Passy, hefyd o Ffrainc, yn bresennol. Nid pobl yn ymdrin â syniadau haniaethol oedd y rhain ond dynion oedd yn ymwneud â newidiadau gwleidyddol, economaidd a chymdeithasol eu gwledydd. Yr oedd yma aelodau seneddol, rhai'n weinidogion llywodraeth, dynion oedd yn annog ehangu'r bleidlais a barn gyhoeddus gyda'r nod o sicrhau heddwch a chynnydd Ewropeaidd. O Loegr yr oedd Montague Bernard, deiliad cyntaf y gadair gyntaf mewn cyfraith ryngwladol yn Lloegr, Cadair Chichele, a sefydlwyd ym 1859 yn Rhydychen. Ac wrth gwrs, trefnwyr y gynhadledd, Dudley Field a'r Parch James B. Miles o'r Unol Daleithiau, ynghyd ag amryw weinidogion llywodraeth a gwleidyddion o Wlad Belg, yn eu plith Émile de Laveleye ac Auguste Visschers – y ddau'n adnabod Henry Richard yn dda.

Parhaodd y gynhadledd am dridiau a chafodd Henry Richard gyfle i gyflwyno'i neges. Nid pawb oedd o blaid yr egwyddor o gyflafareddiad ond cytunwyd ar y cynnig a ganlyn:

Fod y gynhadledd hon yn datgan ei bod yn ystyried cyflafareddiad fel dull anhepgorol gyfiawn a rhesymol, gorfodol hyd yn oed, ar yr holl genhedloedd o roi pen ar anghytundebau rhyngwladol na ellir eu datrys drwy drafod. Y mae'n ymatal rhag haeru ymhob achos, yn ddieithriad, fod y modd hwn o weithredu yn gymwys, ond y mae'n credu fod eithriadau yn anghyffredin, ac y mae'n argyhoeddiedig na ddylid ystyried unrhyw anghytundeb yn un na ellir ei ddatrys nes gwneud datganiad clir o gŵyn a chyfnod rhesymol o oedi, a thrwy ddilyn i'w bendraw bob dull heddychlon posibl.[6]

Nid oedd y geiriad gwreiddiol, a luniwyd gan Montague Bernard, yn cynnwys y cymal a'r gair 'gorfodol', ond ildiodd y Sais i farn Mancini ac eraill.[7] Dywedodd Richard y buasai wedi dymuno cael penderfyniad heb unrhyw gymalau goddefol, ond bod cynnwys y gair 'gorfodol' yn welliant. 'Ond bod eithriadau fel crac mewn potel, pa mor dynn bynnag y selir y corcyn, bydd hanfod yr hylif yn gollwng.'[8] Hwn oedd y pwnc mwyaf dyrys a drafodwyd yn y gynhadledd. Cytunwyd, hefyd, i ffurfio Cymdeithas er Diwygio a Rheoleiddio Cyfraith y Cenhedloedd. Cyn dirwyn y gweithgareddau i ben pasiwyd cynnig i gyflwyno anerchiad, wedi ei arwyddo gan Émile de Laveleye ac Auguste Visschers, yn llongyfarch Henry Richard am ei wasanaeth o blaid creu cytundebau heddychlon i ddatrys cwerylon rhyngwladol.

Noda Henry Richard yn ei ddyddiadur iddo gael sgwrs hir gyda Mancini a'i hysbysodd ei fod ar fin galw am benderfyniad parthed cyflafareddiad yn Senedd yr Eidal a phwysodd arno i fod yn bresennol bryd hynny ac i ymweld â'r prif ddinasoedd Eidalaidd eraill ar ei daith. Fel hyn y disgrifiodd Henry Richard yr hyn ddwedwyd wrtho gan Mancini:[9]

> Adroddodd wrthyf am ymweliad swyddogol y bu'n rhan ohono, mi gredaf ym 1867, gyda'r bwriad o drafod cytundeb yn ymwneud â nifer o bwyntiau preifat o Gyfraith Ryngwladol rhwng Yr Eidal, Ffrainc a'r Almaen. Yn yr achos hwn yr oedd y gwladweinydd Eidalaidd wedi cynnig bod pob mater o anghydfod a allai godi ar bynciau oedd yn gynwysiedig yn y cytundeb i'w datrys drwy gyflafareddiad. Yr oedd ei Lywodraeth ei hun wedi derbyn ei gynnig. Rhoddwyd y cynllun gerbron yr ymerawdwr a'r adweithiol Eugène Rouher ym Mharis, gyda'r ddau i bob golwg yn gefnogol. Aeth rhagddo wedyn i'r Almaen a gosod y cynnig gerbon y Tywysog Bismarck, yr hwn wedi peth petruso, a'i derbyniodd hefyd. Ond os deallais Mancini yn gywir, tynnodd y Llywodraeth Ffrengig yn ôl o'r cynnig ar y funud olaf.[10]

Dychwelodd Henry Richard i Vienna ganol Hydref. Nid oedd yr amser gorau i ymweld â'r ddinas oherwydd yr oedd Awstria yng nghanol ymgyrch etholiadol ac yr oedd amryw o wleidyddion y dymunai eu cyfarfod yn brysur yn eu hetholaethau. Ni fyddai'n hawdd iddo gyflwyno'i neges am gyflafareddu, ond awgrymwyd iddo anfon copïau Almaeneg o'i bamffled ar y pwnc i'r Tywysog Adolf von Auersperg, llywydd yr Uwch-Siambr, gyda chais iddo'u dosbarthu.[11]

Cyfarfu â'r Athro Leopold Neumann o'r prifysgol, oedd hefyd yn aelod o'r Senedd ac a ganmolodd yn fawr waith Richard o blaid heddwch. Cyfarfu, hefyd, â newyddiadurwr gwleidyddol ac aelod seneddol arall, Ignaz Kuranda, a ystyrir yn un o sylfaenwyr y wasg rydd yn Awstria.[12] Mynegodd yntau awydd cyflwyno cynnig ynglŷn â chyflafareddiad gerbron y Senedd, ond heb wneud hynny'n uniongyrchol gan na fedrai'r Siambr drafod materion tramor. Cyfarfu â Somerset Beaumont, AS Rhyddfrydol Wakefield, ac un o sylfaenwyr y Banc Eingl-Awstraidd. Nododd Henry Richard fod Vienna ac Awstria ym 1873 yn mynd trwy gyfnod o argyfwng ariannol ar sail goradeiladu, amlder cwmnïau hapfasnachu a methiant amryw gynlluniau buddsoddi.¹³ Darlun cyfarwydd i'n hoes ni. Nid yw'n eglur ai dyna pam fod Beaumont yn Vienna – beth bynnag cafodd Richard addewid pob cymorth ganddo. Nododd hefyd nad oedd dynion Awstria yn weithwyr caled ac yn treulio llawer o amser yn bwyta, yfed a chwarae biliards yn y caffis. Cyfarfu â ryw Gadfridog Eber yn y Llysgenhadaeth Americanaidd a ddywedodd wrtho fod Ferenc Deák, gŵr dylanwadol iawn – y cyfeirid ato fel 'gŵr doeth y genedl' – oedd yn byw yn Budapest, yn awyddus iawn i'w gyfarfod. 'Y mae hwn yn newydd da', ysgrifennodd Richard, 'oherwydd M. Deák yw'r un dyn yn Hwngari y mae'n rhaid wrth ei gefnogaeth. Y mae ei safle'n un rhyfedd. Nid yw mewn Llywodraeth ac ni fu erioed, heblaw am gyfnod byr wedi Chwyldro 1848. Ond mae ei rym gwleidyddol yn fwy nag eiddo'r holl weinidogion gyda'i gilydd.'¹⁴

Ar 30 Hydref daeth y Cadfridog Eber i gyrchu Henry Richard a'i wraig a'u cludo i westy'r Queen of England yn Pesth, ochr ddwyreiniol Budapest, lle'r oedd Ferenc Deák yn disgwyl amdanynt. Yno hefyd oedd esgob na fedrodd Henry Richard nodi ei enw a'r Barwn Béla Wenckheim, y gweinidog gyda chyfrifoldeb arbennig ac uniongyrchol i'r ymerawdr, gwleidydd rhyddfrydig a blaengar a wasanaethodd mewn cyfres o lywodraethau ac a dreuliodd rai misoedd yn brif weinidog Hwngari ym 1875. Ymadawodd yr esgob yn fuan ond yna ymunwyd â hwy gan yr y Iarll Ferenc Zichy, y gweinidog masnach. 'A oedd eu presenoldeb yn ddamweiniol neu a gawsant wahoddiad arbennig i fy nghyfarfod i, wn i ddim', ysgrifennodd Henry Richard yn ei ddyddiadur. Wedi clywed y neges dywedodd Deák ei fod yn llwyr ddirnad pwysigrwydd neges Henry Richard. Disgrifiodd Henry Richard ei gyfarfod gyda Deák yn ei ddyddiadur:

Ni fedrwn fod yn fwy cytûn nid yn unig ar dir dyngarol, a'i ddylanwad ar wareiddiad, ond hefyd o safbwynt ariannol. Oherwydd nid yn unig y mae rhyfel yn ddrutach na heddwch, ond y mae'r amgylchiadau presennol yn gwneud y cyflwr o heddwch bron cyn waethed â rhyfel. Yr oedd [Deák] yn canfod ei bod yn iawn a phriodol bod Lloegr yn arwain yn y mater hwn, oherwydd yr oedd Lloegr bob amser wedi cymryd rhan flaenllaw mewn materion rhyngwladol, a bod ei hamgylchiadau yn arbennig o ffafriol iddi weithredu yn hyn o beth. Ond y mae'r syniad yn un lle na ellir sicrhau goruchafiaeth yn raddol, oherwydd y mae'n rhaid ei ledaenu nid yn unig ymysg holl genhedloedd Ewrop ond hefyd yn America ac Asia, rhwng y rhain ac Ewrop yr oedd bellach nifer o gysylltiadau pwysig. Yr oedd, felly, yn falch o glywed yr hyn a ddwedais am y tebygrwydd y byddai cyrff deddfwriaethol eraill yn mynd i'r afael â'r pwnc. Yr oedd o blaid dwyn y mater gerbron corff deddfwriaethol Hwngari, ond ni chredai y gellid gwneud hynny'n syth. Yr oeddynt yn ymdrin yn ddwys â materion cyllidol. Rhaid oedd datrys y gyllideb neu, yn hytrach, sut i gyfarfod â'u costau, ac y byddai'n anodd i gael pobol i ganolbwyntio ar bynciau eraill. Ond wedi cael gwared o hynny, credai y byddai'n fater addas iawn i'w drafod, gan y byddai'n effeithio ar y materion cyllidol hynny, gan y byddai eu gallu i gymhwyso'r cyfyngderau cyllidol yn dibynnu ar eu gallu i leihau eu sefydliadau milwrol . . . Fel cefnogwr i Lywodraeth Hwngari, ni fedrai wneud dim fyddai'n anghyfleus neu'n annymunol iddi. Byddai'n siarad yn breifat gyda'i gyfeillion ynglŷn â dwyn y mater gerbron, ac er na fuasai'n ei gyflwyno ei hun, buasai'n sicr yn ei gefnogi. Ond bod yn rhaid ei gyplysu gyda'r ddealltwriaeth y byddent yn barod bob amser i wneud popeth angenrheidiol er diogelwch ac amddiffyn eu gwlad.[15]

Yn y prynhawn croesodd Richard a'i briod y Danube o Pesth, ar yr ochr ddwyreiniol wastad, i Buda ar draws y bont grog a dringo'r bryn i fwynhau'r olygfa eang o'r afon a'r wlad o gwmpas. Y prynhawn hwnnw medrai deimlo'n fodlon iddo roi ei achos gerbron a chael addewidion y byddai ei weledigaeth yn cael ei chyflwyno a'i thrafod yn seneddau Awstria a Hwngari.

Trannoeth daeth Ágoston Trefort, y gweinidog dros hyfforddiant cyhoeddus – 'gŵr dymunol iawn, syml a dirodres' – i ymweld â nhw. Yr oedd Trefort, a fu'n gyfrifol am addysg gyhoeddus y wlad am bymtheng mlynedd, yn un o ffigurau pwysicaf polisi diwylliannol Hwngari yn y bedwaredd ganrif ar bymtheg. Carreg filltir bwysig yn ei waith fu'i ddeddf gyntaf ar addysg uwchradd a basiwyd ym 1883, deddf a grëodd drefn a rheolaeth i'r ysgolion uwchradd ac a barhaodd bron yn ddigyfnewid hyd 1945. Credai Trefort na ellid diwygio addysg uwchradd yn annibynnol o'r gwaith o hyfforddi athrawon.

Wedi ei ymweliad â phrif-ddinas Hwngari dychwelodd Henry Richard i Vienna lle'r oedd Ffair y Byd yn dod i ben. Yr oedd, ysgrifennodd Richard, yn olygfa i ryfeddu ati a diau fod y dorf enfawr yn tristáu o weld y fath gasgliad godidog o gynnyrch diwydiant, masnach a chelfyddyd yn cael ei wasgaru. Bwriadai fynd rhagddo i'r Eidal ond mynegodd y Barwn Max von Kübeck, aelod o'r Senedd, awydd cryf i'w gyfarfod. Gwelwyd y bu gan von Kübeck wedi hynny gysylltiad â hyrwyddwyr rhyngwladol y mudiad heddwch. Felly treuliodd y ddau ychydig ddyddiau ychwanegol yn Vienna. Ar 4 Tachwedd, aeth y barwn a hwy i agoriad y Senedd newydd a rhoddodd Richard, yn ei ddyddiadur, ddisgrifiad o'r llw o ffyddlondeb yn cael ei ddatgan mewn Almaeneg, Eidaleg, Pwyleg a Slafoneg. Wedi trafodaeth gyda rhai aelodau eraill o'r Siambr penderfynodd von Kübeck mai doethach fyddai gohirio cyflwyno pwnc cyflafareddu tan yn hwyrach, mis Chwefror o bosib. Yr arfer ar agoriad y Senedd newydd oedd fod yr ymerawdwr yn gwysio aelodau'r Reichsrath i'r Palas Ymerodrol a llwyddodd Henry Richard a'i briod gael tocynnau i'r digwyddiad drwy garedigrwydd y Gweinidog Americanaidd, John Jay, yn y blwch diplomyddol. Rhyfeddai at ysblander lliwgar y digwyddiad.

Wedi hynny aeth Henry Richard i ymweld â golygyddion papurau dyddiol Vienna gan gyflwyno copïau o'i bamffled ar gyflafareddu iddyn nhw a threulio'r hwyr gyda'r Barwn von Kübeck a'i deulu. Ar y Sul olaf aethant i wasanaeth Protestanaidd a chyfarfod y Parch Dunlop Moore, offeiriad Anglicanaidd, oedd yn dra digalon am ryddid addoliad yn Awstria ac am ddyfodol Protestaniaeth yn gyffredinol. Dywedodd fod 20,000 o Brotestaniaid yn Vienna ond mai rhai digon llugoer oedden nhw.[16]

O'r holl wledydd a ymwelodd Henry Richard â hwy nid oedd unman lle'r oedd y croeso'n gynhesach nag yn yr Eidal. Yno y rhoddid iddo'r anrhydeddau mwyaf. Ble bynnag yr âi, byddai enwogion a gwŷr amlycaf y dinasoedd yno i'w groesawu a'i anrhydeddu. Ar 10 Tachwedd cychwynnodd y ddau eu taith ar y rheilffordd Semmering syfrdanol – oedd bryd hynny yn llai nag ugain oed – ar draws yr Alpau i Trieste ond ar ôl canfod nad oedd neb yno o blith y rhai yr oedd ganddo lythyrau i'w cyflwyno iddynt aethant ymlaen yn ddioed i Fenis. Ar ôl croesi'r ffin i'r Eidal teimlai Henry Richard ei fod ymhlith cyfeillion. Yn Awstria, gofalus oedd yr anogaeth a dderbyniodd ac nid oedd yr haen uchaf o blith arweinwyr yr ymerodraeth am gael eu gweld yn cyfeillachu'n rhy agored gyda'r Apostol Heddwch. Ond yr oedd safle'r Eidal yn Ewrop yn unigryw, i gymaint graddau fel y bu i un o'i gwladweinwyr ddweud mai ei ddymuniad mwyaf fyddai i'r wlad gael bod yn niwtral. Yr oedd athrawon y prifysgolion wedi astudio cysylltiadau rhyngwladol yn eu ffurf haniaethol, ac nid oedd gan linach a thraddodiad yr un gafael ar y dosbarth llywodraethol. Yr oedd gan drigolion y wlad, a addysgwyd gan yr athronydd, gwleidydd a gwladgarwr Giuseppe Mazzini a gan y milwr a'r gwleidydd Garibaldi – er nad heddychwr mohono – ddealltwriaeth o ffolineb a thrychineb rhyfeloedd tramor. Yn yr Eidal yr oedd Henry Richard yn cael ei gyfarch fel Apostol Heddwch gan bob haen o gymdeithas, gydag unfrydedd a brwdfrydedd oedd ar adegau yn ymylu ar y beichus. Hyd yn oed cyn gadael Vienna derbyniodd Henry Richard lythyr o gymeradwyaeth a chyflwyniad gyda'r mwyaf anrhydeddus a chlodforus posib:

[At Henry Richard, Ysw, AS]

Syr,

Caniatewch i ni drosglwyddo i chi, o wlad Federico Sclopis, ychydig eiriau o longyfarchion ar eich llwyddiant yn Nhŷ'r Cyffredin ar 8 Gorffennaf, gyda chyfeiriad at yr egwyddor cysegredig a thrugarog o Gyflafareddiad Rhyngwladol, un a dynghedir i ddod yn arfer ac yn rheol yng Nghyfraith newydd y Cenhedloedd.

Er mai y wobr orau i'ch llafur dibaid yw'r rhagolwg – a ragfynegir gan gynifer o arwyddion – o gyflawni eich cynllun mawrfrydig, ni fyddwch yn anfodlon i ganfod i ni, fel Eidalwyr a dynion, lawenhau yn galonnog pan fu i Senedd Lloegr, gan weithredu fel dehonglwyr dyheadau dynolryw yn gyffredinol, roi ei chymeradwyaeth i'r amcan haelionus, a thrwy eu hesiampl gyffroi ym mhobman awydd angerddol am fywyd digynnwrf, cred ddifrifol mewn cynnydd sefydlog a than awdurdod cyfiawnder, ac atgasedd naturiol tuag at drychineb dall grym anifeilaidd. Teimlwyd y llawenydd, hefyd, gennym ni fel cyfeillion ymysg yr holl bobl, ac fel cyfeillion heddwch, fod heddwch yn fendith i bawb, yn felltith i neb, tra ei fod yn offeryn mwyaf grymus cynnydd trefnus a gwir ryddid.

Parhewch, anrhydeddus Syr, yn hyrwyddwr yr holl syniadau hael a gafodd gynulleidfaoedd parod yng ngwlad Wilberforce a Cobden, ac ynoch chwi yn awr y ceir huodledd yr anrhydeddus ddehonglwr. Derbyniwch ddymuniadau da bawb sy'n ewyllysio cyfiawnder cyffredinol ar y ddaear, ac wrthym ni afaeliad cynnes o'r llaw, i chi a'ch cymdeithion mewn buddugoliaeth, Mr Mundella a Syr Wilfrid Lawson.[17]

Roedd y datganiad rhyfeddol hwn wedi ei ddyddio 14 Medi 1873, a'i arwyddo gan lu o wŷr amlycaf yr Eidal, yn eu plith Garibaldi; y Marcwis Torrearsa, arlywydd y Senedd; yr Iarll Casati, y cyn-arlywydd; llywydd y Siambr; nifer o aelodau gan gynnwys Mancini; athrawon prifysgol; llywyddion cymdeithasau celfyddydol a gwyddonol; bargyfreithwyr; a llywyddion siambrau masnach holl ddinasoedd yr Eidal.

Rhoddodd y cyflwyniad foddhad mawr i Henry Richard ac anfonodd ymateb ysgrifenedig lle mynegodd ei ddiolch am 'yr anrhydedd nodedig' a roddai anogaeth fawr iddo 'ddyfalbarhau gyda gwaith a dderbyniodd y dystiolaeth hon o gydymdeimlad a chymeradwyaeth gan y fath gorff dethol o feddyliau goleuedig a chalonnau hael'. Edrychai ar hwn fel datganiad *cenedlaethol*. 'Ni fedrai llais Yr Eidal, yn llefaru gyda'r fath argyhoeddiad dwfn ac undeb cytûn, er budd cyfiawnder a dynoliaeth, fethu hawlio sylw a dylanwadu ar farn y byd gwareiddiedig', meddai.[18]

Yn Fenis cafodd groeso a gwahoddiad i annerch gwledd wedi ei threfnu gan yr awdurdodau dinesig. Gan na ddeallai neb o'r gwahoddedigion Saesneg, gwnaed cais arbennig iddo siarad yn Ffrangeg, rhywbeth oedd yn achos tipyn o ofid iddo. Er ei fod yn deall yr iaith yn bur dda, yr oedd gorfod annerch cynulleidfa ynddi yn peri diflastod iddo am ddyddiau ymlaen llaw. Tra'n poeni am y dynged honno, bu ef a'i briod yn ymweld â'r Palazzo Ducale di Venezia (Palas y Dug), dros Bont yr Ocheneidiau ac i'r carchar, lle teimlai Richard yn ddiolchgar nad oedd y taclau arteithio a welid yno'n cael eu defnyddio mwyach. Nododd fod y strydoedd yn llawn cardotwyr a bod rhywun wedi dweud wrtho fod 11,000 o drigolion y ddinas yn dibynnu ar elusen gyhoeddus.

Cynhaliwyd y wledd yng ngwesty mwyaf y ddinas ac ymysg y rhai oedd yn bresennol oedd cynrychiolwyr y prif ynadon, masnachwyr, addysgwyr ac arlunwyr Fenis. Traddododd ei araith a chafodd dderbyniad brwd a nododd Richard i'w wraig ei ganmol yn fawr, ond ni thybiai fod ei barn yn gwbl ddiduedd. Beth bynnag, cafodd gymeradwyaeth wresog gan y gynulleidfa. Derbyniodd deligram oddi wrth yr Iarll Federico Sclopis, cadeirydd tribiwnlys achos yr Alabama yn Genefa. Yr oedd Sclopis yn un o awduron Siartr Sardinia, gwaith a dderbyniwyd yn ei grynswth wedyn fel cyfansoddiad yr Eidal. Yr oedd ei neges yn galonnog a gorffennodd gyda'r geiriau Saesneg: 'Welcome, and hearty compliments to the Champion of Peace.'[19]

Daeth neges llawn cydymdeimlad, hefyd, oddi wrth Gymdeithas Ryngwladol y Gweithwyr yn Fenis yn ei sicrhau o'r hyder a'r parch y gwyliodd pobl y penrhyn Eidalaidd ei genhadaeth aruchel. Yr oedd ei neges yn taro tant gyda'r dosbarth gweithiol ac yr oedd bellach yn arwr iddynt fel ag yr oedd i aelodau o'r dosbarth canol. Atebodd mai un o'i ddyheadau anwylaf yn y mudiad heddwch oedd iddo fedru gwneud rhywbeth 'i leddfu dioddefaint, a gwella cyflwr miliynau o'r dosbarth diwydiannol a orthrymwyd cyhyd ac mor boenus dan y beichiau trymion a osodwyd arnynt gan drefn ryfel Ewrop'.[20]

176 Y Bererindod Heddwch

Wedi saib o ychydig ddyddiau yn Verona a chip ar Lyn Garda aeth Richard a'i briod yn eu blaenau i Milan i ganfod yn eu haros deligram o Rufain wrth Mancini gyda'r newydd y byddai'n cyflwyno'i gynnig ynglŷn â chyflafareddiad mewn deuddydd. Yr oedd dyletswydd yn galw a chychwynnodd y ddau am Rufain, wedi gorfod benthyg arian wrth berchennog caredig yr Hotel Cavour pan gafodd anhawster newid ei ddogfennau teithio am arian parod. Wedi taith drên ddeunaw awr cyrhaeddodd y ddau ar fore 24 Tachwedd i glywed y newydd fod y cynnig i'w gyflwyno y prynhawn hwnnw.

Ar yr awr benodedig daeth y Seneddwr Augusto Pierantoni, athro cyfraith ryngwladol ym Mhrifysgol Rhufain, i'w cyrchu i'r Siambr a'u tywys o gwmpas y gwahanol ystafelloedd a'u cyflwyno i nifer o'r aelodau. Yr oedd yr Americanwyr Dudley Field a James B. Miles yno ac arweiniwyd y grŵp i oriel llywydd y Cynulliad.[21] Daeth yr Athro Mancini ac aelodau eraill i'w cyfarch a buont yn gwylio cyfres o orchwylion oedd yn cynnwys ethol aelodau i wahanol bwyllgorau. Yna am dri o'r gloch cododd Mancini i siarad. Eisteddai mab-yngnghyfraith yr athro gyda hwy a chyfieithodd yr araith i Ffrangeg. Yr oedd yn amlwg i'r digwyddiad greu cryn argraff ar Richard:

> Gwnaeth amryw gyfeiriadau at fy nghynnig yn Nhŷ'r Cyffredin, ac wrth ddiweddu cyfeiriodd at bresenoldeb Mr Field a minnau yn yr oriel. Cafodd wrandawiad gyda'r mwyaf astud, er nad oedd llawer o gymeradwyo tan y diwedd, pan gafwyd arwyddion cyffredinol o gymeradwyaeth o bob cwr o'r siambr. Yr oedd yn araith alluog, wedi ei haddasu gyda medruswydd mawr i deimladau'r gynulleidfa. Siaradodd am oddeutu awr. Siaradodd Emilio Visconti-Venosta, y Gweinidog dros Faterion Tramor ar ei ôl, gan gyhoeddi ar ran y Llywodraeth, fod y cynnig yn cael ei dderbyn yn ddiamod. Wedyn siaradodd llefarydd ar ran y Pwyllgor Cyllid, a gefnogodd y cynnig mewn ychydig frawddegau brwd a byr. Yna rhoddwyd y cynnig gerbron gan y Llywydd (Biancheri) a chododd yr aelodau fel un ar eu traed, eu dull nhw o bleidleisio. Nid oedd cynnig M. Mancini yn mynd cyn belled â'm cynnig i, ac nid oedd yn galw am unrhyw weithredu uniongyrchol gan y Llywodraeth. Ond yr oedd yn golygu cymeradwyo'n llawn egwyddor cyflafareddiad, ac yr oedd cael ei dderbyn gan y Llywodraeth, a chyda phleidlais unfrydol y tŷ, yn fuddugoliaeth fawr.[22]

Yr oedd yn amlwg yn ddigwyddiad pleserus ac o foddhad dwfn i Henry Richard a soniodd fel y bu i nifer ddod i'w longyfarch yn bersonol gan gynnwys gohebydd y *Times*, Antonio Carlo Napoleone

Gallenga, Eidalwr a fu ei hun yn seneddwr am gyfnod. Yn ddiddorol, ymddeolodd Gallenga i Laneuddogwy, rhwng Trefynwy a Chas-gwent yn nyffryn Wysg, lle treuliodd flynyddoedd olaf ei fywyd. Geiriad cynnig Mancini, o ran diddordeb oedd:

> Mae'r Siambr yn hyderus y bydd Llywodraeth Ei Fawrhydi yn ymdrechu, yn ei pherthynas â Phŵerau Tramor, i wneud cyflafareddu yn fodd derbyniol a chyson o ddatrys, ar sail tegwch, y problemau rhyngwladol fyddai'n briodol i'r dull hwnnw o drefniant, yn ogystal â chyflwyno'n amserol i gytundebau gyda'r Pŵerau hynny, gymal i'r perwyl fod unrhyw anghytundeb yng nghyswllt dehongli a gweithredu'r cytundebau hynny i'w gosod gerbron Cyflafareddwyr, ac i hybu Cynhadleddau rhwng Yr Eidal a gwledydd gwâr eraill i'w wneud yn unffurf a gorfodol, er buddiannau y bobloedd perthnasol, reolau sylfaenol Hawl Ryngwladol Breifat [sef cyfres o reolau y cytunir arnynt yn breifat rhwng cenhedloedd].[23]

Treuliodd Henry Richard a'i briod rai dyddiau yn Rhufain a manteisiodd yr heddychwr ar y cyfle i ymweld â stiwdio'r arlunydd o Ferthyr, Penry Williams, a fu'n byw bywyd meudwyaidd am dros ddeng mlynedd ar hugain yn Rhufain ac a oedd wedi llwyr anghofio ei famiaith – er gofid i Richard. Dridiau wedi llwyddiant Mancini cynhaliwyd gwledd o groeso iddo yn yr Hotel di Roma, lle'r oedd yn lletya. Yr oedd tua phedwar ugain o ddynion yn bresennol, seneddwyr, aelodau, athrawon prifysgol, cynrychiolwyr dinesig a gohebwyr y papurau newydd. Yr oedd y digwyddiad yn fater o beth gofid iddo oherwydd yr oedd wedi dal annwyd a hwnnw wedi gwaethygu oherwydd y teithio nes ei fod bron colli ei lais. Siaradodd Mancini yn ganmoliaethus iawn amdano gan ddyfynnu'r hyn ddwedodd Gladstone, sef bod mantell Cobden bellach wedi syrthio ar ysgwyddau Henry Richard. Pan ddaeth tro Richard i siarad, dywedodd rai brawddegau yn Ffrangeg cyn troi i'r Saesneg gyda gohebydd y *Daily News* yn cyfieithu. Diolch i'r cynnwrf, neu wres yr ystafell neu'r cinio da, buan y teimlodd Richard ei lais yn dychwelyd a thraddododd araith chwarter awr a gafodd, yn ôl ei dystiolaeth ei hun, dderbyniad gwresog.[24]

Ddeuddydd wedi hynny derbyniodd ddirprwyaeth wrth y Seiri Rhyddion yn diolch iddo am ei waith dros heddwch a dynoliaeth. Derbyniodd, hefyd, gyfarchiad canmoliaethus oddi wrth Gymdeithas Amaethyddol Lombardi, dynion y gwastadeddau lle gwnaed cymaint o alanastra gan ryfel dros y canrifoedd. Nodwyd fod heddwch yn bwysiach na dim i'r bobl hynny sy'n gwneud bywoliaeth o drin y tir ac fe'i llongyfarchwyd ar lwyddiant ei ymgyrch ddyngarol. Arwyddwyd y cyfarchiad gan fwy na phum cant o dirfeddianwyr ac amaethwyr. At y rhain ychwanegwyd llofnod llywydd Comisiwn Amaethyddol Milan a phwyllgorau cyffelyb yn Mantua ac ardaloedd eraill yn Lombardi. Yn ôl ei arfer llwyddodd i ymweld â sefydliadau addysgol gan gynnwys ysgol dechnegol lle ni cheid unrhyw hyfforddiant crefyddol, ac ysgolion elfennol dan ofal bwrdeisdref Rhufain lle'r oedd plant Pabyddion, Protestaniaid ac Iddewon yn cael eu dysgu ochr yn ochr. Cyfarfu'r cyfieithwyr a'r llenorion William a Mary Howitt a'i merch Margaret,[25] cyn-Grynwyr a ymddiddorent mewn ysbrydegaeth a llenyddiaeth gogledd Ewrop. Cyfieithodd Mary Howitt amryw o nofelau'r ffeminist Fredrika Bremer a aned yn y Ffindir ond a sgrifennai yn y Swedeg. Ymddiddorai Bremer yn fawr yn syniadau sosialaidd y dosbarth gweithiol ym Mhrydain. Roedd Howitt erbyn hynny yn wyth deg tri oed ond yn fywiog o gorff a meddwl. Trannoeth i'w gyfarfod gyda'r teulu Howitt, cyfarfu Richard â'r prif weinidog, Marco Minghetti, a ddisgrifiwyd gan Richard fel 'dyn dymunol o hynaws'. Cyfarfu'r ddau yn y stafell lle croesholwyd Galileo ym 1615 gan y Chwilys Rhufeinig a'i orfodi i wadu ei ddamcaniaeth mai yr haul, ac nid y byd, oedd canol y bydysawd.

O Rufain aeth y ddau rhagddynt i Florence lle derbyniodd Richard gyflwyniad ar ran merched yr Eidal 'yn mynegi eu diolch i Mr Richard, Tŷ'r Cyffredin, a'r Frenhines Victoria a chan ymbil ar ein Senedd a'n Llywodraeth i gydweithio gyda Lloegr i hyrwyddo'r egwyddor a ymgorfforwyd yn nghynnig Mr Richard'. Yna dychwelodd y ddau i Milan lle'r oedd derbyniad arall wedi ei drefnu ar eu cyfer. Llywyddwyd yn y wledd fawr gan y Maer a'r Seneddwr Giulio Belinzaghi ac yr oedd nifer o aelodau seneddol, aelodau'r cyngor dinesig ac arweinwyr Cyfrinfeydd Seiri Rhyddion Gogledd yr Eidal a gwŷr blaengar eraill yn bresennol. Yn ei araith cyfeiriodd Henry Richard at yr adfywiad gwyrthiol ym mywyd yr Eidal – ers uno'r wlad ym 1861, proses a gwblhawyd yn llwyr pan ddaeth y Fatican yn rhan o'r wlad ym 1870 – a'r camre breision a wnaed gydag addysg. Yr oedd hyn yn arbennig o amlwg ym Milan, meddai. Os oedd yr Eidal yn barod i wisgo mantell apostol heddwch y cenhedloedd addawodd fod Prydain ac America yn barod i'w chefnogi. Nododd *Courier*, papur y ddinas, fod y cyfarfod wedi dangos arwyddion o barodrwydd gwŷr o wahanol dueddiadau gwleidyddol i ymgomio'n gyfeillgar ac ysgwyd llaw am y tro cyntaf mewn cof wrth ffarwelio ar ddiwedd y noson.[26] Turin oedd yr olaf o ddinasoedd yr Eidal i Richard ymweld â nhw ar ei daith ac yr oedd yn arbennig o awyddus i gyfarfod Federico Sclopis, llywydd tribiwnlys yr *Alabama* yn Genefa, 'yr hwn y bydd ei enw'n fythol gysylltiedig â digwyddiad a ystyrir o hyn allan fel carreg filltir yn hanes gwareiddiad'. Ni chafodd ei siomi. Canfu fod yr Eidalwr hyglod mor ymroddgar ag erioed o blaid achos heddwch.[27] Treuliodd Richard a'i briod ddwy o'u tair noson yn ninas Turin yng nghartref yr Iarll Sclopis.

Yr oedd Henry Richard wedi addo ymweld â Pharis a'i gyfaill Frédéric Passy cyn troi am adref. Cyrhaeddodd Baris ar 19 Rhagfyr a thridiau'n ddiweddarach cynhaliwyd gwledd gyhoeddus i'w groesawu. Yr oedd y Grand Hotel lle cynhelid y wledd yn cynnwys – yn ôl gohebydd y *Daily Telegraph* – tua saith deg o lenorion, gwleidyddion a gwŷr amlycaf y gyfraith yn Ffrainc. Gellid ychwanegu nifer o benaethiaid cwmnïau masnach Ffrainc, economegwyr a newyddiadurwyr. Yr oedd baneri Prydain, Ffrainc, Unol Daleithiau America a'r Eidal wedi eu gosod o amgylch tarian ac arni'r geiriau '8 Gorffennaf 1873', sef dyddiad buddugoliaeth ryfeddol ac annisgwyl Henry Richard yn Nhŷ'r Cyffredin. Ymhlith y gwesteion amlwg oedd yn bresennol nodir Joseph Garnier, athro, newyddiadurwr, gwleidydd, economegydd ac ymgyrchydd dros fasnach rydd a heddwch; Adolphe Franck, Iddew, athronydd, diwinydd ac un o sylfaenwyr y Cynghrair dros Heddwch a Rhyddid; y diplomydd Americanaidd uchel ei barch, John Meredith Read (1837–96); ac Edmond de Pressensé, y diwinydd a'r gwleidydd Protestanaidd. Llywyddwyd y noson gan Augustin-Charles Renouard, erlynydd cyffredinol llys apêl uchaf Ffrainc ac wedi iddo ddweud rhai geiriau o groeso a chyflwyniad galwodd ar Frédéric Passy i siarad. Siaradodd Passy yn wresog am waith dyngarol Richard a'i daith ledled Ewrop i daenu efengyl diarfogi. Cyfeiriodd at waith Cobden a Gladstone a haeddent fel Henry Richard 'gael eu rhestri ymhlith arwyr Heddwch yn Ewrop'.[28] Cyfeiriodd hefyd at ymweliad blaenorol Richard ag Ewrop a'i ymgyrch dros ddiarfogi, ymgyrch a fethodd gyda'r maen bron iawn wedi ei ddwyn i'r wal o ddiffyg yr ychydig oriau o bwyll a arweiniodd at 'anturiaeth wallgo Gorffennaf 1870' – sef rhyfel Ffrainc a Phrwsia.

Wedyn cododd Henry Richard i ddiolch. Siaradodd gyntaf yn Ffrangeg ac yna traddododd weddill ei araith yn Saesneg – 'beautifully articulated English' yn ôl gohebydd y *Daily Telegraph*. Tybiai

Richard, hwyrach, fod rhai o'r gwesteion yn y wledd wedi dod i weld y gŵr gorffwyll fu'n rhedeg ar draws Ewrop i awgrymu dulliau cyfreithiol o gadw heddwch tra'r oedd y gwahanol genhedloedd yn ychwanegu at eu byddinoedd a hogi arfau. Tybiai rhai fod ei amcan yn anymarferol gan anghofio nad oedd Richard ei hun yn disgwyl gweld ffrwyth ar unwaith, a'i fod yn gwybod yn dda am anawsterau ei gynllun. Y cam cyntaf, meddai, oedd gwneud y syniad yn un poblogaidd a mater o lawenydd iddo oedd fod cyfeillion mewn gwahanol wledydd yn ei gynorthwyo i wneud hynny. Yr oedd y cyflwyniad yn waith gymerai amser, ac nid oedd yn debyg y gwelai ef y dydd pan gyflawnid hynny. Ond tra gwyddai fod rhagfarn a nwydau i'w trechu gan reswm, credai fod y rhai a siaradent am ei waith fel un Iwtopaidd yn ymguddio tu ôl i air na ddeallent ei ystyr. Onid Lamartine a ddywedodd nad oedd Iwtopia ond gwirionedd o bell. Bu amser pan y dywedid bod diddymu caethwasiaeth yn Iwtopaidd a'r un modd ddiddymiad y Deddfau Ŷd. Galwyd yr olaf unwaith yn fesur gwallgof, ond yr oedd Henry Richard ei hun wedi byw i weld ei gyfaill Richard Cobden yn troi'r syniad Iwtopaidd yn ffaith. Gorffennodd ei araith gyda'r geiriau:

> Mor belled ag y mae fy rhan i o'r gwaith yn mynd, os na chaf fyw i'w weld yn cael ei wobrwyo â llwyddiant, nid anobeithiaf; oblegid y mae rhai anturiaethau yn bod lle mae mwy o ogoniant mewn syrthio wrth geisio eu cyflawni, nag a fyddai o fod yn fuddugoliaethus mewn eraill.[29]

Ar y nodyn gogoneddus hwn y daeth pererindod heddwch Ewropeaidd Henry Richard i ben. Yr oedd yn annerch rhai a welsant erchyllderau rhyfel 1870, y rhyfel rhwng Ffrainc a Prwsia. Rhyfel y llwyddodd i gadw Prydain rhag ymyrryd ynddo. A bu'n rhan o'r ymgyrch i berswadio Prydain i gytuno i ganiatáu i Dribiwnlys Genefa i gyflafareddu yn achos helynt hir yr *Alabama*. Onide, hawdd iawn y gallasai Prydain fod wedi mynd i ryfel yn erbyn yr Unol Daleithiau. Rhwng y llwyddiannau hynny a'i bererindod heddwch yr oedd ganddo lawer i ymfalchïo ynddo.

Ar 25 Mawrth 1874, dri mis wedi iddo ddychwelyd i Lundain, trefnwyd noson i'w groesawu'n ôl dan lywyddiaeth ei gyfaill, yr aelod dros Sheffield, A. J. Mundella. Pan alwyd arno i siarad yr oedd Henry Richard yn wylaidd iawn. Ni allasai neb, meddai, fod wedi synnu mwy nag ef ei hun i ganfod fod y llais egwan a siaradodd yn Nhŷ'r

Cyffredin dros gyfiawnder, rheswm a dynoliaeth wedi deffro'r fath ymdeimlad. Lle bynnag y bu fe'i croesawyd â breichiau agored, fel cyfaill ac apostol heddwch. Llawenydd iddo oedd bod gweithwyr cyffredin y gwahanol wledydd wedi cydio yn yr achos hwn, oherwydd pwy bynnag arall allasai fod ar eu hennill oherwydd rhyfel, yr oedden nhw, o leiaf, yn sicr o ddioddef. Yr oedd gwaed ac esgyrn y gweithwyr wedi gorchuddio maes pob brwydr yn Ewrop. Cafodd eraill yr ysbail, y teitlau, yr anrhydeddau, yr elw o ryfel; ond ym mhobman a phob amser y gweithwyr gâi gyfran fwyaf y dioddefaint – hwy a'u teuluoedd. Yr oedd wedi dychwelyd gyda'r argyhoeddiad cryfaf fod yna ar wasgar drwy gymdeithas, ymhob rhan o'r cyfandir, atgasedd angerddol tuag at y drefn ryfelgar, a hiraeth am ymwared ohoni. Nid oedd mor ffol â hawlio bod y mil blynyddoedd ar wawrio ond credai bod ei gynnig yn y Senedd a'i daith ar y cyfandir wedi gwneud rhywbeth i hyrwyddo dyfodiad yr oes ddedwydd honno.[30]

9 ⚜ Materion crefyddol ac addysgol, llythyrau Cobden, dychweliad Gladstone oherwydd helyntion Twrci, dirwest ac Eisteddfod Merthyr

Dychwelodd Henry Richard o'i bererindod heddwch i ganfod gweinyddiaeth Gladstone yn gwegian. Yr oedd yr Ymneilltuwyr ymhlith yr Aaelodau seneddol yn anfodlon gyda pholisïau addysg Forster. Ni fu pawb o blith yr etholwyr, llai fyth y papurau newydd, yn hapus bod y llywodraeth wedi cytuno i, ac yna dderbyn, dyfarniad tribiwnlys yr *Alabama*. Wedi blino, gorff ac enaid, ar 23 Ionawr 1874 – eto'n ddirybudd – diddymodd Gladstone y Senedd. Galwodd ar yr etholwyr i ddangos eu hymddiriedaeth yn ei lywodraeth.

Ac yntau bellach yn 62 oed bwriodd Henry Richard ati'n syth i gyhoeddi maniffesto'r Gymdeithas Heddwch wedi ei anelu at holl etholwyr y deyrnas.[1] Maniffesto oedd yn ymfalchïo bod y llywodraeth wedi datrys yr anawsterau cymleth gyda'r Unol Daleithiau – helynt yr *Alabama* – a'r gefnogaeth foesol a roddwyd i'r cynnig ynglŷn â chyflafareddu rhyngwladol. Sgrifennodd am faich a gwastraff y sefydliadau milwrol enfawr, y budd o ddiarfogi, ac o ddulliau rhatach o ddatrys anghytundebau na thrwy rym y cledd. Hefyd, lledaenodd Henry Richard a'i gyfeillion bapurau etholiadol a phosteri oedd yn gyforiog o ystadegau a gwybodaeth. Pwysleisiai'r angen i anfon dynion i'r Senedd oedd yn barod i ddadlau achos heddwch a hyrwyddo trefn gyffredinol a pharhaol o gyflafareddiad rhyngwladol. Manteisiodd yn ddioed ar y cyfle i hybu achos heddwch. A oedd yn gwneud hynny drwy esgeuluso'i etholaeth? Tebyg ei fod. Cadwodd ei safle ar ben y pôl yn gyffyrddus ond heb y mwyafrif sylweddol a gafodd ym 1868. Pleidlais Henry Richard oedd 7,606 gyda Richard Fothergill yn ail ar 6,908 – y ddau ohonynt yn cael eu hail-ethol – ac yn drydydd, aflwyddiannus, oedd Thomas Halliday, ysgrifennydd cyffredinol Cymdeithas Unedig y Glowyr, a ymladdodd ymgyrch wrol i gasglu 4,912 o bleidleisiau. Rhaid cofio, wrth gwrs, fod y llif wedi troi yn erbyn y Rhyddfrydwyr a bod Henry Richard yn dibynnu'n llwyr ar wirfoddolwyr di-dâl i ymladd ei ymgyrch. Eto yr oedd yn dipyn o ostyngiad o'i fwyafrif ysgubol o 4,000 dros Fothergill ym 1868, i lawr i 700 ym 1874.

Yn sicr, cafodd un digwyddiad effaith ar ei bleidlais. Bu streic glowyr a gweithwyr haearn chwerw ym Merthyr yn Ionawr a Chwefror 1873 a daeth Henry Richard dan y lach am beidio ymyrryd. Cyfeiriodd Halliday at ei absenoldeb gofalus.[2] Yr oedd methiant Richard i annog cyflafareddu, pregeth fawr ei fywyd, yn destun dirmyg. Yn ôl y *Western Mail* Toriaidd dylasai, fel prif ladmerydd cyflafareddu, fod wedi annog dull heddychlon o dorri'r ddadl. Cyfeiriodd y papur yn wawdiol at ei daith Ewropeaidd yn pesgi ar giniawau a gweniaith ym mhrif ddinasoedd y cyfandir. Nid doeth fu ymffrostio adeg etholiad am y derbyniadau moethus a gafodd – fel y gwnaeth Henry Richard mewn cyfarfod ar 27 Ionawr yn Aberpennar ac a gafodd sylw mawr yn y *Western Mail*. Yn ôl *Yr Haul*, yr oedd Henry Richard wedi peri i'r gweithwyr a'r meistri ymddieithrio oddi wrtho.[3]

Ar y llaw arall, yr oedd y *South Wales Daily News* Rhyddfrydol yn pwysleisio fel yr oedd gwleidyddion ac undebwyr llafur mewn gwledydd tramor yn cefnogi ei syniadau. A nid yn unig mewn gwledydd estron. Ym Mawrth 1874, daeth 60 o ddirprwywyr ynghyd gan gynrychioli 50,000 o undebwyr llafur yn ne Cymru a gorllewin Lloegr mewn cynhadledd a drefnwyd gan Gymdeithas Heddwch y Gweithwyr. Cyfeiriodd y sylfaenydd, W. J. Cremer, at y newid agwedd a fu tuag at gyflafareddu rhyngwladol ac fel y bu i 'fantell Mr Cobden syrthio'n haeddiannol ar ysgwyddau Henry Richard'.[4] Eto, erys y cwestiwn am effeithiolrwydd Henry Richard fel aelod seneddol dros Ferthyr. O ddarllen, er enghraifft, gyfrol Eleazar Roberts gwelir ambell gyfeiriad 'at ymweliad blynyddol Henry Richard â Merthyr' a'r croeso mawr oedd yn ei aros. Prin y buasai'r un AS heddiw yn cadw'i sedd yn hir ar sail un ymweliad blynyddol â'i etholaeth. Hefyd, teg fuasai dweud mai y Gymru wledig Gymraeg ei hiaith – Tregaron ei blentyndod – oedd y ddelwedd a goleddai yn ei galon o'i wlad enedigol.

Beth bynnag, yr oedd Henry Richard yn ôl yn ddiogel yn y Senedd. Ond nid oedd ei blaid mewn grym y tro hwn. Yr oedd y Toriaid, o dan Disraeli, wrth y llyw gyda mwyafrif o 46. Yng Nghymru dychwelwyd pedwar ar bymtheg o Ryddfrydwyr a phedwar ar ddeg o

Geidwadwyr, y Rhyddfrydwyr yn colli pedair sedd. Collodd E. M. Richards ei sedd yn Sir Aberteifi. Penderfynodd Edward Miall ymddeol o'i sedd yn Bradford oherwydd ei iechyd – dau gyfaill cywir i Henry Richard. Bron na ellid dweud y bu Miall yn gyfaill oes i Henry Richard, a chydweithiodd Richard ac E. M. Richards yn agos yn y Senedd. Cyhoeddodd Gladstone fod angen cyfnod o seibiant arno ac na ddymunai arwain y Rhyddfrydwyr mewn gwrthblaid. Achosodd ei benderfyniad anhrefn o fewn y Blaid Ryddfrydol Seneddol ac wedi cryn ddadlau dewiswyd Spencer Cavendish – Arglwydd Hartington – yn arweinydd. Yr oedd rhai yn bleidiol i W. E. Forster, ond nid oedd yn gymeradwy ymysg Ymneilltuwyr nac aelodau o dueddiadau annibynnol.

Yr oedd llywodraeth Gladstone wedi gadael cyllid y wlad mewn sefyllfa iach, gyda £6,000,000 yn y coffrau.[5] Bwriad Gladstone oedd dileu'r dreth incwm yn gyfangwbl, ond llwyddodd Disraeli i ddarlunio'r addewid fel llwgrwobrwyaeth. Er cymaint yr arian wrth gefn buan y llwyddodd y llywodraeth i'w wario. Yr oedd Disraeli yn ystod yr ymgyrch etholiadol wedi pwysleisio'r angen i fod yn fwy egnïol – neu galonnog – gyda pholisïau tramor. Y llynges oedd gyntaf yn ceisio am gelc go fawr o'r gwaddol a buan yr oedd y papurau'n cyhoeddi fod llynges Prydain yn dda i ddim. Hen gri oesol yr uchel-swyddogion milwrol, fel y dadleuai Henry Richard. Yn y diwedd cytunodd y Morlys ar £100,000.[6]

Bu tymor cyntaf Senedd newydd Disraeli yn un rhyfedd. Ar 20 Ebrill 1874, cyflwynodd archesgob Caergaint, Albanwr o'r enw Archibald Campbell Tait, fesur preifat, i gyfyngu'r hyn a ystyriai'n gynnydd mewn defodau o natur Babyddol yn ngwasanaethau Eglwys Loegr.[7] Cyflwynodd Ddeddf Rheoleiddio Addoliad Cyhoeddus yn Nhŷ'r Arglwyddi gan wastraffu llawer o amser Tŷ'r Cyffredin drwy wneud hynny. Yr oedd Disraeli, o dras Iddewig, a'r Frenhines Victoria a oedd yn bleidiol i amcanion Protestanaidd y mesur, yn gefnogol. O ganlyniad treuliwyd llawer o dymor cyntaf y Senedd yn dadlau a thrafod credoau Eglwysig, holwyddoregau, defodau, y Llyfr Gweddi Gyffredin ac ati. Mae'n amlwg nad oedd gan Henry Richard yr amynedd na'r awydd i fod yn rhan o'r fath ddadl mewn Senedd oedd yn cynnwys dynion o amrywiol gredoau a rhai heb gred o gwbl. Ond fe draddododd araith bigog ar 15 Gorffennaf yn ystod ailddarlleniad hirhoedlog y mesur, lle gosododd y safbwynt Ymneilltuol yn glir a chadarn. Pwysleisiodd nad oedd yn elyn i Eglwys Loegr ond credai gyda'r argyhoeddiad dyfnaf y buasai o fantais anrhaethol pe cai ei datgysylltu wrth y wladwriaeth. 'Buasai cwblhau hynny yn arwain at fuddiannau gwirionedd a rhyddid, haelioni a heddwch, ac yn y pen draw, y byddai'n cyflwyno manteision amhrisiadwy i'r Eglwys ei hun, a fyddai'n fwy na'i llwyr ddigolledu o golli nawdd niweidiol ac annymunol y wladwriaeth', meddai. Ychwanegodd:

> Teimlaf, hefyd, wrth gwrs, y bu Eglwys Loegr, fel sefydliad gwleidyddol, yn lysfam galed a chreulon i'r Anghydffurfwyr, gan lwytho arnynt genedlaethau o gamweddau a dioddefaint, methiannau a bychanu a adawodd eu hôl yn ddwfn ar gof Anghydffurfwyr, ac na ellir disgwyl i ni eu hanghofio na'u hesgusodi.[8]

Nododd y dangoswyd – yn y *Times* o leiaf – y gallai offeiriad yn Eglwys Loegr ddysgu unrhyw athroniaeth a fynnai ac na ellid ond drwy'r hollti blew diwinyddol manylaf wahaniaethu rhwng agweddau Pabyddol ar un pen, Calfiniaeth ar ben arall a Deïstiaeth ar ryw begwn arall eto. Ond mesur oedd hwn wedi ei anelu at un dosbarth arbennig yn Eglwys Loegr – y rhai hynny ar ymylon Eglwys Rufain. Peth braf i'r llygad yw unffurfiaeth, meddai Richard, bod 20,000 o ddynion yn dweud a gwneud yr un peth. Ond beth yw cost y fath unffurfiaeth – mewn gwaseidd-dra deallusol, trais cydwybod, a gau ymresymu a ystyrrid yn dwyll ac anonestrwydd mewn unrhyw ran arall o fywyd. Yr oedd holl beryglon ac anawsterau'r Eglwys yn deillio, meddai, o'r ymdrech i osod unffurfiaeth, er na fedrai ef weld sut arall oedd hynny'n bosib tra bod yr Eglwys wedi ei chlymu wrth y wladwriaeth. Yr unig ateb oedd datgysylltu.[9] Neges oedd yn sicr o syrthio ar glustiau byddar.

Wedi llawer o ddadlau daeth mesur yr Archesgob yn ddeddf ar 3 Awst 1874. Fel yr awgrymodd Henry Richard mewn anerchiad yng Nghymru yn yr hydref, bu tymor cyntaf y Senedd newydd yn fwy o gymanfa eglwysig na chorff deddfwriaethol gwleidyddol.[10] Ac wedi'r holl ddadlau crewyd deddf na ellid ei gweinyddu, un y bu i'r esgobion ar y cyfan ei hanwybyddu. Bu rhai achosion llys, a charcharwyd pum offeiriad, nid am anwybyddu'r ddeddf ond am dremyg llys. Rhoddwyd terfyn ar yr erlyn ym 1906 gyda chomisiwn brenhinol yn cydnabod yr hawl i blwraliaeth mewn addoliad a diddymwyd y ddeddf yn llwyr ym 1965. Hyn oll, wedi trafod cynifer â deunaw o gymalau yn nhymor cyntaf Senedd 1874, pob un wedi eu hanelu at reoleiddio gwasanaethau Eglwys Loegr!

Cynhaliodd y Cymry yn Llundain gyfarfod croeso i Henry Richard adref o'i bererindod heddwch ar 25 Mai yng Ngwesty Cannon Street. Llywyddwyd y noson gan y Cymro rhadlon a lliwgar John Henry Puleston, cadeirydd Clwb Cymreig Llundain ac AS Ceidwadol oedd newydd ei ethol dros Devonport, Plymouth. Er nad o'r un blaid ag ef, tebyg bod Henry Richard yn fodlon iawn gyda'r dewis. Ganwyd Puleston ym Mhlasnewydd, Llanfair Dyffryn Clwyd; treuliodd gyfnod yn yr Unol Daleithiau lle bu'n olygydd y *Phoenixville Guardian*, Pennsylvania, ac yn berchen y *Pittston Gazette*. Tebyg y bu ganddo gysylltiad gyda *Baner America*, Scranton, hefyd. Gadawodd lu o ddyledion o'i ôl yn Phoenixville ond dychwelodd a thalu'r cyfan ym 1879.[11] Bu hefyd yn ysgrifennydd comisiwn heddwch yn y cyfnod cyn y Rhyfel Cartref pryd y daeth yn ffigur adnabyddus yn yr Unol Daleithiau. Yn yr anerchiad a gyflwynodd i Richard cyfeiriodd yn ganmoliaethus at ei waith mewn gwahanol feysydd cyhoeddus, fel yr Eisteddfod Genedlaethol a Phrifysgol Cymru yn ogystal â'i ymdrechion dros heddwch. Yn ei ymateb cyfeiriodd Richard at ei ymdrechion dros ddeugain mlynedd yn hybu achos y dywysogaeth, i amddiffyn ei henw da, ac argyhoeddi John Bull nad oedd y Cymry mewn ansawdd, crefydd, moesau, iaith, llên, ronyn is na'u cymdogion. Cyfeiriodd at John Gibson, o'r Gyffin, Conwy, a ystyrrid bryd hynny y cerflunydd marmor gorau yn y byd. Pan gyflwynwyd ef fel Albanwr i'r Frenhines Victoria ym 1851, ac yntau ar gychwyn gwneud cerflun ohoni, ymsythodd gan gyhoeddi, 'Os mynn Eich Mawrhydi, fy mraint yw bod yn Gymro.' Yr un modd, meddai Henry Richard, byddai yntau'n cyhoeddi wrth y Saeson, 'Fy mraint yw bod yn Gymro.'[12]

Dal i beri poen i'r Ymneilltuwyr oedd Deddf Addysg 1870 W. E. Forster a'r Cymal 25 oedd yn caniatáu i'r Byrddau Ysgol dalu allan o'r trethi i blant anghenus fynychu ysgolion enwadol. Sef gwrthwynebu cefnogi ysgolion Eglwys Lloegr allan o'r trethi. Cyflwynodd Henry Richard, Samuel Morley ac Ymneilltuwyr eraill fesur yn galw am ddileu Cymal 25. Yn ailddarlleniad y mesur ar 10 Mehefin dadleuodd Richard ei fod yn gymal a grëodd chwerwder a diflastod o fewn y Byrddau Ysgol. Ni ddeallwyd oblygiadau'r ddeddf nes iddi fod mewn grym am beth amser, meddai. Bu'n ddadl gymhedrol ei naws, ac er gwrthwynebiad W. E. Forster, cynllunydd Deddf 1870, cafodd Richard gefnogaeth amryw fu'n weinidogion yn y llywodraeth Ryddfrydol. Collodd y dydd, er hynny, o 373 pleidlais i 128.[13]

Bu'r dadlau parthed y gwelliant i Ddeddf Ysgolion Gwaddoledig (1869) a gyflwynwyd gan Iarll Sandon yn ffyrnicach. Nod y gwelliant oedd trosglwyddo cyfrifoldeb dros ysgolion eilradd gwaddoledig oddi wrth y Comisiwn Ysgolion Gwaddoledig a sefydlwyd dan Ddeddf 1869 i'r Comisiwn Elusennol. Siaradodd Gladstone yn chwerw yn erbyn mesur Sandon a ystyriai'n un o nifer o ymdrechion y Ceidwadwyr i ddinistrio gwaith ei lywodraeth ef. Corff a benodwyd dros dro oedd Comisiwn yr Ysgolion Gwaddoledig, felly nid oedd yn gwbl afresymol sefydlogi'r drefn. Ateb y Torïaid oedd gosod gweinyddiad yr ysgolion gwaddoledig yn nwylo'r Comisiwn Elusennau – fyddai'n llai o berygl i fuddiannau Eglwys Loegr ac yn sicr o godi gwrychyn Henry Richard! Yn wir, bu'r mesur hwn, a welid gan y Rhyddfrydwyr fel gweithred gwbl ddigywilydd, yn fodd i uno'r Rhyddfrydwyr, gyda hyd yn oed Forster yn siarad yn ei erbyn.[14] Teg nodi y bu'r Comisiwn Ysgolion Gwaddoledig yn amhoblogaidd, yn arbennig ymhlith y cyfoethogion. Cyfaddefai amryw Ryddfrydwyr – Gladstone a Henry Austin Bruce yn eu mysg – y bu Deddf 1869 yn ffactor arall ym methiant y Rhyddfrydwyr yn etholiad 1874. Dadl athronyddol wleidyddol rhwng y Ceidwadwyr a'r radicaliaid oedd hon a ddatblygodd oherwydd anghydfod rhwng Comisiynwyr yr Ysgolion Gwaddoledig â Chyngor Llundain ynglŷn ag adrefnu un ysgol waddoledig arbennig. Yr oedd ymddiriedolwyr yr ysgolion gwaddoledig yn gwrthwynebu'r ymyrraeth tra bod y radicaliaid yn gweld y gwastraff arian a pharhâd athrawon aneffeithiol mewn swyddi am oes, diolch i ryw hen waddol neu'i gilydd. Gwelai rhai aelodau seneddol y Comisiwn Ysgolion Gwaddoledig fel cyfle i roi trefn ar hen waddoliadau amherthnasol neu a weinyddid yn aneffeithiol. Ond yr oedd perygl iddynt ymyrryd, hefyd, mewn elusennau oedd yn cael eu gweinyddu'n dda. Y Torïaid enillodd y ddadl wleidyddol a thanseiliwyd cefnogaeth y dosbarth cefnog i'r Rhyddfrydwyr.[15]

Nododd Henry Richard, 21 Gorffennaf, na ellid beirniadu'r comisiynwyr o fod yn wrth-Eglwysig a hwythau bob un yn aelodau o Eglwys Loegr. Y gwir, meddai, oedd iddynt gael eu diswyddo am fod yn amhoblogaidd gydag ymddiriedolwyr ysgolion gwaddoledig. Yr oedd y mesur yn groes i'r hyn oedd yn digwydd ledled Ewrop lle tueddid i gyfyngu a rheoli, nid ehangu, dylanwad sefydliadau crefyddol ar addysg y bobl. Yr oedd hwn yn fesur i rwystro Ymneilltuwyr – y gwir Brotestaniaid – rhag chwarae eu rhan yng ngweinyddiad yr ysgolion gwaddoledig, y rhai oedd i gyfeirio addysg a dylanwadu ar gymeriad y dosbarthiadau canol, a'u trosglwyddo i ddwylo'r clerigwyr, meddai. Yr oedd holl egwyddorion Deddf 1869 wedi eu derbyn a'u cymeradwyo'n ddieithriad gan ddwy ochr y Tŷ ond yn awr yr oeddynt i gael eu diddymu. Cyfeiriodd at y cyhuddiad a wnaed yn ei erbyn ef a'i gyd Ymneilltuwyr o fod yn wleidyddol. Gellir teimlo grym ei rwystredigaeth gyda'r gyfundrefn Eglwysig yn y geiriau a ganlyn:

> Beth yw'r bonheddigion sy'n llenwi'r meinciau gyferbyn? Gwleidyddion Eglwysig bob un ohonyn nhw . . . Mae eu Heglwys gyfan o'i chorun i'w sawdl yn wleidyddol . . . Caf fy holi weithiau, 'Pam na roddwch lonydd i'r Eglwys?' Fy ateb yw na rydd yr Eglwys lonydd i ni. Daw i'n cyfarfod ymhob pwynt; daw i groesi'n llwybr o bob cyfeiriad. Ni fedrwn ymdaflu i'r un gorchwyl, crefyddol, cymdeithasol, addysgiadol na gwleidyddol, heb gael ein rhwystro, ein drysu, a'n poeni gan ymhoniadau anghynhwysol yr Eglwys lywodraethol hon.[16]

Yn dilyn y storm o wrthwynebiad a thridiau o ddadlau pleidleisiwyd i anfon y mesur rhagddo i bwyllgor, 262 o blaid a 193 yn erbyn. Er newid amryw gymalau pasiwyd maes o law i drosglwyddo gweinyddiad yr ysgolion gwaddoledig i'r Comisiynwyr Elusennau.

Ar derfyn yr ail dymor seneddol aeth Henry Richard a'i wraig ar ymweliad arall â'r cyfandir gan anelu am Genefa. Cafodd Richard gyfle i fod yn bresennol mewn dwy gyngres, y gyntaf oedd un y Sefydliad Cyfraith Ryngwladol (*Institut de droit international*) a'r ail oedd y Gymdeithas er Diwygio a Rheoleiddio Cyfreithiau'r Cenhedloedd (*Association for the Reform and Codification of the Laws of Nations*) a sefydlwyd gan yr Americanwr David Dudley Field. Fel y nodwyd eisoes, sefydlwyd y ddwy gymdeithas y flwyddyn flaenorol. Sefydlwyd yr *Institut de droit* yn Ghent gyda'r nod o sicrhau unffurfiaeth cyfreithiau rhyngwladol yng nghyswllt hawliau preifat rhwng gwledydd, perthynas masnach ryngwladol, eiddo a threfniadaeth ddinesig. Sefydlwyd yr ail fwy neu lai yr un pryd ym Mrwsel gyda'r nod o sefydlu trefn gyffredinol i'w gweinyddu gan dribiwnlys. Gan mai cyngres o gyfreithwyr oedd y *Institut de droit* yno fel ymwelydd a ymddiddorai mewn cyfraith ryngwladol oedd Henry Richard.

Ar drydydd dydd cyngres y Gymdeithas er Diwygio a Rheoleiddio Cyfreithiau'r Cenhedloedd, oedd yn cyfarfod yn yr ystafell lle cyfarfu tribiwnlys yr *Alabama*, traddododd Henry Richard anerchiad ar y testun 'Goruchafiaeth Raddol Cyfraith Dros Rym Bwystfilaidd'. Yn ei anerchiad gwelir yntau'n rhagweld y dydd y byddai Ewrop yn un:

Gwelsom sut, yng nghwrs amser, yr ehangodd yn gyson arglwyddiaeth cyfraith mewn cylch sy'n bythol ledu, gan alltudio ymhellach rym bwystfilaidd. Yn gyntaf, rhoes unigolion eu harfau o'r neilltu gan ddarostwng eu hanghytundebau i farwniaid. Yna cydnabyddwyd awdurdod cyffelyb gan y barwniaid ffiwdal gyda'u holl ddilynwyr a chwsmeriaid, gan uno'n un gymuned gryno. Yna unodd llwythau annibynnol o'r un genedl yn un. Yna gwelwyd cenhedloedd gwahanol, er yn estron i'w gilydd mewn hil, iaith, a chrefydd, yn ufuddhau i'r un gyfraith bwerus o gymathiad. Ac os yw'r duedd hon i ddwyn cymunedau mwy a mwy o ddynion o dan awdurdod a diogelwch cyfraith gyffredinol i'w weld yn glir drwy hanes, a oes unrhyw niwed, yn wir onid yw'n ddyletswydd amlwg, i ddefnyddio pob dull ymarferol i hyrwyddo a phrysuro y diben yng nghyswllt cenhedloedd mawr Ewrop a'r byd?[17]

Ar ddiwedd y gynhadledd cynhaliwyd cyfarfod cyhoeddus lle traddododd Henry Richard araith arall ac fe'i dilynwyd gan areithydd tanbaid, y Tad Hyacinthe Loyson, offeiriad Pabyddol a gefnodd ar Eglwys Rufain a sefydlu ei eglwys *Gallicane* ei hun ar ôl pregethu yn erbyn anffaeledigrwydd y Pab. Llawenydd i'r Tad Hyacinthe oedd fod y baich o sefydlu heddwch ac ewyllys da ymysg y bobloedd a gychwynwyd gan grefyddwyr yn awr yn cael ei hyrwyddo gan ddeddfwyr, gwŷr dysgedig a dyngarwyr hefyd.

Gyda'r gwaith yn Genefa wedi'i gwblhau aeth Henry Richard a'i briod rhagddynt am ychydig ddyddiau yn Lausanne ac yna am seibiant yn Aigle. Aeth Richard yno gyda'r bwriad o roi trefn ar lythyrau'r diweddar Richard Cobden. Tebyg bod nifer o lythyrau a anfonodd Cobden i Gladstone ymysg y rhai y bu Richard yn pori ynddynt – llythyrau yr oedd Gladstone yn eu trysori'n fawr ac yn awyddus i'w trosglwyddo i'w blant.[18] Fe gofir y bu farw Cobden yng ngwanwyn 1865, ac ymhen tri mis sefydlwyd y Cobden Club. Wedi hynny, bu gweddw Cobden yn ddraenen ddifrifol yn ystlys y cyfeillion. Fel y nodwyd eisoes, Catherine Anne Williams, merch masnachwr cefnog o Fachynlleth, oedd gwraig Cobden. Yr oedd hi hefyd yn chwaer i Hugh Williams, y cyfreithiwr fu'n ymwneud â therfysgwyr Beca. Yr oedd Hugh o natur benstiff, cwerylgar – eto gyda'r ddawn i ddwyn perswâd pan fyddai dulliau mwy cymhellgar yn fwy tebygol o ddwyn ffrwyth.[19] Ymddengys fod i'w chwaer dueddiadau tebyg.

Yr oedd Cobden yn llythyrwr toreithiog, ac mewn arddull glir, gartrefol ond urddasol, rhoes fynegiant i'w syniadau gwleidyddol a chymdeithasol. Arferai ysgrifennu at bob math o bobl ar amrywiol bynciau, arfer oedd yn dreth ar amynedd ei wraig. Ond os oedd afradlonedd ei gŵr â'i lythyrau yn anghyfleustra i Mrs Cobden nid dyna agwedd John Bright ac eraill o aelodau'r Cobden Club. Yr oeddynt yn awyddus i'r llythyrau gael eu cyhoeddi'n gyfrol boblogaidd fel y medrai'r genhedlaeth newydd rannu'r weledigaeth wleidyddol ac economaidd a ystyrient mor bwysig i fudd a dyfodol Prydain. Ofnent i'r llythyrau gael eu cyhoeddi'n dameidiog mewn amryw gyfrolau gan y llu derbynwyr balch gan deneuo'r effaith a'r argraff. Aeth Bright ac eraill ati i gasglu'r llythyrau ynghyd oddi wrth y llu derbynwyr ac yr oedd popeth i'w weld yn mynd rhagddo'n hwylus. Ond anghofiwyd cysylltu gyda Catherine Anne Cobden i'w hysbysu o'r bwriad i gyhoeddi llythyrau ei gŵr, a hynny cyn gynted â phosib. Buan y darganfuwyd nad oedd hi'n hapus o gwbl, a mynnodd mai ei heiddo hi oedd yr hawlfraint – er nad oedd hynny'n ffeithiol gywir. Penderfynwyd nad doeth fyddai codi'r mater hwnnw! Wedi'r cwbl, yr oedd ganddi hithau yn ei meddiant lawer iawn o'i lythyrau.

Mae'n debyg fod Catherine Cobden wedi suro'n erbyn Thorold Rogers, offeiriad, economegydd, ystadegydd – a maes o law AS Rhyddfrydol – fu'n gyfaill a chefnogwr i syniadau Cobden.[20] A'i bod yn ofni mai ef fyddai'n cael ei ddewis i olygu'r gyfrol. Mae ei gwrthwynebiad i Rogers yn ddirgelwch gan iddo weinyddu ym mhriodas ei merch a phregethu yn angladd ei gŵr. Beth bynnag am hynny, yr oedd Mrs Cobden yn broblem. Yr oedd angen rhywun fedrai drin y weddw anystywallt. Penderfynwyd mai Henry Richard oedd y gŵr ar gyfer y gorchwyl. Yr oedd fel petai popeth o'i blaid. Ef oedd ysgrifennydd y Gymdeithas Heddwch. Yr oedd yn lladmerydd cyflafareddu, ef oedd awdur cofiant Joseph Sturge ac yr oedd yn edmygwr dibrin o Cobden. Pwysicach na hyn oll yng ngolwg Saeson y Cobden Club, yr oedd yn Gymro a ddylsai wybod sut i drin y Gymraes oriog. Yn gynnar yn Ionawr 1873 gofynnwyd i Thomas Thomasson[21] i ymweld â Mrs Cobden ac awgrymu enw Henry Richard iddi. Gwamalodd Mrs Cobden – i ddechrau'n frwd o blaid Richard yna'n newid ei meddwl ac awgrymu eraill. Wedyn cododd y mater a ddylid dosbarthu'r llythyron yn nhrefn amser neu destun gwleidyddol. Yn amlwg yr oedd hi am ddal gafael yn y prosiect ac yn benderfynol mai hi fyddai'n rhoi'r arweiniad. Er mor amyneddgar oedd Thomasson yr oedd yn blino ar yr ansicrwydd. Nid oedd neb yn siwr ai awydd am arian yn sgîl cyhoeddi'r gyfrol neu sicrhau bri iddi hi ei hun yn enw ei gŵr oedd yn ei hysgogi. Gan i'r clwb gynnig sicrwydd iddi y byddai unrhyw elw yn mynd iddi hi, tebyg bod yr aelodau o'r farn mai arian oedd y cymhelliad. Ar 5 Chwefror 1873, ysgrifennodd Thomasson at Mrs Cobden gan ofyn iddi o hyn allan gysylltu'n uniongyrchol â Richard. Yr oedd am olchi ei ddwylo o'r cyfan.²²

Yn fwriadol, neu fel arall, cafodd llythyr Thomasson yr ymateb a ddymunid, sef llythyr wrth Mrs Cobden, dyddiedig 8 Chwefror 1873, wedi'i anfon at Henry Richard. Dywedodd ei bod yn brysur yn rhoi trefn ar bapurau ei gŵr ac yn awgrymu gosod hysbyseb yn y wasg yn gwahodd unrhywun a feddai lythyrau wrth Cobden a allai fod o ddiddordeb cyffredinol i'w cyflwyno i'w hystyried ar gyfer cyfrol. Yr oedd ateb Richard yn deilwng o ladmerydd cyflafareddu! Yr oedd wedi petruso'n fawr cyn derbyn gorchwyl oedd yn fraint ond hefyd yn galw am ddoethineb. 'Cytunais yn unig ar yr amod y cawn ymddiriedaeth lwyr y rheini o blith cyfeillion Mr Cobden a ymddiddorai'n y mater, ac uwchlaw popeth, wrth gwrs, eich ymddiriedaeth chi,' ysgrifennodd.²³ Gwnaeth awgrymiadau ynglŷn â rhywun i'w gynorthwyo gyda'r gwaith o gopïo gan awgrymu Henry Catford a weithiai i Richard yn swyddfa'r Gymdeithas Heddwch. Ceir awgrym o anghytundeb wedyn ynglŷn ag argraffydd. Yr oedd Mrs Cobden yn bleidiol i gwmni W. Ridgway, a oedd yng ngolwg aelodau'r Cobden Club yn ddrud a heb fod yn enwog am lendid eu gwaith. Yr oedd yn amlwg y buasai'n well gan y cyfeillion ddefnyddio cwmni John Cassell. Dywedodd Richard nad oedd wahaniaeth ganddo fe pwy a ddefnyddid ac i geisio torri'r ddadl awgrymodd ofyn i ddau neu dri cwmni i gynnig pris am y gwaith. Yr oedd arafwch Mrs Cobden a chyfnodau o dawelwch â llythyrau heb eu hateb yn ofid i aelodau'r Cobden Club ac i Henry Richard. Cofier fod yr helynt hwn yn digwydd yr un pryd â'r cyfnod oedd yn arwain tuag at y cynnig seneddol ar gyflafareddu, a gellir tybied bod Richard yn bur ddiamynedd erbyn hyn. I geisio prysuro pethau, rhoddwyd sicrwydd iddi y byddai unrhyw elw yn mynd iddi hi ac y byddai'r clwb yn gyfrifol pe digwyddai'r fenter fod yn golled.

Yr oedd eraill yn achosi problemau gydag addewidion am lythyrau'n cael eu torri. Ar ben hyn oll yr oedd angen ceisio casglu'r llythyrau a ysgrifennodd Cobden i gyfeillion a gwleidyddion yn Ffrainc. Diau y bu i'r bererindod heddwch ar draws Ewrop a gychwynnodd ym Medi 1873, ac a barhaodd hyd ddiwedd y flwyddyn, a'r etholiad cyffredinol ddechrau 1874 dorri ar ymdrechion Henry Richard parthed llythyrau Cobden ac yn ôl H. R. Evans²⁴ prin yw'r llythyrau a oroesodd o 1874. Prinnach fyth yw unrhyw arwyddion o gyfathrebu rhwng Richard a Catherine Cobden – dim un llythyr rhyngddynt o 25 Awst 1873 tan 8 Mawrth 1875. Ym marn Evans mae'n annhebyg iddynt gyfarfod, chwaith. Eto, mae'n rhaid bod Richard erbyn hyn wedi llwyddo i gasglu pentwr go dda o lythyrau Cobden, oherwydd treuliodd ei wyliau yng nghysgod yr Alpau'n eu darllen a rhoi trefn arnynt. 'Onid wyf yn camgymryd bydd eu cyhoeddi yn ddigwyddiad llenyddol syfrdanol, a buaswn yn barod i obeithio y byddant yn ysgogi adfywiad Rhyddfrydol,' ysgrifennodd yn ei ddyddiadur.[25] Gan ychwanegu: 'Ni fedrant ond ychwanegu at enw da Mr Cobden, ei allu a'i safonau moesol uchel.' Cyfiawnhawyd barn Richard am werth y llythyrau ond nid ef a'u golygodd. Yn wir, yr ydym yn parhau i ddisgwyl am gyfrol gyflawn o lythyrau Cobden. Cyhoeddwyd nifer yn nwy gyfrol John Morley, *The Life of Richard Cobden*.[26] Cyhoeddwyd llythyrau gan Cobden yn ymwneud â materion tramor yng nghyfrol J. A. Hobson, *Richard Cobden: The International Man*.[27] Nid Henry Richard, chwaith, ysgrifennodd gofiant Cobden. Yn ôl Eleazar Roberts,[28] yr oedd Catherine Cobden wedi gwahodd Henry Richard i wneud hynny. Mynnai Miall[29] y bu pwysau ei fywyd cyhoeddus yn ormod a bu raid i John Morley, newyddiadurwr adnabyddus o Blackburn a ddaeth maes o law yn aelod seneddol, ymgymryd â'r gwaith. Ymddengys bod y ddau yn anghywir. Cydnabyddir mai Catherine Cobden oedd y rhwystr i gyhoeddi'r llythyrau ac y mae'r gwaith o'u casglu'n parhau heddiw.[30]

Am y cofiant, ymddengys bod Richard wedi gwneud rhywfaint o waith oherwydd mae John Morley, yn ei ragair i *The Life of Richard Cobden*, yn cydnabod ei ddyled iddo yn nithio a threfnu'r llythyrau a throsglwyddo ffrwyth ei lafur iddo gyda chwrteisi ac ewyllys da. Gresyn na fuasai Richard wedi derbyn yr un hynawsedd ac ewyllys da wrth eraill ag a ddangosodd ef ei hun. Ni ddigwyddodd fawr ddim yn y blynyddoedd wedyn a phan fu farw Catherine Cobden yn Ebrill 1877 yr oedd lle i obeithio bod y rhwystr bellach wedi ei symud. Nid felly. Buan y sylweddolodd Henry Richard rywbeth yr oedd yn ei amau ers tro – nad oedd ganddo ymddiriedaeth teulu Cobden. Hysbyswyd ef o hynny yn y modd mwyaf sarhaus posib. Yn y *Carmarthen Journal*, 18 Mai 1877, ymddangosodd y geiriau a ganlyn: 'Cyhoeddir fod y Misses Cobden [dwy ferch oedd gan Cobden] ar fin ymgymryd â pharatoi i'r Wasg lythyrau a phapurau'r diweddar Mr Cobden. Cynorthwyir hwy gan Syr Louis Mallet a Mr Caird.[31]

Felly yr hysbyswyd Richard – a llawer o'i gefnogwyr ym Merthyr a Sir Aberteifi – nad oedd merched Cobden am ymwneud dim mwy ag ef. Yr oedd yn weithred o'r sarhad mwyaf i enw Henry Richard, un o edmygwyr ffyddlonaf eu tad. Awgrymai H. R. Evans[32] na wyddai'r gwas sifil Syr Louis Mallet ddim am y nodyn yn y *Carmarthen Journal*, nad oedd merched Cobden hyd yn oed wedi ymgysylltu ag ef. Mae llythyr dyddiedig 6 Chwefror 1878 a anfonodd Mallet at Richard yn awgrymu hynny.[33] Am y Mr Caird nodir bod enw J. Caird (yr athronydd John Caird?) wedi ei awgrymu i Catherine Cobden yn gynnar yn y trafodaethau fel aelod o bwyllgor i helpu Richard ac iddi hi ei wrthod.

Yn ogystal â throsglwyddo'r llythyrau a'i waith i John Morley, ymddengys bod Richard wedi cyfrannu mwy na hynny tuag at y cofiant. 'Y mae eich bywgraffiad o Cobden yn ddarlun cryno a ddarllenais gyda chydymdeimlad llwyr ac edmygedd', ysgrifennodd Morley ato ar 8 Ebrill 1878. 'Mewn ysbryd ac mewn gweithred y mae'n union yr hyn ddylai'r fath ddarlun fod.'[34] Diau mai cyfeirio ydoedd at erthygl ysgrifennodd Richard i'r *Encyclopaedia Britannica*, traethawd campus yn ôl Eleazar Roberts,[35] gan honni i nifer awgrymu mai Richard ddylsai fod wedi sgrifennu'r cofiant.

Ond diflastod i ddod oedd hyn i gyd a bu'r ysbaid yn y Swisdir ym Medi 1874 yn un o hapusrwydd a thawelwch i Henry Richard. Ysbaid o fwynhau harddwch y wlad a'r pleser o ddarllen llythyrau ei arwr. Gadawsant Aigle, ymweld â Berne, Interlaken, Lucerne, gwylio'r haul yn codi dros y Rigi – nid oedd rheilffordd i fyny yna bryd hynny – a syllu ar sawl machlud godidog o gopaon y mynyddoedd.

Dychwelodd adref i'w brysurdeb arferol. Aeth bron ar ei union i gymanfa hydref Undeb Cynulleidfaol Lloegr a Chymru yn Huddersfield lle traddododd araith ar 'Grefydd a Gwleidyddiaeth'. Daeth ffyniant ysbrydol yr Anghydffurfwyr, meddai, law yn llaw gyda gweithredu effeithiol o'u dyletswyddau fel dinasyddion. Dros y deugain mlynedd cyn hynny, cyfnod o fywiogrwydd gwleidyddol arbennig, yr oedd yr enwad wedi adeiladu mwy o gapeli, sefydlu mwy o ysgolion a chenhadaethau ac ymroi i fwy o ymdrechion haelionus a chrefyddol nag erioed o'r blaen. Mewn anerchiad i'r Gymdeithas Rhyddhau Crefydd ym Manceinion ychydig yn ddiweddarach gwnaeth sylw rhyfedd bod si ar led fod ryw ysbryd o eiddigedd wedi codi rhyngddo ac Edward Miall ac nad oeddynt bellach i'w gweld gyda'i gilydd ar yr un llwyfan. Cyhoeddodd Richard yn glir nad oedd unrhyw sail i'r chwedl:

Pe gwyddai'r gwŷr bonheddig sy'n gwneud yr ensyniadau annheilwng hyn am y berthynas o frawdgarwch serchog fu rhwng Mr Miall a minnau am gynifer o flynyddoedd, heb gwmwl yn ein cyfeillgarwch, heb boen eiddigedd – myfi bob amser yn barod a bodlon i weithredu fel ei ddirprwy gostyngedig, bob amser yn barod i'w gydnabod fel ein capten – ni fuasent yn ailadrodd y fath wrthuni.[36]

Bu'n bresennol yn nathliadu Colston ym Mryste yn Nhachwedd 1874.[37] Sy'n rhyfedd o beth, gan mai Edward Colston, a aned ar 2 Tachwedd 1636, yn ddiau oedd y gŵr a gofid. Cyfrannodd Colston, a fu am gyfnod byr yn AS Torïaidd, yn haelionus iawn at achosion dyngarol ym Mryste; sefydlodd dlotai ac ysgolion ond gwnaeth ei ffortiwn o'r fasnach gaethwasiaeth. Y mae Colston yn ffigur dadleuol ym Mryste, mwy felly heddiw nag erioed, oherwydd yr adeiladau, neuadd, ysgolion, cofebau ac ati sy'n parhau i goffáu ei enw. Rhoes Richard anerchiad hefyd yng nghinio blynyddol yr Anchor Society, un arall o'r cymdeithasau a sefydlwyd ym Mryste er cof am Colston. Yr oedd hon yn gymdeithas wleidyddol, yn gefnogol i'r Whigiaid a'r Rhyddfrydwyr wedi hynny. Byddai'r siaradwyr a wahoddid i annerch yn fynych yn weinidogion yn y llywodraeth. Cyd-siaradwyr Richard ar yr achlysur hwn oedd Samuel Morley a'r Arglwydd Ducie (Henry Reynolds-Moreton) a fu am gyfnod byr yn AS Rhyddfrydol Stroud cyn etifeddu teitlau ei dad. Ei gyfeillgarwch gyda Morley, mae'n debyg, oedd y rheswm dros bresenoldeb Richard yn y cyfarfodydd hyn. Bu Morley'n hael tuag at achosion Cymreig – cyfeiriwyd eisoes at ei gyfraniadau i Goleg Aberystwyth a'r gronfa i helpu tenantiaid a drowyd o'u ffermydd am bleidleisio i'r Rhydfrydwyr ym 1868. Cefnogodd, hefyd, yr ymgyrch i adeiladu capeli cynulleidfaol Saesneg mewn rhai rhannau o Gymru, sydd, hwyrach, yn egluro cefnogaeth Richard ei hun i'r 'English Cause' – rhywbeth na fu bob amser wrth fodd rhai Cymry dros y blynyddoedd. Mae'n bur debyg, mi gredaf, y bu rhywfaint o fargeinio rhwng y ddau ar ambell achlysur.

Yn ei anerchiad i'r Anchor Society eglurodd Richard fethiant y Rhyddfrydwyr yn etholiad 1874 oherwydd i'r blaid 'ddisgyn i lawr i'r Aifft' – 'Gwae y rhai a ddisgynant i'r Aifft . . . ac nid edrychant am Sanct Israel.'[38] Sef cyflwyno mesurau a basiwyd gyda chefnogaeth y Ceidwadwyr yn nannedd gwrthwynbiad eu cyfeillion Ymneilltuol. Ond ni fynnai Richard ddigalonni. Wedi i'r Senedd ddiwygiedig gyntaf (1832) lwyddo gyda nifer o fesurau canmoladwy, trechwyd y Whigiaid yn drwm gan y Torïaid ym 1834 ac etholwyd Syr Robert

Peel yn brif weinidog. Yr oedd y Rhyddfrydwyr yn ddigalon, meddai, ac o'r herwydd yr oedd un ohonynt, Sydney Smith, yn amau bodolaeth deddfau natur ei hun. Aeth Smith allan i'r ardd a hau hadau mwstard a berwr ac wedi rhai dyddiau o bryder ymdawelodd o weld yr hadau'n egino fel arfer! Wedi methiant etholiad 1874 ac ymddiswyddiad Gladstone o'r arweinyddiaeth yr oedd anarchiaeth lwyr ar fainc flaen y Rhyddfrydwyr ond nid oedd ond un arweinydd cymwys, meddai Richard i gymeradwyaeth frwd, neb ond Gladstone.[39] Ni ellid ystyried John Bright gan mor fregus ei iechyd. Yr oedd Gladstone, meddai Richard, yn rhagori mewn bri fel gwladweinydd ac areithiwr. Yr oedd, ar sail difrifoldeb ei natur grefyddol, yn ddyn y gellid ymddiried ynddo. Gwir bod Gladstone yn Uchel Eglwyswr, ond ym marn Richard yr oedd yn afresymol ei wrthod fel arweinydd gwleidyddol am fod yn well ganddo gyfoethocach defod grefyddol na'r un a fodlonai ef ei hun arni. Er mai teuluoedd mawr y Whigiaid oedd *crème de la crème* y greadigaeth – Richard yn watwarus wawdiol eto! – mynnai gredu eu bod fel arweinwyr yn *effete*, a bod prif welliannau'r blynyddoedd diwethaf wedi eu cyflawni gan yr adain radical, dan eu harweinydd ffyddlon Gladstone. Ni fynnai hollti'r Blaid Ryddfrydol, ond pan oedd rhai am ymostwng i Bydew Anobaith ac eraill am brysuro i'r Mynyddoedd Hyfryd mynnai Richard iddynt ymdeithio gyda'i gilydd gan addasu eu camre, y naill i'r llall, dan faner ac arni'r ysgrifen draddodiadol, 'Ymlaen, ymlaen!'

GLADSTONE YN DYCHWELYD I'R FRWYDR

Yr oedd y Rhyddfrydwyr yn dilyn etholiad 1874, fel yr awgrymai araith Henry Richard, mewn dryswch ac anhrefn ynglŷn â'r arweinyddiaeth. Ond daeth ymwared annisgwyl. Rhwng 1874 a 1876 bu cyfres o wrthryfeloedd yn y Balcanau (Balkans) a fygwyd yn greulon gan Dwrci. Fel y nodwyd eisoes yng nghyd-destun Rhyfel y Crimea, yr oedd Ymerodraeth yr Otoman yn ymestyn i diriogaethau yn nwyrain Ewrop. Yr oedd Twrci, bellach, yn colli cydymdeimlad am anwybyddu'i haddewidion yng Nghytundeb Paris 1856 i barchu hawliau Cristnogion o fewn ei hymerodraeth. Yr oedd ei hagwedd at Gristnogion yn awr wedi ysgogi gwrthryfel ymysg Slafiaid Bosnia a Herzegovina. Ym 1875 ceisiodd Awstria-Hwngari, Rwsia a'r Almaen dawelu'r dyfroedd, a'r flwyddyn wedyn ymyrrodd Cyngrair y Tri Ymerawdwr – y *Dreikaiserbund* – gan fygwth sancsiynau ar Dwrci oni byddai'n parchu'r hyn a addawodd bron ugain mlynedd ynghynt. Cymeradwywyd y cynnig gan Ffrainc a'r Eidal ond gwrthododd Disraeli eu cefnogi. Rhoddodd agwedd Disraeli obaith i arweinwyr Twrci y medrent deimlo'n bur sicr na fyddai Prydain yn caniatáu tanseilio eu hymerodraeth. Lledodd y gwrthryfel o Bosnia a Herzegovina i Fwlgaria lle y cyflawnodd milwyr Twrci eu gweithredoedd mwyaf barbaraidd.

Ffyrnigwyd Gladstone gan ddifaterwch Disraeli a llamodd yn ôl i ganol y bywyd gwleidyddol gydag ymgyrch yn erbyn yr erchyllterau hynny ac ailsefydlu eu hun yn rhengoedd blaen eu blaid. Cyhoeddodd y llyfryn, *Bulgarian Horrors and the Question of the East*,[40] ymosodiad cignoeth ar yr Ymerodraeth Otoman na pherthynai, meddai, i Fohamedaniaid mwyn yr India, na Saladiniaid mawrfrydig Syria na Mwriaid gwareiddiedig Sbaen. 'Ble bynnag yr aent gadawent ystod lydan o waed y tu ôl iddynt, ac i ble bynnag y cyrhaeddodd eu tiriogaeth, diflannodd gwareiddiad. Cynrychiolent ymhobman lywodraeth grym, nid llywodraeth cyfraith.'[41] Cyhuddodd Disraeli a'i lywodraeth o gelu'n fwriadol yr hyn oedd yn digwydd a chadw'r Senedd a'r bobl mewn anwybodaeth. I'r *Daily News*,[42] yn ôl Gladstone, yr oedd y diolch am oleuo'r wlad am yr erchyllterau a gyflawnwyd gan Dwrci.

Ni fedrai Henry Richard na'r Gymdeithas Heddwch, chwaith, ymatal mewn achos o'r fath. Wrth i'r ffeithiau ddod yn wybyddys trefnodd y gymdeithas gyfres o gyfarfodydd a gwrthdystiadau oedd yn eu hanterth ganol 1876. Ymhlith y cynhyrfwyr pennaf oedd y Rhyddfrydwyr a'r Ymneilltuwyr, tra yr oedd y Torïaid, Eglwys Loegr a'r Frenhines Victoria yn gwrthwynebu'r gwrthdystio. Agwedd y Disraeli difater oedd na chafodd y Bwlgariaid ddim ond eu haeddiant am feiddio gwrthryfela ac na ddylai trigolion Prydain gydymdeimlo â hwy. Ond y Rhyddfrydwyr oedd yn cyfeirio a rheoli'r ddadl heb ganiatáu lle nac amser i'r Torïaid ymateb yn effeithiol i'r dadleuon. Ymysg y deallusion – o'r ddwy blaid – prin fod un yn ddistaw. Yr oedd y cynnwrf, ar bwnc nad oedd a wnelo'n uniongyrchol â Phrydain, yn rhyfeddol – unigryw, yn wir. Un broblem oedd agwedd llywodraeth Dorïaidd Prydain tuag at Rwsia. Yn y diwedd aeth Rwsia i ryfel gyda Thwrci ym 1877 yn dilyn methiannau diplomyddol rhyngwladol i sicrhau heddwch. Yr oedd hyd yn oed rai Rhyddfrydwyr yn poeni y byddai hwn yn cryfhau ac ymestyn dylanwad Rwsia – sef dadl Prydain dros ochri gyda Thwrci yn Rhyfel y Crimea. Mynnai eraill, gan gynnwys Henry Richard y bu ei safbwynt ar Rwsia yn gyson er cychwyn Rhyfel y Crimea, nad oedd gan Rwsia unrhyw fwriad i ymestyn ei thiriogaeth na'i dylanwad. Un o weithredoedd cyntaf Richard oedd ailargraffu ei lyfryn, *History of the Origin of the War With Russia*, a gyhoeddwyd gyntaf tua 1855 er mwyn 'bwrw goleuni ar achosion y rhyfel hwnnw, fel y medrai'r to ifanc a ddaeth i wleidyddiaeth ers y dyddiau hynny, farnu trostynt eu hunain beth yn union oedd natur a swm yr hyn a fynnai'r Rwsiaid ym 1853–4'.[43] Anfonwyd copïau o'r llyfryn i aelodau Tŷ'r Cyffredin a Thŷ'r Arglwyddi a golygyddion y papurau newydd a bu'n ddylanwad gwerthfawr yn atgoffa'r cyhoedd gymaint o gamgymeriad fu Rhyfel y Crimea. Canmolwyd y llyfryn gan y newyddiadur Rhyddfrydol, y *South Wales Daily News*:

[Mae] gwareiddiad ei hun yn ei ddyled am ddwyn ynghyd yn gryno y fath gasgliad o dystiolaeth gan haneswyr, diplomyddion, gwladweinwyr a swyddogion Llywodraeth, oedd yn llygad-dystion i'r hyn a ddisgrifiwyd ganddynt, yn brawf o gamreoli marwol Twrci.[44]

Bu Richard, hefyd, yn allweddol yn sefydlu'r Eastern Question Association fu'n bwysig yn wyneb ystyfnigrwydd Disraeli (neu Lord Beaconsfield, fel yr oedd erbyn hyn). Hyd yn oed o fewn y llywodraeth yr oedd anghytundeb – un garfan am fod yn amhleidiol a pheidio ymyrryd; y garfan arall yn bleidiol i ymyrraeth arfog er mwyn bri ac anrhydedd 'Lloegr', os nad yn glir iawn ynglŷn â pha ochr i'w chefnogi! Aeth y gweithwyr o blaid heddwch ati i ysgogi eu cefnogwyr i wrthwynebu'r grymoedd rhyfelgar. Unwyd aelodau o'r ddau Dŷ, arweinwyr yr holl enwadau crefyddol, meiri ac ynadon, arweinwyr y prifysgolion a diwydianwyr yn un undeb grymus i ysgogi'r farn gyhoeddus. Lansiwyd yr Eastern Question Association yn swyddogol mewn cynhadledd yn Neuadd St James, Llundain, ar 6 Rhagfyr 1876. Y nod oedd gwylio'r hyn oedd yn digwydd yn Nwyrain Ewrop, dosbarthu gwybodaeth i'r cyhoedd a sicrhau llais i'r farn gyhoeddus. Yr oedd yn benllanw un o'r gwrthdystiadau mwyaf grymus a niferus yn hanes Prydain. Cyfeiriwyd ati fel y Gynhadledd Gwrth-Dwrci. Llywyddwyd cyfarfod y prynhawn gan Ddug Westminster a chyfarfod yr hwyr gan Iarll Shaftesbury. Cafwyd anerchiad gan Henry Richard yn y prynhawn ac yr oedd Gladstone ymysg areithwyr yr hwyr. Bu'r gweithgarwch a'r cynnwrf yn fodd i sicrhau bod colofnau llythyrau'r papurau'n llawn o'r ddadl a llifai'r llyfrynnau a'r pamffledi o'r gweisg.

Yr oedd y gwrthwynebiad i weithredoedd Twrci ffyrnicaf yng Nghymru, de-orllewin a gogledd Lloegr – cadarnleoedd yr Ymneilltuwyr.⁴⁵ Bu mwyafrif llethol poblogaeth Prydain o blaid Rhyfel Y Crimea, yn elyniaethus tuag at Rwsia a chefnogol i Dwrci. Nid oedd radicaliaid Cymru'n eithriad ond bu methiant Twrci i barchu Cytundeb Paris 1856 yn fodd i droi'r farn gyhoeddus. Nododd Henry Richard y newid hwn mewn araith ym Merthyr Tudful ar 13 Medi 1876,⁴⁶ pan bwysleisiodd fod mwyafrif poblogaeth Prydain, gan gynnwys y Blaid Ryddfrydol heblaw am eithriadau prin, o blaid y rhyfel. Mae'n debyg bod nifer o'i gynulleidfa'n cofio'i wrthwynebiad ef i'r rhyfel ac efallai wedi darllen *Evidence of Turkish Misrule*. A'r bygythion personol a ddioddefodd bryd hynny. Yn awr yr oedd y llif gydag e. Adeg y Crimea aeth Prydain i ryfel di-alw-amdano i amddiffyn annibyniaeth Ymerodraeth Twrci a chynnal 'y cydbwysedd grym . . . y term celwyddog hwnnw a ddefnyddia gwleidyddion i luchio llwch i'n llygaid', meddai.

Y tro hwn, llwyddwyd i gadw Prydain rhag ymyrryd ar ochr Twrci yn erbyn Rwsia, er bod llywodraeth Prydain yn wleidyddol ac ariannol gefnogol i Dwrci. Ac yr oedd carfan arall, o fewn a thu allan i'r Senedd, am gefnogi Rwsia. Fel y dywedodd Henry Richard mewn araith yn ei etholaeth yn Rhagfyr 1877,⁴⁷ yr oedd John Bull bob amser yn tybied, ble bynnag y byddai cweryl yn y byd, ei bod yn fater o anrhydedd ei fod yno gyda'i ffon yn cyffroi'r helynt. Yr oedd gwledydd eraill ar y llaw arall yn gwneud eu gorau i sicrhau cytundeb. Wedi i Dwrci drechu Serbia a Montenegro ym 1876 mynnodd Rwsia fod Twrci'n cytuno i gadoediad a chynhaliwyd cynhadledd ar 23 Rhagfyr 1876 yn Istanbwl, lle cytunwyd y byddai Twrci'n gwneud amryw ddiwygiadau i sicrhau heddwch o fewn ei hymerodraeth a thu hwnt. Ond er bod gweinidog materion tramor Twrci yn y trafodaethau gwrthododd y swltan a'i weinidogion gadarnhau'r cytundeb. O ganlyniad aeth Rwsia, mewn cynghrair gyda chenhedloedd y Balcanau, i ryfel yn erbyn Twrci ar 24 Ebrill 1877. Â hithau i bob pwrpas wedi ei threchu, ar ddydd olaf 1877 apeliodd Twrci ar Brydain i gyflafareddu. Ar y cychwyn gwrthododd Rwsia apêl Prydain ond wedi tri mis o weithgaredd diplomyddol gorffwyll daeth yr helynt, os nad y dadlau, i ben yng Ngorffennaf 1878 gyda Chytundeb Berlin.

Er gofid i Henry Richard, a aeth i Berlin yng nghwmni Frédéric Passy, yr Athro Leone Levi o Goleg y Brenin, Llundain, a nifer o gynrychiolwyr y mudiad heddwch yn Ffrainc a'r Iseldiroedd, ni lwyddwyd i gael ynddo gydnabyddiaeth na chyfeiriad at gyflafareddu rhyngwladol. Diddorol cymharu'r nifer fawr o gynrychiolwyr y mudiad heddwch o wahanol wledydd aeth i Berlin i geisio dylanwadu ar y trafodaethau gyda'r triawd, Henry Richard, Joseph Sturge a Charles Hindley, a aeth i Baris a chael cymaint llwyddiant ym 1856. Yn Berlin cawsant gyfarfodydd gyda nifer o bobl ddylanwadol a diddorol ond heb fawr lwyddiant. Gan fod yr anghytundeb yn awr rhwng Awstria a Phrydain ar y naill law a Rwsia ar y llall, dadl y Cownt Corti o'r Eidal – ac eraill – oedd fod Ffrainc, yr Almaen a'r Eidal wedi cymryd arnynt fantell cyflafareddwyr yn yr achos hwn. Nodwyd hefyd yng nghymal 63 o'r cytundeb fod penderfyniadau Cytundebau Paris 1856 a Llundain 1871 yn parhau mewn grym oni chawsant eu diddymu neu addasu gan Gytundeb Berlin. Felly yr oedd yr hyn a gytunwyd parthed cyflafareddu ym Mharis yn parhau mewn grym, er rhyddhad i Henry Richard a'i gyd-heddychwyr.[48] Un nodyn diddorol, tra'r oedd y dirprwywyr yn sgwrsio gyda'r Athro Karl Richard Lepsius, yr Eifftolegydd enwog, digwyddodd Richard ddweud wrtho ei fod o Gymru. 'A, yr ydych yn un o'r Cymry,' meddai. Am bwrpas eu hymweliad dywedodd Lepsius: 'Y mae Ewrop gyfan o'ch plaid ag eithrio'r diplomyddion, ac y maen nhw yn eich erbyn yn unig am na wyddant sut i gyflawni yr hyn yr ydych yn ei ofyn ganddynt.'

Un pwynt pwysig a ddeilliodd o'r cytundeb oedd cydnabod hawl cenhedloedd bychain i'w llywodraethu eu hunain – egwyddor y glynodd Richard a Gladstone yn gadarn wrthi gydol yr argyfwng – a chafodd Romania, Serbia a Montenegro annibyniaeth wrth yr Ymerodraeth Otoman ac ailffurfiwyd gwladwriaeth Bwlgaria wedi pedair canrif (1396–1878) o dan ei sawdl.

Cyfyd pwynt diddorol yma gan i'r Cymry radicalaidd uniaethu gydag awydd Bwlgaria, a chenhedloedd eraill y Balcanau, i ymryddhau o'r Ymerodraeth Otoman. Awgrymwyd bod Henry Richard yn arweinydd cenedlaetholdeb ac Ymneilltuaeth Cymreig.[49] Nid oedd Richard yn un o ysgogwyr cenedlaetholdeb gwleidyddol, meddai Goronwy J. Jones, ond awgryma iddo fod yn gatalydd anfwriadol i dŵf cenedlaetholdeb Cymreig ac y bu trychineb Bwlgaria yn drobwynt yn agwedd y Cymry at y syniad o hunanlywodraeth. Ai gwir, hefyd, tybio y bu i'w *Letters and Essays on Wales* gael effaith anfwriadol debyg? Fel yr awgrymwyd eisoes, bwriad yr erthyglau hynny a gyhoeddwyd gyntaf yn y *Morning Star* ym 1866 oedd addysgu'r Saeson anwybodus am y Cymry. Ond gwnaethant gymaint os nad mwy yn codi hyder ac ennyn balchder y Cymry ynddynt eu hunain.

* * *

Yn ystod y flwyddyn hon bu farw dau o gydweithwyr Henry Richard yn yr ymgyrch dros heddwch; Visschers, fu'n gymaint o gefn iddo yn nhrefniadau'r cynghresi heddwch, yn arbennig y gyntaf oll ym Mrwsel, a'r Seneddwr Charles Sumner o'r Unol Daleithiau.

* * *

Cynhyddu oedd y galw cyhoeddus ar amser Henry Richard. Prin fod yr un lleygwr Ymneilltuol yn brysurach ac amlycach mewn cylchoedd eglwysig. Ar 19 Ionawr 1875, yr oedd yn bresennol yn agoriad swyddogol neuadd goffa a llyfrgell yr Undeb Cynulleidfaol yn Farringdon Street. Erbyn 1850 yr oedd yr enwad wedi ehangu'n rwydwaith o dros 3,200 o gapeli ffyniannus, llawer ohonynt yn amlwg yn mhrif strydoedd trefi a dinasoedd Cymru, Lloegr a'r Alban. Ym 1862, ar achlysur daucanmlwyddiant diarddel gweinidogion Anghydffurfiol o'u cartrefi a'u swyddi o fewn Eglwys Lloegr, penderfynwyd adeiladu nifer o gapeli newydd a'r neuadd goffa yn Farringdon Street fyddai cartref y casgliad gwerthfawr o lyfrau a llawysgrifau Joshua Wilson,[50] sef mab y Thomas Wilson dylanwadol, trysorydd Coleg Highbury, y bu Henry Richard yn sangu ar ei gyrn pan oedd yn fyfyriwr.

Yr oedd hoelion wyth yr enwadau Ymneilltuol yn bresennol yn agoriad y neuadd a'r llyfrgell, yn eu plith Samuel Morley, AS Bryste, a gyfrannodd £5,000 tuag at godi'r adeilad. Cadeiriwyd y cyfarfod gan nai Joshua Wilson, sef John Rimington Mills, a gyfrannodd £12,000 tuag at yr adeilad. Ymhlith y siaradwyr oedd Henry Richard, a roddodd grynodeb o 'Ymdrech Anghydffurfwyr diweddar am Gydraddoldeb Crefyddol'. Bu'n onest yn ei gyfaddefiad na dderbyniodd y tadau – gydag eithriadau gwiw – yr egwyddor o gydraddoldeb crefyddol. Yr eithriadau oedd y Bedyddwyr cynnar a goleddent syniadau clir am swyddogaeth y drefn sifil mewn materion crefyddol. Yr oedd hanes Ymneilltuaeth, meddai, yn dangos nad oedd Ymneilltuwyr ar y cychwyn wedi gwrthwynebu'r athroniaeth sefydledig, ond yn hytrach wedi gwneud hynny maes o law mewn ateb i anghyfiawnder. Felly y bu yn hanes y Methodistiaid Calfinaidd yng Nghymru, y Wesleaid yn Lloegr a'r Eglwys Rydd yn yr Alban. Am y ddau enwad olaf y cyfeiriodd atynt, nid oeddynt ond yn dechrau sylweddoli nad rhywbeth damweiniol oedd y drwg y cwynent amdano ond yn hytrach rhywbeth a ddeilliai o hanfod trefn yr Eglwys Sefydledig.[51] Symudwyd y llyfrgell i'w hadeilad presennol yn 14 Gordon Square yn chwarter olaf y ganrif ddiwethaf.

Ar 29 Ionawr, ddeng niwrnod wedi agor y neuadd a'r llyfrgell yn Farringdon Street, cafodd Henry Richard ei ethol yn gadeirydd Dirprwywyr y Tri Enwad – sef y Presbyteriaid, Annibynwyr a Bedyddwyr – yn Llundain. Ffurfiwyd y gymdeithas ym 1727 a bu'n effeithiol yn amddiffyn hawliau dinesig a chrefyddol yr Ymneilltuwyr. Yr oedd ethol – yn unfrydol – Henry Richard i'r gadair, i ddilyn yr argraffydd a'r gwleidydd Syr Charles Reed, yn arwydd o'r parch oedd iddo ymysg Ymneilltuwyr Llundain. Yn ei araith gyntaf o'r gadair rhoddodd amlinelliad o waith a llwyddiant y dirprwywyr, llwyddiant a ddaeth o wyliadwriaeth effro ac ymatal rhag rhoi eu holl ffydd mewn pleidiau gwleidyddol. Yn awr gyda'r Ymneilltuwyr wedi ennill yr hawl i sefyll yn dalsyth rhaid dal gafael yn yr hawliau hynny. Buont yn ffyddlon i'r Blaid Ryddfrydol a thra'n cydnabod yn onest ac agored iddynt anghytuno gyda Gladstone pan oedd hynny'n briodol, ni wnaethant gynllwynio yn ei erbyn ac yr oedd yn hyderus y cyflawnid mwy eto dros gyfiawnder, rhyddid a chynnydd Rhyddfrydiaeth. Dywedodd iddo fod yn gwrando ar John Bright yn siarad ychydig ynghynt ac iddo ddweud fod pwnc datgysylltu yn codi i'r brig a bod angen i wleidyddion fod yn barod i ymateb yn ddoeth i'r broblem fawr honno.[52] Yn ei lyfr y mae Charles Miall[53] yn dyfynnu barn ysgrifennydd y dirprwywyr, Alfred J. Shepheard, am Henry Richard. Tra'n rhestru holl gymwynasau Richard cyfeiriodd at ei wyliadwriaeth effro o'r mesurau eglwysig niferus oedd yn mynd trwy'r Senedd, lle yn fynych y cyflwynid cymalau oedd yn andwyol i fuddiannau'r Ymneilltuwyr.

Daliai George Osborne Morgan ati gyda'i fesur i ganiatáu gwasanaeth Cristnogol gan unrhyw enwad ar lan y bedd mewn eglwysi plwyf. Fe'i cyflwynodd eto ym 1875 – gwnaeth hynny'n ddi-feth dros gyfnod o ddeng sesiwn seneddol o 1870 nes llwyddo yn y diwedd ym 1880. Ym 1875 eto bu Henry Richard yn un o'i gefnogwyr a siaradodd yn yr ailddarlleniad ar 21 Ebrill. Yr oedd Osborne Morgan yn fab i offeiriad Anglicanaidd, y Parch Morgan Morgan, Conwy, a'i dadcu a'i famgu ar ochr ei dad o Geredigion – David Morgan o Lanfihangel Genau'r Glyn ac Avarina Richards o deulu Ffos-y-Bleiddiaid, Swyddffynnon. Cydweithiodd Henry Richard ac yntau mewn amryw o ymgyrchoedd a mesurau yn ymwneud â Chymru.

Dadl Osborne Morgan oedd mai hawl sifil oedd i rywun gael ei gladdu mewn mynwent plwyf. Yr oedd, meddai, yng Nghymru a Lloegr rhwng 12,000 a 13,000 o fynwentydd, ac yn achos rhai miliynau o drigolion, yr unig fynwent ar eu cyfer oedd mynwent y

4. Llun George Osborne Morgan ar lestr coffa.

plwyf. Dadleuai rhai nad oedd caniatáu rhyddid i Ymneilltuwyr wasanaethu yn y fynwent ond cam tuag at fynnu'r un hawl mewn gwasanaeth priodas Ymneilltuol o fewn muriau'r eglwys. Ond gellid cael gwasanaeth priodas mewn capel Anghydffurfiol neu wasanaeth seciwlar mewn swyddfa gofrestru. Gan nad oedd mynwentydd

gan y mwyafrif o gapeli, yr unig ddewis i lawer iawn o Anghyd-
ffurf wyr oedd claddedigaeth mewn mynwent Anglicanaidd. Ni ellid
gwrthod claddu Ymneilltuwyr mewn mynwent plwyf mwy nag y gellid
gwrthod elusen plwyf i berson anghenus o unrhyw enwad.
 Siaradodd Gladstone o blaid y mesur a chafwyd araith gadarn,
ffeithiol gan Henry Richard. Ni welai Henry Richard unrhyw broblem.
Ar gynnwys gwasanaethau dywedodd iddo fod yn bresennol mewn
ugeiniau lawer o angladdau Ymneilltuol ac iddo ganfod bod y
gwasanaethau'n dilyn trefn Eglwys Loegr a hynny am reswm da, sef
eu bod wedi'u seilio ar adnodau o'r Ysgrythau, dewisiadau a wnaed
ar sail synnwyr a chwaeth ardderchog. 'Y mae'n rhyfeddol', meddai,
'yr ychydig ddarnau o'r gwasanaeth na chymerwyd o'r Beibl yw y rhai
y mae'r Ymneillruwyr yn eu gwrthwynebu'n gryf, sef y rheini y mae
rhai Eglwyswyr hefyd yn eu gwrthwynebu.'
 Un rheswm pam fod Eglwys Loegr wedi colli'i gafael ar ystod eang
o'r bobl, meddai, oedd ei anhyblygedd di-ildio wrth ddilyn ffurfiau.
'Y mae eich trefn yn galed, anystwyth, angharedig', meddai. 'Yr ydych
yn mynnu rhoi eich gweinidogion – dynion o ddeallusrwydd a dysg
uchel – mewn caethwasgod o unffurfiaeth, heb roi iddynt y mymryn
lleiaf o rym neu ryddid i amrywio neu newid y gwasanaethau yn ôl
amgylchiadau.'
 Dywedodd fod dosbarth sylweddol o bobl, gan gynnwys Anghyd-
ffurfwyr o bob enwad, y gwaherddid iddynt yr hawl o gael eu meirw
wedi eu claddu gan eu gweinidogion eu hunain, yn ôl y drefn
grefyddol a ddymunent. 'Y mae fel pe bai yr Eglwys yn manteisio ar ei
safle i osod ei llaw ar yr Ymneilltuwr a'i hawlio iddi ei hun pan yn
farw, er iddo drwy ei fywyd wrthod, ar sail egwyddor, ei deyrngarwch
iddi', meddai. Oni bai am lafur yr Anghydffurfwyr buasai tlodi
gresynus yn y ddarpariaeth o hyfforddiant crefyddol i'r werin. Eto ni
phetrusai rhai Eglwyswyr i ymuno gydag Anghydffurfwyr mewn
ymgyrchoedd crefyddol a dyngarol:

> Ond pan ddeuwn â'n meirw i'r mynwentydd, sy'n eiddo i'r wladwr-
> iaeth, a gofyn iddynt gael eu claddu gan ein gweinidogion ni ein
> hunain, a gyda gwasanaethau sydd fwyaf cydnaws gyda'n cydwybod
> a'n dymuniadau, deuwch i'n cyfarfod eich breichiau yn yr awyr gan
> weiddi – 'Procul, O procul, este profani!'[54]

Rhestrodd bob sir yng Nghymru, ag eithrio Maesyfed a Mynwy,
gan nodi nifer y capeli Anghydffurfiol a'r nifer lle ceid mynwent. O'r
cyfanswm o 1,658, dim ond gan 532 yr oedd mynwent.[55]

Yn ddiddorol iawn, er i Osborne Morgan wrth agor y ddadl awgrymu nad oedd yn obeithiol iawn o lwyddiant y mesur gyda'r Ceidwadwyr bellach mewn grym, yr oedd y bleidlais yn agos iawn, 234 o blaid a 248 yn erbyn, mwyafrif o ddim ond 14, y mwyafrif lleiaf mewn unrhyw bleidlais ers i lywodraeth Disraeli ddod i rym y flwyddyn cynt. Yn ogystal â Gladstone siaradodd W. E. Forster a John Bright o blaid y mesur a phleidleisiodd nifer fechan o Dorïaid gyda'r Rhyddfrydwyr gydag eraill yn atal eu pleidlais.

O ganlyniad i ymdrechion George Osborne Morgan a'i Fesur Claddu cododd storm yn y Senedd ym 1877. Daeth y llywodraeth i benderfyniad bod rhaid gwneud rhywbeth, yn enwedig gan i Morgan ddod o fewn dyrnaid o bleidleisiau i lwyddo y flwyddyn cynt. Rhoddwyd y gwaith o lywio deddf drwy'r Senedd i roi taw ar yr helynt yn nwylo'r ysgrifennydd cartref, Syr Richard Cross. Gwnaeth hwnnw gawlach llwyr drwy gynnig i Ymneilltuwyr gladdedigaeth ddistaw fel a roddid i rai na chawsant fedydd neu a gyflawnodd hunanladdiad. Yr oedd yn fesur chwerthinllyd o adweithiol. Yr oedd y mesur, hefyd, yn caniatáu'r hawl i Fyrddau Llywodraeth Leol i gau mynwentydd am eu bod yn llawn neu ar sail peryglon iechyd ac agor rhai newydd ar gost y dreth. Yr oedd yr Ymneilltuwyr yn gandryll. Yn ogystal â'r sarhad, nid oedd yn wir bod y mynwentydd yn llawn; yr oedd 10,000 yn parhau ar agor a llai na 1,000 wedi eu cau. Trefnodd Dirprwywyr y Tri Enwad yn Llundain a'r Gymdeithas Rhyddhau Crefydd gynhadledd ar y cyd yn Ebrill dan lywyddiaeth Henry Richard, gydag oddeutu 30 o aelodau seneddol yn bresennol. Eglurwyd y cefndir gan John Carvell Williams, y cofir amdano yng nghyswllt cyfarfodydd y Gymdeithas Rhyddhau Crefydd yng Nghymru bymtheng mlynedd ynghynt. Ymgorfforwyd gwrthwynebiadau Williams mewn cyfres o benderfyniadau oedd yn cynnwys galw ar y Blaid Ryddfrydol i uno i wrthwynebu'r mesur. Hynny a wnaed a bu raid i'r ysgrifennydd cartref dynnu ei fesur anffodus yn ôl.[56]

Mesur arall a roes gyfle i Henry Richard gyflwyno'i neges ynglŷn â Datgysylltu'r Eglwys oedd Mesur Esgobaeth Saint Albans, adeg yr ailddarlleniad ar 11 Mai 1875. Mesur a gyflwynwyd gan y llywodraeth oedd hwn i greu esgobaeth newydd a chynigiodd Richard welliant i ohirio'r ailddarlleniad. Dywedodd ei bod yn ymddangos yn rhyfedd ei fod ef, fel Ymneilltuwr, yn cynnig gwelliant ar fesur o'r fath, ond dylid cofio ei fod ef, fel Cristnogion eraill, yng ngolwg y gyfraith yn perthyn i Eglwys Loegr pa un ai dyna eu dymuniad ai peidio. Yr oedd yn afresymol, meddai, bod corff fel y Senedd, oedd yn cynnwys aelodau o Eglwys Rufain, Eglwys Uniongred Groeg, Crynwyr, Undodiaid, Bedyddwyr, Annibynwyr, Methodistiaid Calfinaidd, Wesleaid ac eraill yn ddïau, yn gorfod deddfu ar bob mater yn ymwneud ag Eglwys Loegr – o faterion yn ymwneud â ffydd a dysgeidiaeth, diwinyddiaeth a defod. Yr oedd yr aelod dros Brifysgol Rhydychen rai blynyddoedd ynghynt, meddai, wedi awgrymu – ar eiliad wan, mae'n debyg – y dylid atal Pabyddion ac Ymneilltuwyr rhag pleidleisio ar faterion yn ymwneud ag Eglwys Loegr. Os felly, dylsai Eglwyswyr ymatal rhag pleidleisio ar faterion yn ymwneud â'r enwadau Ymneilltuol, meddai Richard. Wrth gwrs, ychwanegodd, byddai hynny'n creu anhrefn. Ond yr oedd y sefyllfa anfoddhaol hon yn sicr o barhau tra bod yr Eglwys a'r Wladwriaeth ynghlwm â'i gilydd. 'Gwrthwynebaf y Mesur hwn oherwydd ei fod yn gofyn i'r Tŷ gytuno i barhau ac ehangu dosbarth o swyddogion gwladwriaethol wleidyddol-eglwysig, nad oedd eu bodolaeth, yn fy marn i', meddai, 'o fantais i'r Eglwys nac i'r Wladwriaeth.'[57] Afraid dweud y trechwyd gwelliant Henry Richard o 273 pleidlais i 61. Richard Davies, Sir Fôn, oedd yr unig aelod o Gymru i'w gefnogi.

Cyflwynwyd y mesur i ehangu darpariaeth addysg elfennol i'w ailddarlleniad ym Mehefin 1876. Yr oedd yr Anghydffurfwyr yn y Tŷ'n gwrthwynebu'r mesur am y byddai, yn arbennig mewn ardaloedd gwledig, yn gorfodi Ymneilltuwyr i anfon eu plant i ysgolion Eglwys. Byddai'n rhoi'r grym dros addysg fwyfwy yn nwylo'r offeiriaid a'u galluogi i hybu addysg enwadol yn hytrach na threfn addysg wladwriaethol. A'r drefn enwadol honno wedi ei hariannu o'r pwrs cyhoeddus. Ar 19 Mehefin 1876, yn ystod yr ailddarlleniad, cwynodd Richard fod yn y mesur elfennau na thrafodwyd ond yn y modd mwyaf arwynebol. Cwynai am y grym ychwanegol sylweddol a roddwyd yn nwylo'r ysgolion enwadol – sef yr ysgolion mwyaf niferus o lawer – a'r modd y byddai hyn yn effeithio ar hawliau a rhyddid cyfran fawr o'r boblogaeth nad oeddynt yn Anglicaniaid. Ei ddyletswydd, meddai, oedd hysbysu'r Tŷ fod bron bob corff Anghydffurfiol drwy Brydain yn gwrthwynebu'r mesur gydag unfrydedd a difrifoldeb na welwyd ei debyg. Nid mater o ddymunioldeb hyfforddiant grefyddol oedd y cwestiwn, meddai, nid oedd fawr o wahaniaeth barn am hynny. 'Y cwestiwn yw, pryd a gan bwy y dylid ei ddarparu', ychwanegodd. 'Ein dadl ni yw na ellid darparu addysg grefyddol gadarn mewn ysgolion sy'n cael eu cefnogi gan arian cyhoeddus heb amharu ar hawliau cydwybod.' Rhoddodd rybudd y byddai'n parhau gyda'i wrthwynebiad pan elai'r mesur i bwyllgor.[58]

Bu cystal â'i air ac ar 10 Gorffennaf cynigiodd welliant na ellid cynnal, 'egwyddor o orfodaeth gyffredinol mewn addysg heb anghyfiawnder mawr oni wneir darpariaeth i osod ysgolion elfennol cyhoeddus o dan oruchwyliaeth gyhoeddus'.[59] Eglurodd fel y bu addysg i'r werin yn agos i'w galon ac y bu'n lafuriwr dinod ond ymroddedig drosti am 35 o flynyddoedd.

Ddeng mlynedd ar hugain yn ôl bûm yn weithgar yn sefydlu ysgol i fechgyn, merched a phlant bach yn un o ardaloedd mwyaf poblog y brifddinas, drwy yr hon – mi gredaf – erbyn heddiw yr aeth rhwng 15,000 a 16,000 o blant. Ym 1845 cefais y pleser o gychwyn mudiad o blaid addysg ddyddiol yng Nghymru, a arweiniodd at sefydlu'r ysgol Normal gyntaf erioed yno, ac ugeiniau lawer, os nad cannoedd o ysgolion dyddiol mewn gwahanol rannau o Gymru. Wedi hynny cefais y fraint o fod yn Ysgrifennydd Cymdeithas yr Ysgolion Gwirfoddol, a sefydlodd ysgolion Normal yn Llundain, a gyda chymorth grantiau i gynnal ysgolion gwirfoddol mewn rhannau eraill o'r wlad.

Erfyniodd faddeuant y Tŷ am y mymryn yna o egotistiaeth, ond yr oedd am i'r aelodau sylweddoli nad oedd yn un a wrthwynebai addysg, yn hytrach yr oedd yn weithiwr diwyd o'i blaid. Buasai'n llawer gwell petae'r llywodraeth wedi cyflwyno mesur fyddai'n caniatáu i bawb, yn ddi-wahân o sect a phlaid, i gyd-weithio'n galonnog i hyrwyddo addysg genedlaethol, ond yn anffodus mesur oedd hwn i hyrwyddo, nid addysg genedlaethol, ond addysg sectyddol. Aeth rhagddo: 'Mae'n amlwg, addefaf, mai nod y Mesur yw rhwystro ffurfio byrddau ysgol, a'r dosbarth o ysgolion mwy rhyddfrydig ac ansectyddol o ysgolion a ddeilliai o'r byrddau hynny, a chryfhau ac ymestyn hyd yr eithaf posib yr ysgolion enwadol.'

Hawdd gweld sut oedd hyn yn mynd dan groen yr Ymneilltuwyr. Eglurodd Richard fod 14,000 o blwyfi yng Nghymru a Lloegr oedd tu allan i'r bwrdeisdrefi ac o'r rhain dim ond mewn 1,749 yr oedd bwrdd ysgol. Yr oedd hyn yn gadael dros 12,000 lle'r oedd yr ysgolion, os oedd rhai yn bod o gwbl, o reidrwydd yn ysgolion enwadol. Cyhuddodd y llywodraeth o gefnogi'r ysgolion – Eglwys – hyn gyda chymorth ariannol hael ac o ychwanegu'n sylweddol at eu hincwm drwy roi'r grym i awdurdodau lleol i orfodi holl blant y gymuned, yn Babyddion, Ymneilltuwyr, Iddewon ac ati, i'w mynychu. A phe digwyddai i ryw Ymneilltuwr neu Babydd dewr wrthwynebu hyn ar sail egwyddor a mynd i lys nid o goffrau'r ysgol y deuai'r arian i ymladd yr achos ond o'r trethi. Felly, byddai Ymneilltuwyr neu

Babyddion yn cael eu trethu gan drefn oedd yn llenwi'r ysgolion Eglwys drwy orfodi eu plant hwy i'w mynchu. Yn ogystal, yr oedd y Mesur yn awr yn rhoi'r hawl i lys ynadon – lle'r oedd yn debygol mai yr ynad oedd yr offeiriad a rheolwr yr ysgol – i ddirwyo'r rhieni bum swllt, a gyda'r grym pe gwrthodent dalu i gymryd y plentyn oddi arnynt a'i anfon i ysgol ddiwydiannol nes ei fod yn bedwar ar ddeg neu un ar bymtheg oed a gorfodi'r rhieni i dalu am ei gynnal yno.

Gwir, yr oedd yn bosib i enwadau Ymneilltuol sefydlu ysgolion, a nododd Henry Richard mai Ymneilltuwr, Joseph Lancaster, oedd y cyntaf i ddarparu addysg ddyddiol gyffredinol i'r werin. Ymroddodd gweinidogion Annibynnol, lle bynnag y medrent, i gadw ysgol neu i noddi rhywun arall i'w cadw.[60] Wedi hynny y dechreuodd Eglwys Loegr sefydlu ysgolion a gwneud gwaith canmoladwy. Ond yr oedd cyfoeth ganddi, gwaddoliadau i dalu cyflogau eu hofferiaid, i godi a chynnal adeiladau – arian o goffrau'r wladwriaeth, y degwm a'r dreth Eglwys. Tra yr oedd yr Ymneilltuwyr yn gorfod adeiladau eu haddoldai eu hunain, cynnal eu pregethwyr, colegau, ysgolion Sul ac yn y blaen heb gymorth o unlle. Eto yng Nghymru yr oedd rhwng 400 a 500 o ysgolion dyddiol wedi cael eu hadeiladu gan Ymneilltuwyr er gwaethaf yr anfantais. Ac nid anwiredd oedd yr honiad bod yr ysgolion Eglwys yn manteisio ar eu safle i gyflyru plant Ymneilltuwyr drwy gatecism a'u gorfodi i fynd i'r Eglwys a'u cosbi drwy wrthod caniatáu iddynt ymuno mewn dyddiau gŵyl.

Bu'n ddadl hir a ffyrnig ond methiant fu gwelliant Henry Richard o 317 pleidlais i 99, mwyafrif o 218. Ni fynnai roi'r ffidil yn y to a chyfrannodd yn gyson i'r trafodaethau pan oedd y mesur yn cael ei drafod mewn cwyllgor, weithiau yn cefnogi cymalau, dro arall yn gwrthwynebu. A phan ddychwelodd y mesur i lawr y Tŷ ar gyfer y trydydd darlleniad ar 5 Awst, mynegodd ei wrthwynebiad ffyrnig iddo, gan ei alw'n adweithiol, annheg a gorthrymus. Yr oedd, meddai ar gychwyn ei araith, y mesur gwaethaf a gyflwynwyd gerbron y Senedd ers i'r Arglwydd Bolingbroke gyflwyno'i fesur yn gwahardd unrhyw addysg gan Ymneilltuwyr drwy ei wneud yn ofynnol i bob ysgolfeistr gael trwydded esgobol.[61] 'Yr oedd nod y Mesur hwnnw yr un fath â hwn – rhoi addysg pobl y wlad hon yn nwylo Eglwys Loegr drwy ddigalonni a mygu pob math arall o addysg', meddai. 'Methodd hwnnw yn llwyr a diurddas, fel yr haeddodd fethu, ac fel y gobeithiaf y bydd i hwn fethu hefyd.' Cyhuddodd y Toriaid o anelu eu saethau at y Byrddau Ysgol a phetae pob gwelliant a gyflwynwyd ganddynt wedi eu derbyn buasent wedi peryglu bodolaeth y byrddau hynny.

Mewn gwlad fel Prydain, dadleuodd, lle'r oedd amrywioldeb barn grefyddol mor fawr, ni ellid mewn ysgolion a gefnogid drwy'r dreth neu gan y wladwriaeth, gyflwyno addysg grefyddol heb beri loes i hawliau cydwybod, ac felly, yr oedd yn rhaid darparu addysg grefyddol ar adegau a chan bersonau eraill – mewn gair, yr oedd yn rhaid wrth addysg seciwlar unedig ac addysg grefyddol ar wahân.

Dylid cofio na fu Henry Richard erioed yn gyfaill brwd i addysg orfodol ac yr oedd ganddo ymlyniad at yr egwyddor o ryddid o bob ymyrraeth o du'r llywodraeth. Breuddwyd yr hen Annibynwyr oedd creu cyfundrefn o addysg wirfoddol yn rhydd o ddylanwad y llywodraeth.[62] Hwyrach na fu iddynt lwyr ddeall pa fath o berthynas ddylai fodoli rhwng llywodraeth a'r drefn addysg ond roedd ganddynt resymau da dros eu drwgdybiaeth. Yng ngolwg Richard nid oedd yr ysgolion a elwid bellach yn ysgolion gwirfoddol yn deilwng o'r enw. Yr oedd yr Eglwys Anglicanaidd yn yr un mlynedd ar bymtheg flaenorol wedi derbyn £10,500,000 o gyllid cyhoeddus, tra nad oedd ei chyfraniadau gwirfoddol ond tua £600,000 y flwyddyn. Yr oedd llawer o'r ysgolion hyn yn bwrw ymlaen â'u gwaith heb gyfrannu dim yn wirfoddol, meddai.[63]

Yr oedd 1878 yn flwyddyn dathlu hanner canmlwyddiant diddymu'r Deddfau Corfforaeth a Phrawf. Roedd Deddf Corfforaeth 1661 yn atal rhai nad oeddynt yn fodlon cymuno yn ôl defod Eglwys Loegr rhag bod yn aelodau o gorfforaethau trefol tra'r oedd Deddf y Prawf 1673 yn eu hatal rhag dal swyddi dinesig neu filwrol. Golygai hyn fod Pabyddion, Ymneilltuwyr, Undodiaid, Iddewon a Chrynwyr yn cael eu gwahardd rhag dal swyddi cyhoeddus. Y dyddiad oedd 9 Mai ac aeth cynrychiolwyr o Ddirprwywyr y Tri Enwad – ynghyd â dau Undodwr – i Richmond i ymweld â'r Arglwydd John Russell a fu'n allweddol yn y frwydr i ddiddymu'r deddfau. Yr oedd tair blynedd Henry Richard fel cadeirydd y Dirprwywyr newydd ddod i ben ond ef gyflwynodd anerchiad ysgrifenedig i Russell. Yr oedd Russell bellach yn hen ŵr bregus ei iechyd – bu farw'n fuan wedyn – a derbyniwyd yr anerchiad gan ei briod. (Dylid nodi mai yn 1829 y dilewyd y ddeddf oedd yn cyfyngu hawliau'r Pabyddion ac ni chafodd y ddeddf oedd yn cyfyngu hawliau'r Iddewon ei dileu yn llwyr tan 1890.)

Gyda'r problemau'n pentyrru penderfynodd Disraeli, ar 24 Mawrth 1878, alw etholiad cyffredinol. Yn ei anerchiad etholiadol pwysleisiodd Henry Richard yr angen am ddiarfogi a chyflafareddu, am gydraddoldeb crefyddol a thegwch i'r Gwyddelod. Er y bu polisi tramor llywodraeth Disraeli yn boen i lawer materion nes adref oedd

Materion crefyddol ac addysgol ... 209

uchaf ar feddyliau'r Cymry – dicter ar fater y Deddfau Claddu, trafferthion masnach ac amaeth a Datgysylltu'r Eglwys. Cynhaliwyd yr etholiad ar 2 Ebrill a Henry Richard, yn ôl yr arfer, oedd ar ben y rhestr yn etholaeth Merthyr.

Henry Richard	8,035
Charles H. James	7,526
W. T. Lewis	4,445

Bu Charles Herbert James yn gefnogwr diwyro i Henry Richard. Yr oedd yn un o wŷr amlwg Merthyr, Undodwr a gafodd ei addysg gynnar ym Merthyr, yn ysgol Taliesin Williams – mab Iolo Morganwg. Yr ymgeisydd aflwyddiannus oedd W. T. Lewis, yn swyddogol ymgeisydd annibynnol. Ef oedd asiant mwyngloddio'r Arglwydd Bute a medrai ddisgwyl cefnogaeth y meistri diwydiannol a'u cynrychiolwyr.

Dau Geidwadwr yn unig ddaliodd eu seddau yng Nghymru – Syr Watkin Williams Wynn yn Ninbych a'r Arglwydd Emlyn, a phe buasai gan y Rhyddfrydwyr ail ymgeisydd yn Sir Gaerfyrddin tebyg na fuasai'r Arglwydd Emlyn wedi cadw'i sedd chwaith. Y rheswm dros fuddugoliaeth ysgubol y Rhyddfrydwyr yng Nghymru, yn ôl Henry Richard, oedd bod trwch y boblogaeth yn Ymneilltuwyr, bod ganddynt ffydd yn y bleidlais gudd a'u dicter at y rhyfeloedd anghyfiawn a ysgogwyd gan lywodraeth Disraeli.[64] Yn y Senedd newydd yr oedd 352 o Ryddfrydwyr i 237 o Geidwadwyr. Yn ogystal yr oedd 63 o genedlaetholwyr Gwyddelig – ar y cyfan yn gefnogol i'r Blaid Ryddfrydol. O blith y mwyafrif Rhyddfrydol sylweddol yr oedd oddeutu cant yn Ymneilltuwyr.

Wedi ymddiswyddiad llywodraeth Disraeli ar 28 Ebrill galwodd y Frenhines Victoria ar yr Arglwydd Hartington (Spencer Cavendish), fu'n arweinydd y Rhyddfrydwyr er yr etholiad blaenorol, i ffurfio llywodraeth. Gwrthododd gan ddweud wrthi mai Gladstone oedd yr unig berson cymwys i'r gwaith. Galwodd hithau wedyn ar yr Arglwydd Granville (Granville Leveson Gower), a fu'n ysgrifennydd tramor yn llywodraeth Gladstone hyd 1874, i ffurfio llywodraeth. Gwrthododd yntau a'r un oedd ei neges – y dylai ofyn i Gladstone.[65] Er cymaint yr oedd Victoria'n casáu Gladstone nid oedd ganddi ddewis ond galw ar yr 'hen ddyn ardderchog'. Ni fu'r gwaith o ffurfio llywodraeth yn hawdd oherwydd yr oedd prif edmygwyr Gladstone yn perthyn i asgell radicalaidd y blaid Ryddfrydol. Ni chyfarfu'r

Senedd newydd tan 29 Ebrill, er bod hynny'n rhannol oherwydd gwyliau'r Pasg.

Ddiwedd Mai cynhaliwyd brecwast seneddol i gyfeillion cydraddoldeb crefyddol yn y Cannon Street Hotel, wedi ei drefnu dan nawdd y Gymdeithas Rhyddhau Crefydd a Dirprwywyr y Tri Enwad – y gymdeithas y bu Henry Richard yn gadeirydd arni. Yr oedd oddeutu 30 o aelodau seneddol yn bresennol gyda Richard yn llywyddu. Ysgogodd ei anerchiad o'r gadair gryn sylw – ffafriol ar y cyfan – yn y wasg, yn arbennig y *Times*. Yn wawdiol, dywedodd Richard iddo gael ei sigo bron hyd ddagrau o ganfod cydymdeimlad newydd y wasg Geidwadol tuag at yr Ymneilltuwyr. Yn enwedig o gofio bod y wasg honno'n cyfeirio at y Senedd fel eu 'Senedd hwy'.[66] Yr oedd Gladstone, meddai, wedi cydnabod yn hael a chanmoliaethus gyfraniad enfawr yr Ymneilltuwyr fel 'asgwrn cefn y Blaid Ryddfrydol.' Rhybuddiodd rhag gwneud gofynion eithafol ar y llywodraeth a cholli hyder eu cefnogwyr. Mynegodd barodrwydd i fod yn amyneddgar gyda llywodraeth a etifeddodd effeithiau cymaint o fwnglera, cymhlethdodau a chamweddau. Apeliodd arnynt gofio eu bod yn Ymneilltuwyr ac yn rhan o'r gymuned Brydeinig ehangach ac yn ymddiddori ym mhopeth yn ymwneud â heddwch, ffyniant ac anrhydedd. Felly pan gyflwynid mesurau da gan y llywodraeth byddent yn gadarn eu cefnogaeth. Ond na fyddai iddynt chwaith anghofio mai drwy eu hymdrechion hwy eu hunain y bu'r cynnydd a wnaed ac a enillwyd yn ystod hanner canrif o gynghreirio gyda'r Rhyddfrydwyr. Er hynny, atgoffodd Richard ei wrandawyr mai dau allan o'r cant a benodwyd i swyddi yn y llywodraeth Ryddfrydol newydd oedd yn Ymneilltuwyr. Nid oeddynt yn chwenychwyr swyddi, meddai, ond yr oedd anfanteision o gael eich cau allan o fywyd cyhoeddus. Nid cwyno yr oedd, meddai, dim ond nodi'r ffaith.

Y mis canlynol trefnwyd cyfarfod mawr yn y Palas Crisial lle daeth tua 4,000 ynghyd, gyda cherbydau o bob rhan o Gymru yn cludo cefnogwyr i gyfarfod hwyliog i ddathlu llwyddiant y Rhyddfrydwyr yng Nghymru. Siaradodd Henry Richard yn Gymraeg ac awgrymodd yn gellweirus y dylid dewis Syr Watkin Williams Wynn fel enghraifft o rywogaeth oedd ar fin darfod o'r tir, aelod seneddol Cymreig Ceidwadol. Llywyddwyd y cyfarfod gan yr Arglwydd Sudeley o Gregynog, cyn-AS Sir Drefaldwyn. Ei frawd yr Anrhydeddus F. S. A. Hanbury-Tracy, oedd AS newydd yr etholaeth.

Dewiswyd George Osborne Morgan yn dwrnai cyffredinol y llywodraeth newydd, a buan y bachodd ar gyfle i godi pwnc llosg

Materion crefyddol ac addysgol... 211

y Mesur Claddu, sef rhoi'r hawl i Ymeilltuwyr i gynnal gwasanaethau yn unol â'u trefn a'u credo mewn mynwentydd plwyf. Eto, bu'n frwydr hir ac, ar adegau, yn chwerw. Hwn oedd y degfed tro i Osborne Morgan gyflwyno'i fesur. Daeth y mesur yn ddeddf o'r diwedd ar 3 Medi, er cael ei lastwreiddio drwy gyfaddawd ar ei daith drwy bwyllgor a'r gwahanol ddarlleniadau yn y ddau Dŷ. Ceisiodd Henry Richard ehangu ystod y Ddeddf Claddu ym 1883, ond ni chafwyd ateb boddhaol i'r pwnc tan flynyddoedd wedi ei farw.

COMISIWN ARGLWYDD ABERDÂR

Am yn rhy hir seiliwyd ysgolion Cymru ar batrwm Lloegr ac ni newidiwyd y sefyllfa honno gan Ddeddf Addysg 1870. Yna ym 1880, ar 25 Awst, penododd y llywodraeth gomisiwn adrannol i archwilio cyflwr addysg ganolradd ac addysg uwchradd yng Nghymru. Y pynciau dan sylw fyddai:

1. Darparu mwy o gyfleusterau i gael addysg uwchradd, yn ychwanegol at Goleg Aberystwyth a agorwyd ym 1872.
2. Sefydlu cyfundrefn o ysgolion canolradd.

Er syndod iddo, gwahoddwyd Henry Richard i fod yn aelod o'r pwyllgor. Nid nad oedd ganddo ddiddordeb mewn addysg. Ymdrechodd am flynyddoedd dros addysg gynradd yng Nghymru a bu ganddo ran allweddol yn sefydlu Coleg Aberystwyth. Y syndod oedd iddo gael ei benodi ac yntau'n Ymneilltuwr, yn Ymneilltuwr Cymraeg. Ystyrrid bod y llywodraeth wedi penodi'r fath bwyllgor o gwbl i drafod addysg yng Nghymru yn wyrth. Bod dyn fel Henry Richard wedi ei benodi'n aelod ohono'n fwy fyth o ryfeddod. Arglwydd Aberdâr (Henry Austin Bruce) oedd y cadeirydd, a'r aelodau eraill oedd yr Athro John Rhys, yr Arglwydd Emlyn, Lewis Morris y cyfreithiwr a'r bardd Eingl-Gymreig o Gaerfyrddin a'r Canon Hugh George Robinson, prifathro Coleg Hyffordi Esgobaeth Caer Efrog. Yr oedd enw Syr Hugh Owen wedi ei grybwyll, ond gwrthododd ganiatáu i'w enw gael ei ystyried. Yr oedd ei iechyd yn fregus a bu farw yn Nhachwedd 1881. 'Pan wahoddwyd fi gan yr Arglwydd Spencer i fod yn aelod o'r pwyllgor, yr oeddwn mewn cryn bryder am mai fi, y pryd hwnnw, oedd yr unig Ymneilltuwr arno', meddai Richard. 'O leiaf, nid wyf yn siwr o fy nghyfaill, y Proffeswr

Rhys. Bu efe unwaith yn Ymneilltuwr, ond y mae yn Broffeswr yn Rhydychen yn awr, ac y mae arnaf ofn na allwn edrych arno ef, ar y gorau, ond yn unig yn amhleidiol.'[67] Ceisiodd gael Lewis Edwards yn aelod o'r pwyllgor, ond heb lwyddiant.

Beth bynnag am safle unigryw Henry Richard fel yr unig Ymneilltuwr, mae'n amlwg iddynt gyd-dynnu'n iawn gyda'i gilydd. Parhaodd yr ymchwiliad o Hydref 1880 tan Orffennaf 1881. Cynhaliwyd 50 o gyfarfodydd ym mhob cwr o Gymru, o Gasnewydd i Gaergybi. Holwyd 275 o dystion, yn arglwyddi, esgobion, aelodau seneddol, athrawon, offeiriaid, gweinidogion o bob enwad a gwerin gyffredin. Sicrhaodd Henry Richard a John Rhys fod Cymry Cymraeg yn cael cyflwyno'u tystiolaeth yn eu mamiaith, er nad oedd dysgu'r Gymraeg yn rhan o faes yr ymchwiliad.

Canfuwyd bod y ddarpariaeth ar gyfer y dosbarth canol – sef ysgolion gramadeg a phreifat – yn annigonol. Nid oedd lleoedd ond ar gyfer 3,000 o ddisgyblion lle y dylasai fod lleoedd ar gyfer 15,000. Ac o'r 3,000 o leoedd hynny nid oedd ond 1,540 wedi eu llenwi.[68] Ar gyfer addysg uwch, heblaw am yr academïau enwadol nid oedd ond Coleg Aberystwyth a Choleg Dewi Sant, Llanbedr Pont Steffan. Nid oedd ond dwy ysgol waddoledig i ferched. Nododd Richard fod gwaddoliadau ysgolion gramadeg, beth bynnag oedd amodau'r ymddiriedolaethau gwreiddiol, yn nwylo Eglwys Loegr.[69] Yr oedd mwyafrif llethol llywodraethwyr yr ysgolion gramadeg yng Nghymru, yn ôl adroddiad y comisiwn, yn Eglwyswyr. Yn Rhuthun, y Bontfaen, Trefynwy a'r ddwy ysgol i ferched – Llandaf a Dinbych – yr oedd y llywodraethwyr i gyd yn Eglwyswyr. Ym Mangor, o'r ugain llywodraethwr, pedwar yn unig oedd yn Ymneilltuwyr. Y llywodraethwyr fyddai'n penodi prifathrawon, ac o ganlyniad Eglwyswyr a benodid i'r swyddi hynny a'r duedd oedd bod yr athrawon eraill yn Eglwyswyr hefyd. Galwyd am adrefnu'r ysgolion a'r gwaddoliadau i ddibenion arbennig Cymru; y dylid sefydlu ysgolion gramadeg, ysgolion gwyddonol a math uwch o ysgolion elfennol mewn gwahanol rannau o'r wlad; ac y dylai'r ysgolion hyn fod yn anenwadol. Awgrymwyd sefydlu ysgoloriaethau fel y medrai plant galluog o gefndir tlawd fynd o'r ysgolion elfennol i'r ysgolion uwchradd ac oddi yno i brifysgol. Argymhellwyd, hefyd, sefydlu coleg ychwanegol, naill ai yn Abertawe neu Gaerdydd yn y de, a bod Coleg Aberystwyth naill ai i'w ystyried yn goleg y gogledd neu i'w adleoli i rywle yn y gogledd. Canlyniad hyn, wedi brwydro ffyrnig dros barhad Aberystwyth, oedd sefydlu dau goleg ychwanegol – agorwyd Caerdydd ym 1883 a Bangor ym

1884. Daw cyfle i sôn ymhellach am y frwydr i achub Aberystwyth maes o law. Bu raid aros tan 1889, flwyddyn wedi marw Henry Richard, cyn pasio Deddf Addysg Ganolradd Cymru, a hynny wedi procio dyfal ganddo ef ac eraill o'i gyd-aelodau Cymreig yn y Senedd. Poenai Henry Richard yn arbennig am y modd y cyfetholwyd aelodau i'r Byrddau Ysgol a dadleuai dros well perthynas a chydweithio rhwng yr Eglwyswyr a'r Ymneilltuwyr, oherwydd yr oedd aelodaeth y byrddau hyn yn drwm dan ddylanwad Eglwys Loegr. Yn groes i farn aelodau eraill y comisiwn, gwrthwynebai gyflwyno addysg grefyddol yn ysgolion y wladwriaeth.

Ym Mawrth 1882 bu cyfarfod o glerigwyr esgobaeth Bangor yn yr eglwys gadeiriol, a'u barn hwy oedd fod aelodau'r comisiwn wedi eu camarwain gan dystion rhagfarnllyd oedd am hyrwyddo eu daliadau gwleidyddol eu hunain. Cafwyd ymateb Henry Richard y mis canlynol mewn anerchiad i Undeb Cynulleidfaol Saesneg Gogledd Cymru. Ef oedd yr unig Ymneilltuwr ac nid oedd am dderbyn fod clerigwyr yn deall dyheadau a theimladau Ymneilltuwyr yn well na'r Ymneilltuwyr eu hunain. Yr oedd yn amlwg y bu Henry Richard, ar y cyfan, yn llais cryf a dylanwadol ar y comisiwn.

Yn nes ymlaen yn y flwyddyn bu ymosodiad – dienw – ar adroddiad y comisiwn yn y *Church Quarterly Review*, er ei fod yn fwy o ymosodiad personol ar Henry Richard nag o ymosodiad ar yr hyn a welid fel cydymdeimlad yr adroddiad gyda'r Ymneilltuwyr. Ymatebodd Richard yn y *British Quarterly Review*,[70] hefyd yn ddienw. Cyfaddefodd mai ef ei hun oedd awdur yr erthygl yn y *British Quarterly Review* yn ailargraffiad ei *Letters and Essays on Wales* ym 1884 ac fe'i cyhoeddodd fel atodiad i'r argraffiad. Daeth yn wybyddys maes o law mai awdur anhysbys yr ymosodiad yn y *Church Quarterly Review* oedd esgob Llandaf, y Dr Alfred Ollivant, creadur addfwyn a rhadlon ond gelyniaethus at Ymneilltuaeth.[71]

Beth bynnag am hynny, yr oedd yr erthygl, meddai Richard yn ei ragair i'r llythyrau yn 'ymosodiad ffyrnig arnaf am y rhan a gymerais ar y Pwyllgor hwnnw, a thrwof i ar Anghydffurfiaeth Gymreig, a phobl Cymru yn gyffredinol'.[72] Yn amlwg bu Ollivant yn cribinio drwy hen rifynnau cyhoeddiadau Ymneilltuol, rai ohonynt yn mynd yn ôl ddeugain mlynedd, er mwyn dod o hyd i bytiau blasus ar gyfer ei ymosod ar y capelwyr. Pytiau – nad oeddynt bob amser wedi eu geirio'n gofalus – yn rhybuddio'u cydwladwyr rhag adeiladu gormod o gapeli, pregethu goremosiynol, medd-dod a moesau rhywiol. Y gwir yw fod erthygl Ollivant yn tadogi'r beiau'r gorffennol ar Ymneilltuaeth Gymreig 1880! Mae ymateb Richard, a ysgrifennai amdano'i hun yn y trydydd person, yn llawn ffeithiau ac ystadegau am gyflwr Cymru ddechrau chwarter olaf y ganrif, ac yn ddarllen difyr hyd yn oed heddiw diolch i ystwythder ei arddull a ffyrnigrwydd ei amddiffyniad. Am yr Esgob Ollivant, bu farw yn Rhagfyr 1882, ychydig wedi cyhoeddi ei erthygl ef ei hun a chyn cyhoeddi ymateb Henry Richard.

Prin fod Cymru heddiw yn ystyried Deddf Cau'r Tafarnau (Cymru) ym 1881 yn ddigwyddiad o bwys. Yn ôl rhai haneswyr bu'n fodd i greu delwedd o'r Cymry fel cenedl o Anghydffurfwyr a llwyrymwrthodwyr diflas. Eto yr oedd yn wleidyddol bwysig ar y pryd oherwydd yr oedd yn gydnabyddiaeth ffurfiol o wahanrwydd Cymru a gosododd gynsail ar gyfer deddfwriaethau'r dyfodol. Gweithiodd y mudiad dirwest yng Nghymru yn egnïol a mynegodd Henry Richard ei gefnogaeth i'r syniad o ddeddf i gau tafarnau yng Nghymru ar y Sul mewn cyfarfod yn Ysgoldy Soar, Merthyr. Cyflwynwyd y mesur gerbron y Senedd gan John Roberts, AS Fflint, ar 6 Chwefror 1880, gyda chefnogaeth Henry Richard, Osborne Morgan, Henry Hussey Vivian, AS Sir Forgannwg, a Samuel Holland, AS Meirionnydd. Siaradodd Henry Richard gan gefnogi ailddarlleniad y mesur ar 30 Mehefin a nodi y bu ddeddf debyg oedd yn bod yn yr Alban ers 27 blynedd yn fendithiol a'r un modd y ddeddf ddaeth i rym yn Iwerddon ym 1878. Yr oedd yr aelodau seneddol o Gymru i gyd yn gefnogol i'r mesur, meddai, ag eithrio'r Arglwydd Emlyn na fuasai yn y Tŷ o gwbl oni bai am flerwch y Blaid Ryddfrydol yn Sir Gaerfyrddin.[73] Daeth y ddeddf i rym y flwyddyn wedyn.

Ymwelodd yr Eisteddfod Genedlaethol a Merthyr ym 1881 ac yn naturiol disgwylid i Henry Richard lywyddu'r prif gyfarfod. Cyhoeddwyd y diwrnod yn ddydd gŵyl swyddogol ac yr oedd y pafiliwn, a ddaliai 6,000, yn orlawn i wrando arno. Cyflwynwyd anerchiad ysgrifenedig iddo oedd yn grynhoad o'i brif gymwynasau i Gymru – digwyddiad anarferol o ystyried natur anwleidyddol yr Eisteddfod. Yr oedd yr Eisteddfod Genedlaethol wedi Seisnigo'n fawr yn y cyfnod hwn. 'Saesneg oedd tair rhan o bedair . . . os nad naw rhan o ddeg o'r siarad yn Eisteddfod yr Wyddgrug [1873]', yn ôl 'Gohebydd' *Baner ac Amserau Cymru*.[74] Nid oedd yn anghyffredin clywed ymosodiadau ar yr iaith o'r llwyfan ei hun. Cofir fel y bu i David Davies, Llandinam, gynghori ei gyd-Gymry o lwyfan Eisteddfod Aberystwyth, 1865, os oeddynt am wneud arian mai y ffordd orau o wneud hynny oedd drwy ddysgu'r Saesneg. Os oeddynt yn fodlon gyda bara du gadewer

hwy lle'r oeddynt. Ond os oeddynt am fwynhau pethau da bywyd, gyda bara gwyn, y ffordd i wneud hynny oedd drwy ddysgu Saesneg.[75] Beth bynnag am hynny, yn Gymraeg y siaradodd Henry Richard o'r llwyfan. Pan aeth i Lundain hanner canrif cyn hynny gwnaeth dair adduned, meddai. Na fyddai'n anghofio'i wlad na'i iaith; na fyddai'n anwybyddu achos na phobl ei wlad; ac na fyddai'n colli'r un cyfle i amddiffyn cymeriad na hyrwyddo buddiannau ei wlad.[76]
Cyfeiriodd at y newid mawr a welodd yn ystod ei fywyd. Pan aeth gyntaf o Dregaron i Lundain, yr oedd yn daith dridiau, ac ni fyddai neb yn cychwyn y fath daith heb yn gyntaf wneud ei ewyllys! Tra'n ymhelaethu ar y camre a gymerwyd yng Nghymru ym myd addysg cyfeiriodd at fanteision mawr yr Eisteddfod, sefydliad a ganmolwyd gan Gladstone ei hun ar ei ymweliad ag Eisteddfod yr Wyddgrug.

* * *

Bu 1881 yn flwyddyn o dristwch personol iddo. Clywodd am farw ei gydweithiwr cynnar, yr Americanwr Elihu Burritt,[77] ddiwedd 1879, y ddau'n gyd-drefnwyr cyngresi heddwch 1848–52. Bu farw Edward Miall yn Ebrill 1881. Ar 20 Dachwedd o'r un flwyddyn daeth y newydd am farwolaeth Syr Hugh Owen, un y bu Henry Richard yn cydweithio gydag ef am ddeugain mlynedd ar faterion yn ymwneud ag addysg yng Nghymru, yn arbennig sefydlu Coleg Aberystwyth. Traddododd anerchiad yn angladdau Miall ac Hugh Owen.[78]

Yn haf 1882, ar ddiwedd y sesiwn seneddol, aeth Henry Richard a'i briod ar wyliau i Aix-les-Bains a Genefa. Tra'r oeddent ar eu taith daeth y newydd fod Mary Morris, ei chwaer yn Garreg-wen, Rhydlewis, a fu'n gwaelu ers tro, wedi marw. Telegraffwyd y newydd i Vevey ond yr oedd y ddau wedi ymadael cyn i'r neges gyrraedd. O ganlyniad, ni chyrhaeddodd adref mewn pryd i'r anglad.[79]

* * *

PROBLEMAU PRIFYSGOL

Cychwynnodd 1883 gyda datblygiad pwysig yn hanes addysg uwch yng Nghymru. Cynhaliwyd cynhadledd yn Neuadd y Dref, Caer, i drafod y defnydd gorau i'w wneud o gymorthdal o £4,000 y flwyddyn tuag at sefydlu a chynnal coleg yn y gogledd. Trefnwyd y cyfarfod gan (Syr) T. Marchant Williams yn enedigol o Aberdâr, un o Gymry dylanwadol diwedd y ganrif – bardd, nofelydd, golygydd *The Nationalist* ac un o fyfyrwyr cyntaf Coleg Aberystwyth, er mai am gwta bum mis yn unig y bu yno. Daeth cynrychiolwyr dylanwadol o'r trefi oedd yn awyddus i ddarparu cartref i'r coleg, yn eu plith esgob a deon Bangor, esgob Llanelwy, penaethiaid gwahanol sefydliadau addysgol, a hefyd Dug Westminster, sef Hugh Grosvenor, perchen Eaton Hall yn Sir Gaer.[80]

Galwyd ar Henry Richard i gyflwyno'r cynnig ffurfiol y dylid sefydlu coleg prifysgol yn y gogledd ac fe'i eiliwyd gan esgob Bangor. Trechwyd gwelliant i ohirio unrhyw benderfyniad nes bod y Mesur ar Addysg Ganolradd yng Nghymru wedi ei gyflwyno i'r Senedd. Cynigiodd deon Bangor, H. T. Edwards, oedd yn elyn digymod i Aberystwyth, fod y coleg yn cael ei leoli yn un o chwe sir y gogledd ac fe'i eiliwyd gan Thomas Gee. Ni ystyrrid fod Sir Aberteifi yn y gogledd. Cynigiodd David Davies (Llandinam), gyda chefnogaeth Lewis Edwards, welliant fod y coleg i aros yn Aberystwyth. Gyda mwyafrif y cyfarfod o'r gogledd trechwyd y gwelliant yn hawdd. Sefydlwyd pwyllgor i benderfynu ym mhle i sefydlu'r coleg a chytunodd hwnnw maes o law, fwy neu lai'n unfrydol, o blaid Bangor. Cyhoeddwyd y penderfyniad yn Awst.

Yr oedd hon yn ergyd ddifrifol i Goleg Aberystwyth. Hefyd, yr oedd agwedd Marchant Williams at y coleg yn od o elyniaethus.[81] Ni fu adroddiad pwyllgor adrannol 1880 – dan gadeiryddiaeth Arglwydd Aberdâr – yn garedig tuag at Aberystwyth. Bu tystiolaeth Marchant Williams, a oedd bryd hynny'n arolygydd ysgolion i Fwrdd Ysgol Llundain, yn ddamniol. Er bod Arglwydd Aberdâr ei hun yn Llywydd y coleg ger y lli, llipa oedd ei gefnogaeth yntau. Disgrifiodd dref Aberystwyth fel safle 'anffodus', un a'i gwnâi'n amhosib denu nawdd na myfyrwyr mewn niferoedd digonol. Ystyriai ei ardal ef ei hun yn y de'n fwy addas. Yr oedd Lewis Morris yn brysur gyda syniadau eraill ar gyfer Aberystwyth, megis troi'r adeilad yn ysgol uwchradd neu goleg i ferched. Ymddengys bod Henry Richard, er yn enedigol o'r sir ac yn un o'r ymgyrchwyr dros sefydlu'r coleg, yn colli diddordeb. Yr oedd wedi bwrw'i egni tu cefn i Gaerdydd ac yn ôl Stuart Rendel, AS Sir Drefaldwyn, bu'n llai na chefnogol i Aberystwyth. Am un arall o'r pwyllgor adrannol, yr Arglwydd Emlyn, Coleg Dewi Sant Llanbedr Pont Steffan oedd ei ddiddordeb pennaf e a doedd ganddo yntau fawr i'w ddweud wrth Aberystwyth.[82] Hefyd, o fwrw golwg yn ôl eto ar y pwyllgor adrannol, ni fu ymddangosiad y Prifathro Thomas Charles Edwards ger ei fron mor hyderus ag y gellid disgwyl. Teimlai fel pe'n ymddangos gerbron llys gelyniaethus braidd. Yr oedd ei ymddangosiad ef yn dra gwahanol i un Francis Jayne, prifathro Coleg Dewi Sant, Llanbedr Pont Steffan, a gafodd rwydd hynt i fynegi pob math o ragfarnau am y Cymry.[83] Ymddengys na wnaeth Henry Richard yr hyn fedrai dros Edwards. Gallasai fod wedi ei holi'n fwy caredig a'i annog i ymhelaethu ar ei atebion. Tebyg oedd yr ymdriniaeth a gafodd aelodau eraill o staff Aberystwyth. Ac wedi cyhoeddi adroddiad y pwyllgor adrannol ni lamodd T. C. Edwards i amddiffyn ei goleg – camgymeriad arall o du y prifathro.

Os oedd Aberystwyth i gael achubiaeth yr oedd yn rhaid torchi llewys am frwydr. Y cyntaf i'r gad oedd David Davies, AS Aberteifi, oedd yn ddig gyda'r driniaeth sarhaus a gafodd yng Nghaer ac a oedd yn benderfynol o amddiffyn Aberystwyth doed a ddelo. Un arall ddaeth i'r adwy oedd Stuart Rendel, AS Sir Drefaldwyn, Sais cyfoethog heb gysylltiad ag Aberystwyth ond a ystyriai i'r coleg gael ei drin yn wael gan Arglwydd Aberdâr a'i bwyllgor a bod penderfyniad y cyfarfod yng Nghaer yn gamgymeriad. Yr oedd trigolion Aberystwyth wedi eu cythruddo'n fwy fyth a chychwynnodd John Gibson, perchennog a golygydd y *Cambrian News*, ymgyrch huawdl a ffyrnig i achub y coleg. Yn ei olwg ef bradwyr oedd Arglwydd Aberdâr, Lewis Morris, Henry Richard – hyd yn oed y diweddar Syr Hugh Owen. Er y bu rhai aelodau o gyngor y Coleg, yng ngeiriau Gibson, 'fel y dur'.

Ymysg cylch cyfeillion pennaf Gladstone – i'r graddau bod ganddo gyfeillion mynwesol – oedd dau gyda chysylltiadau agos â Chymru. Y cyntaf oedd Arglwydd Aberdâr. Ond y mwyaf ei ddylanwad oedd Stuart Rendel.[84] Er nad y mwyaf llachar na huawdl, yr oedd yn gyfaill ffyddlon, gwylaidd, dymunol, a chanddo ddawn i drin pobl. Yr oedd hefyd yn ddyn cyndyn a'i ddylanwad ar gynnydd ymysg ei gydaelodau o Gymru. Defnyddiodd y dylanwad hwnnw, hefyd, i ennyn cydymdeimlad aelodau seneddol Rhyddfrydol a Cheidwadol tu hwnt i Glawdd Offa gyda sefyllfa Aberystwyth.

Daeth cefnogaeth wedyn o'r gogledd, yn arbennig o'r trefi hynny a fethodd a denu coleg y gogledd i'w tiriogaeth hwy. Bu Thomas Gee, *Baner ac Amserau Cymru*, yn daer dros gael y coleg i Ddinbych ac yn ystod ei ymgyrch tywalltodd ei ddirmyg ar Aberystwyth. Ef eiliodd gynnig deon Bangor, H. T. Edwards, fod yn rhaid i goleg y gogledd gael ei leoli yn un o chwe sir y gogledd. Ond wedi i Ddinbych golli'r dydd i Fangor, newidiodd Gee ei gân a bwriodd ati i amddiffyn achos Aberystwyth. Yr oedd y wlad, bellach, yn codi llef i achub

Aberystwyth. Trefnwyd cyfarfodydd a deisebau. Yr oedd siroedd Meirionnydd a Maldwyn yn dechrau sylweddoli bod Aberystwyth yn fwy cyfleus iddynt na Bangor. Caniataodd y gweindog addysg, A. J. Mundella, symiau bychain fel y gellid cau Coleg Aberystwyth yn raddol dros gyfnod o dair neu bum mlynedd.[85] Ac yr oedd David Davies yn barod i roi ei law yn ei boced.

Rhan o natur y gwleidydd yw'r gallu i ganfod yn gynnar o ba gyfeiriad y mae'r awelon yn chwythu. Buan y sylweddolodd amryw o'r aelodau seneddol Cymreig mai cam gwag fu cefnu ar Goleg Aberystwyth. Ni fu Henry Richard ar ôl yn hyn o beth. Mewn dim o dro yr oedd yn gohebu gyda'i hen gyfaill, A. J. Mundella. Tipyn o lysywen oedd Mundella ac yr oedd yn well ganddo ddelio gyda Henry Richard na gyda'r Rendel hawddgar, ond cyndyn. Tybiai Mundella y byddai Richard yn cymryd yr un safbwynt ag ef, sef mai dwy brifysgol ddylid eu cael yng Nghymru, yr un i'w hagor yng Nghaerdydd ar 24 Hydref 1883, a Bangor y flwyddyn wedyn, ac nad oedd lle i drydedd brifysgol. Hefyd yr oedd Richard yn amlwg a gweithgar gyda Chaerdydd ac eisoes wedi ei ddewis yn is-gadeirydd y coleg. Ar 14 Mawrth 1884, cyflwynodd Rendel sylwadadu gerbron y Senedd yn mynegi gofid am y driniaeth annheg a gafodd Coleg Aberystwyth. Byrdwn ei araith oedd fod Coleg Aberystwyth, er gwaethaf adroddiad y pwyllgor adrannol, wedi ei adael allan o gynllun addysg uwch yng Nghymru, a bod y Tŷ o'r farn y gwneid niwed i achos addysg yn y dywysogaeth, a digalondid i gyfran helaeth o'r Cymry, oni chymerid camre i osod y coleg, o safbwynt cydnabyddiaeth a chefnogaeth y wladwriaeth, yn gyfartal ei statws â cholegau Caerdydd a Bangor.

Cefnogwyd ef gan Syr Robert Cunliffe, AS Bwrdeisdrefi Dinbych. Siaradodd Henry Richard yn union ar ôl Syr Robert. Yr oedd ei ddau gyfaill, meddai, yn cynrychioli corff sylweddol o farn yng Nghymru o blaid parhau cymorth y wladwriaeth i Goleg Aberystwyth. Aeth rhagddo:

> Creadigaeth brwdfrydedd poblogaidd dros addysg yng Nghymru yw Aberystwyth. Mae'r ffaith a nodwyd gan fy nghyfaill [Syr Robert Cunliffe] yn un arwyddocaol i'r rhai sy'n adnabod y dosbarth o bobl a gyfrannodd tuag at sefydlu'r coleg – fod dros £70,000 wedi ei gyfrannu gan bobl Cymru tuag at y sefydliad hwn. Mae gan y Coleg adeilad eang ac ardderchog, gyda labordai, ystafelloedd dosbarth, amgueddfa a llyfrgell. Mae yma staff gyda'r mwyaf galluog ac effeithlon, a nifer sylweddol o fyfyrwyr sy'n cynyddu'n flynyddol.[86]

Yr oedd yr hen gadno'n newid ei gân. Yr oedd rhai, meddai, am ddadlau na fedrai Cymru gynnal tair prifysgol – yr unig ffordd o wybod a oedd hynny'n wir neu beidio oedd bwrw ymlaen gyda'r arbrawf. Ond yr oedd am wneud rhai pwyntiau perthnasol. Cyfeiriodd at lythyr a anfonodd Arglwydd Aberdâr i'r *Times* yn ateb honiadau fod Cymru'n rhy fach i gynnal prifysgol. Yr oedd poblogaeth ac incwm rhenti Morgannwg yn uwch nag unrhyw sir yn yr Alban, a mwy na thebyg bod poblogaeth Cymru a Mynwy ym 1881 ddwywaith yr hyn oedd poblogaeth yr Alban pan sefydlwyd ei phrifysgolion cynnar hi. Yr oedd gan nifer o siroedd yn y de a'r gogledd-ddwyrain ddiwydiannau mwyngloddio a chynhyrchu mawr a chwareli llechi yn siroedd Arfon a Meirionnydd. Yr oedd yng Nghymru gorff deallus o weithwyr a ddangosodd drwy aberth eu gwerthfawrogiad o werth addysg. Cyfeiriodd at lwyddiant Coleg Caerdydd, o hyd yn ei fabandod, lle'r oedd 150 o fyfyrwyr a rhwng 600 a 700 o bobl ifanc yn mynychu'r dosbarthiadau nos.

Ychydig amser yn ôl dywedodd y *Times* wrth ei lu darllenwyr nad oedd y Cymry'n darllen dim ond y Beibl a phregethau. Am ran cyntaf y cyhuddiad plediaf yn euog ar eu rhan. Maent yn ddarllenwyr mawr o'r Beibl, a chredaf y gall cenedl wneud gwaeth nag ymgynefino â'r Llyfr hwnnw. Am yr eilbeth, y gwir yw mai ychydig o bregethau a gyhoeddir yn Gymraeg gan fod yn well gan y Cymry glywed pregethau na'u darllen.

Aeth rhagddo wedyn i sôn am y nifer fawr o wythnosolion a chylchgronau Cymraeg a gyhoeddid yng Nghymru ac o ystyried poblogaeth Cymru o'i chymharu â phoblogaeth Lloegr nid oedd amheuaeth fod y Cymry'n fwy diwylliedig a darllengar na'r Saeson.

Yr oedd yn amlwg yn ymwybodol y gellid ei gyhuddo o newid ei feddwl ynglŷn â gallu Cymru i gynnal tri choleg ac yntau wedi arwyddo'r adroddiad adrannol yn argymell dau goleg, un i'r de a'r llall i'r gogledd. Ymatebodd drwy ddyfynnu Tennyson:

> And the thoughts of men are widened
> With the process of the suns.

Bu hwn yn sesiwn diddorol pryd y gwelwyd hyd yn oed yr Arglwydd Emlyn, amddiffynnydd mawr Coleg Dewi Sant, Llanbedr Pont Steffan, yn cyhoeddi ei gefnogaeth i Aberystwyth ac yn gwylltio'n lân pan geisiodd Mundella wastraffu amser drwy ofyn am amser i astudio mantolen Aberystwyth.

Yn gynharach yn y dydd yr oedd Mundella wedi cyfarfod Rendel ac aelodau seneddol eraill. Bu'n gyfarfod stormus a dywedodd y gweinidog mai 'Na' pendant a swta fyddai ei ymateb i'r cais i achub Aberystwyth. Ond anfonodd Gladstone neges ato ac ildiodd y dydd yn rasol. Achubwyd Coleg Aberystwyth ar yr unfed awr ar ddeg.[87] Nododd Rendel y bu'n werth gweld Henry Richard, George Osborne Morgan, Hussey Vivian a'r Toriaid i gyd tu cefn i Aberystwyth.

Dychwelwn am ennyd i fis Hydref 1883. Fel y nodwyd eisoes, ar 24 Hydref agorwyd Coleg Caerdydd a hynny wedi brwydr frwd gydag Abertawe. Traddodwyd yr anerchiad agoriadol gan Arglwydd Aberdâr a gyfeiriodd fel y bu i Brotestaniaid a Phabyddion, Ymneilltuwyr ac Anglicaniaid gyd-dynnu'n frawdol i sefydlu'r coleg anenwadol hwn. Ymysg y siaradwyr eraill yr oedd yr Athro John Rhys, Rhydychen, y Prifathro John Viriamu Jones a Henry Richard. Galwodd Richard am roi heibio bob eiddigedd, sectyddol a chenedlaethol, ac ar i bawb ymuno i ddatblygu'r coleg mewn cytgord perffaith. Wrth y Cymry hynny oedd yn gwrthwynebu i'r Saeson fod yn rhan o'r antur fawr dywedodd: 'Nid oes arnaf ofn y Sacsoniaid.' Yr oedd yn barod i'w hymladd, ond nid gyda chleddyfau a gwaywffyn, ond yn ysbryd arwyddair y coleg newydd: 'Goreu arf, arf dysg.' Eu herio, a'u trechu, meddai.[88]

Yn fuan wedyn codwyd anhawster sectyddol annifyr pan roddodd Dr Rees, deon Llandaf, gynnig gerbron i ddiswyddo'r athro Mathemateg, y disglair H. W. Lloyd Tanner, am ei fod yn aelod o'r Gymdeithas Seciwlar Genedlaethol.[89] Eglurwyd i'r deon fod gwaith yr athro wedi ei gyfyngu i faes gwyddoniaeth. Nodir, er hynny, iddo ddatgan nad oedd ganddo bellach gydymdeimlad ag agweddau cymdeithasol y mudiad â gysylltid â Charles Braudlaugh, anghrediniwr enwocaf y ganrif. Awgrym, efallai, y dygwyd peth pwysau arno i gydymffurfio. Yn y cyfarfod i drafod cynnig y deon darllenwyd llythyr oddi wrth Henry Richard yn gwrthwynebu cymryd unrhyw gamre yn yr achos am y byddai'n groes i gyfansoddiad y coleg. Ai y cam nesaf, holodd, fyddai gwrthwynebu penodi Pabydd, Iddew neu Undodwr i swydd yn y coleg? Gallai hynny arwain at bob math o broblemau enwadol. Cytunodd y cadeirydd, yr Arglwydd Aberdâr, a threchwyd cynnig y deon o 13 pleidlais i 8.

Cwynai Henry Richard yn barhaus am ddiffyg cynrychiolaeth o blith Ymneilltuwyr yn swyddi'r wladwriaeth. Nododd mewn cyfarfod o Ddirprwywyr y Tri Enwad iddo bwyso ar Gladstone mewn llythyr cryf yn cwyno nad oedd yr enwadau ymneilltuol yn cael dim tebyg i'r gynrychiolaeth a haeddent o ystyried eu niferoedd.

Bu adeg, yn ddiau, pan, oherwydd eu hir wahardd o'r prifysgolion, a rhagfarn – yn gam neu'n gymwys – o blaid gwŷr prifysgolion fel y mwyaf cymwys ar gyfer swyddi cyhoeddus, y gellid dadlau fod nifer yr Anghydffurfwyr gyda'r cymwysterau ar gyfer y fath safleoedd yn brin. Ond yn awr y mae ugeiniau lawer – cannoedd goelia i – a gawsant addysg brifysgol drwyadl, a hyd yn oed wedi ymddisgleirio'n ddirfawr . . . Nid dweud yr wyf fod unrhyw gau allan bwriadol ar yr Anghydffurfwyr, ond bod cysylltiadau ac arferion bywyd yn eu cadw rhag cael eu hystyried. Ac yr oedd cyn lleied ohonynt o fewn teml y weinyddiaeth, fel nad oedd modd iddynt helpu i agor y drysau i eraill, ac o'r herwydd yr oeddynt yn cael eu cau allan a'u hanghofio. A phan fu i ni, Aelodau Seneddol Anghydffurdiol druain, geisio eu helpu, canfuom bob amser fod dylanwadau eraill a mwy grymus ar waith i'n rhwystro.[90]

Yn ei anerchiad i'r Dirprwywyr Ymneilltuol dywedodd iddo gael ymateb addawol wrth y prif weinidog gydag anogaeth iddo bledio achos ei gyd-anghydffurfwyr a chynnig enwau ar gyfer swyddi pan ddeuent yn wag. Mae'n debyg mai James Anstie, bargyfreithiwr ac Ymneilltuwr a benodwyd yn aelod o'r Comisiwn Elusennau, oedd y cyntaf i elwa o ymdrechion Richard.

Yn ystod 1883 a 1884 ceisiodd Henry Richard ddwywaith ddiwygio'r ddeddf yn ymwneud â chladdu Ymneilltuwyr mewn mynwentydd Eglwysig ond yn ofer. Llwyddodd y Ceidwadwyr i'w rwystro bob tro.

Y COMISIWN BRENHINOL

Cyfraniad olaf o bwys Henry Richard i Gymru ac addysg oedd fel aelod o'r Comisiwn Brenhinol i Baratoi Adroddiad ar Gyflwr Addysg yng Nghymru a Lloegr. Ddiwedd 1885, yn ystod cyfnod byr gweinyddiaeth Geidwadol yr Arglwydd Salisbury, gwahoddwyd Henry Richard i fod yn un o 23 aelod y comisiwn. Nod y comisiwn oedd gosod yr ysgolion enwadol, i bob pwrpas ysgolion Eglwys Loegr, ar yr un safle o safbwynt nawdd y wladwriaeth â'r ysgolion cyhoeddus. Yr oedd, felly, yn bwysig sicrhau cynrychiolaeth dda o blith rhai a gredent yn gryf yn yr egwyddor o addysg anenwadol. Yn ymwybodol ei fod yn heneiddio a'i iechyd yn dihoeni, bu Henry Richard yn ystyried yn ddwys a ddylai dderbyn y gwahoddiad. Ysgrifennodd at Dr Robert William Dale, Birmingham, oedd hefyd wedi derbyn gwahoddiad i fod yn aelod o'r comisiwn yn nodi ei ansicrwydd ynglŷn ag ymgymryd â'r gwaith yn wyneb ei wendid ac yn rhybuddio bod brwydr fawr o'u blaenau gan fod ymysg yr ochr arall nifer o ddynion galluog ac eithafol eu syniadau. Dywedodd yn ei lythyr iddo fynnu sicrwydd y byddai cynrychiolaeth deg o Ymneilltuwyr ar y comisiwn.[91] Beth bynnag, derbyn a wnaeth a sefydlwyd y comisiwn ar 15 Ionawr 1886. O'r 23 aelod, yr oedd 15 yn elyniaethus tuag at osod addysg dan reolaeth gyhoeddus. Ymneilltuwyr neu Ryddfrydwyr oedd yr 8 arall. Cyfarfu'r comisiwn ar 146 o ddyddiau a gwrandawyd ar 151 o dystion, tua 110 ohonynt yn gysylltiedig â'r Eglwys Sefydledig. Gorffennwyd y gwaith ar 27 Mehefin 1888. Yr oedd y comisiwn ymhell o fod yn unfarn a chafwyd tri adroddiad. Arwyddwyd adroddiad y mwyafrif gan bymtheg o'r aelodau, adroddiad y lleiafrif gan wyth o'r aelodau a hyd yn oed drydydd adroddiad oedd yn mynd ymhellach na phrif adroddiad y lleiafrif, gan gyfeirio'n arbennig at yr angen am addysg fyd.

Yn ôl tystiolaeth Dr Dale,[92] eisteddai Richard ar y comisiwn fel arweinydd gwleidyddol a seneddol yr Ymneilltuwyr a chynrychiolydd buddiannau addysgol Cymru. Un peth yr oedd Henry Richard yn benderfynol o'i sicrhau oedd tegwch i'r Gymraeg. Llwyddodd i gymaint graddau fel mai yr unig bwnc yr oedd y comisiwn yn unfryd gytûn arno oedd y dylid caniatáu i ddisgyblion yng Nghymru gymryd y Gymraeg fel pwnc arbennig; ac os dewisir, i fabwysiadu cynllun i'w gymryd yn lle Saesneg fel pwnc dosbarth, seiliedig ar yr egwyddor o osod cyfundrefn raddedig o gyfieithu o'r Gymraeg i'r Saesneg a dysgu Cymraeg yn ogystal â Saesneg fel pwnc dosbarth. Argymhellwyd, hefyd, y dylid caniatáu defnyddio'r Gymraeg wrth arholi ymgeiswyr am Ysgoloriaeth y Frenhines ac am dystysgrifau cymhwyster.[93] Yr oedd hwn yn gam chwyldroadol o gofio Mesur Addysg 1870, lle deddfwyd mai Saesneg yn unig oedd i'w defnyddio i gyflwyno gwersi yn yr ysgolion dyddiol.

O ganlyniad i'r argymhellion blaengar hyn lluniwyd cyfres o ddeddfwriaethau gan y Weinyddiaeth Addysg a phetai'r ysgolion ac arolygwyr ysgolion wedi eu gweithredu buasai wedi gweddnewid sefyllfa'r Gymraeg. Dyma a ganiateid yn y ddeddf:

1. Gellid defnyddio llyfrau darllen dwyieithog ym mhob dosbarth ac ym mhob pwnc, yn ogystal â llyfrau ysgrifennu dwyieithog;
2. Cynigid grant o ddeuswllt y pen am ddysgu'r Gymraeg yn llwyddiannus fel pwnc gyda'r Saesneg;

3. Cynigid grant o bedwar swllt y pen am bob disgybl yn nosbarthiadau V, VI a VII a basiai mewn gramadeg Cymraeg fel pwnc penodol;
4. Derbynnid cyfieithu o'r Gymraeg i'r Saesneg yn lle cyfansoddi Saesneg;
5. Cefnogid dysgu Hanes a Daearyddiaeth Cymru.[94]

'Yr oedd rhywbeth yn druenus yn arwriaeth dawel Henry Richard yn mynd o gwmpas ei ddyletswyddau gyda'r Comisiwn Addysg', yn ôl Dale. Teithiai'r ddau gyda'i gilydd i stafelloedd y comisiwn yn Richmond Terrace a thystiai Dale na ddringodd Richard y grisiau unwaith heb aros i gymryd y feddyginiaeth i osgoi trawiad o'r afiechyd a fu'n angheuol iddo'n fuan wedyn. Fwy nag unwaith, pan fyddai'r trafodaethau'n troi'n ddadl ffurfiol, ac yntau'n codi i siarad, yr oedd yn amlwg ei fod yn dioddef poen corfforol creulon a bod traddodi araith o fwy na phum neu ddeng munud hyd yn oed i gynulleidfa o ugain o ddynion yn beryglus iddo. Yr oedd yn ymwybodol o'r perygl ond tra bu byw yr oedd yn benderfynol o wneud popeth oedd o fewn ei allu. Anaml y byddai'n colli cyfarfod ac yr oedd ei gyfraniad bob amser yn sylweddol. Rhoddai'r sylw mwyaf gofalus i'r tystion a phan drafodid yr adroddiad terfynol yr oedd bob amser yn wyliadwrus ac effro. Yr oedd bob amser yn gwrtais, eto'n anhyblyg o gadarn. Wedi dod i benderfyniad nid oedd yn hawdd, amhosib hyd yn oed, ei symud. Yn ôl y Dr Dale, Richard oedd awdur rhai o'r brawddegau mwyaf trawiadol yn yr hwyaf o adroddiadau'r lleiafrif. Er mai y profiadol Edward Lyulph Stanley wnaeth y rhan fwyaf o waith drafftio'r adroddiad hwn.[95]

Yr oedd y prif adroddiad yn anelu at ddiogelu buddiannau'r ysgolion gwirfoddol, sef yr ysgolion Eglwys, ac er ei fod yn argymell amryw o welliannau addysgol, yr oedd yn cyplysu'r argymhellion gyda galwadau am gynnydd mewn cefnogaeth gyhoeddus i'r ysgolion hynny. Gwrthwynebiad y lleiafrif oedd fod adroddiad y mwyafrif yn ymboeni'n ormodol ag effaith yr argymhellion ar ddosbarth arbennig o ysgolion, yn hytrach na bod yn welliannau i'w dymuno. Ac nad oedd hynny'n gwneud cyfiawnder gyda dymuniadau'r lleiafrif i ehangu addysg ac amcanion addysg, a'i gosod ar sail gadarn o gefnogaeth leol a llywodraeth boblogaidd. Cafwyd tystiolaeth, eto, yn yr adroddiadau lleiafrifol, o wrthwynebiad Henry Richard i ysgolion ddarparu addysg grefyddol a'i gefnogaeth i'r hyn a welodd yn yr Almaen, lle nad oedd ysgolion yn darparu addysg grefyddol. Nid oedd dysgu credoau crefyddol yn sicrhau ysbryd crefyddol, yn ôl Richard.

10 ○₃ Mwy o ymgyrchu yn erbyn rhyfeloedd Imperialaidd

ARAITH gyntaf o bwys Henry Richard yn y Senedd newydd yn dilyn etholiad 1874 oedd ei gefnogaeth i Syr Wilfrid Lawson ar fater y rhyfel Ashanti[1] – Ghana heddiw, fwy neu lai. Bu Prydain, fel y coloneiddwyr eraill, yn ymyrryd yn gyson yng Ngorllewin Affrica. Ym 1871 yr oedd Prydain wedi prynu'r hyn a elwid y Dutch Gold Coast oddi wrth yr Iseldiroedd, i'w hychwanegu at ddarn oedd eisoes yn ei meddiant. Ymysg y tiroedd a werthodd yr Iseldiroedd i Brydain oedd teyrnas arfordirol Elmina – gwlad yr oedd yr Ashanti yn ei hawlio fel eu heiddo hwy. Cyn dyfodiad y coloneiddwyr yr Ashanti oedd un o ymerodraethau mwyaf grymus Affrica i'r de o'r Sahara. Y diwedd fu i'r Ashanti fynd i ryfel yn erbyn Prydain ynglŷn â theyrnas Elmina. Ym 1873 aeth y Cadfridog Garnet Wolseley â byddin o 2,500 o Brydain a rhai miloedd o filwyr o India'r Gorllewin ac Affrica a chyda'u harfau pwerus crewyd y gyflafan arferol gan gynnwys dinistrio Kumasi, prifddinas yr Ashanti. Mae'n debyg bod y Prydeinwyr wedi eu synnu gan faint y ddinas ac ysblander palas yr Asantahene, pennaeth neu frenin yr Ashanti, a'i gasgliad helaeth o lyfrau mewn amryw ieithoedd. Llosgwyd y ddinas i'r llawr gan achosi dioddefaint enfawr i wragedd a phlant. Daeth y rhyfel i ben ymhen ychydig fisoedd a gorfodwyd yr Asantahene i arwyddo cytundeb creulon yng Ngorffennaf 1874. Gadawodd y Prydeinwyr y wlad mewn anhrefn llwyr – a throi tuag adref cyn dyfodiad y 'tymor afiach'.

Cyflwynwyd mesur ar 4 Mai gan Robert William Hanbury, aelod seneddol Ceidwadol dros Tamworth, i'r perwyl nad oedd yn ddymunol yn enw gwareiddiad na masnach encilio o weinyddiaeth yr Arfordir Aur. Cynigiodd Syr Wilfrid Lawson, Rhyddfrydwr, Caerliwelydd, welliant oedd yn union i'r gwrthwyneb sef: 'Bod y Tŷ hwn o'r farn, er budd gwareiddiad a masnach, ei bod yn ddymunol encilio o bob trefniant amwys a dryslyd gyda llwythau'r Arfordir Aur.'[2]

Cefnogodd Henry Richard welliant Syr Wilfrid a chafwyd ei arolwg nodweddiadol fanwl o hanes Prydain a'i hysbeilio o orllewin Affrica.

Daeth i'r casgliad, meddai, ar ôl darllen yn amyneddgar drwy'r anhrefn o adroddiadau niferus ar y pwnc, nad oedd y rhyfel yn gyfiawn a'i fod yn ddiangen ac iddo ddigwydd oherwydd yr anwybyddu sarhaus o hawliau cydnabyddedig yr Ashanti. Yn ddi-ddadl yr oedd brenhinoedd yr Ashanti er cyn cof wedi cynnal perthynas gyda, ac arfer math o benarglwyddiaeth, dros Elmina. Yr oedd brenin Elmina wedi cydnabod hynny drwy dalu gwrogaeth o £80 i'r Ashanti, ac yr oedd yr Iseldiroedd wedi ei gydnabod hefyd drwy barhau'r arfer. Nododd Richard fod y llywodraethwr Prydeinig, H. T. Ussher, yn argyhoeddiedig fod gan frenin yr Ashanti, Kofi Karikari, hawliau ar Elmina ac iddo rybuddio llywodraeth Prydain rhag cwblhau unrhyw drefniadau gyda'r Iseldiroedd cyn sicrhau bod y sefyllfa'n glir. Condemniodd y digwyddiad fel gwastraff ar fywydau ac arian, bod y modd y gweinyddwyd yr ymgyrch filwrol yn warth a bod y canlyniad nid yn fuddugoliaeth i wareiddiad ond yn fuddugoliaeth i farbariaeth a grym anifeilaidd. Beirniadodd lywodraethau Gladstone a Disraeli fel ei gilydd am y rhyfel hwn. Eto, fel y gellid disgwyl, trechwyd y gwelliant o 311 pleidlais i 75. Teg nodi bod rhyfel yr Ashanti wedi egino ar yr adeg pan oedd Henry Richard ar ei bererindod heddwch o gwmpas Ewrop.

Parhau i adleisio oedd y cynnig llwyddiannus a gyflwynodd Henry Richard i Dŷ'r Cyffredin ar 8 Gorffennaf 1873. Yr oedd Senedd Sweden yn Stockholm wedi cymeradwyo cynnig yn cefnogi'r egwyddor o gyflafareddiad rhyngwladol a daeth y newydd bod Ail Siambr yr Iseldiroedd yn yr Hâg wedi cymeradwyo cynnig cyffelyb gyda mwyafrif o 35 pleidlais i 30.³ A'r un modd dau dŷ Cyngres yr Unol Daleithiau. Ar 17 Mehefin 1874, pasiodd Tŷ y Cynrychiolwyr, gyda chymeradwyaeth y Senedd wedi hynny y cynnig a ganlyn.

> Tra bod rhyfel bob amser yn ddinistriol i fuddiannau materol y bobol, yn digalonni yn ei dueddiadau, yn groes i ymdeimlad cyhoeddus oleuedig, a gan y dylai gwahaniaethau rhwng cenhedloedd, er lles dynoliaeth a brawdgarwch, gael eu cymhwyso, lle mae'n bosib gan gyflafareddu rhyngwladol, y penderfynwyd felly:
>
> Fod pobl yr Unol Daleithiau, sydd wedi ymroddi i bolisi o heddwch gyda'r ddynoliaeth oll, yn mwynhau ei fendithion, a gan obeithio am ei barhad a'i fabwysiadu'n fyd eang, drwy eu cynrychiolwyr yn y Gyngres, yn argymell y fath gyflafareddiad yn lle rhyfel; a'u bod yn argymell ymhellach i allu deddfwriaethol y Llywodraeth, i ddarparu, lle bo hynny'n ymarferol, o hyn allan mewn cytundebau

rhwng yr Unol Daleithiau a Llywodraethau Estron, na ddylai'r naill ochr na'r llall fynd i ryfel yn erbyn ei gilydd, heb wneud ymdrechion i gymhwyso pob achos o wahaniaeth honedig drwy gyflafareddiad annibynnol.

Yn ogystal cymeradwyodd y Tŷ y cynnig a ganlyn:

> Cytunodd y Senedd a Thŷ'r Cynrychiolwyr i awdurdodi a deisyfu ar Arlywydd yr Unol Daleithiau i drafod gyda'r holl Bwerau gwâr a gytunant i gyd-drafod er sefydlu trefn ryngwladol drwy yr hon y bydd materion lle byddo anghytundeb rhwng gwahanol Lywodraethau, sydd mewn cytundeb i'r egwyddor, yn dod i ddealltwriaeth drwy gyflafareddiad, a hynny, os yn bosib, heb fynd i ryfel.[4]

Yr oedd y rhyfel rhwng Twrci a Rwsia yn cael sylw cynyddol yn y Senedd ac ar 28 Ionawr 1878, cynigiodd Syr Stafford Northcote y dylid darparu 'swm heb fod dros £6,000,000' tuag at gynyddu effeithiolrwydd y llynges a'r gwasanaethau milwrol o hynny hyd at 31 Mawrth, sef diwedd y flwyddyn ariannol. Yr oedd y Rhyddfrydwyr yn gandryll. Gwrthwynebwyd y cynnig mewn gwelliant gan W. E. Forster. Gan nad oedd Prydain wedi ochri gyda'r naill wlad na'r llall ac nad oedd unrhyw gyfiawnhad dros ymyrryd, nid oedd cyfiawnhad chwaith dros arllwys mwy o arian i'r coffrau militaraidd. Parhaodd y dadlau tan 11 Chwefror.

Mewn araith a draddododd ar 8 Chwefror, trannoeth i'r Llynges Brydeinig gael gorchymyn i hwylio drwy gulfor y Dardanelles 'i ddiogelu bywydau ac eiddo Prydeinwyr yng Nghaer Gystennin [Constantinople]', cafwyd un arall o areithiau ffyrnig Henry Richard. Condemniodd benodi Austen Henry Layard yn llysgennad Prydain yng Nghaer Gystennin. Gwyddai'r rhai hynny oedd yn cofio'r trafodaethau cyn ac wedi Rhyfel y Crimea fod Layard yn arbennig o elyniaethus at y Rwsiaid ac yn bleidiol iawn i Dwrci ac yn ôl Richard ers cymryd ei swydd yng Nghaer Gystennin ni wnaeth unrhyw ymdrech i gelu'i ragfarnau. O dan yr amgylchiadau nid oedd anfon y fath ddyn i'r fath le ar y fath adeg yn ddim llai na gweithred wrthnysig. Canmolodd areithiau Arglwydd Derby a'r Arglwydd Carnarvon yn Nhŷ'r Arglwyddi, a changhellor y Trysorlys a'r ysgrifennydd cartref yn Nhŷ'r Cyffredin. Yna troes ei lid at Disraeli (Lord Beaconsfield). Yr oedd si ar led, fod elfen aflonydd ar waith oedd yn groes i ddatganiadau aelodau'r Cabinet a chelwydd fyddai honni nad yr elfen honno oedd y dylanwad ar Disraeli. Ni fynnai Richard gyhuddo'r prif weinidog o ddymuno hyrddio'r wlad i ryfel, ond ofnai na ellid ei gael yn ddieuog o'i duedd i ddefnyddio geiriau chwyddedig i gynhyrfu teimladau ei gydwladwyr a chreu drwgdeimlad yng nghalonnau cenedloedd eraill. Ac os nad oedd y llywodraeth o blaid rhyfel onid peth rhyfedd oedd cyhoeddi ar lawr y Tŷ, 'Dangoswch eich hyder ynom fel llywodraeth hedd drwy roi i ni £6,000,000 at ddibenion rhyfel'? Ar y mater o anfon y llynges i'r Dardanelles nid oedd neb wedi dweud pwy na pha fuddiannau oedd mewn perygl. Rhoes Rwsia ei gair na fyddai'n ymosod ar Gallipoli oni bai bod Twrci yn ymgasglu ei byddinoedd ynghyd yno. Ac eto, heb yn wybod i Dŷ'r Cyffredin yr oedd llywodraeth Prydain wedi anfon ei llynges i'r Dardanelles, a hynny ar drothwy cynhadledd heddwch.

Wrth orffen, cyfeiriodd at galedi a thlodi a diweithdra:

> Mae miloedd o ddynion y wlad yn ddi-waith; miloedd o rai eraill heb gynhaliaeth ddigonol iddynt eu hunain a'u teuluoedd. Byddai miloedd, er enghraifft yn Ne Cymru, wedi llwgu oni bai am haelioni'r cyhoedd ym Mhrydain. Ai dyma'r amser i ofyn am £6,000,000 o arian y bobl i'w wario ar arfau?⁵

Cyfeirio yr oedd Henry Richard yma at y dioddefaint yn ei etholaeth. Caewyd rhai o'r gweithfeydd haearn ac achoswyd dioddefaint ychwanegol ym 1878 oherwydd i'r meistri gau'r glowyr allan o'r pyllau. Y flwyddyn honno sefydlodd ef ac Arglwydd Aberdâr gronfa a gododd £5,000 i leddfu cyni'r teuluoedd. Bu'n gyfrifol ei hun am gydnabod y cannoedd llythyron a dderbyniwyd yn ddyddiol gyda chyfraniadau mawr a bach i'r gronfa.⁶

Yn dilyn penderfyniad y llywodraeth i alw ar y fyddin wrth gefn rhag ofn y byddai Prydain yn mynd i ryfel gyda Rwsia – er bod y bobl a'r Cabinet yn rhanedig ynglŷn â pha wlad i'w chefnogi, Twrci oedd y ffefryn o fymryn – ymunodd Henry Richard yn y ddadl ar 9 Ebrill. Yr oedd yn wawdiol o'r 'pangfeydd o arswyd' a'r casineb dall, afresymol welid yn awr yn erbyn Rwsia – nodweddion a welwyd cyn hynny yn erbyn Ffrainc, Twrci, yr Unol Daleithiau a gwledydd eraill yn eu tro. Nid oedd gan Loegr unrhyw awdurdod wrth Dduw na dyn i gosbi Rwsia am ei chamweddau. Ni ddylai Lloegr osod un safon iddi ei hun ac un arall i wledydd eraill. Gwyddai ei bod yn ddihareb boblogaidd yn Nhŷ'r Cyffredin na wnâi Lloegr byth ddim o'i le.

Yr ydwyf i fy hun yn perthyn i genedl ddarostyngedig. Y mae'n wironeddol ddoniol sylwi fel yr ydym yn gosod un safon o ymddygiad arnom ni ein hunain, ac un arall ar weddill y byd. Dywedodd fy Nghyfaill Anrhydeddus yr Aelod dros Newcastle [Joseph Cowen] wrthyf y dydd o'r blaen, gydag arswyd a dicter yn amlwg yn ei wedd, fod y camwedd yn ymddygiad Rwsia yn erbyn Gwlad Pwyl wedi cyrraedd ei uchafbwynt. Ym mha fodd? Yn hyn o beth – fod Llywodraeth Rwsia yn atal defnyddio Pwyleg mewn Llysoedd Barn, a'i gorfodi i ddefnyddio Rwsieg. 'Ydych chi'n ymwybodol,' meddwn wrth fy Nghyfaill Anrhydeddus, 'mai dyna'r union beth y mae'r Llywodraeth Brydeinig yn ei wneud yng Nghymru? Gall unrhyw Gymro druan gael ei roi ar brawf am ei fywyd, ac mae hyn wedi digwydd i gannoedd ohonynt, mewn iaith y mae'n gwbl anwybodus ohoni.' Nid oedd yn taro fy Nghyfaill Anrhydeddus fod dim byd anghyffredin pan wneir hyn gan Saeson yng Nghymru, ond pan wneir ef gan Rwsiaid yng Ngwlad Pwyl y mae'n ormes echrydus.[7]

Gan ychwanegu: 'Felly y mae ffordd merch odinebus; hi a fwyty, ac a sych ei safn, ac a ddywed, Ni wneuthum i anwiredd.'[8]

Trechwyd y gwelliant o 64 pleidlais i 319, mwyafrif o 255.

Bu'r bedwaredd ganrif ar bymtheg yn nodedig am y gyfres ddiddiwedd o ryfeloedd mawr a mân y mynnai Prydain eu hymladd yn barhaus yn rhyw gornel neu'i gilydd o'r byd. Cyn bod yr ysgyrnygu ynglŷn â Thwrci a Rwsia wedi cyrraedd ei benllanw yr oedd yn ymddangos yn debycach bob dydd bod Prydain yn paratoi i fynd i ryfel yn Afghanistan. Cychwynnodd Henry Richard ymgyrch arall. Anodd amgyffred sut y medrai gadw ei lygaid ar yr hyn oedd yn digwydd ledled y byd yn enw Prydain a'r rhesymau dros yr helyntion hynny. Rhaid oedd casglu'r wybodaeth orau y medrai. Yn sicr, nid taranu'n ddiarbed yn erbyn rhyfel a wnâi, ond cyflwynai ddarlun gofalus a chywir o'r sefyllfa yn seiliedig ar ddogfennau swyddogol y llywodraeth. Drwy hynny, nid oedd yn hawdd dadlau ag ef. Cychwynnodd Prydain ymgyrch o fygwth Afghanistan – annibynnol – er mwyn sefydlu 'ffin wyddonol' gydag India. Nid oedd a wnelo trigolion Afghanistan, druain, ddim byd â'r peth. Yr hyn oedd yn poeni Prydain oedd Rwsia, oedd yn ychwanegu at ei dylanwad drwy feddiannu Tashkent, Samarkand a Khiva. Nid oedd presenoldeb mynyddoedd yr Himalaya na diffeithwch y Gobi yn ddigon o ffin yng ngolwg rhai Saeson i sicrhau na fyddai Rwsia'n ymyrryd â buddiannau Prydain yn India! Hyd yn oed cyn y gyngres ryngwladol ym Mharis (1878; gw. tt. 252–3) yr oedd Henry Pease, Wise a Henry Richard wedi cyhoeddi anerchiad yn enw'r Gymdeithas Heddwch yn galw ar eu cyfeillion i wrthwynebu ymosod ar Afghanistan.

Wedi i Gyngres Berlin, Mehefin 1878, lacio mymryn ar y tyndra rhwng Prydain a Rwsia gwaethygodd pethau eto pan anfonodd Rwsia ddirprwyaeth i Kabul. Ceisiodd Sher Ali Khan, emir – neu frenin – Afghanistan, wahardd y ddirprwyaeth ond methodd. Y cam nesaf oedd i Brydain fynnu caniatâd i anfon dirprwyaeth i Kabul. Y tro hwn gwrthododd yr emir yn bendant a chafodd y ddirprwyaeth ei throi'n ôl, yn gwrtais ond yn gadarn, cyn cyrraedd Bwlch y Khyber. Gwylltiodd Prydain, meginwyd y fflamau gan y wasg, a galwyd y Senedd i drafod yr helynt ar 5 Rhagfyr 1878, er bod yr ymladd eisoes wedi cychwyn pan anfonwyd byddin nerthol i ymosod ar Afghanistan ar 20 Tachwedd. Dyna gychwyn rhyfel arall a ddaeth i ben gyda Phrydain yn fuddugoliaethus ac yn ceisio rheoli gwlad a fu hyd heddiw yn achos trafferthion di-ri yn eu tro i Brydain, yr Undeb Sofietaidd a'r Unol Daleithiau. Mae'r holl hanes fel rhyw adlais o'r presennol, gyda chyfeiriadau at Kabul a gwrthryfel a Brwydr Kandahar ym Medi 1880 pan drechwyd byddin Ayub Khan gan fyddin y Cadfridog Syr Frederick Roberts o Waterford.

Fel y gellid disgwyl, bu'n ddadl ymfflamychol yn y Senedd ar 5 Rhagfyr 1878. Dadl y Rhyddfrydwyr oedd fod Prydain – eto – wedi mynd i ryfel heb awdurdod y Senedd. Dylanwadwyd ar y farn gyhoeddus gan nifer o aelodau Tŷ'r Arglwyddi a gymerai'r un safbwynt. Yn ystod y misoedd cyn hynny bu Henry Richard yn ysgogi'r Gymdeithas Heddwch i weithredu a threfnwyd cyfarfodydd ledled Prydain. Yma eto, gwelwyd Henry Richard yn ymchwilio a threfnu ei ddadleuon yn ofalus. Dangosodd yr annhegwch a'r anghyfiawnder a'r gwastraff enfawr mewn bywydau ac arian. Lluniodd gyfres o lythyrau i'r *Christian World* – llythyrau a gyhoeddwyd yn bamffled wedyn dan y teitl *The Afghan Question*. Siaradodd mewn amryw gyfarfodydd ym Merthyr Tudful yn fuan wedi'r ddadl yn y Senedd, areithiau a gyhoeddwyd ac a ganmolwyd yn y *South Wales Daily News*.[9] Mae'n amlwg fod ei areithiau gwrth-imperialaidd wedi cael croeso cynnes gan ei etholwyr gan i'r cyfarfodydd yn ddieithriad gefnogi cynnig yn llongyfarch Henry Richard ar 'naws Gristnogol, ddigynwrf, urddasol ei areithiau'.[10] Gwrthwynebwyd yr ymyrraeth yn Afghanistan hefyd gan Undeb Cynulleidfaol Lloegr a Chymru.

Mor fynych, yn ystod y ganrif yr aed i ryfel yn ddiofal ac anystyriol a'r cyfan yn troi'n drychineb chwerw. Tanseiliwyd hygrededd y llywodraeth a ddychwelodd o Gyngres Berlin, 1878, gan ddatgan yn ymffrostgar am 'heddwch gydag anrhydedd'. Rhuthrodd Prydain ar ei phen i ryfel anghyfiawn, diangen a chostus arall. I Brydain yn unig bu'r gost yn £16 miliwn heb sôn am ddioddefaint trigolion diniwed Afghanistan a'r tywallt gwaed enbyd. Gadawodd gweinyddiaeth Disraeli y wlad mewn anhrefn, gydag etifeddiaeth o ddrwgdybiaeth a chasineb at yr Ymerodraeth Brydeinig nas dilëwyd mewn amryw rannau o'r byd hyd heddiw. Tra bod Prydain yn amharod i gydnabod ei chyfrifoldeb am yr erchyllterau hyn ni fydd cymod.

Ymhen deufis yr oedd Prydain mewn ymrafael arall – un arall o'r rhyfeloedd hynny oedd i barhau am ddegawdau. Y tro hwn yn neheudir Affrica. Gwreiddyn yr helynt oedd anghytundeb ynglŷn â ffiniau yn y Transvaal rhwng brenin cenedl y Zulu, Cetshwayo, a'r Boer. Penodwyd comisiwn i gymodi ac yng Ngorffennaf 1878 cyhoeddodd y comisiwn ei bod yn deddfu o blaid y Zulu. Ond yr oedd Prydain, doed â ddelo, a'i bryd ar fynd i ryfel gyda'r Zulu er 1877 ac mewn ymyrraeth nodweddiadol Brydeinig cyhoeddodd Syr Henry Bartle Frere[11] fod y penderfyniad yn annheg â'r Boer. Cyflawnodd Frere waith canmoladwy fel llywodraethwr Bombay (Mumbai heddiw) yn y degawd blaenorol, lle dangosodd gydymdeimlad gyda diwylliant India ac yn wahanol i Brydeinwyr yn gyffredinol ni fynai wthio Cristnogaeth ar y bobl. Yn anffodus, wedi cyfnodau yn Llundain a Zanzibar, fe'i penodwyd yn uwch gomisiynydd Deheudir Affrica gydag anogaeth Llundain i greu cydffederasiwn o'r casgliad anniben o drefedigaethau Prydeinig yn y rhan honno o'r cyfandir. Yr oedd cenedl y Zulu yn annibynnol o lywodraeth Prydain ac yr oedd Frere yn benderfynol bod rhaid dileu byddin y Zulu os oedd y syniad o gydffederasiwn i lwyddo. Yma eto gwelwyd swyddog Prydeinig yn gweithredu o'i ben a'i bastwn ei hun, heb ganiatâd ei feistri yn Llundain, gan hysbysu'r llywodraeth o'i fwriad pan oedd yn rhy hwyr iddynt ymyrryd. Y rhwystr mawr i'w gynlluniau oedd cenedl annibynnol y Zulu dan arweiniad Cetshwayo. Yn ôl Frere yr unig ffordd o greu'r cydffederasiwn oedd dileu cenedl y Zulu a'u byddin niferus ddisgybledig. Llwyddodd i ysgogi rhyfel drwy ei ymdriniaeth drahaus o Cetshwayo. Gosododd gyfres o amodau amhosibl ar Cetshwayo gyda'r bygythiad os na fyddai'n cydymffurfio â hwy y byddai Prydain yn cyhoeddi rhyfel. Felly y bu, ac ar 11 Ionawr 1879, croesodd byddin Brydeinig afon Tugela, a phythefnos yn ddiweddarach bu cyflafan Isandlwana pan ddaeth byddin y Zulu, tuag 20,000 o ddynion, ar warthaf 2,000 o filwyr Prydeinig. Er bod byddin y Zulu'n llawer mwy niferus, gan y Prydeinwyr oedd yr arfau mwyaf grymus. Arfau cyntefig oedd gan y Zulu. Eto, difawyd y fyddin Brydeinig yn llwyr. Yr oedd y wasg Seisnig yn gandryll gan alw'r hyn ddigwyddodd yn ddim llai na llofruddiaeth er gwaethaf geiriau Syr Wilfrid Lawson yn y Senedd nad oedd y Zulu'n gwneud dim amgen nag amddiffyn eu gwlad. Petai'r Pwyliaid wedi gwneud yr un peth yn erbyn y Rwsiaid buasai papurau Lloegr yn eu galw'n wladgarwyr gwrol. Ymatebwyd yn lloerig i'r grasfa, y gyntaf a ddioddefodd Prydain gan fyddin o frodorion cyntefig, ac atgyfnerthwyd byddin Prydain yn ddioed. Ar yr un dydd a chyflafan Isandlwana bu'r amddiffyniad llwyddiannus o Rorke's Drift, a erys yn y cof oherwydd ymgyrch bropaganda lwyddiannus y cyfnod – heb sôn am ffilm Stanley Baker ymhell wedi hynny! Rhaid oedd pwysleisio gwrhydri'r amddiffyniad hwnnw i dynnu'r sylw oddi ar anghyfiawnder anfoesol y rhyfel a methiannau Frere.

Manteisiodd Henry Richard ar y cyfle i ymosod ar Frere pan roddodd Peter Rylands, AS Burnley, gynnig gerbron Tŷ'r Cyffredin yn beirniadu'r cynnydd mewn gwariant cyhoeddus ar 24 Ebrill 1879. Ymosododd Richard ar holl bolisïau'r llywodraeth a lusgodd gyllid y wlad i'r fath gyflwr enbyd nes bod rhaid gwasgu £83,000,000 o bocedi pobl y wlad, a hynny ar adeg pan oedd masnach mewn cyflwr truenus, diwydiant ac antur wedi eu parlysu, a'r *Gazette* (Llundain) yn llawn o hanes methdaliadau, miloedd allan o waith a degau o filoedd o'r rhai oedd mewn gwaith heb ennill digon i fwydo'u hunain na'u teuluoedd. Hyn oll oherwydd i'r llywodraeth fabwysiadu 'polisi tramor calonnog'. Sef geiriau eraill am bolisi o ymosod ac ymyrraeth, chwythu bygythion a thywallt gwaed oedd yn arwain bron yn ddieithriad at ryfel neu gywilydd – neu'r ddau:

Dywedodd Syr Bartle Frere ei bod yn angenrheidiol mynd i ryfel yn erbyn Pennaeth y Zulu am ei fod yn cadw byddin barhaol o ddynion di-briod a oedd yn fygythiad i'w gymdogion. Ond os oedd hyn'na yn cyfiawnhau rhyfela yn erbyn gwlad y Zulu, yr oedd yn ddigon o gyfiawnhad dros fynd i ryfel gyda Ffrainc, yr Almaen, Awstria, gyda Rwsia – yn wir gyda holl genhedloedd y Cyfandir, oherwydd y maent i gyd yn cadw Byddinoedd parhaol o ddynion di-briod sy'n fygythiad i'w cymdogion.[12]

Haerwyd droeon, meddai, a diau y gwneid hynny eto, mai annheg oedd beirniadu Syr Bartle Frere, gwas sifil disglair a osodwyd mewn sefyllfa anodd. Dylid nodi i Frere maes o law gael ei geryddu am yr hyn a wnaeth, eto ni orchmynnwyd iddo ddychwelyd i Brydain ac ni chollodd ei swydd. Aeth Richard rhagddo:

> Rhaid i mi gyfaddef fod fy nghydymdeimlad gyda'r 1,200 neu 1,500 o deuluoedd a daflwyd i ing a thrueni o'i herwydd ef. Mae fy nghydymdeimlad gyda'r mamau, gwragedd, merched, chwiorydd, yn eu cartrefi truenus sy'n wylo o dorr calon dros y dewr a'r annwyl a hyrddiwyd i farwolaeth gynnar yn Isandlwana, a lleoedd eraill, gan ei bolisi byrbwyll. A chydymdeimlaf gyda pherthnasau y Zulus anhapus – oherwydd yr oedd ganddynt hwythau wragedd, mamau, a chwiorydd – miloedd ohonynt, fe ddywedir wrthym, a drengodd eisoes – fel y buasem yn dweud am eraill – yn ddewr a gwlatgar yn amddiffyn eu gwlad yn erbyn ymosodiad anllad a diangen.

Aeth rhagddo i gyhoeddi mai prin fod ar wyneb daear, genedl war neu anwar na fu Prydain mewn gwrthdaro gelyniaethus â hi. Prin fod yr un wlad na fu i Brydain wrteithio'i thir gyda chnawd dynol, na'r un môr na fu i Brydain ei gochi â gwaed dynol. Oddi ar 1816, cyfnod o 63 o flynyddoedd, bu Prydain yn ymladd 73 o ryfeloedd. Ar gost o £1,300,000,000. A hynny gan wladwriaeth a honai na fyddai byth yn ymyrryd â hawliau pobl eraill, byth yn ymosod ar diroedd cenhedloedd eraill, cenedl o bobl hawddgar a heddychlon. Eto, yn wyneb hyn oll yr oedd llawer yn honni fod Prydain yn cael ei llygru gan 'Blaid-heddwch-beth-bynnag-fo'r-pris'. Pa blaid oedd honno, holodd? Yn sicr nid y Blaid Geidwadol, er y rhes esgobion yn ei rhengoedd. Ddim ymhlith ei blaid ef ei hun, chwaith, dynion oedd yn barotach a mor ffyrnig â neb i fynd i ryfel, dynion â'r rhyfel gwallgof yn erbyn Rwsia ym 1854 a'r un mwy gwarthus fyth yn erbyn China ym 1867 o hyd ar eu cydwybod. Nododd Jacob Bright, a siaradodd ar ôl Richard, na chododd neb o rengoedd y llywodraeth i geisio ymateb i'w ymosodiad.[13]

Yn anochel byddai helynt y Boer yn dychwelyd i fod yn boen yn ystlys Prydain. Yr oedd Disraeli ym 1877 wedi meddiannu talaith y Transvaal – gweithred a feirniadwyd gan Gladstone mewn cyfres o areithiau enwog yn ei ymgyrch etholiadol ym Midlothian. Wedi i'r llywodraeth Ryddfrydol ddychwelyd i rym ym 1880 yr oedd y Boeriaid yn y Transvaal, o ganlyniad i areithiau Gladstone, yn disgwyl gweld adfer eu hannibyniaeth. Er gwaethaf ymdrechion Frere i gadw ar delerau da gyda'r Boer dicllon yn Rhagfyr 1880, ag wyth mis wedi mynd heibio a dim argoel o ddim yn digwydd, dechreuasant wrthryfela.[14] A rhyfel trychinebus fu hwn o safbwynt Prydain. Ger tref Bronkhorstspruit ar 20 Rhagfyr y bu'r sgarmes gyntaf o bwys rhwng y Boeriaid a'r fyddin Brydeinig. Nid oedd gan y Boeriaid fyddin, felly byddai'r ffermwyr yn ymgasglu'n ôl y galw. Yr oeddynt yn farchogion, helwyr a saethwyr penigamp a chanddynt brofiad o sgarmesoedd achlysurol gyda'r brodorion. Er na feddent ynnau aildanio fel rhai'r fyddin Brydeinig, gyda'u dillad bob dydd anamlwg a'u gallu i sicrhau bod pob ergyd yn taro'r nod nid oedd gobaith gan filwyr Prydain yn eu gwisgoedd sgarlad. Mewn chwarter awr yn sgarmes Bronkhorstspruit lladdwyd neu anafwyd 156 o filwyr Prydain cyn iddynt ildio a'u cymryd yn garcharion. Lladdwyd dau ac anafwyd pump o'r Boeriaid

Bu hynny, a sgarmesoedd eraill cyffelyb yn Laing's Nek a Schuinshoogte dros y ddeufis nesaf yn ysgogiad i lywodraeth Prydain geisio trafodaethau gyda'r Boeriaid a rhoddodd Gladstone orchymyn i Syr George Colley, cad-lywydd Prydain yn y Transvaal, i gysylltu gydag arweinydd y Boeriaid, Paul Kruger. Unwaith eto gwelwyd cynrychiolydd Prydain mewn gwlad dramor yn anwybyddu gorchmynion. Oedodd Colley cyn cysylltu â Kruger a gorchmynnodd i'w filwyr herio'r Boeriaid yn Majuba Hill ar 27 Chwefror 1881. Dyma uchafbwynt cyfres o drychinebau i Brydain yn yr helynt. Chwalwyd byddin Colley a chafodd ef ei hun ei ladd yn y gyflafan. Yr oedd yn ddigwyddiad pwysig mewn llawer ystyr. Profodd y Boeriaid eu hunain yn flaengar mewn tactegau rhyfel. Rhoes y fuddugoliaeth hyder iddynt herio Prydain yn y dyfodol, ar ôl dod i'r casgliad nad oedd milwyr Prydain fawr o ymladdwyr. Sefydlwyd Gweriniaethau Annibynnol y Boer ac yr oedd nod Frere o gydffederasiwn o daleithiau yn neheubarth Affrica yn deilchion.

Ym Mhrydain yr oedd y Frenhines Victoria, yr wrthblaid Geidwadol a'r wasg yn gandryll ac yn galw am ddial. Ond mynegodd Cymdeithas Heddwch y Gweithwyr a'r Gymdeithas Heddwch eu gwrthwynebiad i ddefnyddio grym milwrol i atal y Boeriaid rhag cael eu hannibyniaeth a threfnwyd cyfarfodydd protest ledled Prydain – ond nid yng Nghymru. Ddechrau Ionawr, yr oedd Henry Richard wedi arwain dirprwyaeth o 25 o aelodau seneddol a gwŷr amlwg eraill at Arglwydd Kimberley (y gweinidog trefedigaethol) gyda datganiad a luniwyd ganddo ef ei hun fel ysgrifennydd y Gymdeithas Heddwch yn cyhoeddi bod y Transvaal wedi ei feddiannu drwy dwyll, ac y dylai 'Lloegr' roi'r gorau i'r weithred hon o drais ac atal yn ddioed unrhyw dywallt gwaed pellach drwy adfer annibyniaeth y Boeriaid. Yr oedd hyd yn oed yr heddychwyr cadarnaf yng Nghymru yn amharod i ddilyn arweiniad Henry Richard a bod yn or-feirniadol o Gladstone. Adferwyd rhywfaint o enw da Gladstone pan benderfynodd sicrhau heddwch gyda Chytundeb Pretoria oedd yn rhoi hunanlywodraeth mewn materion cartref i'r Boeriaid ond gan gydnabod penarglwyddiaeth Prydain mewn materion tramor. Yr oedd hyn yn bodloni'r heddychwyr a'r rhai hynny oedd yn anghysurus gyda pholisi Gladstone yn y Transvaal. Ond nid y Ceidwadwyr, fel y gellid disgwyl.

Yr oedd Henry Richard yn fodlon bod cytundeb heddwch wedi ei arwyddo gyda'r Boer, ond yr oedd yn gofidio am y modd y gweithredodd Sir George Colley ac ar 29 Ebrill cyflwynodd gynnig gerbron y Tŷ,

> fod y grym a honnid ac a arferid gan gynrychiolwyr y wlad hon, yng ngwahanol rannau'r byd, i ysgogi cwerylon, meddiannu tiroedd a mynd i ryfel, heb awdurdod y Llywodraeth Ganolog, yn groes i egwyddorion y cyfansoddiad Prydeinig, yn anghyson gyda rheolau cydnabyddedig cyfraith ryngwladol, ac yn peryglu anrhydedd a gwir fuddiannau ein gwlad.

Rhestrodd y rhyfeloedd mawr a mân a gychwynnwyd yn y fath modd a gofynnodd a oedd Prydain mewn rheolaeth o'i thynged neu a oedd ar drugaredd pob mân swyddog, wedi ei wisgo gyda mymryn o awdurdod, â'r hawl i fod yn ernes dros golli gwaed a chyllid yn enw gwladwriaeth o 32 miliwn o boblogaeth. Ni chafodd Richard gefnogaeth Gladstone i'r cynnig hwn eto, er iddo fynegi cydymdeimlad â'i ddadl. Yn ôl Gladstone yr oedd y llywodraeth ganolog mor euog â'i chynrychiolwyr tramor am gychwyn rhyfeloedd. Dadleuodd y dylai Richard gymryd cysur o wybod fod gwell cysylltiadau – y teligraff – yn sicrhau bod gan y llywodraeth dynnach gafael ar ei chynrychiolwyr tramor. Oedd yn rhyw fath o gydnabyddiaeth, o leiaf, bod angen cadw rheolaeth ar y gwŷr hyn. Siaradodd amryw gan gefnogi Henry Richard, yn eu plith Peter Rylands a gyfeiriodd yn arbennig at yr ymosodiadau ar China, a dim ond un fynegodd ei gefnogaeth i safbwynt Gladstone, sef y Ceidwadwr, Charles Warton. Ymddengys nad oedd diddordeb mawr yn y ddadl, dim ond 136 aeth i'r drafferth i bleidleisio a chollodd Henry Richard y dydd o wyth pleidlais – 72 i 64.[15]

Yn dilyn yr helyntion gyda'r Boeriaid yn Ne Affrica a methiant cynnig Henry Richard i feirniadu cynrychiolwyr Prydain ym mhellafoedd byd am ysgogi rhyfeloedd heb ganiatâd y llywodraeth yn Llundain cychwynnodd rhyfel arall. Ond yn achos rhyfel yr Aifft,

1882, y llywodraeth ganolog yn Llundain ei hun benderfynodd fynd i ryfel. I Henry Richard bu'r rhyfel hwn yn achos o dristwch a gofid arbennig, ac a olygodd fwy o waith nag odid unrhyw ymgyrch yn ei yrfa. Y tro hwn, ei blaid ef ei hun oedd yn euog.

Hyd 1862 bu'r Aifft yn rhydd o unrhyw ddyledion, ond y flwyddyn wedyn daeth arweinydd newydd i reoli'r wlad, Isma'il Pasha. Ei uchelgais oedd moderneiddio'r wlad a dechreuodd fenthyg arian i'r diben hwnnw.[16] Ymhen ychydig flynyddoedd yr oedd dyled ei wlad yn £90,000,000 ac yntau'n talu llog enfawr i hapfuddsoddwyr yn Ffrainc a Lloegr. Gwerthodd gyfranddaliadau ei wlad yng Nghwmni Camlas Suez am £4,000,000 i Brydain – sef llywodraeth Disraeli. Gyda'i wlad yn suddo i ddyfroedd dyfnion, ym 1875 gofynnodd Isma'il Pasha i Brydain ddod i archwilio'i sefyllfa ariannol. Gwelwyd nad oedd yn sefyllfa iach ac yn hytrach na gadael yr hapfasnachwyr rhyngddynt â'u cawl anfonwyd dau gynrychiolydd, y naill o Brydain a'r llall o Ffrainc, i roi trefn ar gyllid y wlad. Cymerodd Prydain a Ffrainc gyfrifoldeb llwyr am lywodraeth fewnol yr Aifft. Cafwyd gwared o Isma'il Pasha a gosodwyd ei nai, Muhammed Tewfik Pasha, yn ei le. Yr oedd hwn yn llwyr dan fawd Prydain a Ffrainc. Aeth pethau rhagddynt yn bur heddychlon am ddwy flynedd. Yna yn Chwefror 1881, yn Cairo, gwrthryfelodd y fyddin dan arweiniad y Cyrnol Ahmad Urabi, gwrthryfel a ledaenodd dros y wlad.[17] Yr oedd y bobl yn elyniaethus tuag at ddylanwad Prydain a Ffrainc – 'yr Aifft i'r Eifftiaid a dim ymyriad tramor' oedd y gri – a sefydlwyd plaid genedlaethol. Wedi rhywfaint o ymdrechion diplomyddol yn Ionawr 1882 aeth Prydain a Ffrainc i banic ac ym mis Mai anfonodd y ddwy wlad lynges i Alexandria i gynnal llywodraeth byped Tewfik. Ceisiodd Urabi a'i filwyr atgyfnerthu amddiffynfeydd y porthladd. Gwaethygodd y sefyllfa, bu terfysg difrifol a lladdwyd nifer o Ewropeaid ar 17 Mehefin. Anfonodd y Llyngesydd Beauchamp-Seymour neges yn galw am ildio'r ddinas o fewn tridiau. Ni ddaeth ateb a dechreuwyd peledu amddiffynfeydd y ddinas am 7 o'r gloch ar fore 11 Gorffennaf.[18] Ciliodd llynges Ffrainc ar orchymyn Paris, o bosib ar awgrym yr Almaen, ond parhaodd ymosodiad llynges Prydain am ddeuddydd. Ciliodd Urabi a'i luoedd gan adael y ddinas yn nwylo'r terfysgwyr. Agorwyd drysau'r carchardai a rhwng y peledu ac ymosodiadau'r terfysgwyr lladdwyd 2,000 o Ewropeaid. Cyhoeddwyd rhyfel a gadarnhawyd gan y Senedd ar 27 Gorffennaf. Anfonwyd 40,000 o filwyr i'r Aifft ac wedi cyfres o fuddugoliaethau, yr olaf yn Tel el-Kebir, ildiodd Urabi'n dawel. Bwriadai Gladstone ei roi ar brawf a'i grogi, ond wedi gweld yr holl ddogfennau fe'i rhyddhawyd i alltudiaeth – sy'n awgrymu bod Gladstone wedi gweld bod cyfiawnhad dros wrthryfel Urabi. Ailorseddwyd gweinyddiaeth Muhammed Tewfik Pasha.

Ym Mehefin, cyn cychwyn yr ymosodiad, cyhoeddodd y Gymdeithas Heddwch ddatganiad cryf yn gwrthwynebu unrhyw ymyrraeth arfog yn yr Aifft, gan nodi nad oedd yr hawliau i ddefnyddio Camlas Suez mewn unrhyw berygl, bod ymyrraeth o'r fath mewn materion mewnol gwlad arall yn groes i bolisi'r Rhyddfrydwyr a'r Ceidwadwyr, ac na ddylid tywallt gwaed ac arian i amddiffyn buddiannau hapfasnachwyr a buddsoddwyr.[19]

Yn Nhŷ'r Cyffredin ar 12 Gorffennaf yr oedd Henry Richard yn llym ei feirniadaeth o'i lywodraeth. Y dydd blaenorol (11 Gorffennaf) pwysodd ar Gladstone am ateb i un cwestiwn. Gan fod cynhadledd o'r gwledydd ar fin trafod y sefyllfa a bod dealltwriaeth na fyddai'r un wlad yn gweithredu'n annibynnol tan ar ôl y trafodaethau, onid oedd yr ymosodiad yn groes i'r ddealltwriaeth honno?[20] Ymateb llipa'r prif weinidog oedd fod y ddealltwriaeth yn ddarostyngedig i amgylchiadau arbennig. Dychwelodd Henry Richard i'r frwydr trannoeth gan gefnogi cynnig Edward Gourley, AS Sunderland, a eiliwyd gan Syr Wilfrid Lawson, a gyfeiriodd at yr ymosodiad ar Alexandria fel 'gweithred lwfr, greulon ac anghyfreithlon'. Yr oedd Henry Richard yn llym ei feirniadaeth. Nid oedd cyfiawnhad y prif weinidog na'r is-ysgrifennydd gwladol dros faterion tramor yn foddhaol. 'Yr oedd y ddau wedi dweud nad oedd yn weithred o ryfel', meddai. 'Os nad oedd yn weithred o ryfel, yna beth ydoedd?' Yr oedd Richard bob amser wedi deall nad oedd unrhyw gyfiawnhad dros ladd pobl yn ddiwahan, oni bai ei fod yn unol a hawliau rhyfel. Ond yn yr achos hwn gwadwyd bod unrhyw hawliau rhyfel. Os felly nid oedd yn ddim amgen na llofruddiaeth. Yr oedd Gladstone wedi nodi tri rheswm dros yr ymosodiad – amddiffyn Llynges Ei Mawrhydi, rhoi diwedd ar y trais militaraidd yn yr Aifft ac, yn drydydd, i ddial am alanastra'r mis blaenorol. Ond pa hawl oedd gan Lynges Ei Mawrhydi i fod ym mhorthladd Alexandria o gwbl? A oedd gweithred cenedl annibynnol yn atgyfnerthu ei harfordir rhag ymosodiad gan bŵer estron yn gyfiawnhad dros ymosod arni? Ymhelaethodd Richard ar y pwynt hwn mewn erthyglau papur newydd oedd yn dangos ei fod yn ystyried gwrthryfel yr Eifftiaid fel amddiffyniad yn erbyn ymyrraeth estron, nid fel gwrthryfel milwrol, sef safbwynt Gladstone. I ddychwelyd at ei araith. Yr oedd yn flin ganddo glywed y prif weinidog yn cyfeirio at y lladdfa a ddigwyddodd fis yng nghynt fel cyfiawnhad arall am beledu Alexandria. Yr oedd yr holl ddrwg a ddigwyddodd yn yr Aifft, lladdfa'r mis blaenorol, y perygl i'r llynges, y niwed i fasnach yr Aifft, esgymuno'r Ewropeaid, peryglu Camlas Suez – i gyd wedi digwydd oherwydd gweithred ddiachos Llywodraeth Ei Mawrhydi yn anfon y llynges i Alexandria.[21]

Y noson honno cyflwynodd John Bright ei lythyr o ymddiswyddiad i'r prif weinidog. Dywedir bod Bright wedi cyfaddef wrth Henry Richard fod clywed araith Richard ar 12 Gorffennaf wedi prysuro ei ymddiswyddiad.[22] Yn ôl *Quaker Campaigns in Peace and War* William Jones,[23] yr oedd Bright wedi siarad gyda'r Arglwydd Granville y prynhawn cyn i'r peledu gychwyn a chael sicrwydd fod popeth yn mynd ymlaen yn iawn yn yr Aifft. Drannoeth daeth y newydd am ddinistr yr amddiffynfeydd. 'Syrthiodd y newydd ar y Cyfrin Gyngor fel taranfollt', oedd geiriau Bright. 'Synnwyd pawb, a phenderfynais nas gallwn yn hwy fod yn aelod o'r Weinyddiaeth.' Drwy ymddiswyddo'n anrhyddus bu'n ffyddlon i'r argyhoeddiadau a goleddodd gydol ei oes.

Cafodd Henry Richard gyfle i ddychwelyd at y pwnc ar 25 Gorffennaf, pan drafodwyd y cynnig i neilltuo swm, heb fod yn fwy na £2,300,000, i gryfhau Lluoedd Ei Mawrhydi ym Môr y Canoldir. 'Medrwn fod yn y Tŷ hwn yn Gristnogion tanbaid, ffyrnig hyd yn oed ar brydiau, ar faterion allanol a seremonïau eglwysig', meddai. Gan ychwanegu: 'Ond ni fydd neb a rydd ein polisi cenedlaethol ac yn arbennig ein polisi tramor dan brawf lem moesoldeb Cristnogol yn ddiogel rhag gwawd.' Cafodd ei gyhuddo o berthyn i'r Blaid-Heddwch-ar-Unrhyw-Gyfrif. Yr oedd yna Blaid-Rhyfel-ar-Unrhyw-Gyfrif hefyd, meddai. Y rhain oedd bob amser yn awyddus i gynhyrfu'r farn gyhoeddus i bwynt ymladd, ond a oeddynt eu hunain yn ofalus i gadw draw o'r cyni, y caledi, a'r erchylltra a ddeuai yn sgil rhyfel. Y rhain oedd yn gwneud datganiadau ymffrostgar am urddas cenedlaethol a gogoniant ac anrhydedd baner Prydain.

> Ond pan beryglir y rhain oherwydd eu cynghorion hwy, gwell ganddynt anfon trueiniaid a gyflogir am swllt a grôt y dydd i ddwyn baich y frwydr tra yr oeddent hwy adref yn eu moethusrwydd a'u esmwythder. Eto dyma'r rhai sy'n clochdar drosom, yn ymffrostio'u hunain fel yr unig wir wladgarwyr, fel pleidwyr polisïau afieithus ac arwrol. Afieithus ac arwrol! Gwell gen i ei alw'n llwfrdra cywilyddus ... Weithiau bûm yn meddwl rhoi cynnig gerbron y Tŷ hwn i'r perwyl pan fo'r mwyafrif wedi pleidleisio dros fynd i ryfel, fod y rhai a

bleidleisiodd felly yn cael eu hanfon i ymuno â chatrawd, ac i flaen y gad i wynebu ergydion cyntaf y gelyn. Pe buasai hynna'n ddeddf gallaf eich sicrhau y byddai llai o ryfeloedd.

Wrth dynnu tua therfyn ei araith dywedodd ei fod yn gofidio bod y digwyddiadau anffodus hyn wedi bwrw cysgod dros ddiwedd gyrfa ddisglair Gladstone. Yr oedd yn benderfynol o bleidleisio yn ei erbyn hyd yn oed petai'n gorfod mynd drwy'r lobi ar ei ben ei hun.[24]

Tenau fu'r gefnogaeth i safiad Henry Richard yn y Senedd. Ond yr hyn fu'n fwy o ofid iddo oedd enciliad cefnogwyr ymylol y Gymdeithas Heddwch. Bwriad y llywodraeth oedd achub buddiannau'r Prydeinwyr hynny a fenthyciodd arian – ar logau uchel – i lywodraeth yr Aifft a cheisio poblogrwydd y wlad. Llwyddwyd yn y ddeubeth gyda'r cyhoedd – a Gladstone – yn cael eu dallu gan fuddugoliaethau 'ysblennydd' y Cadfridog Garnet Wolseley yn Tel el-Mahuta, Kassassin ac yn olaf yn Tel el-Kebir. Fel y bu adeg Rhyfel y Crimea, ciliodd llawer o gyfeillion tywydd teg y gymdeithas ac er cymaint edmygedd y Cymry o Henry Richard nid oeddynt am eu gefnogi y tro hwn. Beirniadodd hyd yn oed *Y Tyst a'r Dydd*[25] safbwynt Syr Wilfrid Lawson a Henry Richard ar ryfel yr Aifft.

Bu'r *Tyst a'r Dydd*, papur enwad yr Annibynwyr, yn gefnogol i Henry Richard a'r Gymdeithas Heddwch, ond yr oedd y papur hwn hyd yn oed, wedi cefnu ar achos heddwch ac yn amddiffyn Gladstone. Cythruddwyd Richard a chyhoeddwyd llythyr wrtho yn gresynu at agwedd y papur yn rhifyn 23 Mawrth. Nid oes amheuaeth nad oedd y Cymry'n edmygu Gladstone. Er yn Uchel Eglwyswr yr oedd tipyn o natur y Calfin ynddo a dangosodd lawer o gydymdeimlad â'r Cymry – diolch i'r *Essays and Letters on Wales* a gyhoeddwyd ym 1866. Bu'n gefnogol i addysg uwch yng Nghymru ac i sefydlu Coleg Aberystwyth. Ef fu'n gyfrifol am sefydlu'r pwyllgor adrannol i archwilio addysg ganolradd ac uwch yng Nghymru, yr un y bu Henry Richard yn aelod ohono. Bu'n gyfrifol am benodi Cymry Cymraeg yn esgobion; ef oedd y gwleidydd amlwg cyntaf i ymweld â'r Eisteddfod a chefnogodd y Ddeddf Cau Tafarnau ar y Sul yng Nghymru. Yr oedd Henry Richard, hefyd, yn edmygwr mawr o Gladstone. Ond pan ddeuai'n fater o ddewis rhwng edmygedd ac egwyddor, nid oedd amheuaeth ar ba ochr y safai Richard. 'Yr wyf yn tystio fy mod yn parchu ac yn hoffi Mr Gladstone gymaint ag un dyn yn y deyrnas; ond y mae un teimlad wedi gwreiddio yn fwy dwfn yn fy meddwl, a hwnnw ydyw ofn y Duw hwnnw sydd yn cas-hau anghyfiawnder a gormes,' oedd ei eiriau yn *Y Tyst a'r Dydd*. Er na chafodd fawr o gefnogaeth gan y Cymry amlwg yn ei wrthwynebiad i Ryfel yr Aifft, cafodd lythyr ym mis Tachwedd wrth David Morgan, cynrychiolydd dylanwadol y glowyr, yn ei hysbysu o gefnogaeth 40,000 o lowyr i'r Gymdeithas Heddwch. Deilliodd hyn o gyfarfod awyr agored ar sgwâr Merthyr Tudful, lle bu Henry Richard yn dadlau'r angen i sefydlu byrddau cymod a chyflafareddu yn ne Cymru mewn achosion o anghydfod diwydiannol rhwng gweithwyr a meistri.[26]

Cyn gadael pwnc Rhyfel yr Aifft dylid cyfeirio at araith a draddododd Richard yn Nhŷ'r Cyffredin ar 19 Ebrill 1883. Cyflwynwyd cynnig fod y Llyngesydd Seymour a'r Arglwydd Wolseley, ac etifedd hynaf y ddau ar eu holau, i dderbyn pensiwn am oes o £2,000 y flwyddyn fel gwobr am wrhydri'r ddau yn Rhyfel yr Aifft. Rhaid gofyn pam y telid y fath anrhydedd i'r dosbarth hwn o ddynion, taranodd Richard. Ai am ragoroldeb eu gwaith yn lladd a dinistrio? Ai dyma'r gwaith oedd i'w gydnabod mewn gwlad Gristnogol? Ai am fod eu gwaith yn beryglus? Os felly pam nad oedd glowyr a mwyngloddwyr oedd yn peryglu eu bywydau bob dydd yn cael eu gwobrwyo? Am eu bod yn ychwanegu at ogoniant y wlad? Yn ei farn ef yr oedd gwaith llawer ohonynt dros y 30 mlynedd diwethaf wedi dwyn gwarth ar y wlad. Trueni mwyaf Ewrop oedd yr ysbryd milwrol a olygai fod deuddeng miliwn o ddynion yn dwyn arfau. Creadur oedd dyn i'w ddysgu i ladd ei gyd-ddyn. Yr oedd yn hen bryd i ddosbarthiadau eraill godi i wrthdystio yn erbyn y gorfoli ar y dosbarth hwn. Pleidleisiodd 217 o blaid y cynnig gydag 85 yn cefnogi safbwynt Henry Richard.[27]

Gwir y dywediad fod rhyfel yn esgor rhyfel. Gorchfygwyd gwrthryfel y Cyrnol Ahmad Urabi yn yr Aifft ac yr oedd Muhammed Tewfik Pasha, mewn enw o leiaf, yn llywodraethu'r Aifft a Swdan (Soudan, bryd hynny). Ni fu pethau'n esmwyth yn Swdan ers degawd. Oherwydd ymgyrch Ewropeaidd i ddileu caethwasiaeth yr oedd gogledd y wlad mewn trafferthion economaidd. Hynny, a pholisïau gorthrymus y llywodraeth yn Cairo, oedd sail gwrthryfel Muhammad Ahmad ibn Abd Allah neu y Mahdi (proffwyd – neu yr un a arweinir) fel y'i gelwid. Ym 1883 anfonwyd Syr Evelyn Baring (Arglwydd Cromer) i fod yn asiant diplomyddol a phrif gonswl Prydain yn yr Aifft. Ei orchwyl cyntaf oedd gorchymyn i Tewfik encilio o Swdan. Gwnaeth Tewfik hynny – o'i anfodd – tra'n ceisio'i orau i sicrhau bod unrhyw drosglwyddo grym yn digwydd yn hwylus a heddychlon. Ond yr oedd problemau. Yr oedd nifer o garsiynau Eifftaidd hwnt ac yma yn Swdan a'r rheini wedi eu hamgylchynu gan y Mahdi. Arweiniodd y Cadfridog Valentine Baker fyddin o 3,500, Eifftiaid yn bennaf, gyda'r bwriad o godi'r gwarchae ar garsiwn Tokar ond ar 4 Chwefror 1884, yn El Tab, ymosodwyd arnynt gan 1,000 o filwyr y Mahdi. Er bod mwy o filwyr a gwell arfau gan fyddin Baker fe'i trechwyd mewn cyflafan enbyd. Anfonodd llywodraeth Prydain fyddin o 4,500 o filwyr dan y Cadfridog Gerald Graham i ddial yr hyn ddigwyddodd yn El Tab ac, yn yr un lle, ar 29 Chwefror trechwyd byddin y Mahdi a lladdwyd 5,000 o Swdaniaid cyn dychwelyd yn fuddugoliaethus i Brydain.[28] Dyma gyfnod stori enwog Charles George Gordon, Gordon o Khartoum. Cyrhaeddodd Gordon Khartoum ar 18 Chwefror 1884, a threfnodd i anfon y gwragedd, plant a'r rhai a glwyfwyd i'r Aifft. Bwriad Prydain oedd cilio o Swdan ond anwybyddodd Gordon y gorchymyn. Aeth ati i amddiffyn Khartoum. Ar 18 Mawrth cyrhaeddodd lluoedd y Mahdi. Yr oedd yn fis Awst cyn i lywodraeth Prydain benderfynu anfon byddin i gynorthwyo Gordon ac aeth misoedd heibio cyn iddi gychwyn dan arweiniad Syr Garnet Wolseley ar ei ffordd fyny afon Nîl. Cyrhaeddwyd Khartoum ar 28 Ionawr 1885, i ganfod y ddinas wedi ei chipio a Gordon wedi'i ladd.

Bu Henry Richard yn llym ei feirniadaeth o'r helynt o'r cychwyn. 'Prin y medraf roi mynegiant i'm teimladau o glywed, yn ddyddiol, am y lladd erchyll a diamcan, sy'n digwydd yn y Swdan', ysgrifennodd at gyfarfod gwrthdystio yn Neuadd St James. 'Mae'n anesboniadwy sut y gall rhai o'r dynion sydd yn y Weinyddiaeh bresennol roi eu cefnogaeth i'r fath ddigwyddiadau.'[29] Yr oedd y cyfan yn ei olwg ef yn deillio o ymyrraeth Prydain yn nhrafferthion ariannol yr Aifft a pheledu Alexandria wedi hynny. Anfonodd ddatganiad chwyrn at Gladstone yn gwrthwynebu unrhyw gyrchoedd gwaedlyd pellach ar Swdan, ac yn arbennig rhag ymddiried unrhyw faterion yn ymwneud â heddwch neu ryfel yn y dwyrain i swyddogion y fyddin na'r llynges. Cyhoeddwyd llythyron ganddo mewn amryw bapurau yn annog pobl i sgrifennu at y prif weinidog yn condemnio'r hyn oedd yn digwydd yn y Swdan. Eto, ystyriai benderfyniad Gordon i amddiffyn Khartoum fel enghraifft arall o filwr yn anwybyddu gorchymyn ei lywodraeth. Dylid nodi i'r Gymdeithas Heddwch wrthwynebu anfon milwyr i achub croen Gordon. Beth bynnag, yr oedd Richard yn anfodlon gydag ymateb Gladstone i'w ddatganiad. Nid oedd, yn ei farn ef, ddim amgen nag amddiffyniad o weithredoedd anghyfrifol y milwyr, a phenderfynodd ddatgan hynny'n glir yn Nhŷ'r Cyffredin ar y cyfle cyntaf. Daeth y cyfle hwnnw ar 15 Mawrth 1884, pan gyflwynodd Henry Labouchère, AS Northampton, gynnig i'r perwyl, 'Na wnaed yn glir yr angen am yr holl golli bywydau yn y gweithrediadau militaraidd y Swdan.' Pan gododd Richard i siarad rhoddodd ei wedd unigryw ei hun ar y digwyddiadau.

Os oedd dosbarth o gwbl o aelodau'r Tŷ a chanddynt yr hawl i edrych yn ôl gydag unrhyw foddhad ar helynt trist yr Aifft, meddai, y lleiafrif bychan a wrthwynebodd o'r cychwyn unrhyw ymyrraeth yn nhrafferthion y wlad honno oedd y rheini. Nhw oedd wedi anghymeradwyo a chondemnio ymyrraeth arfog Prydain fel gweithred anghyfiawn, ddiangen ac annoeth ac yn debyg o achosi canlyniadau annelwig, enfawr a thu hwnt o beryglus.

Gwir gyfeillion unrhyw ddyn, ychwanegodd, oedd y rheini pan welent ef yn cychwyn ar drywydd peryglus a'i rhybuddiai rhag cymryd y cam cyntaf; nid y rheini a safent o'r neilltu a'i annog ymlaen, rhai drwy weniaith, eraill drwy feirniadaeth. Ac wedi ei lusgo mewn i'r trafferthion y rhybuddiwyd ef rhagddynt a fyddent wedyn yn ei wawdio a'i ddirmygu. Dau gamgymeriad mawr y llywodraeth, meddai, oedd yn gyntaf fynd i mewn i'r Aifft a'r ail oedd mynd i Swdan. Aeth rhagddo:

> Gwir mai swyddogion Prydeinig oedd arweinyddion yr ymgyrchoedd hynny, ond nid oeddynt yng ngwasanaeth Prydain; fy hun, nid oes gennyf barch at filwyr tâl sy'n gwerthu eu cleddyfau i'r sawl fynn dalu amdanynt, ac sy'n barod i ymladd rywle, dros unrhyw achos, heb falio a yw'n gyfiawn ai peidio. Aeth y dynion hyn ar eu cyfrifoldeb eu hunain, o'u gwirfodd . . . a gwrthwynebaf orfod eu hamddiffyn tra eu bod yn fyw, na'u dial pan fyddant farw.[30]

Unig bwrpas y cyrch cyntaf, meddai, oedd codi'r gwarchae ar garsiwn Tokar. Dyna ddwedodd y prif weinidog, a dyna ddwedodd y Cadfridog Graham. Ond nid oedd angen achub Tokar.

> Yr oedd y garsiwn wedi ildio bythefnos cyn i fyddin Prydain ddod yn agos i'r lle, ac yr oedd nifer o'r dynion tu mewn iddi yn ymladd yn frwd yn ein herbyn ni . . . ac wedi i ni gymryd meddiant o'r dref gwelwyd fod tua 700 o fewn y muriau yn ddiogel a bodlon dan ofal byddin y Mahdi . . . (Y)r oeddem wedi lladd 2,000 neu 3,000 o Arabiaid . . . i achub 700 o bobl nad oeddynt mewn unrhyw berygl ond wrth ein hymyrraeth ni, ac yr ydym yn galw hyn yn gyfraniad i ddynoliaeth![31]

Pleidleisiodd y Ceidwadwyr a Chenedlaetholwyr Iwerddon yn unfrydol gyda Henry Richard ond dim ond tri o'r Blaid Ryddfrydol bleidleisiodd gydag ef – Syr Wilfrid Lawson, John Passmore Edwards, AS Salisbury, ac Alfred Illingworth, AS Bradford. Enillodd y llywodraeth y dydd o 111 pleidlais i 94. Beirnidwyd Richard yn hallt am bleidleisio gyda'r wrthblaid. Eto, bu'n ffyddlon i'w ddelfrydau ei hun a delfrydau'r Gymdeithas Heddwch. Ei ddadl ef oedd fod yr wrthblaid a'r Gwyddelod wedi gwrando ar ei resymu a phleidleisio gydag ef mewn ffieidd-dod at y tywallt gwaed diangen. Mae'n ddadleuol iawn ai dyna wir reswm y Ceidwadwyr dros gefnogi Richard a Labouchère; mae'n debycach iddynt achub ar y cyfle i roi ergyd i'r llywodraeth.

Yn y cyfnod rhwng 14 a 27 Tachwedd 1885, bu'r trydydd rhyfel rhwng Prydain a Burma. Ers rhai blynyddoedd bu Ffrainc yn rhyfela yn Indo-China gan ddynesu at y ffin gyda Burma. Cysylltodd Burma gyda Ffrainc mewn ymgais i greu cynghrair gwleidyddol rhwng y ddwy wlad. Nid oedd hyn wrth fodd Prydain ac er i Ffrainc ymwrthod ag unrhyw drefniant o'r fath nid oedd Prydain yn fodlon ac aed i ryfel. Ni pharhaodd y rhyfel ond bythefnos ac ildiodd Burma. Hefyd yr oedd llywodraeth Burma wedi cyhuddo'r Bombay Burmah Trading Corporation o gamweinyddu a pheidio talu eu gweithwyr. Cafwyd yr ymateb nodweddiadol Seisnig, sef honni bod y cyhuddiadau'n annilys a bod y llys yn llwgr. Mynnwyd penodi cyflafareddydd Prydeinig i farnu'r mater a phan wrthododd Burma gwnaed nifer o orchmynion pellach. Ymhlith y rhain oedd mynnu gosod cynrychiolydd diplomyddol Prydeinig ym Mandalay; fod unrhyw ddirwyon yn erbyn y cwmni i'w gohirio nes i'r cynrychiolydd hwnnw gyrraedd; fod Burma yn ddarostyngedig i lywodraeth Prydain ar faterion tramor ac yn darparu cyfleusterau i ddatblygu masnach rhwng gogledd Burma a China. Gwrthododd Burma yr wltimatwm afresymol ac ymosododd Prydain yn syth ar 14 Tachwedd. Yr oedd rhengoedd Burma mewn anhrefn. Nid yn unig yr oedd yr ymosodiad yn annisgwyl ond yr oedd gweinidog amddiffyn y wlad wedi cyhoeddi ei fod yn awyddus i drafod heddwch gyda Phrydain ac yn y dryswch ildiodd nifer o filwyr Burma. Llwyddodd y Prydeinwyr i dwyllo pobl Burma hefyd, drwy roi'r stori ar led nad oedden nhw am reoli'r wlad, dim ond disodli'r Brenin Thibaw (amhoblogaidd) a gosod yn ei le y Tywysog Nyaung Yan, sef hanner brawd hŷn y brenin. Y gwir oedd fod Nyaung Yan, oedd yn alltud yn yr Inda, eisoes wedi marw. Erbyn i bobl Bwrma ganfod y twyll yr oedd y wlad wedi colli ei hannibyniaeth ac yn rhan o'r Ymerodraeth Brydeinig. Yr oedd rhan ddeheuol y wlad eisoes dan lywodraeth Prydain, ac ar 1 Ionawr 1886, yr oedd Burma gyfan yn rhan o'r Ymerodraeth Brydeinig.

Cyflwynwyd cynnig gyda'r mwyaf haerllug gan yr is-ysgrifennydd dros India, Syr Ughtred Kay-Shuttleworth, sef bod India'n talu cost yr ymosodiad ar Burma. Cynigiwyd gwelliant gan William Hunter, AS Gogledd Aberdeen: 'Fod y Tŷ hwn o'r farn y byddai'n anghyfiawn bod traul yr ymgyrch filwrol ym Mrenhiniaeth Ava (gogledd Burma) i'w thalu o gyllid India.'

Eiliwyd y gwelliant mewn araith arbennig o finiog gan Henry Richard. Yr oedd am ehangu'r ddadl – nid yn unig i drafod y mater o orfodi India i dalu am y rhyfel – ond i ystyried pwnc pwysicach na hynny hyd yn oed, sef polisi Prydain yn y wlad.

> O'm rhan i, rhaid i mi ddatgan fy marn fod y meddiannu diamod o'r Deyrnas yna yn weithred o drais a gormes na ellir ei chyfiawnhau. Mae'r digwyddiadau diweddar fel yr ymddengys pethau ar hyn o bryd yn awgrymu nid yn unig ei bod yn weithred anghyfiawn, ond yn un o ffolineb dybryd. Drwy ddymchwel y llywodraeth, ymddengys ein bod yn gyrru'r wlad i anarchiaeth hir-dymor, ac nid heb berygl bychan i ni fynd i drafferthion difrifol a chymhleth mewn amryw gyfeiriadau, yn arbennig gyda China. Mae'n flin gennyf fod y Llywodraeth bresennol o blaid cymeradwyo a mabwysiadu'r fath bolisi. Credaf y buasai'n well petai wedi ymddwyn fel y gwnaeth yn Afghanistan a'r Transvaal, a gwrthdroi polisi ei rhagflaenwyr, yn hytrach na'i ddilyn fel y gwnaed yn Yr Aifft, gyda'r canlyniadau sy'n awr yn amlwg i bawb. Yr esgus dros y weithred hon oedd camymddwyn y Brenin Thibaw. Ond ofnaf mai y gwir reswm oedd ein bod yn chwenychu ei eiddo, ac yn benderfynol o'u cael costied a gostio. Pan chwenychir gwinllan Naboth, nid yw'n anodd gwneud achos, digonol i ni ein hunain o leiaf, pam y dylid lladd Naboth.[32]

Y ddau brif reswm dros yr ymosodiad, ym marn Richard, oedd awydd swyddogion y fyddin i ymgyfoethogi eu hunain a chreu cyfle i ymyrryd ymhellach yn China. Am y mater o daflu'r gost ar India, nid oedd a wnelo'r wlad honno ddim â'r rhyfel ac yn sicr ni fedrai fforddio ei dalu. Dyma wlad lle'r oedd 40,000,000 o'i thrigolion yn byw heb ddigon o fwyd ac yn y blynyddoedd rhwng 1861 a 1880 yr oedd 11,500,000 o bobl wedi marw o newyn. Fel arfer, trechwyd y gwelliant o 297 pleidlais i 82, mwyafrif o 215.

Ym Mawrth 1885 ailgodwyd yr hen gynnen am ffiniau Afghanistan, sy'n dod â ni'n ôl at sail rhyfel 1878 pan ymosododd Prydain ar Afghanistan.[33] Yr oedd llywodraeth Rwsia, i geisio osgoi trafferthion, wedi argymell er 1882 y dylid dod i gytundeb pendant ynglŷn â ffiniau Afghanistan a phenodwyd comisiwn Prydeinig-Rwsiaidd i dorri'r ddadl. Ond gyda'r comisiwn wedi oedi cyhyd cyn dechrau ei waith daeth byddin Afghanistan i fyny o'r de a Rwsia i lawr o'r gogledd. Gyda'r ddwy fyddin yn gwersylla bob ochr i afon Kushk, ar 30 Mawrth 1885 ymosododd Rwsia a gorchfygwyd byddin Afghanistan. Datblygiad sicr o wylltio Prydain, oherwydd yr oedd safle Afghanistan, rhwng India dan lywodraeth Prydain, ac Ymerodraeth Rwsia, yn un a ystyrrid yn bwysig. Gofynnodd Henry Richard i'r llywodraeth, gan fod Prydain a Rwsia wedi arwyddo Cytundeb Paris 1856 ar ddiwedd Rhyfel y Crimea, onid oedd hwn yn gyfle i fanteisio ar gymorth ryw wladwriaeth gyfeillgar i dorri'r ddadl. Cytunai Gladstone â'r awgrym ond gan fod trafodaethau ar droed gwrthododd ganiatáu dadl. O ganlyniad aeth Richard ati i baratoi crynodeb o gefndir yr anghydfod gan bwysleisio argymhelliad y Cymal 23 yng Nghytundeb Paris. Arwyddwyd y ddogfen gan John Bright, Samuel Morley, James Bryce a dros 80 o aelodau seneddol eraill. Hefyd anfonodd Richard lythyr a gyhoeddwyd yn y *Pall Mall Gazette*, eto'n codi'r cwestiwn pam na ellid cyflwyno'r anghydfod i gyflafareddiad. Ar 4 Mai hysbysodd Gladstone Dŷ'r Cyffredin fod Prydain a Rwsia wedi cytuno i wneud hynny.[34]

11 ᛜ Tua'r cyfandir, masnach gyda China, llywyddu'r Undeb Cynulleidfaol, ffeministiaeth a'r Mesur Diarfogi

TRÔDD Henry Richard a'i briod eu hwynebau tua'r Hâg wedi i'r Senedd godi yn Awst 1875, gyda'r bwriad o fod yn bresennol yng nghyfarfodydd y ddwy gymdeithas gyfreithiol ryngwladol. Cyrhaeddasant ar y dydd olaf o'r mis a chael bod cynhadledd yr *Institut de droit international* (Sefydliad y Gyfraith Ryngwladol) wedi gorffen ond pan ddaeth y gwleidydd a'r heddychwr Jan Pieter Bredius i'w cyfarfod a'u croesawu cawsant y newydd fod brenhines yr Iseldiroedd wedi neilltuo'r diwrnod hwnnw i gyfarfod cynrychiolwyr y ddwy gynhadledd. Pan gyflwynwyd Henry Richard iddi mynegodd ei llawenydd o'i gyfarfod gan ychwanegu – 'mae eich enw yn gyfarwydd i mi, fel y mae ledled y byd'.[1]

Drannoeth, cyfarfu'r Gymdeithas er Diwygio a Threfnu Cyfraith y Cenhedloedd dan lywyddiaeth David Dudley Field. Siaradodd Henry Richard ar bwnc cyflafareddu rhyngwladol. Pe gellid sicrhau cysondeb ac undod i gyfraith y cenhedloedd, meddai, byddai mwy o obaith sefydlu uwch dribiwnlys i ddyfarnu rhwng cenhedloedd, fel y mae Prif Lys Cyd-ffederasiwn America yn dyfarnu rhwng taleithiau'r Undeb yn ogystal â rhwng y llywodraeth ffederal a'r llywodraethau taleithiol. Trafodwyd y pwnc o sefydlu tribiwnlys rhyngwladol ar ddiarfogi ac anymyriad. O ganlyniad cytunwyd ar ddau benderfyniad – y ddau wedi eu drafftio gan Henry Richard. Yr oedd y cyntaf ar bwnc cyflafareddiad rhyngwladol, yn canmol amryw weinyddiaethau am gymeradwyo'r egwyddor a gwladwriaethau eraill am ei fabwysiadu. Gresynai'r ail benderfyniad at y cynnydd enfawr parhaus mewn arfau rhyfel gan annog llywodraethau i gytuno i leihau'r oferedd peryglus hwn.[2]

Yn yr arfer hwn yr oedd Prydain mor afradlon ag unrhyw wlad. Yn y ddwy flynedd y bu Disraeli mewn grym bu'r cynnydd mewn gwariant ar arfau rhyfel yn £2,300,000. A phan amlinellodd y llywodraeth ym 1876 ei chyllideb am y flwyddyn ddilynol, gan awgrymu cynnydd pellach o £600,000 cynigiwyd gwelliant yn ei wrthwynebu gan Syr Wilfrid Lawson, yn cael ei eilio gan Henry Richard a'i gefnogi gan Jacob Bright (brawd iau John Bright), Joseph Whitwell Pease o'r teulu o Grynwyr a heddychwyr Rhyddfrydol, a Peter Rylands, Burnley, un arall o ddiwydianwyr gogledd Lloegr.[3]

I beth yr ydym angen y lluoedd hyn holodd Henry Richard. I amddiffyn ein hunain rhag ymosodiad? Ond rhag pwy? Ffrainc *oedd* y bwgan mawr, pa un ai oedd hi dan lywodraeth frenhinol gyfansoddiadol, neu weriniaeth, neu gymanwlad – nid oedd gwahaniaeth. A beth bynnag oedd sefyllfa llywodraeth Ffrainc, pa un ai yn dioddef poenau chwyldro cartref, ceisio llunio cyfansoddiad allan o'r adfeilion blaenorol, neu'n rhyfela yn erbyn Awstria neu'r Eidal, yr oeddem yn cael ein hannog i gredu fod Ffrainc yn cynllwynio rhyw ddrygioni yn erbyn Prydain. Aeth rhagddo:

> Os felly, i ba bwrpas yr ydym angen Byddin fawr? Yr ydym wedi ymwrthod â pholisi o ymyrryd yng nghwerylon y Cyfandir, o leiaf y mae ein gwladweinyddion wedi gwneud hynny – yn Geidwadwyr a Rhyddfrydwyr. Fel prawf o hyn cyfeiriaf at eiriau'r Arglwydd Derby, yr Ysgrifennydd Tramor. Tra'n annerch ei etholwyr yn King's Lynn, pan oedd yn Aelod o'r Tŷ hwn, cyfeiriodd at y ddadl ar y Rhyfel rhwng Denmarc a'r Almaen, ym 1864, gan ddweud: 'Nod honedig y ddadl honno oedd ceisio barn y Tŷ a oedd y trafodaethau ynglŷn â Denmarc wedi eu camweinyddu, ond amcan nifer o Aelodau – myfi yn eu plith – wrth fynd i fewn iddi oedd cael gan y Senedd fynegiant clir a phendant o blaid polisi o beidio ymyrryd mewn dadleuon Cyfandirol.' Gwnaeth y Gwir Anrhydeddus, y Gweinidog Rhyfel araith ardderchog yn yr un ddadl lle, gan gyfeirio at ffeithiau'r Rhyfel rhwng Denmarc a'r Almaen, a'r rhan a gymerwyd gennym yn y mater; dywedodd '. . . fod ffeithiau'n dangos fod safle Lloegr, yn rhydd wrth gymhlethdodau a thraferthion Cyfandirol, yn ei gwneud yn addas i fod yn ganolwr Ewrop. Dangosant, gan nad oes ganddi ddim i'w ennill o orthrymu cenhedloedd bychain, nac o niweidio rhai mwy, y mae'n gymwys i lenwi safle amhleidiol o urddas, safle lle y byddai ganddi lawer mwy o ddylanwad na thrwy fynd i ryfel'.[4]

Gorffennodd ei araith drwy annog y llywodraeth i roi pen ar y gwariant gwallgof a chytuno'n ddiamheuol, drwy leihau arfau, ar bolisi o heddwch.

Trechwyd y gwelliant o 192 pleidlais i 63. Ei drechu – meddai Richard – gan fwyafrif gyda chysylltiadau personol neu deuluol gyda'r gwasanaethau milwrol i ddwylo y rhai y tywalltwyd y symiau enfawr hyn flwyddyn ar ôl blwyddyn.

Cafodd gyfle i ddychwelyd at yr un pwnc wrth gefnogi gwelliant Peter Rylands yn gwrthwynebu codi'r dreth incwm. Hyn eto oherwydd gwanc y lluoedd arfog. Gan droi i Lyfr y Diarhebion[5] yr oedd ei llef, meddai, fel eiddo dwy ferch y gele, 'yn llefain, moes, moes, mwy' a'r trueni yw pa faint bynnag a roddir iddynt, nid oedd ganddynt ddim i ddangos amdano. 'Mae arllwys arian i ddwylo'r lluoedd arfog fel arllwys dŵr i ridyll,' meddai. Yr oedd wedi amcangyfrif fod y Senedd wedi gwario £550 miliwn ar amddiffyn rhwng 1856 a 1875 ac eto dywedid wrthynt byth a beunydd fod y wlad yn gwbl ddiamddiffyn.[6]

Pwnc arall a gododd Henry Richard oedd y berthynas rhwng Prydain a China a'r angen i osod y cyfan ar dir mwy boddhaol. Ar 27 Mehefin rhoddodd gynnig gerbron y Senedd fod angen adolygu'r cytundeb oedd eisoes yn bodoli rhwng y ddwy wlad i hybu masnach gyfreithlon a diogelu hawliau cyfiawn llywodraeth China a'i phobl.

Nid oedd, meddai, yr un darn o hanes lle medrai 'Sais gonest' edrych yn ôl arno gyda mwy o ymdeimlad o warth a chywilydd nag yn ymwneud Prydain â China. 'Hynny yw, os ydym i gael ein barnu wrth reolau arferol moesoldeb rhyngwladol', meddai. Y drafferth oedd y dosbarth o Brydeinwyr oedd o hyd yn chwilio am achosion o dramgwydd, dibwys yn fynych. Ac o gael yr esgusdion hynny gwnaent bopeth a fedrent i'w cyflwyno yn y goleuni gwaethaf posib a'u defnyddio yn y modd mwyaf eithafol gan ddial yn dreisgar, gwthio Prydain i ryfel gyda chenhedloedd y Dwyrain Pell – rhyfeloedd na fyddent hwy yn eu hymladd na thalu amdanynt.

Yn ein cweryl cyntaf gyda'r Chineaid ym 1838, a arweiniodd at ryfel 1840, yr oeddem yn gyfangwbl ar fai. Yr achos amdano oedd penderfyniad ystyfnig, diysgog, digywilydd marchnatwyr Prydeinig i smyglo opiwm i fewn i China mewn trosedd ddybryd yn erbyn cyfreithiau'r Ymerodraeth, gan herio'n agored ddatganiadau a phrotestiadau a wnaed drosodd a throsodd gan Lywodraeth China. Galwyd y rhyfel hwnnw, a hynny'n gywir, y Rhyfel Opiwm. Gwrthwynebodd rhai yr enw yna, ond ni all neb a ddarllenno hanes y digwyddiadau a arweiniodd at y digwyddiadau hynny ond gweld mai opiwm oedd ffactor pwysicaf y rhyfel. I gychwyn yr oedd ein Llywodraeth wedi gosod yr egwyddor cadarn na fedrai Llywodraeth Ei Mawrhydi ymyrryd i alluogi dinasyddion Prydeinig i dorri cyfreithiau'r wlad y maent yn masnachu gyda hi, ac y byddai'n rhaid iddynt ddioddef y canlyniadau. Ond pan feddiannodd y Comisiynydd Lin a dinistrio'r opiwm gwaharddedig, fel yr oedd ganddo berffaith hawl i'w wneud, fel y buasai Swyddogion ein Tollau yn atafaelu a dinistrio llwyth o frandi Ffrengig a smyglwyd, aethom i ryfel gyda'r Chineaid ar y mater, a'u gorfodi, ymhlith pethau eraill, i dalu $6,000,000 o iawn-dâl i'r smyglwyr.[7]

Aeth rhagddo i ddyfynnu gwaith Harriet Martineau[8] am yr hanes cywilyddus ac mai rhyfeddod cenedlaethau i ddod yw sut y medrwn fyw mor gyffyrddus gyda'r gwarth. Gwnaed cytundebau, a'u torri gan Brydain, yn un o weithredoedd mwyaf gwaradwyddus a thrahaus yn hanes yr Ymerodraeth Brydeinig. Yr oedd yr opiwm yn cael ei dyfu a'i drin yn ffatri enwog Sudder, Ghazipur, ar lan y Ganges yng ngogledd-ddwyrain India – 'yr em werthfawrocaf yng nghoron y Frenhines Victoria' – gan orfodi China i'w brynu, y cyfan i foddio gwanc Prydain am elw.[9] Byth oddi ar bedwar-degau'r ganrif, meddai Richard, bu'r drwg hwn – opiwm – yn staen ar bolisi Prydain a gwreiddyn holl ddrwgdeimlad y Chineaid tuag at Brydain. Lluniwyd cytundebau gyda'r bwriad o roi diwedd ar y fasnach opiwm anghyfreithlon rhwng y ddwy wlad. Ond pwy fu'n gyfrifol am eu torri? Prin fod Cytundeb Nanking (1842) a'r cymalau atodol wedi eu harwyddo nad oedd marchnatwyr Prydeinig wrthi eto'n mewnforio opiwm o India i China gan barhau i wneud hynny am y bedair mlynedd ar ddeg nesaf. Soniwyd eisoes am helynt yr *Arrow* (1856), pan aeth swyddogion Chineaidd ar fwrdd y llong honno – llong smyglwyr, os nad môr-ladron. Honnwyd, yn gelwyddog, fod y llong yn hwylio dan faner Jac yr Undeb a bod y swyddogion Chineaidd wedi amharchu'r faner. Y cyfan yn gelwydd ond yn ddigon o esgus i Brydain losgi dinas Canton i'r llawr a gorfodi China i lofnodi Cytundeb Tientsin oedd yn cythreithloni'r fasnach felltigedig. Â'r adeg yn nesáu pan fyddai'n bryd aildrafod Cytundeb Tientsin, ymbiliodd Henry Richard am decach ymdriniaeth wrth Brydain, gwlad Gristnogol, tuag at wlad baganaidd, China. Cytundeb oedd yn ei gwneud yn amhosib i genhadon ledaenu'r efengyl yn China.

Cefnogwyd cynnig Henry Richard gan nifer o'i gyd-Ryddfrydwyr a chymeradwywyd amcan cyffredinol ei gynnig gan y llywodraeth. Er hynny, ni fu fawr o welliant yn agwedd Prydain tuag at China.

Yn ystod y gwanwyn etholwyd Henry Richard yn gadeirydd Undeb Cynulleidfaol Lloegr a Chymru, swydd i'w llenwi'r flwyddyn ganlynol (1877). Hwn oedd y tro cyntaf i leygwr – oherwydd yr oedd Richard bellach yn ei ystyried ei hun yn lleygwr ac ers pum mlynedd ar hugain fwy neu lai wedi hepgor y teitl 'parchedig' o flaen ei enw.

Ddiwedd Medi 1876 trôdd Henry Richard a'i wraig eto tua'r cyfandir, y tro hwn tua Bremen, un o brif borthladdoedd a chanolfan adeiladu llongau y llywodraeth Almaenig yng ngogledd y wlad. Eu nod oedd pedwaredd gynhadledd y Gymdeithas er Diwygio a Rheoleiddio Cyfraith Ryngwladol. Yr oedd y niferoedd, er gwaethaf cynrychiolaeth dda o'r Almaen, Ffrainc, Awstria, Denmarc, Norwy a Sweden, yn llai nag arfer. Yr oedd Cymdeithas Almaenig yr Economegwyr Gwleidyddol hefyd yn cyfarfod yn Bremen ac yr oedd yr Americanwyr yn absennol oherwydd yr etholiad arlywyddol. Hefyd, yn fuan wedi cynhadledd 1875 bu farw'r ysgrifennydd, James Browning Miles, a gwelwyd eisiau trylwyredd ei drefniadaeth. Etholwyd Henry Diedrich Jencken yn ei le. Bu yno, yn ôl Richard, lawer o wledda ac yfed gan gynnwys gwin o seler neuadd y dref a fu'n gorwedd yno er 1620.[10] Trafodwyd biliau cyfnewid, pwnc o ddiddordeb arbennig i Jencken; materion yn ymwneud â pherthynas cenhedloedd Cristnogol gyda chenhedloedd o grefyddau eraill – pwnc o ddiddordeb arbennig i Richard; a chyfreithiau'n ymwneud â dwyn eiddo preifat ar y môr a gyflwynwyd gan yr Athro Sheldon Amos o Brifysgol Llundain.

Cychwynnodd Richard ei gyfnod fel llywydd yr Undeb Cynulleidfaol ym Mai 1877, baich ychwanegol arno yng nghanol yr 'helyntion dwyreiniol' (ymdriniwyd yn llawn â'r rhain ym mhennod 9, tt. 195–9). Yn ei anerchiad cyntaf o'r gadair dewisodd fel ei destun 'Perthynas y Galluoedd Sifil ac Ysbrydol mewn Gwahanol Wledydd yn Ewrop'.[11] Cyflwynodd ddarlun manwl o berthynas yr eglwys a'r wladwriaeth yn Ffrainc, yr Almaen, yr Eidal, Awstria, Gwlad Belg a'r Swisdir. Yr oedd yn ffrwyth ymchwil personol a manwl, llawer ohono'n seiliedig ar yr hyn a welodd ar ei deithiau o gwmpas Ewrop. Dangosodd natur a maint y gwrthdaro yr oedd Anghydffurfwyr yn rhan ohono gan nodi'r gwersi i'w dysgu ohonynt. Yr oedd y tueddiadau sgeptig cyffredinol a welodd yn Ewrop i'w priodoli, meddai, i'r cydweithio rhwng eglwys a gwladwriaeth a lurguniodd ysbryd a thuedd Cristnogaeth nes ei ddieithrio oddi wrth gyfran helaeth o elfennau gorau'r gymdeithas Ewropeaidd. 'Bu gormes ac ystryw offeiriaid bob amser yn gynghreiriaid ffyddlon', meddai. 'law yn llaw mewn cynllwyn bythol yn erbyn hawliau a rhyddid dynoliaeth. Oes, y mae gennym yr hawl i ddweud wrth Babau, cardinaliaid, ac esgobion, a chynrychiolwyr eraill y grefydd swyddogol ledled y byd, "Canys enw Duw o'ch plegid chwi a geblir ymhlith y Cenhedloedd".' A chan wyrdroi'r geiriau o Efengyl Marc, meddai: 'Na gysyllted dyn yr hyn wahanodd Duw.' Creodd yr anerchiad gyffro ar y cyfandir a'i gyfieithu a'i gyhoeddi yn y *Revue Politique* ym Mharis a'i gyfieithu i ieithoedd Ewropeaidd eraill gan gynnwys Iseldireg.[12]

Ni chafwyd unfrydedd llwyr yn y cyfarfod hwnnw. Codwyd y 'Cwestiwn Dwyreiniol' gan Dr Robert William Dale, y cyfeiriwyd ato eisoes yng nghyswllt Comisiwn Cross. Cyflwynodd gynnig o gydymdeimlad gyda Gladstone a'r cwrs a anogai o orfodi Twrci i gydymffurfio â'r cytundebau a arwyddwyd yn y misoedd cyn hynny.[13] Teimlai Henry Richard, yn y gadair, ei hun mewn cornel cyfyng. Yr oedd y gair 'gorfodi' yn dramgwydd iddo. Ni fedrai'r Apostol Heddwch gydymdeimlo gyda gair allai olygu annog defnyddio grym. Gwnaeth hynny gyda'i ddawn ddiplomatig arferol. Rhoddodd ei gydsyniad cynnes i gynnig Dale a oedd yn mynegi gwerthfawrogiad mawr o'r gwasanaeth a roes Gladstone i ddynoliaeth a rhyddid. Croesawodd y mynegiant cadarn na fyddai 'Lloegr' yn rhoi unrhyw gefnogaeth foesol na materol i Dwrci, gan y dangosai gymaint fu'r newid yn y farn gyhoeddus ymysg y rhai hynny a gefnogodd Ryfel y Crimea a'r polisi a arweiniodd at y rhyfel hwnnw. Gobeithiai na fyddai'r rheini wnaeth gymaint o gamgymeriad ym 1854, drwy annog mynd i ryfel ar ran Twrci yn erbyn Rwsia, yn awr yn mynd i'r pegwn eithaf arall, gan annog polisi i'r gwrthwyneb ym 1877 drwy fynd i ryfel ar ran Rwsia yn erbyn Twrci. Tawelwyd y dyfroedd.

Anerchodd yr undeb yng Nghaerlŷr yng nghyfarfod yr hydref, ar 18 Hydref, a'i destun y tro hwn oedd 'Cymhwysiad Cristnogaeth at Wleidyddiaeth'. Yr oedd llawer o ddrygioni cymdeithas, meddai, yn deillio o'r ffaith na chafodd dysgeidiaeth Iesu Grist erioed ei chymhwyso'n llawn i wleidyddiaeth, ac ni welai obaith i'r byd oni bai bod gwleidyddiaeth yn ymgysylltu â Christnogaeth.[14] Yr oedd ei araith yn arolwg gynhwysfawr o berthynas yr eglwys a'r wladwriaeth, o grefydd ac addysg. Trafododd gaethwasiaeth, ymdriniaeth llywodraethau o'u trigolion gwreiddiol a'u tiroedd, a phwnc rhyfel. Soniodd hefyd am ddylanwad Cristnogaeth.

'Ni chredaf fod Cristnogaeth yn farw nac yn marw,' meddai. 'Hwyrach bod rhai credoau hynafol a ymgorfforwyd gan genhedlaethau gynt o Gristnogion yn marw, a hen bryd hynny, a'u claddu. Ond bydd y gwirioneddau yn goroesi, i'w hymgnawdoli mewn ffurfiau eraill mwy addas i'r oes.' Aeth rhagddo i ddweud fod Cristnogaeth fel grym ym materion y byd yn fywiocach nag erioed:

Gofynnaf i chwi edrych ar ei effaith ar gymdeithas ac ystyried gymaint a wna i ddyrchafu, diwyllio a dyneiddio ein hil. Ystyriwch y cymdeithasau elusengar dirifedi dros wyneb ein gwlad, a gwledydd Cristnogol eraill – dros y tlawd, yr amddifad, y gwael, yr anwybodus, y dall, y cloff, y gwan eu meddwl, y gwallgof, y syrthiedig, troseddwyr – pob math o bechod a dioddefaint dynol, a fwydir gan y cydymdeimlad a'r trugaredd y mae Cristnogaeth yn ei genhedlu, a dywedwch wrthyf a ellir cyflawni hyn oll gan grefydd farw neu sy ar fin marw.[15]

Mynegodd, eto, ei siom at amharodrwydd gweinidogion yr efengyl i drafod heddwch a galwodd arnynt i neilltuo o leiaf un bregeth y flwyddyn i gondemnio'r ysbryd rhyfelgar, dialgar a chreulon sy'n rhy fynych yn meddiannu'r bobl. Wedi'r cwbl, yr oedd proffwydi'r Hen Destament yn barod iawn i farnu pechodau eu llywodraethwyr, pam nad oedd pregethwyr yn gwneud hynny'n awr?

Tra yr oedd yng Nghaerlŷr manteisiodd Cymdeithas Heddwch y Gweithwyr yn y ddinas ar gyfle i gyflwyno anerchiad ysgrifenedig iddo yn mynegi eu hedmygedd o'i wasanaeth dros heddwch. Yn ei ymateb dywedodd Henry Richard na chafodd erioed fwy o bleser na gweld sefydlu'r gymdeithas hon, a gweld y gwaith gyflawnid ganddi gyda dycnwch a gofal. Nid oedd gan unrhyw ddosbarth yn y gymuned fwy o hawl i weithio o blaid heddwch na hwy, y dosbarth a ddioddefai fwyaf oherwydd rhyfel.[16] Gorffennodd ei araith gyda'r geiriau a sgrifennwyd, o bosib, gan Henry Andrews, sef Francis Moore, cychwynnwr yr almanac enwog:

> What is it after all, the people get?
> Why – widows, taxes, wooden legs, and debt.

FFEMINISTIAID A FFAIR PARIS

Ymwelodd Henry Richard a'i briod a'i nith, Margaret Evans, â Chyngres Flynyddol y Gymdeithas er Diwygio a Rheoleiddio Cyfreithiau'r Cenhedloedd yn Antwerp rhwng 31 Awst a 4 Medi 1877. Cyflwynodd Richard anerchiad ar 'Rwymedigaeth Cytundebau' ac wedi trafodaeth cyflwynodd gynnig yn annog gosod cymal o blaid cyflafareddu ymhob cytundeb rhyngwladol o hynny ymlaen. Eiliwyd y cynnig gan yr Athro Sheldon Amos a'i dderbyn yn unfrydol.[17]

Aeth y tri rhagddynt wedyn i Frwsel ac yna i'r Swisdir. Yn Zurich ymwelsant â'r Gymdeithas Ryngwladol oedd yn cyfarfod ar y pryd ac yna, drwy Berne a Lucerne i Genefa, lle'r oedd y Gyngres ar y Drwg Cymdeithasol (*Congress on the Social Evil*) yn cyfarfod.[18] Yno, eto, yr oedd amryw o gyfeillion Henry Richard wedi ymgasglu, yn eu plith Sheldon Amos. Hefyd yn bresennol oedd Josephine Butler, un o ffeministiaid amlwg y ganrif a dynes a fu'n poeni am buteiniaid ac yn ymgyrchu dros addysg uwch i ferched. Er yn gweld puteindra fel pechod, yr oedd Josephine Butler yn ymwybodol fod dynion yn manteisio ar ferched, yn arbennig y rhai tlawd, rhywbeth a welodd tra'n gwneud gwaith gwirfoddol mewn tlotai yn Lerpwl. Ymwelodd droeon â Ffrainc a'r Swisdir lle dioddefodd erledigaeth yr awdurdodau er cael croeso mawr gan ffeministiaid. Traddododd Henry Richard anerchiad yn Ffrangeg ar bwnc 'Byddinoedd Sefydlog a'u Dylanwad ar Anfoesoldeb Cymdeithasol'. Gan fod puteiniaid yn ymgasglu o gwmpas gwersylloedd milwrol, yr oedd hwn yn bwnc a wyntyllwyd gan heddychwyr eraill yn ogystal a gan Henry Richard ei hun o dro i dro.

Ym 1878 cynhaliwyd Arddangosfa Fyd-eang ym Mharis a bachodd y mudiad heddwch ar y digwyddiad i gynnal Cyngres Heddwch yno ddiwedd Medi. Bu Cymdeithas Heddwch y Gweithwyr, yn arbennig Benjamin Lucraft a W. Randal Cremer, yn weithgar yn y paratoadau. Cyfarfu'r Gyngres Heddwch Ryngwladol yn y Pavillon de Flore, un o'r adeiladau o gwmpas Palas y Tuileries a ddinistriwyd ym 1871. Parhaodd y gyngres am bum niwrnod ac yr oedd cynrychiolaeth gref o Brydain, yn eu plith Henry Pease, llywydd y Gymdeithas Heddwch, yr is-gadeirydd Alfred Illingworth a'r ysgrifennydd, Henry Richard. Aeth 29 mlynedd heibio ers cynnal Cyngres Heddwch Paris 1849. Richard, fel y cofir, oedd un o drefnwyr y gyngres honno, ac yr oedd eraill fu'n weithgar ym 1849 yn bresennol hefyd, yn eu plith Joseph Garnier a Frédéric Passy o Ffrainc. Richard gadeiriodd yr ail gyfarfod a chyfeirodd at hanes y chwarter canrif blaenorol – cyfnod pryd y gwelwyd gwledydd Ewrop yn cynhyddu eu grym arfau i raddau mwy nag a welwyd yn hanes y byd. Ond yn hytrach na sicrhau heddwch cafwyd yn ystod y cyfnod hwnnw chwech o'r rhyfeloedd mwyaf erchyll a welodd dynoliaeth. Ond ni fynnai Richard anobeithio, oherwydd yn y deugain mlynedd flaenorol cafwyd ugain o achosion o gyflafareddu llwyddiannus. A phe gellid addysgu'r bobl mewn egwyddorion heddwch, a'r wasg yn ymgysegru ei dylanwad aruthrol i'r un cyfeiriad, a gweinidogion yr efengyl yn cydweithio, yna byddai rheswm yn drech na grym.[19] Cafwyd anerchiadau ar fasnach rydd a rhyddid crefyddol, a chyfle i glywed a mynegi barn ac agweddau rhyddfrydig ar bynciau heblaw heddwch. Ymysg y siaradwyr yr oedd merched, gweithwyr a gwleidyddion o amryw wledydd ac aelodau o lywodraeth Ffrainc. Ffurfiwyd pwyllgor o chwech — yn eu plith Frédéric Passy; Charles Lemmonnier, sylfaenydd y Gyngres Heddwch a Rhyddid Ryngwladol yn Genefa ym 1867; Henry Richard; ac Auguste Couvreur o Wlad Belg — i glymu'r gwahanol gymdeithasau heddwch yn un frawdoliaeth fyd-eang.[20]

Derbyniwyd dau gynnig yn ymwneud â diarfogi sef:

1. Penodi comisiwn rhyngwladol o gynrychiolwyr o bob cenedl i sicrhau gostyngiad yn arfau pob cenedl;
2. Fod llywodraethau y bobloedd gwâr yn cychwyn trafodaethau cyn gynted â bo modd i sicrhau diarfogi cymesurol a chyfamserol ym mhob gwlad.[21]

Cymerwyd diddordeb mawr yn y ddau gynnig ac aeth amryw wleidyddion oedd yn bleidiol i achos heddwch ati i roi'r cynigion gerbon eu llywodraethau eu hunain. Y cyntaf i wneud hynny oedd Jean Dollfus o Alsas yn Senedd Berlin.

YR YMGYRCH DDIARFOGI

Sbardunodd Henry Richard ymgyrch arall ym 1879–80 yn ei frwydr barhaus i annog y cenhedloedd i gytuno i leihau eu byddinoedd a'u gwariant gorthrymus ar arfau rhyfel. Plannwyd hedyn yr ymgyrch gyda'r cynigion a gymeradwywyd yng Nghynhadledd Paris 1878, pryd y galwyd am ddiarfogi cymesurol a chyfamserol ym mhob gwlad. Ym Mhrydain gwthiodd Richard y cwch i'r dŵr mewn cynhadledd ryngwladol yn Llundain a drefnwyd gan y Gymdeithas er Diwygio Cyfraith y Cenhedloedd. Gerbron cynrychiolwyr o Wlad Belg, yr Iseldiroedd, Ffrainc a Sweden cyflwynodd, ar 11 Awst 1879, anerchiad, 'Gostyngiad Arfau Rhyngwladol', datganiad cynhwysfawr oedd yn cyfuno'r dadleuon moesol, ariannol a gwleidyddol.

Paratoi'r tir i gyflwyno mesur gerbron y Senedd ar bwnc diarfogi oedd Richard ac ym mis Hydref siaradodd o blaid y cynnig arfaethedig mewn cyfarfod yn Warrington. Ymhlith y siaradwyr yn ei gefnogi oedd Peter Rylands, AS, a John Gordon McMinnies, a etholwyd y flwyddyn wedyn yn aelod dros Warrington. Siaradodd Richard yn bur faith am gyflwr milwrol Ewrop, gan gondemnio'n llym y gwastraff arian a wasgwyd o ddwylo'r werin a'r orfodaeth ormesol ar fechgyn ifainc i adael eu bröydd ac ymuno â'r byddinoedd. Cefnogwyd cynnig yn condemnio'r drefn ryfel ac o gefnogaeth wresog i Richard a'i fesur arfaethedig.[22]

Y mis canlynol – Tachwedd – yr oedd Henry Richard yn cychwyn ei ymgyrch ddiarfogi yng Nghymru. Daeth 500 o gynrychiolwyr o bob cwr o Gymru ynghyd i'r Guildhall, Abertawe, i wrando arno ef a'i gyd-siaradwyr – Lewis Dillwyn, AS, a John Roberts, AS y Fflint. Yr oedd Richard yn hyderus petasai Senedd Prydain yn cefnogi'i gynnig y byddai gwledydd eraill yn Ewrop yn dilyn. Cyflwynodd Dillwyn gynnig fod y cyfarfod yn cefnogi ymgyrch Henry Richard a galwodd ar y cynrychiolwyr i drefnu deisebau yng Nghymru ac i ddefnyddio unrhyw gysylltiadau oedd ganddynt yn yr ymgyrch ryngwladol hon. Annog pwyll wnaeth Dillwyn, serch hynny, gan argymell oedi tan wedi'r etholiad cyffredinol nesaf cyn cyflwyno'r cynnig gerbron y Senedd. Yr oedd Llywodraeth Disraeli yn prysur golli stêm a pharch a hyder y Rhyddfrydwyr wedi'i adfer, ac yr oeddynt yn sicr mai hwy fyddai'n llywodraethu ymhen ychydig fisoedd. Ond i'r *Western Mail* Ceidwadol 'llef un yn llefain yn y diffeithwch' oedd eiddo Henry Richard, yn galw am heddwch lle na ellid cael heddwch ac ar i'r miliynau yn Ewrop ryfelgar ymddiosg o'u gwisgoedd arfog.[23]

Eto, ymddangosai bod yr amser yn aeddfed i'r ymgyrch. Ar 26 Ionawr 1880, cefnogwyd cynnig yn y *Reichsrat*, Awstria, yn dymuno ar i lywodraeth y wlad ystyried y syniad o ostyngiad cyffredinol, cymesurol a chyfamserol mewn byddinoedd ond gan gadw pwerau'r gwledydd hynny mewn cydberthynas â'i gilydd. Yr oedd hwn yn addawol ac yr oedd arwyddion tebyg i'w clywed o wledydd eraill oedd hefyd yn gwegian dan y gost o gynnal eu byddinoedd. Ond pwyll oedd piau hi ac ar 24 Mawrth, gyda'r problemau'n pentyrru, penderfynodd Disraeli alw etholiad.

Gyda'r Rhyddfrydwyr bellach mewn llywodraeth, a Henry Richard a'i gyfeillion wedi derbyn cyngor Lewis Dillwyn i oedi cyn cyflwyno'i fesur nes i hynny ddigwydd, daeth yn amser i godi pwnc cydleihau arfau rhyfel yn Ewrop. Ar 15 Mehefin cyflwynodd y cynnig a ganlyn: 'Y cyflwynir anerchiad gostyngedig i'w Mawrhydi yn erfyn arni weled yn dda, yn rasol, i orchymyn i'w Phrif Ysgrifennydd Tramor i ohebu â Galluoedd eraill i'r diben o gydleihau arfau milwrol yn Ewrop.'

Yr oedd, meddai, yn rhoi cynnig gerbron nad oedd yn dwyn i ystyriaeth 'unrhyw syniadau heddychiaeth beryglus' ac na fyddai'n galw ar y Tŷ i gytuno i ddim na allai y credwr mwyaf selog yn yr hawl i fynd i ryfel ei gefnogi. Yr oedd y filitariaeth rhemp a dreiddiodd y cenhedloedd a bwrw'i chysgod trostynt wedi tyfu i gymaint graddau fel na ellid ei gorliwio. Yr oedd, meddai, 'yn sarhad ar reswm, yn warth ar wareiddiad, yn bla ar y ddynoliaeth ac, uwchlaw popeth, yn gywilydd i'r grefydd sanctaidd y mae cenhedloedd Cristnogol yn honni ei derbyn a'i mawrygu.'[24]

Yr oedd ei apêl, felly, nid yn unig i heddychwyr, ond hefyd i'r rhai hynny na fynnent ddistyru'r angen am arfau at anghenion amddiffynnol, ond a oeddent yn credu bod y gwariant ar amddiffyn yn ormod. Bron na ellid dadlau mai prif bwrpas dyn ar y ddaear oedd 'cael ei baratoi i ymladd' meddai gyda'r miniogrwydd gwatwarus oedd yn nodwedd o'i areithiau. Dywedodd fod 12,000,000 o wŷr y funud honno'n cael eu hyfforddi yn y gelfyddyd o ymladd a 4,000,000 yn barhaus o dan arfau ar gost flynyddol o £500,000,000. Galwodd ar Gladstone i beidio troi cefn ar y cwestiwn mawr hwn. Buasai dwyn holl genhedloedd Ewrop i gytgord ar y pwnc yn rhyddhau cyfalaf fyddai'n fodd i sefydlu achos heddwch ar seiliau cadarn a sicr. 'Uwchlaw popeth byddai'n derbyn bendith a diolch y miliynau sy'n griddfan dan bwysau'r dreth, canlyniad y drefn filitaraidd wenwynllyd hon', meddai. Mewn sylw arall dywedodd os oedd y cenhedloedd yn medru dilyn ei gilydd yn ddall yn y râs wyllt i arfogi, oni fedrent ddilyn ei gilydd gyda'r un brwdfrydedd mewn râs i ddiarfogi!

Ar ddiwedd y ddadl cododd Gladstone a gwnaeth yr hyn a wnaeth ym 1873, pwyso ar Henry Richard i beidio gwthio'i gynnig i bleidlais. Er cymaint ei gydymdeimlad gyda'r cynnig nid oedd yr amser yn aeddfed i agor trafodaethau o'r fath gyda chenhedloedd eraill ac ni ddylai'r Tŷ osod y llywodraeth mewn sefyllfa lle byddai'n orfodol arni i amharchu awdurdod y Tŷ. Yr oedd Richard mewn cyfyng-gyngor dwys. Gallasai fod wedi cario'r dydd fel y gwnaeth ym 1873, ond gan osod Gladstone mewn twll – er na fu hynny'n ystyriaeth bwysig ganddo yn y gorffennol! Daeth gwaredigaeth. Amneidiodd y dylanwadol John Bright arno, a roddodd yn llaw Richard ffurf arall o'r cynnig gan sibrwd, 'Os gwnewch chi gytuno i hwn yn hytrach na'ch cynnig chi, rwy'n meddwl y bydd Mr Gladstone yn barod i'w ganiatáu.' Yr oedd y cynnig yn nodi mai dyletswydd y llywodraeth ar bob achlysur lle'r oedd hynny'n bosib oedd argymell llywodraethau eraill i leihau arfau Ewropeaidd. Yr oedd yn ddatganiad o gydymdeimlad ag amcanion cyffredinol Henry Richard ond heb ymrwymo'r llywodraeth yn gaeth. Tynnodd Richard ei gynnig yn ôl a gadael i'r gwelliant gael ei roi gerbron. Ni fedrai Richard gyflwyno'r gwelliant ei hun, felly rhoddodd y darn papur i Leonard Courtney, AS Liskeard, a phasiwyd yn unfrydol y cynnig a ganlyn: 'Fod y Tŷ hwn o'r farn mai dyletswydd Llywodraeth Ei Mawrhydi ar bob achlysur, pan fydd amgylchiadau'n caniatáu, yw cynghori llywodraethau tramor i leihau eu harfau milwrol.'[25]

Yn ôl *Banerau ac Amserau Cymru*,[26] yr oedd y llywodraeth wedi derbyn ysbryd os nad llythyren y cynnig. Yr oedd y *South Wales Daily News* yn fwy gochelgar gan nodi bod pob ymgyrch tuag at ddiwygio yn mynd drwy amryw gamre – o gael ei thrin â dirmyg, yna'n nawddoglyd, yna pan ddechreuir dadlau'n ffyrnig yn ei herbyn gan daeru nad oedd yn ymarferol yr oedd y fuddugoliaeth yn sicr. Yr oedd syniadau Henry Richard yn parhau yn y cyfnod cynnar a dylid cofio hynny, onide byddai unrhyw ymgyrchydd yn ildio i anobaith.[27] Nid un i anobeithio oedd Henry Richard er y siom o weld nad oedd Gladstone fawr parotach i drafod y pwnc yma gyda llywodraethau eraill nag yr oedd Disraeli o'i flaen. Er tegwch â Gladstone yr oedd yn fynych yn medi'r corwynt a heuwyd gan lywodraeth Disraeli.

12 ○჻ Ei her fawr olaf a thynnu at ddiwedd y daith

NID OEDD iechyd Henry Richard, ac yntau'n awr yn 72 oed, cystal ag y bu ac aeth y si ar led ei fod yn dioddef o anhwylder y galon. Er hynny, aeth ef a'i briod i'r Eidal ym mis Medi 1883, ac i unfed gyngres ar ddeg y Gymdeithas er Diwygio Cyfraith y Cenhedloedd yn Milan. Ar 11 Medi traddododd araith ar 'Ddatblygiad yr Egwyddor o Gyflafareddu Rhyngwladol'.[1] Ar ddiwedd ei anerchiad pasiwyd yn unfrydol nifer o gynigion yn mynegi boddhad at y cynnydd ym mharodrwydd y gwledydd 'gwâr' i gydnabod cyflafareddiad fel dull cyfiawn a rhesymol o ddatrys anghytundebau rhyngwladol. Llongyfarchodd Richard y gymdeithas ar y cynnydd mewn cyflafareddu rhyngwladol – bu saith achos er 1870 – ac yr oedd yn galonogol gweld y pwerau Ewropeaidd yn nesu at ddod i rywfaint o ddealltwriaeth ar y pwnc.[2] Derbyniodd anerchiad wrth gyfrinfeydd Seiri Rhyddion yr Eidal yn mynegi eu cydymdeimlad ag ef yn ei ymgyrch bropaganda aruchel o blaid heddwch. Yr oedd, meddent, y puraf a mwyaf dyrchafedig o ddelfrydau'r Seiri.[3] Methodd Mancini, gweinidog cyfiawnder yr Eidal, gŵr yr oedd Richard yn ei adnabod yna dda, a bod yn bresennol ond anfonodd neges o ddiolch a llongyfarchion.

Aeth Richard a'i briod rhagddynt i Varese, tua 50 cilometr i'r gogledd o Milan. Bu hyn mor llesol i'w iechyd fel y bu iddo, er gwaethaf cynghorion i beidio, gerdded i ben Monte Generoso sydd a'i gopa ar y ffin rhwng yr Eidal a'r Swisdir. Yr oedd y mynyddoedd bob amser yn ei ysbrydoli a bu'r tawelwch a'r ymdrech gorfforol yn adnewyddiad iechyd iddo.[4]

'Dyletswyddau Lloegr fel Cenedl Gristnogol tuag at Genhedloedd nad oeddynt yn Gristnogion' oedd testun anerchiad Henry Richard i gynhadledd o weinidogion a gwŷr lleyg y gwahanol enwadau yng Nghanolfan Cymdeithas y Gwyddorau Cymdeithasol ym mis Tachwedd. (Yr oedd Richard yn fynych mor euog â'r Saeson o gymysgu Lloegr â Phrydain ar achlysuron o'r fath.) Cychwynnodd drwy ganmol y rhai oedd yn hau hadau gwareiddiad a Christnogaeth ym mhellafoedd daear. Ond ofnai fod perygl iddynt, yn eu brwdfrydedd dros eu cenhadaeth, alw ar rym arfau i hyrwyddo'u llafur a thrwy hynny ddiraddio a dwyn gwarth ar achos mawr a chysegredig. Soniodd am y gorthrwm a'r dioddefaint a ddaeth yn sgîl buddugoliaethau'r Sbaenwyr yn Mecsico, Paraguay a Pheriw; y Portiwgeaid ym Mrasil; yr Iseldiroedd yn Ne Affrica; a Lloegr yn India, China, Siapan, Burma ac yn y blaen. Yr oedd eu gweithredoedd, meddai, yn diystyru'n llwyr egwyddorion sylaenol ffydd ac arfer Cristnogol ac yr oedd yn argymell yn gryf gydnabyddiaeth lawnach gan genhadon tramor o awdurdod y grefydd Gristnogol i ddylanwadu ar ddynion drwy rym moesol, a'u denu i ymostyngiad ac ymddiriedaeth, drwy garedigrwydd a chariad.[5]

Yng nghyfarfod blynyddol y Gymdeithas Heddwch ym Mai 1884, cyfeiriodd y llywydd, Syr Joseph Pease, at y sibrydion fod Henry Richard yn bwriadu ymddeol o'i swydd fel ysgrifennydd y gymdeithas. Dywedodd Richard, ac yntau'n heneiddio, nad oedd ei egni yr hyn ydoedd a bod arwyddion fod ei iechyd yn dirywio. Eto, ar gais arbennig y pwyllgor gwaith cytunodd i barhau yn y swydd am flwyddyn arall, ac y byddai'n ymddiswyddo yn y cyfarfod blynyddol nesaf, ym 1885.[6]

Ddechrau Gorffennaf 1884, mewn brecwast yng nghartref Syr Joseph Pease, daeth nifer o edmgwyr Henry Richard ynghyd â chyflwynwyd siec o 4,000 gini (£4,200) iddo yn werthfawrogiad am ei flynyddoedd o lafur dros heddwch, addysg a chydraddoldeb crefyddol.[7] Codwyd y swm yna – un sylweddol iawn bryd hynny – yn gyfrinachol a di-drafferth heb wneud unrhyw apêl gyhoeddus. Trefnwyd y cyfan gan Syr Joseph Pease, Samuel Morley ac Alfred Illingworth. Ymysg y cyfranwyr o Gymru yr oedd Richard Davies, AS Sir Fôn, John Roberts, AS y Fflint, a David Davies, AS Sir Aberteifi.

Yng nghyfarfod blynyddol y Gymdeithas Heddwch a gynhaliwyd ar 19 Mai 1885, cyflwynodd Henry Richard ei adroddiad olaf a'i ymddiswyddiad. Penodwyd Cymro arall yn olynydd iddo. Yr oedd William Jones yn fab i John Jones y Crynwr, Rhuthun, ond yn byw yn Sunderland erbyn hyn.[8] Ef oedd ysgrifennydd trefniadau a darlithydd y gymdeithas. Diddorol cofio mai Cymro, Evan Rees o Gastell Nedd, oedd ysgrifennydd cyntaf y gymdeithas, neu y Gymdeithas er Hybu Heddwch Parhaol a Byd-eang fel y'i gelwid bryd hynny. Ar ôl Rees daeth Nun Morgan Harry o Sir Benfro, a wedi ysbaid o ychydig flynyddoedd cydiodd Henry Richard yn yr awenau. Gofynnwyd i Henry Richard barhau'n ysgrifennydd mygedol y gymdeithas fel y gellid manteisio ar ei brofiad a'i gysylltiadau. Cyfeiriwyd yn y cyfarfod at ei flynyddoedd o lafur – 37 mlynedd fel ysgrifennydd – yn hybu egwyddorion heddwch a'i lwyddiant yn codi ymwybyddiaeth o achos cyflafareddiad ledled Ewrop. Mewn cofnod o werthfawrogiad nodwyd fod ei ymddiswyddiad 'wedi ei ddwysáu o edrych yn ôl dros hanes y Gymdeithas, ac o gofio dylanwad ei amynedd di-ildio, ei gadernid di-wyro, ei ddoethineb gwleidyddol a grym ei deallusrwydd'. Nodwyd mai drwy ddewrder a huodledd ei ddadleuon y gorchfygodd y gymdeithas yr elyniaeth a wynebai yn y gorffennol gan ennill dylanwad cynyddol ar y meddwl cenedlaethol. Cyfeiriwyd at ei gymwynasau niferus yn pledio achos heddwch y tu fewn a thu allan i'r Senedd, a soniwyd yn arbennig am ei ran yn cael Prydain a Rwsia i gytuno i gyflafareddu yn achos helynt ffiniol Afghanistan.[9]

Yn y cyfarfod agored oedd yn dilyn dywedodd ei fod yn 73 oed, ac er ei fod yn ddiolchgar fod ei nerth corfforol a meddyliol cystal, eto teimlai nad oedd pethau fel y buont – bod arwyddion fod ei nerth yn pallu, ac weithiau bod ei iechyd yn ddiffygiol, rhybudd na fedrai drethu ei hun fel cynt a bod angen iddo fod yn ddarbodus o hynny o nerth oedd ganddo'n weddill. Yr oedd wedi goroesi pedwar o lywyddion. Ni flinodd ar y gwaith ac nid anobeithiodd. Os gyda chaniatâd Duw y cai fyw gobeithiai barhau i fod o ryw wasanaeth i'r achos. Yr oedd yn hyderus y deuai gŵyr ieuanc ymlaen i gymryd y faner o'i law sigledig a'i chynnal â braich gadarn. 'Yr ydych,' meddai, wrth orffen, 'yn pledio achos, a gredaf, yn nyfnder f'argyhoeddiad, sy'n achos gwirionedd, rheswm, cyfiawnder, a dynoliaeth, achos crefydd, ac, yr wyf am fentro dweud, achos Duw.'[10]

Bu'n unol â'i addewid a daliodd i wneud hynny fedrai dros achos heddwch. Nododd mewn cynhadledd yn Darlington yn ystod y cyfnod hwn fod ei obaith o weld lleihad yn y drefn ryfelgar yn dibynnu mwy ar y farn gyhoeddus nag ar bolisïau llywodraethau oedd wedi eu clymu draed a dwylo wrth y filitariaeth oedd yn rhemp drwy Ewrop. O na ddeuai'r dydd pan fyddai penderfyniadau'r Senedd yn decach adlais o farn y bobl.[11]

Ychydig flynyddoedd cyn hynny wrth fwrw golwg yn ôl dros hanes y Gymdeithas Heddwch medrai Richard honni iddi 'helpu i greu rhywbeth fel cydwybod Gristnogol yn y genedl ar gwestiwn heddwch a rhyfel'. Aeth rhagddo:

Mae wedi gosod y rhai hynny sy'n bleidiol i ryfel mewn sefyllfa amddiffynnol; fe'i gwnaeth yn amhosib i Loegr fynd i unrhyw ryfel, fel mater o arfer, yn ddi-gwestiwn a heb ei herio, oherwydd y mae [y Gymdeithas] i raddau wedi lefeinio'r meddwl cyhoeddus – hyd yn oed meddyliau y rheini sy'n ddiymwad yn erbyn eu hegwyddorion – gyda syniadau newydd am y cyfrifoldeb sy'n gysylltiedig â thywallt gwaed diatal, na feiddiant, yn wir na fedrant, ei hanwybyddu'n llwyr.[12]

Dychwelodd Richard at y pwnc brin fis yn ddiweddarach pan roes gynnig gerbron y Senedd ar 19 Mawrth: 'Ym marn y Tŷ hwn, nad yw'n gyfiawn na buddiol i gychwyn rhyfel, gwneud ymrwymiadau sy'n gosod cyfrifoldebau mawr ar y Genedl, ac ychwanegu tiriogaethau at yr Ymerodraeth heb hysbysu na sicrhau caniatâd y Senedd.'

Fel yn achos y cynnig a roes gerbron yn Ebrill 1881, yr oedd Richard eto'n herio hawl y Cabinet i benderfynu mynd i ryfel. Gwrthodai'r farn a fynegwyd ym 1885 – ac a dderbynid yn gyffredinol – gan y gŵr adweithiol A. V. Dicey[13] fod y grym a gyflawnid gan y Cabinet mewn materion tramor yn gyfansoddiadol gywir gan fod y 'Weinyddiaeth ym mhob mater yn gweithredu, neu'n tueddu i weithredu, dymuniad y Tŷ'.

Ymffrostiwn ein bod yn byw mewn gwlad rydd, meddai Henry Richard, ac edrychwn yn ddirmygus ar gymunedau dan lywodraethau gormesol. Mewn materion bychain yr ydym yn barod i amddiffyn ein hawliau gyda'r cyndynrwydd mwyaf. Aeth rhagddo:

> Pe meiddiai'r Llywodraeth osod y dreth leiaf arnom, neu orfodi unrhyw ymrwymedigaeth ddinesig ar y bobl heb ganiatâd y Senedd, yna byddai'r wlad yn gynddeiriog gan gynnwrf a dicter. Eto, gyda golwg ar un Adran o Lywodraeth . . . yr Adran sy'n rheoli popeth yn ymwneud â pholisi tramor, yr ydym hyd y gwelaf, yn hollol ddirym a diymadferth. Gall unrhyw swyddog, yn gweithredu yn ein henw ni, yn unrhyw ran o'r byd, ein taflu i ryfel, gyda'r holl aberth mewn cyfoeth a gwaed, a'r holl gyfrifoldebau difrifol y mae stad o ryfel yn ei olygu, neu wneud ymrwymiadau ar ein rhan, gyda goblygiadau dwys a pharhaol . . . ehangu ein tiriogaethau . . . heb yn wybod i ni a heb ein caniatâd.[14]

Cododd fater brenhinfraint (royal prerogative) a ddefnyddid – yn wir, a ddefnyddir o hyd – fel ystryw gyfansoddiadol i ganiatáu mynd i ryfel, llunio cytundebau ac ehangu ffiniau'r ymerodraeth heb ganiatâd y Senedd:

Hwyrach y dywedir wrthyf fod y materion a nodaf yn perthyn i'r Frenhinfraint – gan y Goron yn unig y mae'r hawl i fynd i ryfel, i wneud cytundebau, ac ehangu ffiniau'r Ymerodraeth. Ond gwyddom yn iawn, beth bynnag y drefn mewn dyddiau fu, mai dyfais ffug yw hi, un ddrwg iawn hefyd, i alluogi Gweinidog uchelgeisiol neu ddi-egwyddor i lechu tu ôl i'r Orsedd, a dianc rhag cyfrifoldeb ei weithredoedd ei hun. Yng ngeiriau Syr Henry Mayne yn ei gyfrol *Popular Government* tra'n trafod newidiadau, os nad yn y cyfansodd-iad, o leiaf mewn arfer 'ni all y Frenhines fynd i ryfel, llunio cytundeb; ni all benodi Llysgennad, na Barnwr, ni all ymgymryd â'r un weithred weinyddol. Mae'r galluoedd hyn wedi eu trosglwyddo i fath o Bwyllgor o'r Senedd sy'n galw eu hunain yn Gabinet' – na ellid i bob pwrpas eu dal yn atebol.

Mae'r darn hwn o'i araith mor berthnasol ac amserol heddiw ag ar y dydd y'i traddodwyd gan Henry Richard. Cofir i'r pwnc gael ei drafod fel ystryw i'w ddefnyddio, pe byddai raid, i gyfiawnhau'r ymosodiad ar Irac yn 2003 heb roi cyfle i Dŷ'r Cyffredin bleidleisio ar y mater. Yn wir, gallasai fod wedi ei ddefnyddio pe buasai Tony Blair wedi colli'r bleidlais, gan nad oedd y llywodraeth wedi ymrwymo i dderbyn canlyniad y bleidlais yn y Senedd. Mor ddiweddar â Hydref 2005 ceisiodd Clare Short, yn aflwyddiannus, gyflwyno mesur i ddileu'r frenhinfraint. Ceisiodd Tony Benn wneud cynnig tebyg – ond mwy pellgyrhaeddol – yn y 1990au. Wrth gwrs, i fod yn fanwl gywir, nid yn nwylo'r Goron y mae'r frenhinfraint bellach, ond yn nwylo'r prif weinidog. Fel ag yr oedd yn nyddiau Henry Richard. Fe'i defnyddiwyd yn fwy diweddar i wrthod pasport i Brydeinwyr a ryddhawyd o Fae Guantanamo.

Dychwelwn at araith Henry Richard. Rhestrodd y rhyfeloedd a welodd ei genhedlaeth ef – Afghanistan, Burma, Syria, y Rhyfeloedd Opiwm, Persia, Japan, De Affrica, yr Aifft – gan ddangos y bu digon o amser a chyfle ym mhob achos i drafod a cheisio barn y wlad cyn mynd i ryfel. Parthed cytundebau, nododd fod 37 mewn nifer, bob un yn clymu Prydain i rwymedigaethau beichus yng ngwahanol rannau o'r byd, ac na fu gan y Senedd lais yn cadarnhau yr un ohonynt. Yn y mwyafrif o wledydd tramor – fel Ffrainc a'r Unol Daleithiau – nid oedd ymrwymiad i gytundeb nes iddo gael ei gadarnhau gan y weinyddiaeth.

Ar hyn o bryd, ymddengys i mi fod gan unrhyw fân swyddog a gyflogir gan y Llywodraeth, neu, o ran hynny, unrhyw anturiaethwr preifat, y grym i hawlio tiroedd sylweddol a bwrw'r baich o'u cynnal a'u hamddiffyn ar bobl Prydain. Dyna mor esgeulus y bu ein Llywodraethau dros y blynyddoedd tra'n derbyn y cyfrifoldebau hyn . . . Collais bob ffydd mewn Llywodraethau. Ymddengys eu bod wedi cyflwyno eu hunain, wedi'u clymu law a throed i rym y filitariaeth rhemp, sy'n felltith ar Ewrop. Yr unig bwnc sydd o wir ddiddordeb iddynt yw paratoi i ymladd. Ar yr union amser yma, pan mae tlodi a thrallod ymhob gwlad yn Ewrop – pan y mae miliynau o ddynion . . . gonest a diwyd, na ddymunant ddim mwy nag ennill eu bara drwy chwys eu hwynebau – yn rhynnu ac ar fin llwgu, a beth wna'r Llywodraethau? Yr unig beth sydd ar eu meddyliau, ac ar yr hwn y maent yn gwastraffu'r miliynau a wasgwyd o law galed llafur, yw ychwanegu at eu harfau mewn trefn o gystadleuaeth wallgof ddiddiwedd. Gellir disgrifio cyflwr Ewrop mewn dau air – arfogi a llwgu.

Cyfeiriodd yn obeithiol at Ffrainc lle'r oedd y bobl wedi cael llond bol ar ryfela ac o'r herwydd wedi dymchwel tair llywodraeth y naill ar ôl y llall rhwng 1881 a 1885 – gan gynnwys yr un ym 1882 a rwystrodd Ffrainc rhag ymuno â Phrydain yn yr ymosodiad ar yr Aifft.

Gorffennodd ei araith gyda'r geiriau: 'Let the men that make the quarrels/Be the only men to fight.' Cafwyd dadlau brwd ar y ddwy ochr, Randolph Churchill yn ddirmygus, Gladstone yn gymodlon a llawn cydymdeimlad ac yn canmol araith Richard ond yn gweld anhawsterau ymarferol ac apeliodd Bryce, yr is-ysgrifennydd gwladol dros faterion tramor, ar Henry Richard i dynnu ei gynnig yn ôl. Ond mynnodd Richard fynd i bleidlais. Ar y bleidlais gyntaf, sef bod y Tŷ yn ymrannu, enillodd Richard o 112 i 108. Ond gyda'r Tŷ'n ailffurfio'n bwyllgor adgyflenwad yr oedd yn rhaid wrth ail bleidlais a'r tro hwn collodd Richard y dydd o 115 pleidlais i 109. Gwelir fod mwy wedi pleidleisio yr eilwaith, sef bod aelodau ychwanegol wedi dod i mewn ac wedi pleidleisio, o bosib, heb glywed y ddadl nac araith Henry Richard.[15]

Canmolwyd ymdrech ac araith Henry Richard gan amryw o'r papurau, gyda'r *Times* yn cyfeirio at y ddadl fel un ddiddorol ac addysgiadol a'r *Daily News* yn nodi mai haws gwawdio Richard na'i ateb. Yn ôl A. P. Thornton, arbenigwr ar hanes imperialaeth, mae'n bosib petai Henry Richard wedi ennill y dydd y diwrnod hwnnw, y buasai hanes y deng mlynedd ar hugain ar ôl hynny wedi bod yn dra gwahanol.[16]

Mewn adroddiad ar y ddadl yn yr *Herald of Peace*, dyfynnodd Richard y geiriau a ddefnyddiodd Gladstone wrth drafod rhyfel Persia ym 1857, sef 'bod yr arfer o gychwyn rhyfeloedd heb gydsyniad y Senedd yn gwbl groes i arfer sefydlog y wlad ac yn beryglus i'r Cyfansoddiad, ac yn galw am gyfryngiad y Tŷ fel ag i wneud y fath weithred beryglus yn gwbl amhosib'.[17] Cymaint haws gwneud datganiadau aruchel o'r fath mewn gwrthblaid, a chymaint anos mewn llywodraeth.

Hon oedd yr olaf o areithiau Seneddol mawr Henry Richard. Teimlai fod ei nerth a'i iechyd yn pallu ac ar gyngor ei feddyg i osgoi ymegnïo'n ormodol yn feddyliol a chorfforol ni wnaeth gyfraniad mawr i unrhyw ddadl o hyn tan ei farw ar 20 Awst 1888.

Gellir dadlau na chafodd ymdrechion Henry Richard eu sylw haeddiannol yn y cyfnod hwn. Pynciau llosg 1884–5 oedd hunanlywodraeth Iwerddon, diwygio'r Senedd ac ehangu'r bleidlais. Yr oedd Tŷ'r Arglwyddi wedi taflu allan y mesur i sicrhau'r un hawliau i etholaethau gwledig ag i'r rhai trefol. Cafwyd gwrthdystiadau enfawr a daeth y mesur yn Ddeddf Diwygio'r Senedd ym 1884, yn dilyn trafodaethau ynglŷn ag ad-drefnu ffiniau etholaethau i blesio'r Ceidwadwyr. Pasiwyd y Ddeddf Ailddosbarthiad yn 1885. Lledaenwyd si bod llywodraeth Gladstone am ddod yn ôl â rhai o fesurau caethiwus y Ddeddf Diogelu Pobl ac Eiddo (Iwerddon), oedd yn cynnwys gwneud y Cynghrair Gwyddelig Cenedlaethol yn erbyn Landlordiaeth yn anghyfreithlon, ac aeth Charles Parnell a'i Genedlaetholwyr Gwyddelig trosodd i gefnogi'r Ceidwadwyr. Ym Mehefin 1885, gyda nifer o Ryddfrydwyr yn atal eu pleidlais, llwyddodd clymblaid o Geidwadwyr a Chenedlaetholwyr Gwyddelig i drechu'r llywodraeth ar gymal o gyllideb Hugh Childers. Gan nad oedd y cofrestri etholiadol yn barod ni ellid cynnal etholiad cyffredinol am rai misoedd. Ymddiswyddodd Gladstone, a bu'r Ceidwadwyr yn llywodraethu dan yr Arglwydd Salisbury – gyda chymorth Gladstone, gan nad oedd gan y Ceidwadwyr fwyafrif hyd yn oed gyda chefnogaeth y Gwyddelod – nes diddymu'r Senedd ar 18 Tachwedd 1885.

Ac yntau wedi ymddiswyddo o fod yn ysgrifennydd y Gymdeithas Heddwch ac yn ymwybodol fod ei iechyd yn fregus yr oedd Henry Richard, wedi dwy flynedd ar bymtheg o wasanaeth i etholaeth Merthyr, yn ystyried ymddeol. Ond ni fynnai ei etholwyr ystyried y peth a dychwelwyd ef a Charles James yn ddiwrthwynebiad. Cadwodd Cymru'n ffyddlon i Gladstone a dychwelyd 30 o Ryddfrydwyr allan o 34. Dros Brydain ac Iwerddon, er hynny, yr oedd y Rhyddfrydwyr wedi colli 33 o seddau, y Ceidwadwyr wedi ennill 10 ond yr oedd Plaid Wyddelig Charles Parnell wedi ychwanegu 23 o seddau. Â'r Gwyddelod gyda 86 o seddau, y Ceidwadwyr gyda 247, nid oedd gan y Rhyddfrydwyr, gyda'u 319 o seddau, fwyafrif yn y Senedd. Bu Parnell ers tro'n effeithiol yn llesteirio gwaith y Senedd – yn ystod ei gyfnod ef y cyflwynwyd y ddyfais a elwir y *guillotine* i gyfyngu ar ddadleuon. Bu'n un rheswm pam y bu llywodraeth olaf Disraeli mor ddiymadferth.

Cyflwynodd Gladstone ei Fesur Hunan Lywodraeth i Iwerddon ar 8 Ebrill 1886, ac ar 8 Mehefin fe'i trechwyd o 30 pleidlais. Nid oedd y Rhyddfrydwyr yn unedig ar y mater, gydag amryw ar asgell Whigaidd y blaid yn elyniaethus i'r syniad, er bod yr asgell Radicalaidd, Henry Richard yn eu plith, yn gefnogol iawn i Iwerddon gael ei rhyddid. Hefyd, nid oedd Gladstone wedi rhagweld y gwrthwynebiad o du Protestaniaid Ulster, a'r dicter a ysgogwyd ynddynt diolch i areithiau ymfflamychol y Ceidwadwr Randolph Churchill. 'Ulster will fight and Ulster will be right' oedd ei slogan. Yr oedd nifer o'r Cyfrinfeydd Oren wedi gwasgaru yn y 1830au. Yn awr yr oeddynt yn ymgasglu ynghyd eto a, chan gymryd Churchill ar ei air, yn arfogi.

Dewis Gladstone oedd galw etholiad. Ond yr oedd methiant Mesur Hunan Lywodraeth Iwerddon ym 1886 wedi gwyrdroi gwleidyddiaeth Prydain.[18] Dinistriwyd a rhwygwyd yr hen Blaid Ryddfrydol. Collodd ei mwyafrif yn Lloegr ac yr oedd ei gafael ar y dinasoedd wedi gwanhau. Gwaeth. O dan arweiniad yr Arglwydd Hartington a Joseph Chamberlain aeth yr Unoliaethwyr Rhyddfrydol – lawer ohonynt o'r hen draddodiad Whigaidd – i gynghrair anffurfiol gyda'r Ceidwadwyr. Hyd yn oed yn Yr Alban yr oedd elfen gref o Ryddfrydiaeth Unoliaethol. Bellach yr oedd gan yr Arglwydd Salisbury, rhwng ei blaid ei hun a'r Unoliaethwyr Rhyddfrydol, 393 o seddau, yr oedd Gladstone i lawr i 191 a Chenedlaetholwyr Iwerddon gydag 85. Yr oedd Cymru, er hynny, wedi cadw'n gadarn gyda'r Rhyddfrydwyr, a neb yn fwy felly na Merthyr, lle dychwelwyd Henry Richard a Charles James eto yn ddi-wrthwynebiad. Ffyddlondeb oedd yn adlewyrchu agwedd Cymru at Gladstone, hefyd. Ac er gwaethaf aml storm rhyngddynt bu Henry Richard hefyd yn gefnogol i arweinydd ei blaid. 'Mi lynnaf fi wrth yr Hen Ŵr Ardderchog, doed a ddelo,' meddai.[19] Allan o 34 o aelodau seneddol Cymru, yr oedd 20 yn Ryddfrydwyr. Y mwyaf diddorol o'r newydd-ddyfodiaid oedd Thomas Edward Ellis, 27 oed, yr aelod dros Feirionnydd. Daeth ef â bywiogrwydd a thân i blith yr aelodau, llawer ohonynt fel Henry

Richard yn heneiddio. Noda T. I. Ellis yn ei gofiant i'w dad fel y bu i Henry Richard 'fynd allan o'i ffordd i adnabod Thomas Ellis'.[20] Naw yn unig oedd dan yr hanner cant, a Richard ei hun yn 74, y trydydd hynaf, yr un yn fwy na neb a ddaliodd wres y dydd yng nghyswllt Cymru. Bellach ni fedrai ddibynnu yn ei etholaeth ar gyfeillgarwch a chefnogaeth David Davis, Maes-y-ffynnon, Aberdâr, a fu farw ym 1884. Ond yr oedd Thomas Williams, cadeirydd y Gymdeithas Ryddfrydol, yno o hyd, un o'r dyrnaid fu mwyaf brwd dros fabwysiadu Henry Richard i gynrychioli'r etholaeth yn niwedd y 1860au. Mae'n debyg i Henry Richard geisio ymddiosg o'i swydd cyn y ddau etholiad ac aeth cyn belled ag ysgrifennu llythyr o ymddiswyddiad. Ond ni chyflwynodd Williams y llythyr i sylw'r gymdeithas a derbyniodd Richard 'mai marw yn yr harnais fyddai ei dynged'.[21]

Cyn yr etholiad, a rhwng y ddwy ddadl ar bwnc rhyfel, cyflwynodd Lewis Dillwyn, ar 9 Mawrth, gynnig ar Ddatgysylltu'r Eglwys.[22] Y cynnig oedd: 'Gan fod Eglwys Loegr yng Nghymru wedi methu cyflawni ei nod addefedig, fel modd o hybu buddiannau pobl Cymru gan weinidogaethu i leiafrif bychan o'r boblogaeth, fod ei pharhad fel yr Eglwys sefydledig yn y Dywysogaeth yn anghyson, ac yn anghyfiawnder na ddylai fodoli mwyach.' Eiliwyd y cynnig gan Henry Richard lle dywedodd yn blaen nad yw ac na fu Eglwys Seisnig yng Nghymru yn Eglwys Cymru. Methodd, meddai, ag ennyn cariad a ffyddlondeb y bobl, ac nid oedd wedi cyflawni ei dyletswyddau addefedig, sef rhoi addysg grefyddol i'r bobl. I'r gwrthwyneb, fe'i defnyddiwyd, yn arbennig yng nghyfnod y Normaniaid, fel arf i ddileu'r iaith Gymraeg a chenedligrwydd Cymru. Aeth rhagddo i roi braslun o hanes Cymru dros y canrifoedd. Yr oedd yn un o'r darlithoedd hanes hynny yr oedd Henry Richard yn barod iawn i'w cyflwyno i Dŷ'r Cyffredin. Dyfynnodd gŵyn y tywysogion at y Pab Innocent yn ystod teyrnasiad Harri'r III, sef bod:

> Archesgob Caergaint, yn rheolaidd, yn anfon atom Esgobion Seisnig yn anwybodus o arferion a iaith y wlad, na fedrent bregethu Gair Duw i'r bobl, na gwrando'u cyffesion ond drwy gyfieithydd. A'r esgobion hynny a anfonid o Loegr, nad oeddynt yn ein caru na charu'n gwlad, ond yn hytrach yn ein herlid a'n gorthrymu gyda chasineb cynhenid a dwfn, heb geisio lles ein heneidiau. Eu huchelgais oedd ein llywodraethu, nid bod o fudd i ni, ac oherwydd hyn anaml iawn y byddant yn cyflenwi ei swyddogaeth fugeiliol. A beth bynnag y medrant roi eu dwylo arno, neu ei gael oddi arnom, yn gam neu'n gymwys, y maent yn ei gludo ymaith i Loegr, gan wastraffu a difa'r holl elw a gânt oddi

wrthym, mewn abatai a thiroedd a roddwyd iddynt gan Frenin Lloegr.²³

Aeth rhagddo i sôn am y Diwygiad Protestanaidd.

Mae rhai o fy nghydwladwyr clerigol yn ymbleseru mewn breuddwyd hanesyddol hoffus i'r perwyl y bu, wedi dyfodiad y Tuduriaid, oes aur i'w Heglwys, pan lywodraethid hi gan Esgobion brodorol, gan fwynhau tymor o lewyrch ysbrydol mawr. Ond nid oedd ddim amgen na breuddwyd nad oedd yn debyg i'r gwir. Yn ddiau, fe benodwyd rhai Esgobion Cymreig – cynifer â 30 mewn 157 o flynyddoedd. Ni ddaeth hynny â fawr o welliant i gyflwr crefydd y wlad – gymaint i'r gwrthwyneb, fel y buaswn yn mentro dweud mai prin y buasai'n bosib gorbwysleisio'r esgeulustod llwyr – bron na ellid dweud sarhaus – a fu yn yr ymdriniaeth â Chymru ym mlynyddoedd cynnar y Diwygiad Protestanaidd.

Cyfeiriodd at ddifaterwch esgobion Eglwys Loegr ynglŷn â chyfieithu'r Beibl. Yr oedd y diolch am y gwaith o gyfieithu'r Beibl i'r Gymraeg yn ddyledus i offeiriad plwyf syml yn Sir Ddinbych, y Dr William Morgan, y cofir ei enw yn fythol ddiolchgar gan y Cymry. Cyfeirodd at dystiolaeth y Ficer Rhys Prichard, Llanymddyfri, a ddywedodd nad oedd yn ei gyfnod ef, un mewn cant o'i gydwladwyr a fedrent ddarllen y Beibl, nad oedd copi o'r Ysgrythurau i'w cael hyd yn oed yn mhlastai llawer o'r pendefigion, fod y wlad yn boddi mewn anwybodaeth ac anfoesoldeb o bob math, tra bod 'yr offeiriaid yn cysgu, gan adael i'r bobl bechu heb rybudd na cherydd'.

Yna, ganol y ddeunawfed ganrif, meddai, codwyd yn yr Eglwys ddyn gyda'r mwyaf arddderchog, y Parch Griffith Jones, Llanddowror – sylfaenydd yr ysgolion cylchynol enwog. Yr oedd yntau'n ysgrifennu am offeiriaid diog a rheithoriaid fu'n byw bywyd ofer gyda'u bryd ar gadw cwmni ac ymlwybro'n simsan o dafarn i dafarn. Yr oeddynt mor anwybodus o iaith eu mamau ag yr oeddynt o Roeg a Hebraeg, ac felly heb unrhyw ymdeimlad o gywilydd, yn pregethu'n Saesneg i'r cynulleidfaoedd Cymreiciaf yn yr holl wlad. Gorffennodd drwy apelio at degwch a haelioni'r Saeson i ryddhau'r Cymry wrth yr hyn a welent fel anghysondeb y dylid ei ddileu, ac y byddent o'r herwydd ar eu hennill filwaith drosodd oherwydd diolchgarwch a ffyddlondeb eu gydwladwyr!

Cynigiwyd gwelliant gan Albert Grey, AS Rhyddfrydol Tyneside, i'r perwyl fod y geiriau 'cyflwyno diwygiadau a fyddai'n galluogi i

Eglwys Loegr addasu'n fwy effeithiol i anghenion a dymuniadau pobl Cymru' yn hytrach na 'datgysylltu'. Cariwyd y gwelliant diddannedd o 241 pleidlais i 229.

Yr oedd cryn anfodlonrwydd yng Nghymru, yn arbennig yn y wasg Gymraeg, oherwydd y canlyniad hwn, yn arbennig am nad oedd y prif weinidog yn y Tŷ adeg y ddadl. Ysgrifennodd Henry Richard yn flin ar ran ei gyd-aelodau Cymreig at Gladstone: 'Y mae teimlad o gryn ddicter tuag at yr hyn a dybir yn esgeulustra parhaus o fuddiannau a dymuniadau Cymru gan y Llywodraeth Ryddfrydol.'[24] Roedd rhai o'r papurau Cymraeg yn galw am sefydlu Plaid Seneddol Gymreig o fewn y Senedd i wasanaethu Cymru ac i graffu ar fesurau oedd yn ymwneud mewn unrhyw fodd â Chymru wrth iddynt fynd drwy'r Senedd. Y canlyniad fu sefydlu Pwyllgor Seneddol Cymreig ar 26 Awst y flwyddyn honno (1886) dan gadeiryddiaeth Henry Richard. Hwn oedd y pwyllgor seneddol cyntaf yn hanes gwleidyddiaeth Gymreig ac yr oedd yn ddigwyddiad arwyddocaol yn natblygiad Rhyddfrydiaeth Gymreig.[25] Sefydlwyd tri is-bwyllgor – ar ddatgysylltu, ar bwnc y tir yng Nghymru ac ar addysg. Penodwyd Lewis Dillwyn yn ysgrifennydd yr is-bwllgor datgysylltu; J. Bryn Roberts yn ysgrifennydd yr is-bwyllgor tir; a T. E. Ellis yn ysgrifennydd yr is-bwyllgor addysg. Byddai'r prif bwyllgor yn cyfarfod ar ddydd Iau bob pythefnos. Gwrthwynebodd y llywodraeth Doriaidd ymdrech i sefydlu uwch bwyllgor Cymreig sefydlog o holl aelodau seneddol Cymru pan gyflwynwyd cynnig i'r perwyl hwnnw ar 7 Mawrth 1888. Trechwyd cynnig a roeddwyd gerbron gan William Rathbone, AS Sir Gaernarfon, ac a eiliwyd gan George Osborne Morgan, AS Sir Ddinbych, o 135 i 115, mewn dadl a nodweddwyd yn bennaf gan agwedd sarhaus y postfeistr cyffredinol, H. C. Raikes, tuag at iaith a llenyddiaeth Cymru.[26] Er hynny i gyd, yr oedd yn gam pwysig ymlaen yn hanes gwleidyddiaeth Cymru.

Yr oedd pwnc datgysylltu Eglwys Loegr oddi wrth y wladwriaeth yn bwnc llosg oedd yn codi ei ben yn bur gyson. Yng Nghymru yr oedd y Rhyddfrydwyr â etholwyd i gyd – ond un – o blaid datgysylltu. O blith holl ymgeiswyr seneddol y Rhyddfrydwyr tybiwyd bod oddeutu 400 ohonynt fwy neu lai'n gefnogol i ddatgysylltu. Hefyd, yr oedd prysurdeb y Gymdeithas Ryddhau Crefydd yn peri gofid i'r offeiriadaeth. Etholwyd John Carvell Williams, fu'n cydweithio gyda Henry Richard yn tanio diddordeb y Cymry yng ngwaith y gymdeithas yn y 1860au, yn aelod seneddol un o etholaethau Nottingham. Ailgyhoeddwyd pamffledyn y gymdeithas, *Suggestions* on *Disestablishment*. Cyn yr etholiad cyffredinol a gynhaliwyd yn Rhagfyr 1885, cyhoeddwyd cyfres o erthyglau yn y *Fortnightly Review* a'u cyhoeddi'n gyfrol dan y teitl *Radical Programme*. Ysgrifennwyd y rhagair gan Joseph Chamberlain, ar y pryd yn AS Rhyddfrydol un o etholaethau Birmingham ond a fu'n allweddol y flwyddyn wedyn yn ffurfio'r cynghrair rhwng adain Whigaidd y Rhyddfrydwyr a'r Ceidwadwyr. Hon oedd 'rhaglen anawdurdodedig' carfan o'r Rhyddfrydwyr ac ymhlith nifer o argymhellion radical ynddi oedd datgysylltu'r Eglwys.

Rhoes ethol Carvell Williams foddhad mawr i Henry Richard. Heblaw bod ers tro yn gadeirydd Pwyllgor Seneddol yr Aelodau Cymreig, Richard oedd arweinydd answyddogol yr aelodau Ymneilltuol. Er y bu gan Carvell Williams gysylltiadau agos â'r Senedd – bu'n lobïwr ar ran y Gymdeithas Ryddhau Crefydd – fel aelod seneddol medrai fod yn fwy effeithiol a dylanwadol, heb sôn am ysgafnhau cyfrifoldebau Henry Richard. Yn Hydref 1886, cawsant gais gan Sydney Buxton, AS un o etholaethau Dwyrain Llundain, i ysgrifennu llyfryn ar ddatgysylltu i'w gyhoeddi mewn cyfres o'r enw *Imperial Parliament Series*. Cyhoeddwyd y gyfrol *Disestablishment*[27] ym 1886. Daw Eglwys Loegr dan y lach yn y gyfrol hon – yn wir daw Cristnogaeth dan feirniadaeth lem, neu Gristnogaeth gyfundrefnol yng nghyswllt rhyfel a'r barbareiddiwch sy'n deillio o ryfel. Lle mae'r eglwys a'r wladwriaeth mor agos at ei gilydd, dadleuir nad yw'n hawdd i'r eglwys godi llais yn erbyn rhyfel – sydd mor anghydnaws ag egwyddorion Crist. Rhoddir sylw arbennig i sefyllfa Cymru, ac ateb i'r ddadl y byddai Cymru, yn arbennig yr ardaloedd gwledig, yn dioddef yn grefyddol pe byddai datgysylltiad yn digwydd. Yn ôl cyfrifiad 1851, meddir, yr oedd yn Sir Aberteifi wledig ddarpariaeth eglwysig ar gyfer 97.8 y cant o'r boblogaeth – 70.4 y cant ohono mewn capeli Ymneilltuol a dim ond 27.4 y cant mewn Eglwysi.[28] Mewn llythyr at Henry Richard, ysgrifennodd John Bright:

> Y mae'n llyfryn nodedig, mor fychan mewn cwmpas ac mor ddarllenadwy, ac eto'n ymdrin yn llwyr gyda'r cwestiwn mawr y mae'n ymwneud ag ef. Y mae eich llyfr bychan yn rhagorol mewn ffeithiau fel ag mewn dadleuon. Ni ddarllenais ddim ar bwnc yr Eglwys mor gyflawn, ac mor ofalus er cyfeirio'r farn gyhoeddus i'r cyfeiriad cywir.[29]

Gellir dadlau mai Prydeinig oedd athroniaeth Henry Richard ar ddatgysylltu – sef y dylid, fel egwyddor, ddatgysylltu'r eglwys oddi wrth y wladwriaeth. Eto sefyllfa a chyflwr Cymru oedd sail dadl Henry Richard dros ddatgysylltu. Sef bod Eglwys Loegr yn mynd yn fwy a mwy amherthnasol i Gymru wrth i Ymneilltuaeth gryfhau ei gafael ar y wlad.

Rhoddodd ei anerchiad olaf ar lwyfan y Gymdeithas Heddwch yn y cyfarfod blynyddol ym Mai 1887. Yr oedd yn ddiau yn teimlo fod ei ddyddiau'n dirwyn i ben ac yr oedd yn alwad ar ei gydweithwyr i gadw rhag diffygio.

[C]redaf fod y pwerau sydd o'n plaid yn fwy na'r rhai sydd yn ein herbyn. Mae rheswm o'n plaid, fod rhyfel yn sarhad ar reswm; mae cyfiawnder o'n plaid, oherwydd mae rhyfel yn sathru cyfiawnder dan draed; mae dyngarwch o'n plaid, oherwydd mae rhyfel yn anrheithio . . . Mae gwareiddiad o'n plaid, oherwydd mae rhyfel yn ymgnawdoliad o farbareiddiwch; ac uwchlaw popeth, mae crefydd o'n plaid, oherwydd nid yw'n bosib iddo Ef a wnaeth o un gwaed holl genhedloedd dyn, wylio'n ddifater Ei blant yn bwtsiera'i gilydd.[30]

Cynhaliwyd cynhadledd y Gymdeithas er Diwygio Cyfraith y Cenhedloedd yn y Guildhall, Llundain, yng Ngorffennaf 1887. Yr oedd yn gynhadledd nodedig oherwydd presenoldeb cynifer o wŷr dylanwadol. Henry Richard gyflwynodd yr ail anerchiad a'i destun oedd 'Cyflafareddiad Rhyngwladol'. Cychwynnodd gyda dadansoddiad o gyflwr militaraidd a chyllidol Ewrop. Yr oedd, meddai, 17,000,000 o ddynion naill ai eisoes yn rhyfela neu mewn cyflwr o baratoi at ryfel, gyda 3,041,054 wrth gefn pe byddai galw amdanynt. Y baich blynyddol mewn treth uniongyrchol ar y bobl oedd £158,428,740. Yr oedd y colledion anuniongyrchol – y miliynau o ddynion nad oeddynt mewn gwaith cynhyrchiol a'r golled mewn llog oherwydd y cyfalaf anferthol a fuddsoddwyd mewn paratoi at ryfel – yn £500,000,000 y flwyddyn yn Ewrop yn unig. Yr oedd cyfanswm dyledion gwladwriaethau Ewrop, meddai, yn £4,649,286,882 a chyfanswm y llog a delid ar y benthyciadau hyn yn £213,640,000.

Er hynny, yr oedd arwyddion gobeithiol. Er 1883 bu amryw o achosion o gyflafareddu llwyddiannus rhwng gwahanol wladwriaethau; rhwng yr Iseldiroedd a San Domingo ar fater yn ymwneud â meddiannu llong; rhwng Prydain a'r Almaen a'r fater yn ymwneud â Fiji; rhwng Sbaen a'r Unol Daleithiau ar fater o feddiannu llong Americanaidd; rhwng Rwsia a Phrydain ar achos Pendjeh (Afghanistan, 1885); a rhwng Sbaen a'r Almaen yn yr anghydfod ynglŷn ag Ynysoedd y Solomon. Dyma'i araith olaf i'r gymdeithas hon hefyd a gorffennodd gyda'r geiriau:

> Fe welwn, o edrych yn ôl dros y gorffennol, fod y cyhuddiadau a wneir yn awr yn ein herbyn, o fod yn genhadon a phregethwyr Iwtopiaidd anymarferol, wedi eu dwyn yn erbyn eraill mewn amseroedd a fu ond bu ganddynt y ffydd a'r hyder i lafurio dros ddiwygiadau mawr yn erbyn traddodiadau ac arferion eu cyfnod, gan lwyddo drwy ddyfalbarhad amyneddgar i wneuthur daioni, i lwyddo i gyflawni'n orfoleddus bethau mawr dros wareiddiad a'r ddynoliaeth. Nid oes neb ohonom mor hyderus â gobeithio y medrwn gyflawni popeth a ddymuna ein calonnau ag un ergyd sydyn. Ni ŵyr neb yn well na ni, mor anodd yw'r nod yr anelwn ato; ond rhaid bodloni ar weithio'n ddiwyd a dygn dros yr hyn sy'n iawn – ac y mae'r mwyafrif o ddynion yn cydnabod fod cyfiawnder ar ein hochr ni – yn dawel a chadarn argyhoeddiedig hyd yn oed mewn byd fel hwn, y bydd cyfiawnder yn y pendraw yn fuddugoliaethus.[31]

Fel y gellid disgwyl, llywyddodd yn un o gyfarfodydd Eisteddfod Genedlaethol Llundain, 1887, lle traddododd anerchiad ar bwysigrwydd ac arbenigrwydd yr iaith Gymraeg. Daliodd i gyfrannu erthyglau am Gymru i'r wasg Seisnig ac ar 17 Ionawr 1888 ymddangosodd erthygl o'i waith yn y *Daily News*. Yn ei erthygl y mae Richard yn olrhain y cynnydd a fu yn y sylw a roddwyd i Gymru dros y degawdau blaenorol yn y Senedd. Er nad yw'n ymhonni hynny, gwyddom mai iddo ef yn bennaf yr oedd y diolch. Ceir yn yr erthygl yr elfen o wawd a choegni oedd mor nodweddiadol o'i areithiau a'i erthyglau:

> Mae Cymru'n camu'n gyflym i'r rhes flaen. Ceisiodd rhai ohonom, flynyddoedd yn ôl, ddenu sylw'r Saeson at sefyllfa a hawliau'r Dywysogaeth. Darfu rhai dynion eangfrydig – ac yr oedd Mr Gladstone yn un – roi sylw i'n geiriau. Ond ar y cyfan yr oedd gofalon eraill ar feddwl *John Bull* a llond ei ddwylo o waith. Rhaid oedd gwylio a gwastatáu'r cydbwysedd gallu yn Ewrop; rhaid oedd cynnal 'Annibyniaeth a chyfanrwydd' ymerodraeth y Twrc, a sefydlu'r 'ffin wyddonol' yn Afghanistan. Yr oedd yn rhaid iddo ddarostwng y Boeriaid yn y Transvaal i awdurdod Lloegr, a rhoi trefn ar Wlad y Zulu. Rhaid oedd tânbelennu Alexandria, llywodraethu'r Aifft, a lladd miloedd o Arabiaid yn y Swdan. Mewn gair yr oedd yn rhaid gweinyddu Gwladweiniaeth Dramor rymus a nerthol ymhob rhan o'r byd. Ac mewn cymhariaeth â'r anturiaethau ardderchog hyn, pa hawl oedd gan ryw

filiwn a hanner o Gymry ddisgwyl iddo ostwng clust i'w cwynion a'u hapeliadau hwy nac, o ran hynny, dalu nemor fawr sylw i'w achosion ei hun.

Fel y digwydd bob amser yn ein hanes gwleiddyddol, bu raid i Gymru wneud ei hun yn boen cyn cael sylw. Bu raid iddi godi ei llais yn lled uchel ar gwestiynau mewn perthynas â'r Tir, a'r Eglwys, a hen ofergoelion eraill, cyn gorchfygu dideimladrwydd ei chymdogion. Ond wedi dechrau dychrynu'r dosbarth mewn awdurdod, daeth i feddu lle mwy a mwy amlwg ym meddyliau ac areithiau dynion . . . Canlyniad hyn oll oedd fod llawer yn cyniwair gan siarad a sgrifennu am y Dywysogaeth . . . Ymwrolodd rhai newyddiaduron anturiaethus, fel ag i ymwthio i mewn i'r *terra incognita* hwn. Aethant i'r parthau hynny o'r wlad lle y dywedir wrthym 'fod y bobl wedi eu hysgaru oddi wrth wareiddiad Seisnig' – beth bynnag y mae hynny'n ei olygu. O ganlyniad i'r gwibdeithiau anturus hyn, llenwid y newyddiaduron â phob math o adroddiadau cyffrous, mwy neu lai amheus, o'r hyn a welsant ac a glywsant . . . Un o'r pethau y mae'r ymchwilwyr hyn wedi ei ddarganfod, a'r hyn y maent yn ei gyhoeddi i'r byd gyda diniweidrwydd plentynnaidd, ydyw'r ffaith mai Cymraeg yw iaith ymddiddan gyffredin ymysg saith o bob deg o drigolion y 'wlad dywyll' hon; datguddiad sydd ynddo'i hun yn ddigon i daro'r Philistiad Seisnig â dychryn, gan fod yr argyhoeddiad yn llechu yn ei fynwes . . . nad oes modd i unrhyw bobl fod yn wir wareiddiedig oni fyddant yn siarad Saesneg.

Ond nid dyna'r cyfan; oblegid darganfuasant ymhellach y cyhoeddid nifer fawr o newyddiaduron a chyhoeddiadau eraill yn yr iaith Gymraeg, a'u bod i fesur dychrynllyd yn nwylo Anghydffurfwyr; a gwaeth byth, eu bod yn cael eu golygu gan weinidogion Ymneilltuol, nad ydynt fawr gwell na dihirod . . . caniateir i'r darllenydd crynedig ddychmygu y perygl y gellir dwyn ein sefydliadau iddo, gyda'r fath ddynion yn trin offeryn mor ofnadwy, a hynny mewn iaith nas deëllir gan wylwyr gwareiddiad Seisnig.

Â rhagddo wedyn i amddiffyn yr enwadau Ymneilltuol o'r cyhuddiad eu bod yn sefydliadau gwleiddyddol, eu gweinidogion yn pregethu gwleiddyddiaeth o'r pulpudau ac yn elyniaethus at Eglwys Loegr. Hyd yn oed ar adeg etholiad pan oedd teimladau'n ffyrnig, tystiai Richard na chlywodd erioed yr un gweinidog Ymneilltuol yn pregethu gwleiddyddiaeth – ond y tro olaf bu iddo fynd i wasanaeth yn Eglwys Loegr clywodd offeiriad yn ymosod ar Gladstone, ac yr oedd Gladstone ei hun yn y gynulleidfa! Beirniadwyd yr Ymneilltuwyr o fod yn gasgliad niferus o sectau yn cynrychioli ystod ddiwinyddol enfawr. Eglurodd

Richard fod corff yr Anghydffurfwyr yn cynnwys pedwar enwad yn unig, Methodistiaid Calfinaidd, Annibynwyr, Bedyddwyr a'r Wesleaid. Ychwanegodd:

> Ymysg y rhain y mae llawer llai o amrywiaeth athrawiaeth ac eiddigedd nag sydd ymysg y sectau o fewn Eglwys Loegr, am y rhai y dywedodd y *Times* ei fod yn ddigon hysbys y gall clerigwyr yn yr eglwys honno ddysgu unrhyw athrawiaeth nad oes ond y mwyaf cyfarwydd a all eu gwahaniaethu oddi wrth Babyddiaeth, Calfiniaeth neu Ddeïstiaeth.[32]

Cyhoeddwyd yr erthygl hon brin wyth mis cyn ei farw. Anodd dychmygu cyhoeddi dim o'r fath, mor ddeifiol, mor wawdiol o'r sefydliad Seisnig yn un o bapurau mwyaf rhyddfrydig Llundain hyd yn oed heddiw.

Gweithiodd Henry Richard hyd y diwedd. Ym Mawrth 1888 penderfynodd Cyngor Coleg Aberystwyth ei bod, bellach, yn bryd gofyn i'r llywodraeth ganiatáu siartr i'r coleg a throsglwyddwyd y gwaith o baratoi'r cais i bwyllgor oedd yn cynnwys Arglwydd Aberdâr, Lewis Morris, Stuart Rendel AS, Morgan Lloyd a Syr John Henry Puleston, AS Ceidwadol Devonport. Ar 13 Gorffennaf daeth y newydd fod Cyngor Coleg Caerdydd wedi penodi Arglwydd Aberdâr, Henry Richard, y Prifathro Viriamu Jones, Syr Hussey Vivian, AS, ac eraill i'w cynorthwyo mewn dirprwyaeth i gyfarfod llywydd Pwyllgor y Cyngor ar Addysg, sef Arglwydd Cranbrooke, ar 17 Gorffennaf. Yr oedd y ddirprwyaeth yn cynnwys arglwyddi Cymreig, aelodau seneddol, llywodraethwyr y tri choleg ynghyd â gwŷr blaenllaw eraill. Dyma weithred olaf Henry Richard dros addysg yng Nghymru. Cymerodd ran amlwg yn sefydlu Coleg Aberystwyth, er iddo droi'n llugoer am gyfnod pan oedd dyfodol y coleg yn y fantol. Ond o ganfod fod y genedl yn barod i ymladd am einioes Aberystwyth dychwelodd i'r gorlan a bu ganddo ran amlwg yn y frwydr honno. Ac yntau'n is-lywydd Coleg Caerdydd, gwnaeth gyfraniad amlwg pan gyfarfu'r ddirprwyaeth ag Arglwydd Cranbrook. Dadleuwyd yn gadarn fod Aberystwyth yn haeddu cydnabyddiaeth lawn a therfynol ac y dylai Cymru feddu ei phrifysgol ei hun gyda'i siartr i gadarnháu hynny. Yr oedd ymateb Cranbrook yn ffafriol. Ddechrau Awst cadeiriodd Richard drafodaeth faith a llafurus i lunio ffurf a geiriad y siartr. Hon fu ei gymwynas olaf, a phriodol mai cymwynas i addysg uwch yng Nghymru oedd hi.[33] Ni fu'n dyst i'r trafod am enw Coleg y

Brifysgol, Aberystwyth, a'r dadlau cyn i Siartr Prifysgol Cymru ddod yn ffaith. Efallai mai da hynny.

Wythnos neu ddwy wedi hynny aeth ef a Mrs Richard i Dreborth i dreulio ychydig ddyddiau yng nghwmni ei gyfaill Richard Davies. Mae'n debyg iddo gael ysgytwad o glywed am farw hen gyfaill a etholwyd i'r Senedd yr un pryd ag ef, Dr John Alfred Lush, ac a oedd fel Richard yn dioddef o *angina*. Heb yn wybod i Mrs Richard treuliodd dridiau yn rhoi trefn ar ei bapurau a'i faterion personol. Yna ar 9 Awst trodd y ddau tua gogledd Cymru a Threborth, gan gyrraedd cartref Richard Davies, Arglwydd Raglaw a chyn-AS Sir Fôn, heb lawer o boen nac anghysur. Disgrifiodd Richard Davies ei ddyddiau olaf:

> Yr oedd iddo groeso yma bob amser, yn annwyl gan yr hen a'r ieuanc. Yr oedd yn amlwg ei fod yn dioddef yn bur gyson wrth byliau – o'r galon – ond yr oedd ar adegau eraill yn llawen a siriol, yn barod i fynd am daith neu wylio'r ifanc yn difyrru eu hunain. Y dydd Sadwrn cyn ei farwolaeth, daeth gyda ni yn y cerbyd i Fetws-y-coed, heibio i Lyn Ogwen a Chapel Curig, ac y mae'n bleser trist cofio fel yr ymhyfrydai yn yr awyr a'r golygfeydd y diwrnod hwnnw.[34]

Ar eu ffordd heibio i Lyn Ogwen dywedir i Henry Richard droi at Mrs Richard Davies gyda'r geiriau 'Mae hwn yn ddiwrnod i'w gofio'. Ymysg y teithwyr y diwrnod hwnnw oedd Jeremiah James Colman, AS Norwich, y cynhyrchydd mwstard. Yn ôl tystiolaeth Colman buont yn trafod oed ac i Henry Richard ddweud na ddylai neb fyw yn rhy hir. Galwodd Dr Owen Thomas (Capel y Methodistiaid Princes Road, Lerpwl) ddydd Llun a chafwyd oriau hwyliog yn trafod 'yr hen heolion wyth', Ebenezer Richard yn eu plith. Cofiwn fod Anne – Mrs Richard Davies – yn ferch i'r Parch Henry Rees, Lerpwl.

Y noson honno yr oedd y cyfeillion yn ciniawa a Richard mewn mawr hwyliau. Ond tuag un ar ddeg o'r gloch bu raid iddo adael y stafell oherwydd poenau. Gwaethygodd y poenau. Anfonwyd am y meddygon ond ychydig cyn hanner nos ar 20 Awst, ei wraig a'i gyfeillion o'i gwmpas, bu farw. Ar yr 22ain, wedi gwasanaeth byr dan ofal y Parch David Charles Davies, gŵr genedigol o Aberystwyth a chynweinidog Capel Jewin Crescent, cludwyd ei gorff o Dreborth i Fangor ac ar y trên i'w gartref yn 22 Bolton Gardens, Llundain. Fe'i claddwyd ym Mynwent Abney Park ddydd Gwener, 24 Awst 1888. Yn bresennol yr oedd gweinidogion yr efengyl, aelodau seneddol, cynrychiolwyr

Undeb yr Annibynwyr, y Gymdeithas Heddwch, y Gymdeithas Gyflafareddu Ryngwladol, Coleg Aberystwyth, Coleg Aberhonddu, y Cymmrodorion, yr Eisteddfod a llu o gymdeithasau eraill y bu'n ymwneud â hwy. Arweiniwyd y gwasanaeth gan y Parch Edward White a'r Dr R. W. Dale. Dewisodd White ei adnodau'n ofalus, o Salm 37, 'canys diwedd y gŵr hwnnw fydd tangnefedd'; Eseia 32 'a gwaith cyfiawnder fydd heddwch'; ac o Eseia 2, 'a hwy a gurant eu cleddyfau yn sychau a'u gwaywffyn yn bladuriau'.

Yn ôl y Dr Dale yr oedd yn briodol mai yng Nghymru, y wlad lle'i magwyd ac a garai gymaint, y bu farw. Cyfeiriodd at ddylanwad y pregethwyr yng Nghymru ar Henry Richard a'i genedl a'r cyfnod hwnnw pan, mewn dwy genhedlaeth yr achubwyd Cymru rhag annuwioldeb ac anwybodaeth. Un o'r addysgwyr cynnar hynny oedd tadcu Henry Richard ei hun. Ym 1848, pan dderbyniodd y swydd o ysgrifennydd y Gymdeithas Heddwch, yr oedd yn rhan o'r brwdfrydedd a'r gobaith fod y wawr newydd ar dorri. Ond er pylu o'r weledigaeth honno ni sigwyd penderfyniad nac unplygrwydd Henry Richard. Hyd y diwedd yr oedd yn radical o'r math cynnar a gredai mewn ymddiried yn y bobl i reoli eu materion cyhoeddus eu hunain. Yr oedd yn gefnogol i estyn y bleidlais i bob oedolyn. Credai ei bod yn fwy diogel gadael i'r bobl wneud eu camgymeriadau eu hunain na chael eu hachub – petai hynny'n bosib – rhag eu camgymeriadau drwy ymyrraeth barhaus llywodraeth ganolog.

Aeth Dr Dale rhagddo i sôn am berthynas Henry Richard â'i etholwyr:

> Yr oeddynt yn cydnabod ei unplygrwydd, ac yr oedd ganddynt ymddiriedaeth lwyr ynddo; yr oeddynt yn cydnabod ei sêl i'w gwasanaethu. Ers iddo ddod gyntaf yn Aelod Seneddol dros Ferthyr ni fu unrhyw berygl iddo golli'r sedd, ac yn ei flynyddoedd olaf ni feiddiodd neb ei herio. Yr oedd yn fwy na'r Aelod dros Ferthyr, ef oedd yr Aelod dros Gymru, ac am flynyddoedd lawer ef yn Nhŷ'r Cyffredin oedd cynrychiolydd awdurdodol Anghydffurfiaeth Lloegr yn ogystal â Chymru. Am ei fywyd personol, yr hyn a welais lawer ohono, yn y ddwy flynedd ddiwethaf, ni ddywedaf ddim mwy nag ei fod yn addfwyn, yn serchog ac anhunanol. Carodd yn gynnes, ac fe'i carwyd yn gynnes.[35]

Cafwyd anerchiad Cymraeg uwchben y bedd gan y Parchedig Ddr Owen Evans, gweinidog Capel Cymraeg King's Cross, a gyfeiriodd at y golled fawr i Gymru ac y byddai ei enw'n perarogli hyd y cenhedlaethau i ddod. Yna canwyd emyn enwog y gof Davd George Jones o Lanarthne,

> Bydd myrdd o ryfeddodau
> Ar doriad bore wawr.

Ar 4 Medi, oddeutu pythefnos wedi ei farw, yr oedd Gladstone yn annerch yn Eisteddfod Genedlaethol Wrecsam. Neilltuodd ran helaeth o'i araith i dalu teyrnged i Henry Richard:

> Yr wyf mewn dyled iddo am lawer a ddysgais am Gymru, a da gennyf bob amser gydnabod y ddyled honno. Ond y mae ganddo hawliau ehangach arnoch chi. Mae ganddo yr hawl arnoch o fod wedi dangos i'r byd gymeriad na fuasai'r un wlad yn edrych arno ond gyda chydymdeimlad a hyfrydwch. Gwelais ef yn y Senedd yn amddiffyn syniadau pendant, yn amddiffyn rhai syniadau, efallai ymysg y goreuon a goleddai, fel y rheini ar Heddwch, rhai nad oedd llawer yn cydymdeimlo ag ef nac yn ei ddilyn. Gwelais ef bob amser yn cyfuno'r dewrder a'r penderfyniad mwyaf di-ildio wrth ddadlau ei egwyddorion a'i syniadau gyda'r tynerwch, yr addfwynder a'r cydymdeimlad mwyaf at y rhai nad oeddynt yn cytuno ag ef . . . y ffaith yw fod ganddo yr hyn a fedrwn ei alw yr heddwch mewnol hwnnw ag sydd yn esbonio ei hunanlywodraeth allanol; ei addfwynder yn ogystal a'i ddewrder. Yr oedd yn amhosib ei weld heb ddweud ei fod, nid yn unig yn proffesu Cristnogaeth, ond fod ei feddwl yn gysegr i ffydd Gristnogol; gobaith Cristnogol a chariad Cristnogol; ac yr oedd yr holl nerthoedd a'r egwyddorion mawrion hynny yn tarddu o'r canolbwynt, ac yn peri i'w oleuni lewyrchu gerbron dynion.[36]

Cyfeiriodd Gladstone eto at Henry Richard mewn araith ym Mhorthmadog ar 15 Medi 1892. 'Rywdro yn y Senedd – ni chofiai pryd – bu trafod ar fater yn ymwneud â chyfieithiad o'r Beibl a chododd Henry Richard':

> Y mae gennych chi'r Saeson, gyfieithiad ardderchog ac amhrisiadwy o'r Ysgrythurau Sanctaidd, ac yr wyf yn gobeithio y gwerthfawrogwch ef, fel y dylech. Ond mi hyderaf na ddigiwch wrthyf am ddweud fod gennym ni'r Cymry gyfieithiad llawer rhagorach. Y rheswm fod ein cyfieithiad ni'n fwy rhagorol na'r eiddoch chi yw, nid am fod eich cyfieithwyr chi wedi esgeuluso'u dyletswydd, ond am fod ein hiaith ni yn tra rhagori ar yr eiddoch chi.[37]

Ni chollai gyfle i daro ergyd dros ei wlad a'i iaith.

Derbyniwyd negeseuon o gydymdeimlad a theyrngedau ledled y byd. Yr oedd papurau Lloegr, hyd yn oed y *Times*, yn hael eu coffadwriaeth. 'Yr oedd yn un a elwid, efallai, gan ei elynion yn eithafwr, a hynny, mae'n debyg, am ei fod yn ddyn o ddifrif. Yn sicr, ni fyddai Mr Richard yn cloffi rhwng dau feddwl,' oedd barn y *Daily News*. '[Y]r oedd ganddo ddylanwad mawr yng Nghynghorau'r dosbarth Radicalaidd o'r Blaid Ryddfrydol, ac yr oedd llawer o'r aelodau iau yn ddyledus i'w ddysgeidiaeth anuniongyrchol ef am eu casineb at ryfel a'r ddiplomyddiaeth ansefydlog sy'n arwain at ryfel', yn ôl y *Leeds Mercury*. 'Mae'n dda fod dynion i'w cael sydd yn gwrthod cydnabod dylanwad cyfleustra, ac yn dal mai cyfiawnder pur yw unig sail deddfwriaeth – un felly oedd Mr Richard', meddai'r *Birmingham Post*. 'Bu Mr Richard yn gydwybod i'r wlad ar fwy nag un achlysur', yn ôl *Echo* Llundain. Ac ym marn y *South Wales Daily News*, 'Nid oedd Gymro mwy nodweddiadol yn bod. Yr oedd ei enw yn air teuluaidd. Carai ei bobl, a charent hwythau yntau.'[38]

'Henry Richard,' meddai Thomas Edward Ellis, AS Meirionnydd, 'oedd y gwir ddehonglwr cyntaf yn Nhŷ'r Cyffredin o'r bywyd Piwritanaidd a blaengar Cymreig, ac esboniwr yr egwyddorion yr oedd Anghydffurfiaeth wedi ei hanadlu i fywyd a chalon y Cymry.'[39]

Dadorchuddiwyd cofgolofn iddo ar sgwâr Tregaron ar 18 Awst 1893, a'r prif siaradwr oedd Syr George Osborne Morgan a soniodd

5. Cofgolofn Henry Richard ar sgwâr Tregaron.

am ei ymosodiad yn y Senedd ar y tirfeddianwyr fu'n gormesu'u tenantiaid. 'Pan eisteddodd i lawr yr oedd dau beth yn amlwg, sef bod Cymru wedi cael un i'w chynrychioli, a bod Mr Richard wedi gwneud ei yrfa Seneddol yn ddiogel', meddai Morgan.

Cyn hynny, ar 25 Tachwedd 1889, dadorchuddiwyd cofeb ar ffurf cysegrfa uwch ei fedd ym mynwent Abney Park. Ymysg yr hyn a welir ar y gofeb y mae, yn Gymraeg, y drydedd adnod o'r ddegfed bennod o Lyfr Esther:

Canys yr oedd yn fawr gan ei genedl, ac yn gymeradwy ym mysg lluaws ei frodyr, yn ceisio daioni i'w bobl, ac yn dywedyd am heddwch i'w holl diriogaeth.

Nodiadau

Rhagymadrodd

[1] Henry Richard, *Letters and Essays on Wales* (London, 1884), t. viii.
[2] Ieuan Gwynedd Jones, *Henry Richard – Apostol Heddwch 1812–1888* (Cymdeithas y Cymod, 1988), t. 20.
[3] Ibid., t. 13.
[4] A. G. Edwards, *Memories* (London, 1927), tt. 116–17.
[5] Ibid., t. 98.
[6] Ibid., t. 119.

Pennod 1

[1] H. R. Evans, 'Dr Edward Richard of Tregaron and Finchingfield', *Transactions of the Honourable Society of Cymmrodorion* (London, 1962), 93.
[2] Ibid., 95–8.
[3] Ibid., 93–5.
[4] Ibid., 98.
[5] Carey Jones, *Gyrfa'r Gŵr o Dregaron* (Abertawe, 1988), t. 11.
[6] Evans, 'Dr Edward Richard', 103–4.
[7] Ibid., 101.
[8] Ibid., 102–3.
[9] Charles S. Miall, *Henry Richard, M.P.: A Biography* (London, 1889), t. 89.
[10] Ibid., t. 104.
[11] Ibid., t. 103.
[12] D. Densil Morgan, *Dawn Dweud: Lewis Edwards* (Caerdydd, 2009), t. 8.
[13] Ibid., t. 10.
[14] Ibid., t. 19.
[15] Ibid., t. 23.
[16] Evans, 'Dr Edward Richard', 120.
[17] J. J. Morgan, *Cofiant Evan Phillips Castell Newydd Emlyn* (Lerpwl, 1930), t. 17.
[18] Evans, 'Dr Edward Richard', 108.

¹⁹ D. Ben Rees, *The Life and Work of Henry Richard* (Nottingham, 2007), tt. 9–10.
²⁰ E. Pan Jones, *Cofiant y Tri Brawd o Llanbrynmair a Conwy* (Bala, 1893), tt. 21–2.
²¹ Darlith a draddodwyd gan Richard Price, 4 Tachwedd 1789, yn Nhŷ Cwrdd yr Old Jewry i Gymdeithas Dathlu'r Chwyldro [Ffrengig] ym Mhrydain Fawr. Am gyfieithad Cymraeg gweler P. A. L. Jones (gol.), *Cariad at ein Gwlad/A Discourse on the Love of our Country* (Aberystwyth, 1989).
²² D. O. Thomas, *Richard Price: 1723–1791* (Cardiff, 1976), tt. 97–8.
²³ Thomas Roberts, *Cwyn yn Erbyn Gorthrymder* (Caerdydd, 1928).
²⁴ Gwyn Griffiths (gol.), *Cerddi Evan James: Awdur Hen Wlad Fy Nhadau* (Rhagymadrodd), (Llanrwst, 2009), tt. 48–54.
²⁵ E. Pan Jones, *Cofiant y Tri Brawd*, tt. 231–2.
²⁶ Cyril Jones, *Calon Blwm* (Llandysul, 1994), tt. 17–26.
²⁷ Iorwerth C. Peate, *Samuel Roberts, Cilhaul ac Ysgrifau Eraill* (Rhagymadrodd), (Caerdydd, 1951), tt. 9–10.
²⁸ Evans, 'Dr Edward Richard', 106–8.
²⁹ Ibid., 110–11.
³⁰ Ibid., 110.
³¹ Ibid., 112.
³² Daeth yr athrofeydd – neu academïau – hyn i fodolaeth yng Nghymru yn ogystal â Lloegr am nad oedd Prifysgolion Rhydychen a Chaergrawnt yn derbyn Ymneilltuwyr; gweler Geraint Dyfnallt Owen, *Ysgolion a Cholegau yr Annibynwyr* (Abertawe, 1939).
³³ Evans, 'Dr Edward Richard', 112.
³⁴ Wedi'i ddyfynnu gan Eleazar Roberts, *Bywyd a Gwaith y Diweddar Henry Richard, A.S.* (Wrecsam, 1902), t. 13.
³⁵ Evans, 'Dr Edward Richard', 113–14.
³⁶ Ibid., 114.

Pennod 2

¹ Wedi'i ddyfynnu gan Eleazar Roberts, *Bywyd a Gwaith y Diweddar Henry Richard, A.S.* (Wrecsam, 1902), tt. 13–14.
² Carey Jones, *Gyrfa'r Gŵr o Dregaron* (Abertawe, 1988), t. 16.
³ Wedi'i ddyfynnu gan Roberts, *Bywyd a Gwaith y Diweddar Henry Richard*, tt. 15–16.
⁴ H. R. Evans, 'Dr Edward Richard of Tregaron and Finchingfield', *Transactions of the Honourable Society of Cymmrodorion* (1962), 120–1.
⁵ Wedi'i dyfynnu gan Roberts, *Bywyd a Gwaith y Diweddar Henry Richard*, t. 15.
⁶ Evans, 'Dr Edward Richard', 117–18.
⁷ Bu'r colera yn fater o ofid ym 1832 er y nodir na chollodd Eglwys Jewin Crescent nac aelod na gwrandawr. Gweler Gomer M. Roberts, *Y Ddinas*

Gadarn: Hanes Eglwys Jewin Llundain (Pwyllgor Dathlu Daucanmlwyddiant Eglwys Jewin, Llundain, 1974), t. 107.
[8] Morgan, D. Densil, *Dawn Dweud: Lewis Edwards*, (Caerdydd, 2009), t. 24.
[9] Evans, 'Dr Edward Richard', 120–1.
[10] E. W. a H. Richard, *Bywyd y Parch Ebenezer Richard* (Llundain, 1839), tt. 4–5.
[11] Ibid., tt. 5–7.
[12] Evans, 'Dr Edward Richard', 121.
[13] Ibid., 123.
[14] Ibid., 123.
[15] Ibid., 124.
[16] Ibid., 124–5.
[17] Gwyn A. Williams, *Heddwch a Grym: Henry Richard, Radical i'n hamser ni* (CND Cymru, 1988), t. 4.
[18] Evans, 'Dr Edward Richard', 127–30.
[19] Ibid., 126–7.
[20] Charles S. Miall, *Henry Richard, M.P.: A Biography* (London), 1889), tt.12–13.
[21] Evans, 'Dr Edward Richard', 127–8.
[22] Ibid., 128.
[23] Ibid., 128–9.
[24] Ieuan Gwynedd Jones, *Henry Richard – Apostol Heddwch 1812–1888* (Cymdeithas y Cymod, 1988), t. 9.
[25] Evans, 'Dr Edward Richard', 129.
[26] Ibid., 130.
[27] Ibid., 131.
[28] Ibid., 131–2.
[29] Roberts, *Bywyd a Gwaith y Diweddar Henry Richard*, tt. 18–19.
[30] Edward E. Cleal, *The Story of Congregationalism in Surrey* (London, 1908), tt. 99–101, wedi'i ddyfynnu gan Ivor Thomas Rees, 'Henry Richard – yet another look', *Merthyr Historian*, 20 (2009), 129.
[31] Wedi'i ddyfynnu gan Miall, *Henry Richard, M.P.*, tt. 27–8.
[32] *History Notes of Marlborough*; wedi'i ddyfynnu gan Ivor Thomas Rees, *Merthyr Historian*, 20 (2009), 129.
[33] Evans, 'Dr Edward Richard', 133; hefyd J. J. Morgan, *Cofiant Evan Phillips Castell Newydd Emlyn* (Lerpwl, 1930), tt. 131–2).
[34] Ibid., t. 135.
[35] Henry Richard, 'The Influence of the Eisteddfodau and similar institutions in Wales' yn *Letters and Essays on Wales* (London, 1855), Llythyr VI, tt. 44–52.
[36] Ieuan Gwynedd Jones, *Henry Richard*, t. 10.
[37] Ibid., t. 11.
[38] Ibid., tt. 11–12.
[39] Ibid., t. 12.
[40] Ibid., tt. 12–13.

⁴¹ Llythyr dyddiedig 22 Awst 1843, wedi'i ddyfynnu gan Evans, 'Dr Edward Richard', 137. Cychwynnodd ymgyrch Beca yn erbyn y tollbyrth ym Mai 1839 gan barhau tan 1844.
⁴² Defnyddiodd Henry Richard ei ddylanwad i berswadio'r Gymdeithas Heddwch i argraffu 10,000 o daflenni yn annog y terfysgwyr i ymatal rhag defnyddio dulliau trais ond ymddengys na chawsant fawr o effaith na chroeso. Gweler Goronwy J. Jones, *Wales and the Quest for Peace* (Cardiff, 1969), t. 7.
⁴³ Henry Richard, 'The Political Condition of Wales – State of the Representation' yn *Letters and Essays on Wales*, Llythyr X, tt. 81–2.
⁴⁴ Ibid., tt. 81–2.
⁴⁵ Samuel Roberts, Y *Cronicl*, I (1843), 96; wedi'i ddyfynnu gan T. H. Lewis, 'Y Mudiad Heddwch yng Nghymru', *Transactions of the Honourable Society of Cymmrodorion* (1957), 111. Gweler hefyd Iorwerth C. Peate, *Cilhaul ac Ysgrifau Eraill Samuel Roberts* (Caerdydd, 1951), t. 80.
⁴⁶ *Yr Eurgrawn*, XXXV (1843), 319, 350, 374; wedi'i ddyfynnu gan Lewis, 'Y Mudiad Heddwch yng Nghymru', 111.
⁴⁷ David Owen, *Yr Haul*, VIII (1843), 250–2; wedi'i ddyfynnu gan Lewis, 'Y Mudiad Heddwch yng Nghymru', 112.
⁴⁸ David Rees, Y *Diwygiwr*, VIII (1843) 223–4; wedi'i ddyfynnu gan Lewis, 'Y Mudiad Heddwch yng Nghymru', 113.
⁴⁹ H. R. Evans, 'Henry Richard and Cobden's Letters', *Transactions of the Honourable Society of Cymmrodorion* (1958), 57.
⁵⁰ Richard, 'The Political Condition of Wales – State of the Representation', Llythyr X, tt. 81–2.
⁵¹ David Rees, Y *Diwygiwr*, V (1839), 365–6; wedi'i ddyfynnu gan Lewis, 'Y Mudiad Heddwch yng Nghymru', 99.
⁵² Richard, *Letters and Essays on Wales*, t. vii.
⁵³ Ibid., t. vii.
⁵⁴ Roberts, *Bywyd a Gwaith y diweddar Henry Richard*, t. 25.
⁵⁵ Richard, *Letters and Essays on Wales*, t. viii.
⁵⁶ Ieuan Gwynedd Jones, *Henry Richard*, t. 13.
⁵⁷ Ibid., t. 13.
⁵⁸ E. W. a H. Richard, *Bywyd y Parch Ebenezer Richard* (Llundain, 1839).
⁵⁹ Evans, 'Dr Edward Richard', 138.
⁶⁰ Ibid., 133
⁶¹ Ibid., 134.
⁶² Ibid., 134.
⁶³ Gomer M. Roberts, Y *Ddinas Gadarn: Hanes Eglwys Jewin Llundain* (Llundain, 1974), t. 75.
⁶⁴ Evans, 'Dr Edward Richard', 139.
⁶⁵ Gomer M. Roberts, Y *Ddinas Gadarn*, t. 99.
⁶⁶ Ibid., tt. 101–6.
⁶⁷ Ibid., t. 106.
⁶⁸ Evans, 'Dr Edward Richard', 139.
⁶⁹ Ibid., 139.
⁷⁰ Wedi'i ddyfynnu gan Evans, 'Dr Edward Richard', 140.

Pennod 3

[1] Goronwy J. Jones, *Wales and the Quest for Peace* (Cardiff, 1969), t. 2.
[2] Henry Richard, *Y Traethodydd* (1849), t. 239; wedi'i ddyfynnu o Eleazar Roberts, *Bywyd a Gwaith y Diweddar Henry Richard*, A.S. (Wrecsam, 1902), tt. 30–1.
[3] T. H. Lewis, 'Y Mudiad Heddwch yng Nghymru', *Transactions of the Honourable Society of Cymmrodorion* (London, 1957), 91.
[4] Ibid.
[5] Am bortread o'r fasnach hon a'i heffaith ar India ni cheir gwell na nofel Amitav Ghosh, *Sea of Poppies* (London, 2008).
[6] Yn *Y Dysgedydd*, XXIII (1844), ceir dyfyniad o eiriau J. R. Morrison (fu fel ei dad, Dr Robert Morrison, yn genhadwr yn China), a geisiodd wneud rhyw lun o amddiffyniad o'r Rhyfel Opiwm: 'A llawenhau yr ydym yn yr amlygiadau o'i allu Ef yn goruwchnaturioli drygau rhyfel er helaethiad ein cyfleusterau i gyhoeddi i bobl y wlad hon, y rhai sydd yn gorwedd mewn tywyllwch tew, nesâd ei deyrnas Ef o oleuni a gogoniant.' Gweler Lewis, 'Y Mudiad Heddwch yng Nghymru', 102.
[7] Cyfeiriai at dystiolaeth cenhadwr Americanaidd o'r enw Robert A. Hume a daerai fod pobl India yn edrych ar genhadon fel rhai oedd yn perthyn i'r milwyr oedd wedi eu darostwng a bod hynny'n caledu eu calonnau yn erbyn dysgeidiaeth Crist. Yr un modd y cenhadwr James Long fu hefyd yn gweithio yn India ac a honnodd mai 'y rhwystr pennaf i ledaeniad Cristnogaeth ydyw ysbryd rhyfelgar y rhai sy'n ei phroffesu'. Gweler Roberts, *Bywyd a Gwaith y Diweddar Henry Richard*, tt. 322–3.
[8] Carey Jones, *Gyrfa'r Gŵr o Dregaron* (Abertawe, 1988), t. 50.
[9] Ceir crynodeb pur fanwl o'r ddarlith gan Roberts, *Bywyd a Gwaith y Diweddar Henry Richard*, tt. 295–301.
[10] Lewis Appleton, *Henry Richard, The Apostle of Peace* (London, 1889), t. 5.
[11] C. S. Miall, *Henry Richard, M.P.: A Biography* (London), t. 35.
[12] Roberts, *Bywyd a Gwaith y Diweddar Henry Richard*, t. 34.
[13] Gweler Miall, *Henry Richard, M.P.*, t. 33; Appleton, *Henry Richard*, t. 5.
[14] Miall, *Henry Richard, M.P.*, t. 36.
[15] Ibid., tt. 39–40.
[16] O ddyddiadur a gadwodd Richard o'i daith; gweler Miall, *Henry Richard, M.P.*, t. 49.
[17] Miall, *Henry Richard, M.P.*, t. 52.
[18] Ibid., t. 54.
[19] Ibid., tt. 53–4.
[20] I ddarllen araith Victor Hugo, gweler *Report: The Proceedings of the Second General Peace Congress held in Paris on the 22nd, 23rd and 24th of August 1849* (London, 1849), tt. 10–13.
[21] Miall, *Henry Richard, M.P.*, t. 56.
[22] Roberts, *Bywyd a Gwaith y Diweddar Henry Richard*, t. 39.

²³ Miall, *Henry Richard, M.P.*, tt. 59–61.
²⁴ Ibid., tt. 61–2.
²⁵ Ibid.
²⁶ Ibid., t. 63.
²⁷ Ibid., t. 64.
²⁸ Ibid.
²⁹ Ibid., t. 65.
³⁰ Ibid.
³¹ Ibid., t. 66.
³² Ibid., t. 68.
³³ O ddyddiadur Henry Richard; gweler Miall, *Henry Richard, M.P.*, tt. 71–2.
³⁴ Ibid., t. 72.
³⁵ Ibid., t. 74.
³⁶ Ibid., t. 76.
³⁷ Ibid., tt. 77–8.
³⁸ Ibid.
³⁹ Ibid., t. 79.
⁴⁰ Ibid., t. 80.
⁴¹ Roberts, *Bywyd a Gwaith y Diweddar Henry Richard*, t. 45.
⁴² Samuel Roberts, *Y Cronicl*, VIII (1850), 300–13; wedi'i ddyfynnu gan Lewis, 'Y Mudiad Heddwch yng Nghymru', 107.
⁴³ Miall, *Henry Richard, M.P.*, tt. 82–3. Bunsen oedd gŵr Frances, chwaer Arglwyddes Llanofer, ac yr oedd yn ymwelydd cyson ag Eisteddfodau Cymreigyddion Y Fenni.
⁴⁴ *Y Drysorfa*, IV (1850), 387–8; wedi'i ddyfynnu gan Lewis, 'Y Mudiad Heddwch yng Nghymru', 107.
⁴⁵ *Y Drysorfa Gynulleidfaol*, VI (1848), 297–8: wedi'i ddyfynnu gan Lewis, 'Y Mudiad Heddwch yng Nghymru', 107.
⁴⁶ *Y Bedyddiwr*, Rhagarweiniad i gyfrol 1850; wedi'i ddyfynnu gan Lewis, 'Y Mudiad Heddwch yng Nghymru', 107.
⁴⁷ David Rees, *Y Diwygiwr*, XIV (1849); wedi'i ddyfynnu gan Lewis, 'Y Mudiad Heddwch yng Nghymru', 107.
⁴⁸ *Seren Gomer*, XXXIII (1850), 254; wedi'i ddyfynnu gan Lewis, 'Y Mudiad Heddwch yng Nghymru', 107.
⁴⁹ Yr oedd Cobden ar fin dwyn pwnc cyflafareddiad gerbron y Senedd ar 14 Mehefin 1849, pryd y cafwyd cefnogaeth sylweddol i'r syniad – 79 allan o 176 o'i blaid. Gweithiodd Henry Richard yn ddygn o blaid y cynnig, yn trefnu cyfarfodydd a deisebau. Mewn llythyr at Joseph Sturge, dywedodd Cobden i'r deisebau cyntaf o blaid cyflafareddiad gael ei derbyn gan aelodau Tŷ'r Cyffredin gyda gwawd a dirmyg cyffredinol, ond pan ddaeth â'i gynnig gerbron y Tŷ am y tro cyntaf cafodd wrandawiad astud. Cyngor Cobden i Sturge a Richard ar y pryd oedd iddynt lynu wrth yr egwyddor fod rhyfel yn anghristnogol – er iddo ef ei hun ganolbwyntio ar safbwynt mwy gwleidyddol ac ymarferol. Ni wyrodd Richard gydol ei oes wrth y safbwynt hwnnw gan gondemnio rhyfel bob amser o safbwynt Cristnogol

er iddo fanteisio a defnyddio dadleuon mwy seciwlar Cobden yn yr *Herald of Peace* ac yn y Senedd yn ddiweddarach. Gweler Appleton, *Henry Richard*, tt. 6–9.

[50] David Owen, *Yr Haul*, XIV (1849), 66–7; wedi'i ddyfynnu gan Lewis, 'Y Mudiad Heddwch yng Nghymru', 108.

[51] D. Eurof Walters yn *Hanes ac Egwyddorion Annibynwyr Cymru* (1839), tt. 61–74; wedi'i ddyfynnu gan Lewis, 'Y Mudiad Heddwch yng Nghymru', 109.

[52] Miall, *Henry Richard, M.P.*, t. 84.

[53] Roberts, *Bywyd a Gwaith y Diweddar Henry Richard*, t. 48.

[54] Miall, *Henry Richard, M.P.*, t. 85.

[55] Roberts, *Bywyd a Gwaith y Diweddar Henry Richard*, t. 48.

[56] Lewis, 'Y Mudiad Heddwch yng Nghymru', 110.

[57] Gwyn Griffiths (gol.), *Cerddi Evan James: Awdur Hen Wlad Fy Nhadau* (Llanrwst, 2009), t. 72.

[58] Ibid.

[59] Gwyn Griffiths, *Gwlad fy Nhadau* (Llanrwst, 2006), tt. 102–3.

Pennod 4

[1] C. S. Miall, *Henry Richard, M.P.: A Biography* (London, 1889), t. 88.

[2] Richard Cobden, *1793 and 1853 in Three Letters* (London, 1853).

[3] Ibid., t. iv.

[4] Ibid., t. 71.

[5] Eleazar Roberts, *Bywyd a Gwaith y Diweddar Henry Richard*, A.S. (Wrecsam), 1902), t. 51.

[6] *Y Cronicl*, X (1852), 111–16; wedi'i ddyfynnu gan Lewis, 'Y Mudiad Heddwch yng Nghymru', *Transactions of the Honourable Society of Cymmrodorion* (London, 1958), 114.

[7] Roberts, *Bywyd a Gwaith y Diweddar Henry Richard*, tt. 51–2.

[8] Ibid., tt. 52–3.

[9] Miall, *Henry Richard, M.P.*, t. 91. Yn ei adroddiad o Gynhadledd Heddwch Frankfurt, nododd SR: 'Byddai yn hoff gennym iddo (Henry Richard) gael drws agored drwy ryw ran o Gymru i sefyll a lleisio yn y Senedd o blaid achos Heddwch.' *Y Cronicl*, VIII (1850), 300–13; wedi ddyfynnu gan Lewis, 'Y Mudiad Heddwch yng Nghymru', 107.

[10] Miall, *Henry Richard, M.P.*, tt. 91–2.

[11] Samuel Roberts, *Y Cronicl*, X (1852), t. 375; wedi'i ddyfynnu gan Lewis, 'Y Mudiad Heddwch yng Nghymru', 114.

[12] Miall, *Henry Richard, M.P.*, t. 93.

[13] *Y Bedyddiwr*, XII (1853), 352; wedi'i ddyfynnu gan Lewis, 'Y Mudiad Heddwch yng Nghymru', 115.

[14] Roberts, *Bywyd a Gwaith y Diweddar Henry Richard*, tt. 55–6.

[15] Stephen Frick, *Joseph Sturge, Henry Richard and the Morning Star* (Michigan, 1980), tt. 74, 94.

16 Tracey Haggert, 'Blessed are the Peacemakers': Religious Pacifism and the Crimean War 1854–1856' (Traethawd MA, Prifysgol British Columbia, 1995, *https://circle.ubc.ca/bitstream/handle/2429/3950/ubc_1995-0472.pdf?sequence=1)*, tt. 19–24. Ymwelwyd â'r wefan 25 Chwefror 2011.
17 Ibid., tt. 21–2.
18 Ceir barn cwbl groes gan Henry Richard yn ei lyfryn, *Evidence of Turkish Misrule* (London, 1855).
19 Haggert, 'Blessed are the Peacemakers', tt. 22–3.
20 Henry Richard, *Memoirs of Joseph Sturge* (London, 1864), t. 464.
21 G. F. Mason, *Sleigh Ride to Russia* (York, 1985), tt. 5–6.
22 Henry Richard, *History of the Origin of the War with Russia, Drawn up from Parliamentary Documents* (London, 1855), t. 23.
23 Miall, *Henry Richard, M.P.*, t. 89.
24 Ibid., t. 103.
25 Llythyr wedi'i ddyfynnu gan William Robertson, *Life and Times of John Bright* (London, 1883), t. 295.
26 Cyhoeddwyd ar ran the Eastern Question Association.
27 Henry Richard, *Evidence of Turkish Misrule*, t. 3.
28 Ibid., t. 12.
29 Ibid., tt. 1–8.
30 Ibid., t. 11.
31 David Owen, *Yr Haul* (1854), rhagymadrodd i'r gyfrol rwymedig; wedi'i ddyfynnu gan Lewis, 'Y Mudiad Heddwch yng Nghymru', 118.
32 *Y Cronicl*, XIII (1855), 44–6; wedi'i ddyfynnu gan Lewis, 'Y Mudiad Heddwch yng Nghymru', 120.
33 *Goleuad Cymru* (1823–4), 91, wedi'i dyfynnu gan Lewis, 'Y Mudiad Heddwch yng Nghymru', 95.
34 Samuel Roberts, *Y Cronicl*, XIII (1855), 5–12; wedi'i ddyfynnu gan Lewis, 'Y Mudiad Heddwch yng Nghymru', 120.
35 Lewis, 'Y Mudiad Heddwch yng Nghymru', 121.
36 *Seren Gomer*, XXXVIII (1855), 183–4; wedi'i ddyfynnu gan Lewis, 'Y Mudiad Heddwch yng Nghymru', 118.
37 *Y Bedyddiwr*, XIV (1855), Rhagymadrodd; wedi'i ddyfynnu gan Lewis, 'Y Mudiad Heddwch yng Nghymru', 118.
38 *Y Traethodydd*, XII (1856), 148–63; wedi'i ddyfynu gan Lewis, 'Y Mudiad Heddwch yng Nghymru', 120.
39 Haggert, 'Blessed are the Peacemakers', tt. 15–16.
40 John Jones, *Gwaith Talhaiarn*, I (1854), t. 94; wedi'i ddyfynnu gan Lewis, 'Y Mudiad Heddwch yng Nghymru', 121.
41 *Y Cronicl*, XIV (1856), 179–86; wedi'i ddyfynnu gan Lewis, 'Y Mudiad Heddwch yng Nghymru', t. 120.
42 A. J. P. Taylor, *The Troublemakers* (London, 1957), t. 16.
43 *Cardiff and Merthyr Guardian*, 28 Gorffennaf 1854; wedi'i ddyfynnu gan Lewis, 'Y Mudiad Heddwch yng Nghymru', 121.
44 *Herald of Peace*, 2 Rhagfyr 1872.
45 *Y Gwron*, 8 Rhagfyr 1855.

⁴⁶ Henry Richard, *Evidence of Turkish Misrule*.
⁴⁷ Alfred Bowen Evans, *War: its Theology; its Anomalies; its Incidents and its Humiliations. A discourse delivered in the Church of St Andrew, Marylebone* (London, 1885).
⁴⁸ Peter Brock, *The Quaker Peace Testimony 1660 to 1914* (York, 1990), t. 272.
⁴⁹ Haggert, Blessed are the Peacemakers', tt. 15–16.
⁵⁰ Lewis Appleton, *Henry Richard, The Apostle of Peace* (London, 1889), t. 26.
⁵¹ Llythyr dyddiedig 17 Mawrth 1856; wedi'i ddyfynnu gan Stephen Frick, 'Henry Richard and the Treaty of Paris of 1856', *Cylchgrawn Llyfrgell Genedlaethol Cymru*, XVII, 3 (Aberystwyth, Haf 1972), nodyn 9, t. 311.
⁵² Roberts, *Bywyd a Gwaith y Diweddar Henry Richard*, tt. 84–5.
⁵³ Llythyr dyddiedig 7 Chwefror 1856; wedi'i ddyfynnu gan Frick, 'Henry Richard and the Treaty of Paris of 1856', nodyn 9, t. 311.
⁵⁴ Stephen Frick, 'Henry Richard and the Treaty of Paris of 1856', 299–300.
⁵⁵ Henry Richard, *Memoirs of Joseph Sturge* (London, 1864), t. 422.
⁵⁶ Frick, 'Henry Richard and the Treaty of Paris of 1856', 301–11.
⁵⁷ Ibid., 301.
⁵⁸ Ibid., 302.
⁵⁹ Ibid., 302–3.
⁶⁰ Ibid., 306–7.
⁶¹ Miall, *Henry Richard, M.P.*, t. 109.
⁶² Appleton, *Henry Richard*, t. 32.
⁶³ Roberts, *Bywyd a Gwaith y Diweddar Henry Richard*, t. 68.
⁶⁴ Miall, *Henry Richard, M.P.*, t. 111.
⁶⁵ Richard, *Memoirs of Joseph Sturge*, t. 526.
⁶⁶ Ibid., t. 527.
⁶⁷ H. R. Evans, 'Dr Edward Richard of Tregaron and Finchingfield', *Transactions of the Honourable Society of Cymmrodorion* (London, 1962), 141.

Pennod 5

¹ C. S. Miall, *Henry Richard, M.P.: A Biography* (London, 1889), tt. 96–9.
² H. R. Evans, 'Dr Edward Richard of Tregaron and Finchingfield', *Transactions of the Honourable Society of Cymmrodorion* (London, 1962), 142.
³ Ibid.
⁴ Ibid., 143.
⁵ Ibid.
⁶ Ibid., 145.

[7] Ieuan Gwynedd Jones, 'The Liberation Society and Welsh Politics, 1844 to 1868', *Welsh History Review*, 1, 2 (Cardiff, 1961), 216.
[8] Ibid., 211.
[9] Ibid., 213.
[10] Ibid., 216.
[11] Miall, *Henry Richard, M.P.*, t. 121.
[12] Ibid.
[13] Ibid., tt. 122–3.
[14] Ibid., t. 123.
[15] *Cambrian*, 26 Medi 1862; wedi'i ddyfynnu gan Ieuan Gwynedd Jones, 'Dr. Thomas Price and the Election of 1868 in Merthyr Tydfil', *Cylchgrawn Hanes Cymru*, 2, 3 (1965), 259.
[16] David Brown, 'Cobden and the press', yn Anthony Howe and Simon Morgan (goln), *Rethinking Nineteenth Century Liberalism* (Aldershot, 2005), tt. 87–90.
[17] Llythyr gan Richard at gyfaill nas enwir a heb ei ddyddio – ond yn amlwg wedi ei ysgrifennu ym 1858; wedi'i ddyfynnu gan Miall, *Henry Richard, M.P.*, t. 114.
[18] Ibid.
[19] Ibid., t. 118.
[20] Ibid., tt. 125–6.
[21] John Jones, *Gwaith Talhaiarn* II (1862), t. 300; wedi'i ddyfynnu gan T. H. Lewis, 'Y Mudiad Heddwch yng Nghymru', *Transactions of the Honourable Society of Cymmrodorion* (London, 1958), 123.
[22] Miall, *Henry Richard, M.P.*, t. 138. Yn Rhagfyr 1863 treuliodd Henry Richard rai dyddiau yng nghartref Richard Cobden yn Durnford House, Midhurst, a chadwodd ddyddiadur manwl o'r sgyrsiau fu rhyngddynt. Yn ystod y dyddiau hynny trafodwyd nifer o ddigwyddiadau, rhai cyfoes a rhai yn ddigwyddiadau o flynyddoedd cyn hynny. Dyfynnodd Miall yn helaeth o'r dyddiadur hwnnw.
[23] Ibid., tt. 138–9. Daw'r hanesyn hwn o sgwrs rhwng Richard a Cobden yng Ngorffennaf 1861.
[24] Ibid., tt. 138–9.
[25] *Y Diwygiwr*, 'Anerchiad', XXV (1860); wedi'i ddyfynnu gan Lewis, 'Y Mudiad Heddwch yng Nghymru', 123.
[26] Lewis Appleton, *Henry Richard, The Apostle of Peace* (London, 1889), t. 50.
[27] Ibid., t. 51.
[28] Eleazar Roberts, *Bywyd a Gwaith y Diweddar Henry Richard, A.S.* (Wrecsam, 1902), t. 71.
[29] Ibid., tt. 72–3.
[30] Appleton, *Henry Richard*, t. 57.
[31] Ibid., t. 58.
[32] Miall, *Henry Richard, M.P.*, t. 128.
[33] Roberts, *Bywyd a Gwaith y Diweddar Henry Richard*, t. 77.

³⁴ Aled Jones and Bill Jones, *Welsh Reflections: Y Drych & America 1851–2001* (Llandysul, 2001), t. 153.
³⁵ *Y Drych*, 14 Chwefror 1863.
³⁶ 'Hunan-Amddiffyniad SR: yn ngwyneb y camddarlunio fu arno drwy adeg cynddaredd y rhyfel cartrefol yn America'. Gweler Jones and Jones, *Welsh Reflections*; hefyd Samuel Roberts, 'Hunan Amddiffyniad', yn Iorwerth C. Peate (gol.) *Cilhaul ac Ysgrifau Eraill* (Caerdydd, 1951), tt. 108–9
³⁷ *Y Cronicl*, XIX (1861), 237–9; wedi'i ddyfynnu gan Lewis, 'Y Mudiad Heddwch yng Nghymru', 125–6.
³⁸ *Y Cronicl*, XVIII (1860), 73; wedi'i ddyfynnu gan Lewis, 'Y Mudiad Heddwch yng Nghymru', 126.
³⁹ *Yr Annibynwr*, VI (1862), 10-12, 240; wedi'i ddyfynnu gan Lewis, 'Y Mudiad Heddwch yng Nghymru', 126.
⁴⁰ *Y Cronicl*, XVIII (1860), 73 wedi'i ddyfynnu gan Lewis, 'Y Mudiad Heddwch yng Nghymru', 126.
⁴¹ Roberts, *Bywyd a Gwaith y Diweddar Henry Richard*, t. 76.
⁴² *Y Dysgedydd*, XLII (1863), 66–9; wedi'i ddyfynnu gan Lewis, 'Y Mudiad Heddwch yng Nghymru', 126.
⁴³ *Baner ac Amserau Cymru*, 1 Mehefin 1864; wedi'i ddyfynnu gan Lewis, 'Y Mudiad Heddwch yng Nghymru', 126.
⁴⁴ *Y Dysgedydd*, XLVI (1866), 254–5; wedi'i ddyfynnu gan Lewis, 'Y Mudiad Heddwch yng Nghymru', 126. Bu farw Tregelles Price, gyda llaw, ym 1856.
⁴⁵ Appleton, *Henry Richard*, tt. 63–5.
⁴⁶ Ibid., t. 70.
⁴⁷ Ibid., tt. 71–5.
⁴⁸ Ibid., tt. 76–7.
⁴⁹ Ibid., t. 82.
⁵⁰ Evans, 'Dr Edward Richard', 145.
⁵¹ Ibid., 146.
⁵² Miall, *Henry Richard, M.P.*, t. 130.
⁵³ Ieuan Gwynedd Jones, 'The elections of 1865 and 1868 in Wales, with special reference to Cardiganshire and Merthyr Tydfil', *Transactions of the Honourable Society of Cymmrodorion* (London, 1964), 57–8.
⁵⁴ Ibid., 59.
⁵⁵ Ibid.
⁵⁶ Ibid., 62.
⁵⁷ Evans, 'Dr Edward Richard', 149.
⁵⁸ Miall, *Henry Richard, M.P.*, t. 147.
⁵⁹ Ieuan Gwynedd Jones, 'The elections of 1865 and 1868 in Wales', 62.
⁶⁰ H. R. Evans, 'Henry Richard and Cobden's letters', *Transactions of the Honourable Society of Cymmrodorion* (London, 1958), tt. 55–6.
⁶¹ Appleton, *Henry Richard*, tt. 89–90.
⁶² Evans, 'Henry Richard and Cobden's letters', 58–9.
⁶³ Ibid., 59.

⁶⁴ Ibid., 81.
⁶⁵ Henry Richard, *Letters and Essays on Wales* (London, 1884), t. 1.
⁶⁶ Ieuan Gwynedd Jones, *Henry Richard – Apostol Heddwch 1812–1888* (Cymdeithas y Cymod, 1988), tt. 12–13.
⁶⁷ Henry Richard, *Letters and Essays on Wales*, t. 26.
⁶⁸ Ibid., t. 33.
⁶⁹ Ibid., tt. 38–9.
⁷⁰ Ibid., t. 47.
⁷¹ Ibid.; dyfyniad o Esgob Connop Thirwall, Sais a benodwyd yn esgob Tŷ Ddewi ym 1840 ac a ddysgodd Gymraeg cystal fel yr arferai bregethu a chynnal gwasanaethau yn yr iaith.
⁷² Ibid., t. 48.
⁷³ Ibid., t. 95.
⁷⁴ Ibid., tt. 99–100.
⁷⁵ Ibid., t. 120.
⁷⁶ Ibid., tt. 64–6.
⁷⁷ Ibid., t. 57.
⁷⁸ Yn wreiddiol o'r *Times*, 20 Awst 1873; wedi'i ddyfynnu gan Richard, *Letters and Essays on Wales*, tt. ix–x.
⁷⁹ William P. Griffith, 'Landlordiaeth' yn Tegid Roberts (gol.) *Yr Angen am Furiau – Pum Darlith Fforwm Hanes Cymru* (Llanrwst, 2009), tt. 12, 19.
⁸⁰ Ieuan Gwynedd Jones, *Henry Richard*, tt. 20–1.
⁸¹ Miall, *Henry Richard, M.P.*, tt. 145–6.

Pennod 6

¹ Ieuan Gwynedd Jones, 'The Elections of 1865 and 1868 in Wales', *Transactions of the Honourable Society of Cymmrodorion* (London, 1964), 63.
² Ibid., 64.
³ Ibid.
⁴ Ibid., 65.
⁵ Ieuan Gwynedd Jones, 'The Liberation Society and Welsh Politics, 1844 to 1868', *Welsh History Review*, 1, 2 (1961), 216.
⁶ *Cambrian*, 26 Medi 1862; wedi'i ddyfynnu gan Ieuan Gwynedd Jones, 'Dr. Thomas Price and the Election of 1868 in Merthyr Tydfil', *Welsh History Review*, 2, 3 (Cardiff), 259.
⁷ Ieuan Gwynedd Jones, 'Dr. Thomas Price and the Election of 1868 in Merthyr Tydfil', 260.
⁸ Gwyn Griffiths (gol.), *Cerddi Evan James: Awdur Hen Wlad Fy Nhadau* (Llanrwst, 2009), tt. 116–20.
⁹ Ieuan Gwynedd Jones, 'Dr. Thomas Price and the Election of 1868 in Merthyr Tydfil', 259.
¹⁰ Ibid., 264.

[11] Ibid., t. 265.
[12] Gwyn A. Williams, *Heddwch a Grym: Henry Richard, Radical i'n hamser ni* (CND Cymru, 1988), t. 4.
[13] Ieuan Gwynedd Jones, 'Dr. Thomas Price and the Election of 1868 in Merthyr Tydfil', 265, nodyn 149.
[14] C. S. Miall, *Henry Richard, M.P.: A Biography* (London, 1889), t. 149.
[15] Eleazar Roberts, *Bywyd a Gwaith y Diweddar Henry Richard*, A.S. (Wrecsam, 1902), tt. 107–8; wedi'i ddyfynnu o'r *Nonconformist*.
[16] Gwyn A. Williams, *Heddwch a Grym*, t. 2.
[17] Ibid., t. 2.
[18] Miall, *Henry Richard, M.P.*, tt. 152–3.
[19] Ibid., t. 153.
[20] Ibid.
[21] Ieuan Gwynedd Jones, 'Henry Richard ac Iaith y Gwleidydd', yn Geraint Jenkins (gol.), *Cof Cenedl*, III (Llandysul, 1988). t. 130.
[22] Ibid., t. 128.
[23] Ieuan Gwynedd Jones, *Henry Richard – Apostol Heddwch 1812–1888* (Cymdeithas y Cymod, 1988), t. 20.
[24] Ieuan Gwynedd Jones, 'Henry Richard ac Iaith y Gwleidydd', tt. 133–4.
[25] Ieuan Gwynedd Jones, *Henry Richard*, t. 20.
[26] Miall, *Henry Richard, M.P.*, t. 154.
[27] Ibid., t. 155.
[28] Ibid.
[29] *Hansard*, 22 Mawrth 1869, cyfrol 194, colofnau 1967–1972.
[30] Miall, *Henry Richard, M.P.*, t. 157.
[31] Gweler yr areithiau i gyd yn *Hansard*, 6 Gorffennaf 1869, cyfrol 197, colofnau 1294–1329.
[32] Vaughan oedd yr ymgeisydd Torïaidd aflwyddiannus yn erbyn E. M. Richards yn Sir Aberteifi.
[33] *Hansard*, 6 Gorffennaf 1869, cyfrol 197, colofnau 1294–1329.
[34] Miall, *Henry Richard, M.P.*, tt.160–1.
[35] Ibid., tt. 163–4.
[36] Ibid., t. 164.
[37] Ibid., tt. 164–5.
[38] Matthew Cragoe, *Culture, politics, and national identity in Wales, 1832–1886* (Oxford, 2004), tt. 168–9.
[39] *Hansard*, 8 Awst 1871, cyfrol 208, col. 1133.
[40] *Baner ac Amserau Cymru*, 27 Gorffennaf 1870, t. 4.
[41] Wedi'i ddyfynnu o'r *Llandudno Register and Herald*, 18 Rhagfyr 1869.
[42] *Hansard*, 8 Awst 1871, cyfrol 208, colofnau 1137–1138.
[43] *Hansard*, 20 Mehefin 1870, cyfrol 202, colofnau 495–518.
[44] *Hansard*, 11 Gorffennaf 1870, cyfrol 203, colofnau 79–83.
[45] Miall, *Henry Richard, M.P.*, tt. 178–9.
[46] Ibid., tt. 186–7.
[47] *Hansard*, 5 Mawrth 1872, cyfrol 209, colofnau 1407–1418.

⁴⁸ Idwal Jones, 'The Voluntary System at Work', *Transactions of the Honourable Society of Cymmrodorion* (London, 1931–2), tt. 82–3.
⁴⁹ W. E. Davies, *Sir Hugh Owen – his Life and Life-work* (National Eisteddfod Association, 1885), tt. 76–8.
⁵⁰ Thomas Rees, *Cenadwri'r Eglwys a Phroblemau'r Dydd* (Wrecsam, 1923), tt. 20–1.
⁵¹ Carey Jones, *Gyrfa'r Gŵr o Dregaron* (Abertawe, 1988), tt. 37–8.
⁵² W. E. Davies, *Sir Hugh Owen*, tt. 80–1.
⁵³ Henry Richard, *Letters and Essays on Wales* (London, 1884), tt. 33–4.
⁵⁴ *Hansard*, 24 Mai 1870, cyfrol 201, colofnau 1274–1291.
⁵⁵ Roberts, *Bywyd a Gwaith y Diweddar Henry Richard*, tt. 117–18; Miall, *Henry Richard, M.P.*, tt. 175–6, nodyn.
⁵⁶ Iwan Morgan, *The College by the Sea* (Aberystwyth, 1928), t. 7; gweler hefyd, Joseph Morgan, *A Biography of the Reverend David James* (Pontypool, 1925), t. 65.
⁵⁷ J. Gwynn Williams, 'Prifysgol Cymru 1893', *Trafodion Anrhydeddus Gymdeithas y Cymmrodorion* (Llundain, 1993), tt. 85–6.
⁵⁸ E. L. Ellis, *The University College of Wales, Aberystwyth, 1872–1972* (Cardiff, 1972), tt. 13–14.
⁵⁹ Hywel Teifi Edwards, *Yr Eisteddfod* (Caerdydd, 1976), tt. 65–7.
⁶⁰ Iwan Morgan, *The College by the Sea* (Aberystwyth, 1928), tt. 14, 343.
⁶¹ Ibid., tt. 343–4.
⁶² Ibid., t. 14.
⁶³ J. Gwynn Williams, 'Prifysgol Cymru 1893', t. 88.
⁶⁴ Iwan Morgan, *The College by the Sea*, t. 14.
⁶⁵ J. Gwynn Williams, 'Prifysgol Cymru 1893', t. 87.
⁶⁶ Miall, *Henry Richard, M.P.*, t. 205.
⁶⁷ Iwan Morgan, *The College by the Sea*, t. 17.
⁶⁸ R. Tudur Jones, *Yr Undeb – Hanes Undeb yr Annibynwyr Cymraeg 1872–1972* (Abertawe, 1975), t. 24.
⁶⁹ Ibid., tt. 52–3.
⁷⁰ Roberts, *Bywyd a Gwaith y Diweddar Henry Richard*, tt. 131–2.
⁷¹ I ddarllen y dadleuon yn llawn, gweler *Hansard*, 8 Mawrth 1872, cyfrol 209, colofnau 1648–73.
⁷² Miall, *Henry Richard, M.P.*, tt. 201–3; dylid nodi fod Miall wedi gosod y daith hon ym 1873 nid 1872.
⁷³ Ibid., tt. 201–2, nodyn.
⁷⁴ Robert James Scally, *The End of Hidden Ireland* (Oxford, 1995), tt. 151–2.

Pennod 7

¹ Lewis Appleton, *Henry Richard, The Apostle of Peace* (London, 1889), tt. 93–4.
² Ibid., t. 95.

3 Ibid., tt. 98–9.
4 Ibid., t. 100.
5 Ibid.
6 Ibid.
7 André Durand, 'Gustave Moynier and the Peace Societies', *International Review of the Red Cross*, 314 (Cambridge, 31 October 1996), tt. 532–50.
8 Appleton, *Henry Richard*, t. 102–3.
9 Ibid., t. 103.
10 C. S. Miall, *Henry Richard, M.P.: A Biography* (London, 1958), tt. 167–8.
11 Ibid., t. 168.
12 Ibid. (nodyn).
13 Appleton, *Henry Richard*, t. 110.
14 Ibid., t. 111.
15 Ibid., t. 112.
16 Ibid.
17 Eleazar Roberts, *Bywyd a Gwaith y Diweddar Henry Richard, A.S.* (Wrecsam, 1902), t. 121; y dyfyniad arferol o Kant yw 'War is bad, it *begets* more evil than it kills'.
18 *Hansard*, 1 Awst 1870, cyfrol 203, colofnau 1286–1365.
19 Roberts, *Bywyd a Gwaith y Diweddar Henry Richard*, t. 128.
20 Cyhoeddwyd *La Débâcle* gan Charpentier (Paris, 1892), a *Robert Helman* gan Dentu, (Paris, 1874).
21 Yn *Contes du Lundi*, Nelson (Paris, 1873).
22 Miall, *Henry Richard, M.P.*, t. 177.
23 Ibid., tt. 131–2.
24 Appleton, *Henry Richard*, t. 126.
25 Roberts, *Bywyd a Gwaith y Diweddar Henry Richard*, tt. 145–6.
26 Goronwy J. Jones, *Wales and the Quest for Peace*, (Cardiff, 1969), t. 43.
27 Ieuan Gwynedd Jones, *Henry Richard – Apostol Heddwch 1812–1888* (Cymdeithas y Cymod, 1988), tt. 19–20.
28 Goronwy J. Jones, *Wales and the Quest for Peace*, t. 43.
29 *Western Mail*, 30 Tachwedd 1871; wedi'i ddyfynnu gan G. J. Jones, *Wales and the Quest for Peace*, tt. 45–6.
30 Appleton, *Henry Richard*, t. 128.
31 Ibid., t. 115.
32 Ibid., t. 116.
33 Ceir yr hanes yn llawn gan Thomas Willing Balch, *The Alabama Arbitration* (Philadelphia, 1900).
34 *Western Mail*, 16 Medi 1872; wedi'i ddyfynnu gan G. J. Jones, *Wales and the Quest for Peace*, t. 47.
35 *Herald of Peace*, 1873, t. 172; wedi'i ddyfynnu gan G. J. Jones, *Wales and the Quest for Peace*, t. 47.
36 Goronwy J. Jones, *Wales and the Quest for Peace*, t. 48.
37 Appleton, *Henry Richard*, t. 130.
38 I ddarllen araith Henry Richard a'r areithiau eraill yn llawn, gweler *Hansard*, 8 Gorffennaf 1873, cyfrol 217, colofnau 52–90.

³⁹ Yr oedd Prydain yn eithriad yn hyn o beth, bryd hynny.
⁴⁰ Alexander William Kinglake, awdur *Invasion of the Crimea*, sef hanes y rhyfel mewn wyth cyfrol.
⁴¹ Appleton, *Henry Richard*, t. 132.
⁴² Miall, *Henry Richard, M.P.*, t. 199.
⁴³ Goronwy J. Jones, *Wales and the Quest for Peace*, t. 49.
⁴⁴ Miall, *Henry Richard, M.P.*, t. 200.
⁴⁵ Ibid., tt. 206–8.

Pennod 8

¹ C. S. Miall, *Henry Richard, M.P.: A Biography* (London, 1889), t. 209.
² Ibid., t. 210; cafodd Charles Miall weld dyddiadur Henry Richard o'r daith hon – fel a gafodd o deithau eraill Richard – ac y mae'n dyfynnu'n helaeth ohonynt yn ei gyfrol.
³ Ibid., t. 211.
⁴ Ibid.
⁵ Ibid., tt. 212–3; o ddyddiadur taith Henry Richard.
⁶ Ibid., t. 215.
⁷ Ibid; o ddyddiadur taith Richard.
⁸ Ibid., tt. 215–16.
⁹ Ibid., t. 217.
¹⁰ Gall hyn fod yn gywir oherwydd bu Eugène Rouher i fewn ac allan o'r llywodraeth fwy nag unwaith yn ystod y flwyddyn 1867.
¹¹ Miall, *Henry Richard, M.P.*, t. 218.
¹² Ibid.
¹³ Ibid., t. 219.
¹⁴ Ibid., t. 219–220; o ddyddiadur taith Henry Richard.
¹⁵ Ibid., t. 220–221; o ddyddiadur taith Henry Richard.
¹⁶ Ibid., t. 224.
¹⁷ Ibid., t. 226.
¹⁸ Ibid., t. 227.
¹⁹ Ibid., t. 229.
²⁰ Ibid.
²¹ Ibid., tt. 231–2.
²² Ibid., tt. 232–3.
²³ Ibid., t. 232 (nodyn).
²⁴ Ibid., t. 233–4.
²⁵ Ibid., t. 234.
²⁶ Lewis Appleton, *Henry Richard, The Apostle of Peace* (London, 1889), t. 137.
²⁷ Ibid.; Eleazar Roberts, *Bywyd a Gwaith y Diweddar Henry Richard, A.S.* (Wrecsam, 1902), t. 162.
²⁸ Roberts, *Bywyd a Gwaith y Diweddar Henry Richard*, t. 162.
²⁹ Ibid., t. 162–3.
³⁰ Appleton, *Henry Richard*, t. 138.

Nodiadau

Pennod 9

1. Lewis Appleton, *Henry Richard, The Apostle of Peace* (London, 1889), t. 139.
2. *Western Mail*, 31 Ionawr 1874; wedi'i ddyfynnu gan Goronwy J. Jones, *Wales and the Quest for Peace* (Cardiff, 1969), t. 51.
3. *Yr Haul*, 1873, 119; wedi'i ddyfynnu gan Goronwy J. Jones, *Wales and the Quest for Peace*, tt. 51–2.
4. *Herald of Peace*, 1874, 59; wedi'i ddyfynnu gan Goronwy J. Jones, *Wales and the Quest for Peace*, t. 52.
5. C. S. Miall, *Henry Richard, M.P.: A Biography* (London, 1889), tt. 246–7.
6. Eleazar Roberts, *Bywyd a Gwaith y Diweddar Henry Richard, A.S.* (Wrecsam, 1902), tt. 168–9.
7. Miall, *Henry Richard, M.P.*, t. 249.
8. I ddarllen araith Henry Richard, gweler *Hansard*, 15 Gorffennaf 1874, cyfrol 221, colofnau 56–7.
9. Ibid.
10. Miall, *Henry Richard, M.P.*, tt. 252–3.
11. Samuel Whitaker Pennypacker, *The Autobiography of a Pennsylvanian* (Philadelphia, 1918). Yn ôl Pennypacker, diogi a blerwch fu'n gyfrifol am ei fethiant i dalu ei ddyledion.
12. Miall, *Henry Richard, M.P.*, tt. 254–5.
13. Ibid., tt. 255–6.
14. Ibid., tt. 256–7.
15. Lawrence Goldman: 'The Defection of the Middle Class: The Endowment Schools Act, the Liberal Party, and the 1874 Election' yn Peter Ghosh and Lawrence Goldman (goln.), *Politics and Culture in Victorian Britain* (Oxford, 2006), tt. 118–35.
16. *Hansard*, 21 Gorffennaf 1874, cyfrol 221, colofnau 417–25.
17. Appleton, *Henry Richard*, t. 144.
18. Miall, *Henry Richard, M.P.*, t. 260.
19. H. R. Evans, 'Henry Richard and Cobden's letters', *Transactions of the Honourable Society of Cymmrodorion* (London, 1958), 58.
20. Ibid., 59.
21. Un arall o ddiwydianwyr cotwm gogledd Lloegr, ymgyrchydd dros fasnach rydd a diddymu treth yr ŷd.
22. Evans, 'Henry Richard and Cobden's letters', 64.
23. Ibid., 65–6.
24. Ibid., 76.
25. Miall, *Henry Richard, M.P.*, t. 259.
26. Morley, John, *The Life of Richard Cobden* (London, 1881).
27. J. A. Hobson, *Richard Cobden: The International Man* (London, 1918).
28. Roberts, *Bywyd a Gwaith y Diweddar Henry Richard*, t. 83.
29. Miall, *Henry Richard, M.P.*, t. 259.
30. Bellach, cyhoeddwyd dwy gyfrol gan Wasg Prifysgol Rhydychen, ac y mae'n debyg bod dwy gyfrol arall ar y ffordd.

31 Evans, 'Henry Richard and Cobden's letters', 80.
32 Ibid., 80.
33 Ibid.
34 Ibid., t. 81.
35 Roberts, *Bywyd a Gwaith y Diweddar Henry Richard*, t. 83.
36 Miall, *Henry Richard, M.P.*, t. 261.
37 Ibid., t. 261.
38 Llyfr Eseia, Y Beibl Cyssegr-lan, 31, adnod 1 (Llundain, 1946), t. 579.
39 Miall, *Henry Richard, M.P.*, t. 262.
40 W. E. Gladstone, *Bulgarian Horrors and the Question of the East* (London, 1876).
41 Ibid., t. 13.
42 Erthygl y gohebydd Americanaidd J. A. MacGahan (*Daily News*, 22 Awst 1876).
43 Henry Richard, *History of the Origin of the War with Russia* (London, 1855); o'r rhagarweiniad i'r ailargraffiad.
44 Appleton, *Henry Richard*, t. 160.
45 Goronwy J. Jones, *Wales and the Quest for Peace*, t. 55.
46 Ibid., t. 57; dyfyniad o'r *Herald of Peace*.
47 Roberts, *Bywyd a Gwaith y Diweddar Henry Richard*, t. 186.
48 Appleton, *Henry Richard*, t. 166.
49 Goronwy J. Jones, *Wales and the Quest for Peace*, t. 56; wedi'i ddyfynnu o R. T. Shannon, *Gladstone and the Bulgarian Agitation* (Nelson, 1963).
50 Miall, *Henry Richard, M.P.*, tt. 265–6.
51 Ibid., t. 267.
52 Ibid., t. 269.
53 Ibid., tt. 269–71.
54 'Ymaith, ymaith, giwed annuwiol!'
55 Am yr areithiau cyflawn, gweler *Hansard*, 21 Ebrill 1875, cyfrol 223, colofnau 1363–1421.
56 Miall, *Henry Richard, M.P.*, tt. 280–1.
57 *Hansard*, 11 Mai 1875, cyfrol 224, colofnau 489–509.
58 *Hansard*, 19 Mehefin 1876, cyfrol 230, colofnau 57–64.
59 *Hansard*, 10 Gorffennaf 1876, cyfrol 230, colofnau 1186–1207.
60 Thomas Rees, *Cenadwri'r Eglwys a Phroblemau'r Dydd* (Wrecsam, 1923), tt. 20–1.
61 *Hansard*, 5 Awst 1876, cyfrol 231, colofnau 566–673.
62 Thomas Rees, *Cenadwri'r Eglwys a Phroblemau'r Dydd*, t. 20.
63 *Hansard*, 10 Gorffennaf 1876, cyfrol 230, colofn 1205.
64 Miall, *Henry Richard, M.P.*, tt. 313–14.
65 Ibid., t. 314.
66 Ibid., t. 319.
67 Roberts, *Bywyd a Gwaith y Diweddar Henry Richard*, t. 216.
68 Henry Richard, *Letters and Essays on Wales*, t. 193.
69 Ibid., t. 190.
70 *British Quarterly Review*, Ebrill 1883.

[71] Ef oedd dirprwy-brifathro cyntaf Coleg Dewi Sant, Llanbedr Pont Steffan, lle dysgodd Gymraeg yn rhugl ac arferai bregethu ynddi ar y Sul yn Eglwys Llangeler, lle bu'n offeiriad am gyfnod. Gwnaeth lawer iawn i ysgogi adeiladu eglwysi yng nghymoedd y de a denu nawdd tuag at hynny oddi wrth ddiwydianwyr.
[72] Henry Richard, *Letters and Essays on Wales*, t. ix.
[73] *Hansard*, 30 Mehefin 1880, cyfrol 263, colofnau 1167–1181.
[74] Hywel Teifi Edwards, *Yr Eisteddfod* (Llys yr Eisteddfod Genedlaethol, 1976), tt. 79–80.
[75] E. L. Ellis, *The University College of Wales, Aberystwyth, 1872–1972* (Cardiff, 1972) t. 15 (nodyn).
[76] Miall, *Henry Richard, M.P.*, tt. 333–4.
[77] Appleton, *Henry Richard*, t. 170.
[78] Miall, *Henry Richard, M.P.*, tt. 330–1.
[79] Ibid., t. 341.
[80] Ibid., tt. 341–2.
[81] Ellis, *The University College of Wales, Aberystwyth*, t. 68.
[82] Ibid., t. 69.
[83] Ibid., t. 68.
[84] Kenneth O. Morgan, 'Liberals, Nationalists and Mr Gladstone', *Transactions of the Honourable Society of Cymmrodorion* (London, 1960), 41.
[85] Ellis, *The University College of Wales, Aberystwyth*, tt. 80–1.
[86] *Hansard*, 14 Mawrth 1884, cyfrol 285, colofnau 1589–1632.
[87] Ellis, *The University College of Wales, Aberystwyth*, t. 82.
[88] Miall, *Henry Richard, M.P.*, tt. 342–3.
[89] Ibid., t. 343 (nodyn).
[90] Ibid., t. 345.
[91] Ibid., t. 363.
[92] Ibid., t. 367.
[93] Carey Jones, *Gyrfa'r gŵr o Dregaron* (Abertawe, 1988), tt. 44–5.
[94] *Y Gymraeg Mewn Addysg a Bywyd* (HMSO, 1927), t. 66.
[95] Miall, *Henry Richard, M.P.*, tt. 367–8.

Pennod 10

[1] Lewis Appleton, *Henry Richard, The Apostle of Peace* (London, 1889), t. 140.
[2] I ddarllen yr holl ddadl gweler *Hansard*, 4 Mai 1874, cyfrol 218, colofnau 1592–1664.
[3] Appleton, *Henry Richard*, t. 135.
[4] C. S. Miall, *Henry Richard, M.P.: A Biography* (London, 1889), t. 264 (nodyn).
[5] *Hansard*, 8 Chwefror 1878, cyfrol 237, colofnau 1332–1340.
[6] Miall, *Henry Richard, M.P.*, t. 336.
[7] *Hansard*, 9 Ebrill 1878, cyfrol 239, colofnau 997–1008.

8 Llyfr y Diarhebion, *Y Beibl Cyssegr-lan*, 30, 20 (Llundain 1946), t. 548.
9 Gornowy J. Jones, *Wales and the Quest for Peace* (Cardiff, 1969), t. 63.
10 Ibid., t. 63.
11 Ganwyd Frere yng Nghlydach, Llanelli, ger y Fenni, yn fab i Edward Frere o Frere, Cooke and Company, perchnogion Gwaith Haearn Clydach.
12 *Hansard*, 24 Ebrill 1879, cyfrol 245, colofnau 1040–8.
13 Ibid.
14 Jones, *Wales and the Quest for Peace*, t. 68.
15 *Hansard*, 29 Ebrill 1881, cyfrol 260, colofnau 1424–50.
16 Miall, *Henry Richard, M.P.*, t. 339.
17 Appleton, *Henry Richard*, t. 186.
18 Ibid., t. 187.
19 Ibid., t. 188.
20 Ibid., tt. 188–9.
21 *Hansard*, 12 Gorffennaf 1882, cyfrol 272, colofnau 196–9.
22 Eleazar Roberts, *Bywyd a Gwaith y Diweddar Henry Richard, A.S.* (Wrecsam, 1902), tt. 235–6; wedi'i ddyfynnu o'r *Herald of Peace*, Ebrill 1889, t. 205.
23 Ibid., t. 236 (nodyn).
24 *Hansard*, 25 Gorffennaf 1882, cyfrol 272, colofnau 1776–80.
25 Jones, *Wales and the Quest for Peace*, t. 71; wedi'i ddyfynnu o'r *Tyst a'r Dydd*, 9 Mawrth 1883.
26 Ibid., tt. 72–3.
27 *Hansard*, 19 Ebrill 1883, cyfrol 278, colofnau 686–90.
28 Appleton, *Henry Richard*, t. 194.
29 Roberts, *Bywyd a Gwaith y Diweddar Henry Richard*, tt. 251–2.
30 *Hansard*, 15 Mawrth 1884, cyfrol 285, colofnau 1666–1671.
31 Ibid.
32 *Hansard*, 22 Chwefror 1886, cyfrol 302, colofnau 948–954.
33 Gweler uchod, t. 228.
34 *Hansard*, 4 Mai 1885, cyfrol 297, colofnau 1501–1511.

Pennod 11

1 C. S. Miall, *Henry Richard, M.P.: A Biography* (London, 1889), tt. 273–4.
2 Lewis Appleton, *Henry Richard, The Apostle of Peace* (London, 1889) t. 145.
3 Am areithiau Lawson a Richard, gweler *Hansard*, 6 Mawrth 1876, cyfrol 227, colofnau 1439–1456.
4 *Hansard*, 15 Mai 1876, cyfrol 229, colofnau 715–721.
5 Llyfr y Diarhebion, 30, 15, *Y Beibl Cyssegr-lan*, t. 548.
6 *Hansard*, 15 Mai 1876, cyfrol 229, colofnau 715–721.
7 *Hansard*, 27 Mehefin 1876 cyfrol 230, colofnau 536–59.
8 Harriet Martineau, *A History of the Thirty Years' Peace, 1816–46* (London, 1877).

⁹ Am ddarlun o'r cyfnod cywilyddus hwn yn hanes Prydain, gweler *Sea of Poppies* gan Amitav Ghosh (London, 2008).
¹⁰ Miall, *Henry Richard, M.P.*, t. 285.
¹¹ Miall, *Henry Richard, M.P.*, tt. 282–3.
¹² Eleazar Roberts, *Bywyd a Gwaith y Diweddar Henry Richard, A.S.* (Wrecsam, 1902), t. 178.
¹³ Ibid., t. 177.
¹⁴ Appleton, *Henry Richard*, t. 151.
¹⁵ Miall, *Henry Richard, M.P.*, t. 283.
¹⁶ Appleton, *Henry Richard*, tt. 151–2.
¹⁷ Ibid., t. 152.
¹⁸ Miall, *Henry Richard, M.P.*, tt. 301–2.
¹⁹ Ibid., tt. 302–3.
²⁰ Ibid., t. 303.
²¹ Appleton, *Henry Richard*, t. 173.
²² Ibid., t. 175.
²³ Goronwy J. Jones, *Wales and the Quest for Peace* (Cardiff, 1969), t. 64.
²⁴ *Hansard*, 15 Mehefin 1880, cyfrol 253, colofnau 80–95.
²⁵ Appleton, *Henry Richard*, t. 178.
²⁶ *Baner ac Amserau Cymru*, 23 Mehefin 23, 1880.
²⁷ Goronwy J. Jones, *Wales and the Quest for Peace*, t. 67.

Pennod 12

¹ Lewis Appleton, *Henry Richard, The Apostle of Peace* (London, 1889), t. 200.
² C. S. Miall, *Henry Richard, M.P.: A Biography* (London, 1889), t. 348 (nodyn).
³ Appleton, *Henry Richard*, t. 200.
⁴ Miall, *Henry Richard, M.P.*, t. 349.
⁵ Appleton, *Henry Richard*, tt. 200–1.
⁶ Miall, *Henry Richard, M.P.*, tt. 350–1.
⁷ Ibid., tt. 351–2.
⁸ Goronwy J. Jones, *Wales and the Quest for Peace* (Cardiff, 1996), t. 76 (nodyn); gweler hefyd *Y Bywgraffiadur Cymreig hyd 1940* (Llundain, 1953), t. 494.
⁹ Miall, *Henry Richard, M.P.*, t. 350.
¹⁰ Ibid., t. 351.
¹¹ Ibid., t. 352.
¹² Goronwy J. Jones, *Wales and the Quest for Peace*, t. 76; wedi'i ddyfynnu o'r *Herald of Peace*, Ebrill 1882, t. 144.
¹³ Goronwy J. Jones, *Wales and the Quest for Peace*, t. 73; wedi'i ddyfynnu o A. V. Dicey, *Introduction to the Study of the Law of the Constitution* (London and New York, 1889), tt. 394–5.
¹⁴ *Hansard*, 19 Mawrth 1886, cyfrol 303, colofnau 1386–1423.

¹⁵ Eleazar Roberts, *Bywyd a Gwaith y Diweddar Henry Richard* (Wrecsam, 1902), t. 257.
¹⁶ Dewi Rowland Hughes, *Cymru Fydd* (Caerdydd, 2006), t. 114; wedi'i ddyfynnu o A. P. Thornton, *The Imperial Idea and its Enemies* (London, 1959), t. 85.
¹⁷ Roberts, *Bywyd a Gwaith y Diweddar Henry Richard*, 259; wedi'i ddyfynnu o'r *Herald of Peace*, 1 Ebrill 1866. Gweler hefyd *Hansard*, 3 Chwefror 1857, cyfrol 144, col. 145.
¹⁸ Kenneth O. Morgan, 'Liberals, Nationalists and Mr Gladstone', *Transactions of the Honourable Society of Cymmrodorion* (London, 1960), 44.
¹⁹ Roberts, *Bywyd a Gwaith y Diweddar Henry Richard*, t. 260.
²⁰ T. I. Ellis, *Thomas Edward Ellis – Cofiant*, cyfrol 2 (Lerpwl, 1948), t. 21.
²¹ Miall, *Henry Richard, M.P.*, t. 358.
²² Appleton, *Henry Richard*, t. 203.
²³ I ddarllen yr araith ddifyr hon, gweler *Hansard*, 9 Mawrth 1886, cyfrol 303, colofnau 305–367.
²⁴ Hughes, *Cymru Fydd*, t. 72; wedi'i ddyfynnu o H. Richard at W. E. Gladstone, 14 Mehefin 1886 (Llyfrgell Brydeinig, Papurau Gladstone, Papurau Ychwanegol, 44498, 17–19).
²⁵ Ibid., wedi'i ddyfynnu o *Welsh Liberal Members of Parliament Minute Book*, Awst 26 1886–Gorffennaf 17 1889, Llyfrgell Ganolog Casnewydd, Adran Llawysgrifau, MO (328) t. 1.
²⁶ *Hansard*, 7 Mawrth 1888, cyfrol 323, colofnau 468–514.
²⁷ Henry Richard and J. Carvell Williams, *Disestablishment* (London, 1886).
²⁸ Ibid., t. 66.
²⁹ Miall, *Henry Richard, M.P.*, t. 356.
³⁰ Appleton, *Henry Richard*, tt. 211–12.
³¹ Ibid., tt. 207–8.
³² Am gyfieithad llawn o'r erthygl, gweler Roberts, *Bywyd a Gwaith y Diweddar Henry Richard*, tt. 267–74.
³³ Iwan Morgan (ed.), *The College by the Sea* (Aberystwyth, 1928), tt. 26–7.
³⁴ Miall, *Henry Richard, M.P.*, t. 369.
³⁵ Ibid., 374–5.
³⁶ Appleton, *Henry Richard*, tt. 213–4.
³⁷ Roberts, *Bywyd a Gwaith y Diweddar Henry Richard*, tt. 291–2 (nodyn). Union eiriau Henry Richard, a lefarwyd ganddo yn y Nhŷ'r Cyffredin, oedd: 'And among those who hold this view there are many who are most earnestly concerned for the religious character of their countrymen, and who hold in as profound reverence as my Right Honourable Friend, or Dr. Newman, the old English Bible, or rather the old Welsh Bible, which is a still finer version than yours, in proportion as the Welsh is a much finer language than the English.' (*Hansard*, 18 Mawrth 1870).
³⁸ Roberts, *Bywyd a Gwaith y Diweddar Henry Richard*, tt. 283–5.
³⁹ Miall, *Henry Richard, M.P.*, t. 361.

Llyfryddiaeth

Appleton, Lewis, *Henry Richard, The Apostle of Peace* (London, 1889).
Balch, Thomas Willing, *The Alabama Arbitration* (Philadelphia, 1900).
Brock, Peter, *The Quaker Peace Testimony 1660 to 1914* (York, 1990).
Cleal, Edward E., *The Story of Congregationalism in Surrey* (London, 1908).
Cobden, Richard, *1793 and 1853, in Three Letters* (London, 1853).
Cragoe, Matthew, *Culture, Politics, and National Identity in Wales, 1832–1886* (Oxford, 2004).
Daudet, Alphonse, *Contes du Lundi* (Paris, 1873).
Davies, W. E., *Sir Hugh Owen – His Life and Life-work* (National Eisteddfod Association, 1885).
Dicey, A. V., *Introduction to the Study of the Law of the Constitution* (London and New York, 1889).
Durand, André, 'Gustave Moynier and the Peace Societies', *International Review of the Red Cross*, 314 (Cambridge, 1996), 532–50.
Edwards, A. G., *Memories* (London, 1927).
Edwards, Hywel Teifi, *Yr Eisteddfod* (Caerdydd, 1976).
Ellis, E. L., *The University College of Wales, Aberystwyth, 1872–1972* (Cardiff, 1972).
Ellis, T. I., *Thomas Edward Ellis. Cofiant – Cyfrol 2* (Lerpwl, 1948).
Evans, Alfred Bowen, *War: its Theology; its Anomalies; its Incidents and its Humiliations. A discourse delivered in the Church of St Andrew, Marylebone* (London, 1885).
Evans, H. R., 'Dr Edward Richard of Tregaron and Finchingfield', *Transactions of the Honourable Society of Cymmrodorion* (London, 1962), 93–154.
Evans, H. R., 'Henry Richard and Cobden's Letters', *Transactions of the Honourable Society of Cymmrodorion* (London, 1958), 54–81.
Frick, Stephen, 'Henry Richard and the Treaty of Paris of 1856', *National Library of Wales Journal*, XVII, 3 (Aberystwyth, Summer 1972), 299–313.
Frick, Stephen, *Joseph Sturge, Henry Richard and the Morning Star* (Michigan, 1980).
Ghosh, Amitav, *Sea of Poppies* (London, 2008).

Gladstone, William Ewart, *Bulgarian Horrors and the Question of the East* (London, 1876).
Goldman, Lawrence, 'The Defection of the Middle Class: the Endowment Schools Act, the Liberal Party, and the 1874 Election', yn Peter Ghosh and Lawrence Goldman (goln), *Politics and Culture in Victorian Britain* (Oxford, 2006), tt. 119–35.
Griffith, William P., 'Landlordiaeth', yn Tegid Roberts (gol.), *Yr Angen am Furiau – Pum Darlith Fforwm Hanes Cymru* (Llanrwst, 2009), 10–28.
Griffiths, Gwyn (gol.), *Cerddi Evan James: Awdur Hen Wlad Fy Nhadau* (Llanrwst, 2009).
Griffiths, Gwyn, *Gwlad fy Nhadau* (Llanrwst, 2006).
Gymraeg Mewn Addysg a Bywyd, Y (HMSO, 1927).
Haggert, Tracey, 'Blessed are the peacemakers: religious pacifism and the Crimean War 1854–1856' (traethawd MA, Prifysgol British Columbia, 1995). *https://circle.ubc.ca/bitstream/handle/2429/3950/ubc_1995-0472.pdf?sequence=1*; ymwelwyd â'r wefan 25 Chwefror 2011).
Hansard's *Parliamentary Debates* (London).
Hobson, J. A., *Richard Cobden: The International Man* (London, 1919).
Hughes, Dewi Rowland, *Cymru Fydd* (Caerdydd, 2006).
Jones, A. and Jones, B., *Welsh Reflections: 'Y Drych' and America 1851–2001* (Llandysul, 2001).
Jones, Carey, *Gyrfa'r Gŵr o Dregaron* (Abertawe, 1988).
Jones, Cyril, *Calon Blwm* (Llandysul, 1994).
Jones, E. Pan, *Cofiant y Tri Brawd o Llanbrynmair a Conwy* (Bala, 1893).
Jones, Goronwy J., *Wales and the Quest for Peace* (Cardiff, 1969).
Jones, Idwal, 'The Voluntary System at Work', *Transactions of the Honourable Society of Cymmrodorion* (London, 1931–2), 72–164.
Jones, Ieuan Gwynedd, 'The Liberation Society and Welsh Politics, 1844 to 1868', *Welsh History Review*, 1, 2 (Cardiff, 1961), 193–224.
Jones, Ieuan Gwynedd, 'The elections of 1865 and 1868 in Wales, with special reference to Cardiganshire and Merthyr Tydfil', *Transactions of the Honourable Society of Cymmrodorion* (London, 1964), 41–68.
Jones, Ieuan Gwynedd, 'Dr. Thomas Price and the Election of 1868 in Merthyr Tydfil', *Welsh History Review*, 2, 3, (Cardiff, 1965), 251–70.
Jones, Ieuan Gwynedd, 'Henry Richard ac Iaith y Gwleidydd yn y Bedwaredd Ganrif ar Bymtheg' yn Geraint H. Jenkins (gol.), *Cof Cenedl*, III (Llandysul, 1988), 117–49.
Jones, Ieuan Gwynedd, *Henry Richard – Apostol Heddwch 1812–1888* (Cymdeithas y Cymod, 1988).
Jones, P. A. L. (gol.), *Cariad at ein Gwlad / A Discourse on the Love of Our Country* (Aberystwyth, 1989).

Jones, R. Tudur, *Yr Undeb – Hanes Undeb yr Annibynwyr Cymraeg 1872–1972* (Abertawe, 1975).

Jones, William, *Quaker Campaigns in Peace and War* (London, 1899).

Lewis, T. H., 'Y Mudiad Heddwch yng Nghymru', *Transactions of the Honourable Society of Cymmrodorion* (London, 1958), 87–127.

Mason, G. F., *Sleigh Ride to Russia* (York, 1985).

Martineau, Harriet, *A History of the Thirty Years' Peace, 1816–1846* (London, 1850).

Miall, Charles S., *Henry Richard, M.P.: A Biography* (London, 1889).

Morgan, D. Densil, *Dawn Dweud: Lewis Edwards* (Caerdydd, 2009).

Morgan, Iwan (gol.), *The College by the Sea* (Aberystwyth, 1928).

Morgan, J. J., *Cofiant Evan Phillips Castell Newydd Emlyn* (Lerpwl, 1930).

Morgan, Kenneth O., 'Liberals, Nationalists and Mr Gladstone', *Transactions of the Honourable Society of Cymmrodorion* (London, 1960), 36–52.

Morley, John, *The Life of Richard Cobden* (London, 1879).

Owen, Geraint Dyfnallt, *Ysgolion a Cholegau yr Annibynwyr* (Abertawe, 1939).

Peate, Iorweth C. Peate (gol.), *Samuel Roberts, Cilhaul ac Ysgrifau Eraill* (Caerdydd, 1951).

Pennypacker, Samuel Whitaker, *The Autobiography of a Pennsylvanian* (Philadelphia, 1918).

Rees, D. Ben, *The Life and Work of Henry Richard* (Nottingham, 2007).

Rees, Ivor Thomas, 'Henry Richard – yet another look', *Merthyr Historian*, 20 (2009), 127–39.

Rees, Thomas, *Cenadwri'r Eglwys a Phroblemau'r Dydd* (Wrecsam, 1923).

Report on the Proceedings of the Second General Peace Congress held in Paris on the 22nd, 23rd and 24th of August 1849 compiled from authentic documents under the superintendence of the Peace Congress Committee (London, 1849).

Richard, E. W. a Richard, H., *Bywyd y Parch Ebenezer Richard* (Llundain, 1839).

Richard, Henry, *Evidence of Turkish Misrule* (cyhoeddwyd ar ran yr Eastern Question Association gan Cassell Petter and Galpin, London, 1855).

Richard, Henry, *History of the Origins of the War with Russia, Drawn up from Parliamentary Documents* (London, 1855).

Richard, Henry, *Memoirs of Joseph Sturge* (London, 1864).

Richard, Henry, *Letters and Essays on Wales* (London, 1884).

Richard, Henry M.P., and Williams, J. Carvell M.P., *Disestablishment* (London, 1886).

Roberts, Eleazar, *Bywyd a Gwaith y Diweddar Henry Richard, A.S.* (Wrecsam, 1902).
Roberts, Gomer M., *Y Ddinas Gadarn: Hanes Eglwys Jewin Llundain* (Pwyllgor Dathlu Daucanmlwyddiant Eglwys Jewin, Llundain, 1974).
Roberts, Thomas, *Cwyn yn Erbyn Gorthrymder* (Caerdydd, 1928).
Robertson, William, *Life and Time of John Bright* (London, 1883).
Scally, Robert James, *The End of Hidden Ireland* (Oxford, 1995).
Taylor, A. J. P., *The Troublemakers* (London, 1957).
Thomas, D. O., *Richard Price, 1723–1791* (Caerdydd, 1976).
Williams, Gwyn A., *Heddwch a Grym: Henry Richard, Radical i'n hamser ni* (CND Cymru, 1988).
Williams, J. Gwynn, 'Prifysgol Cymru 1893', *Trafodion Anrhydeddus Gymdeithas y Cymmrodorion* (Llundain, 1993), 83–97.

Mynegai

Abdülmecid I 64
Aberaeron 11, 19, 38, 83, 86, 104, 113, 140
Aberdâr xvii, 87, 91, 105, 114–17, 119–20, 141, 156, 215, 265
Aberdâr, Arglwydd (gweler hefyd Bruce, Henry Austin) 120, 211, 216–17, 219, 220, 227, 272
Aberdeen 64, 243
Aberdeen, Arglwydd 59, 62, 67, 70, 76
Abergwaun 1, 3, 6, 12, 18, 22
Aberhonddu 29, 114, 134
Aberhonddu, Coleg yr Annibynwyr 84, 139, 274
Aberpergwm 108
Abertawe 29, 40, 73, 85, 87, 89, 90–1, 104, 114–15, 134, 138, 141, 155, 212, 220, 254
Aberteifi 1, 2, 123
Aberteifi, Sir 12, 26, 31, 86, 102–5, 113–14, 117, 120, 123–6, 164, 184, 193, 216–17, 258, 268
Aberystwyth 6, 10, 12, 125, 138, 140, 156, 214, 216–18
Aberystwyth, Coleg xvi, 137–40, 194, 210, 212–13, 215–18, 220, 238, 272–4
Abney Park, Mynwent 273, 277
Abysinia 146–7
Active (llong) 2
Adams, Charles Francis 157–8
addysg xiii, xiv, xvi, 1–7, 12, 15, 21, 29, 33–4, 28, 67, 112–13, 128–9, 131, 133, 135–6, 138, 140, 144, 166–7, 172, 178, 182, 186–8, 205, 207–9, 211, 215–19, 221–3, 250, 252, 258, 265, 267, 272
addysg ganolradd 211–13, 216, 238
addysg uwch 137–8, 140, 172, 211–12, 215–16, 218, 220–1, 238, 272
Adroddiadau'r Comisiynwyr i Archwilio Cyflwyr Addysg yng Nghymru (1847) xiv, 33–5, 137
Affrica 2, 3, 224, 230, 234, 258, 261
Afghanistan 69, 228–30, 243, 244, 259, 261, 269–70
Afghan Question, The 229
Aifft, Plaid Genedlaethol yr Aifft 235
Aifft 194, 234–41, 243, 261–2, 270
Aigle 189, 193
Alabama, helynt yr 157–9, 162, 175, 179–80, 182–3, 188
Alban, Yr 56, 59, 63, 89, 97, 110, 125, 138, 144, 200, 214, 219, 264
Alban, prifysgolion Yr 139, 140, 219
Alexandria 235–7, 240, 270
Almaen, Yr 42, 45, 47–54, 56, 108, 147, 149, 151, 153–4, 157, 164, 167–8, 170, 173, 195, 199, 223, 231, 235, 246, 249, 269
Alsas 45, 147, 156, 253
America, Unol Daleithiau xiii, xv, 2, 8, 29. 40, 42, 45, 50, 68, 77, 92, 101, 141, 158–9, 164, 168, 171, 178–9, 188, 215, 245, 249, 269
America, Cymdeithas Heddwch 166
America, Rhyfel Cartref 9, 93, 96–9, 145, 157
Amos, Sheldon 249, 251–2
Amserau, Yr 109, 110

Anchor Society 194
Andrews, Henry 251
Anghydffurfwyr xvii, 21–2, 28–9, 33–4, 87, 89–90, 103–5, 108–9, 113–16, 118, 121, 124–6, 129–32, 137, 143–4, 184–6, 188, 193, 198, 200–10, 212–14, 220–2, 249, 271–2
Angladdau, Mesur 89, 201, 203–4, 211
Anglo-Satsuma, Rhyfel 101
Anialwch y Gobi 228
Annibynwr, Yr 99
Annibynwyr (enwad) xiii, 7–8, 10, 12, 20, 24, 27–30, 35, 72, 99, 103, 109, 134, 112, 134, 141, 155–6, 193–4, 200–1, 205, 208, 213, 229, 238, 248, 250, 272, 274
Anstie, James 221
anterliwtiau 108
Antwerp 47, 166, 251
Arakan 62
Armenia 69
Arrow 80, 248
Asantahene 224
Ashanti, Rhyfel yr 224–5
Asia 171
Auersperg, (Tywysog) Adolf von 170
Augsburg 51
Awstria 42, 45, 48, 52, 54, 64, 102, 149–50, 170–4, 199, 231, 246, 249, 254
Awstria-Hwngari, Ymerodraeth 168, 172, 195
Azores 158

Baker, Valentine 240
Baker, Stanley 231
Bala 12, 33
Bala, Coleg Diwinyddol 6, 139
Balaclava, Brwydr 70–1
Balcanau 195, 198–9
Banc yr Eidion Du 17
Baner ac Amserau Cymru 101, 124, 164, 214, 217, 256

Baner America 186
Bangor 142, 213, 216, 217–18
Bangor, Coleg Normal 138
Bangor, Esgob 216
Bangor, Prifysgol 139, 212, 218
Baring, Evelyn 239
Baur, Ferdinand Christian 49
Bavaria 149
Beaumont, Somerset 170–1
Beca, Terfysgoedd xiv, 29–32, 189
Bedyddiwr, Y 55, 63, 71
Bedyddwyr 12, 20, 71, 91, 103, 114–15, 129, 200–1, 205, 272
Beecher, Henry Ward 97
Beibl Cymraeg 24, 219, 266, 275
Belinzaghi, Giulio 178
Bell, Anna 46
Bell, Eliza 46
Benedetti, Vincent 151
Bengal 62, 81–2
Berlin 45, 50, 150, 167, 198–9, 253
Berlin, Cytundeb 198–9, 229
Bermo, Y 1
Bernard, Montague 169
Berne 193, 252
Betws-y-coed 273
Biancheri, Giuseppe 176
Biebrich 52
Birmingham 28, 46, 73, 94, 128, 221, 250, 268
Birmingham Mercury 66
Birmingham Post 276
Bismarck, Otto von 47, 151, 171
Blackburn 93, 192
Blackburn, John 29, 134
Blaencyswch 6
Blaenwern 4
Bluntschli, Johann Kaspar 168
Blwydd-dâl Arglwydd Wolseley, Mesur *gweler* Wolseley, Garnet
Blwydd-dâl yr Arglwydd Alcesters, Mesur *gweler* Seymour, Beauchamp
Boehm, Hubert von 69
Boeriaid 230, 232–4, 270

Mynegai 307

Bolton 65
Bolton Gardens 112–13, 165, 273
Bombay Burmah, Corfforaeth Fasnachu 242
Bombay 230
Bontfaen, Y 212
Borough Road, Coleg 135
Bosnia 196–7
Bosporus 64
Bowen, James 1
Bowen, William 1
Brad y Llyfrau Gleision *gweler Adroddiadau'r Comisiynwyr i Archwilio Cyflwyr Addysg yng Nghymru (1847)*
Bradford 184, 242
Bramwell, Henry Rowland 78
Brasil 159, 254
Braudlaugh, Charles 220
Bredius, Jan Pieter 245
Bremen 249
Brenhinfraint 260–1
Brewster, David 57
Bright, Jacob 232, 246
Bright, John xiv, 9, 42, 46, 61–5, 67, 73, 75–6, 81, 93, 95, 97, 99, 145, 190, 195, 201, 204, 237, 244, 246, 255, 268
Bright, Mary 93
British Banner xiv, 34, 84
British Friend 66
British Quarterly Review 213
Brixton 104
Bronkhorstspruit 233
Brown, J. Baldwin 112
Bruce, Henry Austin 91, 114–15, 119–20, 124, 143, 187, 211
gweler hefyd Aberdâr, Arglwydd
Brwsel 44–5, 58, 149, 168
Bryce, James 244, 262
Bryste 15, 65, 126, 129, 140, 200
Budapest 171–2
Bulgarian Horrors and the Question of the East 196
Bulloch, James D. 157

Bunsen, Christian Karl Josias 54, 103, 109
Burma 62, 70, 82, 242–3, 258, 261
Burnet, John 25
Burnley 231, 246
Burritt, Elihu xv, 42–4, 47–8, 50–2, 54, 215
Butler, Josephine 252
Buxton, Sydney 268
Bwlgaria 69, 196, 199
Bwrdd Addysg Cynulleidfaol 29
Bwrdd Deddf y Tlodion 27
Bwrdd Ysgol Llundain 216
byrddau (addysg) awdurdodau lleol 128
byrddau ysgol 129–33, 186, 204, 206–7, 213

Cadwaladr, Betsi 70
Caer 138, 215–17
Caer Efrog 211
Caer Gystennin 67, 198, 226
Caerdydd 23, 91, 212
Caerdydd, Prifysgol 138–9, 212, 216, 218–20, 272
Caeredin 43, 63–4, 121
Caeredin, Prifysgol 7
Caeredin, Treth Blwydd-dâl 121
Caerffili 9
Caerfyrddin 7–8, 11–12, 15, 23, 32, 134, 156, 211
Caerfyrddin, sir 31–3, 123–4, 126, 209, 214
Caerfyrddin, Coleg Presbyteraidd 138
Caergrawnt, Prifysgol 139
Caergybi 91, 141, 212
Caerhirfryn, swydd 87
Caerliwelydd 163, 224
Caerloyw, swydd 94
Caerlŷr 28, 250-1
Caernarfon, sir 9, 61, 156, 267
caethwasiaeth 2, 3, 9, 50, 67, 78, 92, 96–9, 101, 180, 194, 239, 250

Caethwasiaeth, Cymdeithas Gwrth 27, 145–6
Caird, John (?) 192–3
Cairo 235, 239
Calais 52
Calcutta 62
Cambria Daily Leader 126
Cambrian News 217
Cambrian 40, 71
Cameron, Charles Duncan 146–7
Camlas Suez 47, 235–7
Campbell, John 84–5
Canaan 64
Canada 100
Cannwyll Corff 108
Canton 80–1, 248
Capel Bwlchgwynt 2–3, 12, 15
Capel Newydd 4
Caradog *gweler* Griffith Rhys Jones
Cardiff and Merthyr Guardian 71, 73
Carlile, James 144
Carlyle, Thomas 56
Carmarthen Journal 31, 40, 71, 192–3
Carnarvon Herald 71
Carnarvon, Arglwydd 226
Carrel, Armand 53
Casnewydd 32, 73, 212
Cassell, John 191
Castell Nedd 39, 73, 258
Castell Newydd Emlyn 7, 86, 102
Catford, Henry 191
Catrawd Gymreig, Y 71
Ceidwadwyr xv, 87, 109, 121, 123–4, 128–30, 136, 158, 164, 184, 187, 194, 204, 209, 221, 234, 236, 242, 246, 263–4, 268
cenedlaetholdeb xiv, xv, 98, 111–12, 200
cerdd dafod 108
cerdd dant 108
Cernyw 143
Cetshwayo, brenin y Zulus 230
Chamberlain, Joseph 264, 268
Chamerovzow, Louis Alexis 67, 68

Charles, David 23, 135, 137–8
Charles, Thomas 1, 33, 137, 140
Charleton, Robert 65
Chelmsford Chronicle 38
Childers, Hugh 263
China 40–1, 62, 80–1, 232, 234, 242, 244, 247–8, 258
Chiswell Street 20, 25, 35
Christian Appeal from the Society of Friends to Their Fellow-Countrymen on the Present War, A 74
Christian World 229
Church Quarterly Review 213
Churchill, Arglwydd Randolph 262, 264
Claremont, Capel 29
Clarendon, Arglwydd 78–9, 101, 158–9
Cleaton, Edward 35–6
Cobden, Catherine 32, 106, 189–93
Cobden, Clwb 106, 136, 190–2
Cobden, Llythyrau 106–7, 189–93
Cobden, Richard xiv, 9, 28, 32, 39, 42, 46, 51–2, 54–5, 57, 59–68, 73, 75–7, 80–1, 84–5, 90, 92, 95, 97, 99, 101, 103, 105–7, 117, 131, 145, 147, 148, 149, 155, 160, 162, 174, 177, 179–80, 183, 189–90, 192–3
Cockburn, Alexander 61
Colley, George 233–4
Colman, Jeremiah James 273
Cologne 47, 51–2
Cologne Gazette 151
Colston, Edward 194
Comisiwn Brenhinol ar Addysg yn Lloegr a Chymru (Arglwydd Cross) xvi, 221–3
Comisiwn Elusennau 187, 221
Comisiwn Heddwch (UDA) 186
Comisiwn Prydain-Rwsia 244
Comisiwn yr Ysgolion Gwaddoledig 186–8
Comisiwn, neu Bwyllgor, Adrannol i Archwilio Cyflwr Addysg

Ganolog ac Uwch yng Nghymru
(Arglwydd Aberdâr) 211–13,
216–19
Complete Suffrage Union 28
Congregational Quarterly, The 27
Congregationalist, The 12, 14
Conwy 186, 201
Cooper, Astley 10
Coquerel, Athanase Laurent Charles
47, 78
Corc 143
Cormenin, Louis Marie de la Haye
51, 53, 56, 78
Corti, Luigi 199
Costa, Eleanor Anne Da 36, 85
Cottrell, W. 123
Courier 178
Courtney, Leonard 256
Courveur, Auguste 166, 253
Coventry 33, 137
Cowen, Joseph 228
Cowley, Arglwydd 79
Cox, Homersham 141
Cranbrooke, Arglwydd 272
Cremer, W. Randal 156, 183, 252
Crimea, Rhyfel y 80–1, 85, 94, 97,
138, 159, 195–8, 226, 238, 244,
250
Cromer, Arglwydd *gweler* Sir Evelyn
Baring
Cronicl, Y 10, 31, 39, 54, 60, 62,
71–2, 99, 103, 159
Crook, Joseph 65
Crosby Row 17–18
Crosby, Neuadd (darlith) xiv, 34
Cross, Arglwydd *gweler* y Comisiwn
Brenhinol ar Addysg
Cross, Richard 204
Crossley, Frank 65
Croydon 20, 22, 24
Crynwyr 28, 39, 40, 42, 51–2, 58,
65–7, 74–5, 77, 93–4, 145, 147,
155, 205, 258
Cumberland 110
Cunliffe, Robert 218

Cwm Cynon 119
Cyfarthfa 119
Cyflafareddu xv, 57, 59, 80, 143, 147,
154–62, 164, 170, 173–4, 177,
182–3, 190–1, 198–9, 208, 225,
239, 245, 251–2, 257, 259, 269
cyfraith ryngwladol 157, 160, 163,
166–73, 176–7, 188, 225–6, 235,
245, 249, 251, 255, 257, 269
Cyngres y Drwg Cymdeithasol 252
Cyhuddiad o Anghyfreithlondeb
Anghymedrol yn erbyn y Cymry
110
Cylchdaith Llysoedd Sirol
Canolbarth Cymru 141–2
Cymal 23 76, 79–80, 162, 244
Cymal 25 130, 186
cymanfa bwnc 135
Cymdeithas Cyflafareddu Gorllewin
Lloegr a De Cymru 159
Cymdeithas Cyflafareddu
Ryngwladol 274
Cymdeithas Diwygio a Rheoleiddio
Cyfraith y Cenhedloedd 169, 188,
245, 249, 251, 253, 257, 269, 270
Cymdeithas Diwygio'r India 82
Cymdeithas Economegwyr
Gwleidyddol yr Almaen 249
Cymdeithas Gristnogol Gymreig
35–6
Cymdeithas Gwrth-Gaethwasiaeth
27, 145–6
Cymdeithas Gymreig y Beibl 36
Cymdeithas Heddwch y Gweithwyr
156, 160, 183, 233, 251–2
Cymdeithas Heddwch yr Iseldiroedd
166
Cymdeithas Heddwch xiv, xv, 8, 31,
39–40, 42–7, 50, 54–61, 63–6, 73,
76–7, 80, 84–5, 92–4, 97, 99–101,
145–7, 153, 156, 160, 182, 190–1,
196, 229, 233, 236, 239–40, 242,
252, 258–60, 263, 269, 274
Cymdeithas Hybu Gwybodaeth
Gristnogol (SPCK) 27, 133

Cymdeithas Offeiriad Cymreig y
    West Riding, Swydd Efrog 137
Cymdeithas Rhyddhad 27–8, 86–7,
    91, 104–5, 113, 115, 121, 193, 204,
    210, 267–8
Cymdeithas Ryngwladol y
    Gweithwyr 175
Cymdeithas Seciwlar Genedlaethol
    220
Cymdeithas Unedig y Glowyr 183
Cymdeithas Vincent de Paul 144
Cymdeithas y Beiblau 22, 24, 27
Cymdeithas y Gwyddorau
    Cymdeithasol 148, 257
Cymdeithas yr Ysgolion
    Cenedlaethol 131, 133
Cymdeithas yr Ysgolion Gwirfoddol
    29, 206
Cymdeithas Ysgolion Brutanaidd a
    Thramor 29, 131, 133–4
*Cymhwysiad Cristnogaeth at
    Wleidyddiaeth* 250
Cymmrodorion 141, 274
Cymraeg, iaith xiv–xvii, 9, 14–16,
    23–4, 27, 30–4, 40, 55–7, 71–3,
    85, 87, 97–8, 100, 107, 109–11,
    116–19, 124–5, 128, 133–4, 141–3,
    159, 164, 183, 210–12, 215, 219,
    222–3, 238, 265–7, 270–1, 274,
    276
Cymru xiii–xvi, 4, 23, 26–36, 39–40,
    44, 54–5, 57, 60, 63, 70–2, 74–5,
    84–5, 87, 89–91, 95, 99–100, 104,
    107, 109–14, 116–30, 133–42,
    155–6, 159–60, 163–4, 183, 185–6,
    193–4, 197–201, 203–7, 209–11,
    213–19, 221–3, 227–9, 233, 238–9,
    248, 254, 256, 258, 263–75, 277
Cymry yn Llundain 29, 36, 89, 186
Cynnig Cyflafareddu Rhyngwladol
    156–7, 159–64, 170
Cyswch 1

Daily News 30–1, 177, 196, 262, 270,
    276

Daily Telegraph 179
Dale, Robert William 221–3, 250,
    274
Dalmas, Pierre-Albert de 79
Danube 64, 172
Dardanelles 64, 154, 226–7
Darlington 65, 259
Darmstadt 51
Datgysylltu'r Eglwys 9, 89, 110, 116,
    121–2, 136, 185, 201, 204, 209,
    265, 267–9
Daudet, Alphonse 154
Davies, Anne 273
Davies, David (Bryste) 12, 14–15
Davies, David Charles 86, 273
Davies, David (Llandinam) 104–5,
    214, 216–18, 258
Davies, Edward 'Celtic' 110
Davies, Griffith 29, 37
Davies, John 29
Davies, Richard xvi, 106, 120, 205,
    258, 273
Davis, David (Blaengwawr) 116
Davis, David (Maes-y-ffynnon)
    115–16, 119, 265
Deák, Ferenc 171
Deddf Addysg Elfennol (1870) 128,
    130–2, 136, 186, 211
Deddf Addysg Ganolradd Cymru
    (1889) 213
Deddf Ailddosbarthiad (1885) 263
Deddf Cau Tafarnau ar y Sul
    (Cymru) (1881) 214
Deddf Claddu 209, 211
Deddf Daliadau Amaethyddol (1883)
    111
Deddf Datgysylltu'r Eglwys
    (Iwerddon) 132
Deddf Diogelu Eiddo (Iwerddon) 263
Deddf Diwygio'r Senedd (1867)
    113–15, 120
Deddf Diwygio'r Senedd (1884) 263
Deddf Helgig y Ddaear (1880) 111
Deddf Rheoleiddio Addoliad
    Cyhoeddus 184–5

Deddf Unffurfiaeth (1662) 86
Deddf Ysgolion Gwaddoledig (1869)
    Mesur Diwygiedig 186–7
Deddfau Prawf a Chorfforaethol
    27–8, 208
Deddfau Ŷd, Cynghrair gwrth y 9,
    28–9, 46, 55, 180
Defensive War 41–2
deïstiaeth 9, 69, 185, 272
Denmarc 42, 54, 102, 145, 148, 159,
    164, 246, 249
Denmark Street 37
Derby, Arglwydd 59, 80, 226, 246
Derfel R. J. 33
Deri Ormond 4, 7, 10, 17, 123
Deryn Corff 118
Devonport 186, 272
diarfogi 148–50, 179, 182, 208, 245,
    253–6
diarfogi, cynnig 254–6
Dicey, A. V. 260
Dickinson, John 82
Dillwyn, Lewis 89, 91, 114, 121, 254,
    265, 267
Dinas 1, 2
Dinbych 54, 121, 136, 209, 212,
    217–18
Dinbych, sir 126, 136, 156–7, 266–7
Dinbych-y-pysgod 135
Dirprwywyr y Tri Enwad 201, 204,
    208, 210, 220, 221
Disestablishment 89, 268
Disraeli, Benjamin 95, 139, 152,
    183–4, 196–7, 204, 208–9, 225–7,
    230, 232, 235, 245, 254, 256, 264
Diwygiad Protestanaidd 266
Diwygiwr, Y 31–2, 40, 48, 55, 72, 87,
    95, 109
Dixon, George 128, 131
Dollfus, Jean 147, 253
Döllinger, Ignatius 51
Dover 52, 84
Dowlais 119
Dreikaiserbund 195
Dresden 150, 168

Drych, Y 98–9
Drysorfa Gynulleidfaol, Y 54
Duke of Clarence (llong) 2
Dulyn 143–4
Duncker, Maximilian Wolfgang 167
Durham 94, 139
Dutch Gold Coast 224
Dydd Gŵyl Ddewi 72
Dylanwad gwleidyddol yr uchelwyr
    109–10
*Dyletswyddau Lloegr fel Cenedl
    Gristnogol tuag at Genhedloedd
    nad oeddynt yn Gristnogion*
    257
Dysgedydd, Y 34, 72, 100
Dywysogaeth, Y 109

East India Company 62, 81–2, 196
Eastern Question Association 197
Eastty, John 26
Echo (Llundain) 276
Eclectic Review 27
Edwards, (Archesgob) A. G. xvi, xvii
Edwards, (Deon) H. T. 216–17
Edwards, Hywel Teifi 138
Edwards, John Passmore 242
Edwards, Lewis 6, 7, 12, 17, 33, 86,
    137, 140, 212, 216
Edwards, Thomas Charles 139–40,
    216–17
Efrog, Swydd 40, 138
Eglwys *Gallicane* 189
Eglwys Geltaidd 136
Eglwys Loegr xiv, 4, 7, 9, 16, 20, 22,
    72, 87, 89–90, 108, 110, 121,
    128–33, 135–7, 184–5, 187, 196,
    200, 203–8, 212–13, 221–3, 265–8,
    271–2s
Eglwys Rufain 47, 64, 144, 190, 205
Eglwys Rydd yr Alban 200
Eglwys Uniongred Groeg 64, 68, 205
Eidal, Yr 42, 44–5, 52, 56, 148, 159,
    164, 170, 172–5, 177–9, 196, 199,
    246, 249, 257
Eisenach 49

312   Mynegai

Eisteddfod, yr 27, 57, 72, 108–9, 138, 186, 214–15, 238, 274
Eisteddfod Genedlaethol Abertawe (1863) 138
Eisteddfod Genedlaethol Aberystwyth (1865) 214
Eisteddfod Genedlaethol Llundain (1887) 270
Eisteddfod Genedlaethol Merthyr (1881) 214
Eisteddfod Genedlaethol Wrecsam (1888) 275
Eisteddfod Genedlaethol Yr Wyddgrug (1873) 111, 164, 214–15
El Tab 240
Elias, John xiii, 15–16, 20, 22, 26, 36
Ellington, H. R. 67–8
Ellis, T. E. 264–5, 267, 276
Ellis, T. I. 265
Elmina 224–5
Emlyn, Arglwydd 209, 211, 214, 216, 219
Ems, Y Telegram o 151
Encyclopaedia Britannica 193
Encyclopaedia Metropolitana 46
Enfield, Arglwydd 163
Enfield, Eglwys Sant Andreas 74
Epsom 68
Erfurt 49
Esher Street, Capel Cynulleidfaol 22, 24
Essery, W. A. 26
Ethiopia *gweler* Abysinia
Eurgrawn, Yr 31
Evangelical Review 27
Evans, Alfred Bowen 74–5
Evans, Owen 274
Evans, David 38, 83
Evans, Evan 110
Evans, H. R. viii, 104, 191–3
Evans, Hannah *gweler* Richard, Hannah
Evans, John 6, 10
Evans, Margaret 251

Evidence of Turkish Misrule 69, 198
Ewrop x, xv, 18, 42, 45, 50, 53, 56, 59, 64, 69–71, 77, 84–5, 94, 96, 100, 103, 126, 145, 148–51, 153, 160, 162, 164, 167–9, 171, 173, 175, 178–81, 183, 187–9, 191, 195, 197, 199, 225, 235, 237, 239, 246, 249–50, 253–5, 259, 262, 269, 270
Examiner, The 33
Eyre, Edward John 145–6

Farley, Augusta Matilda (Mrs Henry Richard) 112, 116, 143–4, 251, 373
Fatican 109, 178
Favre, Jules 150
Fenis 173, 175
Fenni, Y 108–9
Field, David Dudley 166, 169, 176, 188, 245
Fienna 149
Fiji 269
Finchingfield 38
Finsbury 20
Florence 149
Forster, William Edward 128–9, 131–2, 136, 182–4, 186–7, 204, 226
Fort Sumter 96
Fort Warren 100
Fortnighly Review 268
Foster, Thomas Campbell 31
Fothergill, Richard 114–16, 119–20, 182–3
Framlingham 20
Franck, Adolphe 179
Frankfurt xiii, xv, 43, 46–9, 51–4, 56, 58, 103, 147
Frederick Wilhelm IV 77
Freeman 26
Frere, Henry Bartle 230–3
Freshwell, Cymdeithas y Gweithwyr 38

ffeministiaeth 252
Ffiwsilwyr Cymreig 71
Fflandrys 47
Fflint, sir 156, 214, 254, 258
Ffrainc 39, 42–5, 47, 52–3, 56, 58–9, 62, 64–5, 68, 70–1, 73, 77–8, 81, 94–6, 99–100, 102–3, 108–9, 147–54, 156–7, 164, 168, 170, 179–80, 191, 196, 198–9, 227, 231, 235, 242, 246, 249, 252–3, 261–2

Gâl 69
Galileo 178
Gallenga, Antonio Carlo Napoleone 176–7
Gallipoli 227
Garibaldi, Giuseppe 173–4
Garnier, Joseph 47, 51, 179, 252
Gazette (Llundain) 231
Gee, Thomas 122, 216–17
Genefa 148, 159, 175, 179–80, 188–9, 215, 252–3
Ghazipur 40, 248
Ghent 168–9, 188
Gibraltar 58
Gibson, John (cerflunydd) 186
Gibson, John (golygydd y *Cambrian News*) 217
Giessen 49
Girardin, Emilé de 53, 56
Giraud, Charles 169
Gladstone, W. E. xvi, 68, 79–80, 95, 97, 111, 120–1, 126, 128–9, 136–7, 139–40, 154–5, 158–9, 162–4, 177, 179, 182, 184, 187, 189, 195–7, 199, 201, 203–4, 209–10, 215, 217, 220, 225, 232–6, 238, 240, 244, 250, 255–6, 262–4, 267, 270–1, 275
glöwyr 119, 140, 183, 227, 239
Goethe, Johann Wolfgang von 47
Gogerddan 103, 114
Gohebydd *gweler* John Griffith
Goleuad Cymru 71

Gordon, Charles George 240
Gordon, George William 145–6
Goruchafiaeth Raddol Cyfraith dros Rym Bwystfilaidd 188
Gourley, Edward 236
Grafton Street 37
Graham, Gerald 240–1
Granville, Arglwydd 159, 209, 237
Grey, Albert 266
Griffith, John 125–6, 214
Gurney, Samuel 45, 145
Guy's, Ysbyty 10, 15–17
Gwilym Hiraethog *gweler* Rees, William
Gwlad Belg 42–3, 45, 47, 51–2, 56, 147, 164, 166, 168–9, 249, 255
Gwlad Groeg 58–9, 64, 71, 77, 162, 205
Gwlad Pwyl xv, 102, 145, 228, 231
Gwladgarwr, Y 55
Gwron, Y 73, 91
gwrth-Iddewiaeth 58
Gwynne, Bridget 3, 22

Hâg, Yr 80, 149, 166, 225, 245
Halle 49
Halliday, Thomas 182–3
Haly, William 75–6, 92
Hamilton, John 76, 92
Hampshire 60
Hanbury, Robert William 224
Hanbury-Tracy, F. S. A. 210
Harries, Thomas 105
Harris, Joseph 109
Harri III (Brenin) 39, 265
Harry, Nun Morgan 39, 258
Hartington, Arglwydd 184, 209, 264
Haul, Yr 31, 55, 70, 183
Havana 2
Haynau, Cadfridog Julius Jacob von 52
Heffter, Athro August Wilhelm 50, 167
Heidelberg 48, 51, 168
Hen Wlad fy Nhadau 57, 116, 120

Henderson, Ebenezer 12, 14–15, 25
Hengstenberg, Ernst Wilhelm 51
Herald Cymraeg, Yr 98
Herald of Peace 43, 59, 61, 65–6, 68, 71, 73–5, 98–9, 103, 152–3, 263
Herzegovina 195–6
Highbury, Coleg Cynulleidfaol xiii, 7, 12–15, 19, 22–3, 27, 200
Himalayas 228
Hindley, Charles 77-9, 94, 199
Hindŵiaid 82
Hirwaun 115–16
History of England 56
History of the Origin of the War with Russia 68, 197
Hobson, J. A. 192
Hohenzollern, llys brenhinol 151–2
Holland, Arglwydd 21
Holland, Samuel 214
Hong Kong 41
Howitt, William, Mary a Margaret 178
Hughes, James (Iago Trichrug) 35
Hughes, John (Pontrobert) 7
Hughes, John 'Ceiriog' 94
Hugo, Victor 44–5, 47
Humboldt, Alexander von 50
Hunter, William 243
Hwlffordd 1, 23
Hwngari 45, 52, 168, 171–2, 195

Iddewon 49, 58, 121, 167, 178-9, 184, 206, 208, 220
   gweler hefyd gwrth-Iddewiaeth
Ieuan Gwynedd *gweler* Evan Jones
Iforiaid, Yr 57
Ilfracombe 164
Illingworth, Alfred 242, 252, 258
Illinois 102
Illustrated Times 136–7
Independence Belge 166
India 40, 62, 81–3, 92, 109, 138, 196, 228, 230, 243–4, 248, 258
Indo-China 242
Inkerman 71

Innocent, Pab 265
Institut de droit international 168, 188, 245
Interlaken 193
Irac 69, 261
Is National Boasting Good? 63
Isabella II, brenhines Sbaen 151
Isandlwana 230–2
Iseldiroedd, Yr 45, 77, 166, 198, 224–5, 253, 258, 269
Isma'il Pasha 235
Iwerddon 31, 42, 89, 93, 116, 122, 125, 127, 136, 143–4, 214, 242, 263–4
Iwerddon, colegau 138–40
Iwerddon, hunan lywodraeth 263
Iwerddon, Mesur Hunan-lywodraeth 264

Jamaica 145–7
James, Charles Herbert 209, 263–4
James, Evan 57, 114, 116
Japan 101, 261
Jaup, Heinrich Karl 51–2
Jay, John 168, 173
Jayne, Francis 217
Jefferson, John 42
Jefferson, Thomas 50
Jencken, Henry Diedrich 249
Jeriwsalem 64, 162
Jewin Crescent, Capel y Methodistiaid Calfinaidd 11, 13–16, 19, 22, 24, 27, 35–8, 273
John & Henry Clarke, Lerpwl 2
John Laird & Sons 157
Johnson, H. R. Vaughan 33
Johnson, Reverdy 158–9
Jones, Ieuan Gwynedd 23, 35, 107, 111, 117
Jones, Griffith 1, 33, 133–4, 266
Jones, Michael D. 124
Jones, John Viriamu 220, 272
Jones, Daniel (Camer Fach) 5
Jones, Evan (Ieuan Gwynedd) 33

Jones, Goronwy J. 199
Jones, Griffith Rhys 141
Jones, John (athro ysgol yn Nhregaron) 6
Jones, John (y Crynwr) 258
Jones, John (Deri Ormond) 3–4, 7, 10, 17
Jones, John (myfyriwr meddygol) 10, 16–17
Jones, John (Talhaiarn) 56, 72, 94
Jones, John (Ysgol Ramadeg Llangeitho) 6
Jones, John R. Kilsby 28
Jones, Theophilus 5
Jones, William 237, 258

Kabul 229
Kagoshima 102
Kant, Immanuel 77, 152
Kassassin 238
Kay-Shuttleworth, Ughtred 243
Kershaw, James 65
Khartoum 240
Khiva 228
Khyber, Bwlch y 229
Kimberley, Arglwydd 233
King's Cross, Capel yr Annibynwyr 274
King's Lynn 246
Kinglake, Alexander William 162
Kruger, Paul 233
Krupp 149, 153
Kübeck, Max von 172–3
Kumasi 224
Kuranda, Ignaz 170
Kushk, afon 244

La Débâcle 154
La Dernière Classe 154
Labouchère, Henry 241–2
Laing's Nek 233
Lamartine, Alphonse de 43–4, 180
Lancaster, Joseph 131, 206–7
Lasker, Eduard 167
Laurent, François 168

Lausanne 45, 189
Laveleye, Émile de 169
Lawson, Wilfrid 163, 174, 224, 231, 236, 238, 242, 246
Layard, Austen Henry 226
Leatham, E. A. 124
Leeds Mercury 276
Leipzig 49
Lemonnier, Charles 253
Lerpwl 2, 8, 16, 102, 109, 120–1, 126, 252, 273
Lesseps, Ferdinand de 47
Letters and Essays on Wales xvi, 27, 30, 32, 34–5, 59, 93, 107, 109, 122, 199, 213, 238
Levi, Leone 198
Lewis, John 8, 15
Lewis, W. T. 209
Liebig, Justus von 49
Life of Richard Cobden, The 107, 192
Ligue internationale de la Paix et de la Liberté 147
Ligue internationale et permanente de la Paix 148
Limerick 143–4
Lincoln, Abraham 93, 96–7
Lingen, R. R. W. 33
Liskeard 256
Literature of the Kymry, The 109
Lloyd, Thomas 102–5, 113–14
Lloyd, Morgan 272
Löewe, Johann Heinrich 167
Loewenthal, Eduard 167
Lombardi 177–8
Louis-Philippe 42, 44
Loyson, Hyacinthe 189
Lucas, Samuel 92–3, 107
Lucerne 193, 252
Lush, John Alfred 273
Luther, Martin 47–9
Lwcsembwrg 147

Llanarth 2, 22
Llanbedr Efelffre 39

Llanbedr Pont Steffan, Coleg Dewi
    Sant 7, 17, 25, 137, 139–40, 212,
    217, 219
Llandaf 212–13, 220
Llanddewi Brefi 97
Llanddowror 1, 33, 133–4, 266
Llandrindod 83
Llanelwy, Esgob 216
Llanelli 32, 34, 156
Llanfair (Dyffryn Clwyd) 186
Llanfair Clydogau 1–2
Llanfihangel Genau'r Glyn 201
Llangeinor 8
Llangeitho 1, 6, 9
Llanidloes 35
Llanofer, Y Fonesig 109
Llanpumpsaint 33
Llanrhian 3
Llanwrtyd 83
Llanymddyfri 17, 25, 134, 266
Lledrod 8, 26, 86
Lloegr 10, 29, 30, 33, 35, 39–40, 42,
    44–6, 56, 59, 62–3, 67, 70, 72, 79,
    83, 85, 87, 89–90, 94, 97, 110–11,
    115, 126–30, 133–6, 138–41, 144,
    146, 155–7, 159–60, 168–9, 171,
    174, 178, 183, 193, 197, 200–1,
    206, 211, 219, 221, 227, 229, 231,
    233, 235, 246, 248, 250, 257–9,
    264–6, 270, 274, 276
Llundain xiii–xvi, 4, 6–14, 16–17,
    19–31, 34–40, 42–3, 45–7, 54, 56,
    58, 65, 74, 87, 90, 104–5, 107, 109,
    112, 117, 126, 134–5, 137, 139,
    141, 147–8, 155–7, 166, 180,
    186–7, 197–8, 201, 204, 206,
    215–16, 230–1, 234–5, 253, 268–9,
    272–3, 276
Llundain, Arddangosfa Fawr 1862
    56–7, 96
Llundain, Prifysgol 7, 17, 139, 249
Llwyngwair 1
Llydaw 95, 109, 150
Llyfr Gweddi Gyffredin 72, 86, 184
Llys Cyflafareddu Parhaol 80

Maastricht 47
Macaulay, Thomas Babington 56
Machynlleth 29, 32, 37, 156, 189
Maesyfed, sir 203
Magdala 146
Mahdi 239, 240–1
Mainwairing, Townshend 54
Majuba Hill 233
Mallet, Louis 192–3
Manceinion 9, 43, 46, 61–3, 126, 131,
    156, 193
Mancini, Pasquale Stanislao 169–70,
    174, 176–7, 257
Mandalay 242
Manorowen 3
Mansfield, George 104
Mantua 178
Marlborough, Capel Cynulleidfaol
    xiii–xiv, 24–5, 27–8, 46
Marshall ac Angus, llawfeddygon
    11
Martineau, Harriet 248
masnach rydd xiv–xv, 9, 29, 95, 106,
    147, 179, 185, 252
masnachu ar y Sul 36
Mason, James Murray 100
Massowah 146
Matthews, Edward 86
Matthews, John 10, 12, 15
Mayne, Henry 261
Mazzini, Giuseppe 173
McCarthy, Justin 93
McLaren, Duncan 63
McMinnies, John Gordon 253
Mecsico 42, 258
Meirionnydd 122, 124, 126, 139, 142,
    160, 214, 218–19, 264, 276
Memoirs of Joseph Sturge 66, 93,
    103, 107, 190
Merthyr Tudful xv, xvii, 9, 14–15,
    20, 24, 32, 35, 71, 73, 91, 105,
    113–17, 119–20, 127, 134, 136,
    141, 143, 159, 177, 183, 193,
    198, 209, 214, 229, 239, 263–4,
    274

Mesur y Sgism (Schism Bill) (1714) 207
Methodistiaeth /Calfiniaeth xiii, 1–4, 6, 10, 12, 14–16, 20, 35, 71, 90, 104, 109, 112, 135, 139, 160, 200, 205, 272–3
Miall, Charles S. 93, 112, 201
Miall, Edward 27–8, 57, 61, 64, 68, 87, 89, 103–5, 113, 121, 124–5, 128, 184, 192–4, 215
Midhurst 104–5
Midlothian 232
Milan 176, 178, 257
Miles, James Browning 166, 169, 176, 249
Milisia, Mesur 60, 71, 94
Mill, John Stuart 77
Mills, John Rimington 200
Milton 60
Minghetti, Marco 178
Mohomedaniaid 196
Moldova 64
Môn, sir 15, 22, 120, 133, 142–3, 205, 258, 273
Monte Generoso 257
Montenegro 198–9
Montrose 121
Moore, Dunlop 173
Môr Du 64, 154
Morant, Bae 145
Morgan, William 266
Morgan, David 239
Morgan, George Osborne 121, 124, 136–43, 157, 201, 204, 210, 211, 215, 220, 267, 276–7
Morgannwg, sir 14, 214, 219
Morley, John 93, 107, 192–3
Morley, Samuel 126, 129, 140, 186, 194, 200, 244, 258
Morning & Evening Star xvi, 27, 75–6, 80–1, 92–3, 107, 136
Morning Chronicle 33, 57, 63
Morris, Caleb 123
Morris, Ebenezer 8
Morris, Eser 85

Morris, Lewis 211, 216–17, 272
Morris, Mary *gweler* Mary Richard (chwaer)
Morris, Sam 26, 38, 85–6, 102
Morris, Thomas 86, 102–3
Mortimer (fferyllydd) 8
Mortimer, Llewelyn 17–19, 21
Moslemiaid 69, 82
Mountain Ash 105
Muhammad Ahmad ibn Abd Allah *gweler* Mahdi
Muhammed Tewfik Pasha 235–6, 239
Mundella, Anthony John 162, 174, 180, 218–20
Munich 51
Mwriaid 196
Mynachlog Nedd 39
mynwentydd plwyf 89, 121, 136, 201–4, 211, 221
Mynwy, sir 30, 60, 203, 219

Nanking, Cytundeb 248
Nanteos 103, 114, 123
Nantes 95
Napoleon 59, 60
Napoléon III 44–5, 59–60, 62, 71, 77–9, 94–6, 100, 103, 150, 152–4
Napoleon, rhyfeloedd 29, 39
Neckar, afon 51
Neuadd Goffa a'r Llyfrgell Gynulleidfaol 200–1
Neue Freie Zeitung 167
Neumann, Leopold 170
Newcastle-on-Tyne 93, 106, 153, 228
Newgate, carchar 37
Nicholas I, Tsar Rwsia 64–5, 67, 71, 76
Nicholas, Thomas 138
Nicholl, D. F. 7–8
Nightingale, Florence 70
Nîl, afon 240
Nonconformist, The 27
Norddeutschen Zeitung 151
Normal, ysgolion 29, 85, 134, 206

Northampton 15, 241
Northcote, Stafford 226
Norwich 273
Norwy 249
nosweithiau llawen 108
Nottingham 267
Nottingham, Prifysgol 140
Nuremberg 51
Nyaung Yan (tywysog) 242

Odyddion, Yr 57
Ollivant, Alfred 213–14
Origin of the Burmese War, The 63
Ottoman, Ymerodraeth 59, 64, 66–9, 71–2, 195–8, 226–7, 250, 270
Owen, David (Brutus) 31, 55
Owen, Hugh 27, 29, 134–5, 137–8, 211, 215, 217

Pacifico, David (Don) 58
Palas Crisial, Y 56, 141, 210
Pall Mall Gazette 244
Palmerston, Arglwydd 58–9, 61, 76–9, 81, 87, 94–5, 99–100, 102, 146, 162
Paraguay 258
Paris 47, 96, 103, 147, 149, 151, 154, 170, 179, 235, 250–2
Paris, Cyngres Heddwch (1849) xiii, xv, 43–47, 58, 147
Paris, Cyngres Heddwch (1878) 228, 252–3
Paris, Cytundeb Heddwch (1856) 67, 76–8, 94, 154, 159, 162, 195, 198–9, 244
Parnell, Charles 263–4
Parry, Joseph 141
Partridge, E. W. 93
Passy, Frédéric 147–9, 152, 164, 169, 179, 198, 252–3
Pease, Charles 147
Pease, Henry 228, 252
Pease, Joseph 94, 96, 100, 145, 258
Pease, Joseph Whitwell 246
Peel, Robert 145, 152, 194–5

Peking 81
Pellat, Apsley 65
Penbedw 157
Penfro, sir 1, 4, 18, 31, 39, 124, 144, 158
Pennsylvania 186
Pen-y-bont ar Ogwr 37
Penydarren 119
Periw 258
Persia 163, 261, 263
Perthynas y pwerau sifil ac ysbrydol yng ngwledydd Ewrop 249
Peto, Morton 89
Pfiffligheim 49
Phillips, Evan 7
Phoenixville 186
Pierantoni, Augusto 176
Plaid Ryddfrydol/Rhyddfrydwyr xiv–xv, 14, 28, 68, 75, 89, 91–2, 103, 109–110, 112, 114–17, 120–2, 124–6, 128–30, 137, 139, 155–7, 163, 170, 183–4, 186–7, 190, 194–8, 201, 204, 206, 209–10, 214, 217, 222, 224, 226, 229, 232, 236, 242, 246, 248, 250, 253–4, 263–4, 266–8, 272, 276
Plaid Seneddol yr Aelodau Cymreig 267
Plowden, Walter 146
Plymouth (gwaith haearn) 119
Porthmadog 275
Portiwgal 77, 258
Portland 94
Potsdam 50
Powell, W. T. R. 103–4, 123
Presbyteriaid *gweler* Methodistiaid Calfinaidd
Pressensé, Edmond de 179
Pretoria, Cytundeb 234
Price, Thomas 87, 91, 114–15
Price, Thomas (Carnhuanawc) 110
Price, Joseph Tregelles 39–40, 73
Price, Richard Watkin 110
Price, Richard 8–9
Prichard, Rhys 266

Prifysgol Cymru, Siartr xvi, 272–3
Prifysgol Cymru, yr ymgyrch i'w sefydlu 137–9, 186, 212, 216–20, 273
Protestaniaid 138, 167, 173, 179, 187, 220, 264
Proudman, Joseph 141
Prwsia 48, 51, 54, 64, 69, 77, 102, 109, 149–54, 156, 167, 180
Prydain 18, 40–5, 51–2, 54, 56, 58–65, 67, 69–72, 75–8, 80–3, 92, 94–7, 99–103, 129, 136, 145–8, 152, 154–6, 158–9, 164, 166, 178–80, 184, 190, 196–9, 205, 208, 224–32, 234–5, 237, 239–48, 252–4, 257, 259, 261–4, 269
Pryse, Edward Lewis 103
Pughe, William Owen 13, 119
Puleston, John Henry 186, 272
Punch 63

Quaker Campaigns in Peace and War 237

Radical Programme 268
Rangoon 62
Ras-Ali 147
Rawson, Henry 77
Read, John Meredith 179
Rechabiaid, Urdd Annibynnol y 57
Reed, Charles 201
Rees, David 31–4, 55, 87, 109, 135
Rees, Henry 16, 120–1, 137, 273
Rees, William (Gwilym Hiraethog) 28, 34, 39, 57, 109, 126
Rees, Anne *gweler* (Mrs) Anne Davies
Rees, Evan 39, 258
Rendel, Stuart 216–18, 220, 272
Renfrew, Swydd 120, 124
Renouard, Augustin-Charles 179
Revue Politique 250
Reynolds-Moreton, Henry 194
Richard Cobden The International Man 192

Richard, (Mrs) Henry *gweler* Farley, Augusta Matilda
Richard, Ebenezer (tad) xiii, 1–4, 6–8, 10–13, 16–19, 22–6, 134, 273
Richard, Edward Williams (brawd) xiii, 3–4, 6–8, 10–13, 16–25, 29, 35–9, 83, 85–6, 102–5
Richard, Hannah (chwaer) 11, 38, 83, 164–5
Richard, Henry (tadcu) 1, 4, 134
Richard, Henry 1–6 (blynyddoedd cynnar); 8–11 (gwerthu brethyn); 12–24 (myfyriwr bywiog yn Llundain); 25–38 (gweindog Capel Marlborough a chanfod ei gartref ysbrydol); 31–5 (amddiffynydd Cymru); 42 (ei benodi'n Ysgrifennydd y Gymdeithas Heddwch); 42–54 (y cyngresi heddwch Ewropeaidd); 64–80 (Rhyfel y Crimea a Chytundeb Paris); 81–8 (yr ymosodiad ar China a gwrthryfel India); 84–5 (gwrthod cyfle i ddychwelyd i Gymru); 86–91 (y Gymdeithas Rhyddhau yn Abertawe); 92–3 (sefydlu a golygu y *Morning Star*); 93–4 (ysgrifennu cofiant Sturge); 96–101 (Rhyfel Cartref America); 103 (arwyddion uchelgais gwleidyddol); 106–7 (marw Cobden); 107–12 cyhoeddi'r *Letters and Essays*); 112 (priodi); 113–20 (etholiad hanesyddol 1868); 122–8 (y troad allan a Deddf y Tugel); 128–33 (Deddf Addysg Forster a'r gwrthwynebiadau); 137–40 (Coleg Aberystwyth); 151–5 (Rhyfel Ffrainc a Phrwsia); 155–64 (y Cynnig Cyflafareddu Rhyngwladol); 167–81 (ei bererindod heddwch Ewropeaidd); 189–93 (helynt

llythyrau Cobden); 195–9 (y Cwestiwn Dwyreiniol); 211–15 (Pwyllgor Aberdâr); 215–20 (achub Coleg Aberystwyth); 221–3 (y Comisiwn Brenhinol ar Addysg); 235–42 (rhyfeloedd yr Aifft a'r Swdan); 247–8 (China a'r Rhyfeloedd Opiwm); 251(llywyddiaeth yr enwad); 258 (ymddeol o fod yn Ysgrifennydd y Gymdeithas Heddwch); 260–3 (ei araith seneddol fawr olaf); 265–7 (gwers hanes Cymru i'r senedd); 268–9 (y pamffled ar Ddatgysylltu); 270–2 (erthygl ar Gymru i'r *Daily News*); 272 (Siartr Prifysgol Cymru); 271 (marw)

Richard, Mary (chwaer) 26, 38, 85–6, 215

Richard, Mary (mam) 1–4, 11, 16–17, 19, 21, 25, 38, 83

Richard, Mary (modryb) 22

Richard, Thomas (ewythr) 1, 3, 6–7, 12, 22

Richards, Evan Matthew 114, 120, 124–6, 140, 157, 184

Ridgway, W. 191

Rigi 193

Rivier, Alphonse 168

Roberts, Frederick 229

Roberts, Eleazar 183, 192–3

Roberts, J. Bryn 267

Roberts, John (AS) 214, 254, 258

Roberts, Mary 97

Roberts, Samuel (S.R.) 8, 28, 31, 39, 54–5, 71, 98, 103, 125

Roberts, Thomas (Llwynrhudol) 9

Robinson, Hugh George 211

Rochdale 61

Rogers, Thorold 190

Rogier, Charles Latour 42

Rolin-Jaequemyns, Gustave 168

Romania 199

Rouher, Eugène 170

Rousseau, Jean-Jacques 77

Roussel, Armand Adolphe 43

Rowell 14–15

Rowland, Daniel 1

Russell, (Arglwydd) John xiv, 33, 35, 59, 95, 99, 102, 145, 147, 157–8, 162, 208

Russell, William Howard 70

Rwsia xv, 45–6, 58, 64–8, 70–4, 79, 102, 154–5, 195–9, 226–9, 231–2, 244, 250, 259

Rylands, Peter 231, 234, 246–7, 253

Rheoleiddio Addoliad Cyhoeddus, Mesur 184–5

Rhîn, afon 47, 52, 153

Rhondda 104, 143

Rhufain 69, 162, 169, 176–8, 185

Rhuthun 212, 258

Rhydychen, Prifysgol 139, 169, 205, 212, 220

Rhyfel 1870 (Ffrainc a Phrwsia) 150–4, 156, 180

Rhyfel Twrci a Rwsia (1877) 195–8, 226–7, 250

Rhyfeloedd Denmarc a'r Almaen 42, 54, 102, 246

Rhyfeloedd Opiwm 40–1, 71, 81, 247–8, 261

Rhys, John 211–12, 220

Saint Albans, Mesur Esgobaeth 204–5

St Goar 52

St John, Bayle 69

St Petersburg 45, 77

Saladiniaid 196

Salisbury, Arglwydd 221, 263–4

Salisbury 242

Salisbury, Enoch G. 137–8

Samarkand 228

San Domingo 269

Sandon, Arglwydd 186–7

Sardinia 73, 175

Sbaen 69, 151–2, 159, 196, 258, 269

Schleswig-Holstein, Rhyfel 54
Schuinshoogte 233
Schulz, Albert 108
Sclopis, (Iarll) Federico 174–5, 179
Scourfield, J. H. 124, 143
Scranton 186
Sebastopol 76
Sedan, brwydr 154
Seiri Rhyddion 166, 177–8, 257
Semmering, rheilffordd 173
Sepois 81–2
Serbia 198–9
Seren Cymru 91
Seren Gomer 13, 32, 40, 55, 71, 109
Seymour, Beauchamp 235, 239
Shaftesbury, Arglwydd 155, 197
Shanghai 81
Sheffield 162, 180
Shepheard, Alfred J. 201
Sher Ali Khan 229
Siartiaeth 9, 28, 30–2, 35, 42, 116, 119
Siencyn, Efan Dafydd 1
Sigmaringen, Leopold 151
Simon, Jules 150
Slidell, John 100
Smith, Sydney 195
Société française pour l'arbitrage entre nations 147
Solomon, Ynysoedd 270
South Wales Daily News 183, 197, 256, 276
Spectator 124, 164
Spencer, Arglwydd 184, 209, 211
S.R. Llanbrynmair *gweler* Roberts, Samuel
Stanley, (Arglwydd) Edward Henry 158
Stanley, Edward Lyulph 223
Stephens, Thomas 109
Stepney, Cyrnol John 124
Stockwell, capel Cynulleidfaol 113, 138
Stowe, Harriett Beecher 97
Stroud 129, 194

Sturge, Joseph 28–9, 42, 46, 54, 56, 61, 65–7, 73–5, 77–80, 82–3, 93–4, 103, 107, 190, 199
Stuttgart 51
Sudeley o Gregynog, Arglwydd 210
Suggestions on Disestablishment 267–8
Sumner, Charles 164, 200
Sunderland 236, 258
Swdan 239–41, 270
Sweden 54, 56, 148, 225, 249, 253
Swisdir 42, 106, 159, 168, 193, 249, 251–2, 257
Swyddffynnon 201
Symons, Jelinger C. 33
Syria 196, 261

Tait, Archibald Campbell 184
Taleithiau Cydffederasiwn y De (UDA) 96, 98–101
Tamworth 224
Tanner, H. W. Lloyd 220
Tashkent 228
Taylor, A. J. P. 73
Tel el-Kebir 235, 238
Tel el-Mahuta 238
Tenasserin 62
Tennessee 98
Theodore, brenin Abyssinia 146–7
Thibaw, brenin Burma 242–3
Thiers, Adolphe 154
Thirlwall, Connop 108
Thomas, David 14–16, 20, 24
Thomas, D. Alfred Thomas (Arglwydd Rhondda) 14
Thomas, David (Stockwell) 138
Thomas, Owen 273
Thomasson, Thomas 190–1
Tientsin, Cytundeb 81, 248
Times 31, 37, 57, 66, 70, 119, 136, 164, 176, 185, 210, 219, 262, 272, 276
Tocqueville, Alexis de 44
Tokar 240–1
Toulon 60

Traethawd ar Y Dylanwad a Gafodd y Traddodiadau Cymreig ar Lenyddiaeth Yr Almaen, Ffrainc a Gwledydd Llychllyn 108
Traethodydd, Y 6, 7, 33, 40, 72
Train, The 74
Trallwng 18
Transvaal 230, 232–4, 243, 270
Trawscoed 114
Treamlod 4
Treborth xvi, 273
Tredegar, Arglwydd 71
Tredegar 156
Trefaldwyn, sir 9, 32, 124, 142, 210, 216, 217
Trefin 1, 18, 22
Trefort, Ágoston 172
Trefynwy 177, 212
Tregaron xiii, xvi, 1–6, 10–11, 13–26, 29, 36, 54, 83, 97, 104, 115, 120, 167, 183, 215, 276
Trehywel 17–19
Trent, The 100
Treth Eglwys 28, 89–90, 121, 132, 207
Tribiwnlys Yr Hâg *gweler* Llys Cyflafareddu Parhaol
Trieste 173
Troubles in Jamaica A Condensed Statement of Facts, The 145
Tugel, Mesur y 125-7
Tugela, afon 230
Turin 45, 179
Twrci 58, 64–69, 71–2, 74–5, 195–8, 226–8, 250
  gweler hefyd Otoman
Tŷ Ddewi 22, 108
Tŷ'r Arglwyddi 80, 120, 128, 184, 197, 226, 229, 263
Tŷ'r Cyffredin xiii, 60–1, 65, 80, 89–91, 94, 102–3, 105, 118, 121–2, 126–7, 136, 155–8, 160, 168, 174, 176, 178–81, 184, 197, 225–7, 231, 236, 239–40, 244, 248, 261, 265, 274, 276

Tyneside 266
Tyst a'r Dydd, Y 238–9
Tywyn 156
Tywysogion Cymru 265

Ulm 51
Ulster 264
Uncle Tom's Cabin 97
Undeb Cynulleidfaol Lloegr a Chymru 30, 134, 141, 156, 193, 200, 229, 248–50
Undeb yr Annibynwyr Cymraeg 141, 274
Undodiaid 9, 12, 20, 104, 134, 205, 208
Urabi, Ahmad 235–6, 239
Urddau Oren, Yr 264
USS General Armstrong 77
USS San Jacinto 100
Utica 98

Varese 257
Varrentrapp, Georg 47, 51
Vaughan, E. M. 114, 123
Verona 176
Verviers 52
Victoria, Y Frenhines 39, 40, 64, 70, 146, 178, 164, 186, 196, 209, 233, 248
Visschers, Auguste 42–4, 47, 49–50, 147, 164, 166, 169, 200
Vivian, Henry Hussey 214, 219–20, 272
Volney, François 9, 69

Waddington, Frances 109
Wakefield 124, 170
Walpole, Spencer Horatio 60
Ware (Swydd Hertford) 21
Warrington 253
Wartburg 49
Warton, Charles 234
Waterloo, Brwydr 60, 70
Wellington, Duke of 59
Welsh Not 133

Wenkheim, Béla 171
Wesleaid 134–5, 200, 205, 272
Western Mail 159, 183, 254
Westminster, Dug 197, 216
Wheeler, Frederick 54
Whigiaid 27, 194–5
White, Edward 274
Wilhelm I, brenin Prwsia 151–2
Williams, Gwilym 143
Williams, Catherine Anne *gweler* Catherine Cobden
Williams, David (Waunwaelod) 9
Williams, Edward 2, 13, 23
Williams, Hugh 32, 189
Williams, John Carvell 87, 89, 104, 204, 267–8
Williams, Maria Jane 108
Williams, Penry 177
Williams, T. Marchant 215–16
Williams, Taliesin 209
Williams, Thomas 265
Williams, Watkin 136
Williams, William (Caledfryn) 55
Williams, William (AS Coventry) 33, 137
Williams, William (Pantycelyn) 109
Williams, William (o'r Wern) 28
Williams, William (Wernfawr) 1–2
Williams-Wynn, Watkin 110, 210
Williams-Wynn, Charles Watkin 124
Wilson, George 62
Wilson, Joshua 200
Wilson, Thomas 13–15, 20–1, 24, 240
Winterbotham, Henry 129
Wolseley, Garnet 224, 238, 240

Worms 47–9
Worms, Cynulliad 47
Wrecsam 54, 156, 275
Wynne, Ellis 13
Wystwg 4, 6

Y *Wasg Gymraeg a'r Argyfwng Americanaidd* 98
Yeddo 101
Ymgyrch y Tenantiaid xv, 110, 126, 194, 277
Ynys Manaw 109–10
Ynysfach 119
Yokohama 101
ysgolion canolradd 211
ysgolion cylchynol *gweler* Griffith Jones
ysgolion elfennol 128-9, 131, 134, 137, 178, 205–6, 212
ysgolion enwadol 128–33, 136, 167, 186, 205–6, 221
ysgolion gramadeg 121, 134, 212
ysgolion gwirfoddol 29, 128, 135, 206, 167, 208, 223
ysgolion Sul 2, 31, 90, 108, 129, 134–5, 137, 207
Ysgoloriaethau a Thystysgrifau Cymwyster y Frenhines 222
Ystrad Meurig, Coleg 5, 6

Zanzibar 230
Zichy, Ferenc 171
Zola, Emile 154
Zulus 230–1, 232, 270
Zumpt, (Dr) Karl Gottlob 167
Zurich 251